1 MONTH OF
FREE
READING

at
www.ForgottenBooks.com

By purchasing this book you are eligible for one month membership to ForgottenBooks.com, giving you unlimited access to our entire collection of over 1,000,000 titles via our web site and mobile apps.

To claim your free month visit:
www.forgottenbooks.com/free961255

ISBN 978-0-267-00784-4
PIBN 10961255

Recouvrement des cotisations et des abonnements

Notre trésorier, M. Defrecheux, va mettre prochainement en recouvrement les quittances pour l'année 1902.

Nous prions instamment Messieurs les sociétaires et abonnés de bien vouloir prendre les dispositions nécessaires pour en assurer le paiement à première présentation.

La moindre absence momentanée suffit, en effet, pour qu'une quittance revienne impayée, avec la mention *absent*, contresignée par le facteur; d'où de nouveaux frais de recouvrement.

Le Musée forestier de l'État

La question de la création d'un musée forestier a été soumise en 1897 au Conseil supérieur des forêts dans les termes suivants : « Etant donnée l'importance croissante des questions forestières en Belgique, ne serait-il pas désirable, à l'instar de ce qui existe pour les autres sciences naturelles, industrielles ou agricoles, de réunir des collections spéciales destinées à former une base matérielle exacte pour l'enseignement et la pratique forestières? »

Conformément au vœu émis par le Conseil, le Musée, constitué principalement par les collections réunies à Tervueren à l'occasion de l'Exposition de 1897, a été annexé au Jardin botanique de l'État. Un crédit spécial a été inscrit au budget de cet établissement pour l'entretien et l'accroissement de ces collections.

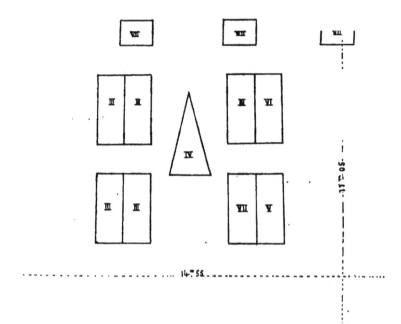

Plan des installations actuelles du Musée forestier

I. Essences indigènes.
II. Essences acclimatées en Belgique.
III. Essences exotiques.
IV. Exemplaire de Sequoia gigantea de 1350 ans.
V. Vices et défauts des bois.
VI. Maladies parasitaires dues aux champignons
VII. Maladies parasitaires dues aux insectes.

Par suite des transformations importantes qu'ont subies, au cours de ces dernières années, les locaux du Jardin botanique réservés aux herbiers et au·Musée, les collections forestières n'ont pu jusqu'à présent être placées dans un local accessible au public, bien qu'elles soient déjà exposées et mises en ordre depuis 1899.

Ces collections seront bientôt transférées dans une grande salle spécialement aménagée pour elles.

Comme toute collection publique, le Musée forestier a surtout un but de vulgarisation. Celui-ci s'impose d'autant plus que les notions relatives aux forêts sont fort peu répandues dans le public, malgré l'intérêt si grand qu'elles présentent et leur haute importance économique. ·

Les collections du Musée ont encore d'autres destinations à remplir. Elles doivent constituer une base, aussi complète que possible, pour l'enseignement technique des sciences forestières, qui a pris dans ces dernières années une extension nouvelle.

Cet enseignement exige en effet des collections spéciales très complètes ; leur développement est beaucoup trop considérable pour qu'on puisse songer à les réunir dans un établissement qui doit, comme l'Institut agricole de Gembloux, satisfaire à des exigences didactiques nombreuses et diverses.

· Enfin le Musée doit venir en aide au commerce et à l'industrie du bois en réunissant des séries bien complètes des essences étrangères qui sont importées en Europe et de celles dont l'introduction pourrait présenter quelque utilité.

Il faut considérer que le commerce des bois se modifiera beaucoup dans l'avenir, en raison de la consommation si rapidement croissante de cette matière première et que, d'autre part, les applications du bois se multiplient chaque jour. Il en résulte qu'il est fort nécessaire pour ceux qui s'occupent du commerce et du travail des bois d'être exactement renseignés sur les ressources qu'ils ont et qu'ils pourraient avoir à leur disposition.

L'ensemble des collections du Musée forestier se divise en
deux grands groupes : le premier est constitué par les documents relatifs aux forêts, soit naturelles, soit cultivées; cette
catégorie comprend donc tout ce qui est relatif à la culture
des forêts, à leur création et à leur exploitation; le second
groupe se compose des produits forestiers.

Pour se faire une idée exacte des forêts, il faut commencer
par connaître les éléments qui les constituent ; la série
des essences forestières sera donc la collection fondamen-
tale du Musée. Elle doit être conçue de manière à mettre
en évidence les caractères de chaque essence, à la fois au
point de vue technique et au point de vue botanique ; elle
se rapportera donc aux deux catégories que l'on a établies
précédemment.

Les essences indigènes et les essences étrangères qui sont
le plus généralement cultivées dans notre pays, seront représentées le plus complètement; les essences exotiques le seront
dans la mesure de leur importance.

Le but du Musée étant surtout technique, le classement
des essences répond à cet ordre d'idées : bois durs et élasti-
ques, bois durs, bois demi durs, bois tendres.

La représentation des essences principales de notre pays
doit comprendre pour chacune d'elles : 1° un échantillon
du bois; 2° une coupe microscopique du bois, fortement
agrandie, permettant d'apprécier ses qualités qui sont étroitement liées à sa structure intime; 3° une figure de rameaux
fleuris et fructifiés; 4° l'aspect de l'arbre en été et en hiver.

Les échantillons de bois doivent permettre de bien apprécier les caractères distinctifs de chaque essence ; ils seront
formés de la base d'un tronc depuis la naissance des racines
jusqu'à 1^{m}50 de hauteur. On choisira des sujets arrivés à
la période d'exploitabilité normale, c'est-à-dire mesurant en
général 0^{m}50 de diamètre à 1^{m}50 de hauteur.

On sépare, à la partie supérieure de la bille, une rondelle
de 0^{m}15 d'épaisseur, qui donne l'aspect du bois en coupe transversale; la portion restante est divisée longitudinalement en

deux parties égales, dont l'une donne l'aspect extérieur de l'écorce, tandis que l'autre, recoupée de nouveau en deux dans le même sens, donne, d'une part, la coupe longitudinale radiale et, d'autre part, une coupe longitudinale tangentielle. On sait que les trois sections qui viennent d'être indiquées sont nécessaires pour que l'on puisse se rendre compte des qualités d'un bois.

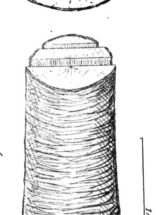

Les échantillons d'essences, ainsi débités, sont accompagnés d'étiquettes portant les indications suivantes :

Hauteur totale, hauteur en bois d'œuvre.

Diamètre à 1ᵐ50 du sol, volume en bois d'œuvre, âge.

Localité, région, sol, situation, altitude, traitement cultural.

Il est très intéressant de pouvoir comparer la production ligneuse des diverses essences ou celle d'une même essence soumise à des régimes différents.

Débit des échantillons de la collection des bois des forêts belges.

Afin de rendre cette comparaison plus facile et plus frappante, on a traduit les données les plus importantes relatives à chaque spécimen en un schéma formé de prismes en bois, donnant à une échelle constante : 1° l'âge, 2° la hauteur totale et la hauteur en bois d'œuvre, 3° le cube en bois d'œuvre.

On réunira aussi pour les essences qui constituent la majorité des boisements en Belgique, chêne, hêtre, pin sylvestre et épicéa, des séries de spécimens montrant l'accroissement de chacune d'elles aux différentes périodes de son existence : 5, 10, 20, 40, 60, 80, 100, 125, 150 ans. Les échantillons seront constitués par des troncs pris depuis la naissance des racines et mesurant en hauteur le quart de la hauteur totale.

Il conviendra de choisir des sujets représentant les dimensions moyennes de peuplements choisis dans les régions les plus favorables au développement de chacune des essences indiquées.

On constituera des séries analogues pour les essences que l'on cultive en taillis.

Des diagrammes établiront la comparaison entre l'accroissement d'une même essence soumise à différents régimes et dans les différentes régions du pays.

En ce qui concerne les essences étrangères cultivées en Belgique, il est souvent assez difficile d'établir leur identité. Le plus souvent, en effet, on ne dispose que de rameaux feuillés et leur détermination est impossible d'après les matériaux d'un herbier ordinaire.

Il est donc nécessaire de former un herbier forestier spécial, dans lequel les essences sont représentées par de nombreux échantillons de dimensions suffisantes pour saisir bien l'ensemble de leurs caractères ainsi que l'étendue de leurs variations. Pour les essences résineuses il est indispensable d'adopter un mode de conservation particulier, permettant de préserver leurs aiguilles si fragiles à l'état de dessiccation.

Les séries précédentes nous font connaitre les arbres à l'état normal ; elles doivent être complétées par une collection pathologique montrant les maladies qui les attaquent.

Ici encore il faut se placer à un point de vue essentiellement pratique. Les maladies vraiment importantes par leurs ravages seront très largement représentées, tandis que les autres ne le seront que proportionnellement aux dommages réels qu'elles peuvent causer.

Les séries d'échantillons se rapportant à chacune des maladies seront très complètes, de manière à bien faire saisir leurs caractères aux différents stades de leur développement. Elles seront complétées par des cartes indiquant l'extension progressive de certaines d'entre elles et par des dessins et des photographies agrandis permettant de se rendre nettement compte de la nature des parasites, de leur action destructive sur les tissus des arbres, ainsi que de l'aspect général des sujets ou des peuplements attaqués.

Les collections pathologiques comprennent : 1° les maladies non parasitaires, les défauts des bois, les blessures, etc.; 2° les maladies causées par les champignons qui sont en général les plus importantes pour l'économie forestière, à cause du caractère de permanence des épidémies d'origine cryptogamique ; 3° les maladies causées par les insectes.

On fera enfin figurer également dans cette partie des collections les principaux animaux des forêts, en faisant ressortir, dans la manière dont on les représentera, leur rôle particulier, utile ou nuisible pour l'existence des forêts.

Les forêts considérées en elles-mêmes, et non plus dans leurs éléments constitutifs, feront l'objet d'un autre groupe des collections du Musée.

Les documents relatifs aux forêts de Belgique seront naturellement les plus complets ; ils comprendront les cartes et les données statistiques nécessaires pour se faire une idée exacte de la composition, du traitement et de la production des forêts belges.

Des séries de dessins et de photographies montreront l'aspect des peuplements aux différentes périodes de leur développement.

On représentera, autant que possible, par des spécimens en nature ou par des modèles les méthodes de la culture et de l'exploitation des forêts, ainsi que l'outillage qui s'y rapporte.

On attirera spécialement l'attention du public sur les procédés de l'assainissement des fanges et du reboisement des terrains incultes, dont l'application prend aujourd'hui une si heureuse extension.

La technologie des bois, comprenant leur débit et leurs

principaux emplois, devrait former une section importante; malheureusement, elle exige de grands emplacements et, dans les conditions présentes de l'organisation du Musée forestier, on ne peut songer à lui donner tout le développement qu'elle mérite. Il en sera de même pour les produits accessoires des forêts. Ces deux catégories de collections seront représentées dans la limite des possibilités actuelles, qui les subordonnent forcément aux séries fondamentales comprenant les essences, la culture et l'exploitation des forêts, ainsi que le commerce des bois.

On sait combien est considérable le commerce des bois en Belgique, puisque l'importation se chiffre par 104 millions de francs pour l'année 1898.

Une des grandes difficultés de ce commerce réside dans le manque de base pour l'identification des essences et de leurs variétés commerciales.

Le Musée forestier doit réunir des collections très complètes de bois importés en Belgique et établir la synonymie entre les désignations commerciales et la nomenclature scientifique. Ce serait rendre grand service à cette branche si importante du commerce que de lui fournir ainsi des bases indiscutables.

Il y aurait grand intérêt également à posséder une série complète des différentes espèces de bois importés, avec leurs marques commerciales.

On réunira enfin une collection des essences exotiques qui sont actuellement peu ou pas employées chez nous, afin de montrer les ressources que l'on peut attendre de l'exploitation des forêts étrangères.

Elle sera classée par ordre de provenance et les produits des forêts du Congo formeront une série spéciale particulièrement développée.

La partie des collections relative au commerce des bois sera complétée par des données statistiques sur le commerce général des bois, non seulement en Belgique, mais encore dans les principaux centres de production et de consommation. On tâchera de rendre ces notions aussi saisissantes que possible en les traduisant par des schémas appropriés.

Tel est, très rapidement esquissé, le plan d'organisation que l'on se propose de réaliser au Jardin botanique de l'Etat. Il est certes loin de l'être actuellement, mais, dès à présent, les éléments des principales divisions qui viennent d'être indiquées sont réunis et pour la plupart exposés; il suffira de les compléter progressivement, et on peut espérer que dans quelques années le Musée forestier sera en mesure de rendre les services que le pays est en droit d'attendre des sacrifices qu'il s'impose pour lui.　　　　　C. BOMMER.

Les ravages de certaines chenilles en 1901 [1]

Les papillons de notre pays pondent en moyenne 250 à 300 œufs : si tous les œufs d'une ponte donnaient naissance à des chenilles capables d'accomplir toutes leurs métamorphoses, il ne faudrait donc pas un bien grand nombre d'années pour que le sol de la Belgique fût couvert d'une couche épaisse de ces êtres.

Pourtant, à moins que des causes anormales n'interviennent, on constate que le nombre de papillons ne varie guère d'une année à l'autre; il faut par conséquent admettre que deux chenilles seulement sur une nichée entière, soit l'équivalence de la parenté, arrivent à la forme finale.

Les éléments naturels de destruction des lépidoptères à leurs différentes phases de développement sont nombreux. Les carnassiers dévorent une partie des œufs. Des chenilles, surtout parmi les jeunes, subissent le même sort ou sont

---

[1] Résumé de la conférence donnée à la réunion mensuelle du 6 novembre 1901 de la Société centrale forestière.

victimes d'ennemis végétaux; d'autres servent de garde-manger et de logis aux larves de divers parasites, ichneumons et mouches; d'autres encore sont détruites par l'humidité, la chaleur ou autres phénomènes relevant de la météorologie : parfois, les chenilles se développent et sortent dès que le soleil d'avril les a réchauffées suffisamment, mais les gelées tardives les tuent en masse, car elles sont légèrement vêtues et ne résistent pas à des froids brusques et intenses.

Vienne l'année favorable, comme celle que nous venons de parcourir, avec un vent dominant du nord-est et des tempêtes sud-ouest, apportant l'humidité et la chaleur nécessaires pour certaines métamorphoses : on voit aussitôt la masse de chenilles s'épanouir et se développer d'une manière extraordinaire. Cette année, d'ailleurs, plusieurs facteurs de destruction ont manqué; c'est ainsi que, quoique la fin de l'hiver ait été excessivement froide, de fortes masses de neige, tombées en temps opportun, ont pu protéger les nichées; le soleil s'installa tôt, en maître, et malgré certaines nuits bien froides sous la bise nord-est, il n'y eut point de gelées tardives funestes.

Ces diverses considérations expliquent la multiplication exagérée de certaines chenilles qui ont causé, surtout dans la basse et la moyenne Belgique, des ravages dont chacun fut d'autant plus frappé que les arbres des jardins et des routes en furent surtout les victimes.

Quelques lépidoptères à multiplication rapide, qui ont déjà commis des dégâts sérieux dans notre pays, ne se sont cependant pas développés plus que d'habitude ; il faut citer en première ligne, parmi ceux-ci : *Dasychira Pudibunda* Linné (l'Orgie pudibonde) et *Lymantria (Psilura) Monacha* Linné (la Nonne).

Il est probable que certaines espèces, toutes même peut-être, sont soumises à des lois de périodicité dans leurs développements excessifs, comme nous avons pu le démontrer pour le scolyte ravageant les ormes des boulevards de Bruxelles et de certaines autres villes, notamment en France.

D'après ces lois, les insectes apparaîtraient brusquement en grand nombre, se développeraient pendant plusieurs années successives, puis disparaîtraient rapidement, détruits surtout par les parasites. Ceci expliquerait pourquoi certaines chenilles se sont multipliées d'une manière si exagérée, tandis que d'autres, dont on pouvait craindre le retour en masse, n'ont pas présenté de développement anormal.

Nous allons examiner quatre des papillons qui ont frappé le plus l'attention.

Le premier est un papillon volant le jour et bien connu de tous : la *Piéride du chou;* les trois autres, espèces crépusculaires, ne volent que le soir et restent plus ou moins immobiles aussi longtemps que le soleil est levé : ce sont le *Cul brun*, la *Spongieuse* et la *Livrée.*

PIERIS BRASSICAE *Linné*
La Piéride du chou

Les chenilles de la piéride ont été extrêmement communes cette année, et peu de choux ont échappé à leurs dégâts. Nous en avons vu partout dans le pays; leur voracité n'avait laissé subsister qu'un ensemble de nervures de feuilles fixées autour de la tige.

Le *papillon* blanc du chou est si connu qu'il est inutile de le décrire. La femelle pond une quantité d'*œufs* rassemblés en petits tas sous les feuilles.

La *chenille* est d'un jaune un peu· verdâtre, parsemée de taches noires, offrant trois raies jaunes longitudinales séparées par des tubercules noirs.

Les chenilles vivent en petits groupes sur les capucines, les crucifères en général, et surtout sur les choux cultivés dans nos potagers. Elles sont très nuisibles par leur abondance et leur voracité.

Lentes dans leurs mouvements, elles se dispersent cependant au moment de la nymphose et, devenant vagabondes, elles fixent, au moyen de fils, leur chrysalide un peu partout, de préférence sur les murs.

Le papillon a deux générations : l'une en mai et juin, l'autre en août et septembre.

Moyens de destruction. — Il faut rechercher les paquets d'œufs et les détruire, écheniller avec soin et ne pas craindre de chasser au filet les papillons. Un moyen efficace consiste à saupoudrer les plantes avec de la farine ordinaire, pendant que les choux sont mouillés par la rosée ou immédiatement après la pluie ; il faut que la farine adhère complètement aux feuilles ; si les choux ne sont pas humides, elle semble n'avoir, faute d'adhérence suffisante, aucune action sur les insectes.

EUPROCTIS (*Porthesia*) CHRYSORREA *Linné.*

Le Cul brun

Nous avons rencontré, en avril, la chenille de cette espèce mettant à nu les hippophaés et les plantes basses des dunes ; depuis la côte jusqu'à Maestricht, ainsi que depuis la Campine jusqu'à Virton, cet insecte, après avoir effeuillé les fruitiers, s'est attaqué à tous les arbres environnants des jardins et des parcs, de quelque essence qu'ils fussent. Les arbres des routes, les haies d'aubépine surtout, et même les taillis de chêne de la Campine en furent couverts. Il n'y a guère que certaines parties des hauts plateaux des Ardennes qui furent partiellement épargnées.

C'est contre cet insecte que le Parlement de Paris édicta, en 1732, la première loi sur l'échenillage ; cette loi prescrivait la destruction des bourses ou toiles fixées sur les branches culminantes des arbres fruitiers et des haies d'aubépine notamment, bourses ou toiles qui ne sont rien autre que les nids d'hivernage protégeant les jeunes chenilles.

Le papillon est d'un blanc luisant, avec les derniers segments du corps d'un brun doré, d'où le nom de *Cul brun.* Envergure : 34 à 40 millimètres.

La chenille est de couleur brun foncé ou grise, avec de longs poils jaune brun formant des touffes étoilées. Sur le dos, des dessins brun rouge et blancs, très variés. Sur chacun des anneaux 9 et 10 se trouve une verrue charnue d'un rouge vermillon vif, distinguant cette chenille de toutes celles qui lui ressemblent.

Le *papillon* vole en juin et juillet et, après fécondation, pond sous les feuilles des tas d'*œufs* jaune brunâtre, en les couvrant, au fur et à mesure de la ponte, d'une couche de bourre provenant des longs poils brunâtres qui entourent son anus.

Les jeunes *chenilles* sortent encore pendant l'automne, mais leurs dégâts sont peu importants.

Dès que les premiers froids se font sentir, elles gagnent les sommets des branches, y réunissent plusieurs feuilles qu'elles entourent d'épaisses toiles; ces toiles ou bourses d'hivernage en commun se distinguent aisément sur les arbres et les haies en hiver.

Le règlement sur l'échenillage prescrit l'enlèvement de ces bourses pendant l'hiver, du 1er novembre au 15 février; cette mesure, excellente en elle-même, n'a d'effet réel que si les bourses ainsi enlevées sont détruites par le feu. Très souvent, on les laisse par terre; les chenilles en sortent l'année suivante.

La tonte des haies pendant les mois de septembre et octobre, parfois prescrite par certaines autorités locales, ne peut donner que des résultats opposés au but cherché. En effet, les jeunes chenilles non encore engourdies profitent de quelques rayons de soleil, encore assez puissants à cette époque de l'année, pour abandonner les nids gisant au pied de la haie et venir ronger le parenchyme de quelques feuilles. N'ayant plus de branches élevées à leur disposition, elles filent alors de nouvelles toiles d'hiver *au centre* de la haie; l'échenillage est dès lors rendu bien plus difficile, souvent impraticable.

Pendant le mois de septembre de cette année, nous avons vu faire ce travail sur certaines haies longeant les voies ferrées de l'Etat. Nous avons pu croire un instant au désir d'enlever les très nombreuses bourses qui remplissaient ces haies ; renseignements pris, il s'agissait simplement de tondre et d'égaliser celles-ci. Ceci était beaucoup plus compréhensible, car chacun sait que l'administration des chemins de fer, à l'encontre des simples citoyens, se croit dispensée de l'obligation d'écheniller suivant les prescriptions du règlement. La tolérance dont elle jouit à cet égard est regrettable, car elle est la cause initiale de presque toutes les invasions de chenilles, et notamment de celles du Cul brun. Protégées dans leur développement, ces chenilles se répandent, après multiplication à l'excès, sur les propriétés rurales et lèsent ainsi les intérêts des voisins de la voie ferrée.

En avril, dès que la température s'échauffe, les jeunes chenilles quittent leurs nids et rongent les feuilles, celles des fruitiers notamment, de manière à détruire parfois tout espoir de récolte.

Pendant leur jeune âge, elles vivent en société, tissant au printemps de nouvelles toiles moins épaisses que celles qui ont servi à l'hivernage; plus tard, elles se dispersent et abandonnent souvent l'arbre défeuillé pour aller attaquer d'autres plantes. Elles sont alors très polyphages, dévorant les feuilles de presque toutes les essences et même celles d'une grande quantité de plantes basses. Elles attaquent de préférence tous les fruitiers et l'aubépine, et ne dédaignent pas les taillis de chêne, comme le démontre l'extension considérable qu'elles ont prise cette année dans les chênaies de la Campine, et surtout de la Campine limbourgeoise. Elles n'attaquent les grands arbres que lorsque tous les autres sont défeuillés.

Pour se chrysalider, la chenille adulte forme une toile légère en réunissant quelques feuilles à l'aide de fils ; dans cette toile, elle file un cocon peu serré dans lequel la chrysalide attend sa métamorphose en insecte parfait, c'est-à-dire en papillon ; celui-ci, d'un blanc luisant, avec les ailes en toit, se trouve, pendant la journée, au repos contre les troncs d'arbres et les murs des bâtiments, là · surtout où la lumière l'attire en masse pendant les belles soirées.

Moyens de destruction. — Les bourses d'hivernage doivent être enlevées pendant l'hiver, alors que l'absence des feuilles trahit aisément leur présence ; ce travail doit être terminé avant les premiers jours printaniers, c'est-à-dire avant que le soleil ait pu dégourdir les jeunes chenilles. *Ces bourses doivent être brûlées* ; les laisser au pied des arbres et des haies ne supprime pas le danger.

Lorsque l'échenillage est rendu impossible à raison de l'élévation des arbres atteints, il faut exterminer les chenilles quand elles abandonnent leurs nids et que, souffrant du froid pendant les journées de grand vent ou de pluies froides par exemple, elles se réunissent en groupes souvent considérables à l'intersection des grosses branches et du tronc, le plus souvent à peu de distance du sol. Cette destruction s'opère au moyen d'une fourche à courbure suffisante pour entourer une partie des grosses branches ; la fourche, frottée contre celles-ci, a vite écrasé les chenilles. On peut encore utiliser un chalumeau spécial, monté sur un long bâton et permettant de brûler rapidement les chenilles sans endommager l'arbre.

Il est recommandé également de récolter et de détruire les papillons, si faciles à trouver, ainsi que les paquets d'œufs recouverts d'une étoupe brun foncé, légèrement dorée.

Il est à souhaiter que l'on attire l'attention des enfants des écoles primaires sur cet insecte, sur ses ravages et sur les moyens de destruction, comme il a été fait pour le hanneton et sa larve, le ver blanc.

LYMANTRIA (*Liparis*) DISPAR *Linné*.

La Spongieuse ou *Zig-zag*

Répandue dans toute la Belgique, la chenille de cette espèce a été particulièrement commune dans les Flandres et nous en avons vu des quantités vraiment fantastiques aux environs de Gand, où presque tous les fruitiers et les arbres bordant les chaussées étaient défeuillés dès le mois de juillet.

Le papillon mâle se distingue nettement de la femelle, ce qui leur fait mériter le nom de *Disparate*. Le premier a les ailes supérieures d'un jaune cendré, brunâtres à la base et à l'extrémité et d'un gris plus ou moins jaunâtre au milieu, avec quatre lignes noirâtres transverses en zig-zag, et des points noirs sur le bord ; les ailes inférieures sont d'un brun

 sale, avec le bord postérieur plus obscur et la frange jaunâtre, un peu entrecoupée de brun. Envergure : 45 millimètres.

La femelle a les ailes d'un blanc grisâtre ou légèrement jaunâtre, avec les mêmes dessins moins foncés que le mâle. Envergure : 75 millimètres.

La chenille a une grosse tête jaune, avec deux grandes et de nombreuses petites taches noires. Elle a le corps gris, portant des verrues bleues sur les cinq premiers segments et des verrues d'un rouge sombre sur les autres. Il y a une grande disproportion de taille entre le mâle et la femelle, variant de 40 à 70 millimètres.

Le *papillon* vole en août et jusqu'au commencement de septembre.

Les mâles volent même pendant le jour, tandis que les femelles sont excessivement paresseuses et ne se déplacent guère. Elles pondent, de préférence sur les troncs des gros arbres de bordure, des paquets d'environ 300 à 400 *œufs*, d'un gris luisant un peu rosé, recouverts de poils d'un jaune brun sale, arrachés au-dessous de l'abdomen, comparables à des tampons ovales d'amadou.

Au printemps, les jeunes *chenilles* sortent des œufs et restent encore ensemble dans les environs du lieu de l'éclosion ; mais, au bout de la troisième semaine, elles montent dans la cime de l'arbre, s'y dispersent et rongent les feuilles, dont elles ne laissent rien subsister, sinon la nervure centrale des plus vieilles. Elles se chrysalident fin juillet ou en août.

Peu de chenilles sont aussi polyphages que celles du *Dispar*, et il serait impossible de citer ici toutes les essences d'arbres et les plantes qu'elles dévorent. Cette espèce vit de préférence dans les potagers, les parcs, et le long des routes. Des dévastations considérables dans les forêts, tant feuillues que résineuses, sont pourtant connues en Russie, en Allemagne et aux Etats-Unis, dans l'Etat de Massachussets, où elle fut importée en 1869, et où le gouvernement dépense annuellement un million de francs pour la combattre.

Moyens de destruction. — La destruction de ce ravageur n'est pas facile, car ne filant pas de toiles pour la vie en commun, il échappe aux pratiques ordinaires de l'échenillage. Il faut rechercher et détruire les paquets d'œufs ; ceux-ci doivent être grattés, ramassés et détruits, les œufs qui restent au pied de l'arbre pouvant parfaitement éclore. On peut recommander également de couvrir les œufs d'une glu assez dure, que produit, par exemple, le mélange de 4 parties de goudron de bois et 1 partie de pétrole.

Lors des mues, par les temps froids et pluvieux, les chenilles se réunissent sur le tronc ou sous les grosses branches ; il est facile alors de les détruire en masse. On peut également entourer le tronc de l'arbre de morceaux de gros drap ; les chenilles se réunissant sous ce revêtement pour se protéger contre les intempéries, il est alors commode de les détruire.

Lorsque les arbres ont été dépouillés de leurs feuilles, les chenilles descendent le long du tronc pour remonter sur les arbres voisins. C'est alors qu'on peut en détruire de grandes quantités en circonscrivant les cantons infestés par de larges et profonds fossés, qu'elles doivent traverser pour se propager.

MALACOSOMA (*Bombyx*) **NEUSTRIA** *Linné.*

La Livrée.

Le papillon n'est pas très grand, 30 à 40 $^{m}/^{m}$ d'envergure au plus, d'un jaune brun allant parfois au brun rouge, avec une bande transversale plus foncée sur les ailes supérieures.

La chenille est fort longue lorsqu'elle est adulte. Elle est noire avec quelques lignes longitudinales jaunes, peu visibles dans la jeunesse. Plus tard, elle est d'un jaune brun avec une ligne médiane claire, une large bande grise de chaque côté, des lignes longitudinales noires et des lignes bleues.

Le *papillon* vole pendant les soirées de juillet et la femelle pond alors ses *œufs* en spirale régulière et serrée en forme de bague autour d'une branche; les œufs, au nombre de 400 à 500, sont collés par une gomme brunâtre et passent l'hiver en cet état.

Les jeunes *chenilles* éclosent en avril, tissent de légères toiles et forment des sociétés qui se déplacent fréquemment, comme de vrais troupeaux. C'est également ensemble qu'elles changent de peau et elles filent à cette occasion des toiles légères, allongées, sous lesquelles s'opère la mue. Ces toiles sont plates et sont appliquées contre le tronc, ou bien elles couvrent une large place ensoleillée à l'intersection d'une grosse branche.

Les chenilles ne montent jamais très haut dans les arbres; elles préfèrent les fruitiers, quoique ne dédaignant nullement les autres essences, de sorte qu'on peut les rencontrer sur tous les feuillus, à l'exception peut-être du tilleul et du frêne. Dans les bois, elles préfèrent les chênes.

Les chenilles se dispersent en juin ; elles sont alors bleues, rayées de noir et de fauve. A cette époque, elles vont à la recherche d'une place pour se métamorphoser et c'est par centaines qu'on les voit monter le long des murailles, des bâtiments, etc., afin de trouver des coins obscurs, sous les rebords des fenêtres, sous les corniches, etc., parfois entre les fentes de l'écorce d'un vieux tronc, ou même entre quelques feuilles. Elles y fixent des cocons clairs et mous, d'une soie blanche saupoudrée à l'intérieur d'une poussière qui ressemble à la fleur de soufre. C'est là que se forme la chrysalide. Le papillon éclot en juillet.

Moyens de destruction. — Les ravages de cet insecte sont redoutés dans tous les pays de l'Europe centrale, tant par l'horticulteur que par le sylviculteur. La chenille échappe, comme tant d'autres, à l'échenillage et ne peut être efficacement combattue que lorsqu'on connaît bien ses mœurs.

Sa destruction est pourtant plus facile que celle de l'espèce précédente. Il faut rechercher et brûler les bagues composées d'œufs et cela peut se faire lorsqu'on pratique la taille des arbres. Il faut apporter une grande attention dans cette recherche, car les bagues d'œufs peuvent facilement passer inaperçues, à cause de leur couleur qui peut les faire confondre avec les branches qui les portent. Il ne faut donc pas négliger de visiter en outre les arbres à l'époque de l'apparition des jeunes chenilles ; celles-ci ne s'éloignent jamais beaucoup de l'endroit où elles sont nées et où elles tissent leurs premières toiles sociales. Ces toiles seront enlevées de préférence de grand matin, puis brûlées.

Les chenilles, réunies en groupes parfois considérables, sont extrêmement mobiles et se laissent rapidement descendre au moyen de fils. Il faut les écraser ou les brûler, sans quoi elles se dispersent en tombant au pied de l'arbre ou sur des branches inférieures. Lors des mues ou au cours d'intempéries, quand elles se réunissent sous les grosses branches, on peut leur envoyer un coup de fusil chargé de poudre en plaçant l'arme à une distance maximum de trois centimètres du groupe.

Il est pratique encore de projeter vers les chenilles réunies une émulsion de savon noir dans du pétrole.

Considérations sur l'échenillage.

Il arrive souvent qu'après avoir apporté le plus grand soin à l'échenillage des arbres fruitiers, on constate que les jeunes feuilles sont cependant rongées; ces dégâts sont dus à la *Livrée* ou à la *Spongieuse*, dont les bagues et les paquets d'œufs ont échappé à la destruction.

Par l'application du règlement sur l'échenillage, on n'atteint en réalité qu'une seule espèce, le *Cul brun*, et non les autres, au moins aussi nuisibles pourtant.

Il nous semble donc qu'il y ait mieux à faire. Des figures coloriées montrant les chenilles, les papillons et les caractères de leurs ravages, devraient être répandues dans le pays entier, surtout dans les écoles : une affiche analogue à celle distribuée récemment par l'administration des eaux et forêts et représentant les insectes nuisibles aux résineux, ou bien encore des brochures illustrées vendues à bas prix, donneraient à tous la connaissance du mal à craindre et des moyens à employer pour le conjurer.

Quelques leçons appelant l'attention des enfants des écoles primaires sur ces insectes nuisibles compléteraient ces mesures; ces leçons seraient tout au moins aussi utiles que celles qui se rapportent aux oiseaux insectivores, car un très petit nombre seulement de ceux-ci peuvent se nourrir des chenilles protégées par des poils irritant la muqueuse de leur estomac.

Pour terminer, nous rappellerons que le vent dominant de l'année 1901 a été celui du nord-est. Il se peut qu'il domine encore pendant un temps plus ou moins long, peut-être plusieurs années, avec une température semblable à celle de 1901, et favorise ainsi une multiplication absolument anormale des chenilles.

Si l'échenillage ne se fait pas sérieusement et s'il n'est pas prescrit de mesures spéciales en vue de la destruction des œufs, chenilles et papillons que n'atteint pas cette opération, on peut prédire que, malgré le développement parallèle des ennemis, ichneumons et autres, nous serons témoins de dégâts dont on gardera le souvenir.

G. SEVERIN,
Conservateur au Musée royal
d'Histoire naturelle de Belgique.

Insuffisance de la production
de bois d'œuvre dans le monde

Depuis que j'ai appelé l'attention du Congrès international de sylviculture sur l'insuffisance de la production des bois d'œuvre dans le monde (1), cette question a fait, en Angleterre, l'objet d'une nouvelle étude.

Le 27 février dernier, M. W. Schlich, professeur au Royal Indian Engineering College, qui est actuellement la plus haute autorité forestière de l'Angleterre, a lu à la Société des Arts de Londres un travail intitulé *The outlook of the world's timber supply*, dont les conclusions sont peut-être encore plus pessimistes que les miennes.

Les chiffres sur lesquels M. Schlich s'appuie ne sont pas toujours facilement comparables à ceux que j'ai extraits des publications officielles des divers Etats. Il est facile d'en comprendre les motifs. En premier lieu, je n'ai tenu compte que des bois communs, c'est-à-dire de ceux qui, croissant dans les régions froides ou tempérées, ont leurs analogues, comme essences et qualités, dans notre production natio-

---

(1) Travail présenté au Congrès international de Paris en juin 1900, par M. A. Mélard, conservateur des eaux et forêts, et que nous avons reproduit dans le Bulletin, 1901, livraisons d'avril à septembre inclus.

nale. J'ai donc éliminé des tableaux d'importations et d exportations les bois durs des régions intertropicales, qui trouvent principalement leur emploi dans les ouvrages d'ébénisterie. En second lieu, j'ai adopté, comme unité de comparaison, le mètre cube. C'est sur cette base qu'en France les forestiers et les exploitants ont l'habitude d'établir leurs calculs; les quantités exprimées en mètres cubes sont donc celles que nous nous représentons le plus facilement. Enfin, à l'époque où j'ai préparé mon travail, les résultats commerciaux les plus récemment publiés étaient ceux de l'exercice 1898.

. M. Schlich, au contraire, paraît avoir le plus souvent ajouté dans ses relevés les bois d'ébénisterie aux bois communs ; d'autre part, il a exprimé les quantités en tonnes anglaises (1,016 kil.) et a eu à sa disposition les statistiques de 1899.

Son travail, fort développé, est très intéressant. Il peut être utile d'en extraire quelques chiffres et d'en traduire quelques passages.

En considérant l'ensemble de l'Europe, M. Schlich constate que, malgré la production encore abondante de l'Autriche-Hongrie, de la Suède, de la Norwège, de la Russie et de la Finlande, il y a actuellement un déficit annuel de 2,600,000 tonnes de bois d'œuvre qui doit être comblé par les autres continents, et plus spécialement par l'Amérique du Nord. Ce déficit s'accroît d'année en année avec la plus grande rapidité. En Angleterre, il a augmenté annuellement de 189,000 tonnes en moyenne pendant les 35 dernières années, et de 332,000 tonnes pendant les 5 dernières années.

Dans les 20 dernières années, la population du Royaume-Uni s'est augmentée de 20 p. c., tandis que les importations de bois accusent une majoration de 45 p. c. L'emploi du fer et de l'acier dans les constructions n'a donc pas réduit la consommation du bois.

En établissant la balance des importations et des exportations dans les nombreuses contrées qui composent l'immense empire britannique, M. Schlich relève. en dernière analyse, un excédent d'importation qui, malheureusement, ne reste pas stationnaire. Sa valeur moyenne annuelle, qui était de 13,994,000 livres sterling (349 850,000 francs) dans la période quinquennale 1890-1894, s'est élevée à 17,850,000 livres sterling (446,250,000 francs) pendant la période 1895-1899. L'augmentation moyenne d'une période à l'autre a donc été de 3,856,000 livres sterling (96 millions de francs). Ainsi, quoique cet empire possède 320 millions d'hectares de forêts au Canada. il ne peut se suffire à lui-même.

M. Schlich ne voit pas la situation forestière du Canada sous un aspect bien brillant.

En nombre rond, dit-il, le Canada a 800 millions d'acres (320 millions d'hectares) de terrains classés comme forêts, mais il a été établi, par l'inspecteur chef du service forestier au Canada, qu'un tiers seulement de cette surface, soit 266 millions d'acres, peut être considéré comme bois d'œuvre, le surplus étant couvert d'une végétation médiocre, pouvant être utilisée sur place, mais n'ayant que peu ou point de valeur marchande. La surface des forêts de bois d'œuvre et leur proportion par tête d'habitant sont si grandes qu'une disette de bois d'œuvre ne semble pas possible. Néanmoins, M. George Johnson, le statisticien du Dominion, fait voir que la situation actuelle n'a rien de florissant. Le pin Weymouth, qui est l'objet principal des exportations, est tombé au cinquième de la proportion qu'il occupait il y a trente ans, et a été remplacé par le *spruce* (épicéa). Quant à cette dernière essence, on dit qu'il en existe d'énormes quantités; mais les exploitations se sont tellement développées dans ces dernières années, que l'on constate que dans la province d'Ontario l'emploi croissant du spruce par les manufactures de pulpe de bois menace sérieusement l'approvisionnement de cet arbre précieux...

M. Edwards a dit, en 1893, au Parlement canadien:

« On peut affirmer, et je suis sûr que tous les exploitants ici présents appuieront mon dire, que les incendies de forêts ont détruit dix fois autant de richesses forestières qu'il en a été abattu par les bûcherons. »

M. Schlich est donc plein d'inquiétudes pour l'avenir:

« Le prix des bois d'œuvre, dit-il, s'élève régulièrement, quoique lentement, et 87 p. c. de nos importations se composent de bois de pin ou de sapin dont la source est particulièrement exposée à l'épuisement. Où trouverons-nous 9 à 10 millions de tonnes de bois résineux, quand les pays qui bordent la Baltique et peut-être le Canada viendront à nous manquer? C'est sur ces bois que repose la vie de notre commerce de construction, et un déficit dans leur approvisionnement aurait les plus sérieux effets sur la population de nos îles. »

Les remèdes que M. Schlich propose d'apporter à cette situation sont de deux ordres différents. Je vais les résumer:

I. Il conviendrait de se préoccuper du boisement d'une partie des surfaces incultes et des hautes terres qui existent dans les Iles Britanniques, et plus particulièrement en Ecosse et en Irlande. Leur étendue totale n'est pas inférieure à 25 millions d'acres (10 millions d'hectares). On pourrait, tout en respectant les terrains de chasse, en distraire 6 à 7 millions d'acres ·2,400,000 à 2,800.000 d'hectares) qui seraient transformés en forêts. Malheureusement, ces terrains sont, presque en totalité, des propriétés privées. Il serait donc nécessaire que l'Etat en fît l'acquisition ou que l'on pût décider les particuliers à les boiser. Dans cet ordre d'idées, on devrait s'efforcer de propager en Angleterre les principes de la science forestière et, à cet effet, introduire dans les Universités des cours de sylviculture.

On peut mettre en doute l'efficacité de ce premier moyen, étant donné le caractère du peuple anglais qui, en toutes choses, recherche le profit immédiat. Le président de la réunion à laquelle M. Schlich a lu son travail a parfaitement formulé l'objection en disant : « Les Anglais n'entreront pas largement dans la voie de la sylviculture, tant qu'il ne leur sera pas démontré qu'ils peuvent tirer 4 p. c. du capital engagé. »

II. Un second remède consisterait à arrêter les destructions de forêts dans les colonies anglaises et plus particulièrement au Canada. On constituerait, dans cette dernière possession, des réserves embrassant 100 millions d'acres (40 millions d'hectares), qui deviendraient forêts de l'Etat et seraient soumises à un contrôle complet et à des aménagements réguliers. M. Schlich estime que l'on obtiendrait, sur cette surface, un produit décuple de celui que donnent actuellement les destructions de forêts. Mais la plus grande difficulté consisterait à décider le Canada, qui jouit du *self-government*, à prendre une mesure aussi radicale et, plus on attendra, moins elle sera réalisable.

Il ne faut pas se dissimuler, d'ailleurs, que si les forêts aménagées donnent une production assurée et soutenue. par contre, elles ne peuvent lutter, comme modicité du prix des bois, avec les forêts en cours de destruction.

Dans celles-ci, on ne prend aucune précaution, soit dans l'exploitation, soit dans la traite des bois. On n'enlève que les arbres de valeur en sacrifiant, au besoin, les jeunes peuplements d'avenir qui les entourent. On abandonne sur place tous les déchets, tous les branchages, au risque d'écraser les recrues et d'offrir un aliment à la propagation des incendies. On se garde bien de débarrasser la forêt des arbres tarés, puisque leur coupe ne donnerait aucun profit, et on favorise, par suite, les invasions d'insectes et les maladies cryptogamiques.

Quand il s'agit d'une forêt aménagée, le but constant étant d'en

assurer la perpétuité, il faut, pour obtenir le réensemencement du sol,
réserver les bois les plus beaux et les plus vigoureux, dont la réalisation, quelques années plus tard, sera effectuée en prenant les plus
grands soins pour ménager les jeunes semis. On doit faire relever,
enlever ou détruire immédiatement tous les remanents. Par des
éclaircies, des nettoiements, des extractions, on élimine les bois morts,
les bois dépérissants ou sans valeur d'avenir; les frais qu'occasionnent
ces opérations sont souvent égaux ou même supérieurs au rendement
en argent qu'elles procurent. Dans la vidange, on s'efforce d'éviter le
passage à travers les jeunes coupes, d'empêcher les animaux de trait
de piétiner ou de dévorer les semis. Enfin, il est indispensable, en
prévision des incendies, de recouper les forêts résineuses par des
garde-feu soigneusement entretenus. Tous ces soins, tous ces travaux
élèvent notablement la prix de revient de la matière ligneuse.

Il est donc plus que probable qu'au fur et. à mesure que les pays
exportateurs, s'apercevant que les destructions vont trop vite, soumet-
tront leurs forêts à des aménagements réguliers, il se produira une
hausse marquée dans le prix du bois d'œuvre.

Notre production forestière française, qui provient en grande partie
de forêts aménagées. verra sans doute, dans l'avenir, diminuer l'écart
du prix de revient qui fait actuellement l'avantage des pays à exploitations dévastatrices.

MÉLARD.

Dans un travail sur le même sujet, publié par la *Forst-
wissenschaftliches Centralblatt*, M.Schlich, faisant siennes et
précisant les conclusions d'un article de M. le Dr Endres,
professeur à l'université de Munich, recommande les
moyens ci-après :

1. La plus grande économie dans la consommation du
bois.

2. Reboisement des terres vagues.Il y a encore un million
d'hectares de landes en Allemagne ; la Grande-Bretagne et
l'Irlande en renferment dix millions; il y en aussi de vastes
étendues dans les autres pays.

3. Traitement soigné des forêts pour augmenter l'accroissement.

4. Amélioration des méthodes culturales, notamment conversion en futaies pleines des taillis simples et peut-être aussi des taillis sous futaie. Production de bois d'œuvre au lieu de bois de chauffage. Spécialement, introduction de résineux dans les forêts de hêtre et autres forêts feuillues, sur une plus grande échelle que ce qui s'est fait jusqu'à présent.

Dans cette voie, il y a encore beaucoup à faire en Allemagne et surtout en Hongrie, où l'on trouve 79 p. c. de forêts feuillues ; en France également, des améliorations nombreuses peuvent être réalisées dans ce sens.

Insistant sur ce dernier point, M. Schlich termine comme suit :

« La production d'une quantité suffisante de bois résineux est la chose qu'il faut surtout considérer ; à cela doit tendre la culture entière. Si d'un côté nous devons nous garder de créer de grandes étendues de forêts de résineux purs, d'un autre côté nous ne devons pas craindre d'introduire ces essences dans nos forêts feuillues jusqu'à concurrence des deux tiers du peuplement. Semblable règle, je le sais, fera crier beaucoup de forestiers allemands et français, mais c'est un besoin dominant du monde. Espérons que les administrateurs forestiers des divers pays comprendront ce devoir qu'indique la statistique. »

Les légendes sur le coucou [1]

Les légendes sur le coucou subsistent toujours et loin de s'amender, elles semblent au contraire s'augmenter dans le sens absurde, témoin cette assertion toute récente, accueillie par la presse, et qui ne tend à rien moins qu'à transformer le coucou en

---

[1] Extrait de l'*Ornis*, Bulletin du Comité ornithologique internationale.

un rapace similaire de l'épervier. On verra dans un instant que je n'exagère pas.

Un ornithologiste distingué, notre regretté collègue M. le baron d'Hamonville, a dit le mot juste : « La vie intime du coucou est entourée d'erreurs qui masquent la vérité. »

Eh bien, ces erreurs qui sont tenaces et qu'il est plus difficile de détruire que de faire entrer une vérité nouvelle dans la science, menacent de s'éterniser. Les quelques ouvrages, assez rares du reste, qui se publient de nos jours sur l'ornithologie les reproduisent fidèlement ou se contentent de renvoyer le lecteur à *La vérité sur le coucou*, publiée par O. des Murs, en 1879. Or, en terminant cette étude très documentée et d'un mérite incontestable, l'auteur déclare lui-même qu'il ne pense pas être arrivé à faire la lumière sur cet oiseau, mais qu'il espère avoir consciencieusement réuni les pièces du procès, de façon à fournir amplement à d'autres les éléments nécessaires pour parvenir à ce résultat.

Le meilleur moyen pour l'atteindre n'était pas, à mon avis, de disserter sur des hypothèses présentées d'une façon plus ou moins ingénieuse par tel ou tel auteur, mais de chercher à faire disparaître les mystères du coucou en recourant à l'observation qui seule devait permettre la connaissance sinon de toutes, du moins d'une notable partie de ses mœurs.

Les difficultés que présente ce genre d'études ne sont pas aussi grandes que pourrait le faire croire l'ignorance dans laquelle sont restés, sur ce point, les naturalistes depuis les temps les plus anciens jusqu'à nos jours ; le tout était d'y consacrer le temps nécessaire à de minutieuses investigations et d'y apporter l'attention suffisante pour éviter de s'égarer en complétant par des hypothèses des faits mal ou incomplètement observés.

J'ai donc été étonné de la facilité avec laquelle je suis arrivé à élucider plusieurs points jusqu'ici inconnus de la biologie du coucou. Les résultats de mes recherches ont été publiés dans les *Mémoires de la Société zoologique de France* (1), je n'y reviendrai donc pas ici ; je mentionnerai toutefois la réfutation que j'ai pu faire de l'étrange explication que Jenner avait donnée de

---

(1) *Recherches et considérations sur l'adoption par les Passereaux de l'œuf du Coucou* (*Mém. Soc. zool. de France*, t. VII, 1894). — *Durée de l'incubation de l'œuf du Coucou et de l'éducation du jeune dans le nid* (*Ibid.*, t. VIII, 1895).

l'isolement du jeune coucou dans le nid ; il en avait fait un criminel à sa sortie même de la coquille, ayant pour premier soin de jeter par-dessus bord les œufs légitimes ou ses frères de couvée, s'ils étaient nés avant lui.

Certes, la description que nous a donnée Jenner des manœuvres employées par le jeune fratricide pour transporter sa victime, présente un côté dramatique bien fait pour séduire l'imagination. Cependant, l'emploi des ailes comme moyen de retenir le corps en équilibre sur le dos n'était guère admissible ; aussi le D\u02b3 J. Franklin, pour expliquer ce manège, prétendit que la nature avait tout exprès doté le jeune coucou d'une dépression entre les deux épaules lui permettant d'y faire tenir œufs ou petits pendant les manœuvres qu'il devait exécuter pour les jeter hors du nid et, pour répondre à l'avance aux objections qui n'auraient pas manqué d'être soulevées par les naturalistes s'appuyant sur la conformation normale du coucou adulte, il avait soin d'ajouter que ce creux s'effaçait peu à peu avec l'âge et disparaissait complètement.

Faut-il dire que ce n'était là de la part de Franklin qu'une fiction à l'aide de laquelle il croyait donner plus de créance à cette autre fiction avancée par Jenner? Ce n'est pas inutile en présence du nombre des naturalistes qui adoptèrent l'une et l'autre et, je dirai, qui y croient encore de nos jours, puisqu'en 1899, on les retrouve telles dans un article consacré au coucou. Comme exemple curieux, je citerai la façon dont Toussenel, pourtant un esprit judicieux, allie l'hypothèse de Jenner à celle non moins fantaisiste de J. Franklin :

« Le petit coucou, dit-il avec conviction, quand il vient au monde, est un être très difforme, dont le dos est creusé en forme de cuvette. Mais cette difformité couvre un but cruel de la nature. L'oiseau, à peine sorti de la coquille, se donne des mouvements tout particuliers et tente des efforts inouïs pour faire tomber dans son entonnoir perfide tout ce qui l'entoure, œufs ou petits, et, aussitôt qu'il sent ses épaules chargées, il s'achemine vers le bord du nid et verse son fardeau par-dessus. »

Il est temps de rejeter, une bonne fois, tout cela dans le domaine de l'imagination pure.

De toutes les espèces d'oiseaux dont j'ai pu suivre les phases de la reproduction, le jeune coucou est justement celui qui demande le plus de temps pour sortir de l'état de faiblesse, je dirais mieux de torpeur, où il reste après sa naissance ; au bout de quarante-huit heures, alors qu'il a déjà grossi notablement, il reste encore dans le fond du nid, incapable de se déplacer ; tout au plus soulève-t-il la tête qu'il agite toute tremblante en ouvrant le bec, quand on touche le nid et qu'il croit qu'il va recevoir la becquée Évidemment, ni Jenner, ni le Dʳ Franklin n'ont vu naître un coucou et, dans leur ignorance de la cause de son isolement dès la première heure, ils n'ont rien trouvé de mieux que d'imaginer cette scène d'un très haut intérêt si elle était vraie, mais qui a fait malheureusement tache jusqu'ici dans la science, où rien ne doit être avancé avant d'avoir été prouvé par l'observation.

L'auteur de l'enlèvement des œufs légitimes, car jamais ils n'éclosent avant l'œuf intrus (1), n'est autre que la femelle coucou elle-même qui, loin d'être une mauvaise mère, ainsi qu'on pouvait le croire sur les apparences parce qu'elle ne couve pas, se montre au contraire attentive à surveiller les progrès de l'incubation de l'œuf qu'elle a confié à des étrangers. C'est elle qui, enlevant les œufs des parents adoptifs au moment où son jeune vient de naître, ou les frappant de mort d'un coup de bec s'ils paraissent devoir éclore les premiers, lui assure la somme de nourriture nécessaire à son développement normal et que toute l'activité du couple nourricier parvient à peine à lui fournir.

C'est en 1895 que j'ai publié ces observations, avec la certitude de ne pas avoir été égaré par des apparences trompeuses ; mais je dois déclarer qu'antérieurement un naturaliste consciencieux, Ad. Walter, avait déjà fait justice de cette fable qui faisait du jeune coucou un véritable acrobate à la sortie de l'œuf. On doit donc savoir gré à M. le Dʳ Alphonse Dubois d'avoir donné une large place à l'observation de Ad. Walter dans son bel ouvrage, *La Faune illustrée des Vertébrés de la Belgique.*

La femelle coucou, en faisant le vide autour de son jeune, agit évidemment dans le but de concentrer sur lui seul toute la sollicitude des parents adoptifs : elle détruit ainsi, il est vrai, une couvée de précieux insectivores, mais elle ne le fait que pour obéir à une loi naturelle qui lui enlève la faculté de couver, et, en

---

(1) Lorsque, par exception, on trouve un nid contenant les jeunes légitimes en même temps qu'un jeune coucou, c'est que le coucou femelle a été détruit avant l'éclosion des œufs.

somme, elle supprime le côté cruel qu'il y aurait eu à laisser les jeunes légitimes naître en même temps que l'intrus dont ils auraient été destinés à devenir fatalement les victimes, lentement étouffés sous le développement de son corps qui ne tarde pas à déborder et à faire éclater les parois du nid.

Mais, à côté de ces erreurs scientifiques, il est d'autres légendes qu'il serait beaucoup plus regrettable de laisser accréditer, parce qu'elles tendent à représenter le coucou comme un mangeur d'œufs et de jeunes, voire même à l'assimiler aux oiseaux de proie. C'est en reproduisant des inepties de ce genre que les journaux à grand tirage faussent l'esprit du public et le résultat est que les braves gens de la campagne, qui prennent pour véridique ce qu'ils ont lu, en arriveraient à chercher à détruire le coucou, qui doit être classé parmi nos oiseaux les plus utiles. Cet oiseau est le seul à qui un estomac particulier permet de se nourrir de chenilles velues. Aussi, si cette précieuse espèce venait à disparaître ou seulement à diminuer, aucune autre ne saurait la remplacer pour restreindre la reproduction du bombyx processionnaire et des *Liparis dispar* et *monacha*, dont la pullulation ne tarderait pas à amener la ruine de nos forêts.

En 1897, un journal illustré ayant publié une série de planches en couleur d'oiseaux et d'insectes utiles et nuisibles, signées d'un artiste de talent doublé d'un naturaliste distingué, reçut d'un lecteur habitant la Savoie une protestation indignée, parce que le rédacteur de l'article explicatif de ces belles planches, avait placé le coucou parmi les oiseaux utiles.

« A peine arrivé dans le pays depuis deux à trois jours, écrivait-il, cet oiseau cruel a tué un de mes canaris que j'avais en cage ; je l'ai vu essayant d'attirer sa victime à travers les barreaux pour la manger. »

Certes, un brave homme peu versé en ornithologie peut parfaitement s'y tromper et confondre, même à courte distance, un coucou avec un épervier ; de sa part, c'est pardonnable, mais ce qui ne l'est pas, c'est qu'un naturaliste accepte cette grossière erreur et cherche à s'excuser en déclarant qu'il n'a fait que se conformer à la décision de la Commission internationale qui avait dressé la liste des oiseaux à protéger et y avait inscrit le coucou. « Quant à lui, ajoute-t-il, il est bien convaincu que le coucou jouit à juste titre d'une abominable réputation ; c'est l'oiseau de tous les crimes et de toutes les perfidies. »

Pauvre coucou, qui se conforme simplement au rôle que la nature lui a dévolu ; il était pourtant facile de le disculper de telles accusations en répondant que son bec n'est pas fait pour déchirer une proie, que ses pattes ne peuvent lui servir de serres, qu'il est l'oiseau des sombres feuillées où son chant révèle seul sa présence, qu'enfin, jamais on ne l'a vu s'approcher assez près des habitations pour venir se poser sur une cage accrochée à un mur.

Voilà pourtant comment une nouvelle légende s'introduit dans la biologie d'un oiseau, par l'ignorance d'une part, et le manque de jugement de l'autre.

Il est généralement admis que le coucou est un mangeur d'œufs, même de petits des espèces dans le nid desquelles il dépose le sien, et les ornithologistes sont rares qui, comme Degland et Gerbe et Alphonse Dubois, ont protesté contre cette croyance ; aussi en 1899, bien près de nous comme on voit, ai-je encore trouvé sans trop d'étonnement, mais non sans regret, dans le journal cynégétique suisse *Diana*, un article intitulé « Le coucou », dans lequel l'auteur, tout en faisant cependant preuve de certaines connaissances ornithologiques, dit textuellement : « Le coucou dévalise les nids, mangeant non seulement les œufs, mais aussi les jeunes en duvet, petits merles, grives, fauvettes, etc. »

Plus loin, cet écrivain réédite en l'accentuant la même affirmation : « Il ne pense qu'à faire du mal à son prochain ; surveillant les nids des oiseaux, il s'empresse de s'y précipiter, dès que les parents s'éloignent, pour dévorer leurs œufs et même les petits en duvet. Les chasseurs feront bien de ne pas l'épargner, malgré la loi fédérale qui le met au rang des grimpeurs avec l'innocent grimpereau, la sitelle, etc.

» C'est un rapace et non un insectivore, que, quant à moi, je ne ménage jamais. Je me fais un plaisir d'ôter ce triste sire du nid qu'il a accaparé, pour permettre aux rouges-gorges ou autres pauvres parents abusés de recommencer une jolie nichée pour eux seuls. »

Souhaitons que cet irréconciliable ennemi du coucou n'ait pas beaucoup d'imitateurs et que ses détestables conseils trouvent le moins d'écho possible.

Le coucou est si peu un mangeur d'œufs qu'il jette à terre, et les y laisse, ceux qu'il enlève du nid dans lequel vient de naître son petit ; et pourtant, perdus pour perdus, il serait excusable de les manger; en ne le faisant pas, il montre suffisamment que ce genre de nourriture ne lui est pas habituel.

Sur ce point, les observations de Walter et les miennes ne laissent place à aucun doute.

Du reste, le coucou ne saurait être mieux vengé de ces absurdes accusations que par les intéressantes observations inédites sur le *Régime alimentaire des oiseaux* de feu Florent Prévost et que M. le Dᵣ Oustalet a très heureusement publiées et commentées dans le fascicule de l'*Ornis* de mai 1900. Sur vingt et un coucous autopsiés au cours de tous les mois du séjour de cet oiseau en France, c'est-à-dire depuis son arrivée au printemps jusqu'à son départ à la fin de l'été, Florent Prévost n'a trouvé dans leurs estomacs que chenilles, phalènes, larves, coléoptères et orthoptères.

On lui reproche, enfin, de causer la perte d'un certain nombre de passereaux et par conséquent de précieux auxiliaires de l'agriculture; il est bien obligé de le faire puisque la perpétuation de son espèce en dépend; mais il compense cette perte par la destruction d'insectes qui, sans lui, n'auraient aucun frein dans leur pullulation excessive. A ceux donc qui le chargent de cette accusation irraisonnée, le baron. d'Hamonville a répondu en naturaliste éclairé qu'il était : « Le coucou recherche les chenilles velues et lanigères dédaignées par les autres oiseaux insectivores; à ce titre, il nous rend les plus grands services. Son mode de propagation enraye, il est vrai, la reproduction des passereaux qu'il charge du soin de ses petits, mais le bénéfice est encore pour nous. »

En terminant ce succinct exposé, je m'estimerai heureux si j'ai pu attirer l'attention des nombreux et éminents ornithologistes réunis dans ce Congrès sur des légendes qui sont non seulement préjudiciables à la conservation d'oiseaux des plus utiles, mais surtout déplorables, à notre époque, au point de vue de la vérité scientifique.

XAVIER RASPAIL.

Le « Waldbau »

du Dr Karl GAYER (1)

Depuis quelques années a pris naissance en Belgique, comme dans plusieurs autres pays, un mouvement de l'opinion en faveur de l'étude des questions forestières. Sous l'impulsion du progrès général et de la nécessité d'une production plus intensive, administrations et particuliers se sont aperçus que les terrains boisés ou susceptibles de l'être, ne donnaient ni comme revenu actuel, ni en espérances d'avenir, ce qu'on en obtient effectivement dans d'autres pays où ils sont mieux gérés. On a compris le besoin d'améliorer cette situation. Ce courant des idées, en Belgique, s'est manifesté spécialement par l'institution du Conseil supérieur des forêts et par la fondation de la Société centrale forestière, qui compte actuellement près de mille membres, résidant pour la plupart en Belgique. Cette association organise des excursions d'étude auxquelles prennent part un grand nombre de ses membres, et publie dans un Bulletin mensuel le résultat de ses travaux, qui sont suivis avec intérêt par de nombreux lecteurs. Ces faits prouvent que nous sommes, nous aussi, sortis de la période de la routine ; nous cherchons à nous instruire des lois naturelles, dont la connaissance et l'observation peuvent seules rétablir la prospérité de notre domaine forestier.

Mais la science forestière devant plus que toute autre se baser sur des expériences répétées dans des milieux différents, il y a grand intérêt à multiplier nos observations, à les comparer entre elles, et à suivre les travaux qui marquent les progrès de cette science dans d'autres pays, et notamment en Allemagne.

En effet, l'Allemagne est pour ainsi dire la patrie de la sylviculture. Son domaine forestier cultivé est probablement le plus beau qu'il y ait au monde, et l'étude des lois qui doivent le régir y a pris un essor précoce. Il y a près d'un siècle que Hartig et Cotta y jetèrent les fondements de la science forestière, et leurs successeurs en ont presque achevé l'édifice. L'administration forestière allemande est remarquable par la bonne préparation, la capacité, le zèle professionnel de ses membres, et par les résultats palpables qu'elle obtient : les personnes qui ont pris part aux excursions or-

---

(1) Traité de sylviculture, du Dr Karl Gayer, professeur à l'Université de Munich. Traduction de M. Étienne Visart de Bocarmé. Volume grand in-8o de XII-678 pages, 107 gravures dans le texte. En vente chez G. Stock, imprimeur-éditeur, 14, rue de la Main d'Or, à Bruges. 12 fr. 50 (non relié, fr. 10.50). Envoi sans frais pour l'acheteur.

ganisés en Allemagne par la Société forestière de Belgique, ont été à même de le constater à plusieurs reprises. L'enseignement forestier y est donné par des spécialistes éminents dans les universités et dans plusieurs académies forestières, fréquentées non seulement par les Allemands, mais par de nombreux étrangers. Enfin, il va de soi que les publications relatives à la sylviculture y sont nombreuses et apportent souvent de nouvelles contributions à l'ensemble des connaissances acquises ; aussi leur fait-on dans notre pays et dans d'autres de fréquents emprunts.

Les travaux de nos voisins sont donc fort appréciés chez nous ; c'est ce qui m'a donné l'idée de les mettre une fois de plus à profit, en offrant aux personnes qui se servent de la langue française la traduction du traité de sylviculture de M. Gayer ; celui-ci voulut bien m'autoriser à mettre à exécution mon projet.

Né à Spire en 1822, M. Gayer entra en 1843 dans l'administration des forêts bavaroises ; il occupa à partir de 1855 une chaire à l'institution forestière d'Aschaffenbourg, pour devenir en 1877 professeur à l'université de Munich, fonctions qu'il résilia en 1892. Il a publié plusieurs ouvrages, dont les principaux sont le traité de *l'Exploitation des forêts (Die Forstbenutzung)*, paru à Berlin en 1863, et réédité huit fois depuis lors ; et le *Waldbau*, dont la première édition date de 1877 et le troisième et dernière de 1889 ; c'est sur celle-ci qu'a été faite la présente traduction.

La carrière de M. Gayer a été consacrée tout entière à l'étude, au perfectionnement et à l'enseignement de la science forestière. Il a apporté au service de cette cause les dispositions innées d'un profond observateur de la nature, un esprit clairvoyant, des procédés scientifiques, et une infatigable ardeur au travail. Il a voulu observer la nature dans les milieux et les régions les plus diverses de l'Europe centrale ; et ses voyages d'étude l'ont même amené jusqu'en Belgique, où il a visité plusieurs de nos forêts, et constaté la similitude des conditions culturales de notre pays et de plusieurs parties de l'Allemagne, notamment de la région rhénane et de la plaine sablonneuse de l'Allemagne du Nord. Il a été à même de beaucoup voir et de subir le contact de bien des opinions diverses ; le temps lui a été donné de contrôler la justesse des conclusions qu'il a pu déduire de ses observations, et comme il le dit avec raison, le *Waldbau* est le fruit de sa longue expérience. C'est une œuvre réfléchie, fondée sur des principes vrais, une et complète.

Dès son apparition, le *Waldbau* fit sensation en Allemagne, où le besoin d'un ouvrage de ce genre se faisait sentir. On possédait un grand nombre de documents épars, mais il manquait un traité général, embrassant toutes les parties de la sylviculture, et posant les jalons suivant lesquels on doit s'orienter dans l'étude de cette science. La personnalité et l'érudition reconnue de son auteur le recommandèrent à l'attention publique, et le mérite qu'on lui découvrit quand il fut publié, le répandit bientôt dans tous les pays de langue allemande. L'expérience de vingt années a confirmé ce premier jugement, et actuellement, comme l'auteur s'en montre fier à bon droit, il est adopté comme un .traité classique par les administrations forestières de deux régions aussi différentes que la Bavière et la Prusse orientale.

Ce n'est pas sans raison que le livre de M. Gayer a été ainsi l'objet de la faveur du public forestier. Le principal élément de sa valeur, c'est la solidité et la fécondité des principes sur lesquels il est basé, et d'où il est déduit avec une abondance de développements qui n'a négligé aucun détail intéressant. Le précepte fondamental que l'auteur considère comme la base de la sylviculture peut se résumer ainsi : *conservation intégrale des forces productrices par l'observation rigoureuse des lois de la nature.* Le Créateur a donné aux forêts abandonnées à elles-mêmes la faculté de pourvoir à leur propre conservation ; c'est donc en imitant ce que fait la nature, en ne créant pas de situations contraires à ses lois, que nous leur assurerons une existence durable.

Les recherches faites dans le cours de ce siècle ont jeté une certaine lumière sur les phénomènes physiques et chimiques qui accompagnent l'élaboration du bois ; grâce à elles, nous savons quels éléments nous devons restituer au sol de nos forêts, quand l'exploitation les leur a enlevés. Elles nous fournissent donc le moyen de *conserver la fertilité du sol,* et d'arriver à l'idéal de *l'exploitation soutenue,* c'est-à-dire au maintien perpétuel du même rendement ; mais c'est à condition de ne jamais marcher à l'aventure, et d'appliquer d'une manière raisonnée, dans chaque cas, le traitement que réclament les circonstances.

Conservation des qualités du sol, c'est là la règle primordiale de toute la sylviculture. L'auteur y insiste en toute circonstance, et c'est en la répétant pour ainsi dire à satiété qu'il arrive à pénétrer le lecteur de son importance. Toute opération qui n'en tient pas compte, qui la subordonne à des considérations d'ordre commercial, à des préférences injustifiées, est économiquement mauvaise. Alors même que son résultat immédiat semble avantageux, on peut être certain que ses effets fâcheux ne sont que retardés, et finiront infailliblement par se manifester. C'est ainsi que certains procédés de culture ont appauvri, sur de grandes étendues, le sol des régions où on les a appliqués. On en trouve un exemple dans les vastes peuplements homogènes et réguliers du pin sylvestre de l'Allemagne du Nord, qui, exploités à blanc étoc après chaque révolution, laissaient ensuite le sol exposé aux intempéries pendant plusieurs années ; la pluie et le soleil décomposaient et réduisaient en poussière l'humus qui était ensuite emporté par le vent. Ce procédé de culture, simple et rémunérateur, parut excellent quand on commença à le pratiquer ; c'est seulement après plusieurs générations que ses invonvénicnts se firent sentir. — On peut encore citer comme abus contraire à la conservation du sol le soutrage, qui *soutire* peu à peu les éléments de sa fertilité ; il est d'autant plus perfide que son action est très lente, et que, lorsqu'on commence à ressentir la nécessité de l'interdire, il est passé à l'état d'usage invétéré et très difficile à supprimer.

Il se peut donc qu'un système soit en apparence justifié par ses résultats immédiats ; qu'on ne soit pas prompt à conclure qu'il peut être adopté en tout temps et en tout lieu, car il peut renfermer un germe de ruine pour l'avenir. C'est en sylviculture surtout qu'il est dangereux de conclure inconsidérément du particulier au général ; il n'est aucune autre science où les expériences doivent être plus prolongées, plus répétées, et exigent plus d'attention à démêler tous les éléments dont se compose le milieu où elles sont faites.

Si la lecture du *Waldbau* est utile et instructive, elle est en outre particulièrement attrayante, grâce à la profonde vérité et au caractère typique, essentiellement original et personnel, de ses remarques. Sortant franchement des sentiers battus de la doctrine, et lui ouvrant de toutes parts de nouveaux horizons, de nouveaux champs à explorer, il met en lumière bien des particularités ignorées ou négligées, et pourtant grosses de conséquences.

Sans doute, M. Gayer tient compte des observations de ses prédécesseurs, et des résultats incontestables qu'elles ont fournis ; mais il tient à les contrôler personnellement, à les comparer avec les faits qu'il a constatés lui-même, et à rectifier au besoin les conclusions qu'on a cru pouvoir en tirer. Il remet à neuf pour ainsi dire la théorie, il la complète dans quelques-unes de ses parties, il la confirme ou la conteste dans d'autres, et toujours avec une indépendance d'opinion qui dénote le souci de la seule vérité.

Les questions si intéressantes de la formation du massif, du rôle du couvert, du tempérament des essences et de leurs autres caractères spécifiques ont fait l'objet de prédilection de ses recherches ; il est impossible d'indiquer avec plus de netteté et de clarté les éléments propres à contribuer à leur solution qu'il ne l'a fait dans ses deux chapitres relatifs aux considérations générales sur les peuplements, et à l'examen comparé des essences.

Quant à l'étude individuelle des essences, il consacre à chacune d'elles une monographie des plus complète et des plus vraie. Il se plaît à y accumuler les observations typiques, donnant lieu à des conclusions et à des applications intéressantes. Il excelle à saisir le trait caractéristique, l'indication voilée que donne la nature, et l'ensemble de ces remarques si profondes et si justes éclaire d'un jour nouveau la question du caractère cultural de nos essences.

L'auteur exposant lui-même, avant d'entrer en matière, le plan qu'il a suivi, il serait superflu de l'analyser ici. On remarquera que, dans la classification des formes de peuplement et des traitements forestiers, il s'est conformé à la méthode adoptée en Allemagne, dans laquelle la subdivision est plus minutieuse que chez les auteurs français. Quoi qu'il en soit des avantages de l'une ou de l'autre méthode, il est incontestable que dans l'exposition de la sienne, notre auteur abonde en indications utiles sur les lois de la végétation des essences associées, et sur les phénomènes qui exercent une action favorable ou défavorable sur les forêts. Ici encore, le nombre des documents offre au sylviculteur soigneux de nombreux points de repère, qui l'orienteront dans la solution de bien des difficultés.

Il en est de même des chapitres qui traitent des opérations de repeuplement, semis, plantation, régénération naturelle, traitement des pépinières, où l'auteur entre dans de grands détails et donne beaucoup de conseils pratiques.

Enfin, on lira avec intérêt la description de certains procédés spéciaux, ayant pour objet principal de stimuler l'accroissement chez certains sujets d'élite, par l'action renforcée de la lumière, et de produire des bois d'œuvre de fortes dimensions et de bonne qualité. Ces procédés sont très en faveur en Allemagne, à cause des beaux bénéfices qu'on en retire.

Le *Waldbau* étant un traité général, on ne doit pas s'attendre à y trouver la solution immédiate de toutes les questions objectives qui se présentent fréquemment dans la pratique forestière. Sans doute, les principes qui doivent la donner y sont énoncés, mais c'est au lecteur à en déduire l'application concrète. Et il ne serait pas possible qu'il en fût autrement. Les éléments dont se compose une station, les circonstances qui accompagnent un cas donné, peuvent se combiner de tant de manières qu'on ne saurait les prévoir toutes. Chaque opération forestière réclame de celui qui en est chargé une étude personnelle, une appréciation raisonnée de circonstances spéciales et diverses ; il peut se trouver dans une situation pour ainsi dire nouvelle et inédite, et, rigoureusement parlant, il en est toujours ainsi ; on ne rencontre jamais deux situations absolument identiques. Il faut donc que le sylviculteur résolve lui-même le problème ; il doit être en état d'interpréter les principes généraux qu'il s'est assimilés, et de les appliquer à son cas.

L'auteur insiste fréquemment sur cette façon d'envisager la mission du sylviculteur pratique, et craint par-dessus tout les règles toutes faites, que l'on applique invariablement à tous les terrains et à toutes les situations, sans tenir compte des exigences locales. Il considère la *routine* comme la pire ennemie de la bonne administration des forêts ; en dispensant les préposés de raisonner les mesures qu'ils prennent, elle annihile leurs aptitudes, soumet la plus grande partie des peuplements à un traitement contre-indiqué, épuise le sol, et va jusqu'à causer leur ruine complète. Or, c'était là précisément le défaut de l'ancienne sylviculture, qui, ignorant les lois de la végétation forestière, et ne se préoccupant pas de l'avenir, était incapable de baser ses travaux sur un raisonnement scientifique. C'est ce que nous serons en mesure d'éviter, en observant les préceptes du *Waldbau.*

Je me suis efforcé de rendre aussi fidèlement que possible le texte et les idées de M. Gayer, et si je n'ose pas me flatter d'avoir toujours traduit ses expressions d'une manière absolument adéquate quant aux mots, je crois cependant n'en avoir pas altéré le sens. Quelques-uns des termes qu'il emploie n'ont pas d'équivalent rigoureux dans la langue française, aussi ai-je dû me permettre de donner à certains mots un sens un peu plus large que celui qu'on est convenu de leur attribuer ; toutefois, je me suis conformé autant que possible à la terminologie adoptée par les meilleurs auteurs français, notamment par M. Boppe dans son traité de sylviculture, et par M. Gerschel, dans son vocabulaire forestier français-allemand. D'ailleurs, pour éviter tout malentendu, les termes dont le sens pourrait être douteux, sont toujours définis.

J'espère que, malgré son imperfection, cette traduction pourra être utile aux personnes qui s'intéressent à l'œuvre de la restauration des forêts ; et j'adresse en terminant à M. le docteur Gayer l'expression de ma vive reconnaissance de ce qu'il a bien voulu me mettre à même de répandre davantage sa doctrine parmi les amis des forêts. Puissions-nous, en suivant ses conseils, marcher sur les traces de nos voisins d'outre-Rhin, et n'avoir un jour plus rien à leur envier.

Etienne VISART DE BOCARMÉ.

Bruges, juin 1900.

Commerce du bois

Adjudications officielles prochaines :

Le 12 février 1902, à 12 heures, au local de la Bourse du Commerce, à Bruxelles, adjudication publique de la fourniture de bois d'acajou du Mexique, de bois de teck, de bois de sapin rouge du Nord et de bois indigènes, savoir :

9ᵐᵉ lot. — Bois de frène.

a) Fournitures à effectuer à Malines (gare de Muysen). 1 mètre cube madriers de 4.00 au min. × 0.22 au min. × 0.07 ; 2 idem de 4.00 au min. × 0.22 au min. × 0.08 ; 1 idem de 4.00 au min. × 0.22 au min. × 0.09 ; 10 idem de 4.00 au min. × 0.22 au min. × 0.10 ; 12 idem de 4.00 au min. × 0.22 au min. × 0.12.

b) Fournitures à effectuer à Ans. 2 mètres cubes madriers de 4.00 au min. $\times$ 0.22 au min. $\times$ 0 06 ; 1 idem de 4.00 au min $\times$ 0.22 au min. $\times$ 0.09 ; 17 idem de 4.00 au min. $\times$ 0.22 au min. $\times$ 0.10.

c) Fournitures à effectuer à Gentbrugge (Sud). 4 mètres cubes de madriers de 4 00 au min. $\times$ 0 22 au min. $\times$ 0.06; 7 idem de 4.00 au min. $\times$ 0.22 au min. $\times$ 0.08; 3 idem de 4.00 au min. $\times$ 0.22 au min. $\times$ 0.12

d) Fournitures à effectuer à Braine-le-Comte. 3 mètres cubes madriers de 4.00 au min. $\times$ 0.22 au min. $\times$ 0.07; 8 idem de 4.00 au min. $\times$ 0.22 au min. $\times$ 0.12.

c) Fournitures à effectuer à Cuesmes. 2 mètres cubes madriers de 4.00 au min. $\times$ 0.22 au min. $\times$ 0.10; 3 idem de 4.00 au min. $\times$ 0.22 au min. $\times$ 0.12.

f) Fournitures à effectuer à Jemelle. 8 mètres cubes madriers de 4.00 au min. $\times$ 0.22 au min. $\times$ 0 08; 1 idem de 4.00 au min. $\times$ 0 22 au min. $\times$ 0.12.

g) Fournitures à effectuer à Louvain. 2 mètres cubes madriers de 4.00 au min. $\times$ 0.22 au min. $\times$ 0.06; 2 idem de 4.00 au min. $\times$ 0.22 au min. $\times$ 0.10.

10° lot. — Bois de hêtre.

a) Fournitures à effectuer à Malines (gare de Muysen). 11 mètres cubes madriers de 3.00 au min. $\times$ 0.17 ou multiple de 0.17 $\times$ 0.055 ; 8 idem de 5.00 au min. $\times$ 0.30 au min. $\times$ 0.07; 1 idem de 3.00 au min. $\times$ 0.35 au min. $\times$ 0.10; 10 idem de 3.00 au min. $\times$ 0.35 au min. $\times$ 0.12

b) Fournitures à effectuer à Ans. 2 mètres cubes planches de 2^m50 au min. $\times$ 0.25 au min. $\times$ 0.05; 16 mètres cubes madriers de 3.00 au min. $\times$ 0.17 ou multiple de 0.17 $\times$ 0.055.

c) Fournitures à effectuer à Gentbrugge (Sud). 2 mètres cubes madriers de 3.00 au min. $\times$ 0.35 au min. $\times$ 0.10.

d) Fournitures à effectuer à Braine-le-Comte. 2 mètres cubes planches de 3.50 au min. $\times$ 0.60 au min. $\times$ 0.05; 2 mètres cubes madriers de 3.00 au min. $\times$ 0.17 ou multiple de 0.17 $\times$ 0.055; 1 idem de 5.00 au min. $\times$ 0.30 au min. $\times$ 0 07.

c) Fournitures à effectuer à Luttre. 1 mètre cube planches de 2.50 au min. $\times$ 0.25 au min. $\times$ 0.05; 10 mètres cubes madriers de 3.00 au min. $\times$ 0.35 au min. $\times$ 0.10.

f) Fournitures à effectuer à Cuesmes. 2 mètres cubes planches de 3.50 au min. $\times$ 0.60 au min. $\times$ 0.05; 7 cubes madriers de 3.00 au min. $\times$ 0.17 ou multiple de 0.17 $\times$ 0.055; 4 idem de 3.00 au min. $\times$ 0.35 au min. $\times$ 0.12.

g) Fournitures à effectuer à Jemelle. 4 mètres cubes madriers de 3.00 au min. $\times$ 0.17 ou multiple de 0.17 $\times$ 0.055; 1 idem de 3.00 au min. $\times$ 0.35 au min. $\times$ 0.10; 1 idem de 3.00 au min. $\times$ 0.35 au min. $\times$ 0.12.

h) Fournitures à effectuer à Louvain. 3 mètres cubes madriers de 3.00 au min. $\times$ 0.35 au min. $\times$ 0.10.

11° lot. — Bois d'orme.

a) Fournitures à effectuer à Malines (gare de Muysen). 3 mètres cubes planches de 4.00 au min. $\times$ 0.30 au min. $\times$ 0.025 ; 20 idem de 4.00 au min. $\times$ 0.30 au min. $\times$ 0.03; 8 idem de 4.00 au min. $\times$ 0.30 au min. $\times$ 0.04 ; 2 idem de 2.85 au min. $\times$ 0.35 au min. 0.04 ; 8 idem de 4.25 au min. $\times$ 0.48 au min. $\times$ 0.05; 57 idem de 4.00 au min. $\times$ 0.30 au min. $\times$ 0.08 ; 8 idem de 4.00 au min. $\times$ 0.30 au min. $\times$ 0.10 ; 2 idem de 4.00 au min. $\times$ 0.30 au min. $\times$ 0.14 ; 3 mètres cubes grumes de 0.30 de diam. au min. au petit bout et de 4.00 au min. de longueur.

b) Fournitures à effectuer à Ans. 4 mètres cubes planches de 4.00 au min. $\times$ 0.30 au min. $\times$ 0.025; 1 idem de 4.00 au min. $\times$ 0.25 au min. $\times$ 0.03; 1 idem de 4.00 au min. $\times$ 0.30 au min. $\times$ 0.04 ; 1 mètre cube madriers de 2.80 au min. $\times$ 0.35 au min. $\times$ 0.06.

c) Fournitures à effectuer à Gentbrugge (Sud). 1 mètre cube madriers de 2.80 au min. $\times$ 0.35 au min. $\times$ 0.06; 10 idem de 4.00 au min. $\times$ 0.30 au min. $\times$ 0.08; 5 idem de 4.00 au min. $\times$ 0.30 au min. $\times$ 0.12.

d) Fourniture à effectuer à Braine-le-Comte. 3 mètres cubes madriers de 4.00 au min. $\times$ 0.30 au min. $\times$ 0.08 ; 3 idem de 4.00 au min. $\times$ 0.30 au min. $\times$ 0.10.

e) Fournitures à effectuer à Luttre. 3 mètres cubes planches de 4.00 au min. $\times$ 0.30 au min. $\times$ 0.025; 2 idem de 4.00 au min. $\times$ 0.30 au min. $\times$ 0.03; 2 idem de 4.00 au min. $\times$ 0.30 au min. $\times$ 0.05; 1 idem de 4.35 au min. $\times$ 0.48 au min. $\times$ 0.05; 1 mètre cube madriers de 4.00 au min. $\times$ 0.30 au min. $\times$ 0.06; 2 idem de 4.00 au min. $\times$ 0.30 au min. $\times$ 0.08; 6 idem de 4.00 au min. $\times$ 0.30 au min. $\times$ 0.10 ; 1 idem de 40 au min. $\times$ 0.30 au min. $\times$ 0.12; 2 idem de 4.00 au min. $\times$ 0.30 au min. $\times$ 0.14.

12° lot. — Bois d'orme.

a) Fournitures à effectuer à Cuesmes. 1 mètre cube planches de 4.00 au min. $\times$ 0.25 au min. $\times$ 0.03; 5 mètres cubes madriers de 4.00 au min. $\times$ 0 30 au min. $\times$ 0.10; 3 idem de 4.00 au min. $\times$ 0.30 au min. $\times$ 0.12.

b) Fournitures à effectuer à Jemelle. 1 mètre cube planches de 4.00 au min. $\times$ 0.30 au min. $\times$ 0.03; 10 mètres cubes madriers de 2.80 au min. $\times$ 0.35 au min. $\times$ 0.06 ; 5 idem de 4.00 au min. $\times$ 0.30 au min. $\times$ 0.05.

c) Fournitures à effectuer à Louvain. 6 mètres cubes planches de 4.00 au min. $\times$ 0.30 au min. $\times$ 0.025; 1 idem de 4.00 au min. $\times$ 0.25 au min. $\times$ 0.03; 10 idem de 4.00 au min. $\times$ 0.30 $\times$ 0.05; 40 mètres cubes madriers de 4.00 au min. $\times$ 0.30 au min. $\times$ 0.06 ; 11 idem de 4.00 au min. $\times$ 0.30 au min. $\times$ 0.08 ; 13 idem de 4.00 au min. $\times$ 0.30 au min. $\times$ 0.12.

d) Fournitures à effectuer à Schaerbeek. 2 mètres cubes planches de

4.00 au min. $\times$ 0.30 au min. $\times$ 0.025 ; 6 idem de 2.80 au min. $\times$ 0.35 au min. $\times$ 0.06.

13ᵉ lot. — 1° Bois de peuplier.

a) Fournitures à effectuer à Malines (gare de Muysen). 16 mètres planches de 4.00 au min. $\times$ 0.26 au min. $\times$ 0.02 ; 10 idem de 5.00 au min. $\times$ 0.35 au min. $\times$ 0.04 ; 1 idem de 5.00 au min. $\times$ 0.50 $\times$ 0.08 ; 5 mètres cubes madriers de 4.00 au min. $\times$ 0.30 au min. $\times$ 0.08 ; 40 idem de 4.00 au min. $\times$ 0.30 au min. $\times$ 0.10.

b) Fournitures à effectuer à Ans. 3 mètres cubes planches de 4.00 au min. $\times$ 0 35 au min. $\times$ 0.025 ; 2 mètres cubes madriers de 4.00 au min. $\times$ 0 30 au min. $\times$ 0.10.

c) Fournitures à effectuer à Gentbrugge (Sud). 4 mètres cubes planches de 4.00 au min. $\times$ 0.26 au min. $\times$ 0.02 ; 2 idem de 4.00 au min. $\times$ 0.25 au min. $\times$ 0.03 ; 20 mètres cubes madriers de 4.00 au min. $\times$ 0.30 au min. $\times$ 0.08 ; 30 idem de 4.00 au min. $\times$ 0.30 au min. $\times$ 0.10.

d) Fournitures à effectuer à Braine-le-Comte. 4 mètres cubes madriers de 4.00 au min. $\times$ 0.30 au min. $\times$ 0.08 ; 4 idem de 4.00 au min. $\times$ 0.30 au min. $\times$ 0.10

e) Fournitures à effectuer à Luttre. 2 mètres cubes planches de 4.00 au min. $\times$ 0.26 au min. $\times$ 0.02 ; 2 idem de 4.00 au min. $\times$ 0 35 au min. $\times$ 0.025 ; 1 idem de 4.00 au min. $\times$ 0.26 au min. $\times$ 0.03.

f) Fournitures à effectuer à Jemelle. 2 mètres cubes planches de 4.00 au min. $\times$ 0.26 au min. $\times$ 0.02 ; 8 idem de 4.00 au min. $\times$ 0.26 au min. $\times$ 0.03.

g) Fournitures à effectuer à Schaerbeek. 5 mètres cubes planches de 5.00 au min. $\times$ 0.35 au min. 0.04 ; 2 idem de 5.00 au min. $\times$ 0.50 au min. $\times$ 0.04.

2° Bois de tilleul.

a) Fourniture à effectuer à Malines (gare de Muysen). 15 mètres cubes madriers de 2.50 au min. $\times$ 0.35 au min. $\times$ 0.15.

b) Fourniture à effectuer à Luttre. 1 mètre cube madriers de 2.50 au min. $\times$ 0.35 au min. $\times$ 0.15.

3° Bois de noyer.

a) Fourniture à effectuer à Malines (gare de Muysen). 2 mètres cubes madriers de 3.00 au min. $\times$ 0.35 au min. $\times$ 0.15.

b) Fourniture à effectuer à Gentbrugge (Sud). 1 mètre cube madriers de 3.00 au min. $\times$ 0.35 au min. $\times$ 0.15.

c) Fourniture à effectuer à Cuesmes. 1 mètre cube madriers de 3.00 au min. $\times$ 0.35 au min. $\times$ 0.15.

4° Bois de charme.

a) Fourniture à effectuer à Gentbrugge (Sud). 1 mètre cube arbres d'un diamètre moyen de 0.25 au min. et d'au moins 3.00 de longueur.

b) Fourniture à effectuer à Luttre. 8 mètres cubes arbres d'un diamètre moyen de 0.25 au min. et d'au moins 3.00 de longueur.

14e lot. — Bois blanc dit « Canada ».

a) Fournitures à effectuer à Malines (gare de Muysen). 1 mètre cube planches de 4.00 au min.× 0.20 au min. × 0.01 ; 2 idem de 4.00 au min. 0.20 au min. × 0.15 ; 26 idem de 4.00 au min. × 0.20 au min. × 0.02 ; 26 idem de 4.00 au min. × 0.20 au min. × 0.025 ; 23 idem de 4.00 au min. × 0.20 au min. × 0 03 ; 33 idem de 4.00 au min. × 0.20 au min. × 0.035 ; 20 idem de 4.00 au min. × 0.20 au min. × 0.115 à 0.120.

b) Fournitures à effectuer à Ans. 3 mètres cubes planches de 4.00 au min. × 0.20 au min. × 0.02 ; 1 idem de 4.00 au min. × 0 20 au min. × 0.025 ; 1 idem de 4.00 au min. × 0.20 au min. × 0.03 ; 1 idem de 4.00 au min. × 0.20 au min. × 0.035 ; 13 mètres cubes madriers de 4.00 au min. × 0.20 × 0.115 à 0.120.

c) Fournitures à effectuer à Gentbrugge (Sud). 1 mètre cube planches de 4.00 au min. × 0.20 au min. × 0.01 ; 5 idem de 4.00 au min. × 0.20 au min.× 0.015 ; 2 idem de 4.00 au min.× 0.20 au min.× 0.03 ; 38 mè'res cubes madriers de 4.00 au min. × 0.20 × 0.115 à 0.120

d) Fourniture à effectuer à Braine-le-Comte. 4 mètres cubes madriers de 4.00 au min. × 0.20 au min. × 0.115 à 0.120.

e) Fourniture à effectuer à Luttre. 1 mètre cube planches de 4.00 au min. × 0.20 au min. × 0.025.

f) Fournitures à effectuer à Schaerbeek 5 mètres cubes planches de 4.00 au min. × 0.20 au min. × 0.01 ; 4 idem de 4 00 au min. × 0.20 au min. × 0.015 ; 6 idem de 4.00 au min. × 0.20 au min. × 0.025.

g) Fournitures à effectuer à Louvain. 1 mètre cube planches de 4.00 au min. × 0.20 au min. × 0.015 ; 15 idem de 4.00 au min. × 0.20 au min. × 0.025 ; 6 idem de 4.00 au min. × 0.20 au min. × 0.035.

4° Fourniture à effectuer à Bruxelles, Allée Verte.

15e lot. — 3,200 baliveaux (cales) pour transport des glaces.

Plantations des routes de l'Etat

Le 31 janvier 1902, à 11 heures, dans les bureaux de l'hôtel du gouvernement provincial. à Arlon. Travaux de plantation sur les accotements de routes de l'Etat, dans le district de Saint-Hubert. (Cahier des charges n° 164, de 1901.) Estimation, fr. 11,300 Cautionnement, fr. 1.130. Chef de service, M. Lahaye, ingénieur en chef, directeur des ponts et chaussées, rue Léon Castilhon. n° 23, à Arlon ; conducteur principal ff. d'ingénieur, M. Burnotte, rue de Longlier, n° 57, à Neufchâteau. (Prix du cahier des charges, fr. 0.20.) Les soumissions seront remises à la poste au plus tard le 27 janvier 1902.

Production et commerce du bois de teck au Siam. — L'*Indian Import and Export Trades Journal* signale que, d'après l·s chiffres renseignés par la douane du Siam, l'exportation du bois de teck de ce pays aurait été de 45,261 tonnes valant 324,748 livres sterling en 1900, contre 36,616 tonnes évaluées à 323,867 livres sterling en 1899.

Il y a cependant lieu de croire que ces chiffres sont exagérés, parce que, comme le bois de teck n'est soumis à aucun droit de sortie, la douane siamoise base ses statistiques sur les demandes d'exportation, qui indiquent toujours un chiffre supérieur à la quantité réellement exportée.

D'après des données fournies par une autorité locale, la quantité de bois de teck exportée du Siam en 1900 n'a atteint que 38,332 tonnes, estimées à 252.557 livres sterling, contre 38,661 tonnes en 1899 et 26,495 tonnes en 1898. Au lieu d'une augmentation de 8,645 tonnes en 1900, il y aurait donc eu en réalité une diminution de 329 tonnes.

Les exportations se sont réparties comme suit par pays de destination : Europe, 11,182 tonnes; Hong-Kong et Chine, 9,480; Inde, 14,622; Singapore et colonie des Détroits, 1,995; Saïgon, 247; Japon, 681; Manille, 125; total, 38,332 tonnes.

Le commerce du bois de teck au Siam est en grande partie aux mains de sujets anglais.

Le prix moyen du bois expédié en Europe a été d'environ 250 francs la tonne f. à b.

Les perspectives pour 1902 sont bonnes, la saison des flottaisons ayant été exceptionnelle et le nombre de troncs arrivés à la station de Paknampho ayant atteint le chiffre extraordinaire de 119,931. Le plus grand nombre renseigné jusqu'à présent avait été de 76,493 en 1898-99, contre une moyenne de 54,899 pour la dernière période décennale.

Cette production considérable et la qualité inférieure de certains lots ont provoqué une baisse rapide des prix.

Quant au montant de la redevance, il a été porté de 4 1/2 à 10 roupies par arbre.

Afin de conserver les forêts de bois de teck, les autorités siamoises ont décrété que les arbres arrivés à pleine croissance pourraient seuls être abattus et que la moitié seulement de la superficie des forêts serait livrée à l'exploitation. (*Bulletin commercial*)

Chronique forestière

Réunions mensuelles. — Les perches à houblon — Le maraudage des cônes de résineux en Campine. — Rendement de la récolte des graines forestières. — Les arbres imputrescibles. Le *Thuya gigantea*. — Cours des engrais chimiques. — La question du pâturage dans les réserves forestières des Etats-Unis. — La scie automobile.

Réunions mensuelles. — Pour qui n'a pas fait ses classes gréco-latines, nous dirons que l'éthologie est la science des mœurs. La collection éthologique d'insectes de la faune belge que possède le Musée d'histoire naturelle de Bruxelles, quoique encore rudimentaire eu égard au développement qu'on se propose de lui donner, comporte déjà néanmoins plus de cent échantillons admirablement préparés et de parfaite conservation.

Nous ne pouvons faire la description de cette collection, ce sont de ces choses qu'il faut voir pour en tirer enseignement et profit. On y rencontre *Hylesinus micans*, avec ses galeries de ponte, ses larves au travail, les écoulements de résine, les dégâts qu'elles provoquent ; le *Cul brun*, chenilles, nymphes et papillons, ses abris d'hiver et ses toiles d'été pour les mues ; la *Lyde champêtre* sur le pin sylvestre : chenille, cocon, insecte parfait, etc. Le tout doit être accompagné d'une légende explicative sommaire.

La collection en question sera exposée dans les galeries du Musée accessibles au public, qui pourra retirer bien des indications de cette orientation de la science entomologique vers le côté pratique.

***

Mercredi 5 février 1902, à trois heures, réunion mensuelle.
Ordre du jour : Causerie sur la Campine.

Les perches à houblon. — Voici à ce sujet de très utiles renseignements dont pourront profiter nos propriétaires de peuplements résineux. Ils nous sont fournis par M. le notaire Breckpot, d'Alost, qui procède chaque année, sur les quais de cette ville, à des ventes publiques de résineux pour perches à houblon (pins sylvestres, mélèzes et épicéas) :

	Circonférence à 1 mètre de la base	Longueur minimum	Prix de vente par 100 perches
1re classe	0m25 à 0m35	8m50	70 à 80 francs
2e —	0m20 à 0m25	7m50	60 à 70 —
3e —	0m18 à 0m20	6 m.	30 à 40 —

On doit avoir soin de ne pas couper les sommets des perches.

Les prix indiqués ci-dessus, sans aucune garantie, sont souvent dépassés ; ils suivent en plus ou en moins le prix du houblon. Les mélèzes et les épicéas se vendent généralement 10 p. c. plus cher que les pins sylvestres.

Le déchargement et le transport par camion, de la gare au quai de vente, le classement par lots de 50 perches, la boisson aux camionneur et déchargeurs coûtent généralement quatre centimes par perche.

Lorsque les perches arrivent par bateau, les frais de déchargement, etc., montent à environ trois centimes par perche ; il y a en outre, pour droit de quai et surveillance des perches, dix francs *par vente*.

Le notaire se charge de faire opérer le déchargement et le classement des perches. Il fait l'avance de tous les frais, y compris ceux de transport et il en tient compte aux vendeurs.

Les ventes de perches à houblon se font de fin janvier à mai de chaque année, à terme de crédit jusqu'au mois de novembre qui suit la date de la vente.

Le maraudage des cônes de résineux en Campine. — M. le garde général Van der Vorst, dont la circonscription comprend la moitié est de la province d'Anvers, nous signale l'importance qu'acquiert, d'année en année, le maraudage des cônes de résineux.

Les maraudeurs venant de loin en bandes nombreuses,

défiant les gardes et les menaçant à l'occasion, courbent les arbres pour en arracher les cônes, en brisent les branches et les cimes. Partout où ils ont passé, les pineraies sont ravagées. C'est, dit M. Van der Vorst, bien autre chose que la coupe des bourgeons de résineux. (On sait que la loi du 4 mai 1900 a interdit le commerce de ces bourgeons, pour mettre fin au maraudage dont ils étaient l'objet et aux dévastations qui en résultaient.)

Les maraudeurs de cônes se font, paraît-il, des journées de 5 francs.

Pour couper court à l'abus, il suffirait, d'après M. Van der Vorst, de « défendre l'exportation des cônes verts de résineux ou de les taxer fortement à la sortie ».

C'est bientôt dit.

Sans aucun doute, il serait désirable de pouvoir empêcher la cueillette des cônes avant leur maturité; et comme les cônes récoltés dans ces conditions passent généralement la frontière, le moyen indiqué semble, de prime abord, des plus rationnel.

Mais nous voudrions voir notre honorable correspondant libeller sa proposition de loi d'une manière complète et en justifier chacune des dispositions, en ayant égard à tous les intérêts en cause et en envisageant les difficultés qui peuvent se présenter dans l'application. Nous sommes convaincu qu'il y renoncerait rapidement.

Nous rappellerons au surplus, à ce propos, que la question a été soumise au Conseil supérieur des forêts, dont le rapport et les discussions ont été publiés pp. 13 et 419 du *Bulletin* de 1898.

A notre humble avis, c'est une grave erreur de vouloir supprimer une liberté ou la réglementer à outrance, pour mettre fin à l'usage abusif qui en est fait; il faut, au contraire, chercher à réprimer l'abus sans porter atteinte à la liberté. Qu'on commence donc par faire appel, tout d'abord, à tous les moyens de *répression* dont on dispose et, s'ils sont insuffisants, qu'on en réclame le renforcement.

E. DE M.

Rendement de la récolte des graines forestières. — Nous avons reçu, dans les premiers jours de décembre, les renseignements suivants de la maison Henry Keller fils, de Darmstadt :

ESSENCES RÉSINEUSES. — Nous avons à noter malheureusement, cette fois encore, que la récolte des plus importantes graines forestières, notamment des graines de *pin sylvestre* et d'*épicéa*, est très faible dans la plupart des lieux de production. Partout où la récolte a été meilleure, le prix des cônes a bientôt subi une hausse énorme, par suite de la concurrence des acheteurs venus de tous les côtés.

Néanmoins, des tarifs de transport spéciaux, en vigueur depuis quelque temps, permettant d'importer à prix minime en Allemagne les cônes des contrées les plus éloignées, il est probable que toutes les sécheries ont rempli leurs magasins et sont en pleine activité.

La demande de graines forestières, surtout de celles de pin sylvestre, sera assez forte cette année; les sécheries devront donc faire tout leur possible pour pouvoir livrer au plus tôt de grandes quantités de semences, car il n'existe point de provision de l'année dernière.

Si les conditions météorologiques ne deviennent pas défavorables, la production totale des cônes sera probablement suffisante et permettra aux sécheries de travailler toute la saison.

Pendant les années antérieures les sécheries placées dans les bons centres de récolte, pouvaient seules, pour ainsi dire, livrer les graines à bon marché; mais les nouveaux tarifs de transport ont changé de beaucoup cette situation.

Là où les cônes débarrassés de leurs graines sont justement reconnus comme étant le meilleur combustible pour allumer les feux, et où ils se paient en conséquence, le produit de leur vente couvre non seulement les frais de transport, même pour des distances de 1,000 kilomètres, mais encore une bonne partie de la main-d'œuvre. Il arrive donc souvent qu'une sécherie située dans la région même d'abondante récolte, ne peut pas produire et livrer les graines à aussi bas prix qu'une autre sécherie éloignée, achetant les cônes dans la même région, et cela parce que cette dernière trouve un écoulement plus rémunérateur pour ses cônes ouverts.

Quoi qu'il en soit, les graines de *pin sylvestre* et d'*épicéa* ne seront pas à bon marché cette année; probablement, néanmoins, les prix n'atteindront-ils pas tout à fait ceux de la saison dernière.

Le *mélèze* porte encore moins de cônes que l'année précédente; le prix des graines en sera probablement à peu près le même.

Pour le *pin noir d'Autriche*, la récolte est aussi moindre, de même que pour le *pin Weymouth.* Les bonnes semences se paieront donc bien cher. .

Le *sapin argenté*, par contre, donne un rendement moyen; la graine est de qualité irréprochable.

ESSENCES FEUILLUES. — Après les extraordinaires *faînée* et *glandée* de 1900 dans presque toutes les régions, on ne pouvait s'attendre cette année à ce que la récolte fût de nouveau bien abondante; personne cependant ne s'attendait à un résultat aussi minime. C'est avec beaucoup de peine qu'il a été possible de se procurer quelques petits lots. On peut cependant trouver encore des glands et faînes de bonne qualité ; mais les provisions en seront vite épuisées.

Erables: la récolte de l'*érable plane* est moyenne; celle de l'*érable sycomore* est très petite.

Aunes : l'*aune rouge*, production insignifiante; l'*aune blanc*, moyenne.

Bouleau: peu de graines.

Tilleul : peu de graines du *tilleul à petites feuilles* et presque pas du *tilleul à grandes feuilles*.

Frêne : récolte un peu meilleure que l'année précédente.

Acacia : même observation.

ESSENCES EXOTIQUES. — Le *chêne rouge d'Amérique* a donné de nouveau une récolte si abondante et d'une qualité si extraordinaire que les glands de cette variété, vers laquelle l'attention se porte de plus en plus, se vendront moins cher que ceux des chênes indigènes. Il est donc fort recommandable de profiter de cette situation favorable et de faire procéder en lieux convenables à d'importants semis, car il se pourrait que pareille occasion ne se présentât plus avant longtemps.

En ce qui concerne les autres essences exotiques, on renseigne : *Pseudotsuga Douglasii*, récolte inférieure; *Picea sitchensis Menziezii*, récolte complètement manquée.

La plupart des autres espèces, entre autres celles indiquées ci-après, pourront probablement être fournies en qualités supérieures et à des prix moyens:

Larix leptolepis, Pinus banksiana, Pinus rigida, Carya alba et *amara, Fraxinus americana* et *cinerea, Juglans nigra* et *cinerea, Prunus serotina, Quercus palustris* et *coccinea, Picea pungens glauca.*

Les arbres imputrescibles. Le Thuya gigantea. — Près d'Acmé, au nord-ouest de l'Etat de Washington, aux Etats-Unis, il existe une belle forêt de sapins noirs du Canada géants (*Tsuga mertensiana*), qui a poussé sur une ancienne forêt de *Thuya gigantea*, qu'on appelle cèdre, en Amérique, comme tous les thuyas. Ces arbres sont restés couchés par terre, couverts d'humus et de détritus, et souvent l'on trouve des tsugas dont les racines sont à cheval sur des troncs de cèdres.

M. Romeyn B. Hough, un spécialiste américain, a eu l'idée de calculer l'âge de ces troncs d'arbres et aussi de vérifier quelle résistance ils avaient présentée à la pourriture.

Une publication américaine, *American Woods*, rend compte de cette étude intéressante. M. Hough sectionna quelques-unes de ces billes de cèdre et les trouva intactes, si ce n'est un peu vers le cœur. On put compter distinctement 120 cercles sur le tronc d'un *Tsuga mertensiana* qu'on avait abattu et qui enserrait entre ses racines le tronc d'un des arbres de la forêt primitive. En outre, on observa une trentaine de cercles moins distincts vers le cœur du tsuga.

Il y avait donc 150 ans au moins que les thuyas géants avaient résisté à toutes les intempéries, sans présenter de traces notables de décomposition, et cela dans un climat très humide, où dominent les brouillards et les averses.

Nous rappelons que le *Thuya gigantea* (ancien *Thuya Lobbi*, vel *Menziezii*, vel *californica*) est acclimaté en Belgique, où il croît avec une extrême rapidité. Près de Ninove, on peut voir un de ces arbres âgé de 26 ans, de 20 mètres de haut et de 1^{m}78 de circonférence (à 1^{m}50). Il existe une variété de cette précieuse espèce, appelée *Thuya gigantea atrovirens*, qui paraît plus vigoureuse encore et qui a l'avantage d'être peu garnie de branches ; mais on la trouve difficilement non greffée. S. DE L.

Cours des engrais chimiques. — Nombre de lecteurs du *Bulletin* utilisant aujourd'hui les engrais chimiques et certains de ces engrais étant même employés dans la culture forestière (pépinières, boisement de terrains incultes, etc.), nous pensons qu'il peut être utile d'en publier de temps à autre le cours d'après les données des journaux agricoles :

Nitrate de soude (15 à 16 p.c. d'azote nitrique), les 100 kil. fr.	22.75
Sulfate d'ammoniaque (20 à 21 p. c. d'azote ammoniacal), les 100 kil.	27.25
Superphosphate séché (12 à 14 p. c. d'acide phosphorique soluble dans le citrate d'ammoniaque), l'unité	0.35
Phosphate minéral (14 à 20 p. c., 85 p. c. de finesse), suivant titre, les 100 kil. 1.70 à	1.80
Phosphate basique ou scories de déphosphoration (15 à 23 p. c. d'acide phosphorique, 75 p.c. passant au tamis), l'unité	0.285
Nitrate de potasse (13 p.c. d'azote, 43 p.c. de potasse), les 100 kil.	55. »
Chlorure de potasse (80 p. c. pur). les 100 kil.	19.70
Kaïnite (12 à 13 p.c.), les 100 kil.	3.50
Carnallite, les 100 kil.	3.30

Chaux de 1ʳᵉ qualité, les 10,000 kil.   .   .   .   fr.   95 à 100

    —   2°   —   —   . .   .   . 85 à 90

    —   3°   —   —   .   .   . . 75 à 80

N. B. Le transport de la chaux destinée à l'agriculture a lieu à prix réduit de janvier à mai et pendant les mois d'août et de septembre.

La question du pâturage dans les réserves forestières des États-Unis. — Le problème des réserves forestières ne soulève pas actuellement de questions plus importantes que celles de l'irrigation et du pâturage En effet, la valeur des produits forestiers n'approche que très exceptionnellement de celle que représente le fourrage qui y est consommé sur place par de nombreux troupeaux, et ne dépasse manifestement celle-ci que dans la réserve des « Black Hills ».

Dans l'étude de cette question du pâturage, il convient de se laisser guider par les considérations suivantes :

1° Toutes les ressources des réserves forestières, les grandes comme les petites, doivent être utilisées de la manière la plus avantageuse à l'intérêt public général. La richesse de ces réserves n'est pas constituée uniquement par les bois d'œuvre, les minéraux utiles et les eaux qu'elles fournissent ; les herbages et les plantes fourragères sont également une ressource très importante et susceptible d'être utilisée.

2° Le pâturage est avant tout une question locale, qui ne peut être résolue que par l'examen attentif des conditions locales. Une sage administration des réserves, à cet égard, ne peut donc résulter d'un règlement général basé uniquement sur des considérations théoriques. Une réglementation spéciale à chaque réserve doit résulter des conditions spéciales dans lesquelles celle-ci se trouve et varier elle-même dans une même réserve, si ces conditions viennent à y changer.

3° Un pâturage exagéré, abusif, est aussi préjudiciable au « rancher » qu'au forestier, car la destruction de la forêt entraînera la disparition de la pâture. Il convient de se rappeler ici que les réserves forestières occupant les situations élevées, constituent des pâturages d'été pour un grand nombre de bestiaux qui ne pourraient être nourris l'année durant par les pâturages d'hiver seulement.

Mais le problème comporte d'autres facteurs que la préservation des forêts et l'alimentation des troupeaux.

D'autres intérêts, d'une importance vitale pour tout l'ouest, sont également à sauvegarder, ont également droit à être protégés. Aucun d'eux ne peut être négligé, aucun ne peut être considéré à l'exclusion de tous les autres. Une sage solution de la question du pâturage doit être nécessairement un compromis basé sur une équitable considération de tous les intérêts qui y sont mêlés.

L'irrigation agricole, de plus en plus pratiquée, dans la mesure permise par la quantité d'eau fournie par les massifs boisés, dépend étroitement de la préservation de ces massifs. Or, on ne peut méconnaître sans injustice que les intérêts liés à ces irrigations sont des plus grands et des plus permanents dans une très notable partie de l'ouest, que les capitaux qui y ont été engagés sont plus considérables que ceux que représentent les pâturages et les troupeaux qui les occupent, et qu'ainsi la disparition des irrigations porterait le plus grave préjudice à toute la région.

L'industrie minière est, de son côté, également intéressée à ce que le débit des cours d'eau ne soit pas diminué. Quelques-unes des plus grandes mines du Colorado commencent à souffrir sérieusement de la destruction des massifs boisés qui les environnaient.

Les entreprises de voies ferrées sont, d'autre part, directement intéressées à la prospérité générale des contrées que traversent leurs lignes. Aussi favorisent-elles le développement de l'irrigation, du pâturage et des exploitations forestières. Elles réclament, d'ailleurs, une quantité énorme de bois d'œuvre pour l'entretien de leurs voies.

Les petits « ranchers » sont, en plusieurs parties de l'ouest, absolument hostiles aux grands éleveurs de moutons, dont les immenses troupeaux leur causent parfois un préjudice considérable. Les gardiens de ces troupeaux ont souvent pris un malin plaisir à les introduire dans les « ranches » et à leur faire consommer en un jour le fourrage qui aurait suffi à nourrir le gros bétail durant tout l'été. De plus, comme ces grands éleveurs sont les derniers venus, ils sont naturellement regardés comme des intrus par les premiers possesseurs du sol, qui s'étaient habitués à en considérer la jouissance comme leur droit exclusif.

Les « ranchers » affirment que le pâturage des bêtes bovines est bien moins nuisible à la forêt que celui des moutons. Les grands éleveurs déclarent de leur côté, que d'immenses étendues de pâtures, inaccessibles au gros bétail à cause du manque d'eau ou de l'âpreté du climat, peuvent être utilisées avec profit par les moutons, que la prospérité d'une partie considérable de l'ouest dépend de cette industrie, que les moutons ne mangent pas les arbres et que l'existence de la forêt n'est que plus assurée par le pâturage des moutons, qui a pour conséquence de diminuer notablement les dangers d'incendie.

Il est dans les attributions du service forestier de peser toutes ces considérations et de donner au problème une solution adéquate. Que cette solution satisfasse pleinement toutes les parties, il ne faut pas y compter. Il sera cependant assez aisé d'arriver à une formule satisfaisante au triple point de vue de la protection de la forêt, du régime des eaux et du pâturage lui-même.

(Traduit de *The Forester*.)   W.

La scie automobile. — On sait combien, dans les pays de forêts, il est long et souvent onéreux de scier à la longueur voulue le bois nécessaire au chauffage, et comme c'est presque le seul combustible domestique utilisé dans l'est de la France, le sciage est une sujétion d'autant plus grande que la consommation est plus considérable.

C'est pour éviter les inpedimenta du sciage à main et son prix excessif que MM. Japy frères, de Beaucourt (Haut Rhin français), ont établi, il y a quelques mois, la scie automobile; cet outil sert, bien entendu, non seulement au bois de chauffage dont il scie aisément 8 à 10 stères à l'heure, mais il sert encore au débitage des planches et à la rectification des bois de charpente.

La scie automobile se compose d'un moteur type « Le Succès », de 3 chevaux, horizontal, sur le volant duquel passe la scie à ruban; à la partie supérieure, un chariot mobile supporte le deuxième volant et permet de tendre les lames selon les besoins; de la sorte, aucune transmission n'existe entre le moteur et la scie, et par suite, on utilise toute la puissance disponible sur l'arbre moteur. A l'extrémité de celui-ci opposée au volant, se trouve une poulie commandant une des roues d'arrière du chariot, par poulies fixes et folles, avec interposition d'une paire d'engrenages de démultiplication ; à l'arrière du chariot, qui n'est pas suspendu, sont placés le réservoir d'eau et la cheminée par laquelle sont rejetés les gaz de l'échappement et l'eau évaporée.

La direction se fait par l'essieu d'avant à double pivot au moyen d'un volant et d'une transmission très rustique, le conducteur s'asseyant simplement sur la table de découpage, sur le côté de laquelle se trouve le levier de frein et de débrayage. La vitesse de translation du véhicule, dont le centre de gravité placé très bas assure la stabilité, est de 4 à 5 kilomètres à l'heure, vitesse bien suffisante pour les trajets relativement courts qui séparent deux postes de travail.

Le poids total de cette machine-outil automobile est de 1,400 kilos et son prix ne dépasse pas 5,000 francs.

Depuis quelques mois, MM. Japy, qui ont déjà vendu un certain nombre de ces engins avec moteur à pétrole lourd, ont étudié la transformation de celui-ci en moteur à alcool. Les résultats obtenus ont été très remarquables, étant donné qu'il s'agit de moteurs agricoles, c'est-à-dire ne présentant pas tous les perfectionnements et complications des moteurs d'usines. La consommation moyenne est de 400 grammes d'alcool carburé à 50 p. c., le moteur tournant à 308 tours et développant une force effective de 281 kilogrammètres, soit 3 3/4 chevaux.

Nous sommes persuadés que nos industriels sauront reconnaître les avantages de la scie automobile, qui certes est destinée à remplacer dans un prochain avenir l'onéreux et difficile sciage à main.

(*Journal de la Marine et des Locomotions nouvelles.*)

STATUTS

de la Société centrale forestière de Belgique

ARTICLE PREMIER. — Il est créé à Bruxelles, en dehors de tout esprit de parti, une Société ayant pour titre : *Société centrale forestière de Belgique.*

ART. 2. — Elle a notamment pour but, par tous les moyens en son pouvoir : publications, conférences, excursions, expositions, concours, diplômes, primes, etc. :

a) De faire connaître, apprécier et aimer les forêts et les arbres, qui constituent une des principales richesses et un des plus beaux ornements du pays ;

b) De pousser au développement de la science et de l'industrie sylvicoles et de défendre leurs intérêts ;

c) De contribuer à la restauration des forêts ruinées, à la mise en valeur, par le boisement, des terres incultes, à la conservation et à la création de massifs qui, tout en exerçant une influence heureuse sur le climat, la salubrité publique, le régime des eaux, assurent l'approvisionnement en matière ligneuse de l'industrie nationale.

ART. 3. — La Société se compose de membres d'honneur, de membres protecteurs, de membres effectifs et de membres correspondants.

ART. 4. — Le titre de membre d'honneur peut être conféré par l'assemblée générale aux personnalités belges ou étrangères qui se distinguent par leurs travaux ou leurs connaissances sylvicoles et à celles qui ont rendu ou peuvent rendre des services notables à l'œuvre poursuivie.

L'admission des membres effectifs sera prononcée par le conseil d'administration, sur la présentation d'un sociétaire.

Le conseil d'administration nomme les membres correspondants.

ART. 5. — La cotisation annuelle des membres effectifs est fixée à 10 francs au maximum, payables par anticipation.

Tout sociétaire qui, en sus, de sa cotisation annuelle, effectue un versement unique de 50 francs au minimum, prend le titre de *membre protecteur.*

ART. 6. — Les sommes mises à la disposition de la Société sont utilisées au paiement des frais d'administration, à la création d'une publication forestière et à toute autre dépense se rapportant au but indiqué à l'art. 2.

ART. 7. — La Société est administrée par un conseil composé d'un président, de deux vice-présidents et de dix délégués (1).

_____

(1) Le nombre des délégués a été porté de 8 à 10, par décision de l'assemblée générale du 28 novembre 1895.

La présidence d'honneur pourra être conférée par l'assemblée générale.

Une commission, composée de trois membres nommés par le conseil d'administration, est chargée de la vérification des comptes et du contrôle de la bibliothèque et des collections. La vérification des comptes et de l'encaisse a lieu au moins deux fois l'an (1).

ART. 8. — Le mandat d'un des vice-présidents et de cinq délégués à désigner par le sort, expirera en mars 1897 ; celui du président, du second vice-président et des autres membres du conseil, trois ans après, et ainsi de suite, de trois en trois ans.

Les nominations sont faites par l'assemblée générale. Les membres sortants ne sont rééligibles que s'ils ont assisté à la moitié au moins des réunions du conseil d'administration (2).

Il est procédé au remplacement d'un membre décédé ou démissionnaire, dans la séance qui suit le décès ou la démission.

ART. 9. — La Société se réunit en assemblée générale, au moins deux fois l'an : en mars et en novembre.

ART. 10. — Le conseil d'administration veille à l'exécution du règlement, forme le budget et rend compte de sa gestion dans la première assemblée annuelle (3). Il règle, en outre, les questions de détail non prévues aux statuts.

Il s'assemble chaque fois que le président le juge utile ou à la demande écrite de trois membres.

ART. 11. — Au moins huit jours avant la date fixée, le président fait adresser les convocations aux séances de la Société ou du conseil d'administration.

Il dirige les débats, met les objets en discussion et fait procéder au vote. En cas de parité de voix, la sienne est prépondérante.

La manière dont les votes doivent être émis est laissée à l'appréciation du président. Toutefois, ceux qui ont trait à une élection ont lieu au scrutin secret.

En cas d'absence du président, il est remplacé par l'un des vice-présidents ou, à leur défaut, par le plus âgé des membres du conseil.

ART. 12. — Le conseil règle tout ce qui concerne les divers services de la Société, notamment ceux du secrétariat, de la comptabilité et de la bibliothèque.

Il détermine les titres et les attributions, fait les nominations et fixe les émoluments.

Les titulaires n'ont pas voix délibérative au sein du conseil. Ils sont placés sous la direction du président, indépendamment du

---

(1) Commission instituée par l'assemblée générale du 30 novembre 1896
(2) La non-rééligibilité des membres sortants a été supprimée, sous la réserve stipulée, par décision de l'assemblée générale du 28 novembre 1895.
(3) L'assemblée générale du 19 mars 1894 a décidé que l'année sociale avait pris date au 1er janvier et que le compte de gestion doit être rendu dans l'assemblée ordinaire du mois de mars.

contrôle spécial de la commission instituée par le dernier alinéa de l'art. 7.

La préparation du *Bulletin* de la Société incombe au secrétariat. Le conseil peut, s'il le juge nécessaire, instituer un comité de rédaction composé de 5 membres au plus (1).

ART. 13. — Les propositions à soumettre à l'assemblée générale doivent parvenir ou être remises, par écrit, au président, avant le 5 du mois pendant lequel doit avoir lieu la réunion.

L'ordre du jour est arrêté par le bureau (2), à moins que celui-ci ne juge nécessaire de consulter le conseil d'administration.

Les décisions de l'assemblée générale sont prises à la simple majorité des voix, sauf dans les cas prévus aux art. 14 et 15.

ART. 14. — Toute modification aux statuts doit être décidée par l'assemblée générale, à la majorité des deux tiers des suffrages des membres présents.

ART. 15. — La dissolution de la Société ne peut être p ononcée que par les deux tiers des membres présents à l'assemblée générale, et sur avis conforme du conseil d'administration. Le cas échéant, la destination de l'actif est indiquée par l'assemblée.

ARTICLE ADDITIONNEL (voté par l'assemblée générale du 13 nov.1893).—Des abonnements au *Bulletin* de la Société pourront être accordés, à prix réduit, aux instituteurs primaires, aux gardes forestiers de l'administration et des particuliers, aux cantonniers de l'Etat, des provinces et des communes, ainsi qu'aux autres employés inférieurs de l'administration des Ponts et Chaussées, aux gardes champêtres des communes et des particuliers, aux jardiniers à gages et à d'autres personnes occupant des positions analogues, à déterminer éventuellement par le conseil d'administration.

Ces abonnements ne seront accordés que sur la présentation d'un sociétaire, qui attestera la qualité du demandeur.

Ils seront pris pour une année *sociale* entière.

Le prix de l'abonnement est fixé à 4 francs. Il pourra être réduit ultérieurement par le conseil d'administration, si la possibilité et l'utilité en sont reconnues (3).

---

(1) Ainsi modifié avec suppression d'une partie de l'art. 7, par décision de l'assemblée générale du 30 novembre 1897.

(2) L'assemblée générale du 29 mars 1898 a conféré ce pouvoir au bureau, afin de ne pas devoir convoquer le conseil pour la simple fixation d'un ordre du jour.

(3) Le prix de l'abonnement a été réduit de 5 à 4 francs par décision du conseil d'administration, en date du 7 mars 1895.

Conseil d'administration

de la Société centrale forestière de Belgique

Président :

M. le comte A. Visart, membre de la Chambre des représentants, président du Conseil supérieur des forêts, Bruges.

Vice-Présidents :

MM. Bareel, conseiller à la Cour d'appel de Bruxelles, 21, rue Bosquet, Bruxelles;

de Sébille, ingénieur civil, 41, rue Defacqz, Bruxelles.

Délégués :

MM. Berger, administrateur-inspecteur général honoraire des Ponts et Chaussées, vice-président du Conseil supérieur des forêts, 311, rue Rogier, Schaerbeek;

Boone, notaire, régisseur des domaines de LL. AA. SS. les princes d'Arenberg, Turnhout;

le comte Ph. de Limburg-Stirum, membre du Conseil supérieur des forêts, rue du Commerce, Bruxelles, *ou* St-Jean par Manhay, Vaux-Chavanne (Luxembourg);

Dubois, directeur général des eaux et forêts, Bruxelles;

Fontaine, notaire, conseiller provincial, membre du Conseil supérieur des forêts, Aerschot;

Fraters, propriétaire, membre du Conseil supérieur des forêts, 77, rue Stévin, Bruxelles, *ou* château de Rémaux, par Libramont;

Jacques, Ch., propriétaire, 85, avenue d'Auderghem, Etterbeek;

le Dr Naets, conseiller provincial, membre du Conseil supérieur des forêts, Westerloo;

MM. Scàrsez de Loqueneuille propriétaire, 42, rue du Taciturne, Bruxelles;

le comte F. vàn der Straten-Ponthoz, président honoraire de la Société centrale forestière de Belgique, rue de la Loi, Bruxelles.

Secrétaire :

M. de Marneffe, inspecteur des eaux et forêts, 38, rue de Louvain, Bruxelles.

Secrétaires adjoints :

Trésorier-bibliothécaire : M. Defrecheux, sous-inspecteur des eaux et forêts, 38, rue de Louvain, Bruxelles.

Secrétaire des réunions mensuelles et des Comités spéciaux :

M. Blondeau, garde général des eaux et forêts, 38, rue de Louvain, Bruxelles.

LISTE DES MEMBRES
de la Société centrale forestière de Belgique

Nouveaux membres (16)

MM Claude, Léopold, ingénieur des mines, boulevard d'Omalius, Namur. (Présenté par M. Georges Bochkoltz.)

le comte de Rouillé, château d'Ormeignies. (Présenté par M. le chevalier de Modavo de Masogne.)

baron F. d'Huart, château de Ste-Marie, par Marbehan. (Présenté par le même.)

Fally-Tricot, J., régisseur, Marchienne-au-Pont.(Présenté par M.Huberty.)

Fonteyne, Jules, ingénieur agricole, 14, rue de Namur, Louvain. (Présenté par M. Lecart.)

MM. **Lent**, oberförster, Schmalkalden, Prusse. (Présenté par M. I. Crahay.)

Leurquin, général major pensionné, chaussée de Louvain, 44, Heuvy-Namur. (Présenté par MM. Jacquier et Delville.)

Massange, Julien, domaine de Hasse par Francorchamps. (Présenté par M. Wartique.)

Pardé, Léon, inspecteur des eaux et forêts, Senlis (Oise), France. (Présenté par M. Huberty.)

Quairière, Clovis, ingénieur agricole, garde général adjoint des eaux et forêts, 145, boulevard du Hainaut, Bruxelles. (Présenté par M. Grandfils)

Schoenmakers, Auguste, Reckheim (Kapelhof) Limbourg. (Présenté par M. le comte de Geloes.)

Schollaert, président de la Chambre des représentants, ancien ministre de l'intérieur et de l'instruction publique, place St-Antoine, Louvain. (Présenté par M. le notaire Fontaine.)

Slégers, Adrien, avocat, Ortho. (Présenté par M. le notaire Baclin.)

Stouffs, Louis, avocat à la Cour d'appel, 24, rue du Commerce, Bruxelles. (Présenté par M le notaire Fontaine.)

Velghe, J., conducteur principal honoraire des ponts et chaussées, Beeringen. (Présenté par M. François Dubois.)

Viatour, Henri, ingénieur des mines, boulevard d'Omalius, Namur. (Présenté par M. Georges Bochkoltz.)

LISTE DES ABONNÉS
au Bulletin de la Société

Nouveaux abonnés (13)

MM. **Bérard**, Joseph, garde particulier aux Assenois-lez-Sibret. (Présenté par M. de Coune.)

Bonmariage, Jean-Joseph, cantonnier, Stavelot. (Présenté par M. Wartique.)

Cambron, Victor, garde forestier, Vieuxville. (Présenté par M. Rouffignon.)

Cosme, François, garde forestier, Borlon. (Présenté par le même.)

MM. **Dewes**, Jean-Baptiste, garde particulier, Rossignol. (Présenté par M. Maurtot.)

Haine, Alphonse, garde particulier, Mariemont. (Présenté par M. Warocqué.)

Hofbauer, garde particulier, Sutendael. (Présenté par M. Dallemagne.)

Hubin, garde forestier, Hamoir. (Présenté par M. Rouffignon.)

Lacroix, Léon, garde forestier surnuméraire, Erpion. (Présenté par M. Goor.)

Lejeune, Léopold, garde forestier surnuméraire, Comblain-au-Pont. (Présenté par M. Rouffignon.)

Malchair, François, garde particulier, Challe (Stavelot). (Présenté par M. Wartique.)

Rulot, Joseph, garde particulier, Anthisnes. (Présenté par M. Rouffignon.)

Siajot, Alphonse, garde particulier au Bois de Poste, Erneuville par Champlon. (Présenté par M. A. Drion.)

La sélection forestière

et la provenance des graines (1)

Des travaux intéressants relatifs à la sélection forestière et à la provenance des graines ont été publiés récemment dans des revues forestières allemandes. Ces travaux ne semblent pas avoir attiré, dans les pays de langue française, l'attention qu'ils méritaient et nous nous proposons d'en donner ici un exposé détaillé.

Ils constituent un effort sérieux pour appliquer l'expérimentation scientifique et les observations rigoureuses dans un domaine où l'on ne possédait guère jusqu'ici que les notions empiriques fournies par la pratique, notions utiles certainement et qui ne sont pas négligeables, mais qui manquent de la rigueur et de la précision voulues. Les conditions dans lesquelles on opère en grande culture forestière ne sont, d'ailleurs, guère favorables à l'observation précise et continue. Quelque bonne volonté qu'on y mette, on marche le plus souvent à l'aventure et, comparant des choses qui ne sont pas comparables, s'appuyant sur des observations superficielles, on conclut trop souvent à la légère et à tort.

Les recherches expérimentales faites en Autriche par Cieslar nous paraissent échapper à tout reproche de ce genre. Strictement comparatives, elles échappent aux causes ordinaires d'erreur. Elles ont commencé dès 1887 et les résultats obtenus ont fait l'objet de travaux publiés dans le journal autrichien *Centralblatt für das gesammte Forstwesen*, qui

---

(1) Conférence donnée à l'assemblée générale du 27 novembre 1901 de la Société centrale forestière de Belgique par M. Nypels, docteur en sciences, conservateur adjoint au Jardin botanique de l'État.

est" l'organe officiel de la station impériale et royale de recherches forestières de Mariabrunn. Les expériences ont porté sur trois essences, l'épicéa, le mélèze et le pin, mais surtout sur les deux premières, et nous allons examiner rapidement les résultats obtenus jusqu'ici.

Nous aurons l'occasion de mentionner également des observations d'autres forestiers, et notamment du professeur Maÿr, de Munich. Grâce à ses multiples voyages d'étude, Maÿr a eu l'occasion de voir les essences dans leurs diverses stations naturelles, seul moyen pour bien les connaître et savoir apprécier sainement les variations que l'on constate. C'est dans leurs forêts qu'il faut aller étudier les arbres, dit-il lui-même avec raison, si l'on veut les connaître autrement que d'une façon superficielle, et non dans les jardins botaniques qui ne sont, hélas! que trop souvent des hôpitaux d'arbres.

Lorsqu'on veut faire des semis en vue d'un boisement, que l'on veut, par exemple, semer du pin sylvestre, on est amené à se demander où il faudra se procurer les graines nécessaires. Faut-il les acheter à l'étranger? Y a-t-il avantage à les faire venir d'un endroit plutôt que d'un autre? Les graines indigènes sont-elles meilleures ou moins bonnes? Quels sont les arbres qui fournissent les meilleures semences? Que peuvent donner, dans tel endroit déterminé, les diverses sortes de graines du commerce?

Ce sont là des questions auxquelles on peut rarement donner une réponse entièrement satisfaisante, faute de données certaines et précises. Les expériences de Maria-brunn constituent une intéressante tentative pour jeter un peu de jour sur la variation chez nos résineux et sur les diverses races physiologiques existantes. A ce titre, elles méritent d'être mieux connues.

* * *

Mais avant d'examiner les résultats obtenus, il convient de bien nous entendre sur le mécanisme des variations chez les végétaux. Le terme si fréquemment employé d'*adaptation*, que l'on prend dans son sens littéral, contribue à entretenir des idées fausses à cet égard.

La plupart des personnes conçoivent la variation chez les végétaux comme une *adaptation* graduelle, insensible. Sous l'influence du climat et des conditions extérieures, l'arbre subirait des modifications légères qu'il transmettrait à ses descendants; ceux-ci, placés dans les mêmes conditions de milieu, continueraient à évoluer dans le même sens, à s'*adapter* de plus en plus, comme on dit, aux conditions ambiantes; et l'espèce évoluerait ainsi graduellement dans une direction déterminée et donnerait naissance à une nouvelle variété, à une race spéciale.

C'est une erreur de concevoir les choses de cette façon et tout ce que nous savons sur la variation chez les êtres vivants nous indique que, si le résultat final est le même, la manière dont elle se produit est foncièrement différente.

On admet généralement aussi, à tort, qu'un arbre ayant poussé dans certaines conditions de milieu, donnera, par le fait même, des descendants plus aptes à vivre dans le milieu où ont vécu les parents. C'est là une opinion erronée et contre laquelle il importe de réagir. Rien ne nous permet d'admettre une influence de ce genre et il n'existe aucun fait bien démontré que l'on puisse invoquer à l'appui de cette thèse. C'est, au contraire, une règle à laquelle on ne connaît jusqu'ici aucune exception, que les caractères acquis au cours de la végétation ne sont jamais transmis aux descendants.

Les mutilations, les accidents ne sont pas plus héréditaires dans le règne végétal que dans le règne animal. Il était de mode autrefois, dans les jardins et les parcs, de tailler savamment certains arbres; l'if, le buis et quelques autres essences étaient taillés et conduits de façon à représenter des personnages, des animaux, des monuments. L'habitude s'est beaucoup perdue de ces récréations ingénieuses et bizarres, mais on en retrouve encore çà et là des vestiges, silhouettes d'hommcs et d'animaux. Croit-on qu'un if, taillé de façon à représenter un oiseau, par exemple, léguera à ses descendants une tendance quelconque à prendre la même forme? Il paraît absurde de le prétendre.

Or, les conditions ambiantes qui agissent sur un arbre et modifient sa forme ou sa structure sont absolument de même ordre que les mutilations ou les accidents.Toutes ces influences extérieures que nous voyons agir si puissamment sur l'individu sont, somme toute, superficielles et n'influencent en rien la nature intime de l'arbre et ses organes de reproduction. Elles sont sans aucun effet sur sa descendance, sur les graines qu'il produira.

En fait, c'est par la sélection que s'établissent toutes les variations. Voyons comment elle opère.

Des graines de même espèce et de même provenance donnent des plantules qui nous paraissent toutes identiques. Mais, en réalité, ces plantes ne sont pas absolument les mêmes; chacune d'elles a son individualité propre, son tempérament, ses caractères spéciaux, tout cela latent souvent et n'apparaissant que plus tard, invisible pour nous qui manquons du discernement nécessaire, mais existant cependant.

Si la grande majorité des sujets donnent des plantes sensiblement analogues au type des parents, il y en a un certain nombre chez lesquels la personnalité est plus accusée et qui varient les uns dans un sens, les autres dans un autre. Ce sont ces individus les plus différenciés qui nous intéressent le plus.

La plantation pousse, les plantules grandissent, e , à mesure qu'elles se développent, s'établit entre elles une lutte de plus en plus intense. Dans la jeune forêt, comme dans un champ de blé ou dans une prairie, la lutte pour la vie se déploie dans toute son ampleur, lutte pour l'espace, lutte pour la lumière, lutte encore pour la possession du sol ou pour les éléments nutritifs qu'il contient, lutte pour l'eau indispensable. Chaque plante emploie toutes ses forces pour accaparer le plus possible des éléments nécessaires à sa vie. Et, en même temps, tous les facteurs extérieurs qui constituent le milieu agissent d'une façon constante sur les jeunes arbres et les atteignent à des degrés différents.

Les faibles, les moins bien doués, ceux aussi qui par leur végétation ou leur structure sont les moins aptes à vivre dans le climat de la région, tous ceux-là succombent bientôt.

Les forts, au contraire, les plus aptes et surtout ceux qui ont la bonne fortune de posséder de naissance certaines particularités avantageuses que ne présentent pas leurs voisins, ceux-là ont le dessus dans la lutte et ce sont eux surtout qui arrivent à l'âge adulte et qui peuvent se reproduire. Et comme ces caractères nouveaux qui leur ont procuré l'avantage n'étaient pas des caractères acquis pendant la vie et, par suite, non transmissibles, mais bien des caractères constitutionnels existant chez eux dès leur naissance, ces caractères avantageux pourront se transmettre à leurs descendants.

La même lutte s'établira dans la nouvelle génération, et, par la sélection persistante, il pourra arriver un moment où ne resteront plus que les individus présentant de nouveaux caractères. Une nouvelle race sera créée.

Et cette race n'aura donc pas son origine dans une adaptation progressive. La nature, c'est-à-dire toutes les conditions externes, modifie à l'infini les *individus* comme un sculpteur pétrit un bloc d'argile, mais elle ne modifie en rien les *espèces*.

La sélection ne crée rien; les variations apparaissent spontanément et en tous sens (1) et la sélection constitue un simple choix entre ces variations, une survivance des plus aptes.

Mais, pour que la sélection puisse agir efficacement, il est

---

(1) Les hybridations, les croisements fournissent également de nouveaux types sur lesquels s'exerce la sélection.

nécessaire que les variations soient suffisamment grandes
pour conférer aux plantes qui les présentent un avantage
marqué; sinon, il ne pourrait pas y avoir d'inégalité dans la
lutte ou dans la résistance au climat. Ce sont donc surtout
les individus qui s'écarteront le plus du type, qui ont de
l'importance au point de vue de la formation de nouvelles
races.

L'épicéa

Passons maintenant aux expériences de Cieslar et étudions
tout d'abord l'épicéa.

Les recherches et expériences faites les trois premières
années avaient amené l'auteur aux conclusions suivantes :

Le poids des cônes et de la semence diminue en général
chez l'épicéa avec l'altitude et la latitude. Aux altitudes
moyennes de la zone de dispersion, cette diminution est
encore minime, mais elle s'accentue rapidement lorsqu'on
s'approche de la limite supérieure de végétation ; le même
phénomène se constate pour les cônes et les graines du Nord.
D'autre part, les plantes provenant de graines de haute
altitude poussent dans la jeunesse, même dans les régions
basses, plus lentement que les plantes obtenues de graines
recueillies à une altitude moindre ; il en est de même pour
les plantes issues de graines du Nord et cultivées sous notre
latitude.

L'auteur, qui avait employé pour ces essais des graines de
provenances très diverses, a publié plus tard des tableaux
complémentaires et des photographies très démonstratives.

Citons quelques chiffres relatifs aux graines de l'Europe
centrale :

Dans la troisième année, les plantes provenant de graines
d'altitudes de 325 à 630 mètres présentaient en moyenne une
pousse de 15,5 centimètres. Les plantes des graines des altitudes moyennes (environ 1,000 mètres) avaient une longueur
moyenne de pousse de 10,9 centimètres. Les plantes de
graines des altitudes d'environ 1,500 mètres avaient une

pousse moyenne de 7,4 centimètres. Et enfin les plantes de graines des altitudes les plus élevées (1,650 à 1,750 mètres) avaient une pousse de 4,3 centimètres en moyenne. Quant aux plantes de graines suédoises, elles ont donné une pousse moyenne de 2,2 centimètres seulement. La comparaison de ces chiffres montre une grande régularité.

Dans les années ultérieures, ces différences se sont maintenues d'une façon très régulière et les nouvelles plantations établies depuis lors ont pleinement confirmé les premiers résultats.

Les expériences avaient été faites dans les premières années à la station forestière de Mariabrunn, qui est à 227 mètres d'altitude, c'est-à-dire en semant et cultivant dans une seule région peu élevée des graines de diverses provenances. Il était nécessaire d'agrandir le cadre des recherches et de cultiver simultanément les diverses graines dans plusieurs champs d'essai situés à des altitudes différentes. Aussi, s'est-on préoccupé dès 1895, pour ces recherches comparatives, de l'organisation d'un champ d'expérience alpin.

L'endroit choisi fut le sommet du Hasenkogl, un plateau se trouvant à 1,380 mètres d'altitude, dans les montagnes du nord de la Styrie. Une pépinière forestière se trouvant à 795 mètres de hauteur servait de station intermédiaire.

De nouvelles expériences plus étendues furent entreprises et des graines provenant de différentes régions de l'empire, situées à des altitudes diverses, furent mises en culture. En outre de ces graines, provenant du Tyrol, de Bohême, d'Autriche, de Carinthie, des graines de Finlande furent semées également.

Les tableaux et les photographies donnés par Cieslar dans son dernier travail (1) sont très démonstratifs et viennent, comme nous le disions à l'instant, confirmer entièrement les résultats antérieurs.

_____

(1) *Centralblatt für das gesammte Forstwesen*, 1899, pp. 49 et 101.

Ils montrent à l'évidence que les plantes poussent d'autant plus lentement qu'elles proviennent de graines d'une station plus élevée, en d'autres termes que la croissance est en raison inverse de l'altitude. Ce phénomène, connu pour les plantes, est donc aussi vrai pour leur descendance et le caractère se transmet héréditairement.

. Ce qui frappe encore dans les résultats de ces expériences, c'est le fait suivant (1) :

Dans la station alpine du Hasenkogl, la différence de croissance des épicéas de plaine et des épicéas de montagne est beaucoup moins grande qu'elle ne l'est dans la station basse de Mariabrunn. Et cela n'est pas dû simplement à ce que le climat des hauteurs amène une diminution générale de croissance des végétaux, mais bien à ce que, sur les hauteurs, les épicéas de plaine subissent une réduction de croissance, tandis que les épicéas de montagne s'y développent normalement. Au contraire, dans la station peu élevée de Mariabrunn, l'épicéa de montagne qui pousse déjà plus lentement est encore retardé dans sa croissance, du moins les premières années, tandis que l'épicéa de plaine qui, par le fait de son origine, pousse déjà plus vite, se développe librement.

Voici les chiffres moyens de la taille pour des plants de 3 ans :

Cultivés à la haute altitude de la station alpine, l'épicéa de plaine donne en moyenne 47 p. c. de ce qu'il donne à une basse altitude, l'épicéa des altitudes moyennes 53 p. c. et l'épicéa de montagne 81 p. c.

L'épicéa septentrional de Finlande se comporte comme l'épicéa de montagne.

Voici encore d'autres chiffres comparatifs :

L'épicéa de plaine a donné dans le bas 63 millimètres de

_____

(1) Pour la facilité, nous appellerons « épicéas de plaine » les plantes venant de graines récoltées à de basses altitudes et « épicéas de montagne » celles des graines des hautes altitudes.

hauteur pour les plants de 2 ans, et dans le haut 47 millimètres seulement.

L'épicéa de montagne a donné dans le bas 32 millimètres et dans le haut 38 millimètres. Ce dernier résultat prouve bien le retard subi au début par l'épicéa de montagne que l'on cultive en plaine. Il est d'autant plus remarquable que la température est plus basse sur les hauteurs pendant la végétation et que la durée de celle-ci est moindre.

Mais les différences de croissance ne sont pas les seules différences entre les plantes de plaine et celles de montagne. Il y a d'autres caractères différentiels et notamment la puissance de l'enracinement, la compacité du feuillage et la brièveté des aiguilles, plus grandes chez les plantes de montagne. On peut se demander si ces caractères sont, eux aussi, héréditaires et s'ils se transmettent par la semence. Les expériences étendues de Cieslar ont démontré qu'il en était bien ainsi.

La provenance des semences a donc de l'influence, non seulement sur le développement végétatif des parties aériennes, mais aussi sur l'enracinement. L'épicéa de montagne, peu importe où on le cultive, a toujours un pour cent en poids de racines plus élevé que l'épicéa de plaine ou de région moyenne. Et il n'est pas besoin d'insister sur l'importance primordiale de l'enracinement à tous les points de vue.

Conclusions. — Quelles sont les conséquences pratiques que l'on peut tirer de ces expériences en ce qui concerne la culture de l'épicéa?

Il importe de distinguer tout d'abord, dit Cieslar, les régions des altitudes basses et moyennes et celles des hautes altitudes.

Dans les régions basses et moyennes, les plantations sont en général envahies par les mauvaises herbes, et celles-ci font une concurrence redoutable aux jeunes plants, surtout quand le terrain est resté à découvert quelque temps avant la plantation. Rien qu'à ce point de vue, il est indispensable de ne pas employer d'épicéas poussant lentement dans la jeunesse, et les épicéas de montagne et du Nord sont à rejeter. Il faut au contraire chercher à obtenir de jeunes plants qui, à l'âge de trois ans, au moment de la plantation, ont déjà une taille convenable et continuent à pousser vigoureusement.

On choisira donc toujours de la graine provenant des mêmes altitudes que les endroits que l'on veut boiser.

Lorsqu'on peut récolter les semences soi-même, on est sûr de la provenance. Lorsqu'on achète des graines du commerce, on peut être à peu près certain qu'elles ne proviennent pas des hautes altitudes, mais elles peuvent provenir et elles proviennent assez souvent de Suède.

On fera bien, dans tous les cas, pour obtenir des plantes aussi fortes que possible, de tamiser les graines au moyen de deux tamis à mailles différentes, ce qui n'est pas une opération bien compliquée. On arrive ainsi à séparer les graines en 3 qualités: les grosses graines, les graines moyennes et les graines fines. On choisira les tamis de façon que le millier de grosses graines pèse plus de 10 grammes, et le millier de graines moyennes 8 à 10 grammes. Les petites graines qui auront passé à travers les deux tamis pourront peser environ 5 à 7 grammes au mille ; ce dernier tas renfermera les graines du Nord à croissance très lente et l'on ferait peut-être mieux de le rejeter complètement (1).

Ce sont les grosses graines — dont le mille pèse 10 grammes et plus — qui conviennent incontestablement le mieux pour les parties basses, et l'on aurait avantage à payer plus cher une marchandise de cette nature. Avec ces graines, il serait d'ailleurs peut-être possible d'employer directement pour la plantation des semis de 2 ans, et l'on éviterait le repiquage.

_____

(1) On éliminerait en même temps de cette façon les graines plus ou moins atrophiées et mal conformées, qui peuvent se trouver dans les cônes et que les sécheries, comme le faisait remarquer M. Crahay, extraient en même temps que les autres.

Pour les plantations dans les hautes régions (c'est-à-dire au-dessus de 1,200 mètres dans les Alpes et de 850 mètres dans les autres massifs montagneux de l'Autriche), les conditions sont différentes et le boisement rencontre toujours plus de difficultés.

Dans la pratique, les graines employées proviennent généralement du commerce et sont d'ordinaire des graines des régions basses ou moyennes; on trouve cependant aussi des graines d'épicéa du Nord (de Suède). Les plantes nécessaires sont élevées dans des pépinières situées dans le bas ou dans les régions moyennes.

On plante donc le plus souvent sur les hauteurs des épicéas de plaine, à enracinement plus faible, à forte couronne, à pousses allongées, ayant besoin pour végéter d'une somme de température plus forte, tous caractères défavorables dans la nouvelle situation où on les place et où ils seront le plus souvent exposés à se dessécher, les racines ne pouvant fournir assez d'eau pour les besoins de la transpiration.

L'épicéa de montagne a toujours un feuillage d'un vert plus foncé et une assimilation plus active que l'épicéa de plaine. Sa forme plus trapue, plus condensée, est un avantage dans la montagne, tandis que l'enracinement moindre et la forme en fuseau ou en pyramide de l'épicéa de plaine constituent pour lui un danger grave, quand on l'expose dans les hautes régions.

On devra donc s'efforcer de n'employer pour ces régions que des graines des mêmes altitudes et il sera bon aussi de ne pas placer trop bas les pépinières dans lesquelles on élèvera les plants pour la plantation.

P. .N.

(*A continuer*)

Le Dendroctonus micans (Kugelann)
en Belgique

En juillet 1897, M. le brigadier forestier Defgnée trouva, dans le canton de la forêt de Hertogenwald dit « Roubrouck », sur un gros épicéa, en même temps que, près des maisons forestières de Drossart, sur un autre sujet à peu près de même taille foudroyé et ravagé par des *Sirex*, un coléoptère noir paraissant devoir, par son travail entre le bois et l'écorce, entraîner la mort prochaine de ces arbres.

C'était le *Dendroctonus micans* Kugelann (hylésine géante). Un des exemplaires du coléoptère fut adressé sans retard à l'Administration supérieure pour avertissement, et l'autre au Musée royal d'histoire naturelle, pour obtenir la vérification de la détermination.

L'Administration prit aussitôt les mesures nécessaires pour arrêter le développement de ce dangereux immigrant, qui, inconnu jusqu'alors dans les catalogues de coléoptères belges, venait de franchir pour la première fois la frontière Est, après avoir produit des ravages sérieux dans les forêts allemandes.

Découvert en 1794, le *Dendroctonus micans* n'avait pas été considéré jusqu'en 1852 comme un insecte nuisible. Il envahit alors la Saxe et y détruisit bon nombre d'épicéas de 40 à 50 ans. On le retrouve plus tard un peu partout, sans qu'on lui attribue cependant des dommages importants. Il s'approche alors lentement de la frontière belge, donnant un nouvel exemple de cette mystérieuse migration de l'Est vers l'Ouest, à laquelle obéissent tant d'insectes ; des plaintes s'élèvent dans différentes régions de l'ouest de l'Allemagne et, plus récemment, dans les forêts des provinces rhénanes, où le parasite cause des dégâts très graves.

Le *Bulletin* de la Société centrale forestière a publié, de 1898 à 1901, plusieurs articulets sur l'extension de l'invasion depuis la découverte de l'insecte dans l'Hertogenwald, en 1897.

Un moment, on put espérer que, grâce aux mesures prises, il serait possible d'empêcher sa propagation en Belgique ; mais, comme on le constata plus tard, il était déjà installé en divers endroits de l'immense forêt et ces endroits ne furent découverts qu'après la dispersion de nouvelles générations.

Jusqu'en mars 1898, 409 arbres de 30 à 65 ans sont atteints : en 1897, on en abat 106 et on nettoie les plaies de 83 autres; en 1898, on en abat 190 et on nettoie les plaies de 30; il en résulte une dépense approximative de 910 francs.

En 1898-1899, on abat 328 arbres et on nettoie les plaies de 777 autres, ce qui occasionne une dépense de 1,370 francs.

En 1899-1900, 274 arbres sont abattus et on nettoie les plaies de 739, d'où 1,000 francs de frais.

Enfin, en 1900-1901, on n'abat plus que 128 arbres et les plaies sont nettoyées sur 764 sujets, entraînant une dépense de 370 francs.

La diminution du nombre des insectes doit être attribuée en grande partie aux mesures prises et aux soins donnés par les forestiers de l'Hertogenwald. Cependant, il faut laisser aux parasites, coléoptères du genre *Ips*, Staphylins divers et surtout à l'Ichneumon, le *Pimpla terebrans* Ratzeburg, la part qui leur revient dans la destruction des larves. Pour favoriser le développement de ces parasites, les gardes conservent dans des boîtes les nymphes et cocons recueillis jusqu'à l'éclosion et lâchent les ichneumons dans les endroits attaqués.

Nous pensons que ces mesures ont réduit et circonscrit considérablement le danger, mais elles n'ont pas empêché tout à fait la propagation de l'insecte. En juin 1900, nous trouvons à Francorchamps, dans les petits massifs d'épicéas du Gros-Bois, près du Roannay, un arbre de 40 ans tué par lé micans, peut-être en 1898, au plus tard en 1899. Tout autour, une série d'arbres vigoureux sont maintenant attaqués plus ou moins dangereusement. Vingt kilomètres au moins séparent ces arbres de ceux qui ont été atteints vers cette époque dans l'Hertogenwald et nous n'avons pu découvrir aucun épicéa attaqué entre ces deux points.

Le 17 août 1900, nous rencontrons l'insecte sur un arbre de la route de Spa à Côo, non loin de la Géronstère.

Plus récemment, M. l'inspecteur Crahay le découvre sur un sujet vigoureux, d'une quarantaine d'années, situé à Champlon, au milieu de la province du Luxembourg, et nous-même, après avoir visité presque tous les massifs de vieux épicéas des provinces de Luxembourg et de Liége, nous le trouvons installé sur une vingtaine d'arbres du bois d'Arlon, au lieu dit « Krier », ainsi que dans les bois de Dochamps près d'Odeigne, dans le bois de la Cedrogne et dans le Grand-Bois de Vielsalm. Il est donc certain que l'insecte s'est introduit par d'autres points de la frontière que ceux bordant l'Hertogenwald.

L'épicéa est, pour l'Hertogenwald et pour les fagnes environnantes, ainsi que pour bien d'autres régions élevées et exposées aux rigueurs de notre climat, une essence d'une importance capitale. Introduit depuis un petit nombre d'années, il a échappé jusqu'à ce jour à ses parasites habituels. Ceux-ci surviennent maintenant (1) et il devient urgent de les étudier, afin de rechercher les moyens de les combattre. L'administration l'a compris, en ce qui concerne le micans; c'est un exemple à suivre pour d'autres invasions qui pourraient se produire. Les agents forestiers ont été chargés de surveiller attentivement le développement du fléau et il leur a été prescrit d'avoir recours aux remèdes recommandés par

---

(1) Nous rappelons à ce propos l'intéressante notice de M. Nypels, aide-naturaliste au Jardin botanique, sur un nouveau champignon détruisant les épicéas âgés, le *Septoria parasitica*.

les auteurs spéciaux. Les massifs ont été visités; les arbres fortement atteints ont été abattus, écorcés et les déchets brûlés, tandis qu'on nettoyait les plaies produites par des attaques isolées et qu'on les recouvrait de coaltar.

Mais, l'administration désirait pouvoir combattre préventivement le mal, trouver des moyens faciles permettant d'attirer les insectes pour les détruire ensuite, comme cela se pratique si aisément pour l'hylésine du pin au moyen d'arbres-pièges. M. le Ministre de l'agriculture nous chargea de recueillir tous les renseignements nécessaires en vue de soumettre la question suivante au Conseil supérieur des forêts :

« Jusque dans ces dernières années, l'épicéa, cette essence » si précieuse pour le boisement de nos hauts plateaux, a été » peu attaqué par les insectes.

» Il y a trois ans, un ennemi très sérieux, le *Dendroctonus* » *micans* ou Hylésine géante a apparu dans la forêt de Her-» togenwald et y a causé des dommages très appréciables.

» Bien que le danger semble conjuré, l'ennemi peut réap-» paraître ou envahir d'autres massifs.

» Eu égard à l'importance de l'essence attaquée et aux » dégâts considérables causés à maintes reprises par l'insecte » en question dans les forêts prussiennes et bavaroises, il y a » lieu de rechercher :

» 1°) Les circonstances qui favorisent ou contrarient la » multiplication du *Dendroctonus micans ;*

» 2°) Les moyens préventifs et curatifs pratiques.

» Faire connaître les moyens mis en œuvre et les résultats » obtenus dans l'Hertogenwald. Incidemment, signaler les » autres insectes nuisibles qui sont à redouter dans les » peuplements d'épicéas, en Belgique, et les mesures à » prendre pour prévenir ou enrayer leur multiplication. »

Le *Dendroctonus micans* (Kugelann) est la plus grande de nos hylésines.

C'est un coléoptère de 8 à 9 millimètres de longueur, noir, allongé, peu brillant, avec de larges poils jaune grisâtre.

Prothorax beaucoup plus large que long, rétréci fortement vers la partie antérieure, ponctué et fortement échancré au bord antérieur, les points profonds et un peu irréguliers, laissant libre une ligne médiane, lisse, peu apparente.

Elytres ponctués, striés avec de larges intervalles, ridés et granulés.

Le rostre est large, comprimé à l'extrémité et, en outre, ridé et granulé comme la partie antérieure de la tête.

Antennes et pattes jaune rougeâtre.

La femelle creuse un trou d'entrée dans l'écorce des gros épicéas vigoureux, choisissant de préférence les endroits où la sève s'est accumulée. Celle-ci s'écoule aussitôt abondamment, mélangée de sciure de bois, et couvre le tronc de l'arbre de larges coulées. Un cratère très volumineux se forme et marque l'endroit exact de l'entrée de l'insecte. Des morceaux de résine viennent tomber au pied de l'épicéa, ressemblant aux débris de mortier près des murs en construction.

Sous l'écorce, la mère forme non point une galerie à alvéoles latérales où sont déposés les œufs, comme le fait l'hylésine piniperde, mais une cavité irrégulière, à front plus large, courbée souvent, quelquefois à branches multiples, dans laquelle elle dépose 3 ou 4 paquets de 50 œufs.

Les jeunes larves ne font pas de galeries comme celles des autres hylésines, mais se placent, serrées les unes contre les autres, au bord supérieur de la poche et commencent à ronger en avançant. Leur taille allant en augmentant, le front de la plaie s'élargit en éventail arrondi. A l'âge adulte, ces larves retournent vers le milieu de la cavité, qui est remplie de résine et d'excréments, sous forme de sciure, le tout durci et compact. C'est dans cette matière qu'elles creusent des berceaux pour se chrysalider et c'est là également que l'insecte parfait passe l'hiver. Au printemps, l'insecte adulte traverse l'écorce par un trou rongé en face du berceau où se sont

passés la nymphose et l'hivernage, et alors a lieu l'accouplement.

L'insecte parfait n'attaque pas les pousses, comme le fait
l'hylésine pinipɤrde; il recommence, aussitôt après la fɤcon-
dation, à creuser le berceau de la nouvelle famille.

Un tableau exact du développement de cet insecte, depuis
l'œuf jusqu'à l'état adulte, ne saurait être donné actuellement, aussi longtemps que nous ne connaissons pas mieux
ses mœurs. En général, on peut affirmer que la ponte se fait
pendant les mois chauds, c'est-à-dire de mai jusqu'en août,
et nous avons même trouvé en septembre, à Francorchamps,
des œufs fraîchement pondus. Les larves exigent normalement trois mois pour évoluer entièrement jusqu'à la nymphose; mais il certain que l'hivernage peut se faire
sous la forme de nymphe, sous la forme d'insecte parfait
et même, quoique plus rarement, sous la forme larvaire.
Comme d'ailleurs l'éclosion des œufs peut être plus ou
moins hâtive ou tardive suivant la température, il se comprend que, pendant l'année entière presque, on puisse
rencontrer ensemble, sur un même arbre, des œufs, des
larves, des nymphes et des insectes parfaits. La ponte
paraît, du reste, s'effectuer fort lentement, car nous avons
souvent rencontré dans la même poche des larves à peine
formées, et même des œufs, à côté de larves adultes prêtes
à la nymphose. Il est possible que deux ou plusieurs générations se développent parallèlement, c'est-à-dire que la
ponte se fasse, comme le prétend le forestier allemand
Glück, à deux ou trois époques déterminées de l'année,
produisant ainsi l'une à côté de l'autre des générations
à développement successif.

Un rapport manuscrit sur les mœurs et les ravages du
Dendroctonus micans dans l'Eiffel, que M. l'inspecteur des
forêts Lent a bien voulu nous envoyer, démontre que l'on
rencontre, à tout instant de l'année, des œufs aussi bien que
des insectes sous toutes les formes, observation qui est confirmée par celles que nous avons faites dans l'Hertogenwald

et à Francorchamps. Cette partie des mœurs de l'insecte nous paraît être le point capital à élucider, avant de pouvoir fixer d'une manière certaine les moyens de combat.

Les dégâts que produit le micans peuvent être très importants (1) et amener rapidement la mort du sujet attaqué, lorsque plusieurs insectes travaillent à peu de distance l'un de l'autre sur le même tronc. Il se jette de préférence sur les arbres vigoureux de 40 à 50 ans, surtout sur ceux formant bordure au sud et à l'est. Les plaies provenant de frottures, les entre-écorces des arbres fourchus, les plaies produites par des animaux, les arbres foudroyés ou cassés par la neige, les empâtements résultant de gros nœuds, paraissent spécialement recherchés. Toutefois, le résultat actuel des essais prescrits dans l'Hertogenwald ferait croire que, contrairement aux autres hylésinas, le micans n'attaque les arbres blessés que s'ils sont vigoureux et aptes à fournir, à l'entour des plaies, des afflux considérables de résine qu'il affectionne particulièrement. Quoi qu'il en soit, nos connaissances des mœurs de cet insecte, de ses préférences et de ses répugnances, sont encore trop imparfaites pour qu'on puisse indiquer, dès maintenant, des règles dans le but de prévenir ou d'enrayer les dégâts qu'il commet.

Les essais établis dans l'Hertogenwald consistent à placer certains épicéas dans des conditions telles qu'on peut espérer attirer l'insecte, comme on le fait avec un succès si complet pour l'hylésine piniperde.

---

(1) Nous n'avons pas encore pu réunir beaucoup de données sur l'importance des dégâts commis dans les forêts de l'Allemagne. Quelques chiffres cependant peuvent montrer qu'ils ne sont nullement négligeables. M. Lent, dans le manuscrit déjà cité, compte pour l'inspection de Daun, dans l'Eiffel, environ 13000 arbres attaqués de 1896 à 1900. M. le professeur Metzger, dans une notice publiée dans les *Munchener forstliche Hefte*, de 1897, cite la mort de 1946 épicéas de 33, 50 et même 130 ans, pour une surface de 171 hectares, dans l'inspection d'Obernkirchen; d'un millier d'arbres pour 100 hectares dans l'inspection de Hardehausen, et de 1145 arbres pour 34 hectares dans l'inspection de Rumbeck. Il laisse de côté les arbres à attaque isolée, qui ont pu être nettoyés.

Ces premiers essais, avec recherches sur les mœurs exactes du coléoptère, devraient être étendus sur une vaste échelle. Il serait aussi indispensable de visiter les massifs d'épicéas des provinces rhénanes, qui ont tant souffert, et d'examiner en détail les moyens employés par les forestiers allemands pour combattre le mal. Il faudrait rechercher en même temps si d'autres insectes sont à craindre et dans quelles conditions de situation et de culture l'épicéa est surtout menacé par ces ennemis, qui pourraient finalement amener la disparition de cette essence si précieuse et même parfois sans rivale.

Voici en quoi consistent les expériences prescrites dans l'Hertogenwald :

Arbres-pièges à préparer en octobre (épicéas de 30 à 50 ans dans les environs d'arbres attaqués).

1° Elaguer les branches vertes rez-tronc sur 1/3 de la hauteur, arbre avec cime ;

2° Même opération sur 2/3 de la hauteur ;

3° Elaguer les branches vertes rez-tronc sur 1/3 de la hauteur, arbre brisé à la cime ;

4° Même opération sur 2/3 de la hauteur ;

5° Elaguer les branches vertes rez-tronc, une couronne sur deux, jusqu'à 1 mètre de la pointe, arbre entier;

6° Même opération sur arbre à cime brisée (chicot);

7° Faire des écorchures horizontales jusqu'à 1/3 de la hauteur ;

8° Même opération jusqu'à 2/3 de la hauteur;

9° Faire des écorchures verticales jusqu'à 1/3 de la hauteur;

10° Même opération jusqu'à 2/3 de la hauteur;

11° Elaguer toutes les branches mortes et dépérissantes ;

12° Meurtissures au tronc ;

13° Meurtrissures autour des bourrelets, entre-écorces, etc.

Observations à faire : Noter les arbres et les parties des arbres préférés par l'insecte : entre écorce ; arbres fourchus ; arbres à gros bourrelets, branches sèches, etc. ; arbres à plaies : écorçage, attaques du cerf, etc. ; — arbres attaqués au pied, au tronc, indiquer la hauteur ; — arbres de bordure, arbres à l'intérieur du massif ; — orientation des attaques ; — voisinage d'arbres attaqués anciennement.

A quelle date s'accouple l'insecte ; — premiers œufs, larves, chrysalides. Parasites.

L'épicéa est, parmi les résineux, l'essence qui possède le plus grand nombre d'insectes parasites. Le mal que ceux-ci peuvent produire tire souvent son importance du fait que, plus que tout autre résineux de nos régions, l'épicéa surmonte avec difficulté les conséquences d'une attaque. Les ravages de la nonne, notamment, ont des suites bien plus graves dans des peuplements d'épicéas que dans des pineraies. Les pins reforment souvent leurs aiguilles et, après un arrêt visible dans l'accroissement ligneux, ils repoussent presque toujours très bien. Il n'en est pas de même de l'épicéa, qui ne trouve que rarement le moyen de se rétablir.

Il serait inutile de transcrire ici les noms des nombreux insectes qui nuisent aux peuplements d'épicéas de l'Europe centrale, d'autant plus que cette énumération d'ennemis dépasserait considérablement la liste de ceux que nous avons pu rencontrer jusque maintenant dans nos massifs. Il ne faut cependant pas oublier que la plupart de ces insectes s'installeront un jour sur nos épicéas, dès que l'extension de cette précieuse essence aura pris des proportions plus considérables.

Nous ne citerons donc que ceux qui ont causé des ravages redoutés dans les grandes forêts de l'Europe centrale et qui ont été trouvés jusque maintenant en petit nombre en Belgique.

Le plus dangereux est le *Psilura monacha* L. (la Nonne), dont les invasions sont toujours à craindre.

Puis, vient toute une série d'insectes divers, qui peuvent

se développer en grandes masses sous l'influence d'une période favorable :

Tomicus typographus L. et *amitinis* Eich, dont les ravages en Bavière, dans le Jura, etc., sont connus de tous les forestiers.

T. chalcographus L., autre tomicien qui peut également causer beaucoup de mal.

Hylesinus cunicularius Erichs. et *H. poligraphus* L., qui peuvent faire des ravages sérieux.

Sirex gigas L., destructeur du bois qui accompagne souvent *Sirex juvenus* L. et *Tomicus lineatus* Olivier.

Chermes abietis L. et C. *Strobilobius* Kaltenb., qui produisent des galles pouvant déformer entièrement les jeunes arbres, et, parmi les Microlépidoptères, *Tortrix tedella* Cl. qui évide de nombreuses aiguilles et peut amener leur chute.

Enfin, *Nematus abietum* Hartig, *Lyda hypotrophica* Hartig et plusieurs autres Tenthrédines, qui peuvent également nuire à la croissance de l'arbre en rongeant les aiguilles.

O. BRICHET,
Garde général des Eaux et Forêts.

G. SEVERIN,
Conservateur au Musée royal d'Histoire naturelle.

Statistique des chemins de fer de l'État belge au point de vue forestier.

Nous extrayons les renseignements suivants du rapport présenté aux Chambres législatives par M. le ministre des chemins de fer, postes et télégraphes, sur les opérations de ces divers services pendant l'année 1900.

Le nombre de billes existant dans les voies au 31 décembre 1900 est le suivant :

A. — Billes en bois.

		1900	1899	1898
Chêne	{ voies principales. . .	6,655,310	6,624,556	6,475,216
	(voies accessoires. . .	2,627,530	2,494,917	2,444,825
Sapin	{ voies principales. . .	44,750	53,753	65,285
	(voies accessoires. . .	247,040	246,941	253,760
Hêtre	{ voies principales. . .	21,025	18,423	18,445
	(voies accessoires. . .	956	956	891
	Ensemble. .	9,596,611	9,439,546	9,258,422

Des billes en chêne et en hêtre, de dimensions diverses, ont été acquises pour 1900 aux prix ci-après :

ESSENCES	DIMENSIONS			PRIX		
	Longueur	Largeur	Hauteur	Moyen	Créosotage	Total
	M.	M.	M.	Fr. c.	Fr. c.	Fr. c.
Chêne		0.28	0.14	5.52	0.50	6.02
Id.		0.26	0.13	5.31	0.44	5.75
Id.	2.60	0.21 à 0.24	0.14 à 0.16	5.00	0.44	5.44
Hêtre		0.28	0.14	4.43	1.26	5.69
Id.		0.26	0.13	3.60	1.07	4.67

Les billes en chêne de $2.60 \times 0.28 \times 0.14$ avaient été acquises en 1899 à fr. 6.15, en 1898 à fr. 5.39, en 1894 de fr. 4.87 à 4.93.

B. — Voies métalliques.

La longueur des voies simples sur longrines et traverses métalliques, au 31 décembre 1900, est de. 240,602 mètres.

Fin 1899, cette longueur était de. . . 267,729 mètres.

Approvisionnements en bois.

Les approvisionnements en traverses et bois spéciaux s'élevaient à la même date :

	Neufs	De remploi	Vieux	TOTAL
Billes en bois	725,742	767,054	216,155	1,708,951
Bois spéciaux (voies et trav.).	746,438	100,770	. 8,436	855,554
Traverses métalliques . . .	756	177,284	42,021	220,061
Bois de construction traction et matériel)	—	—	—	1,658,571

Les chemins de fer de l'Etat ont transporté par charges complètes et tant en service intérieur et Etat vers Etat qu'en services mixtes, au départ et à l'arrivée, 453,507 tonnes de bois de chauffage et de mines et 399,363 tonnes de bois de construction, etc.; ces marchandises occupent respectivement les 7° et 8° rangs dans le mouvement général des transports ainsi définis et effectués aux conditions des quatre classes du tarif général.

Ils ont transporté :

DÉSIGNATION	Trafic local		Trafic maritime		TOTAUX — (Tonnes)
	au départ des stations de l'Etat	à l'arrivée aux stations de l'Etat	au départ des stations de l'Etat	à l'arrivée aux stations de l'Etat	
a) Au prix du tarif *général.*					
Bois de construction, etc. (de et vers la France)	3,527	43,441	—	—	46,968
Matières tannantes (id.). . . .	71	8,244	—	—	8,315
Bois de construction, etc. (de et vers les Pays-Bas)	4,466	6,866	—	—	11,332
Bois de chauffage et de mines (de et vers les Pays-Bas)	23	198	—	—	221
Bois ouvrés et de teinture (id.). .	35	729	—	—	764
b) Au prix de tarifs *spéciaux.*					
Bois (de et vers l'Allemagne) . .	1,461	7,649	2,748	379	12,237
Id. (de et vers l'Alsace-Lorraine et le Grand Duché de Luxembourg).	2,235	528	1,300	2,217	6,280
Id. (de et vers les Pays-Bas) . .	348	71,865	—	—	72,213
c) Au prix de tarifs *exceptionnels.*					
Arbres, etc. (de et vers l'Allemagne)	566	—	—	—	566
Bois (id.) . .	691	10,617	705	953	12,966
Pâte de bois (id.)	—	1,167	—	—	1,167
Tanin (id.) . .	1,225	—	4,722	14	5,961
Perches à houblon (id.) . .	—	1,595	—	—	1,595
Cellulose (id.)	—	538	—	—	538
Arbres (de et vers l'Alsace-Lorraine et le Grand Duché de Luxembourg)	35	—	—	—	35
Bois (id.) . . .	6,304	4,216	97	30	10,647
Tanin (id.) . . .	768	—	312	—	1,080
Bois (de et vers la Suisse) . . .	—	221	19	62	302

L'Etat a acheté en 1900, 1,410,645 tonnes de charbon pour une somme totale de 25,331,025 fr. ; 1,268,010 tonnes, d'une valeur de 22,558,451 fr., ont été consommées par les locomotives; le prix moyen de la tonne utilisée par ces machines revient à fr. 17.79 soit fr. 6.64 d'augmentation sur le prix de 1899 et fr. 9.66 sur celui de 1897.

En ce qui concerne les tarifs de transports, nous voyons que l'extrait de quebracho, sec ou liquide, les poteaux ordinaires pour barrières ont été mis à la 3me classe en services intérieur et mixte.

La culture du lupin

Inoculation du sol et influence des engrais chimiques sur la vie symbiotique

On sait que, par les nodosités de leurs racines, dues à l'action des bactéries du sol, les légumineuses fixent l'azote atmosphérique. Le phénomène se produit de la façon suivante : les bactéries qui se logent dans les nodosités dont elles provoquent la formation, utilisent l'azote libre de l'air pour leur propre subsistance et rejettent un produit azoté que les racines s'empressent d'absorber. Et l'on dit qu'il y a symbiose ou vie symbiotique entre la plante et les microbes.

Si l'on tue les bactéries, par l'action de la chaleur par exemple, le sol, sans addition de substances azotées, n'est plus apte à produire des légumineuses; mais Hellriegel a montré qu'il suffit d'y ajouter une dissolution de terre renfermant des bactéries, sans aucun apport d'engrais azoté, pour lui rendre la faculté de produire une récolte de trèfle, de pois, de lupin, etc.

Cette expérience amena le Dr Salfeld, directeur de la station tourbière d'Ems, à penser qu'on pourrait utilement inoculer un sol stérile ou peu fertile, en lui incorporant une certaine quantité de terre d'un champ ayant porté des légumineuses, et par conséquent abondamment pourvu de bactéries. Les essais auxquels il procéda de 1888 à 1893 furent couronnés de succès.

Une condition essentielle, c'est que le sol ait reçu une quantité suffisante d'acide phosphorique et de potasse assimilables. Dans les expériences de Salfeld, cet approvisionnement était assuré par des scories de déphosphoration et de la kaïnite et le sol avait, en outre, été marné ou chaulé au préalable.

« La quantité de terre à employer pour l'inoculation, dit L. Grandeau, doit être prélevée dans un champ qui ait, les années précédentes, porté de bonnes récoltes de légumineuses, pourvues sur leurs racines de nodosités bien développées. La terre doit être prélevée dans la couche arable où les nodosités se sont formées, c'est-à-dire sur une épaisseur de 0 à 15 centimètres; elle ne doit pas, autant que possible, être complètement sèche, condition qui nuirait à l'activité des bactéries.

» La quantité de terre à inoculer dépend de sa teneur probable en bactéries, d'après les récoltes du champ où on la prélève, et de la finesse de cette terre, qui permettra de la disséminer plus ou moins complètement dans le sol à féconder.

» M. Salfeld a employé, suivant que ces deux conditions étaient plus ou moins bien remplies, de 2,000 à 4,000 kilogr. de terre par hectare, quantité correspondant à un volume de 12 à 24 hectolitres environ.

» L'épandage de cette terre doit être fait aussi régulièrement que possible à la surface du champ : à la main s'il s'agit d'un champ d'expérience, au semoir d'engrais si l'on opère sur une grande étendue, en employant les précautions usitées pour l'épandage des engrais pulvérulents. L'expérience a montré à M. Salfeld que les légumineuses se développaient très mal, ou manquaient même complètement dans les parties du champ qui, par suite d'un épandage irrégulier, recevaient une quantité de terre inoculatrice trop faible ou n'en recevaient pas. Il semble, d'après cela, et l'expérience d'Alamilla confirme cette hypothèse, que les bactéries ne sont pas douées d'une mobilité suffisante pour se transporter, même à une faible distance du point où elles ont été introduites dans le sol. Une conséquence de ce fait est que la terre inoculatrice doit être enfouie par la herse et par un labour léger qui la mette en contact avec les jeunes racines que les légumineuses vont émettre ; ces opérations doivent être exécutées au plus tard en même temps que la semaille des légumineuses. L'inoculation qui suit la semaille donne peu de résultats.

» Tels sont, brièvement résumés, les principaux faits constatés dans l'inoculation du sol. »

La vaccination du sol à l'aide des bactéries d'une terre ayant produit des légumineuses n'est pas une opération inconnue en Belgique. L'extension de plus en plus grande que prend la culture du lupin, comme moyen de fertilisation des bruyères de la Campine, devait naturellement appeler l'attention sur ce point. Des praticiens comme M. Denis Verstappen, de Diest, le propagandiste convaincu de la culture du lupin pour la fumure des sols sablonneux, M. le Dr Naets, de Westerloo, M. le notaire Boone, de Turnhout, d'autres encore sans doute, ont eu recours à ce moyen et en affirment l'efficacité. Des expériences, d'ailleurs, ont été installées notamment, d'une part, par M. Schreiber, agronome de l'Etat, à Hasselt et, d'autre part, par MM. Van Elst, agronome de l'Etat à Rethy et le notaire Boone précité, et les résultats obtenus ont été absolument concluants.

Mais, le procédé n'est pas toujours pratique ; dans les conditions les plus favorables sous tous les autres rapports, on ne peut guère y recourir que lorsqu'on trouve à faible distance la terre inoculatrice.

Peut-être pourrait-on utiliser des cultures microbiennes plus concentrées et d'un transport moins onéreux. Nous rappellerons à ce propos ce qui a paru dans notre *Bulletin* au sujet d'un produit de cette nature, l'*alinite* (1897, p. 836; 1898, p. 76; 1899, p. 347; 1900, p. 242) pour constater que, vraisemblablement, les recherches faites dans cette direction sont restées jusqu'à ce jour infructueuses.

Quoi qu'il en soit, si l'utilité de l'inoculation du sol vierge paraît incontestable, il est aussi hors de doute que les microbes symbiotiques des légumineuses peuvent apparaître et se développer rapidement sous l'influence de circonstances favorables. Dans un exemple cité par M. Boone (*Bulletin* 1901, p. 333), nous voyons qu'une première culture de lupin (avec engrais chimiques : 1200 kilogr. phosphate basique et 200 kilogr. kaïnite) n'ayant donné qu'une récolte de 20 centimètres de hauteur — on obtient parfois moins encore — fut suivie, après enfouissement de ce lupin et addition de 700 kilogr. de phosphate basique et 200 kilogr. de kaïnite, d'une seconde culture de lupin qui donna 50,000 kilogr. d'engrais vert par hectare. La première culture si imparfaite avait suffi pour produire une auto-vaccination du sol. On pourrait citer à l'appui bien d'autres exemples.

M. Denis Verstappen, afin d'éviter la perte du travail et de la semence d'une première année de culture, enfouit dans le sol du lupin produit dans un terrain déjà fertilisé, qu'il appelle sa fosse à fumier.

Eu égard à l'extrême pauvreté habituelle en azote des bruyères de la Campine, nous nous sommes fréquemment demandé si l'on ne pourrait, dans le même but, activer la croissance du premier lupin en appliquant, outre les engrais indiqués ci-dessus, une dose modérée de nitrate de soude, 100 kilogr. par hectare par exemple, occasionnant une dépense d'environ 25 francs, qui serait peut-être largement compensée par le résultat obtenu.

La plupart des légumineuses, il est vrai, ne produisent leurs nodosités radicales que dans les sols pauvres en combinaisons azotées et notamment en nitrates; mais la vie symbiotique n'est pas indispensable au développement des légumineuses; celles-ci sont aptes, tout comme les plantes des autres familles, à puiser l'azote dans les combinaisons azotées du sol, au lieu de le prélever sur l'air atmosphérique.

En attendant donc la manifestation de la vie symbiotique, l'addition d'une dose modérée de nitrate de soude pourrait peut-être, sans nuire à celle-ci, produire d'excellents effets sur la culture d'un premier lupin.

Pourquoi ne tenterait-on pas cet essai, en ayant soin de laisser une parcelle témoin et en tenant note de toutes les dépenses, afin de pouvoir établir la valeur pratique de ce moyen ?

Qu'il nous soit permis de faire appel à ce propos à ceux de nos membres que la question intéresse et qui ont déjà donné tant de preuves d'initiative.

*
* *

Ce qui précède était imprimé lorsque nous avons appris que MM. Em. Marchal et Em. Laurent, professeurs à l'Institut agricole de Gembloux, ont fait récemment des communications à l'Académie des sciences de Paris au sujet de l'influence des engrais chimiques, notamment, sur l'activité des bactéries du sol et la production des nodosités des légumineuses.

M. Em. Marchal a voulu se rendre compte de l'intensité de l'action antisymbiotique des nitrates; il a voulu, en outre, vérifier si cette action est spécifique, si d'autres substances ne contrarient pas également la vie symbiotique et dans quelle mesure.

M. Em. Marchal a opéré en solutions nutritives sur des pois de la variété Gonthier, et il est arrivé à cette conclusion que « la propriété que présentent les nitrates de contrarier la production des nodosités n'est nullement spécifique et s'étend à tous les sels nutritifs solubles du sol, dont le pouvoir osmotique incommode sans doute le *Rhizobium* et entrave son évolution ».

C'est ainsi que, *en culture aqueuse*, les nitrates alcalins empêchent, à la dose de 1/10000, la formation des nodosités *chez le pois*. Les sels ammoniacaux exercent une action analogue à la dose de 1/2000; les sels de potassium à la dose de 1/200; les sels de sodium à la dose de 1/300.

« En revanche, les sels de calcium et de magnésie favorisent très nettement la production des tubercules radiculaires du pois. L'influence de l'acide phosphorique, bien que très variable suivant la base à laquelle il est uni, semble plutôt être stimulante. »

M. Em. Laurent a opéré, lui, en terre franche fertile, sur le pois Merveille d'Amérique, pendant cinq années consécutives, en ajoutant chaque année à la même parcelle des doses excessives d'un élément nutritif déterminé.

A côté des pois, il a cultivé d'autres espèces, mais non d'une manière continue.

Le résultat de ses observations est consigné dans le tableau ci-après (*voir d'autre part*).

Chez le pois, la vesce velue, la vesce cultivée, le lupin jaune surtout, l'addition de superphosphate de chaux a donc stimulé la production des nodosités radicales, tandis que celle d'engrais azotés a paralysé cette production; le contraire s'est produit en ce qui concerne la féverole. Quant aux engrais potassiques, ils ont eu une action favorable, moins intense cependant que celle du superphosphate de chaux chez le pois, la vesce velue et la vesce cultivée, plus intense que celle du superphosphate chez la féverole, et absolument contrariante chez le lupin.

On voit d'après cela que les divers éléments fertilisants n'ont nullement la même action sur toutes les légumineuses.

En ce qui concerne spécialement le lupin, il est important de constater que dans la terre franche fertile qui a servi aux expériences de M. Em. Laurent, et qui était sans doute pourvue d'une certaine dose de chaux, le superphosphate seul a exercé une action stimulante sur la production des nodosités, et que notamment les engrais potassiques ont enrayé toute relation symbiotique.

	ENGRAIS AZOTÉS	ENGRAIS POTASSIQUES	SUPERPHOSPHATE DE CHAUX	CHAUX	CHLORURE DE SODIUM
Pois	Peu ou pas de nodosités.	Nodosités excessivement nombreuses et serrées, agglomérées en amas au voisinage du pivot.	Nodosités plus nombreuses encore qu'avec les engrais potassiques.	Pas beaucoup de nodosités, mais très grosses.	Petites nodosités peu nombreuses.
Vesce velue .	Seulement quelques nodosités.	Beaucoup de nodosités.	Plus qu'avec les engrais potassiques.	Peu de nodosités.	Beaucoup, mais moins qu'avec les engrais potassiques. Id.
Vesce cultivée	Id.	Moins abondantes que chez la vesce velue, mais tendance à devenir grosses et à se ramifier.	Id.; même observation que ci-contre.	Id.	
Lupin jaune .	Pas de nodosités.	Pas de nodosités.	Tubercules si nombreux qu'ils formaient un chapelet continu depuis le collet jusqu'au sommet du pivot; il s'en était produit même sur les racines latérales.	Pas de nodosités.	Quelques nodosités.
Féverole	Beaucoup de nodosités sur les pivots et les racines latérales.	Beaucoup de nodosités sur les pivots.	Plus rares qu'avec les engrais potassiques.	Même observation que ci-contre.	Beaucoup de nodosités sur les pivots.

D'après les indications fournies par M. Boone, des doses de.
200 k. de kaïnite, ajoutées à 1,200 k. de phosphate basique à
l'hectare, n'ont pas empêché un certain développement du
premier lupin en bruyère campinienne. Il serait très intéressant de vérifier cependant s'il ne serait pas préférable de ne
pas appliquer de kaïnite *pour la culture du premier lupin.*

Ne conviendrait-il pas également de rechercher si, eu
égard à la quantité de chaux que renferme le phosphate
basique, il ne serait pas plus avantageux de recourir au
superphosphate *pour la culture du premier lupin* dans les
sols à réaction neutre?

Quant au nitrate de soude, nous persistons à penser que
l'essai que nous avons indiqué mérite d'être tenté. Il pourrait
être avantageux, pécuniairement, d'avoir recours à une
dose modérée de nitrate de soude *pour la culture du premier
lupin* dans les défrichements de bruyères de la Campine.

E. de M.

La réserve forestière des « Black Hills »

La réserve forestière des Black Hills (Dakota méridional)
comprend approximativement 1,215,000 acres, y compris la
partie de l'Etat du Wyoming réunie à la réserve par décision présidentielle du 19 septembre 1898. Sa population est
d'environ 25,000 habitants occupés pour la plupart au travail des mines, dont le produit annuel se monte à 3,000,000
de dollars. Lead City, le principal centre minier et siège de
la Homestake Mining Company, compte 8,000 habitants et
sa population augmente constamment; Deadwood, sa cité
sœur, en compte de son côté 5,000.

Custer, Hill City, Keystone et Spearfish sont des localités
de 1,000 à 2,000 habitants, situées toutes le long de la ligne
du Burlington and Missouri Railroad, qui traverse la réserve

du nord au sud. La Northwestern Line a, de son côté, une voie ferrée sur le versant est des Black Hills ; enfin, la Homestake Mining Company a établi une ligne à voie étroite du pied de ce massif montagneux à Lead. Les villes, les exploitations minières et les scieries disposent ainsi d'un système de voies ferrées très avantageux.

La contrée, ainsi que le nom l'indique d'ailleurs, est montagneuse. L'altitude moyenne y est de 5,000 pieds ; l'altitude la plus considérable est atteinte à Harney Peak (7,408 pieds). La roche dominante est le granit dans la partie est de la réserve et le calcaire dans la partie ouest.

Le *Pinus ponderosa*, communément appelé pin jaune (yellow pine), entre dans la composition des massifs boisés pour plus de 90 p. c. et y constitue la seule essence atteignant des dimensions commerciales. Le *Picea canadensis*, dit *Spruce*, se rencontre sur quelques versants très escarpés et sur les crêtes ; mais il y a trop peu de fût et le bois reste sans valeur commerciale. Le *Populus tremuloïdes* apparaît bientôt après les incendies et provoque rapidement la réinstallation du pin.

Les peuplements de futaie résineuse sont séparés par de longues bandes comprenant de bonnes terres à culture et fournies d'assez d'eau pour satisfaire à tous les besoins des fermes d'élevage (*ranches*). Ces bandes de terrain ont été rapidement occupées par des colons, à la grande satisfaction des forestiers qui voyaient dans ces bandes cultivées d'excellents coupe-feu. Ces colons y ont créé nombre de fermes très fertiles ; ils forment une race robuste et courageuse, directement et considérablement intéressée à une bonne administration de la réserve. Pour ce motif, il est désirable que le General Land Office évite d'appliquer à la réserve une réglementation trop rigoureuse, qui aurait pour résultat de les contraindre à l'abandonner.

La croissance des herbages, particulièrement sur les sols calcaires, est réellement luxuriante ; elle assurerait une nourriture abondante à des milliers de bêtes bovines et de moutons. Actuellement, la loi accorde à chaque « rancher » l'autorisation de faire parcourir la réserve par 120 têtes de gros bétail ; mais, jusqu'à ce jour, l'introduction du mouton n'y a pas été autorisée.

Aux environs des centres miniers, dans le nord des Black Hills, les incendies ont causé aux forêts des dommages très notables ; mais en considérant la réserve dans son ensemble, on constate que l'étendue des bois détruits par le feu est étonnamment minime.

Si les forestiers officiels en service dans la réserve pouvaient faire disparaître cette cause de destruction, l'avenir de celle-ci serait assuré, car la régénération naturelle du Pinus ponderosa s'y produit très facilement, surtout dans les peuplements reposant sur le sol granitique. Des repeuplements artificiels ne sont nécessaires que dans quelques cantons du Nord, dans lesquels tous les porte-graines et tous les jeunes peuplements ont été détruits par des incendies répétés.

Le plus grand ennemi du spruce et du pin jaune est un scolytide, le *Dendroctonus rufipinus*, qui en a détruit des massifs entiers dans le nord de la région. Des dégâts aussi considérables ont été occasionnés sans aucun doute par les déplorables méthodes d'exploitation usitées jusqu'aujourd'hui et consistant à abandonner tous les bois sur la coupe, à l'exception des plus belles pièces ; ces bois abandonnés et en décomposition constituaient des lieux de ponte et de développement pour des légions d'insectes.

Le seul remède paraît être d'enlever, aussitôt que possible, tous les sujets tués par l'insecte ou seulement infestés et de débarrasser les coupes de tous les rémanents. De plus, aucune exploitation ne devrait avoir lieu au printemps ou en été, lorsque les insectes recherchent les souches des arbres fraîchement coupés pour y déposer leurs œufs. Les dégâts causés par les insectes ont été relativement faibles cette année et l'on peut espérer que, dans l'avenir, ils seront moindres encore.

Les emplois de ces bois sont nombreux. La demande de fortes pièces, de bois de mines et de bois de corde, atteint 60,000,000 pieds cubes annuellement, volume qui ne représente qu'une partie de la production de la réserve; mais il faut remarquer que la demande augmente sans cesse. Actuellement, l'exploitation est limitée aux arbres d'un certain diamètre (généralement 12 pouces). Les contractants sont obligés, en outre, de façonner les houppiers en bois de corde et de débarrasser la coupe de tous les rémanents; ceux-ci sont incinérés. Tous les arbres exploitables sont d'ailleurs préalablement marqués par le personnel forestier, qui procède en même temps à une estimation en matière des produits qu'ils représentent.

Il est d'autant plus utile de débarrasser les coupes de tous les débris provenant des exploitations, que ces débris constituent, lorsqu'ils sont desséchés, un perpétuel danger d'incendie. Aujourd'hui, toutes les scieries sont obligées de transformer les houppiers en bois de corde ; à cet égard, il convient de dire que ces scieries, comme d'ailleurs les exploitations minières situées dans la réserve, se sont soumises avec une bonne volonté vraiment louable à toutes les exigences d'une réglementation qui devait nécessairement être sévère.

Le service forestier, qui surveille et contrôle l'exploitation de la réserve, comprend un inspecteur (supervisor) et de nombreux gardes (rangers), à chacun desquels est assigné un district dont il est responsable. Vingt-huit gardes sont nécessaires durant les trois mois d'été, lorsque les dangers d'incendie sont le plus grands ; durant l'hiver, ce nombre est réduit à dix. Malheureusement, ces hommes manquent d'instruction professionnelle et, n'appréciant pas l'importance de l'organisation des réserves, ne possèdent nullement l'esprit de leur service.

La question du régime des eaux est aussi importante pour les populations des Black Hills que celle de la production forestière. Presque toutes les vallées et les gorges (cañons) renferment de petits cours d'eau dont les crues sont généralement subites; néanmoins, jamais aucun d'eux n'est à sec pendant la saison d'été.

Dans le nord de la région, au pied des monts et dans la plaine, ces cours d'eau rendent les plus précieux services, soit à l'industrie minière, soit à l'agriculture dont la prospérité est étroitement liée à la possibilité des irrigations. Aussi est-il de la plus haute importance que les exploitations soient strictement réglementées sur les plateaux où prennent naissance les sources et sur les versants des_vallées.

Auparavant, les mineurs dénudaient les versants des vallées dans lesquelles leurs mines étaient situées; actuellement, ils ont la preuve évidente de la relation qui unit la forêt à la rivière et ils sont obligés de dépenser des milliers de dollars pour amener l'eau d'autres vallées qui n'ont pas été déboisées. Les propriétaires sont maintenant convaincus par d'amères expériences que leurs mines sont presque sans valeur faute de bois et d'eau, et ils applaudiront sincèrement à toutes les mesures que prendra le gouvernement pour protéger les forêts.

Un de leurs plus constants besoins est celui de bois de corde dont la demande est, pour ce motif, très ferme. Il sera toujours possible d'y satisfaire dans une large mesure. Le forestier peut, en effet, toujours compter sur une régénération naturelle très facile pour restaurer les cantons exploités. Un bon système de chemins à travers la réserve permettra le transport de ces bois à longues distances.

Le produit de la vente des bois de la réserve des Black Hills est suffisant pour couvrir les frais de surveillance de cette réserve et, en outre, de celles du Big Horn et du Teton (Wyoming). C'est, au point de vue du produit, de la population et des facilités d'exploitation, la plus importante de toutes les réserves. Une administration honnête et compétente, en rapport avec sa haute valeur économique, est ce qui lui est nécessaire par dessus tout. Elle lui a fait souvent défaut dans le passé.

(Traduit de *The Forester*, par L. WARTIQUE.)

Influence des forêts sur le régime des eaux [1]

Je me propose de vous entretenir de ce sujet *de l'action des forêts sur le régime des eaux*, qui « a donné lieu, disait l'ingénieur » Belgrand, à des discussions très vives, très passionnées et qui » sont loin d'être épuisées ».

Du moins faut-il reconnaître actuellement que toute passion est bannie de cette étude. Mais il est encore vrai qu'elle est bien loin d'être épuisée : et c'est ce qui ressortira suffisamment de mon modeste travail.

L'opinion communément accréditée — basée qu'elle a été d'abord, à ce qu'il semble, sur une expérience vulgaire, mais immémoriale, corroborée ensuite par des observations précises et par des recherches scientifiques entreprises depuis moins d'un demi-siècle — admet des résultats qui peuvent se formuler ainsi :

Sur les terrains boisés, comparés aux terrains nus, aux landes ou aux terres livrées à l'agriculture, le régime des sources et cours d'eau est plus régulier ; il n'y a pas, ou il y a moins d'intermittence dans l'écoulement ; le niveau des fortes crues est moins élevé, le débit moyen annuel plus considérable. On résume cette action de la forêt, ou du moins on en exprime le fait le plus saillant, en disant que *la forêt régularise le régime des sources et cours d'eau*.

Vers 1866, l'on a institué des expériences précises pour établir le rôle hydrologique de la forêt.

Voici le résumé des observations dirigées pendant une période de onze ans aux environs de Nancy par l'Ecole forestière, observations poursuivies depuis cette époque sans que les résultats aient varié [2] :

« La pluie est plus abondante en pays boisé qu'en pays décou- » vert ;

» Dans les forêts feuillues, le sol reçoit 91 centièmes et 5 mil- » lièmes de l'eau pluviale tombée en un an ; le couvert n'en arrête » que 8 centièmes et 5 millièmes ;

» Compensation faite de la plus grande abondance des pluies et » de l'eau interceptée par le couvert des arbres dans les régions

(1) Conférence donnée à la Société forestière de Franche-Comté et Belfort, par M. Guinier, inspecteur des forêts en retraite à Annecy.

(2) Météorologie agricole et forestière. Rapport à M. le sous-secrétaire d'Etat, par Mathieu, sous-directeur de l'Ecole forestière, 1878, Impr. nat.

» boisées, le sol forestier est aussi bien ou mieux abreuvé que le sol
» nu des régions agricoles ;

» L'évaporation de l'eau est beaucoup plus forte en sol décou-
» vert qu'en sol boisé : elle est le double en hiver, le quadruple en
» été... Le sol des forêts, qui reçoit autant et plus d'eau que le sol
» nu, la retient donc avec beaucoup plus d'énergie : la végétation
» et l'alimentation des sources y trouvent leur profit. »

Ainsi que l'a fait remarquer l'auteur de ces observations (1),
ces résultats ne sauraient s'appliquer « à des forêts résineuses à
» feuillage épais permanent, pas plus qu'à des forêts feuillues si-
» tuées en sol profond et très fertile », bien que les conditions de
la forêt de Haye, près de Nancy, soient celles d'une très grande
partie de la France.

D'autres observations, notamment celles de M. Fautrat (2), établissent que dans les forêts à feuilles caduques la quantité d'eau
interceptée par le couvert varie de 1 à 3 dixièmes, que les forêts
feuillues à feuilles persistantes (chêne vert) interceptent une plus
forte proportion, enfin que le couvert des pins arrête jusqu'à 50
p. c. de l'eau de pluie (3).

Ces expériences et observations n'établissent pas directement le
fait ou le principe de la régularisation des sources et cours d'eau
par l'action de la forêt ; on déduit ce principe d'un raisonnement
tel que celui-ci :

« Pour arriver à conclure que les bois sont favorables à la for-

(1) Circulaire de l'administration des forêts, n° 131, relatant un rapport sur les-
dites observations du 31 août 1872.

(2) Observations météorologiques faites de 1874 à 1878. Impr. nat., 1878.

(3) Voici comment on peut concevoir que le sol forestier est mieux abreuvé que
le sol agricole. Admettons qu'il parvienne au sol forestier les 50 °/₀ de l'eau météorique (ce qui est presque un minimum), que l'évaporation de l'eau reçue par le
sol agricole empêche les 70 centièmes de cette eau de pénétrer plus avant que dans
la couche tout à fait superficielle du sol ; enfin que l'évaporation sous bois est le
tiers de l'évaporation hors bois.

La quantité d'eau qui alimente le sol agricole est, en désignant par A la quantité d'eau météorique :

A — 0.70 A = 0.30 A.

La quantité d'eau qui alimente le sol forestier sera :

$$A - 0.50\ A - \tfrac{1}{3}\,0.70\ (A - 0.50\ A) = \frac{A}{2} - \frac{0.70\ A}{2\times 3} = 0.38\ A.$$

proportion un peu supérieure par conséquent à la précédente.

Dans cette évaluation, l'on fait abstraction de ce fait qu'il pleut davantage sur
le terrain boisé et l'on comprend que cette circonstance doit modifier le résultat
en accroissant dans une certaine proportion la quantité d'eau qui vient abreuver le
sol forestier.

» mation des sources, il suffit de prouver que le sol de la forêt con-
» serve plus d'eau que le sol découvert. » (Fautrat, *loc. cit.*, p. 23.)

Nous verrons tout à l'heure si cette déduction est bien rigoureuse. Mais en dehors de tout raisonnement, quels résultats donne
l'observation directe du régime des sources et cours d'eau suivant
l'état boisé ou déboisé du sol?

Pour dégager la question, je commence par mettre à part l'effet du
boisement sur le phénomène torrentiel.

Dans l'écoulement des eaux sur les pentes rapides et dans les
ravins, la forêt agit d'une façon mécanique : le feuillage amortit
le choc de la pluie et de la grêle ; la *couverture* du sol retarde le
ruissellement ; les troncs et tiges des arbres et arbustes, le lacis de
racines, s'opposent à l'érosion de la superficie en consolidant le
sol. L'eau s'accumule plus lentement dans les thalwegs, y arrive
claire, c'est-à-dire non chargée de pierres ou graviers, et avec une
vitesse et une densité moindres, une action érosive réduite à proportion ; les crues ne sont plus foudroyantes, il ne se produit plus
de *laves ;* et quand la vitesse des eaux se ralentit au bas des versants, en raison de la diminution de la pente, il ne se forme plus
de dépôts de matériaux pour constituer ou exhausser les *cônes de
déjection.*

Cette action toute mécanique de la forêt suffirait pour *éteindre*
le torrent. Mais le régime des eaux qui s'écoulent dans le thalweg
sera-t-il *régularisé* dans le sens étendu que nous attachons à ce
mot?

Des faits extrêmement nombreux et indiscutables établissent
que cette *régularisation* se produit, en effet, dans une certaine mesure au moins, et avec des caractères qui sembleraient indiquer
qu'elle est un résultat inévitable, nécessaire de l'état de boisement.

Des sources disparaissent à la suite d'un déboisement ; — des
sources nouvelles apparaissent à la suite d'un reboisement ; — des
sources disparues à la suite d'un défrichement, quelquefois à la
suite d'une simple coupe de taillis, retrouvent leurs eaux quand le
bois a repris possession du sol ; le débit des sources devient plus
irrégulier à la suite d'un déboisement plus ou moins avancé. Certaines rivières, dans le midi de la France, étaient flottables autrefois et ont cessé de l'être ; des torrents, où la pêche était affermée
jadis, sont actuellement à sec tout l'été. Il est d'une notion vulgaire que les rivières des pays boisés, moins exposées à rester à sec
en été, ne produisent pas d'inondations aussi subites et aussi désastreuses que celles des régions déboisées. En Amérique, le débit des
grands fleuves et rivières est devenu irrégulier et a diminué depuis
la disparition des grandes masses de forêts.

Je n'insiste pas sur le détail de ces faits que l'on retrouvera en feuilletant le recueil de la *Revue des eaux et forêts* (1) et bien d'autres ouvrages (Bernardin de Saint-Pierre, Héricart de Thury, Becquerel, etc.).

Je crois devoir ajouter seulement que l'ingénieur Comte-Granchamp, dans un rapport au préfet des Basses-Alpes, du 10 janvier 1863, donnait comme un fait que le débit d'un cours d'eau à bassin boisé varie du simple au double, et celui d'un cours d'eau à bassin dénudé varie de 1 à 6 ; que le reboisement peut augmenter le débit des sources de 16 m. c. par hectare et par jour, etc.

Le boisement serait donc le remède infaillible à cet état de choses que, dans les régions dénudées, Elisée Reclus définit ainsi : « Les maigres sont de plus longue durée, les inondations plus hautes ».

Et l'on aurait une réponse complète aux questions posées par le maréchal Vaillant, dans une lettre à l'ingénieur Vallès, en 1865 (lettre qui a provoqué les expériences de l'Ecole forestière dont j'ai parlé plus haut) :

« Les forêts favorisent-elles la naissance et la pérennité des
» sources? Fournissent-elles à ces sources plus d'eau que n'en don-
» nent les terrains cultivés en céréales ou en état de prairies? Les
» forêts sont-elles une cause d'augmentation de la quantité de
» pluie qui s'infiltre dans la terre et qui est utilisée après son in-
» filtration, soit directement pour les besoins de la végétation, soit
» pour la production et la conservation des sources? »

Mais presque en même temps que se poursuivaient ces études, voici que d'autres observateurs découvraient des faits qui mettent en défaut, non pas toute la doctrine de la régularisation du régime des eaux par l'action de la forêt, mais au moins le principe de la plus abondante alimentation des sources et nappes souterraines.

Deux ordres de phénomènes sont aujourd'hui établis :

1° *Le boisement en pins a pour effet d'assécher les terres humides, de faire disparaître l'eau des fossés d'assainissement et des lettes de Gascogne et de faire tarir des sources anciennes.*

Ce fait a été signalé notamment par M. d'Arbois de Jubainville, dans son étude : « Influence exercée sur le régime des eaux
» par la substitution du pin sylvestre aux bois feuillus dans la fo-
» rêt domaniale de Saint-Amand (2) », et confirmé par bien d'autres observateurs.

---

(1) *Revue des Eaux et Forêts*, t. IV, V, VI, XXXI, XXXVII.
(2) *Revue des Eaux et Forêts*, t. VIII, an. 1869.

2° *Le niveau des nappes souterraines au-dessous des massifs forestiers, dans les grandes plaines, s'abaisse s'il est comparé au niveau des nappes analogues au-dessous des terrains découverts.*

Les résultats de l'ensemble des observations relatives à l'abaissement des nappes souterraines (observations faites d'abord en
Russie, par M. Ototsky, et qui ne remontent qu'à 1887) se résument ainsi qu'il suit, d'après le docteur Ebermayer (1) :

Sur un terrain plat, à égalité de constitution géologique et dans
la région des steppes, la quantité d'eau alimentant les sources est
beaucoup moindre en forêt que hors forêt. C'est en dehors de la
forêt qu'il faut chercher les puits et les sources.

En forêt, la nappe souterraine est beaucoup plus profonde que
dans la steppe environnante. Le niveau de l'eau va en s'abaissant
à mesure qu'on s'approche de la forêt ; à l'entrée de la forêt, le
niveau s'abaisse subitement.

L'abaissement du niveau des eaux souterraines augmente avec
la densité du peuplement ; il est maximum dans des peuplements
complets d'âge moyen. Les éclaircies relèvent le niveau de la
nappe. L'exploitation à blanc étoc détermine un exhaussement
progressif de la nappe d'eau.

Ces deux phénomènes, — asséchement par les pins et abaissement des nappes souterraines sous les forêts, — ont paru presque
jusqu'aujourd'hui des anomalies inexplicables. On ne peut plus cependant révoquer en doute l'exactitude des observations.

Avant d'entrer dans la discussion de ces faits, je dois rappeler le
mode de distribution de l'eau météorique que reçoit la forêt et l'af-
fectation que reçoit cette eau.

Elle est dans de certaines proportions :

a) Retenue par les cimes des arbres ;
b) Absorbée par la terre végétale (2) ;
c) Dispersée par le fait du ruissellement ;

---

(1) *Einfluss der Wälder auf die Bodenfeuchtigkeid, auf das Sickerwasser*, etc.
[Influence des forêts sur l'humidité du sol, les eaux d'infiltration, les eaux souter-
raines et le débit des sources, d'après des recherches exactes],Stuttgart, Ferdinand
Enke, 1900.

(2) J'appelle terre végétale toute la couche du sol plus ou moins profonde, plus
ou moins meuble, susceptible d'être occupée par les racines des grands arbres et
qui comprend une couche superficielle d'origine purement organique, constituée
par la couverture de feuilles mortes et détritus divers de la végétation et le terreau
sous-jacent à cette couverture et résultant de sa décomposition.

d) Distribuée au sous-sol (disparaissant alors à des profondeurs très diverses) ;

e) Fixée dans le corps des végétaux ;

f) Rendue à l'atmosphère à l'état de vapeur.

Et, en effet, les eaux qui parviennent au sol forestier ne sont pas seulement l'objet soit d'une absorption et d'un emmagasinement, soit d'un écoulement superficiel ou souterrain. Il y a déperdition par restitution à l'atmosphère suivant deux voies : 1° évaporation à la surface du sol (plus faible que sur les sols nus ou couverts seulement de végétaux herbacés, mais notable encore) ; 2° exhalation de vapeur d'eau par les feuilles des arbres et autres végétaux de moindre taille. Çette exhalation s'exerce elle-même en vertu de deux actions : *évaporation physique* à la surface des feuilles, à travers les membranes perméables ; — *transpiration physiologique* des tissus végétaux.

Cette exhalation par les feuilles constitue ce que l'on appelle le *pouvoir asséchant* (ou la *faculté asséchante) des arbres.*

Le mode de distribution des eaux météoriques à la forêt et au sol se trouve dans la dépendance de causes ou de conditions très multiples. Il est facile de s'en rendre compte.

a) La rétention de la pluie par la cime des arbres varie suivant les essences, c'est-à-dire suivant la disposition, la forme, l'abondance et la persistance du feuillage ; suivant aussi l'état de l'atmosphère, à cause de l'évaporation dont l'eau retenue est l'objet.

b) L'absorption par le sol végétal dépend des principales circonstances suivantes :

Etat du sol à la surface, suivant qu'il est nu, plus ou moins couvert de feuilles ou de mousse ou occupé par une basse végétation de bruyères, etc., ou par un sous-bois plus ou moins dense ;

Epaisseur de la terre d'origine organique (terreau) ;

Profondeur, perméabilité, hygroscopicité de la terre d'origine minérale ;

Nature de l'enracinement des grands arbres, profondeur des grosses racines (pouvant agir comme drainage vertical), abondance du chevelu, etc. ;

Disposition topographique du terrain, sa pente plus ou moins prononcée, plus ou moins uniforme ou coupée par des ressauts.

c) Le ruissellement est en relation avec toutes les conditions qui peuvent s'opposer à l'absorption par le sol végétal.

d) La pénétration de l'eau dans le sous-sol dépend de l'absorption plus ou moins forte par les couches superficielles, et la disparition à travers les couches profondes dépend de la nature des rochers plus ou moins perméables, plus ou moins fissurés ou caverneux, qu'on trouve au-dessous de la terre végétale.

e) La fixation d'une fraction variable de l'eau dans le corps des végétaux dépend de la nature des essences et de la rapidité de l'accroissement.

f) L'évaporation à la surface du sol dépend de la nature de la couverture du sol, de l'abri que lui donnent les plantes basses, du couvert des grands arbres, puis du climat — chaleur, radiation, vents desséchants, état hygrométrique de l'air.

Et enfin, l'exhalation de vapeur par les organes foliacés est soumise à des influences extrêmement complexes et bien imparfaitement déterminées, telles que :

— Essence des arbres, nature du feuillage, puissance de l'enracinement, abondance du chevelu par lequel a lieu l'absorption.

— Humidité des couches où plongent les racines (l'absorption est d'autant plus grande qu'elles ont plus d'eau à leur disposition).

— Conditions climatériques qui font varier à la fois l'évaporation physique et la transpiration physiologique des feuilles.

Le jeu de toutes ces influences, qui se combinent avec des variations infinies, peut donc, à ce qu'il semble, produire sur le régime des eaux en sol forestier les résultats les plus dissemblables, *même les plus opposés.*

(A continuer)

Chronique forestière

Nécrologie. — Actes officiels concernant des sociétaires. — Réunions mensuelles. — Une conférence forestière à Turnhout. — Protection des oiseaux insectivores. — L'aune blanc.Ses défauts.— Le chêne rouge d'Amérique et le chêne pédonculé. — Un arbre remarquable. — Encore un ennemi de l'épicéa. — Les forêts de l'Amérique du Nord. — La plantation des arbres fruitiers. — Le caoutchouc au Brésil.

Nécrologie. — M. Albert, sous-inspecteur des eaux et forêts à Dinant, est décédé le 15 janvier dernier, à l'âge de 49 ans.

M. Albert était de la première promotion des forestiers recrutés parmi les ingénieurs agricoles. Sa nomination en qualité d'aspirant date du 28 octobre 1876.

M. l'inspecteur Lurkin a prononcé sur la tombe le discours d'adieu.

A notre tour, nous présentons à la famille du défunt nos bien vives condoléances.

*
* *

M. A. Jouniaux, inspecteur honoraire des eaux et forêts, bourgmestre de Villers-la-Tour, est décédé le 19 janvier 1902, dans sa 84ᵉ année.

Fils d'un officier de la Grande Armée, il passa six années sous les drapeaux de la Belgique naissante ; séduit par les attraits de la vie forestière, il prit place dans le personnel de la forêt domaniale de Hertogenwald ; en 1856, il fut appelé au poste de garde général du cantonnement de Mariembourg ; sous-inspecteur à Namur en 1871, il fut nommé, en 1876, inspecteur forestier du Hainaut, poste qu'il occupa jusqu'à sa mise à la retraite, en 1888.

Le « père Jouniaux » est devenu légendaire là où il fut garde général, au lendemain de la promulgation du Code forestier, dont il sut faire respecter les dispositions avec prudence et fermeté, dans ce pays de Couvin où les coutumes du pâturage, de l'essartage, etc., régnaient en maîtresses. Il commença les griffages, de bouleau surtout ; il fit empierrer les premiers chemins dans les bois ; dans bien des vagues communaux, au milieu de combien de protestations, de révoltes même, il sut faire place aux essences résineuses, nouvelles alors, mais déjà envisagées comme ennemies par l'affouager. Que de communes de cette vaste région boisée seraient, de leur propre aveu, riches aujourd'hui, si elles avaient suivi les conseils de ce forestier d'élite !

C'est la phrase quasi proverbiale dans ce pays, qui atteste la valeur du fonctionnaire clairvoyant que fut le défunt.

Dans ses différents grades, M. Jouniaux fit preuve d'un savoir profond, d'un talent d'observation peu commun ; il était avant tout dévoué à la cause forestière et fut l'un des premiers membres de notre Société.

M. Francier, inspecteur des eaux et forêts du Hainaut, a retracé, en un discours bien senti, la carrière administrative du défunt, à qui un nombreux personnel avait tenu à rendre les derniers hommages.

· Nous présentons à la veuve et à la famille éplorée nos plus sincères et vives condoléances.   L. B.

Actes officiels concernant des sociétaires. — Par arrêté royal du 31 janvier 1902, M. Paul Nypels, aide-naturaliste au Jardin botanique de l'Etat, est nommé conservateur adjoint au même établissement.

Réunions mensuelles. — M. L. Halleux, garde général des eaux et forêts à Brée, nous a entretenus longuement de la Campine, au cours de la réunion mensuelle de février. Il nous a dit l'étendue considérable de terrains restant à mettre en valeur par le boisement et, envisageant plus spécialement les sols du cantonnement forestier de Brée, nous a donné l'origine des boisements existants, leur avenir et leur état de végétation en général; puis, il nous a dépeint, avec photographies à l'appui, les résultats des expériences entreprises, dans le bois domanial d'Op 't Stort notamment, sur l'emploi des engrais phosphatés et potassiques, des amendements à la chaux, sur le défoncement, le simple labour préalable en terrains nus, déboisés, sur l'emploi des feuillus dans ces sols qui leur semblent rebelles, des différentes races du pin sylvestre, de quelques essences exotiques, etc.

Causerie bien documentée, appuyée de nombreux chiffres, que le conférencier nous a promise pour un des prochains n[os] du *Bulletin.*

<center>..</center>*

Mercredi 5 mars 1902, à 3 heures, réunion mensuelle.

Ordre du jour: Causerie sur la Campine anversoise, par M. L. Bareel, ingénieur agricole à Anvers.

Une conférence forestière à Turnhout. — Nous apprenons par hasard que M. le notaire Boone, un de nos plus zélés membres, a donné le 12 janvier dernier, à l'hôtel de ville de Turnhout, une conférence publique sur les insectes ravageurs des peuplements résineux.

M. Boone a fait voir à ses auditeurs des exemplaires préparés des insectes qu'il décrivait, ainsi que des spécimens des déformations produites par ceux-ci dans les pineraies ; il a indiqué les moyens de combattre ces dangereux petits ennemis et exposé les mesures prescrites par l'arrêté royal du 24 juillet 1901 en vue d'enrayer leur multiplication.

Cette petite exhibition d'échantillons et la description résumée des mœurs de nos ravageurs ont beaucoup intéressé le public, composé surtout de gardes forestiers de l'administration, de gardes champêtres des communes et de gardes particuliers.

Peu de propriétaires étaient présents. Il est réellement

impardonnable et malheureux, nous écrit-on de la Campine,
que tant de personnes qui ignorent, soit l'existence même
des insectes dont elles déplorent les dégâts, soit les mesures
à prendre pour les combattre, ne consentent pas à s'imposer
le plus léger dérangement pour s'initier à des choses qui
pourraient cependant leur être si utiles au point de vue de
la sauvegarde de leurs intérêts !

Quoi qu'il en soit, la conférence n'en portera pas moins
des fruits.

On ne peut que féliciter vivement M. le notaire Boone de
son intelligente et dévouée initiative, le remercier de l'intérêt
qu'il témoigne aux questions forestières et souhaiter que
son exemple soit suivi ailleurs.

Protection des oiseaux insectivores. — Par circulaire du
31 décembre 1901, M. le Ministre de l'agriculture a donné
de nouvelles instructions au personnel des forêts domaniales
dans le but d'assurer la multiplication des oiseaux insectivores.

Cette circulaire constate tout d'abord que les recommandations antérieures n'ont pas produit tous les effets sur
lesquels on était en droit de compter. Les quelques résultats
obtenus sont encourageants, sans doute, mais ils sont insuffisants. Les échecs subis doivent être attribués, en grande
partie, aux mesures prises, qui ne répondaient pas toujours
aux conditions d'existence des oiseaux. Tantôt les nichoirs
étaient défectueux, tantôt ils étaient mal suspendus, tantôt
ils n'étaient pas convenablement orientés, tantôt, enfin, ils
n'étaient pas assez nombreux. Ce qu'il faut avant tout pour
réussir, c'est imiter la nature dans ses moindres détails.

A cet effet, la circulaire complète de la manière suivante
les instructions antérieures :

1° Les nichoirs doivent se rapprocher, le plus possible, des nids faits
dans les arbres creux. Les oiseaux les considèrent tout de suite comme
quelque chose de naturel et s'y installent sans défiance.

2° La fin de l'automne est la meilleure époque pour suspendre les nichoirs, qui doivent rester à demeure fixe. Les espèces hivernant en Belgique et habituées à nicher dans les excavations, pourront s'y réfugier pendant la mauvaise saison.

3° Si, en principe, il convient de placer les bûches creuses dans le sens de la ligne verticale, il vaut mieux encore, lorsque la chose est possible, les incliner légèrement pour empêcher l'humidité d'y pénétrer. L'entrée en sera orientée du côté opposé aux intempéries, c'est-à-dire vers l'Est.

4° Les nichoirs, pour résister à l'action du vent et ne pas devenir un épouvantail pour les oiseaux, doivent être solidement fixés à l'aide de deux vis. Au moment de les apposer, les préposés auront soin d'y introduire une couche d'environ 1 centimètre de sciure de bois, mélangée de terreau de bruyère.

5° Les nichoirs à petite ouverture sont particulièrement destinés aux mésanges, grimpereaux, etc. Il convient de les suspendre aux arbres, à une hauteur de 4 mètres au maximum et de façon qu'ils soient un peu cachés par les branches, dans les bois de toute essence et de tout âge, mais principalement dans les jeunes peuplements, le long des chemins, à proximité des champs et sur les bords des clairières garnies de broussailles. On fera bien, en général, de placer un appareil par arbre et à des distances variant de 10 à 30 mètres.

Pour le moment, une vingtaine de nichoirs de cette catégorie me paraissent suffisants par triage.

Les nichoirs à plus grande ouverture sont recherchés des pics et des étourneaux notamment ; ils doivent être accrochés aux arbres de haute futaie, à une élévation de 8 mètres au moins.

Chaque préposé apposera 10 nichoirs de la seconde catégorie dans les bois confiés à ses soins. Au cas où des moineaux, des écureuils, des loirs ou d'autres animaux nuisibles prendraient possession des nids, les préposés auraient soin de déloger les intrus qui s'y seraient installés. Un ennemi redoutable pour les oiseaux est le chat domestique. Dès que cet animal contracte l'habitude de courir les bois et les champs, il prend des allures sauvages, s'acharne après les oiseaux et le gibier et délaisse la chasse aux souris. Sa tête, de même que celle du chat sauvage, doit être sérieusement mise à prix.

Ajoutons que l'administration, avant de les généraliser, a mis à l'essai les procédés suivants :

1° Efficacité du piège à poteau, destiné à capturer les oiseaux de proie diurnes ; 2° moyens propres à détruire les belettes, fouines, putois, martres, écureuils et pies ; 3°

mode d'alimentation des oiseaux en hiver, préconisé par le baron de Berlepsch, un de ceux qui ont étudié de plus près la question de la protection des oiseaux ; 4° emploi des nids artificiels dans les pineraies.

L'aune blanc. Ses défauts — Plusieurs sylviculteurs se sont plaints des vides énormes qui se produisent dans les taillis d'aune blanc après leur exploitation. De nombreuses souches meurent là où précédemment on avait vu croître de très belles perches, et l'on se voit obligé de replanter une autre essence, travail onéreux et, en plus, perte de plusieurs années. Dans nos plantations en Flandres, en terrains yprésien et campinien, nous avons remarqué le même inconvénient. Nous avons déjà dit (1) que, dès les premières années de la plantation, on voit les aunes dépérir aux endroits dont le sous-sol contient une certaine quantité de tuf ferrugineux. Mais nous avons été bien étonné quand, après la première coupe de taillis magnifiques, nous avons remarqué de grands espaces où il ne poussait que des brindilles d'un pied de haut. Des sondages firent voir qu'à 50 et 60 centimètres de profondeur se trouvait, soit une couche épaisse de tuf ferrugineux, soit une argile très dure, soit une terre meuble, mais rougeâtre, annonçant l'existence du fer. Dans les sols peu profonds, il n'y a que le saule marsault, le tremble et le cerisier padus qui puissent croître avec vigueur.

Un autre reproche fait à l'aune blanc est de produire après le recepage une infinité de rejets qui se nuisent mutuellement. Dans les contrées où les fagots sont recherchés, on peut faire à l'âge de 3 ou 4 ans une coupe d'éclaircie qui produit chez nous environ 40 francs à l'hectare (2) ; à 6 ans, seconde coupe d'éclaircie qui rapporte plus du double. L'aune blanc étant, après l'acacia, l'arbre dont le feuillage est le plus nutritif

---

(1) *Bulletin* mars 1900, p. 191.
(2) Prix des journées fr. 1.50; frais 20 fr. Prix des fagots, 10 francs le cent.

pour l'alimentation du bétail, on peut.très bien aussi, pendant la première année, couper pour cet usage la moitié desjeunes pousses.

On a prétendu également que,si la première coupe des taillis d'aune donne de bons résultats, le produit diminue ensuite à mesure que la plantation vieillit. Sur 10 hectares environ de cette essence que nous avons cultivés, nous n'avons jamais rien remarqué de semblable. L'an dernier un taillis de dix ans d'âge, coupé pour la seconde fois, a donné 109 francs par hectare et par an, plus qu'à la première coupe, dans un terrain très sec, mais profond.

Il semblerait qu'un arbre qui,après avoir poussé vigoureusement dans une épaisseur de terre de 50 centimètres,dépérit tout d'un coup, doit avoir épuisé complètement le sol qui le supporte. Il n'en est rien, car nous avons constaté qu'après le défrichement des aunes, les récoltes de seigle ou les semis d'arbres ont incontestablement une plus belle apparence que ceux semés sur les autres terres. Ces expériences, du reste, faites en terrains yprésien et campinien,devraient être renouvelées en différents sols pour qu'on puisse en tirer une conclusion certaine.

L'aune blanc, jusqu'à présent, n'a servi que comme bois à brûler, et pour cet usage il présente de grands avantages; on s'en est servi longtemps comme bois de houillères, mais les charbonnages deviennent de plus en plus difficiles. D'autre part, il a été employé pour la fabrication des bondes de tonneaux et a, dit-on, donné des résultats excellents.

En somme, l'aune blanc est un arbre précieux pour la plantation. Il vit dans un sol très pauvre, à condition qu'il soit profond; il supporte à la fois l'humidité et la sécheresse, beaucoup mieux que le pin sylvestre; cependant, il faut éviter de l'introduire dans les vides de taillis, là où les herbes poussent trop facilement, ou de le planter après les défrichements de pineraies, à moins de cultiver la terre quatre années de suite.   S. DE L.

Le chêne rouge d'Amérique et le chêne pédonculé. — Dans le domaine royal de Ravenstein, au lieu dit : Petit parc de Ravenstein, sur le territoire de la commune de Tervueren, existe une parcelle de 71 ares boisée en 1881 à l'aide d'un mélange de chênes rouges d'Amérique et de chênes pédonculés ; le sol est argilo-sablonneux, l'altitude de 110 mètres.

Le peuplement parcouru cette année par les exploitations a été cubé en octobre 1901 ; il renfermait :

Diamètre à 1.50 du sol	Chênes rouges		Chênes pédonculés	
	Nombre de sujets	Cube par catégorie	Nombre de sujets	Cube par catégorie
0^{m}02	8	0^{m3} 008	17	0^{m3} 011
0 04	179	1 112	127	0 510
0 06	401	5 004	91	0 894
0 08	426	12 282	30	0 586
0 10	335	15 446	11	0 382
0 12	72	4 680	3	0 162
0 14	19	1 653	—	—
	1,440	40^{m3} 185	279	2^{m3} 545

Alors que le cube *moyen*, délivrance comprise, des chênes rouges atteint 0^{m3}028, celui des chênes pédonculés n'atteint que 0^{m3}009, soit à peu près le tiers des premiers ; alors que l'abandon a dû porter sur 81 p. c. des chênes indigènes, il ne représente que 17 p. c. des chênes d'Amérique.

Ces simples données montrent une fois de plus le parti que l'on peut tirer de cette dernière essence dans des sols qui lui conviennent.

Un arbre remarquable. — Il s'agit d'un hêtre à feuilles noires qui dresse majestueusement sa cime de plus de 20 mètres de diamètre dans une propriété des bords de l'Ourthe canalisée ; les travaux de dérivation, que l'administration des ponts et chaussées va entreprendre prochainement au cours de cette rivière, nécessitent l'expropriation du terrain qu'il occupe et il paraîtrait que ce bel arbre est condamné à disparaître.

Au nom de la Société forestière, nous nous permettons de demander à l'administration des ponts et chaussées de sauver, si faire se peut, l'existence de ce magnifique spécimen d'une variété, rare chez nous, et dont les dimensions constituent un titre de plus à sa conservation.

Encore un ennemi de l'épicéa. — Sous ce titre le *Journal forestier suisse* donne, dans son numéro de novembre 1901, les considérations suivantes au sujet de la thenthrède de l'épicéa :

Au printemps de l'année 1900, la forêt particulière du Sépey, près Ballens (altitude moyenne 720 mètres), formée d'un peuplement pur d'épicéas de 5-22 ans, fut soudain entièrement attaquée par une invasion de la thentrède de l'épicéa (*Nematus abietum*). Une surface de 30 hectares peuplée d'environ 150,000 épicéas fut envahie. Le dommage fut le plus apparent en juillet, lorsque la partie supérieure des épicéas prit une teinte brun-roussâtre, comme celle que prennent nos résineux sous l'action d'une chaleur intense. La sève d'août n'eut pas la force de faire reverdir les pousses dévorées et pendant toute l'année la forêt garda le même aspect désolé.

Un an plus tard, même apparition de l'insecte et dégâts analogues. Mais actuellement, grâce à la vigueur de la végétation pendant l'été 1901, les verticilles ont presque tous reverdi et les dégâts sont peu apparents.

L'hyménoptère nommé thenthrède de l'épicéa (en allemand Fichtenblattwespe) pond ses œufs sur les jeunes pousses de l'épicéa, dans les fourrés de 5-25 ans. Les larves, d'un beau vert, écloses dès avril, rongent aussitôt les aiguilles des pousses terminales surtout et des verticilles supérieurs de l'arbre, ne laissant que la nervure médiane de l'aiguille, qui se recoquille, jaunit, puis tombe. C'est cette nervure, devenue rousse, qui donne aux peuplements atteints leur couleur caractéristique. En juin, les larves se laissent choir à terre, hivernent dans la couverture morte du sol, puis se transforment en chrysalides le printemps suivant. L'insecte ne tue pas la plante atteinte, mais comme il attaque de préférence la flèche des résineux et que celle-ci périt souvent faute d'aiguilles, on comprend quels dommages considérables il peut causer, surtout en dépréciant les bois de service, dans un peuplement d'essences pures, comme celui du Sépey.

Ce qu'il y a de caractéristique dans l'invasion ci-dessus d'un insecte qui a déjà été observé souvent en Suisse, c'est à la fois sa soudaineté, l'étendue de la forêt atteinte et aussi la localisation des dommages.

En effet, en 1900, les dégâts ont été circonscrits entièrement au Sépey et, malgré d'actives recherches, l'insecte n'a été observé dans aucune autre forêt voisine. En 1901, par contre, il a été trouvé plusieurs taches dans des forêts distantes de 1-8 kilomètres du foyer principal. L'une d'elles se trouvait au sommet du Mont de Bière, dans les pâturages boisés, à 1500 mètres d'altitude.

Ce développement si subit d'un insecte non encore observé dans la contrée provient-il d'un essaimage provoqué par un coup de vent, ou s'agit-il d'une reproduction anormale, sous l'influence d'un milieu ambiant favorable, d'un insecte qui existait peut-être en très petite quantité, c'est ce que nous ne sommes pas à même d'éclaicir.

Il va sans dire qu'en présence d'une invasion aussi générale, l'action du forestier est paralysée. Le ramassage des larves, possible jusqu'à un certain point sur de jeunes cultures, devient impraticable dans des perchis de 20 ans et la destruction des larves dans la couverture morte par des poules, recommandée dans des bosquets et parcs, ne pourrait être exécutée dans des forêts étendues et infestées de renards!

Mais il faut lutter d'une manière préventive, et en présence de dégâts qui auront probablement de graves conséquences dans la production des bois de service, on peut une fois de plus se convaincre de l'imprévoyance qu'il y a à planter, partout et comme essence unique, l'épicéa, et cela souvent dans des stations qui ne lui conviennent absolument pas.

Créons donc des peuplements d'essences mélangées, et, encore mieux, quand faire se peut, produisons le recru naturel.

Les forêts de l'Amérique du Nord. — La *Kirby Lumber Company* et la *Houston Oil Company* possèdent, dans le S.-E. du Texas, une forêt de pins à longues feuilles (*P. australis*) d'une étendue de 400,000 hectares, ce qui représente environ 80 p. c. de la superficie occupée par ce pin dans cet Etat.

Désireuses de garantir la conservation et d'assurer l'avenir de ce vaste massif boisé, les sociétés propriétaires ont

prié la Direction des forêts de faire un examen des ressources
dont il est susceptible, de dresser un plan d'aménagement,
de donner les principes du traitement à suivre en vue d'une
exploitation rationnelle.

Voilà qui s'appelle de belle et bonne besogne!

Nous signalons la chose tant à cause de l'envergure du
travail demandé que parce qu'elle témoigne d'un revire-
ment qui paraît devoir faire échapper à la destruction la
majeure partie des forêts de pins à longues feuilles respectées jusqu'aujourd'hui.

Il n'en est pas malheureusement partout de même dans
la République étoilée. Témoin ce que nous lisons dans la
Revue des Eaux et Forêts :

A propos de l'existence de stocks ligneux inépuisables dans
l'Amérique du Nord, nombre de journaux du Nouveau Monde publient
des articles bien faits pour détruire cette opinion.

D'abord la *Post* de Chicago :

On dit que la dernière tronce exploitée par une puissante compagnie
du Wisconsin vient d'être débitée. Les scieries ont cessé leur travail qui
durait depuis plus de cinquante ans.

Les bûcherons regardent cet événement comme un nouveau pas vers
l'abandon de cet Etat.

Il y a peu d'années encore, Wisconsin et Michigan étaient réputés les
deux plus grands producteurs de bois d'œuvre aux Etats-Unis. Actuellement le pin Weymouth a presque totalement disparu. Les exploitations
s'enfoncent de plus en plus vers le Nord, cherchant leur essence de
choix; d'autres, moins exigeantes, se contentent du sapin du Canada
(*Tsuga canadensis*) ou des feuillus. Ce Tsuga autrefois était dédaigné et
considéré comme une essence secondaire. Maintenant, le roi des pins est
épuisé, on se rabat sur ses compagnons.

Et ainsi progressivement, derrière l'exploitation sans soins et sans
souci de la régénération, le désert se fait, au détriment du commerce, de
l'industrie et du climat.

Autre cri d'alarme de San-Francisco : Lorsque l'activité commerciale
s'empare d'une région, la forêt est condamnée à disparaître. La vallée du
fleuve Youkon en est un triste exemple. Les massifs boisés ne sont pas
bien denses à la vérité, et il faut descendre plus au Sud pour trouver des
surfaces forestières considérables. Mais ces dernières sont déjà fortement entamées et la navigation devra recourir bientôt aux massifs clairs

et précaires des contrées septentrionales. Ce sera la ruine à bref délai, car tous les navires remontant le fleuve tirent exclusivement leur combustible des forêts riveraines.

A moins de trouver d'importants gisements de houille ou de pétrole à peu de distance, le mouvement commercial devra s'arrêter. Tristes effets de l'imprévoyance et do la spéculation !

La plantation des arbres fruitiers. — Nous avons déjà dit et répété que les arbres fruitiers devaient se planter exactement à la même profondeur que celle qu'ils occupaient en pépinière ; malheureusement, trop de jardiniers ont une tendance à les planter plus profondément. Le fait s'est produit chez nous ; notre propriétaire avait fait combler des vides, produits parmi les arbres fruitiers du jardin, par de nouveaux sujets ; ceci s'était fait avant notre arrivée. Voyant les sujets languir misérablement, nous avons cru qu'ils étaient placés à mauvaise exposition et en avons transplanté trois ou quatre ; c'est alors que nous avons constaté que leur collet avait été recouvert d'environ cinquante centimètres de terre ; replantés dans des conditions normales, ces arbres ont acquis depuis une vigueur extraordinaire ; il est vrai que presque tous étaient des pruniers ou des cerisiers.

Quant aux pommiers et aux poiriers, voyant que les quelques feuilles qui avaient poussé en été s'étaient desséchées sur l'arbre, sans tomber en hiver, nous en avons conclu qu'ils étaient morts, ce qui était exact, comme nous avons pu nous en assurer au printemps suivant ; nous les avons immédiatement remplacés par de jeunes sujets d'élite. L'enlèvement de ces arbres morts nous a permis de constater que les racines, faute d'air et peut-être soumises à trop d'humidité, étaient pourries, l'écorce s'en détachait sans le moindre effort.

Ceci pour faire connaître à nos lecteurs à quoi ils s'exposent en faisant ou en laissant planter leurs arbres trop profondément ; tous les arbres ainsi plantés ne meurent cependant pas, mais ceux qui résistent restent languissants ; quoi qu'on fasse, quels que soient les soins et les engrais qu'on leur prodigue, jamais ils ne se remettront de cet état maladif.

La plupart du temps, le pépiniériste est accusé d'avoir livré de la mauvaise marchandise, alors que le planteur seul est en défaut.

Il arrive souvent aussi qu'après la plantation, celle-là faite dans de bonnes conditions, c'est-à-dire le collet à fleur de sol, la terre du trou dans lequel l'arbre a été planté, subit un tassement et même, parfois, un affaissement considérable ; l'arbre suit la terre et les inconvénients d'une plantation trop profonde se produisent.

Si l'on tuteure l'arbre, on est exposé à ce que le tuteur suive la descente de l'arbre, quelque bien et quelque solidement que ce tuteur soit enfoncé.

Voici un procédé de soutien signalé par M. Viviand Morel, il y a déjà quelques années. On place horizontalement un bâton au milieu du trou, de manière que ses deux extrémités posent sur les bords opposés. Sur ce bâton d'appui, qu'on a soin de choisir assez fort et qui donne le niveau définitif du sol, on assujettit l'arbre au point qui marque son collet, en mettant sous le lien, pour éviter les blessures par frottement, un tampon de mousse ou de chiffons.

Ce procédé est pratique et facile à mettre à exécution.

(*Chasse et Pêche.*) Ch. WENDELEN.

Le caoutchouc au Brésil. — Nous extrayons les lignes suivantes d'un travail paru dans l'*Ingénieur agricole de Gembloux* et présenté par M. Van de Venne, ingénieur à San-Paulo.

Les Indiens du Mexique, qui les premiers paraissent avoir connu la gomme élastique, extrayaient celle-ci du Castilloa, et l'appelaient *ulé*. Ce nom, répandu parmi les tribus des Amazones, qui l'appliquaient à l'arbre à gomme de leur pays, s'est transformé en *hévé*. Finalement, c'est sous le nom de *Hévéa* que le caoutchoutier des Amazones a été classé en botanique.

Les Indiens Omaqua's qui avaient immigré dans le Bassin des Amazones après l'occupation violente de leur pays, le Mexique, par les aventuriers espagnols, y apprirent le dialecte *tupi* au contact des tribus préoccupantes. Lorsqu'ils furent conduits par des missionnaires espagnols au Pérou, ils y rencontrèrent le Castilloa auquel ils donnèrent le nom de *Caa ot chu*, ce qui signifie en langue tupi *arbre qui pleure*. De là, vient le mot *caotchu* par lequel les Péruviens entendent la gomme du Castilloa.

. . . .

La borracha ou seringa est produite par un arbre de la famille des Euphorbiacées, du genre Siphonia ou Hévéa. Il y a de nombreuses variétés qui se distinguent entre autres par les feuilles, les parties florales et la qualité du latex.

Leur latex est abondant, mais pauvre. Celles qu'on apprécie parce que leur latex est abondant et riche sont connues en botanique sous les dénominations de *Hevea brasiliensis*, *H. discolor* et *H. guyanensis*.

Ces arbres ont le port droit; le fût élevé et clair, mesure 30 à 40

mètres de la base à la cime, lorsque le diamètre du tronc atteint 1ᵐ20.
Ils sont dioïques. Ils perdent les feuilles en septembre, mais la frondaison réapparaît aussitôt, suivie de la floraison. Les fruits mûrissent lentement. L'écorce du tronc a une épaisseur de 10 mm., celle du cambium ne dépasse pas 3 mm. A la partie interne de l'écorce se trouvent les vaisseaux dans lesquels circule le latex. Quoique ceux-ci se rencontrent dans l'écorce des branches, des rameaux et même des pétioles, seule l'écorce du tronc, jusqu'à une hauteur de 2 mètres environ à partir du sol, exsude du lait riche.

Aux mois de mai, de juin, c'est-à-dire à l'époque de la sève descendante, un litre de latex contient un demi kilo de borracha. A l'époque de la sève ascendante, le latex est peu abondant, et sa richesse est si réduite qu'un litre de lait donne à peine 200 grammes de gomme. Les jeunes arbres ont en tout temps du latex pauvre. C'est une des raisons pour lesquelles on ne peut exploiter l'hévéa avant qu'il ait fructifié deux ou trois fois, c'est-à-dire après dix ou douze ans.

L'hévéa n'atteint son développement complet qu'après 25 ans.

Il exige, pour sa croissance normale, une terre forte, argileuse, riche en humus, humide et chaude ; il demande le couvert, une atmosphère chargée de vapeur d'eau, une température régulière, ne descendant pas en dessous de 21° C. enfin, il veut un éclairage intense, durable et régulier.

. . . .

L'outillage du seringueiro se compose :

1° D'une hachette appelée *machadinho*, pour faire les incisions de l'écorce en vue de l'extraction du latex. Elle est en fer, non aciérée, longue de 8 à 9 centimètres, large de 3 centimètres au tranchant. Celui-ci, peu épais, n'a que 5 centimètres d'effilé. Elle est montée sur un manche de 25 centimètres de longueur.

2° Des *tigalhinas* ou cuvettes destinées à recueillir le latex, exsudant de l'écorce, après l'incision. Elles sont en tôle étamée ou en zinc, de forme tronconique, avec 8 centimètres d'ouverture, 5 de diamètre dans le fond et 6 à 7 centimètres de hauteur.

3° De plusieurs seaux, en tôle étamée, pouvant être suspendus au bras par une anse. Ces seaux sont remplacés fréquemment par des calebasses représentées par un fruit volumineux vidé de son contenu.

. . . .

A la veille du jour où les travaux définitifs vont commencer, on *prépare l'arbre*. A cet effet, on entaille l'écorce des pieds exploitables en trois ou quatre endroits, à la hauteur que peut atteindre le bras armé de la hachette. Cette préparation a pour effet d'augmenter le rendement des saignées pratiquées les jours suivants.

Dès le rayonnement du jour suivant, commence la récolte du latex. Sur une ligne horizontale, tout autour des arbres, élevée à la hauteur de 1ᵐ80 environ, l'ouvrier lave l'écorce aux endroits où il désire saigner l'arbre, puis donne six à huit coups de hachette, obliques, distants de 50 centimètres environ, et suffisamment profonds pour intéresser un grand nombre de vaisseaux laticifères, sans toutefois atteindre le cambium. La pénétration du tranchant de la hachette ne doit pas dépasser 5 à 6 mm.

L'incision doit être oblique. De cette manière, elle coupe un assez grand nombre de vaisseaux et force le latex à s'écouler à la pointe inférieure. L'incision en V donne un rendement plus élevé, mais fatigue la plante. Elle doit être nette, et ne pas causer des éclats de l'écorce. Au moyen de la glaise dont il est pourvu, le seringueiro attache contre le tronc, sous chaque saignée, la tigelhina, qui doit retenir le latex ; puis il exécute successivement la même opération à tous les arbres de son « extrada ».

Vers neuf heures, il doit avoir terminé la saignée de ses arbres et avoir atteint le bout du sentier. Alors, il se munit du seau et regagne le pied qu'il a opéré en premier lieu. Les tigelhinas sont pleines de latex. Il les déverse dans le récipient appendu à son bras, et, en courant, fait une deuxième fois le tour de son exploitation, afin de recueillir le précieux liquide qui a coulé de tous les troncs dans les cuvettes.

Le soleil commence à darder, les arbres ne coulent plus.

———————◄►◄———————

Jurisprudence

L'action en dommages-intérêts du chef de dégâts causés par les lapins aux héritages voisins ne peut être intentée que contre le titulaire de la chasse.

Le propriétaire du bois ne peut être incriminé lorsqu'il justifie, par un bail régulier, que son locataire jouit du droit de chasse depuis le temps nécessaire pour obvier aux dégâts, en prenant des mesures efficaces à cette fin, et que d'ailleurs le bail stipule que le locataire répond entièrement du dommage causé par le gibier.

JUGEMENT

Attendu que l'action de l'intimé tend à obtenir de l'appelante personnellement la réparation du dommage causé en 1900 à sa récolte d'avoine

par les lapins qui séjournent dans certains bois de l'appelante situés sur
le territoire de la commune d'Ouffet et dont elle a loué la chasse à M. le
notaire Mineur, par acte sous seing privé en date du 30 novembre 1896,
pour une période de neuf ans prenant cours le 1er août 1898 pour finir le
31 juillet 1907, acte enregistré à Huy, le 19 novembre 1900, vol. 57,
fol. 59 ;

Attendu que l'appelante conclut d'abord à la non recevabilité et
ensuite au non fondement de la demande;

Sur la fin de non recevoir :

Attendu que l'appelante soutient que l'action n'est pas recevable parce
que, si elle est en réalité propriétaire des bois qui servent de refuge aux
lapins qui ont endommagé le champ d'avoine de l'intimé, elle n'est pas
titulaire du droit de chasse de ces bois, et que c'est contre ce dernier
que l'action aurait dû être intentée ;

Attendu que le premier juge a rejeté cette fin de non recevoir en se
basant, à tort, sur ce qu'il était de jurisprudence, sous la loi du 28 février 1882, que celui qui réclame des dommages-intérêts pour dégâts
causés aux fruits et récoltes par les lapins, peut s'adresser au propriétaire du bois d'où proviennent les lapins auteurs des dégâts, et que la
loi du 4 avril 1900 n'a pas apporté de modification à cet égard ;

Attendu qu'il était, au contraire, de jurisprudence constante sous la
loi de 1882, ainsi que le proclame M. le ministre de l'agriculture, dans
sa circulaire du 11 mai 1900 prise en exécution de la loi du 4 avril précédent, que « l'action en dommages-intérêts du chef de dégâts causés
par le gibier aux héritages voisins ne peut être intentée que contre le
titulaire de la chasse » ;

Attendu que la loi du 4 avril 1900 n'a pas innové, puisque, en rappelant la jurisprudence suivie jusqu'alors, M. le Ministre ajoute : « Dans
ces conditions, il importe que dans les régions où ces rongeurs pullulent, les députations permanentes, lors des locations des chasses des
communes et établissements publics, exigent de la part des fermiers,
s'ils sont étrangers au pays, la constitution d'une caution solvable » ;

Que l'exigence d'une caution du fermier de la chasse serait superflue,
si le cultivateur lésé pouvait, à son gré, diriger son action contre le
propriétaire du sol ou le locataire de la chasse ;

Que, si quelque controverse pouvait encore exister sur la légalité de
la jurisprudence rappelée par M. le ministre, sous l'empire de la loi de
1882, qui établissait une double responsabilité alternative, celle du
propriétaire ou de son ayant-droit — de sorte qu'il pouvait y avoir quelque doute sur le point de savoir si l'action en réparation du dommage
causé par le gibier devait être intentée contre le propriétaire ou son
ayant-droit — aucun doute ne peut plus subsister sous la loi de 1900, qui

ne vise plus qu'une seule responsabilité, celle du titulaire de la chasse ;

Qu'en effet cette loi ne parle que du titulaire de la chasse et ne parle pas du propriétaire du bois, en cette qualité, qu'elle ne cite même pas ; que c'est au titulaire du droit de chasse ou à son délégué qu'elle accorde l'autorisation d'affûter le lapin (art. 7, § 6) ; que c'est encore à lui qu'elle donne le droit de se réserver les lapins tués en payant les frais des battues organisées pour leur destruction ;

Qu'enfin, dans son esprit comme dans son texte, elle attache la responsabilité des dégâts commis par les lapins à l'exercice du droit de chasse et non au droit de propriété ; qu'aussi cette responsabilité est-elle inscrite dans les lois sur la chasse et non dans celles qui régissent la propriété ;

Attendu que l'intimé objecte en vain, avec le jugement *a quo*, que le cultivateur dont les récoltes ont été endommagées connaît le propriétaire des bois, tandis qu'il peut ne pas connaître l'existence d'un bail qui, le plus souvent, est fait par acte sous seing privé ou même verbalement ; qu'il pourrait en résulter que les cultivateurs fussent dans l'impossibilité de faire valoir leurs droits en justice, s'ils ignoraient, soit l'existence du bail, soit le nom du titulaire, tandis que le propriétaire du bois, s'il n'est pas titulaire du droit de chasse, peut toujours exercer son recours contre le locataire de la chasse ;

Attendu que le système de l'intimé, dégagé de toute complication, consis'e à rendre le propriétaire d'un bois responsable des dommages causés par les lapins qui ont leur gite dans ce bois, par cela seul qu'il est propriétaire du bois, sans qu'il y ait à lui reprocher la faute la plus légère ; en d'autres termes, à le rendre civilement responsable du dommage causé par la faute ou négligence de son locataire, sauf à exercer contre lui une action en garantie ;

Attendu que ce système est contraire aux principes du droit commun et à la notion même du droit de propriété ;

Qu'en effet, l'obligation de réparer le dommage causé par le gibier nait uniquement de la loi et non de la propriété ou de la possession du sol ; que le propriétaire du bois n'est pas propriétaire du gibier qui est une *res nullius* appartenant au premier occupant; qu'il n'est donc pas plus responsable que le premier venu du dommage causé par le gibier, qui, par instinct, s'est réfugié dans son bois ;

Que, d'après les principes du droit commun, inscrits dans les articles 1382 et 1383 du Code civil, sa responsabilité ne peut être engagée que si une négligence est relevée à sa charge ou s'il a à s'imputer une faute ou une imprudence, par exemple s'il a attiré les lapins dans son bois, ou si, ayant le droit exclusif de chasse, il a laissé pulluler les lapins au point d'exposer à des dégâts les récoltes avoisinantes ;

Attendu que les fautes sont personnelles et que l'action en réparation doit nécessairement être dirigée contre l'auteur de la faute, sinon cette action manque de base ;

Que si, néanmoins, malgré l'absence d'imputation d'une faute personnelle à charge du propriétaire du bois, le cultivateur s'adresse à lui, aucun texte de loi n'oblige le propriétaire à se laisser condamner et à exercer ensuite un recours contre le locataire de la chasse ;

Que, ne connaissant pas les moyens que peut faire valoir au fond ce dernier, il peut se retrancher derrière les articles 1382 et 1383 du Code civil et exiger la preuve qu'il a commis une faute, une négligence ou une imprudence, élément essentiel de responsabilité sans lequel l'action ne saurait procéder. contre lui ;

Attendu que cette preuve incombe au demandeur en dommages-intérêts qui, s'il n'administre pas cette preuve, doit succomber, à moins qu'il n'appelle à la cause le locataire de la chasse afin de faire débattre, entre celui-ci et le propriétaire du bois, auquel des deux incombe la responsabilité ;

Attendu que c'est au demandeur à mettre le titulaire de la chasse en cause ; que, sinon, il assume la charge de la preuve de la faute ou de la négligence du propriétaire du bois ;

Attendu que, s'il échoue dans cette preuve, il peut, tout aussi bien que l'appelante, la cause et l'étendue du dommage étant constatées par l'expertise, exercer son recours contre le locataire de la chasse ; que, s'il subit des entraves et des retards dans le règlement de son indemnité, il doit les attribuer à ce qu'il a mal introduit son action ;

Que, d'ailleurs, il appartient au demandeur de se renseigner avant d'intenter son action, qu'il s'agisse d'une action en dommages-intérêts pour dégâts causés par les lapins, ou de toute autre action ;

Qu'il pouvait facilement obtenir des renseignements sur le titulaire de la chasse, puisque, depuis deux ans, celui-ci chassait dans le bois contigu à son champ d'avoine ;

Qu'au surplus, l'intimé a connu le nom et la qualité du titulaire de la chasse lorsque l'appelante a excipé de son bail de chasse pour dégager sa responsabilité, et il aurait pu réparer alors la faute d'avoir mal dirigé son action en faisant intervenir à la cause le titulaire de la chasse ;

Au fond : Attendu que l'intimé n'impute à l'appelante aucune faute, négligence ou imprudence quelconque, et n'en a articulé aucune contre elle devant le premier juge ; qu'il ressort seulement du procès-verbal d'expertise : 1° que l'expert est d'avis que les dégâts occasionnés par les lapins provenant du bois de l'appelante au champ d'avoine de trois hectares appartenant à l'intimé s'élèvent à la somme de fr. 518.40 ; 2° que le juge a personnellement constaté que de nombreux chemins de lapins existaient dans le champ de l'intimé et venaient des bois de l'appelante;

Attendu que l'importance des dégâts et l'existence des nombreux sentiers constatés dénotent que les lapins pullulent dans les bois de l'appelante ;

Attendu que cette multiplication anormale ne peut être imputable qu'au titulaire de la chasse, qui seul avait le droit exclusif de chasser dans les bois de l'appelante, à l'exclusion de celle-ci, à moins qu'il ne soit démontré qu'il était détenteur de la chasse depuis trop peu de temps pour avoir pu entraver cette multiplication par des chasses, battues, furetages et autres moyens ;

Attendu que l'appelante justifie par un bail régulier que son locataire jouissait du droit de chasse depuis deux ans au moins avant que les dégâts ne se soient produits et qu'il a eu, par conséquent, le temps nécessaire pour obvier aux dégâts en prenant des mesures efficaces à cette fin ;

Attendu que l'intimé reproche à tort à l'appelante d'avoir commis une faute personnelle en louant sa chasse et en s'étant mise ainsi dans l'impossibilité de détruire personnellement les lapins ;

Qu'aucune disposition de loi n'oblige les propriétaires des bois de chasser eux-mêmes et de détruire le gibier ; que la location de la chasse est un mode normal et régulier d'user de ce droit; que c'est pour ainsi dire le seul mode possible pour les femmes de jouir de leur droit de chasse et qu'il est même impossible aux communes et aux établissements publics d'en jouir d'une autre manière ;

Attendu que l'appelante n'a causé aucun grief à l'intimé en cédant sa chasse à une personne plus à même qu'elle de chasser et de détruire les lapins ;

Qu'on ne pourrait lui reprocher une faute que si elle avait inséré dans le bail des mesures restrictives de la chasse aux lapins ou de leur destruction ;

Qu'elle a, au contraire, stipulé dans l'acte de bail que « le locataire répond entièrement du dommage causé par le gibier », conviant ainsi implicitement le locataire de la chasse à prendre toutes les mesures nécessaires pour échapper à cette responsabilité ;

Par ces motifs, sans avoir égard à toutes conclusions plus amples ou contraires, le tribunal, siégeant en degré d'appel, déclare l'intimé ni recevable, ni fondé en son action contre l'appelante; en conséquence met à néant le jugement *a quo* et condamne l'intimé aux dépens des deux instances.

(Tribunal civil de Huy, jugement du 9 mai 1901. — *Jurisprudence de la Cour d'appel de Liége.*)

Règlement de la Bibliothèque

ARTICLE PREMIER. — Le trésorier-bibliothécaire dresse un catalogue, classe les livres et les fait relier, inscrit les entrées et les sorties et veille au respect du règlement.

Les achats de nouveaux livres ne peuvent se faire que sur autorisation de la commission de surveillance, dans les limites du crédit affecté à cet objet

ART. 2. — Les livres et atlas sont à la disposition des membres, qui doivent en donner récépissé ou signer le livre de sortie.

ART. 3. — La bibliothèque est ouverte tous les mercredis, de 4 à 6 h. du soir.

ART. 4. — Les sociétaires peuvent, en outre, recevoir des livres en lecture, sur demande écrite. Ils enverront immédiatement un accusé de réception au bibliothécaire.

ART. 5. — Les livres peuvent rester 15 jours en lecture.

Si l'emprunteur désire les conserver plus longtemps, il pourra y être autorisé par le bibliothécaire.

ART. 6. — Le sociétaire est responsable de l'ouvrage mis à sa disposition ou qui lui est expédié. Tout ouvrage détérioré ou égaré, même par la poste, sera réparé ou remplacé à ses frais.

ART. 7. — Les livres et documents rares ou de valeur ne pourront être prêtés au dehors, sauf autorisation spéciale du Conseil d'administration.

Liste des ouvrages de la bibliothèque

A. Périodiques

Bulletin de la Société centrale forestière de Belgique (depuis 1893).

Bulletin de la Société française des amis des arbres (depuis 1895).

Bulletin de la Société forestière de Franche-Comté et Belfort (depuis 1891) et l'Agenda du forestier pour 1900.

Journal suisse d'économie forestière (depuis 1895).

Le Bois (de Paris).

L'Echo forestier (depuis 1895).

Revue des Eaux et Forêts et Répertoire de législation et de jurisprudence forestières (de France) (depuis 1862).

Revue des Bois (France) (depuis 1901).

Revue des questions scientifiques (depuis 1896).

Annales de la science agronomique française et étrangère (depuis 1899).

Bulletin et comptes rendus des travaux de la Société des Agriculteurs de France (depuis 1895).

Bulletin des séances et mémoires de la Société nationale des agriculteurs de France (depuis 1899).

Journal agricole de l'Est de la Belgique (depuis 1894).

Journal de la Société agricole du Brabant-Hainaut (depuis 1895)

Journal de la Société centrale d'agriculture de Belgique (depuis 1893).

L'Agronome (depuis 1895).

L'Ingénieur agricole de Gembloux (depuis 1893).

Le Luxembourgeois (depuis 1894).

Revue générale agronomique de Louvain (depuis 1900).

Annales de la Société entomologique de Belgique (depuis 1895).

Bulletin de l'herbier Boissier (depuis 1894).

Bulletin d'arboriculture, de floriculture et de culture potagère (depuis 1894).

Bulletin horticole, agricole et apicole (depuis 1895).

La Belgique horticole et agricole (depuis 1895).

Annuaire de l'Observatoire royal de Belgique, 66e et 67e années, 1899 et 1900.

Bulletin des observations mensuelles de l'Observatoire royal de Belgique (depuis 1900).

Chasse et Pêche (depuis 1897).

Bulletin commercial.

Tijdschrift der Nederlandsche Heidemaatschappij (depuis 1897).

Tijdschrift over Plantenziekten (depuis 1897).

Algemeine Forst und Jagdzeitung (depuis 1901).

Centralblatt für das gesamte Forstwesen (depuis 1899).

Forstwissenschafliches Centralblatt (depuis 1901).

Neue Forstliche Blätter (depuis 1901).

Schweizerische Zeitschrift für Forstwesen.

Zeitschrift für Forst und Jagdwesen (depuis 1901).

Agricultural Gazette (Nouvelle Galles du Sud — depuis 1900).

Experiment Station-Record (Etats Unis — depuis 1897).

The Forester (Etat Unis — depuis 1901).

B. Volumes

1e Ouvrages traitant de sylviculture

Action des sels minéraux sur la forme et la structure des végétaux, par Dassonville.

Aménagement des forêts, par Nanquette.

Arbres (Les) et les peuplements forestiers, par Hüffel.

Arbres remarquables de la province de Namur (Album de photographies)

Bois communaux de Chimay, recherches historiques, par Wauters.

Cent espèces de bois indigènes, par A. Thil. (Album contenant des coupes microscopiques des différentes espèces de bois.)

Chênes (Les) de l'Amérique septentrionale en Belgique, par J. Houba.

Congrès agricole et forestier belge réuni à Bruxelles en 1880 ; à Mons en 1881; à Namur en 1883; à Bruxelles en 1884; à Anvers en 1885 et à Bruges en 1897.

— international de l'agriculture tenu à Paris en 1878.

— international d'agriculture tenu à Bruxelles du 8 au 16 septembre 1895. Rapports préliminaires.

— national d'agriculture de Namur en 1901. Compte rendu des travaux et rapports préliminaires.

Conifères (Les), par De Kirwan (2 vol.).

Conifères (Les) de petites et grandes dimensions, par Morlet.

Conifères de pleine terre, par A. Dupuis.

Considérations sur la production et le traitement des plants pour la création et l'entretien des forêts, par Em. Parisel.

Cours d'aménagement des bois, par Broillard.

Cours de technologie forestière, par Boppe.

Cubage et estimation en matière des arbres et des massifs (Extrait du cours de sylviculture donné à l'Institut agricole de l'Etat à Gemblcux, par E. Parisel).

— des arbres sur pied ou abattus (Manuel de), par Crahay et Brichet.

— Manuel théorique et pratique de l'estimateur des forêts, par Noirot-Bonnet.

— Nouveau barème ou méthode facile pour cuber les arbres en grume, par Léon Paridant.

-- Tarif pour cuber les bois en grume, par Colette.

— Traité métrique, par Philippe.

Culture (La) des lupins et la restauration en Campine du sol épuisé des sapinières, par Denis Verstappen.

Des climats et de l'influence qu'exercent les sols boisés et non boisés, par Becquerel.

Description économique et commerciale des forêts de l'Etat hongrois, par Ignace de Daranyi, ministre de l'agriculture du royaume de Hongrie, et rédigée par le Dr Albert de Bedö , 4 vol.

Essai sur les repeuplements artificiels et la restauration des vides et clairières des forêts, par Arthur Noël.

Essences (Les) forestières (résineuses et feuillues), par H. Loubié. 2 vol.).

Estimation concernant la propriété forestière, par Puton.

Etudes sur l'aménagement des forêts, par Tassy.

Etude sur les petits chemins de fer forestiers, par Thiéry.

Etude sur les travaux de reboisement et de gazonnement des montagnes, par P. Demontzey.

Exploitation technique des forêts, par Vanutberghe.

Flore forestière, par Mathieu, revue par Fliche, 4e édition, 1897.

Forêts, chasse et pêche. Exposition internationale de 1897, Bruxelles-Tervueren. Catalogue.

Forêts (Les), par Boppe et Jolyet.

Forêts (Les), par Lesbazeilles.

Influence de la lumière sur les feuilles, par Dufour.

Landes (Les) et les dunes de Gascogne, par Grandjean.

Landes (Les) de Gascogne, par Dromard.

Maladies des arbres, par Hartig (traduit par Henry et Gerschel).

Manuel de l'arboriste et du forestier belgiques, par le baron de Poederlé.

Mémoire sur le déboisement, par Moreau de Jonnès.

Nouveau manuel forestier, par Baudrillart.

Oiseaux (Les) utiles et les oiseaux nuisibles, par De La Blanchère.

Rapport de la Commission d'inspection forestière.

Rapport des plantes avec le sol, par Roux.

Ravageurs (Les) des forêts, par De la Blanchère.

Semer et planter, par Cannon.

Sylviculture pratique, par Alph. Fillon.

Traité complet des bois et forêts, 3 vol., par Duhamel Du Monceau, 1760.

Traité général des conifères ou description de toutes les espèces et variétés aujourd'hui connues, avec leur synonymie, par E. A. Carrière (1855).

Traité de sylviculture, par Boppe.

Traité de sylviculture du Dr Karl Gayer, traduit de l'allemand par Et. Visart de Bocarmé.

Traité des arbres et des arbustes que l'on cultive en pleine terre en Europe, particulièrement en France, par Duhamel Du Monceau, 7 vol. in-fol. avec 500 planches coloriées (1801-1819).

Traité des arbres et arbrisseaux, forestiers, industriels et d'ornement, cultivés ou exploités en Europe et plus particulièrement en France, par Mouillefert, 2 vol. et un atlas contenant 195 planches inédites.

Traité des plantations d'alignement et d'ornement, par Charguerand.

Traité du régime forestier, par Dralet.

Traitement des bois en France, par Broillard.

Traitement des bois en France, à l'usage des particuliers, par Broillard.

Vocabulaire forestier allemand-français, par Gerschel.

De Houtteelt. Handboek voor Boschbazen, par Alphonse van Ryckevorsel.

Handleiding van grove dennenbosschen, par Nolthenuis.

Het Bosch, par van Schermbeek.

Das Holz der Rothbüch, par Rob.-Hartig.

Die Baûme und Staûcher des Waldes, par G. Hempel et K. Wilhem.

Die Europäischen Borkenkäfer für Forstleute, Baumzüchter und Entomologen, par Eichhoff.

Die Forstbenutzung, par Carl Gayer.

Die Spitzenberg' schen Kulturgeräthe, par G. K. Spitzenberg.

Hanbuch der Nadelholz Bunde, par E. Beissner.

Mitteilungen der Schweizerischen Centralanstalt für das forstliche Versuchswesen, par C. Bourgeois (1891 à 1897).

A Manual of forestry, par Schlich.

Karri de Jarrah Timbers (album de photoíypies).

Missouri botanical garden, par Trelease (rapports de 1894 à 1900).

2° Divers

A cheval, par le baron de Vaux.

Atlas de poche des oiseaux de France et de Belgique, 2 vol.

Baraque Michel (La) et le livre de fer, par Albert Bonjean.

Chasse (La) moderne, par divers auteurs.

Chasse et pêche en France, par L. Boppe.

Conférences sur la culture et la taille des arbres fruitiers, par Désiré Buisseret.

Cours de botanique, 2 vol., par Pâque.

Cours d'eau et terres basses, par Em. Rollier.

Cours élémentaire de physique, par Séligmann.

Dictionnaire flamand-français et français-flamand, par Callewaerts.

Dictionnaire français-allemand, par Sachs.

Droit (Du) et de la jouissance de l'usufruitier sur les végétaux ligneux, isolés ou en massif, par Antonin Rousset.

Eléments de biologie végétale, par Pavillard.

Enseignement (I.') forestier en France, par Guyot.

Fertilisation (La) des terres, par Lonay.

Flore de Belgique, par Bonnier et de Layens.

Flore de France, par Coste. (Ouvrage en cours de publication. 13 livraisons parues.)

Florule mycologique des environs de Bruxelles, par Mmes E. Bommer et M. Rousseau.

Géologie de la Belgique, 2 vol., par Mourlon.

Géologie agricole, par Risler.

Guide pour l'achat et l'emploi des engrais chimiques, par H. Joulie.

Guide de l'herborisateur en Belgique.

Insectes de France, par Dongé.

Lapins (Les), les sangliers et les renards aux points de vue légal et cynégétique, par MM. J. Lebleu, le Dr Quinet et J. Wary.

— Réflexions d'un paysan sur la loi des lapins, par X.

Lois (Les) naturelles de l'agriculture, par le baron de Liebig.

Maladies (Les) cryptogamiques des plantes cultivées, par Marchal.

— des plantes agricoles, par Prilleux.

— des plantes cultivées, par Prilleux.

Manuel de la faune de Belgique, tom. I et II, par Aug. Lameere.

Météorologie (Traité élémentaire), par Angot

Notes pathologiques, par Paul Nypels.

Nouvelle pratique simplifiée du jardinage à l'usage des personnes qui cultivent elles-mêmes un petit domaine (1846).

Observations météorologiques, par Claudot.

Oiseaux de France, 2 vol., par d'Hamonville.

Oiseaux (Nos), par J. Vincent.

Plantes des champs, 3 vol., par Sielain.

Physique météorologique, par Léon Dumas.

Recherches de chimie et de physiologie appliquées à l'agriculture, par Petermann, 3 vol.

Récit forestier, par Ruault de Champglin.

Sclérotes et cordons mycéliens, par Ch. Bommer.

Scolytides de l'Europe centrale (Etude morphologique et biologique de la famille des Bostriches en rapport avec la protection des forêts), par Aug. Barbey.

Traité élémentaire de météorologie, par Angot.

Traité élémentaire de chimie générale et descriptive, par P. De Wilde, avec le concours de J. Lindeman.

Traité élémentaire de comptabilité agricole, par Hilarion.

Utilisation rationnelle des fruits et des légumes, par N. Duchesne.

Forst und Jacht Kalander 1898.

Report of the United-States geological survey of the territories, par Hayden.

Yearbook of the Department of Agriculture, 1896, 1897, 1898, 1899 et 1900.

C. Brochures.

1° Sylviculture.

Abri et plantation pour les chemins de fer et moyens de prévenir les amoncellements de neige, par J. Moreau.

Arbres forestiers étrangers (Recueil de notes), par M. de Vilmorin.

Arbres (Les) à Longchamps-sur-Geer après l'hiver 1879-1880, par de Sélys Longchamps.

Arbres (Les) des promenades urbaines et les causes de leur dépérissement, par Paul Nypels.

Boisement des dunes. Rapport adressé à M. le ministre de l'agriculture et des travaux publics, ***.

Boisement (Le) du littoral maritime belge, par Louis Van der Swaelmen.

Considérations sur les défrichements et particulièrement sur ceux de la Campine, par P. J. Moreau.

Cerisier (Le) sauvage d'Amérique à fruits noirs, par Berger.

Chêne (Le) de Juin, par Jolyet.

Culture du peuplier suisse blanc dit « Eucalyptus », par C. Sarcé.

Culture (La) du pin sylvestre en Campine, par l'abbé Smets.

Élagage (L') des arbres, par le comte des Cars.

Ennemis (Les) de nos résineux, par J. Parisel.

Etude sur la transformation du bois, par Mer

Forêts (Les) de l'Amérique septentrionale, ***.

Influence de l'espacement des plants sur la végétation de quelques essences résineuses, par Jolyet.

Influence du sol sur la dispersion du gui et de la cuscute en Belgique, par Laurent.

Monographie de toutes les espèces connues du genre Populus, par A. Wesmael.

Nitrate de soude (Le) en sylviculture, par Huberty.

Notes forestières, par Th. Devarenne.

Note sur le soutrage, par J. Parisel.

Note sur une variété pyramidale du Populus virginiana, par de Sélys-Longchamps.

Notice sur les essences d'arbres à choisir en Belgique pour les plantations des routes, par Berger.

Nutrition (La) minérale des arbres dans les forêts, par Ebermayer (traduit par Henry).

Orgyie (L') pudibonde, par V. Pierret.

Parasites (Les) des arbres du bois de la Cambre, par Paul Nypels.

Parasites (Les) du pin sylvestre, par l'abbé Smets.

Pâturage (Le) en forêt, par Alph. Mathey.

Peuplier (Le) de Virginie pyramidal, par de Sélys-Longchamps.

Plantation des arbres, causerie par un paysan.

Préceptes élémentaires pour l'élagage des arbres d'alignement et en massif, par un sylviculteur amateur

Rapport de la commission chargée de rechercher les moyens d'assainir les terrains fangeux.

Rapport de la Société néerlandaise « de Heidemaatschappij » sur la plantation des dunes maritimes.

Reboisement (Du) et de la fertilisation des forêts, par A. Thézard.

Revue des espèces du genre Populus, par A. Wesmael.

Service des aménagements, ***.

Une maladie épidémique de l'aune commun, par Paul Nypels.

Die Beseitigung der Waldstreunutzung, für Sand und Forstwirthe, par Karl Fischbach.

Die Wasserverheerungen und die Ergänzung der Bewaldung unserer Gebirgsgegenden.

Einfluss der Wälder auf die Bodenfeuchtigkeit, auf das Sickerwasser, auf das Grundwasser und auf die Ergiebigkeit der Quellen begründet durch exakte Untersuchungen, par le Dr Ebermayer.

Leitneria floridana, par W. Trelease.

New or Little Known North American Trees, II, par Sargent.

Notes on Crataegus in the Champlain Valley, par Sargent.

The forestry conditions and sylvicultural prospects of the coastal plain of New Jersey, with remarks in reference to other regions, par John Gifford.

2o Diverses.

Acclimatation de deux espèces de tétras en Belgique, par de Sélys-Longchamps.

Biographie du baron de Sélys-Longchamps.

Colonies agricoles dans les Pays-Bas et en Belgique, par Van Hulle.

Emploi des engrais phosphatés dans les terrains du Limbourg, par l'abbé Smets.

Emploi des engrais potassiques dans les terrains du Limbourg, par l'abbé Smets.

Empoisonnement par les champignons des bois, par Paul Martin.

Influence des dégagements d'anhydride sulfureux sur les terres et la production, par Damseaux.

Margarine (La) devant la législature, ***.

Modifications qu'il conviendrait d'apporter à la loi sur la chasse, par Everard.

Monographie agricole des terrains du Limbourg (2 brochures), par l'abbé Smets.

Monographies agricoles des régions de l'Ardenne. de la Campine et des Flandres, publiées par le Ministère de l'agriculture.

Nos bruyères et nos fonctionnaires s'en vont en guerre, par J.-A. Henry, 1854.

Note sur l'emploi du charbon de terre maigre et sulfureux à l'amendement du sol, par P.-J. Moreau.

Notice nécrologique sur Henri Stevens, par de Sélys-Longchamps.

Notice sur l'hylésine piniperde, l'hylobe abietis et le pissodes notatus, par Lovinck.

Phylloxera (Le). Sa destruction par le lysol. par Cantin.

Projet d'institution d'une école professionnelle d'agriculture et d'horticulture, par de Beukelaer.

Rapport de la Commission médicale du Luxembourg pour l'année 1894.

Recherches expérimentales sur les maladies des plantes, par Em. Laurent.

Sur les animaux vertébrés de la Belgique, utiles ou nuisibles à l'agriculture, par de Sélys-Longchamps.

Un coin de la Campine, sa mise en culture par les colons et par les sans travail, par Hubert Van Hulle.

Uutilisation et purification des eaux d'égout de la ville de Bruxelles par l'épandage, par J. Moreau.

Utilisation des tourbes belges, par A. Petermann.

De rupsen van het geslacht Retinia (Dennenknoprups, Dennenlotrups, Harsbuilrups), par MM. Loving et Ritzema Bos.

New or Little Known North American Trees, par Ch. Sprague Sargent.

Notes collected during a visit to the forests of Holland, Germany, Switzerland and France, par John Gifford.

Progress in timber Physics. Influence of size on test results. Distribution of Moisture.

D. Atlas

Carte géologique de la Belgique. Feuilles parues à ce jour.

Cartes forestières de New-Jersey.

Sixteen Maps accompanying Report on Forest Trees of North America, par C.-S. Sargent.

Statistical Atlas of the United States, par A. Walker.

Verbaùùng des Wildbäcke.

Aufforstung der Berasùng der Gebirgsgründe, par Arthur Freikerm von Seckendorff.

Die Eichen Europa's und des Orient's, par le Dr Théodore Kotschy.

Dons à la Société

Nous avons omis de signaler le don des brochures ci-après, que M. Emile Mer a fait à la Société centrale forestière dans le courant de l'année dernière :

1° *Le bois parfait* (1898) ;

2° *Nouvelles recherches sur un moyen de préserver les bois de la vermoulure* (janvier 1899) ;

3° *Variations de la réserve amylacée des arbres aux diverses époques de l'année* (mars 1899) ;

4° *De divers moyens propres à préserver de l'attaque des insectes les écorces et les bois, par résorption de leur réserve amylacée* (mai 1901) ;

5° *Influence de l'éclaircie des cépées sur le rendement en matière et en argent, dans le traitement des taillis* (mars-avril 1901).

En présentant a M. Emile Mer tous nos regrets au sujet de l'omission que nous avons commise, nous lui exprimons nos vifs remerciments pour le don qu'il a fait à la Société d'un exemplaire de ses intéressants travaux.

LISTE DES MEMBRES
de la Société centrale forestière de Belgique

Nouveaux membres (9)

MM. **Copet**, E., pépiniériste, Bertrix. (Présenté par M. le secrétaire.)

Culot, Joseph, marchand de bois, Jenneret-Bende. (Présenté par M. Huberty.)

Delogne, ingénieur agricole, Gembloux. (Présenté par M. I. Crahay.)

De Wilde, Ernest, 125, rue de l'Aqueduc, Ixelles. (Présenté par M. le notaire Fontaine.)

Ferrier, Henri, géomètre-expert, 31, rue de Joncker, Bruxelles. (Présenté par M. I. Crahay.)

Martin, Ludger, régisseur, Fleurus. (Présenté par M. Blondeau.)

Scarsez de Locqueneuille, Edouard, 42, rue du Taciturne, Bruxelles. (Présenté par M. Scarsez de Locqueneuille.)

Scheuer, W., garde général des Eaux et Forêts, Domeldange (grand duché de Luxembourg). (Présenté par M. Schreurs.)

Verstraete, O., directeur du Bureau belge d'études sur les engrais, 60, rue Bosquet, Bruxelles. (Présenté par M. le secrétaire.)

→:◆:←

LISTE DES ABONNÉS
au Bulletin de la Société

Nouveaux abonnés (9)

MM. **Coulon**, Henri, garde pêche, Arquennes (Feluy). (Présenté par M. Barthelemy.)

Douny-Douny, Joseph, garde forestier surnuméraire, Arville. (Présenté par M. Pollet.)

Gillet, Léon , garde forestier, Vecmont (Beausaint). (Présenté par M. Fouage.)

MM. **Kauffman,** garde forestier, Tintange. (Présenté par M. Courtois.)

Ledant, Jules, garde particulier de S. A. R. Mgr le comte de Flandre, aux Amerois par Muno. (Présenté par M. Maurtot.)

Mennard, Émile, garde pêche, Gouy-lez-Piéton. (Présenté par M. Barthelemy.)

Poncin, Emilien, instituteur, Behême (Anlier). (Présenté par M. Martin.)

Sonet, Emile, garde pêche, Wibrin. (Présenté par M. Fouage.)

Warzée, François, garde particulier, Ampsin. (Présenté par M. le secrétaire.)

Assemblée générale ordinaire du mois de mars

(Art. 9 des statuts)

Cette assemblée aura lieu le 26 mars à 10 heures, au local de la Société « Aux Caves de Maestricht », 5, avenue Marnix, porte de Namur, Ixelles.

ORDRE DU JOUR :

1° Approbation du procès-verbal de l'assemblée du 27 novembre 1901;
2° Compte-rendu de gestion. Situation financière;
3° Demande de la Société centrale d'agriculture. Projet d'affiliation ;
4° Communications diverses.

A 11 1/4 heures, conférence par M. Leplae, professeur à l'Université de Louvain.

Sujet : UNE EXCURSION DANS LES FORÊTS DE PITCH-PINE ET LES FORÊTS VIERGES DE LA FLORIDE. — PRO-JECTIONS .

———————

La sélection forestière

et la provenance des graines (1)

(Fin)

Le mélèze

La seconde essence étudiée par Cieslar est le mélèze d'Europe (*Larix europaea*). Il n'a étudié dans cette espèce que les deux formes existantes en Autriche, d'une part le mélèze des Alpes (ou mélèze du Tyrol), d'autre part le mélèze des Sudètes (ou mélèze de Silésie).

Les Sudètes font partie du complexe assez étendu de

_____

(1) Conférence donnée à l'assemblée générale du 27 novembre 1901 de la Société centrale forestière de Belgique, par M. Nypels, docteur en sciences, conservateur adjoint au Jardin botanique de l'État.

montagnes qui s'étend vers le sud-est depuis l'Elbe jusqu'à la grande dépression qui sépare ce massif des premiers contreforts des Carpathes. Ce massif comprend de nombreux groupes et chaînes de montagnes, mais on appelle plus spécialement du nom de Sudètes la partie morave-silésienne. Ajoutons tout de suite que les graines de mélèze des Sudètes qui ont servi pour les cultures ont été récoltées à diverses altitudes, entre 500 et 625 mètres.

Les expériences sur le mélèze ont été commencées il y a 14 ans et les résultats obtenus nous paraissent mériter toute l'attention des forestiers belges, car la question du mélèze et de son dépérissement est, en Belgique aussi, une question de première importance.

Le mélèze des Alpes et le mélèze des Sudètes constituent deux races bien tranchées, à caractères héréditaires, et qui se sont maintenues telles dans toutes les situations où Cieslar les a cultivées.

Le port général des arbres des deux races est différent. Les branches inférieures du mélèze des Alpes sont arquées, la couronne est plus rameuse et plus large vers le bas. Chez le mélèze des Sudètes, au contraire, la couronne est plus élancée, plus pyramidale, et les branches inférieures, d'abord écartées, persistent moins longtemps dans cette position et ne prennent pas un développement aussi grand que chez le mélèze des Alpes. En général, les branches du mélèze des Sudètes se redressent plus que chez le mélèze alpin.

Ces différences ne font que s'accentuer avec l'âge, le mélèze tyrolien ayant des branches latérales qui s'épaississent beaucoup et maintiennent à la cime un caractère plus ramifié. Le mélèze des Sudètes, à partir de la deuxième année, a des branches plus redressées, se rapprochant davantage de l'axe et donnant à la cime un aspect plus svelte.

A huit ans, les mélèzes, replantés dans le Wienerwald, avaient une hauteur moyenne,

ceux des Sudètes, de $2^{m}01$,
ceux du Tyrol, de $1^{m}56$ seulement.

A l'âge de dix ans, les peuplements avaient respectivement une hauteur moyenne :

de 3^{m}75 pour le mélèze des Sudètes,
et de 3^{m}15 pour celui des Alpes.

Une autre particularité constante des deux races réside dans la différence de feuillaison. Le mélèze des Alpes entre en végétation un peu plus tôt que l'autre, et ne perd ses aiguilles à l'automne que deux semaines environ, ou même plus, après le mélèze des Sudètes.

Les expériences comparatives faites ont montré que l'altitude à laquelle on a récolté les graines d'une race n'a pas d'influence sur la croissance. Le mélèze des Alpes, par exemple, que l'on ait récolté les graines à 900 mètres, à 1,250 mètres ou même à 1,720 mètres, donne toujours approximativement la même longueur de pousse. Ce résultat est, comme on le voit, différent de celui qui a été constaté pour l'épicéa.

La différence de croissance entre le mélèze des Alpes et celui des Sudètes s'est maintenue dans les cultures à haute altitude.

Tous les caractères distinctifs des deux races se maintiennent d'ailleurs, le mélèze des Sudètes qui vient de 535 mètres conservant sa forme, sa ramification et tous ses autres caractères, même lorsqu'il est cultivé à 1,380 mètres. Il en est de même pour celui des Alpes cultivé dans le bas.

Au moment de la publication du dernier travail de Cieslar, les mélèzes les plus âgés avaient 12 ans et, jusqu'à cette date, tous les résultats s'étaient confirmés entièrement.

Examinons maintenant certains points qui intéressent spécialement les forestiers et que l'auteur a étudiés avec grand soin sur ses mélèzes de 12 ans.

Le tronc du mélèze des Sudètes est plus cylindrique; son épaisseur diminue moins rapidement vers le haut (1.31 centim. par mètre de hauteur) que celle du mélèze du Tyrol (1.69 centim. par mètre). Par contre, les branches du mélèze du Tyrol forment un cube de bois plus grand que celles du mélèze des Sudètes, et le nombre des branches est plus considérable; il a aussi des branches plus volumineuses. Somme toute, le mélèze du Tyrol donne moins de bois d'œuvre et plus de bois de moindre valeur.

Lorsqu'on cultive les deux races sous le climat doux du Wienerwald, à une altitude minime, le poids spécifique du bois sec est plus élevé pour le mélèze des Sudètes (chiffres moyens : 48.284 pour le mélèze des Sudètes et 45.910 pour celui des Alpes).

Les variations du poids spécifique dans les diverses parties des arbres ont également été étudiées en détail et elles sont intéressantes, parce qu'elles montrent que le mélèze silésien, compense, par un bois plus résistant et plus lourd à la base du tronc, la diminution de stabilité qui résulte de sa forme plus élancée. Grâce à cela, il est aussi stable que le mélèze alpin, bien que le centre de gravité de l arbre soit situé plus haut.

Enfin un dernier avantage, indiqué par l'étude anatomique du bois, serait, d'après Cieslar, que le bois du mélèze des Sudètes est plus facile à fendre que celui du mélèze des Alpes.

Le mélèze des Sudètes n'est pas une essence des hautes montagnes; il croît sur les collines et les montagnes moyennes et peut à peine dépasser 800 mètres d'altitude.

Au contraire, le mélèze des Alpes est vraiment une plante de hautes montagnes et il présente d'ailleurs certains caractères des plantes alpines, et notamment une écorce plus épaisse, même quand on le cultive dans le bas.

Conclusions. — Quelles sont les conclusions pratiques qui résultent de tout ceci pour la culture du mélèze ?

Les caractères si nets et si tranchés que présentent les deux races étudiées, et qui se maintiennent dans les cultures, montrent combien le forestier doit attacher d'importance à la provenance de la graine.

Depuis cent ans, on s'est efforcé de répandre et de cultiver dans toute l'Europe le mélèze, d'abord avec succès, plus tard avec des difficultés croissantes. Il est très probable que l'on a toujours et partout employé, pour les semis, du mélèze des Alpes, soit des Alpes tyroliennes, soit des Alpes suisses.

On a donc toujours cultivé, bien en dehors de sa zone naturelle de dispersion, la race qui pousse le plus lentement dans la jeunesse et qui est plus exposée par conséquent à être étouffée par les mauvaises herbes. De plus, les branches inférieures étalées du mélèze des Alpes sont fréquemment couvertes par les herbes et meurent faute de lumière ou sont arrachées pendant l'hiver.

Cieslar a fait à ce sujet une expérience intéressante. Dans un endroit très herbeux et en même temps assez exposé, il a vu le mélèze des Sudètes dominer beaucoup plus facilement la végétation. Après 4 ans, 40 pour cent des mélèzes du Tyrol étaient morts, et seulement 29 pour cent des autres.

Si l'on songe que les repiqués de 3 ans de mélèze du Tyrol avaient, dans les cultures de Mariabrunn, 1^{m}02, et les repiqués de même âge de mélèze silésien 1^{m}35, on comprend aisément la différence.

Un autre désavantage du mélèze des Alpes pour la culture aux altitudes moyennes et basses réside dans la forme de la couronne, la position horizontale des branches et aussi la chute plus tardive des aiguilles. Dans les stations naturelles du mélèze des Alpes, la neige n'est généralement pas collante et le vent la fait tomber facilement. Au contraire, aux altitudes plus basses, des forêts entières sont souvent dévastées par le poids de la neige ou les masses de glace qui s'accumulent sur les branches. Le mélèze des Sudètes, avec ses branches dressées, aura certainement moins à souffrir que le mélèze des Alpes, dont les branches horizontales se courbent sous le poids de la neige ou de la glace et sont arrachées à leur insertion. Et ce danger est surtout menaçant lorsque c'est à l'arrière saison que se produisent les précipitations, alors que le mélèze alpin porte encore des aiguilles. Les aiguilles peuvent persister chez lui dans les parties basses jusqu'au milieu de novembre.

Une conséquence fréquente des blessures ainsi produites par l'arrachement des branches est le développement du chancre, cette terrible maladie du mélèze.

Cieslar conclut avec raison que la distinction des deux races de mélèze étudiées est au moins aussi importante, au point de vue cultural, que la distinction entre le chêne rouvre et le pédonculé.

Le pin sylvestre

La troisième essence qui a fait l'objet d'essais est le pin sylvestre. Les expériences, faites dans le Wienerwald et à Mariabrunn même, ont été beaucoup moins étendues et portaient seulement sur des graines de la basse Autriche et sur des graines de Suède. Les plus vieilles plantes avaient 12 ans à la fin de 1898.

En général, les différences entre le pin de la basse Autriche et celui de Suède sont analogues à celles qui existent pour les épicéas de même provenance. Chez les pins de Suède, la graine est moins lourde, la croissance beaucoup plus lente, les jeunes plantules plus petites mais plus trapues.

A huit ans, les pins sylvestres indigènes avaient 1^{m}08 de hauteur moyenne, les suédois 0^{m}90. A 12 ans, ils avaient respectivement 3^{m}27 et 2^{m}78.

Sous tous les rapports, d'ailleurs, les pins de Suède, cultivés en Autriche, se sont montrés inférieurs aux indigènes. Le volume du tronc est chez l'indigène au moins deux fois plus considérable, et le développement de la couronne est presque triple. Quant à la forme du tronc, elle est la même dans les deux races.

Comme différence, on peut encore signaler la longueur moindre des aiguilles chez le pin de Suède (en moyenne 51 millim. contre 68). La largeur et l'épaisseur des aiguilles sont de même réduites.

Un autre caractère encore, constaté par Cieslar sans qu'il ait pu se l'expliquer, est le suivant : les aiguilles des pins de Suède prennent en hiver, dans ses cultures, une coloration plus jaunâtre, ce qui permet de les distinguer aisément.

Enfin, la position et le nombre des canaux résineux présentent également des différences.

En ce qui concerne la qualité du bois et pour autant que l'on puisse conclure des résultats obtenus jusqu'ici, le bois du pin de Suède cultivé dans la basse Autriche serait plus léger que celui du pin indigène dans les mêmes conditions.

Conclusions pratiques. — Les graines de pin sylvestre du Nord sont, comme on le sait, très répandues dans le commerce et certaines maisons de vente les recommandent même spécialement pour nos cultures. Or, nous venons de voir les désavantages qu'elles présentent.

Comme les pins sylvestres indigènes en Autriche ont une rectitude suffisante et ne présentent pas les défauts de croissance que certains forestiers attribuent à des pins d'Allemagne (nous allons revenir sur ce point), Cieslar estime qu'il faut continuer à cultiver dans son pays la race indigène.

*
**

Nous terminons ici le compte-rendu des recherches publiées par Cieslar, mais les expériences continuent et l'auteur publiera sans doute, d'ici à quelque temps, le résultat de ses recherches ultérieures.

Arrêtons-nous encore un instant au pin sylvestre pour signaler certaines opinions en cours à son sujet.

L'un des grands centres de production des graines de pin sylvestre du commerce est Darmstadt ; les cônes sont récoltés par les producteurs en partie aux environs de Darmstadt et dans le reste de la Hesse, en partie aussi dans les autres contrées de l'Allemagne et même dans les pays voisins. Il est toutefois vraisemblable que la grande majorité de ces graines provient du sud-ouest de l'Allemagne et spécialement de la Hesse.

Or, les pins de Darmstadt, et à un moindre degré les autres pins de l'ouest et du sud-ouest de l'Allemagne, jouissent chez certains forestiers d'une assez mauvaise réputation. On les accuse, à tort ou à raison, d'être dans une forte proportion plus ou moins tordus et déformés, et de ne pas donner en général de beaux troncs bien droits.

Par contre, le pin de Riga est renommé depuis longtemps pour sa rectitude, son tronc élancé et son excellent bois. En fait, il est chargé à Riga, mais il pousse au sud-est de cette ville, dans des régions qui appartiennent à l'optimum du pin.

D'après le professeur Maÿr, cette rectitude remarquable du pin dit de Riga, qui d'ailleurs ne serait pas héréditaire d'après lui, existe en effet, mais elle serait due à divers facteurs qu'il énumère :

D'abord la rectitude du pin est une qualité qui augmente du Sud vers le Nord, par conséquent aussi du Sud-Ouest vers le Nord-Est, indépendamment des autres conditions.

Une seconde cause de la remarquable rectitude des pins du Nord réside dans l'augmentation de l'humidité de l'air. Maÿr a démontré que, à température égale, une plus grande humidité atmosphérique augmente la croissance en hauteur et que les arbres forment une couronne mince et moins opaque que dans les endroits sujets à des périodes plus longues et fortes de sécheresse. Or, cette couronne plus mince permet un état plus serré du peuplement, favorisant lui aussi la rectitude et l'élagage naturel.

De plus, l'humidité de l'air favorise chez toutes les essences la régénération naturelle. Cette régénération naturelle du pin, à peu près impossible ou très difficile dans le sud-ouest de l'Allemagne, devient de plus en plus aisée à mesure qu'on avance vers le nord-est, au point d'être parfois, en Livonie et en Finlande, un obstacle à d'autres cultures. Cette régénération facile est due au couvert moins épais des vieux individus, à la réceptivité du sol généralement libre de mauvaises herbes et enfin à la germination plus facile dans une humidité plus forte. Les pins provenant d'une régénération naturelle sont plus droits que ceux obtenus sur une surface découverte ; ils sont en effet, sous l'abri des parents, moins exposés aux autres causes de courbure, telles que les insectes, les champignons, les blessures du gibier, le vent, la neige.

Somme toute, d'après Maÿr, il n'y aurait pas de différences essentielles entre les pins de Riga et ceux de l'Allemagne. La croissance d'ordinaire irrégulière et les courbures de ces derniers devraient être attribuées simplement au climat, au sol, à des troubles dans la croissance par des blessures et autres causes de ce genre ; ces facteurs produiraient toujours en Allemagne des individus déformés. De même, la rectitude des pins de Livonie serait simplement due aux conditions extérieures.

Un forestier distingué, M. von Sivers, président de l'Association forestière de la Baltique, est, lui, d'un avis tout opposé.

La croissance tordue héréditaire des pins de Darmstadt est, dit-il, bien démontrée en pratique, par l'expérience des forestiers de Livonie. Il n'y a pas à se demander s'il est théoriquement possible ou s'il ne l'est pas que cette hérédité existe ; le fait est là et il n'y a qu'à s'incliner. Maÿr reconnaît lui-même que les pins de Livonie sont remarquables par un fût élancé et d'une irréprochable rectitude et qu'ils dépassent de loin les pins allemands. Mais, il y a une différence caractéristique et que Maÿr semble ne pas avoir vue, entre la croissance courbée *innée* chez les pins de Darmstadt et les courbures *accidentelles* que peuvent produire sur les pins de la Baltique les bris dus à la neige, les attaques du gibier ou d'autres lésions. Dans les courbures accidentelles du pin de Livonie, on constate toujours la tendance de l'arbre à pousser de nouveau droit dans la suite, tandis que chez les pins de Darmstadt cette tendance n'existe pas.

En fait, dit von Sivers, tous les pins de Darmstadt plantés en Livonie présentent leur défaut, même dans le meilleur sol. Les forestiers de la région sont absolument fixés à cet égard et il y aurait donc, d'après eux, dans le sud-ouest de l'Allemagne, une race de pin sylvestre ayant la fâcheuse habitude héréditaire de ne pas pousser droit.

Il serait évidemment très intéressant de contrôler la chose par des cultures comparatives en Allemagne, pour s'assurer si le pin de Livonie resterait plus droit que le pin allemand, lorsqu'il pousse dans le même endroit que ce dernier. Ces expériences n'ont pas été faites.

Pour la culture en Autriche, Cieslar démontre le grand avantage d'employer la race indigène et von Sivers arrive à une conclusion analogue pour le pin de Livonie en ce qui concerne les cultures faites en Livonie.

Faudra-t-il, dans l'Allemagne de l'ouest et du sud-ouest, continuer à cultiver le pin indigène, malgré son peu de rectitude, ou aura-t-on avantage à introduire une autre race ? C'est là une question à laquelle il est difficile de répondre actuellement.

En Belgique aussi, la même question se pose. Quel est le pin sylvestre le meilleur pour notre pays? Est-ce le pin indigène, le pin allemand, le pin de Livonie, le pin d'Ecosse ou un autre? Des expériences méthodiques et scientifiques à ce sujet seraient d'une haute utilité.

Le mauvais état de beaucoup de pineraies dans quelques régions de la Belgique est un fait souvent constaté. Nous laissons à d'autres, mieux au courant et mieux documentés, le soin de fournir à ce sujet des données exactes et des renseignements. De l'avis de beaucoup de praticiens, cette fâcheuse situation aurait sa cause principale dans le mauvais choix des reproducteurs. Depuis une centaine d'années, paraît-il, on a régulièrement fait la récolte des graines sur les individus les plus chétifs et les plus défectueux, précocement arrivés à maturité. On a fait une véritable sélection continue dans le sens le plus défavorable.

Si l'on ne se décide pas à rompre avec ces habitudes routinières et vicieuses et à apporter une attention plus grande au choix si important des graines, on arrivera fatalement à créer (on est déjà en très bonne voie pour cela) une race sans valeur, à produit médiocre, arrivant à maturité et cessant toute croissance active bien avant le moment où l'exploitation devient fructueuse.

*

Pour arriver à une connaissance suffisante des divei ses races actuellement existantes, de leurs caractères distinctifs; des avantages qu'elles peuvent présenter, il faudra encore bien des recherches. Mais surtout, des recherches *précises*, faites dans un esprit vraiment scientifique et avec un sens critique suffisant, comme le sont celles de la station forestière autrichienne.

Cette question de la provenance des graines et de la sélection forestière commence d'ailleurs à préoccuper les forestiers et se trouvait à l'ordre du jour du dernier congrès de l'Association internationale des stations de recherches forestières (1).

En même temps qu'elles ont une importance pratique énorme, ces recherches ont un intérêt scientifique sérieux. Elles touchent, en effet, par certains côtés, à des questions vitales de la biologie. Elles nous montrent, en outre, d'une façon tangible, la sélection constamment à l'œuvre autour de nous. Chaque culture que nous faisons dans une région peut devenir le début d'une amélioration, chaque peuplement est le berceau de races nouvelles.

Mais, dira-t-on, ces variations, ces changements, le forestier ne les constate guère. Cela tient à des causes multiples, mais c'est surtout le manque d'attention et de discernement qu'il faudrait incriminer dans la grande culture forestière, si les conditions de cette culture permettaient de faire autrement. Il faut reconnaître, du reste, que la longue durée des générations chez les arbres est une difficulté sérieuse. L'hor-

---

(1) Cette fédération comprend les stations de recherches forestières d'Allemagne, d'Autriche, de Suisse, et a pour but l'étude en commun et d'après un plan d'ensemble de certaines questions dans les divers pays fédérés.

ticulteur peut compter par années, le forestier est obligé de
compter le plus souvent par siècles. Et notre courte vie
humaine est si peu de chose à côté de la vie de beaucoup
d'arbres, que les types nous paraissent pétrifiés et immua-
bles.

Trop ignorants encore de beaucoup de choses, nous ne
pouvons songer à l'époque actuelle à entreprendre de la
sélection forestière suivie. Mais, il ne parait pas douteux
qu'un jour le sylviculteur, mieux armé, plus perspicace
parce qu'il connaîtra mieux le mécanisme de la variation,
pourra résoudre victorieusement par ce moyen les desiderata
de la culture.

Et, à cette époque lointaine, le forestier aura pour chaque
essence une conception nette du type idéal à réaliser, type
qu'il aura toujours présent à l'esprit dans toutes ses inter-
ventions culturales et suivant lequel quelques générations
arriveront à modeler l'espèce, par un choix judicieux et
continu.

Mais, en attendant le jour où l'on arrivera à sélectionner
les arbres aussi sûrement, sinon aussi vite, que l'on sélec-
tionne aujourd'hui les betteraves et les pommes de terre, il
nous est toujours possible d'utiliser de notre mieux ce que la
sélection naturelle a produit depuis des siècles et produit
encore tous les jours. Et ce sont les travaux comme ceux
dont nous avons parlé qui nous fournissent pour cela les
renseignements nécessaires. Peut-être des données extraites
de ces travaux pourront-elles être utiles à quelques-uns
d'entre nous? Il est en tout cas certain que, par ses recherches longues et patientes, Cieslar a ouvert la voie et a
montré ce que l'on pouvait attendre de recherches analogues.

Pour les quelques races bien définies et que l'expérience a
démontrées fixes et autonomes, combien y en a-t-il encore
dont nous ignorons même l'existence? Toutes nos essences
forestières ont probablement donné, au cours des temps,
naissance à de nombreuses races spéciales de ce genre,
chacune particulièrement apte à vivre dans certaines condi-

tions, plus productive dans les situations qui conviennent à son tempérament. Rien que dans notre petit pays, combien de formes mériteraient d'être étudiées à ce point de vue. Et dans la vaste aire de dispersion de nos principaux arbres, il existe vraisemblablement des races dont la culture serait ici avantageuse ou utile.

Nous nous trouvons devant un champ immense et dont quelques coins seulement commencent à être défrichés. C'est aussi, dans son genre, une terre inculte à mettre en valeur, au même titre que la Campine ou les Fagnes, et qui promet une moisson fructueuse à ceux qui sauront l'explorer.

P. N.

L'invasion de l'Hylésine géante

Les ravages causés par le *Dendroctonus micans* (Kugelann), dans les massifs d'épicéas allemands voisins de notre frontière, ont été fort graves depuis quelques années.

Les mesures de destruction ont exigé, pour le seul district forestier d'Aix-la-Chapelle, la coupe de 5,737 m. c. de bois en 1897; 8,684 m. c. en 1898; 14,788 m. c. en 1899, et 13,211 m. c. en 1900, occasionnant une dépense de 37,000 francs pour ces quatre années.

Un autre district, séparé de la Belgique par le grand-duché de Luxembourg, celui de Trèves, a été plus épargné, et la dépense ne s'est élevée en 1900 qu'à environ 1,000 francs.

M. le professeur Eckstein, à qui j'emprunte ces chiffres, ajoute que l'expérience démontre d'une manière absolue que les meilleurs moyens connus pour combattre efficacement ce dévastateur sont l'abatage et l'écorçage complet des sujets atteints gravement, et le nettoyage partiel des troncs présentant des attaques récentes et encore peu étendues. Les écorces doivent être brûlées et les troncs, après avoir été mis à nu, fortement calcinés. Les plaies faites pour un écorçage partiel doivent être recouvertes de coaltar ou de Raupenleim.

Dans un rapport datant de 1900, M. von Reichenau, alors Oberförstmeister à Aix-la-Chapelle, dit que les ravages causés dans l'Eiffel sont très importants, et il se félicite de ce que l'insecte ait épargné le Herzogenwald allemand, et que les dommages constatés dans les environs d'Eupen, par exemple, soient peu élevés; cela permet d'espérer, dit-il, qu'avec beaucoup de soins, il sera possible de réduire les dégâts et d'éviter un développement de l'insecte aussi excessif que celui qui s'est produit dans l'Eiffel.

La partie boisée des environs d'Eupen ne constitue, somme toute, que la continuation, sans solution, de notre Hertogenwald. La diminution des ravages du *micans* dans cette forêt s'accuse depuis deux ans, grâce aux excellentes mesures appliquées par notre administration forestière. C'est de bon augure; mais il ne faut pas perdre de vue qu'on ne s'est pas trouvé, jusqu'à ce jour, en présence d'une vraie invasion ni d'un développement anormal, éventualités qui pourraient se produire à tout instant.

De son côté, M. l'inspecteur Koltz signale la présence du *D. micans* dans quelques sapinières âgées du Grand-Duché, l'insecte provenant vraisemblablement du district de Trèves.

Nos forêts de la frontière sont ainsi menacées par un destructeur que l'on compte parmi les plus sérieux d'entre ceux qui attaquent l'épicéa, essence précieuse par excellence pour le boisement des hauts plateaux de notre pays.

C'est en juillet 1897 que le *micans* fut découvert dans la partie belge de l'Hertogenwald; il s'est répandu, depuis lors, en avançant lentement d'abord vers l'ouest, puis vers le sud-ouest, cette dernière extension s'étant faite principalement en 1901.

Il était fort intéressant d'avoir des détails sur cette marche envahissante, afin de pouvoir désigner les massifs d'épicéas les plus menacés dans un avenir rapproché.

Il fallait visiter pour cela, dans les provinces de Liège et de Luxembourg, tous les peuplements de cette essence, âgés d'au moins trente ans. M. le directeur général Dubois voulut bien me charger de ces recherches, et si j'ai pu, en octobre 1901, les con luire à bonne fin, c'est grâce à l'amabilité et au dévouement des chefs et du personnel des cantonnements visités.

Les renseignements recueillis montrent que, si le redoutable insecte n'a pas encore pénétré bien loin dans notre pays et si sa marche vers l'ouest est lente, il n'en avance pas moins, menaçant tous nos beaux massifs d'épicéas. .

J'ai déjà dit que, de l'Hertogenwald, le *D. micans* s'était dirigé vers Francorchamps où, en 1899, en 1898 peut-être, il ravageait de gros épicéas ; j'ai signalé sa présence à Spa en 1900, à Champlon, à Vielsalm, dans la Cedrogne, près de Dochamps et aux environs d'Arlon, en 1901.

Si l'on considère la marche lente de l'insecte depuis 1896, date probable de son entrée dans notre pays, jusqu'au commencement de 1901, on est frappé de la voir s'étendre subitement à partir de ce moment sur un espace bien plus considérable. En effet, la courbe que l'on peut tracer en circonscrivant son extension depuis 1896 jusqu'en 1900 ne comprend guère que l'Hertogenwald, avec une légère incursion vers l'ouest et le sud, englobant les environs de Spa et de Francorchamps. Entre 1896 et 1898, il ne quitte même pas la grande forêt, mais ses attaques y sont nombreuses ; on se trouve visiblement devant le développement normal des familles, dont les sujets se dispersent aux environs immédiats et se jettent sur les arbres les plus proches, dès qu'ils présentent une nourriture abondante.

Il n'en est plus ainsi pour l'année 1901. La courbe d'avancement que l'on peut tracer autour des points attaqués pendant cette année, montre brusquement une importante modification ; au lieu de rester concentré autour de l'Hertogenwald, en offrant une extension plus ou moins régulière de quelques kilomètres, on constate que l'insecte a opéré une poussée vers le sud-ouest, allant jusqu'aux environs de Saint-Hubert, à une distance de 50 kilomètres.

Des peuplements d'épicéas qui se trouvent entre ce point extrême et l'Hertogenwald, à Les Tailles, Dochamps et Vielsalm, sont attaqués, mais ces attaques sont isolées. Il n'existe pas de ravages en masse, comme là où les insecies se contentent d'aller d'arbre en arbre.

Il y a lieu d'attribuer cette rapide extension, ainsi que ces attaques isolées si peu dans les habitudes normales de l'insecte, à un nouveau facteur, que nous croyons trouver dans le vent du nord-est, lequel a soufflé pendant toute l'année 1901 avec une grande régularité et souvent avec force.

Le *D. micans*, lourd d'allures pendant toute sa vie, devient extrêmement mobile à l'époque des noces et, volant alors afin de s'accoupler, surtout au crépuscule et pendant la nuit, il peut être emporté par les coups de vent et rejeté loin de la région qu'il habite; c'est ce qui explique l'attaque d'arbres isolés à Dochamps, Vielsalm, Champlon, Les Tailles, la Fange aux Framboises (dans la Cedrogne), etc., arbres situés souvent à de grandes distances les uns des autres.

Il en est tout autrement en ce qui concerne les arbres atteints en lieu dit « Krier », aux environs d'Arlon. Ces arbres sont réunis sur un espace restreint et sont vraisemblablement attaqués depuis plusieurs années; je pense pouvoir placer la première attaque en 1893, peut-être en 1898.

Les détails qui précèdent montrent comment la pénétration d'un nouvel insecte peut se faire dans une région. La migration vers l'ouest, si caractéristique pour tous les animaux en général sans qu'on ait trouvé jusqu'à ce jour une explication claire de ce phénomène, peut être puissamment aidée par des facteurs atmosphériques, tels que le vent. Pour le cas du *micans*, le vent du nord-est a augmenté la rapidité de cette migration.

Nos résineux sont ainsi exposés aux invasions des insectes vivant en Allemagne, et nous sommes en droit de croire au développement futur de bien des dévastateurs. C'est ainsi qu'un scolyte, le *Tomicus typographus L.*, dont la larve vit sur l'épicéa qu'elle ravage parfois cruellement, presque inconnu en Belgique jusqu'ici, a été trouvé récemment en

11

certaines quantités dans les provinces de Namur, Liége et Luxembourg.

De mes visites aux vieux massifs d'épicéas, il résulte que, si le *micans* n'a causé jusqu'à ce jour qu'un tort restreint, son extension graduelle dans le pays occasionnera son implantation définitive dans tous les peuplements et rendra son action dangereuse lors d'une grande multiplication. Ce développement exagéré sera facilité le jour où les sujets des nombreux hectares que l'on plante actuellement auront l'âge qui convient à la vie de l'insecte, c'est-à-dire au delà de 30 ans.

Depuis quelques années surtout, dans la haute et la moyenne Ardenne, on a donné une grande place à l'épicéa dans les boisements de terres incultes et même dans la restauration des bois ruinés.

Aussi longtemps que les sujets plantés n'auront pas la taille normale d'un épicéa âgé de 30 à 40 ans, l'insecte sera peu à craindre. Mais plus tard, il pourra aller d'arbre en arbre sur des étendues considérables, car les peuplements qui lui conviennent couvriront alors une bonne partie des trois provinces précitées. Ces peuplements auront été créés en un laps de temps assez court pour qu'ils aient à peu près le même âge; en tout cas, en tenant compte des différences entre les terrains, les sujets auront presque tous la même taille, ce qui favorisera l'extension du mal et rendra sa suppression plus difficile.

Les forestiers devront bien connaître l'insecte et sa manière de vivre, afin qu'ils puissent prendre toutes les mesures nécessaires pour le détruire dès qu'ils constateront sa présence. Celle-ci se trahit toujours par des indices échappant difficilement à une attention en éveil. On trouvera, du reste, il faut l'espérer, les moyens de circonscrire les attaques, et il est vraisemblable que des moyens préventifs seront découverts, qui rendront l'action du *micans* ou hylésine géante aussi peu nocive qu'actuellement celle de l'hylésine piniperde.

Je n'ai pu visiter *tous* les massifs composés de vieux épicéas dans les cantonnements visés ci-après, mais il m'a cependant été possible de me rendre compte assez exactement de la situation actuelle de l'invasion et des menaces pour l'avenir.

Inspection de Verviers. — Les trois cantonnements composant cette inspection, Dolhain, Spa et Vielsalm, comprennent de nombreux massifs d'épicéas âgés, dont plusieurs sont attaqués. La multiplication de l'insecte y est très à craindre, d'autant plus que les *micans* qui ravagent les forêts du district d'Aix-la-Chapelle y arriveront toujours sans difficulté. On doit prévoir en outre la possibilité d'un développement extraordinaire de l'hylésine géante dans la forêt allemande de Herzogenwald, avec une intensité pareille à celle qui s'est produite dans l'Eiffel, ce qui amènerait un développement parallèle dans la partie belge de cette forêt.

Inspection de Liége. — Le cantonnement de Comblain-au-Pont paraît indemne jusqu'à ce jour, mais cette heureuse situation ne perdurera certainement pas, car les insectes vivant aux environs de Spa et de Francorchamps aborderont bientôt les épicéas qui se trouvent vers la limite est de cette circonscription.

Le cantonnement de Huy ne court actuellement aucun danger.

Il n'en est pas de même de celui de Laroche où, par suite de la proximité de la forêt de la Cedrogne, le danger d'infection est grand. J'ai trouvé à Dochamps, du reste, deux arbres attèints, et il est vraisemblable que l'examen des vieux épicéas du domaine de M. le comte de Limburg-Stirum, entre la Cedrogne et Dochamps, révélerait d'autres attaques.

Inspection d'Arlon. — Un seul des trois cantonnements est atteint, celui de Virton, montrant sur les épicéas du bois de Heinsch une attaque déjà ancienne et vigoureuse. M. le sous-inspecteur Thomas m'a assuré avoir trouvé, depuis ma visite, une autre attaque aux environs de Virton.

Le cantonnement de Habay-la-Neuve comprend peu d'épicéas suffisamment âgés, et celui de Florenville ne paraît pas encore exposé au danger d'infection.

Inspection de Neufchâteau. — Le cantonnement de Bertrix seul se trouve menacé dans la partie la plus orientale. Je n'ai cependant pas trouvé de *micans* dans les massifs visités.

Inspection de Marche. — Les nombreux massifs du cantonnement de St-Hubert sont fortement menacés ; ils recevront sous peu la visite du terrible destructeur. Déjà, une attaque isolée a pu être constatée à Champlon ; il faut bien peu de chose pour que quelques autres se produisent, ce qui pourrait avoir rapidement pour conséquence la formation d'un puissant foyer de destruction.

Le cantonnement de Nassogne est également fortement menacé ; les beaux épicéas du Fays de Lucy offriront un merveilleux champ de travail pour l'insecte.

Quant au cantonnement de Marche, il n'est pas menacé de si tôt.

Inspection de Dinant. — Il en est de même en ce qui concerne les cantonnements de l'inspection de Dinant.

Somme toute, en visitant les 47 principaux massifs de ces six inspections, j'ai pu me convaincre que les cantonnements situés vers la frontière sont attaqués ou menacés, que les plus voisins de ceux-là sont menacés, et que seuls, les quelques cantonnements plus éloignés vers l'ouest sont à l'abri d'une attaque prochaine, à moins de complications spéciales.

Il faut donc que le personnel intéressé soit instruit au plus tôt de ce qui se passe et qu'une visite attentive des épicéas âgés de plus de 30 ans soit entreprise avec beaucoup de soins. Ce personnel, mis au courant du danger de destruction qui menace l'épicéa, aura bientôt réduit à l'inévitable le développement d'un insecte qui, si on n'y prenait garde, pourrait compromettre l'existence de ce beau résineux, une des plus précieuses essences pour les hauts plateaux de notre pays.   G. SEVERIN,

Conservateur au Musée royal d'Histoire naturelle
de Belgique.

Service des aménagements

Les commissions d'aménagement sont composées comme suit :

Le directeur général des eaux et forêts ou son délégué ;
L'inspecteur du ressort et le chef de cantonnement ;
Un délégué du propriétaire, lorsqu'il s'agit de bois appartenant à des communes ou à des établissements publics.

Il est admis, toutefois, que plusieurs membres du conseil communal peuvent suivre les opérations de la commission ; les divergences de vues entre les mandataires de la commune et les représentants du service de gestion sur des questions importantes, difficiles, brûlantes parfois, s'aplanissent souvent au cours de ces tournées en commun.

Au surplus, les procès-verbaux d'aménagement sont soumis dans la suite à l'avis du conseil communal et de la députation permanente ; il arrive rarement que les modifications proposées ne recueillent pas l'approbation de ces autorités.

*
* *

Il semble utile de rappeler que l'aménagement a pour but de régler les exploitations dans le plus grand intérêt du propriétaire en assurant la conservation des forêts et des rendements réguliers pour une durée plus ou moins longue.

L'aménagement est, en somme, le plan de culture d'une forêt ; il comprend, notamment, la confection de l'inventaire général, la désignation du meilleur mode de traitement, eu égard au climat, au sol, aux besoins du propriétaire, la fixation de la possibilité, la constitution des fonds de réserve, l'indication des améliorations que comportent les peuplements.

Le renforcement de la production des forêts, si désirable dans un pays d'intense activité commerciale et industrielle comme le nôtre, est presque toujours accompagné d'une réduction correspondante des produits sur l'ensemble d'un certain nombre d'années; cela tient à la nature même de la production ligneuse.

Les réformes qui convergent vers ce but ne sont pas toujours bien accueillies par les administrateurs communaux, préoccupés surtout des nécessités du moment, généralement assez indifférents au sujet de l'avenir. Cependant, les rapports plus fréquents qu'autrefois des agents forestiers avec les autorités communales, les conférences sylvicoles inaugurées il y a quelques années dans les grands centres forestiers, les résultats déjà palpables des réformes préconisées, appliquées notamment dans les bois de l'Etat, en un mot, la vulgarisation des notions de la culture des bois, tendent de plus en plus à réduire ces oppositions, souvent peu justifiées.

Nous ajouterons que la baisse persistante, et probablement à jamais acquise, des écorces et des bois de chauffage ; la hausse des bois d'œuvre et des bois de service et les nouvelles utilisations que reçoivent les produits ligneux ; l'amélioration et la création de voies de vidange et des lignes de transport par axe, engagent à rechercher les modifications qu'il convient d'apporter aux procédés de culture forestière.

***

Nous donnons ci-après le résumé des travaux des commissions d'aménagement en 1899, 1900 et 1901, les chiffres des années antérieures étant reproduits pour mémoire.

I. — Aménagements revisés.

INSPECTIONS	NOMBRE						CONTENANCE					
	en					TOTAL	en					TOTAL au
	1897	1898	1899	1900	1901		1897	1898	1899	1900	1901	31 décem. 1901
							h. a.	h. a.	h. a.	h. a.	h. a.	h. a.
Arlon	2	1	3	1	5	12	690.19	190.94	942.69	449.87	634.27	2,907.96
Bruxelles	»	1	»	»	»	1	»	102.96	»	»	»	102.96
Charleroi	1	»	»	1	2	4	16.44	»	»	80.66	310.27	407.37
Dinant	»	»	4	2	2	8	»	»	1,932.14	530.46	1,533.38	3,995.98
Hasselt	»	»	»	»	»	»	»	»	»	»	»	»
Liège	1	7	7	3	2	20	181.60	435.33	964.56	647.10	254.77	2,483.38
Marche	1	5	15	5	3	29	157.91	1,103.18	3,936.76	436.28	92.08	5,826.21
Namur	4	5	10	1	2	22	419.99	835.75	1,499.10	150.70	208.14	3,113.68
Neufchâteau	1	3	5	4	1	14	222.33	913.54	1,720.32	722.72	273.83	3,862.24
Totaux.	10	22	44	17	17	110	1,648.46	3,581.70	10,995.59	3,117.79	3,306.24	22,689.78
Du 1er janvier 1885 au 15 avril 1897.						220	· · ·	· · ·	· · ·	· · ·	· · ·	69,884.40
Totaux généraux.						330	· · ·	· · ·	· · ·	· · ·	· · ·	92,574.18

II. — Etendue des fonds de réserve.

ANNÉES	Etendue du fonds de réserve	
	FIXE	MOBILE
Du 1er janvier 1885 au 15 avril 1897	2,553.48	2,933.20
— 1897 (depuis le 15 avril)	152.62	133.33
1898 —	577.94	233.37
1899	1,441.38	580.11
1900	525.68	107.53
1901	106.33	195.20
TOTAUX. . .	5,356.53	4,182.74

Comme leur nom l'indique, ces fonds de réserve, sorte de caisse d'épargne foncière, ont pour but de parer, à un moment donné, à des besoins extraordinaires ou imprévus des propriétaires.

Le fonds de réserve mobile, constitué par un nombre variable de coupes, fait partie de la série régulière elle-même ; les coupes en question sont *disponibles* à partir du millésime auquel elles correspondent sur le tableau des exploitations, mais leur réalisation peut être différée si la commune n'en éprouve ou n'en justifie pas le besoin.

Ce genre de fonds de réserve, qui tend à la suppression des coupes anticipatives, perturbatrices de l'ordre des exploitations et de la régularité des rendements, est de plus en plus apprécié des propriétaires ; les particuliers eux-mêmes devraient apporter cette excellente mesure dans l'aménagement de leurs bois.

III. — Conversion de bois ruinés en futaies résineuses.

ANNÉES	Etendues converties en résineux		
	Futaies	Futaies s/taillis	Taillis simples
	h. a.	h. a.	h. a.
Du 1er janvier 1885 au 15 avril 1897	866.44	536.66	2,710 »
— 1897 (depuis le 15 avril)	28. »	6 »	66.54
— 1898 —	169.72	6 »	332.88
— 1899 —	642.11	318.31	106 13
— 1900 —	221.44	108.44	8 »
— 1901 —	12.63	36.21	»
TOTAUX . .	1,940 84	1,011.62	3,223.55

Ces conversions se rapportent à l'introduction du pin
sylvestre ou de l'épicéa, suivant les régions et les sols, dans
des parcelles peuplées en feuillus dont la régénération naturelle est devenue impossible ou dont les rendements sont
trop réduits, conséquence de la ruine ou de la constitution
vicieuse des peuplements, de la mauvaise qualité ou de la
dégradation des sols.

IV. — Conversion de taillis sous futaie en futaie pleine.

Du 1er janvier 1885 au 15 avril 1897 . . 1,745^{h}12^a
Du 15 avril au 31 décembre 1897. . . . » »
En 1898. . . . . » »
En 1899. . . . . 588.10
En 1900. . . . . 3. »
En 1901. . . . . 30.62

Total. 2,366^{h}81^a

V. — Conversion de taillis simples en taillis sous futaie et en futaie pleine.

	Futaie pleine.	Futaie sur taillis.
Du 1er janvier 1885 au 15 avril 1897	23h47a	— 1,924h25a
Du 15 avril au 31 décembre 1897 .	»	— » »
En 1898	»	— » »
En 1899	»	— 34.74
En 1900	»	— 23. »
En 1901	»	— 4.62
Totaux .	23h47a	— 1,986h61a

Ces conversions ne sont, la plupart du temps, que la sanction officielle des modifications apportées par la nature ou les agents locaux dans la constitution et l'importance du matériel des bois envisagés ; elles emportent avec elles des changements plus ou moins profonds dans le traitement cultural : diminution des rotations et respect du sous-bois dans les parcelles converties en futaie pleine, allongement des révolutions et renforcement de la réserve dans les nouvelles futaies sur taillis.

VI. — Allongement de la révolution des taillis sous futaie.

Cette réforme a pour conséquence, non seulement d'accroître les rendements des taillis, mais encore de faciliter le recrutement de la réserve dont elle augmente d'ailleurs la hauteur de fût ; c'est une des plus importantes améliorations dans les taillis sous futaie.

La diminution de l'étendue des coupes et partant des rendements se faisant sentir pendant la première révolution surtout, est compensée par l'abandon des plus gros arbres dont la conformation ne permet pas le maintien dans des taillis plus élevés.

Inspections	Du 1er janvier 1885 au 16 avril 1897			1897 (depuis le 15 avril) et 1898			1899			1900			1901		
	Révolution primitive	Révolution actuelle	Contenance	Révolution primitive	Révolution actuelle	Contenance	Révolution primitive	Révolution actuelle	Contenance	Révolution primitive	Révolution actuelle	Contenance	Révolution primitive	Révolution actuelle	Contenance
			h. a.			h. a.			h. a.			h. a.			h. a.
Arlon	16 à 22	18 à 25	3,544.74	17 et 18	21 à 23	881.13	19 et 21	25	430.11	26	30	436.16	16	22	133.31
Bruxelles . .	7 et 15	16 et 25	163 »	14	18	102.95	»	»	»	»	»	»	»	»	»
Charleroi . .	12 et 18	16.20 et 23	341.73 »	14	20	16.44	»	»	r	14	16	80.66	17	24	277.30
Dinant . . .	12 à 22	16 à 25	1,532.30	»	»	»	22	24	88.42	20	24	26.26	»	»	»
Hasselt . . .	6 et 8	8 et 12	175.22 »	»	»	»	»	»	r	»	»	»	»	»	»
Liège	12 à 23	16 à 25	4,578 »	16	18 et 20	229.98	15 à 20	20 et 22	298.98	15 à 18	20 et 22	121.88	15	18	43.78
Marche . . .	18 à 20	20 à 25	1,223 »	16	20	6.40	18 et 22	22 et 25	139.74	-	»	»	»	»	»
Namur . . .	13 à 21	14 à 30	5,842.69 »	11.16 et 18	15.21 et 22	378.30	12 à 18	16 à 22	462.78	14	20	146.79	13	20	68.41
Neufchâteau .	20 à 25	24 à 30	2,015 »	25	28	8.36	»	»	»	20	24	47.74	20	25	24.55
			19,415.68			1,623.56			1,420.03			859.44			547.35

VII. — Allongement de la révolution des taillis simples.

Inspections	Du 1er janvier au 15 avril 1897			1897 (depuis le 15 avril) et 1898			1899			1900			1901		
	Révolution primitive	Révolution actuelle	Contenance	Révolution primitive	Révolution actuelle	Contenance	Révolution primitive	Révolution actuelle	Contenance	Révolution primitive	Révolution actuelle	Contenance	Révolution primitive	Révolution actuelle	Contenance
			h.a.			h.a.			h.a.			h.a.			h.a.
Dinant . . .	16 à 20	17 à 23	7,236.72	»	»	»	20	22 et 23	809.82	16	22	76.08	22	23 et 25	9.24
Liège	18	19 et 22	1,446 »	10 et 16	12 et 20	193.31	15 et 16	20 à 23	414.64	16 et 18	20 et 21	195.06	18	20	46.74
Marche . . .	15 à 19	17 à 22	2,651 »	15 et 16	18, 20 et 24	301.36	15 et 18	20	845.10	18	20	35.84	20	18	92.08
Namur . . .	14 à 21	17 à 23	2,361.22	16	24	15.71	17	26	82.14	»	»	»	12	16 et 18	133.92
Neufchâteau . .	14 à 19	18 à 22	1,217 »	»	»	»	19	24	562.56	20	22	257.86	20	23	120.03
			14,891.94			510.38			2,654.26			564.84			1,316.76

Nécessité impérieuse d'allonger les révolutions des taillis simples, en présence de la baisse des prix du menu bois et des écorces, afin d'obtenir des bois de houillères, dont les prix sont plus rémunérateurs.

Effets surtout sensibles dans les régions éloignées des centres consommateurs, les prix de transport se calculant sur le poids et non sur la qualité.

VIII. — Réduction de la périodicité des futaies pleines.

Inspections	Du 1er janvier 1885 au 15 avril 1897			1897 (depuis le 15 avril) et 1898			1899			1900			1901		
	Périodicité primitive	Périodicité actuelle	Contenance	Périodicité primitive	Périodicité actuelle	Contenance	Périodicité primitive	Périodicité actuelle	Contenance	Périodicité primitive	Périodicité actuelle	Contenance	Périodicité primitive	Périodicité actuelle	Contenance
			h. a.			h. a.			h. a.			h. a.			h. a.
Arlon	25	20	61.82	»	»	»	»	»	»	»	»	»	»	»	»
Dinant	24 et 25	20 et 22	201.63	»	»	»	22	12	21.55	20 et 30	6 et 12	165.50	»	»	»
Liége	30	20	775	»	»	»	»	»	»	30	15 et 16	89.60	»	»	»
Marche	25 à 30	20 à 25	3,977	20 et 25	16.12 et 8	672.77	25	8 à 16	1,071.26	25 et 30	8 et 16	260.69	»	»	»
Namur	»	»	»	»	»	»	22	16	105 »	»	»	»	»	»	»
Neufchâteau . .	20 à 30	10 à 25	1,732	20 et 25	10 et 20	19.65	25	8 à 20	550.22	20	10 et 16	283.64	25	20	32.71
			6,747.45			691.82			1,747.97			799.43			32.71

Ces réductions des longues périodicités précédemment adoptées dans les séries de futaie pleine sont nées, tant de l'expérience que de la nécessité de dégager les recrus, notamment ceux de la faînée de 1888, dont on rencontre les sujets un peu partout en Ardenne et dans la région jurassique.

Les délivrances ont souvent comme pondérateur un volume maximum fixé par l'aménagement lui-même et basé sur la production moyenne en bois de service de la série entière, ou sur le volume total de la partie soumise aux coupes de régénération, qui se répètent tous les huit ou dix ans en général.

Notes sur les diverses sortes d'ormes plantés dans l'arrondissement d'Ypres

Klemmers. — Il y a deux sortes de « klemmers » : le *klemmer blanc* et le *klemmer rouge.*

Le *klemmer rouge* est un arbre à tronc bien droit, élancé, à couronne ovoïde, à écorce assez lisse.

Il est facilement attaqué par la gelée ; l'hiver de 1890-1891 a crevassé le côté exposé au sud de la plupart des arbres ; la crevasse, actuellement recouverte par un bourrelet, se rouvre encore chaque année ; on attribue ce fait à la plaie intérieure qui travaille.

Cet arbre se crevasse aussi sous l'écorce et, lorsqu'on enlève la partie morte de celle-ci, on constate souvent, sur toute la hauteur du tronc, de fortes fentes bordées de bourrelets laissant voir le bois à nu. Ces fentes sont identiques à celles qui proviennent de blessures anciennes.

A Ypres, on appelle vulgairement ces arbres « *Brugsche krakers* ».

A l'âge de 15 à 20 ans, ils perdent souvent leur sève, ce qu'on constate par des taches brunes sur le tronc. D'aucuns prétendent que ces taches proviennent de l'écoulement de la sève par d'anciennes déchirures faites par les crampons des élagueurs; d'autres soutiennent que la perte de la sève est inhérente à l'essence.

La feuille est petite, d'un vert très foncé au-dessus et luisante.

Le bois, qui est rougeâtre, sert pour la grosse charpente commune; il ne peut être scié en planches, car il se déjette. Le cœur est toujours crevassé en forme d'étoile.

Cette essence drageonne beaucoup.

Le *klemmer blanc* a le tronc droit, presque aussi cylindrique que l'orme hollandais, dont il se rapproche en plusieurs points; la cime est ovoïde, plus élancée et généralement plus haute que celle du klemmer rouge; elle est formée par deux ou trois fortes branches s'élançant presque perpendiculairement au sol et contre le tronc.

Cet arbre, à écorce lisse, n'est pas attaqué par la gelée, ne laisse pas perdre sa sève et n'a pas de fissures ressemblant à d'anciennes crevasses, comme on en voit sur le klemmer rouge.

Les feuilles sont un peu plus petites que celles du klemmer rouge, mais de même couleur

Le bois, très estimé par les charrons et bon pour la charpente, se scie généralement en grosses pièces, rarement en planches, et sert à confectionner les grosses pièces de chariots; il est dur, mais cependant moins que celui du rouge; il est d'une qualité supérieure à celui-ci, parce qu'il se laisse mieux travailler.

Il ne se déjette pas, si les pièces sont un peu épaisses (0^m04 au minimum).

Orme hollandais (*Hollander*). — C'est un orme à tronc droit cylindrique, à écorce un peu plus rugueuse que le klemmer blanc, à couronne forte et belle, presque sphérique, bien fournie, à feuilles grandes, vert foncé luisant au-dessus, vert tendre au-dessous. Il est remarquable par sa vigueur. A 60 ans, il vaut 200 francs.

On rencontre différentes soi tes de hollandais.

Quelquefois, le tronc est à grosses côtes, comme sur la route d'Ypres à Warneton, aux Quatre-Rois ; le bois, un peu plus difficile à travailler, est alors recherché par la menuiserie, car il paraît que les côtes donnent un bois fortement veiné, qui sert à faire des tables, armoires et meubles divers.

Orme hollandais sauvage (*Wilde hollander*). — A tronc tordu, rarement droit, à feuilles moins allongées que le « hollander » mais plus larges, il ressemble beaucoup pour la forme à l'orme tortillard ; la couronne est petite et formée de quelques grosses branches contournées, sans ramifications.

Le bois, peu estimé, peu dur, ne sert que comme bois à brûler ; il n'est employé en charronnerie que s'il provient d'un beau sujet dans son espèce.

On rencontre parfois, dans cette catégorie, une variété à couronne très petite, peu élevée, dont le bois est employé en menuiserie.

Orme hollandais doux (*Zoete iepen*). — Cet orme est une variété du hollandais, tenant entre le sauvage et le véritable hollandais ; il a les mêmes défauts et qualités que ceux-ci, suivant qu'il se rapproche plus ou moins de l'une ou de l'autre de ces deux espèces.

Orme à fines feuilles. — Il n'y en a pas sur les routes, mais on en trouve encore dans le pays.

C'est un arbre rarement bien droit, cylindrique, pourvu d'une écorce à crevasses longitudinales du côté exposé au nord ; la couronne, peu fournie, est formée de deux ou trois grosses branches tordues avec peu de ramifications ; rameaux distiques.

Les feuilles sont petites, rudes au toucher, à dents petites et aiguës, d'un vert plus pâle que les feuilles du « hollandais ».

Cet orme croît lentement et donne un bois dur, très estimé et de grande valeur, qui sert aux charrons pour faire les moyeux des roues ainsi que les jantes.

Orme des haies (*Haaghe iepenboom*). — Cet arbre croît généralement dans les haies, de racines ou de semence.

Le tronc est rarement droit, à écorce recouverte de saillies longitudinales, noueux. Il remplace avantageusement l'orme à fines feuilles dès que celui-ci vient à faire défaut. Le bois, dur, à fibres tourmentées, est employé exclusivement par les charrons.

Orme Dumont. — J'ai préconisé la plantation de cet orme dans l'arrondissement d'Ypres, il y a une quinzaine d'années.

Arbre à tronc droit, cylindrique, à cime bien développée en forme pyramidale étendue, à écorce lisse, à feuillage clair; les feuilles sont petites, luisantes et vert foncé au-dessus, vert clair en-dessous.

Cet orme croît très bien dans l'arrondissement et est remarquable par sa beauté et sa vigueur.

Les plantations faites sur la route d'Ypres à Menin, entre les bornes 6 et 10, forment un magnifique spécimen du genre.

OBSERVATIONS GÉNÉRALES. — Le klemmer rouge, l'orme hollandais doux et l'orme sauvage sont assez souvent attaqués par le scolyte destructeur.

Néanmoins, on constate que les ravages des insectes xylophages s'exercent plutôt sur les ormes plantés en terrains légers, sablonneux, qu'en terrains forts, frais, profonds.

Le cossus gâte-bois (*cossus ligniperda*) exerce aussi ses ravages là où nous rencontrons toujours le scolyte. Généralement, l'un ne va pas sans l'autre.

Les arbres attaqués ont été traités jadis au moyen du goudron minéral, du pétrole et du naphte. Les insectes ont depuis lors beaucoup diminué.

Le système d'élagage actuellement en vigueur est désastreux pour les plantations d'ormes, car les plaies provenant de cette opération sont trop grandes.

Le conducteur principal.
FENEAU.

Ypres, le 3 février 1902.

Situation alarmante des forêts du Colorado

Les incendies forestiers se sont produits avec une persistance déconcertante dans l'Etat du Colorado, pendant le mois de septembre dernier. La nouvelle de ces sinistres est généralement accueillie avec une indifférence déplorable, même par les personnes intéressées dans l'industrie forestière, qui paraissent les considérer comme un aléa inséparable de cette industrie.

Dans le cas qui nous occupe, cependant, la situation est, pour tout dire, réellement inquiétante. Non seulement une richesse considérable a été détruite en quelques heures dans un Etat où cette richesse n'est déjà que trop peu abondante, mais cette destruction compromet sérieusement l'avenir de nombreuses exploitations minières, par suite de la modification notable du régime des eaux qui en est la conséquence.

Il est urgent que les pouvoirs publics tournent leur attention vers cette question.

Dans la seule année 1900, 758 milles carrés de forêts, dans quinze départements différents, ont été détruits par le feu. L'Etat du Colorado ne comptait plus, à la fin de cette année, que 6,407 milles carrés de forêts, ce qui ne représente qu'un taux de boisement minime de 6 p. c.

L'agriculture et l'industrie extractive sont les deux mamelles du Colorado. La prospérité de l'agriculture y est intimement liée à la possibilité des irrigations. Quant à l'exploitation des mines, elle réclame une énorme quantité de bois à bon marché, qu'elle doit par conséquent pouvoir trouver sur place. La préservation des forêts intéresse donc directement le mineur et l'agriculteur. M. Michelsen, vice-président de l'Association forestière du Colorado, fait à ce sujet les réflexions suivantes :

« Il n'existait plus dans le Colorado, à la fin de l'année

» 1900, que 6,000 milles carrés de forêts, tout juste assez
» pour couvrir les hauts sommets et les versants des vallées.
» Ce serait chose grave pour l'agriculture si cette étendue
» devait être encore réduite, car cette réduction provo-
» querait une modification défavorable dans les conditions
» climatériques et hydrographiques de la contrée. Déjà, il
» s'est produit un changement marqué dans le régime de
» tous les cours d'eau du versant oriental. Auparavant, leur
» débit était presque régulier, de faibles crues se produi-
» saient seulement à la fonte des neiges. Depuis quelques
» années, les crues sont subites et considérables au point de
» provoquer des débordements qui dévastent les champs rive-
» rains et occasionnent des érosions profondes. L'été, ces
» cours d'eau sont à sec. Si les parties boisées continuent à
» être détruites, l'étendue des terres cultivables sera notable-
» ment réduite.

» Les incendies de forêts pourraient être prévenus par un
» système de lois et de règlements plus sévères que ceux en
» vigueur aujourd'hui. Il faut espérer que ce desideratum
» sera rempli au cours de la prochaine session. Un renforce-
» ment relativement modéré du personnel surveillant et
» l'établissement d'un aménagement rationnel contribue-
» raient beaucoup à sauver ce qui reste de nos belles
» forêts. »

De son côté, M. Gifford Pinchot, le savant protagoniste du
mouvement forestier aux Etats-Unis, s'est exprimé en ces
termes au « Trans-Mississipi Commercial Congress », tenu en
juillet dernier à Cripple Creek : « Une industrie minière
» prospère n'est possible qu'avec des forêts prospères; à de
» très rares exceptions près, cette industrie demande du bois
» et en demande en quantités énormes. Des milliers et des
» milliers de cordes sont annuellement nécessaires pour
» l'exploitation des mines. Pour la plus grande partie, ce bois
» doit être produit sur place, car le coût de son transport
» à longues distances serait trop élevé. L'intérêt du mineur
» est par conséquent de respecter les massifs boisés avoisi-

» nant son exploitation. Les exploitants de la plupart des
» mines de quelque importance ont heureusement compris
» cette nécessité. Certes, c'est là un fait qui nous permet de
» bien augurer de l'avenir. »

Dans le district de Cripple Creek, plusieurs exploitants
sont déjà obligés de faire venir des bois de l'Orégon, on
devine à quel prix.

Dans le Dakota sud, les mineurs ont aussi appris ce qu'il
en coûte de déboiser les environs de leur exploitation. Indépendamment de la difficulté qu'elle rencontre à se procurer
du bois, la « Homestake Mining Company » a dû établir un
canal qui lui a coûté 1,500,000 dollars, pour se procurer
l'eau que les versants et les plateaux déboisés ne lui donnent
plus. Cette société se fait remarquer maintenant par le soin
qu'elle apporte à protéger les lambeaux de forêt qui lui
restent encore. Cette sagesse a été acquise à prix élevé.

M. Newell, hydrographe du Service géologique des Etats-
Unis, qu'une étude de plusieurs années des conditions hydrographiques de la région a mis parfaitement au courant de
cette question, parle comme suit :

« Il n'y a probablement aucune région de l'Union, à part
» peut-être le sud de la Californie, où la nécessité de la
» protection des forêts situées sur les hautes montagnes soit
» plus évidente. Non seulement les forêts sont utiles en
» maintenant des conditions favorables à un régime des
» eaux régulier et abondant, mais en couvrant le sol, elles
» préviennent les érosions et aussi l'envasement des cours
» d'eau, d'autant plus à redouter que le sol des hautes régions
» est de nature légère et très exposé à se trouver entraîné.
» Ce fait se produit déjà d'une manière très manifeste sur
» toutes les surfaces dénudées par le stationnement des trou-
» peaux : quelques années suffisent pour y creuser quantité
» de petits torrents dont le lit va sans cesse en s'agrandis-
» sant.

» Il y a vingt ans que je vis pour la première fois le Colo-
» rado ; on y rencontrait à cette époque de nombreuses

» petites vallées couvertes d'un limon fertile. Aujourd'hui
» ces vallées sont parcourues par des ravins à bords escarpés,
» les torrents qui y coulent ont entraîné toute la bonne
» terre, leurs eaux grossies vont souvent recouvrir de sable
» et de gravier les parties encore cultivables.

» Cette rapide érosion des pentes des montagnes est incon-
» testablement due à la déforestation des hauts sommets ;
» cette déforestation a été consommée par des exploitations
» abusives et par un pâturage exagéré. »

Il est inutile que l'Union établisse des réserves, si l'indifférence du public en compromet la préservation ; « une once
de prudence » aurait presque toujours évité ces sinistres qui,
en quelques heures, causent des dégâts incalculables que
cinquante ans ne suffisent pas à réparer. A cet égard, l'éducation du public est encore à faire.

Le reboisement et la création de nouvelles forêts méritent
d'être encouragés. L'Etat local devrait entrer résolument
dans cette voie. Il devrait, d'un autre côté, exiger de tous les
gardes chasse et gardes pêche la possession de connaissances
sylvicoles pratiques. Ces hommes devraient répondre d'une
surveillance réelle et efficace des forêts et non uniquement
de celle du gibier et du poisson. Toutes les exploitations
devraient être faites à l'avenir sous leur direction, de manière
à assurer une régénération de la forêt et à sauvegarder les
jeunes peuplements, que l'on détruit souvent sans nécessité
aucune.

Lorsqu'une coupe à blanc étoc aura été rendue nécessaire, l'assiette en sera parfaitement nettoyée de tous les
débris provenant de l'exploitation et ceux-ci brûlés à une
époque où le feu peut être facilement maîtrisé ; ainsi, on
diminuera les dangers d'incendie pour l'avenir et on provo-
quera une régénération plus rapide des surfaces exploitées.

La presse a déjà rendu de précieux services à la cause
des réserves et pourra en rendre davantage encore dans
l'avenir; comme nous l'avons dit, l'éducation du public est à
faire. Il faut l'amener à comprendre l'utilité des réserves.

Le *Republican* de Denver a particulièrement bien mérité des forestiers à cet égard. Voici ce qu'il disait dernièrement à propos du Colorado :

« Il est urgent de tenter un énergique effort en vue de
» sauver les forêts de cet Etat. Elles sont avant tout expo-
» sées aux incendies ; le seul moyen de prévenir ceux-ci est de
» punir rigoureusement ceux qui les auront allumés, soit
» à dessein, soit seulement par négligence. On a prétendu
» que le grand incendie près d'Eldora avait été allumé par
» des personnes désireuses de s'assurer l'autorisation d'une
» coupe de bois de mine, une telle autorisation étant facile-
» ment obtenue pour les cantons parcourus légèrement par
» le feu et dans lesquels les troncs des grands arbres n'ont
» que peu souffert et constituent d'excellentes pièces pour le
» boisage des mines.

» Nous ignorons si une telle supposition est fondée ; si elle
» l'est, ces hommes criminels n'ont droit à aucun ménage-
» ment. Il importe que des faits de cette nature soient sévè-
» rement réprimés. »

Les forêts du Colorado doivent être préservées dans l'intérêt de tous. L'avenir de l'agriculture en dépend, l'indus-trie minière doit encourager cette préservation à laquelle sa prospérité est liée. Une action intelligente et immédiate est absolument nécessaire.   W.

(D'après *The Forester*.)

Influence des forêts sur le régime des eaux [1]

(*Suite*)

En dehors du phénomène torrentiel qui est franchement sup-primé par le boisement, la forêt a encore, il est vrai, une action

---

[1] Conférence donnée à la Société forestière de Franche-Comté et Belfort, par M. Guinier, inspecteur des forêts en retraite à Annecy.

certaine, celle de prévenir les écarts brusques dans l'écoulement des sources et cours d'eau. Mais il faut bien arriver à le reconnaître, rien ne garantit, en raison de l'état boisé d'un terrain, ni la formation de sources nouvelles, ni la pérennité des sources existantes, ni une plus abondante alimentation de ces sources et, par suite, un plus grand débit moyen. Et l'on comprend même, par ce qui précède, que le boisement puisse faire disparaître des sources et diminuer l'approvisionnement des eaux souterraines.

Réfléchissons-y de près : Le raisonnement d'où l'on fait dériver le principe de la régularisation des sources et cours d'eau n'est-il pas visiblement en défaut ? L'on admet que l'eau emmagasinée dans le sol doit être cédée ensuite : qu'une fraction au moins de cette eau ne fera que traverser le sol, qui la laissera *stiller* comme goutte à goutte. L'on ne suppose pas que si le sol n'arrive pas à l'état de saturation, cette eau pourra être retenue *en entier* sans qu'aucune partie s'en échappe (si ce n'est à l'état de vapeur). Et non seulement ce cas est admissible, ainsi que nous venons de le voir, mais encore il est assez fréquent en fait.

La question peut se résumer en deux mots. Supposons que, dans une équation dont l'inconnue serait la quantité d'eau que le sol forestier abandonne et qui alimente sources, cours d'eau et nappes souterraines, l'on exprime les gains et pertes que fait la forêt de diverses parts ; la solution, positive le plus souvent, pourra être négative.

Ce principe de la régularisation des sources et cours d'eau par le boisement n'a point, du reste, été admis sans quelques réserves.

Dès 1869, M. Marie Davy écrivait (1) : « L'influence régula-
» trice, généralement attribuée aux bois sur le régime des cours
» d'eau, me paraît être une de ces idées populaires qu'il importe
» de combattre, non pour faire échec aux forêts, etc. »

Le docteur Ebermayer, dans le mémoire que j'ai cité plus haut, dit textuellement :

« A la suite des recherches exactes, faites dans les trente der-
» nières années, l'opinion généralement admise que les forêts aug-
» mentent la quantité d'eau souterraine et forment un réservoir
» pour l'alimentation des sources ne peut plus être considérée
» comme vraie. »

Ce même auteur avait déjà dit en 1889 (2) :

« Il ne faut pas en conclure... (des recherches faites en 1868-

(1) *Revue des Eaux et Forêts*, t. VIII, 1869, p. 403.
(2) Citation empruntée au compte rendu du Congrès de sylviculture de 1900, à Paris, p. 318.

» 1869), qu'un sol forestier est, à une grande profondeur, plus hu-
» mide qu'un terrain non boisé... et que la forêt exerce, par con-
» séquent, une grande influence sur la richesse d'une contrée au
» point de vue du nombre et du débit des sources. »

Dans tout ce qui précède, j'ai fait abstraction du *régime des
pluies*, c'est-à-dire de la quantité annuelle de la pluie, de sa répartition et de l'intensité des chutes d'eau.

Or, ces données ont la plus grande importance dans l'étude du
rôle hydrologique de la forêt.

A une moindre hauteur de pluie annuelle correspond évidemment un moindre approvisionnement des eaux souterraines ; à des
pluies fréquentes, mais peu intenses, correspond une plus grande
absorption par les cimes feuillées des arbres, ainsi que par le sol
végétal. On conçoit, à la rigueur, que l'eau météorique soit dissi-
pée par l'évaporation sur les feuilles où elle se dépose et sur le sol,
ou bien dépensée par l'action de la végétation, au fur et à mesure
des chutes de pluie, sans qu'aucune partie profite aux eaux souterraines. Au contraire, le ruissellement à la surface et la pénétration
de l'eau à travers le sol, seront favorisés par des pluies rares, mais
durables et intenses. La cime feuillée, imbibée par de fortes pluies,
fonctionnera comme un parapluie percé, suivant la comparaison
restée légendaire du maréchal Vaillant *(loc. cit.).* De même, le sol
pourra être saturé par une pluie intense et abandonner dès ce moment l'eau reçue, soit au ruissellement, soit à l'approvisionnement
souterrain.

Nous avons trouvé que, même en négligeant ce fait qu'il pleut
davantage sur la forêt qu'en terrain découvert, le sol forestier peut
être mieux abreuvé que le sol agricole.

Or, il est établi suffisamment, aujourd'hui, que la condensation
de la vapeur d'eau atmosphérique est plus grande au-dessus des
massifs forestiers. En d'autres termes, *la forêt attire les pluies*,
ainsi qu'on est convenu de formuler ce fait. Je n'ai pas à insister
sur les observations qui l'établissent (1). Je rappelle seulement que
la forêt est surmontée, pendant la période de végétation, d'un
prisme d'air plus humide et plus froid de plusieurs centaines de
mètres de hauteur. « Et si, dit M. Fautrat, les vapeurs dissoutes
» dans l'air étaient apparentes comme les brouillards, on verrait
» les forêts entourées d'un vaste écran humide, et chez les résineux,
» l'enveloppe serait plus tranchée que chez les bois feuillus. »

_____

(1) Voir notamment : « Sur le rôle de la forêt, sur la circulation de l'eau à la
surface des continents », par M. Henry, professeur à l'Ecole nationale des eaux et
forêts; *Revue des Eaux et Forêts*, t. XL, 1901.

La différence entre les quantités de pluie tombant sur la forêt et hors forêt est des plus variable, suivant la distance des grands massifs, suivant les essences, la densité du peuplement ; à ces circonstances se joint l'action des conditions topographiques et climatériques.

Dans les cas les plus favorables à la condensation de la vapeur d'eau atmosphérique, la forêt pourra recevoir des quantités de pluie énormes. Et alors il arrivera que les sources et cours d'eau issus du sol forestier soient alimentés d'une façon exceptionnelle, et même que le débit des eaux au moment des grandes crues soit plus élevé qu'il ne le serait, le terrain étant supposé déboisé, alors que ce dernier état paraît cependant le plus favorable aux inondations.

Ainsi, l'état boisé serait parfois de nature à provoquer des inondations !

Ce résultat, tout inattendu qu'il soit, n'est cependant pas en opposition véritable avec l'idée accréditée d'après laquelle l'état de boisement augmente le débit moyen des sources et cours d'eau. De là à admettre que les grandes crues résultant de pluies intenses et prolongées peuvent atteindre aussi un niveau plus élevé, il n'y a évidemment qu'un pas à franchir.

A une certaine époque, l'ingénieur Vallès a soutenu et développé, en diverses publications (2), l'opinion que le boisement du sol favorise les inondations ; il admettait comme général un fait qui ne peut être en somme qu'exceptionnel dans nos climats. Cette thèse a laissé à peine un souvenir : non seulement elle était contraire aux faits les plus ordinaires, les plus connus, et aux idées admises vulgairement d'après ces faits, mais encore elle était étayée sur des bases peu sérieuses et trop manifestement étrangères à la vérité des choses. (Ainsi, il insistait sur ce que le sol *tassé et dur* des forêts favorisait les écoulements superficiels !)

Et puis cette thèse servait à justifier un projet d'aliénation des forêts de l'Etat tout à fait impopulaire.

Je ne m'arrêterai pas aux controverses suscitées à ce sujet par les travaux de l'ingénieur Belgrand (qui paraît partager jusqu'à un certain point les idées de Vallès, mais les appuie sur des exemples peu probants),non plus que par les assertions de Becquerel (1)

(1) Vallès, *Etudes sur les inondations*, 1837.

Id., *De l'aliénation des forêts au point de vue gouvernemental, financier, climatologique et hydrologique*, 1865.

(2) Traité de physique terrestre et de météorologie.

qui rappelle, d'après Humboldt et Boussingault, les observations relatives aux variations de niveau du lac de Zacarigua, dans le Venezuela. Ce lac se retirait suivant la marche progressive du défrichement vers 1800, et son niveau augmentait au contraire vers 1822, à la suite de l'abandon des cultures et de la reprise de possession du terrain par la forêt. Mais il s'agit ici d'un climat différent et d'un régime de pluies spécial à la zone équatoriale.

Du reste, M. Clavé avait pressenti, en excellents termes, l'action possible de la forêt au point de vue de l'aggravation des inondations (2) :

« Il semble que les forêts emmagasinent l'eau qui tombe et ne
» lui permettent de s'écouler que peu à peu. Aussi, lorsqu'elles
» couvrent toute une région, peut-il arriver que le sol, étant déjà
» complètement imprégné, ne puisse absorber les nouvelles pluies
» et qu'il se produise alors des débordements... Ainsi, une trop
» grande étendue de forêts peut occasionner des effets analogues
» à ceux que produit une absence complète de bois, et c'est là une
» cause de confusion qui n'a pas été suffisamment signalée. »

Et, en effet, supposons que, par suite d'une période de pluies tombant avec persistance, le feuillage des arbres et le sol (y compris la couverture et la terre végétale) soient saturés. Si à ce moment arrive une nouvelle chute de pluie intense, les choses se passeront comme dans le cas d'une éponge recevant sans interruption un filet d'eau, et qui, une fois saturée, laisse couler une quantité d'eau égale à celle dont elle continue à être abreuvée. Supposons le sous-sol imperméable : l'eau qui ne sera pas absorbée ruissellera ou s'étendra en nappe à la surface, suivant que le sol est en pente ou qu'il est horizontal. Dans le cas du sol en pente, l'écoulement sera aussi complet que si le terrain était déboisé, mais sera plus abondant, puisqu'en vertu du pouvoir condensateur de la colonne d'air qui surmonte la forêt, les pluies seront plus intenses.

Il est vrai que l'écoulement est retardé par la présence même de la forêt, à cause des obstacles dont le sol forestier est hérissé, mais ce retard n'est pas nécessairement une raison pour que la crue soit atténuée lors de la concentration des eaux dans la partie inférieure du bassin de réception ; suivant la configuration des lieux, l'effet contraire pourra même se produire.

Dans les régions équatoriales où les chutes d'eau sont parfois prodigieuses, nul doute que les forêts ne soient fréquemment une cause d'inondation.

(2) *La météorologie forestière, Revue des Deux Mondes*, 1875, t. XLV.

Y a-t-il des faits pareils dans nos climats?

Je crois en avoir trouvé un exemple dans le régime de la rivière d'Arre, dans l'Hérault.

Voici ce que nous apprend la *Revue des Eaux et Forêts* de de 1867 (1) :

« ...Le déboisement a produit depuis cinquante ans des effets » remarquables sur le régime des eaux...

» La rivière d'Arre, qui passe au pied du Vigan et perd son » nom dans celle de l'Hérault, recevait alors dans son parcours de » vingt-cinq kilomètres de nombreux et forts affluents formant » eux-mêmes des ramifications jusqu'aux plus hautes cimes.

» Il est attesté, sans hésitation, que plusieurs de celles-ci n'exis- » tent plus ; d'autres sont devenues des filets d'eau, et, par suite, » l'Arre a diminué considérablement depuis quarante ans.

» Vers 1825, les tanneurs, mégissiers et autres, occupant la par- » tie basse de la ville qui avoisine la rivière, évacuaient chaque an- » née, à l'arrivée des pluies équinoxiales, leurs ateliers, rez-de- » chaussées et caves... Aujourd'hui ils ne s'en préoccupent plus, et » qui plus est, on voit des filatures établies plus bas que les an- » ciennes tanneries.

» Les fortes eaux, qui se maintenaient un mois ou deux de la » saison estivale, causaient naturellement de grands dommages aux » propriétés riveraines. Les murs des enclos voisins, à 3 mètres au- » dessus du niveau actuel des plus fortes crues,furent plusieurs fois » renversés.

» Si l'on remonte le cours de la rivière d'Arre jusqu'à 1,500 » mètres du Vigan, on apprend encore que le vieux pont d'Anèze, » plus élevé que le nouveau, fut souvent baigné et rendu inacces- » sible. Or, les plus fortes eaux atteignent à peine aujourd'hui le » tiers de sa hauteur.

» Tous ces faits ne sont pas le résultat d'inondations éventuelles, » de crues extraordinaires, puisqu'ils ne se sont plus renouvelés » depuis trente ans au moins, alors que des inondations sont sur- » venues dans tous les départements boisés aux mêmes époques » précises. »

Mais il faut compléter ces renseignements par l'étude de cette rivière faite à une époque récente en vue de l'application, aux ter- rains formant le bassin de réception, de la loi sur la restauration des terrains en montagne (2).

---

(1) *Influence des forêts sur le régime des eaux, Revue des Eaux et Forêts*, t. VI, p. 98, article anonyme.

(2) Je dois la communication de ces données à l'extrême obligeance de M. Fabre, conservateur des eaux et forêts à Nîmes,

La rivière d'Arre a un régime torrentiel très accentué : les crues sont subites, le débit énorme, les matériaux charriés en quantité considérable et comprenant des blocs de pierre volumineux. Tous les dix ans au moins l'on constate des inondations désastreuses : la crue du 21 septembre 1890, exceptionnelle d'ailleurs, a causé des dégâts évalués à plus de deux millions ! Le débit s'est élevé à 766 mètres cubes au pont d'Anèze ; les eaux atteignaient 6^m80 : le niveau de ces eaux a atteint le tablier du vieux pont dont les parapets ont été enlevés ; le pont neuf a été emporté.

Malgré ces rectifications à faire aux renseignements de la *Revue* de 1867, il reste acquis que les crues anciennes correspondant à l'état boisé étaient aussi élevées que peuvent l'être aujourd'hui les crues même exceptionnelles. Le débit à hauteur d'eau égale devait être à peu près égal à ce qu'il est aujourd'hui, puisqu'il est constaté que l'assiette du lit de la rivière n'a pas changé à cause de sa nature rocheuse.

En résumé, dans l'état ancien de boisement, le régime des eaux était plus régulier ; les affluents ne tarissaient pas, les crues étaient moins subites, plus prolongées, et le débit *moyen* annuel était aussi, sans doute, plus considérable.

Jusqu'ici donc, rien qui ne soit conforme aux résultats ordinairement constatés et à l'opinion admise et accréditée, mais il n'en est plus ainsi en ce qui concerne la hauteur des crues, hauteur moindre ou tout au plus égale actuellement à ce qu'elles étaient autrefois dans l'état boisé. Les inondations étaient aussi plus prolongées.

L'examen des conditions toutes spéciales du sol, du climat et du régime des pluies explique ces différences.

Le bassin de réception de la rivière d'Arre est formé de terrains granitiques imperméables ; toute l'eau qui n'est pas absorbée par la couche de terre végétale s'écoule donc à la surface du rocher, et, en général, on sait que les variations des cours d'eau sur sol imperméable sont toujours beaucoup plus fortes et plus dépendantes des phénomènes atmosphériques que sur sol perméable. Or, la saturation de la couche de terre végétale doit être atteinte facilement à l'équinoxe d'automne surtout, époque à laquelle il se produit des pluies persistantes et tellement intenses qu'en certains points du bassin la chute d'eau *atteint un mètre de hauteur en deux ou trois jours.*

L'intensité de ces pluies équinoxiales est due à la situation géographique du bassin de l'Arre, au voisinage de la Méditerranée, et à la conformation du relief. Les parois de ce bassin se relèvent, en effet, jusqu'à une altitude de 1,400 mètres environ. Quand les masses d'air chaud et saturé de vapeur d'eau chassées par les vents du sud et du sud-ouest arrivent contre les Cévennes, elles s'engouffrent dans les vallées ouvertes suivant cette direction, remontent le long des parois qui les arrêtent et forment, par le refroidissement dû à la différence de niveau, des nuages épais. Il suffit d'un courant d'air froid du nord pour produire une brusque condensation de ces vapeurs et donner lieu à des pluies torrentielles, et ces pluies étaient bien plus intenses encore lorsque, non seulement tout le bassin de l'Arre, mais encore toute la région dont il fait partie, étaient couverts de bois et que cette circonstance venait se combiner avec. la disposition de tous les contreforts des Cévennes, si favorable déjà à la condensation de l'air humide venant des mers.

Du reste, tout en accordant une confiance complète aux données fournies par la *Revue* sur la rivière d'Arre, à cause de leur précision, il y a lieu de faire une réserve sur l'époque du déboisement, qui semble être beaucoup plus ancienne qu'on ne l'indique ; le fait de ce déboisement n'a-t-il pas été transmis par voie de tradition orale et la période de transformation de l'état de choses n'a-t-elle point été raccourcie ? C'est là un fait souvent constaté dans des cas analogues.

Il est certain d'ailleurs, d'après les documents les plus sérieux, que cette contrée était complètement boisée il y a deux ou trois siècles, et que la destruction des bois y était poursuivie systématiquement, au besoin par l'incendie, — en vertu d'autorisations données aux paysans, — mais non pour les besoins immédiats de la culture et du pâturage.

Chose remarquable ! l'auteur de l'histoire de la rivière d'Arre, dans la *Revue*, donne cette histoire entre autres exemples, dans le but d'établir ou de confirmer l'influence de la forêt pour régulariser l'écoulement des eaux et prévenir les grandes inondations. Il ne semble pas avoir vu que, jusqu'à un certain point, les faits exposés sont favorables à l'opinion des ingénieurs qui ont voulu que le boisement général du sol fût de nature à provoquer les inondations !

(*A continuer.*)

Commerce du bois

Adjudications prochaines.

L'administration des chemins de fer de l'État belge est disposée à traiter, *à main ferme*, pour la fourniture, en 1903, d'environ 250,000 *billes*, en essence de chêne ou de hêtre à cœur blanc de toute provenance.

Elles auront 2ᵐ60 de longueur, 0ᵐ14 de hauteur et 0ᵐ28 de largeur, *ou bien* 2ᵐ60 de longueur, 0ᵐ13 de hauteur et 0ᵐ26 de largeur.

Des offres seront également reçues pour des billes *en chêne* mesurant 2ᵐ60 de longueur, 0ᵐ21 à 0ᵐ24 de largeur et 0ᵐ14 à 0ᵐ16 de hauteur, avec un découvert *en franc bois* de 0ᵐ12 à 0ᵐ15 (type Grand Central belge).

Toutefois, le littéra C bis de l'article 10, relatif à la mise en tas des billes, est annulé.

Les marchés seront régis par l'avis-conditions n° 149 publié le 22 mai 1901, que les amateurs pourront se procurer en s'adressant au bureau central des renseignements concernant les adjudications, rue des Augustins, 15, à Bruxelles.

Les amateurs auront, en outre, la faculté de s'engager pour la fourniture de billes en chêne, en stipulant, à leur choix, soit les délais de livraison prévus à l'article 9B de l'avis n° 149 (*par moitié* le 31 janvier et le 31 mai 1903, au plus tard), soit un échelonnement, *par tiers*, aux dates respectives du 31 janvier, 31 mai et 31 août 1903.

Les offres devront être présentées *tout d'abord* par lettre adressée à la direction des voies et travaux, rue de Louvain, 11, à Bruxelles.

Adjudications officielles. — Résultats.

Le 12 FÉVRIER 1902, à 13 heures, au local de la Bourse de commerce (salle de l'Union syndicale), à Bruxelles. Adjudication publique, aux clauses et conditions du cahier des charges spécial n° 790, de l'entreprise de la fourniture de bois divers.

1ᵉʳ lot. Bois d'acajou. Toussaint-Yannart, Bruxelles, fr. 385 le mètre cube ; Société anonyme Houthandel, Middelburg, fr. 400; L. Van Coppenolle, Anvers, fr. 600, fr. 350 (acajou lagos d'Afrique).

2° lot. Bois de teck. Ambagtsheer et Vandermeulen, Amsterdam, fr. 264.50 le mètre cube ; L. Van Coppenolle, fr. 265; R. Spindler, Schaerbeek, fr. 14,575 ; A. et G. Mercier, Ixelles, fr. 14,909.75; Toussaint-

Yannart, fr. 272.90 ; Ant. Wolfs, Anvers, fr, 15,070 ; Eug. Burm, Zele, fr. 278 ; Société anonyme Houthandel, fr. 279.

3e lot. Bois de sapin rouge du Nord. Actien-Gesellschaft für Holzverwerkung, Berlin, fr. 49,626 ; Société anonyme Houthandel, fr. 96.70 le mètre cube ; Eug. Burm, fr. 98.80 ; Toussaint-Yannart, fr. 101,

4e lot. Bois de sapin rouge du Nord. Actien-Gesellschaft für Holzverwerkung, fr. 87,203 ; Société Anonyme Houthandel, fr. 91.70 le mètre cube ; Eug. Burm, fr. 94.80.

5e lot. Bois de sapin rouge du Nord. Actien-Gesellschaft für Holzverwerkung, fr. 49.297.50 ; Société anonyme Houthandel, fr. 96.70 le mètre cube ; Eug. Burm, fr. 98.80.

6e lot. Bois de sapin rouge du Nord. Actien-Gesellschaft für Holzverwerkung, fr. 39,234.80 ; Grisou et Goffé, Forest, fr. 97.24 le mètre cube ; Société anonyme Houthandel, fr. 99.70) ; Eug. Burm, fr. 103.80 ; Toussaint-Yannart, fr. 109.

7e lot. Bois de sapin rouge du Nord. Eug. Burm. fr. 94.80 le mètre cube ; Société anonyme Houthandel, fr. 96.70 ; G. Cuvelier, Mons, fr. 97.20 ; Toussaint-Yannart, fr. 101 ; Actien-Gesellschaft für Holzverwerkug, fr. 49,381.80.

8e lot. Bois de sapin rouge du Nord. Grison et Goffé, fr. 93.84 le mètre cube ; Eug. Burm, fr. 99.80 ; G. Yannart, Mons, fr. 101.20 ; Actien-Gesellschaft für Holzverwerkung, fr. 64,101.60 ; Société anonyme Houthandel, fr. 104.70.

9e lot. Bois de frêne. Daems-Doms, Malines, fr. 18,916 ; B. Barbier, Swevezeele, fr. 19.135 ; R. de Lantsheer, Gand, fr. 19,224 ; Dhanis frères, Gand, fr. 19,580 ; Ch. Martens, Gand, fr. 19,936.

10e lot. Bois de hêtre. Société des scieries de Mons et du Borinage, Mons, fr. 7,348 ; R. de Lantsheer, fr. 7,387 ; P. Capon, Ethe, fr. 7,656 ; Ch. Martens, fr. 7,787.12 ; Dhanis frères, fr. 7,920 ; Toussaint-Yannart, fr. 105 ; G. Kayser, Tétange, 110.

11e lot. Bois d'orme. Daems-Doms, fr. 18,325 ; Dhanis frères, fr. 19,824 ; Ch. Martens, fr. 19,840 ; R. Delantsheer, fr 20,080 ; Ad. Vrancken, Huy, fr. 126 le mètre cube.

12e lot. Bois d'orme. Dhanis frères, fr. 13,685 ; Ch. Martens, fr. 13,800 ; R. Delantsheer, fr. 14,950.

13e lot. Bois de peuplier. Dhanis frères, fr. 17.246 ; Ch. Martens, fr. 17,873 ; G. Kayser, fr. 96 le mètre cube ; Ad Vrancken, fr. 18,531.50 ; R. Delantsheer, fr. 18,922.

14e lot. Bois blanc dit canada. Dhanis frères, fr. 20,230 ; Ch. Martens, fr. 20,468 ; B. Barbier, fr. 22,372 ; R. Delantsheer, fr. 23,088.

15e lot. Baliveaux (cales) pour transport de caisses de glaces. Deryck-Schepens, Gand, fr. 1,200 ; J. Vermeulen, Bar-le-Duc, fr. 1,436.80 ; J. J. Delbrassinne, Bruxelles, fr. 1,440.

Chronique forestière

Actes officiels concernant des sociétaires. — Administration des eaux et forêts.
Personnel supérieur. — Réunions mensuelles. — Les desroucheuses Bennet
Une petite excursion en Campine. — Cours de sylviculture pour gardes en 190?.
— Conférences forestières en 1901. — Incendies de forêts en 1901. — Location
d'une chasse communale. — Le service forestier aux Etats-Unis. — Le chancre
des arbres fruitiers. — Ichneumons et tachines. — Ciment de bois.

Actes officiels concernant des sociétaires. — Par arrêté royal du
31 décembre 1901, MM. Watteeuw et De Brabandere, respectivement
ingénieur en chef directeur de 2me classe et ingénieur de 2me classe des
ponts et chaussées, ont été promus à la 1re classe de leur grade.

Administration des eaux et forêts. Personnel supérieur. — Par
arrêté royal du 19 février 1902, M. Gillet, inspecteur des eaux et forêts
à Neufchâteau, est attaché au service de recherches et consultations en
matière forestière, en remplacement de M. Van de Caveye, qui a été mis
en disponibilité, sur sa demande et pour motifs de convenances personnelles.

Réunions mensuelles. — M. L. Bareel, ingénieur agricole à Anvers,
a entretenu, avec beaucoup de connaissance et d'autorité, la réunion
mensuelle du 5 mars 1902, des boisements dans le N. O. de la Campine
anversoise, région qu'il connaît spécialement pour y avoir fait mettre en
valeur une assez grande étendue de terrains incultes.

Il a examiné successivement la valeur des essences les plus communément employées dans cette région, le pin sylvestre, le bouleau, le pin
maritime, leurs exigences sous le double rapport de l'état physique et
chimique des sols sablonneux. Le conférencier établit une démarcation
entre les bruyères mamelonnées et les bruyères plates, qu'il subdivise en deux classes selon que le sous-sol est perméable ou imperméable,
et donne la composition des différentes couches du sol et du sous-sol, la
flore caractéristique, indiquant partout la pauvreté des terrains en chaux
et en acide phosphorique.

Il entre ensuite dans de longs développements au sujet du travail
proprement dit de la mise en valeur par le boisement, apport d'engrais
minéraux, labour, hersage, etc., puis il donne les rendements de pinc-

raies établies dans les conditions décrites ; il nous parle également de la sidération par le lupin, de la création de bois feuillus, etc.

Causerie très intéressante, que nos sociétaires auront le plaisir de lire dans un prochain numéro du *Bulletin*.

***

Mercredi, 9 avril 1902. Visite des pépinières et de l'arboretum de la forêt de Soignes, à Groenendael.

Départ du Quartier Léopold à 13 h. 41.

Les dessoucheuses Bennet. Une petite excursion en Campine. — L'administration forestière a fait l'acquisition d'une dessoucheuse à la main du type décrit p. 789 du numéro de décembre dernier. Cet appareil, expédié de New-York, doit arriver prochainement à destination. On pourra le voir fonctionner le mardi 15 avril prochain, dans une pineraie exploitée sur le territoire de la commune de Sutendael.

Par la même occasion, on verra fonctionner une charrue Rud-Sack pour le défrichement des bruyères et l'on visitera un boisement de 20 hectares exécuté en 1900, 1901 et 1902, après travail du sol au moyen de cette charrue.

Les excursionnistes pourront apprécier aussi les résultats d'une expérience sur l'application d'engrais chimiques faite à Lanaeken en 1889, et comparer, dans la même parcelle, les pins issus de graine de Suède avec ceux provenant de graine du pays.

Il est probable qu'on pourra visiter, en outre, en cours de route, une propriété fort intéressante.

Le départ aura lieu de Hasselt pour Eygenbilsen à 9 h. 14, et l'on ira reprendre le train à Lanaeken à 3 h. 43 ; le trajet, comportant 15 kilomètres, devra se faire entièrement à pied.

MM. les sociétaires qui seraient désireux d'assister à cette petite excursion, sont priés de se faire connaître au Secrétariat, avant le 10 avril, afin qu'ils puissent être avertis en cas de contretemps cependant peu probable.

13

Cours de sylviculture pour gardes en 1902. — Le Ministre de la guerre porte à la connaissance des miliciens de la classe 1902, le résumé ci-dessous des conditions exigées pour l'almission *aux cours préparatoires à l'emploi de garde forestier* (sylviculture, ainsi que botanique, minéralogie et zoologie appliquées à la sylviculture) donnés, en langue française, à l'école régimentaire du 12ᵉ régiment de ligne, à Bouillon, et, en langue flamande, à l'école du 14ᵉ régiment de ligne, à Diest.

Pour pouvoir entrer dans l'un de ces cours, les miliciens de la nouvelle levée devront :

1° Remettre au commandant de la province, *au moment de l'incorporation :*

a) Une demande écrite d'admission au cours ; *cette demande renseignera l'adresse exacte du signataire ;*

b) Un certificat de moralité (modèle n° 32, déterminé par arrêté royal du 25 octobre 1873) ;

c) Un état indiquant toutes les condamnations encourues ou un état négatif.

N. B. Les pièces reprises sous les litt. *b)* et *c)* émaneront de l'administration communale du lieu de la dernière résidence ; elles seront écartées si elles portent une date antérieure de deux mois à leur présentation.

2° Satisfaire à un examen dont le programme est exposé ci-après ;

3° S'ils appartiennent à un régiment de ligne ou de chasseurs à pied, souscrire un engagement volontaire de trois ans, *qui prendra cours le 1ᵉʳ octobre prochain.*

L'examen dont il s'agit au 2° aura lieu le premier lundi du mois d'août, à Namur pour l'admission au cours de Bouillon, à Anvers pour l'admission à celui de Diest. Les convocations pour ce concours seront faites en temps opportun par le commandant de la province de Namur, ou d'Anvers, et les candidats seront renvoyés chez eux le jour même de l'épreuve. Ces miliciens auront complètement à leur charge les frais de déplacement.

Le programme de l'examen comprendra les matières suivantes :

A. — ADMISSION AU COURS DE BOUILLON.

En français : 1° Une lecture ; 2° la dictée d'un morceau facile.

En arithmétique et par écrit, des exercices élémentaires concernant :

1° La pratique des quatre règles fondamentales appliquées aux nombres entiers et aux nombres fractionnaires ;

2° Le système métrique.

On appréciera séparément l'écriture de chaque candidat pour l'ensemble de ses compositions.

B. — Admission au cours de Diest.

Même programme que ci-dessus, sauf que le français sera remplacé par le flamand et que les épreuves seront subies dans cette dernière langue.

Le département de la guerre prononcera les admissions, en tenant compte de l'effectif proportionnel des différentes armes.

Cette année, *quinze* élèves, au plus, pourront être autorisés à suivre les cours dans chacune des écoles précitées.

Ceux de ces récipiendaires qui n'appartiendraient pas à l'infanterie, seront placés à l'effectif de cette arme.

Les cours de sylviculture s'ouvrent le premier mardi du mois d'octobre.

On appellera à l'activité, sept jours avant cette date, les miliciens de la nouvelle levée désignés comme élèves et non encore au service actif. S'il y a lieu, ils contracteront, dès leur arrivée au corps, l'engagement de trois ans prescrit au 3° ci-dessus.

.Afin que les élèves-gardes puissent prendre part au tir et aux manœuvres de leur régiment, l'enseignement est divisé en un cours de première année et en un cours de seconde année, d'une durée de sept mois chacun.

Bruxelles, le 3 mars 1902.

A. Coussbant d'Alkemade.

Conférences forestières. — En 1901, les agents forestiers ont donné 59 conférences auxquelles ont assisté 2122 auditeurs, soit en moyenne 36 auditeurs par séance.

C'est en général dans les régions forestières, en Ardenne surtout, que ces conférences ont le plus de succès; il n'est pas rare d'y réunir 50 à 70, et même parfois 100 personnes. Puisqu'elles ont un auditoire relativement nombreux, elles remplissent leur rôle d'instruction et de diffusion et doivent être continuées, développées même.

L'utilité et la pratique des boisements, ainsi que la protection des forêts contre leurs ennemis, sont les sujets ordinairement traités par les conférenciers. Les gardes forestiers de l'administration et de particuliers, les régisseurs, les propriétaires de bois, les administrateurs communaux peuvent tirer grand profit de ces causeries, que l'on cherche

à rendre aussi pratiques et aussi intuitives que possible.
Aussi, ne saurait-on assez engager à suivre les conférences
forestières tous ceux qui, plus ou moins directement, s'occupent de forêts.   E. N.

Incendies de forêts en 1901. — Il résulte du travail statistique que le feu a parcouru en 1901 une étendue totale de
523 hectares, dont 234 dans les bois soumis au régime forestier et 289 dans les bois des particuliers, causant des dommages évalués respectivement à 70,000 et 50,000 francs.

Sur 137 sinistres, dont 84 dans les bois soumis et 53 dans
les autres, 79 sont dus à l'imprudence des promeneurs,
généralement fumeurs, ou des ouvriers des bois, 17 sont
attribués à la malveillance, 23 ont été allumés par les flam-
mèches des locomotives; quant aux autres, on n'a pu en
établir la cause probable.

Les incendies se répartissent par mois de la façon suivante :

Janvier	7
Mars	10
Avril	42
Mai	41
Juin	7
Juillet	20
Août	7
Septembre	3

Il en résulte que, sur 137 incendies, plus de 90 ont éclaté
en mars, avril et mai, malgré les pluies abondantes tombées
exceptionnellement pendant cette période critique. En cette
saison, il suffit que la bise souffle pendant quelques jours,
pour dessécher les herbes et les litières qui couvrent les bois,
et pour en faire un foyer où le feu se propage parfois avec
une rapidité inouïe.

Il convient de signaler particulièrement l'incendie du
15 janvier 1901, allumé, croit-on, par des ouvriers impru-

dents, sur le territoire allemand et qui, activé par un vent violent, a parcouru une étendue considérable des fanges communales de Jalhay et de Sart-lez-Spa, anéantissant sur son passage 144 hectares de sapinières et 76 hectares de taillis, et causant des dégâts évalués à près de 75,000 francs.

Les mesures prises en vue de combattre les incendies semblent cependant déjà excellentes. Elles ont encore été renforcées par une disposition qui prescrit le dépôt dans les bois domaniaux, en des endroits propices, d'instruments de défense contre le feu (pelles, haches, chaînes-scies), l'achèvement des coupe-feu, leur entretien, leur amélioration et leur transformation en pâturages pour le bétail des préposés ou pour le gibier.

Cette dernière mesure, qui a pour résultat de remplacer les grandes herbes sèches des bois par un gazon court toujours vert, doit être mise en pratique le plus souvent possible.

Dans les situations très exposées (Hertogenwald, Spa), un service spécial est organisé par les agents forestiers durant les journées critiques. Dans les bois des environs de Spa, dans les cantons très exposés et sur les points culminants de la région, sont installés des postes fixes d'observation et de secours, composés d'un garde forestier et de quatre ouvriers travaillant dans le bois; ces postes sont reliés par des patrouilles (gendarmes à cheval, agent cycliste); de plus, des postes d'observation (gardes ou gendarmes, sans ouvriers), sont placés aux endroits moins exposés.

Ces services spéciaux de surveillance, organisés aussi sérieusement, sont appelés à produire d'excellents résultats pratiques. Au point de vue préventif, par leur fonctionnement même, ils ont pour effet d'attirer l'attention du public sur les dangers d'incendie, dont la plupart des promeneurs ne se doutent même pas.

A ce sujet, tous les agents proclament l'utilité des affiches qu'il est prescrit d'apposer aux endroits dangereux.

Il y aurait peut-être lieu de renforcer ces appels à la prudence des promeneurs par des affiches plus simples, mais attirant mieux l'attention.

Location d'une chasse communale. — On nous apprend que le droit de chasse dans les bois communaux de Bouillon vient d'être loué, pour un terme de 12 ans, au prix annuel de 14,800 francs ; les bois en question comportent une étendue de 2,500 hectares environ.

Joli revenu !

Le service forestier aux Etats-Unis. — La division forestière du département de l'Intérieur vient d'être complètement réorganisée, lisons-nous dans *The Forester* (livraison de décembre dernier) : quatre professionnels y ont été attachés pour l'étude des nombreuses questions forestières intéressant le département.

Et non seulement M. le secrétaire de l'Intérieur a appelé à son aide des spécialistes compétents, mais il a élaboré une réglementation déterminant le fonctionnement de la division. Celle-ci aura à procéder à des recherches scientifiques en vue de la restauration des forêts détruites ; on en attend, en outre, une meilleure gestion des réserves, dont l'étendue dans les différents Etats de l'Union atteint près de 50,000,000 d'acres.

Les permis de pâturage seront à l'avenir délivrés seulement pour une durée de cinq années et de préférence aux habitants des districts limitrophes des réserves, plutôt qu'à ceux des districts éloignés ou des autres Etats de l'Union. Les questions locales seront résolues sur le terrain, et, dans chaque cas, en ayant égard aux intérêts en cause.

La vente des bois ayant atteint leur maturité doit être généralisée au même titre que celle des bois morts et des chablis, qui constituent un danger pour les forêts. Dans les ventes de bois d'œuvre, le cours du marché sera d'application obligatoire et le relevé des produits à vendre pourra être consulté dans le bureau de chaque contrôleur forestier (supervisor).

Les requêtes tendant à obtenir des bois d'œuvre seront

à l'avenir examinées avec toute la promptitude possible, de manière à éviter les critiques qui se sont produites à ce sujet.

En vue de prévenir les incendies allumés par des exploitants peu scrupuleux, désireux de s'assurer par là une délivrance plus considérable, il a été décidé que, à partir du 1er janvier 1902, tous les arbres morts à la suite des incendies viendront en déduction des délivrances annuelles.

Ce sont là, sans aucun doute, de sages mesures. Mais la solution, quant à l'organisation administrative, n'est pas celle que permettaient d'entrevoir les indications antérieures fournies par *The Forester* et que nous avons exposées dans notre numéro de juin dernier (p. 378).

Le chancre des arbres fruitiers. — J'ai vu autrefois dans des publications une recette contre le chancre des pommiers et des poiriers, laquelle consiste à recouvrir le mal, après avoir enlevé jusqu'au vif les nodosités, d'une pâte faite de terre glaise délayée dans de l'acide chlorhydrique. J'ai employé, non pas le procédé tel qu'il était décrit, mais en essayant tout simplement le badigeonnage à l'acide pur, c'est-à-dire tel qu'on le trouve dans le commerce, des chancres après les avoir nettoyés au vif. La guérison ayant été parfaite à la suite d'une seule application, je recommande ce moyen, qui est simple et facile à exécuter. L'acide chlorhydrique, aussi appelé esprit de sel, et dont les ferblantiers se servent pour souder, est facile à trouver et coûte peu.

Pour l'emploi, se servir d'un petit pinceau qu'on peut faire soi-même avec du crin de cheval, ou avec une mèche d'une vieille brosse, et même, à défaut, prendre une plume de volaille, laisser les barbes sur un ou deux centimètres de longueur, en épointant ce qui est trop mou, et s'en servir en guise de pinceau pour étendre l'acide sur la plaie. Cet acide détruit infailliblement le champignon du chancre sans nuire à la branche.

Peut-être pourrait-on se dispenser d'enlever les nodosités produites par le chancre, mais je crois préférable de le faire pour obtenir une surface plane ; l'acide pénétrera mieux ainsi à la racine du mal, et d'un autre côté la cicatrisation se fera plus promptement.

Il est bien entendu qu'il faut prendre quelques précautions pour le maniement de cet acide et éviter d'en éclabousser sur ses vêtements.

(*Journal de l'Agriculture.*) G.-D. HUET,
Jardinier à Etain (Meuse).

Ichneumons et tachines. — S'il est un fait dans la nature qui sollicite au plus haut degré notre attention, et dont l'importance est en général fort méconnue, c'est bien celui du parasitisme de certains insectes sur d'autres insectes, autrement dit la vie de quelques-uns de ces petits êtres aux dépens les uns des autres. Il existe une foule d'insectes, ou plutôt de larves, de chenilles en particulier, qui tout en semblant en parfaite santé portent en elles le germe d'une mort prochaine. Emparez-vous d'une de ces larves, ouvrez-la, et vous remarquerez à l'intérieur de petits vers, des « asticots », diriez-vous, qui témoignent par quelques mouvements assez lents le mécontentement d'être ainsi dérangés dans leur retraite. Ces petits vers sont des parasites vivant à l'intérieur de la chenille, la mangeant vivante et qui n'attendent que d'être tout à fait développés pour la faire passer de vie à trépas.

Parmi ces parasites, les plus nombreux et les plus utiles sont certainement les *Ichneumons.* Ils se rattachent aux hyménoptères, sont apparentés par conséquent aux guêpes, frelons, abeilles, etc. — Il n'est personne qui n'ait vu un jour ou l'autre, dans les bois ou les prés, de longs insectes, ressemblant à des guêpes très élancées et portant à l'extrémité de l'abdomen un et parfois plusieurs longs filaments. Ces curieuses bêtes sont des ichneumons et les soies qu'ils portent ne sont pas une simple décoration; elles forment ce que les entomologistes appellent une *tarière*, c'est-à-dire un appareil perforant, percé d'un canal intérieur qui doit livrer passage aux œufs lors de la ponte. Chez quelques espèces la tarière émerge très peu de l'abdomen; parfois elle peut se retirer entièrement à l'intérieur du corps.

La tarière de l'ichneumon est un outil excellent; suffisamment longue, elle sert à atteindre les larves qui se trouvent même à l'intérieur des tiges ou des branches, et ceci est un des faits les plus curieux chez les ichneumonides. Il est très remarquable que la femelle puisse enfoncer un instrument aussi fin et délicat jusqu'à six centimètres à l'intérieur du bois, comme le fait dans les troncs de sapins la *Rhyssa persuasoria*, parasite des larves de *Sirex* qui y vivent. Comment en outre l'ichneumon sait-il que la larve se trouve précisément au-dessous de lui à l'intérieur du bois, lorsqu'il y enfonce sa tarière, c'est ce que l'on ne saura peut-être jamais.

Lorsqu'une femelle d'ichneumon se sent pressée de créer une famille, elle avise une chenille dodue et bien nourrie et s'en approche. La chenille, à la vue de son ennemie, cherche à lui échapper par maintes contorsions. Peine inutile ; au bout d'un instant, l'ichneumon a enfoncé sa tarière et déposé un œuf dans le corps de sa victime. L'ichneumon répète plusieurs fois ce manège, puis s'enfuit. La chenille, bien qu'assez maltraitée, ne périra pas tout de suite ; les petites blessures se fermeront et notre bête continuera à vivre comme par le passé.

Qu'advient-il des œufs d'ichneumons ? Leur développement est assuré grâce à une merveilleuse organisation de la nature ; les petits éclosent et se mettent à dévorer le corps de la chenille ; s'ils s'attaquaient aux organes principaux, leur victime périrait rapidement et eux avec elle. Aussi, les voyons-nous éviter avec soin de porter une atteinte quelconque aux organes importants et se nourrir uniquement des matériaux de réserve, des tissus graisseux contenus dans la chenille. Celle-ci croit, grandit, et avec elle ses parasites. Lorsque nos larves d'ichneumons ont acquis tout leur développement, alors la dernière heure de la chenille a sonné ; les larves percent de part en part le corps de celle qui les a portées et se transforment en chrysalides. Ceci se fait soit directement sur le corps de la chenille, comme nous avons vu les petits cocons jaunes des « microgaster » envelopper le cadavre des chenilles du chou, soit dans la terre. Parfois la chenille peut encore se tisser un cocon, les petits ichneumons se chrysalident à son intérieur, s'en échappent un jour, et à la place du beau papillon attendu, le collectionneur n'obtient qu'un ou deux parasites.

Par leur prévoyance à l'égard de leurs petits, les ichneumons se rapprochent d'une espèce de guêpe, l'*Ammophile*, qui a été étudiée et observée par le naturaliste Fabre avec la plus scrupuleuse exactitude. L'ammophile creuse un terrier, y enfouit une chenille, et pond ses œufs sur celle-ci. Or, il y a deux conditions à remplir. Il faut que la chenille ne puisse sortir, et même qu'elle ne puisse bouger afin de ne pas écraser contre les parois du terrier la jeune progéniture de l'ammophile. D'un autre côté, si elle était tuée par l'ammophile, elle se décomposerait et les petites larves de la guêpe ne pourraient ni éclore ni vivre. L'ammophile tourne ces difficultés, pourtant si grandes, avec une singulière adresse. Avant d'entraîner la chenille dans son trou, elle la pique à plusieurs reprises de son aiguillon, atteint exactement les centres nerveux, et obtient ainsi une paralysie complète. Dès lors la chenille, bien que vivante, se trouve dans l'impossibilité de faire un mouvement. Impuissante, elle sera dévorée par les larves de la guêpe lorsque leur éclosion sera venue.

Les œufs des papillons sont parfois déjà habités par certains ichneumonides de très petite taille. On trouve ainsi souvent une douzaine de larves d'un petit ichneumon du genre *Teleas*, dans un seul œuf d'un bombyx du pin. Ils subissent leur transformation dans l'œuf du papillon et l'abandonnent comme insectes parfaits.

L'agriculteur a d'autres amis se conduisant de même façon ou à peu près que les ichneumons. Ils sont encore d'une grande utilité pour maintenir l'équilibre dans la nature, empêcher le trop grand développement des espèces nuisibles, et ils s'attaquent non seulement aux chenilles, mais encore aux larves de coléoptères, aux hémiptères, aux orthoptères. Ce sont les *Tachines*, véritables « mouches » parasites qui appartiennent aux diptères. Ornées de couleurs assez vives, elles font grand bruit en volant, ont une allure désordonnée et ressemblent à nos vulgaires mouches à viande. Seulement, ici la femelle ne possède pas de tarière ; en pondant ses œufs, elle les colle simplement sur le corps de sa victime. Les larves, une fois écloses, recherchent les parties tendres du corps. Elles les percent et pénètrent à l'intérieur, ayant quant au reste un développement sensiblement le même que celui des ichneumons.

On comprend l'importance que peuvent avoir dans la pratique de tels auxiliaires. De formidables invasions de chenilles ont été maintes fois complètement arrêtées par les parasites, car on a remarqué que plus les chenilles se développent, plus leurs parasites augmentent aussi en nombre, et ces petits êtres finissent par se rendre maitres de calamités contre lesquelles les hommes luttent en vain.

Epargnons donc avec soin des amis si utiles, et lorsque nous voyons une chenille couverte de petits vers blanchâtres ou de cocons jaunes, loin d'écraser le tout avec dégoût, laissons-les subsister avec soin : On a souvent besoin d'un plus petit que soi.

(*Bulletin de la Station viticole de Lausanne.*)

Ciment de bois. — Composition inventée dès 1838 par Hoensler, le *ciment de bois* s'emploie couramment en Allemagne depuis cette époque, surtout pour les toitures-terrasses. Mais l'utilisation de ce produit par nos architectes ou nos ingénieurs ne date que d'hier. Le génie militaire français en a fait récemment diverses applications au fort de Caluire, dans plusieurs chefferies du 14ᵉ corps d'armée et dans certains baraquements des Alpes. Le prix moyen en ressort à fr. 8.50 le mètre carré. Quant à la constitution du *Holzcement*, on ne la connait qu'imparfaitement, — vu le mystère dont les industriels d'outre-Rhin entourent sa fabrication. Toutefois, il semble composé principalement de goudron de houille, de soufre, de brai, de gomme, de noir de fumée et de poussier de charbon. Enfin, il se présente sous forme d'un corps noirâtre de consistance molle. Ajoutons que les constructions de ce genre paraissent d'une remarquable solidité et d'un entretien très économique. Un seul exemple le prouvera : la toiture de la halle aux vins de Hirschberg (Silésie), toute en ciment de bois, demeura plus de quarante ans sans exiger de réparations.

(*La Nature.*

Jurisprudence

CHASSE. — Délégation du titulaire du droit de chasse. Consentement purement verbal. — Validité.

Le texte de la loi du 4 avril 1900 ne dit pas que la délégation du titulaire du droit de chasse à une personne munie d'un permis de port d'armes de chasse, au lieu d'être purement verbale, doit, de même que celle de l'occupant, s'affirmer par une déclaration faite devant le bourgmestre ou son délégué. Elle peut être verbalement consentie.

Aux termes de la loi du 4 avril 1900, le titulaire du droit de chasse ou son délégué muni d'un port d'armes peut en tout temps affûter le lapin une demi-heure avant le lever et une demi-heure après le coucher du soleil ;

Ni du procès-verbal, ni des débats qui ont eu lieu devant la Cour, il ne ressort que l'inculpé aurait affûté le lapin à un moment où plus d'une demi-heure s'était écoulée depuis le coucher du soleil ; d'autre part, l'inculpé était muni d'un port d'armes de chasse et justifie avoir obtenu une délégation du titulaire du droit de chasse du terrain sur lequel il affûtait ;

Cette délégation a, il est vrai, été verbalement consentie et ne résulte pas d'une déclaration faite devant le bourgmestre de la commune ou son délégué ;

Toutefois le texte de la loi du 4 avril 1900 ne dit pas que la délégation du titulaire du droit de chasse à une personne munie d'un port d'armes de chasse, au lieu d'être purement verbale, doit, de même que celle de l'occupant, s'affirmer par une déclaration faite devant le bourgmestre ou son délégué et les travaux parlementaires qui ont précédé l'élaboration du texte n'indiquent pas non plus que tel serait l'esprit de la loi.

(Arrêt de la Cour d'appel de Bruxelles en date du 11 novembre 1901.)

Note. Cet arrêt est contraire au prescrit d'une circulaire ministérielle du 14 mai 1900.

Bibliographie

Les routes fruitières, but, origine, installation, produit, etc..., par C. Baltet. Broch. in-8, 35 p. Paris, libr. de la Maison rustique.

Pratique des éclaircies dans les jeunes pineraies des particuliers, par Cannon. Broch. in-8, 12 p. Paris, Lhaurre, 1901.

Essais de reboisements en Meurthe-et-Moselle, par René Claude, ingénieur des arts et manufactures. In-16, ix-132 p. avec fig. et cartes. Nancy, impr. et libr. Berger-Levrault et Cⁱᵉ. Paris, librairie de la même maison, 1901.

Congrès international de sylviculture, tenu à Paris du 4 au 7 juin 1900, sous la présidence de M. Daubrée. conseiller d'Etat, directeur des eaux et forêts. Compte rendu détaillé. Grand in-8, 708 p. Paris, Impr. nationale. (Exposition universelle de 1900. Ministère de l'agriculture.)

La forêt, complément indispensable de la création, par Roger Ducamp, inspecteur-adjoint des eaux et forêts. In-8, 9 p. Besançon, imp. Jacquin, 1901. (Extrait du Bulletin de la Société forestière de Franche-Comté et Belfort.)

Excursion au domaine des Barres. In-8, 17 p. avec grav. Lons-le-Saunier, impr. Declume. (Extrait du compte rendu du Congrès international de botanique, à l'Exposition universelle de 1900.)

Barème pour les bois abattus en grume ou équarris et tableaux de proportions pour les bois debout. Le simplex, indispensable à toute personne s'occupant de bois, par E. Foucault, expert à Chartres. In-32, 31 p. Chartres, impr. Garnier, libr. Saint-Pierre, 1901.

Le chêne de juin. Notice sur une variété bressane du chêne pédonculé, par E. Gilardoni, conservateur des eaux et forêts, à Dijon (2ᵉ édition). In-8, 24 p. avec 1 carte et 4 vues. Nancy, impr. Berger-Levrault et Cⁱᵉ, 1901.

Tarifs métriques pour la réduction des bois en grume mesurés de 2 à 2 centimètres, suivi d'un Traité de la réduction des bois en grume et de la charpente mesurés de 2 en 2 centimètres, et d'un nouveau tarif pour la réduction des sapins selon l'usage de Paris, par L. E. Godard, marchand de bois à Saint-Dizier, et O. Périnet, ancien marchand de bois à Auteuil, Impr. nationale, 10ᵉ édition, 1901. In-12, xii-161 p. Paris, impr. Michels et fils.

Montagnes et forêts, conférence faite au théâtre d'Annecy, le 18 mars 1900, par M. E. Guinier, ancien inspecteur des eaux et forêts.In-18,39p. avec 1 grav. Annecy, impr.-édit. Abry. (Extrait du journal *Annecy, son Lac, ses Environs*.)

Traitement du sapin, par G. Hüffel, professeur à l'Ecole nationale des eaux et forêts. In-8, 16 p. Paris, Imprim. nationale, 1901.(Extrait du compte rendu du Congrès de sylviculture, Exposition universelle de1900, Ministère de l'Agriculture.)

Rapport sur la troisième réunion de l'Association internationale des stations de recherches forestières, à Zurich, par M. Hüffel. In-8, 11 p. Paris, Imp. nationale, 1901. (Extrait du Bulletin du ministère de l'Agriculture.)

Les forêts de la Réunion, par G. Kerourio, chef de service des eaux et forêts. In-8, 34 p. et 1 planche. Chalons-sur-Saône, imp. Bertrand, Paris, lib. André. (Exposition universelle de 1900. Colonies françaises.)

Les forêts de l'Algérie, par M. Lefebvre. 1 vol. in-8, 438 p. Alger-Mustapha, Giralt, 1900.

Insuffisance de la production du bois d'œuvre dans le monde, par Mélard, 1 vol in-8, 119 p. Paris. Impr. nationale, 1900.

De la production des bois blancs en forêt, par E. Moreau. Petit in-8, 34 pages. Compiègne, impr -édit. Levéziel. 1901.

Notice sur les végétaux ligneux exotiques, par M. Pardé, broch. in-8. 57 p. Paris, Impr. nationale. 1900.

Les principaux végétaux ligneux exotiques au point de vue forestier, mémoire présenté au Congrès international de sylviculture par M. L. Pardé. In-8, 55 p. Besançon, impr. Jacquin.

Culture intensive des forêts, par Ch. Prouvé, inspecteur des forêts en retraite. In-8, 4 pages. Poitiers, impr. Blais et Roy, 1901. (Extrait de la Revue des eaux et forêts.)

Notice sommaire sur la forêt de Fontainebleau, par Reuss. Broch. in-8, 25 p. Paris, Impr. nationale, 1900.

Les produits des forêts domaniales du Jura, par M. E. Roux. In-8, 7 p. Besançon, impr. Jacquin. (Extrait du Bulletin trimestriel de la Société forestière de Franche-Comté et Belfort.)

Constitution anatomique du bois (étude présentée à la commission des méthodes d'essai des matériaux de construction), par André Thil, inspecteur des eaux et forêts. In-8, 138 p. Paris, Imp. nationale, 1900. (Exposition universelle de 1900.)

La décomposition des matières organiques et les formes d'humus dans leurs rapports avec l'agriculture, par E. Wollny, traduit par E. Henry. Libr. Berger-Levrault, Paris ou Nancy. Prix : 15 fr.

Neudammer Försterlehrbuch. Ein Leitfaden für unterricht und Praxis sowie ein Handbuch für den Privatwoldbesitzer, bearbeitet von Professor Dr Schwoppach, Professor Dr Eckstein, Oberförster Herrmann, Forstassessor Dr Borgmann. Prix, relié en toile : 8 marcks. Libr. Neumann, à Neudaunn.

Réunion du Conseil d'administration

(*Séance du 4 mars 1902*)

ORDRE DU JOUR :

1° Approbation du procès-verbal de la réunion du 27 février 1901 ;

2° Projet de compte-rendu de gestion. Situation financière. Projet de budget pour 1902;

3° Nomination d'un membre de la Commission de vérification des comptes en remplacement de M. Berger, démissionnaire;

4° Excursion forestière en 1902;

5° Demande de la Société centrale d'Agriculture. Projet d'affiliation ;

6° Date et ordre du jour de l'assemblée générale du mois de mars.

La séance est ouverte à 10 h. 1/2.

Sont présents :

MM. le comte Visart, président; de Sébille, vice-président; Dubois, Fontaine, Fraters, Jacques, Naets, conseillers; de Marneffe, secrétaire ; Blondeau et Defrecheux, secrétaires-adjoints ;

MM. Bareel, Boone et Scarses de Locqueneuille s'excusent de ne pouvoir assister à la séance.

Le procès-verbal de la réunion du 27 février 1901 est approuvé tel qu'il a été publié pp. 178 et suivantes du *Bulletin*.

Le Conseil approuve le projet de compte-rendu de gestion et arrête le budget pour l'année 1902.

Jl nomme M. de Sébille membre de la Commission de vérification des comptes en remplacement de M. Berger, démissionnaire. Le bureau est chargé d'exprimer à celui-ci tous les remercîments du Conseil pour les services qu'il a rendus à la Société.

* * *

L'excursion annuelle est fixée aux 23 et 24 juin. Elle aura lieu dans la Flandre occidentale.

* * *

Le Conseil examine ensuite la proposition d'affiliation qui lui est faite par la Société centrale d'Agriculture.

Par cinq voix contre une, il rejette la proposition d'affiliation, tout en n'étant pas hostile, en principe, à un projet éventuel de fédération.

La question sera soumise dans ces conditions à l'assemblée générale.

* * *

Celle-ci est fixée au 26 mars, à 10 heures. L'ordre du jour en sera dressé par le bureau.

La séance est levée à 11 h. 50.

LISTE DES MEMBRES
de la Société centrale forestière de Belgique

Nouveaux membres (4)

MM. **Dapsens,** Adolphe, propriétaire, Péruwelz. (Présente par M. Edmond Baugnies.)
de Séjournet de Ramegnies, O., sénateur, château de la Cattoire, Leuze. (Présenté par le même.)
Duez, Eugène, industriel et propriétaire, Péruwelz. (Présente par le même.)
Vandevelde, Ernest, industriel et propriétaire, Renaix. (Présenté par M. Dupont.)

LISTE DES ABONNÉS
au Bulletin de la Société

Nouvel abonné.

M. **Pesleux**, Alphonse, garde particulier, Hoyoux, par Avins en Condroz. (Présenté par M. Lurkin.)

Les taillis de la région ardennaise

I. Considérations générales

L'amélioration et la restauration des taillis simples préoccupent à juste titre les administrations communales et les forestiers des régions où ce régime comporte de grandes étendues.

Cette question intéresse, tout particulièrement, les provinces de Luxembourg, de Namur et de Liège.

La baisse des écorces a jeté la perturbation dans beaucoup de budgets communaux ; ce produit de principal étant devenu accessoire, et le menu bois de chauffage conservant peu de valeur, le bois d'œuvre et d'industrie est destiné à prendre la première place.

A côté de taillis de rapport très réduit, végètent misérablement des peuplements que les statistiques renseignent cependant comme bois. La bruyère y lutte avantageusement avec de maigres bouleaux et, cà et là, un chêneau souffreteux, dont la tête émerge à grand'peine de la litière. Elle y règne en maîtresse et le feuillu seul ne parviendra jamais à la détrôner.

Ces peuplements ne sont, en réalité, que de mauvaises ébauches forestières ; en 40 ans, ils subissent 2 ou 3 recepages et rapportent 150 francs.

Les taillis à écorces, composés de 2/3 bouleau et coudrier et 1/3 chêne, produisent à peine un revenu de 5 à 10 francs par hectare et par an.

Nous aurions quelque peine à trouver, dans notre circonscription, des communes pouvant évaluer leurs taillis de 20 ou 22 ans à 200 ou 250 francs l'hectare ; nous reconnaissons que la situation est aggravée par l'éloignement des centres de consommation.

En résumé, la plupart des taillis de la région ne sont plus assez rémunérateurs et il y a lieu, pour les propriétaires, de chercher une orientation nouvelle.

Beaucoup d'administrations communales, d'abord rebelles aux améliorations, par indifférence ou manque de ressources, sont enfin sorties de l'ornière de la routine et des préjugés.

L'étendue des taillis épuisés, à convertir en bois résineux, est relativement grande en Belgique. Il y a 25 ans, on évaluait les « innombrables » clairières à 30,000 hectares pour le Luxembourg.

Le but de cet article est de signaler ce qui a été fait dans un cantonnement où, depuis 5 ans, l'administration forestière a entrepris la restauration des taillis suivant un plan méthodique.

Le cantonnement de Paliseul comprend environ 11,400 hectares de bois se répartissant approximativement comme suit :

4700 hectares de futaies feuillues,
  400   —   de futaies sur taillis,
1800   —   de boisements résineux,
4500   —   de taillis et boisements feuillus.

Cette dernière catégorie se subdivise en :

2000 hectares de taillis plus ou moins complets,
2500   —   de taillis clairiérés, ruinés, ou en voie de restauration.

Les particuliers possèdent également 720 hectares de taillis, la plupart à transformer.

Les taillis communaux sont répartis irrégulièrement sur l'étendue du cantonnement.

En consultant la carte forestière, on constate qu'ils forment de grands massifs sur les communes de Porcheresse, Gembes, Hautfays, Daverdisse, Redu, Transinne, Libin. La teinte verte des taillis occupe moins de place au fur et à mesure qu'on se rapproche des territoires d'Anloy, Villance, Maissin, Opont, et, dans beaucoup d'endroits où la conversion est déjà faite, elle devrait céder la place à la teinte bleue indiquant les résineux.

L'altitude générale oscille entre 350 et 500 mètres.

Le cantonnement de Paliseul, comme presque toute l'Ardenne, repose sur le dévonien inférieur (système rhénan).

Ses étages géologiques sont le gedinnien et le coblenzien inférieur (taunusien et hundsruckien).

Le gedinnien se caractérise par les grès et schistes de Gedinne et le poudingue de Fepin.

Il est essentiellement gréseux, siliceux, et ses éléments, résistant à l'altération, donnent un sol généralement assez mince et pierreux, exigeant un couvert permanent pour rester frais et productif.

Ces grès constituent des sites de prédilection des forêts, mais en raison de leur peu d'altérabilité, du manque de profondeur du sol, les plantes à racines faibles et courtes n'y trouvent pas les conditions d'alimentation nécessaires. Les grands végétaux, à racines étendues, végètent très bien dans ce terrain. Le hêtre, seul ou associé au chêne rouvre, y forme de belles forêts. Le régime du taillis simple, avec sa suite d'abus, n'y est guère rémunérateur.

Le coblenzien se différencie du gedinnien en ce qu'il renferme plus d'éléments schisteux, passant aux phyllades (ardoises), plus d'éléments altérables, dont la décomposition produit un sol plus frais, plus fertile, moins rocailleux.

Le hêtre y vient également bien et l'on y rencontre des futaies de chêne pur. Les taillis sont insignifiants.

Le bord sud du massif gedinnien appartient à la zone métamorphique de Paliseul, renfermant des phyllades altérables, des grès stratoïdes très friables, faciles à décomposer, donnant un sol assez léger.

La ligne de démarcation du gedinnien et du coblenzien traverse le cantonnement de Paliseul de l'O. à l'E. et sépare, en fait, la région des nombreux taillis (nord), de la région où ce régime occupe peu d'étendue (sud).

II. Causes de dépérissement

Examinons brièvement les causes de la dégradation signalée des taillis.

1° Essartage. — L'essartage est encore en honneur dans les Ardennes et l'on ne peut songer à supprimer brutalement cet usage, profondément ancré dans les habitudes des populations.

On pouvait supposer que, en raison du prix peu élevé des céréales et des exigences croissantes de la main d'œuvre, l'écobuage disparaîtrait graduellement. Il n'en est rien, si l'on envisage la région dont Redu est le centre. L'emploi si répandu du phosphate basique a rendu un nouvel essor à cette culture primitive.

Le territoire agricole est trop restreint et la majorité des communes citées ci-dessus ne peuvent étendre la culture régulière par le défrichement de bruyères; elles n'en possèdent plus.

Tentée par les belles récoltes obtenues actuellement, la classe ouvrière réclame de l'essartage. D'autre part, l'extension donnée à l'élevage et à l'exploitation du bétail et la création de nombreuses laiteries, assurent au grain une transformation rémunératrice, lorsque le producteur ne l'utilise pas pour sa consommation personnelle.

Un tel procédé de culture est fâcheux à différents égards: outre que la récolte agricole prive la végétation forestière d'une partie notable de la richesse minérale du sol, on détruit un grand nombre de semis naturels, on brûle les principes de la couverture, on expose, dans les pentes, le sol dénudé à l'action mécanique des eaux; résultat final: appauvrissement des taillis, agrandissement des clairières.

On doit reconnaître cependant que, depuis l'emploi du phosphate basique, l'essartage est relativement moins épuisant pour le sol, moins désastreux pour les taillis.

D'après Muntz et Girard, une récolte de seigle de 20 hectolitres, soit 1460 kilogrammes de grain et 3600 kilogrammes
de paille, enlèverait au sol :

Azote . . . . . . kgr. 40.1
Acide phosphorique . . . 21.0
Potasse 36.7
Chaux. 13.7
Magnésie 7.8

Les scories renfermant 14 à 20 p. c. d'acide phosphorique, 40 à 45 p. c. de chaux, 4 à 5 p. c. de magnésie, une
dose de 500 kilogrammes à l'hectare — dose moyenne
employée par les essarteurs — restitue au sol : 70 à 100 kgr.
d'acide phosphorique, 200 à 225 kgr. de chaux, 20 à 25 kgr.
de magnésie.

La chaux et l'acide phosphorique sont les deux éléments
minéraux les plus précieux pour nos sols ardennais et, avec
la potasse et la magnésie, ils sont les plus abondants dans
les cendres des végétaux forestiers.

L'essartage avec addition de 500 kilogrammes de phosphate basique permet donc l'enrichissement du sol en acide
phosphorique, chaux et magnésie, mais il l'appauvrit en
potasse et en azote.

La réserve en potasse est considérable, mais cet élément
est presque totalement insoluble dans l'acide chlorhydrique.

Un exemple pris dans le cantonnement, à Ochamps :

La terre fine renferme par hectare, *en terrain cultivé :*

	Sol (Epaisseur 0^{m}18)		Sous-sol (Epaisseur 0^{m}20)	
	Soluble	Insoluble	Soluble	Insoluble
Potasse	1,590 kilogr.	45.839 kilogr.	3.536 kilogr.	59.958 kilogr.

Quant à l'azote, suivant Schröter la quantité restituée au
sol sous forme d'ammoniaque et d'acide nitrique par les
eaux météoriques serait suffisante pour la végétation normale des forêts.

Il convient de tenir compte également de la récolte des

genêts dont la composition est, par 100 kgr. de plantes séchées à l'air (Petermann) :

Azote	kgr.	2.54
Acide phosphorique		0.30
Potasse		0.90
Chaux		0.40

Nous rappelons en passant la faculté que possèdent les plantes dites légumineuses — dont le genêt — de fixer l'azote gazeux atmosphérique par l'intermédiaire des microbes du sol.

En dehors du cas où il s'agit de préparer économiquement le sol pour un semis ou une plantation, l'essartage restera néanmoins très nuisible dans les taillis.

On lui reprochera toujours de détruire, en même temps que les jeunes plantes, la matière organique du sol, l'humus.

Cet humus a un rôle utile à jouer. Gayer, le savant forestier bavarois, l'exalte même en disant que « l'administration » forestière contribue bien plus au bien-être général et à » celui des générations futures en s'attachant à maintenir, » dans les forêts, un sol riche et fertile, pouvant encore pro- » duire un terreau apte à jouer le rôle favorable que lui » a dévolu la nature dans l'état hydrographique des mondes, » plutôt qu'à créer quelques belles forêts si, en permettant » une culture irrationnelle, elle provoque ailleurs des désas- » tres dans la constitution des sols forestiers ».

C'est l'essartage qui a le plus contribué à la dégradation des anciens taillis.

Mais, il faut compter avec les habitudes des populations, les nécessités du milieu, et nous nous estimons très heureux quand, dans certaines communes, nous parvenons à soustraire la moitié de la coupe à l'essartage sans indisposer, contre la régie forestière, la classe intéressante des essarteurs.

2° *Pâturage.* — Le pâturage, souvent inséparable de l'essartage, doit prendre sa part de responsabilité dans la ruine des taillis.

On connaît le tort qu'il peut causer aux forêts, sans profit réel pour le cultivateur.

Actuellement que l'enseignement agricole est plus répandu, que l'exploitation du bétail est plus rationnelle et plus productive, l'habitant tend de plus en plus à abandonner la détestable habitude du parcours en forêt.

3° Enlèvement des litières. — Le ramas des feuilles est peu pratiqué dans la région, mais, jusqu'en ces derniers temps, la *litière* était considérée comme un des produits principaux des taillis.

Les habitants la coupaient deux ou trois fois dans l'espace d'une révolution et sa disparition périodique accentuait encore les méfaits de l'essartage.

Maintenant, elle n'est plus appréciée que dans les années de disette de paille.

4° Gelées printanières. — Les gelées printanières, dont la recrudescence est suscitée par des raisons que l'on ne connaît guère, ont pour effet de maintenir certains taillis à l'état toujours buissonnant.

5° Courtes révolutions. — Les courtes révolutions, en privant trop fréquemment le sol de son abri, facilitent la destruction de la couverture morte, interrompent la production du terreau, dessèchent le sol, l'appauvrissent, favorisent l'affaiblissement des souches et la végétation des plantes adventices. De là des clairières.

Il y a encore un préjugé très répandu qui fait multiplier les coupes en vue d'exciter la vitalité du taillis, et cependant les vides et clairières grandissent et se multiplient généralement après tant d'exploitations répétées.

« Plus souvent on recèpe, dit M. Broillard, et plus les » vides se développent, s'étendant en larges places vagues ; » il n'est donc pas permis d'admettre, comme on l'a dit » quelquefois, que plus on coupe un taillis, mieux il pousse. » Une grosse sottise a souvent du succès, et celle-là en est » la preuve. Mais les faits, quels sont-ils? Quels sont les » taillis clairiérés, sinon les taillis à courte révolution? Où

» sont les champs de bruyère, les rochers dénudés, les buis-
» sons épars? Ce n'est pas en général dans les taillis exploi-
» tés à trente ans, mais dans ceux qui sont *sabrés* à quinze ;
» il en est ainsi plus ou moins partout. Dès lors, le secret du
» repeuplement des vides ne saurait nous échapper. Rédui-
» sons les exploitations, nous réduirons les vacants. »

Les taillis ainsi traités se sont dégradés progressivement et offrent souvent le spectacle décourageant de grandes étendues à l'état de broussailles.

Les communes ont voulu remédier à cette dégénérescence en plantant, malgré l'avis des forestiers, de mauvais chêneaux, semis d'un an, qu'elles installaient soit dans la bruyère, soit dans les clairières essartées qu'un fourré de genêts allait couvrir pendant trois ou quatre ans. S'il ne mourait pas d'un vice de constitution, le chêneau était étouffé. Ces dépenses ont trop souvent été faites en pure perte.

6° *Gibier*. — Le gibier, ici la grosse bête, ailleurs le lapin, occasionne parfois aux jeunes taillis un mal très appréciable.

Certains de nos collègues peuvent constater journellement la puissance destructive du lapin.

Il nous serait facile de signaler des taillis, d'ailleurs déjà très mauvais, dont les rejets ont été broutés chaque année par le cerf, à tel point que le terrain était complètement déboisé. Dans le cas visé, nous le reconnaissons volontiers, le gibier a secondé les forestiers. La commune propriétaire aurait vainement cherché à améliorer le peuplement en ruine par une plantation de chêneaux (telle était son inten-tion), tandis qu'elle a pris l'heureuse décision de reboiser en résineux le sol dénudé.

Soyons donc parfois indulgents pour le roi de nos forêts.

7° *Abus du bouleau dans les repeuplements*. — Une des causes principales de l'abâtardissement de nombreux taillis de création relativement récente réside dans *l'installation du bouleau dans des situations qui ne lui conviennent pas*.

Les habitants préféraient cette essence parce qu'elle procure de l'affouage, du pâturage, et, plus tard, après la conversion en taillis à écorces, de l'essartage. Ils avaient en horreur les essences résineuses, qui ne fournissent que du produit d'industrie, empêchent ou retardent l'écobuage, attirent les sangliers, etc.

Les administrateurs communaux, poussés par la crainte de l'électeur, ont introduit le bouleau dans les plus mauvaises terres de bruyère.

Cette essence vient bien dans les sols légers, profonds et frais, mais elle craint l'aridité. Les propriétaires de terrains à boiser n'ont pas toujours voulu comprendre cette distinction.

Les clairières, venant à la suite de la mauvaise réussite du semis, entretenues et développées par le pâturage, ont été rapidement envahies par la bruyère, qui s'accommode bien de l'acidité du sol résultant d'une décomposition incomplète des feuilles. Le couvert trop léger du bouleau a été impuissant à réprimer la pousse de cette végétation secondaire et ses racines superficielles n'ont pu trouver leur nourriture dans la terre accaparée et desséchée par la bruyère. Dans ces conditions, les souches se sont épuisées, le repeuplement naturel n'a pu s'opérer, les graines ne rencontrant pas la terre nue ni la fraîcheur indispensables à leur levée. Bien de ces boisements n'ont jamais été constitués en taillis.

Loin de nous la pensée de médire du bouleau, par antipathie. Autant nous répudions l'installation de cette essence, là où elle ne peut donner que des résultats négatifs, autant nous l'apprécions dans d'autres circonstances.

Le forestier ne peut oublier que le bouleau a rendu de grands, de réels services, en permettant de créer, sous son abri, un bois d'espèces plus précieuses, chêne, hêtre, épicéa, et qu'il fournit des produits très appréciables dans certaines situations.

Nous connaissons, dans les environs de Paliseul, de jeunes futaies de hêtre obtenues sous l'abri du bouleau.

Qui n'a entendu parler des bouleaux de la région de la Semois, expédiés parfois loin de leur région, pour l'industrie sabotière? Nous aimons le bouleau. Il est, en somme, l'arbre le plus élégant, le plus gracieux de nos forêts, et il justifie pleinement le nom poétique que lui a donné Coleridge : *la demoiselle des bois.*

Aucun arbre, sommes-nous tenté de répéter après un forestier français, aucun arbre ne se prête mieux que le bouleau aux fantaisies de l'imagination.

« Lorsqu'il balance, au bord d'un étang, sa tige svelte, » d'une blancheur éclatante, livrant aux vents son feuillage » délicat, on croirait voir une blonde miss à la taille fine, au » teint de neige, aux cheveux ruisselants, penchée sur un » lac écossais pour rêver à Byron. »

Nous avons souvenance d'une bonne note donnée à un garde qui, par un griffage soigné, avait égayé tout un versant de la Lesse d'une multitude de ces « robes virginales » se détachant nettement sur un fond sombre.

Enfin, nous ne pouvons nous rappeler sans une douce émotion que, par une belle journée de septembre, c'est au pied d'un bouleau que nous eûmes l'audace de faire un aveu qui... nous a coûté la liberté !

Toutes ces raisons nous rendent indulgent à l'égard du bouleau ; mais il nous est impossible de nous extasier devant ces maigres peuplements, où les peintres trouvent aussi peu de sujets d'étude que dans un carré d'épinards, où nos poètes forestiers, dont les têtes échevelées dépassent ces taillis nains, ne peuvent rimer à l'ombre.

(*A continuer.*)   C. Delville,
                                    garde général des eaux et forêts.

A propos d'une excursion en Campine

Celui qui, pour la première fois, visite la Campine, en revient avec une impression bien différente de celle qu'évoquait en sa pensée le nom de cette curieuse région.

Ce ne sont certes pas les pineraies rabougries, lamentables, ni les immenses étendues de bruyères des communes de Baelen s/Nèthe, de Lommel, de Wychmael, par exemple, qui feront naître chez celui qui les parcourt un optimisme exagéré au sujet de la mise en valeur de la lande campinienne.

Mais, la Campine n'est pas partout la plaine sablonneuse, sèche et nue, sans eau et sans arbres, à peine entrecoupée par de mauvaises sapinières, qu'on se figure généralement. L'eau et les marais n'y manquent pas, Dieu merci ! et s'il y existe encore de vastes étendues de bruyères, on y voit aussi, en bien des endroits, des arbres sans nombre et de larges haies de taillis bordant les champs cultivés et les vertes prairies ; on y trouve d'importantes propriétés particulières, avec de magnifiques avenues et même des peuplements bien venants ; on y rencontre de belles pineraies et des bouquets de feuillus, trop rares sans doute, formant, dans le désert plutôt triste, des oasis réconfortantes.

Et l'on ne peut se défendre alors d'une certaine confiance dans l'avenir, on ne peut perdre espoir quand on pense aux résultats qu'ont obtenus les paysans flamands par le travail et l'enrichissement de leurs sables arides, tranformés, aux abords des villages, en bonnes cultures productives.

Ce qui fait pour nous l'attrait de la Campine, c'est surtout cette question de sa mise en valeur, qui se pose comme un difficile et intéressant problème dont il faut encore étudier attentivement toutes les données.

Avec les moyens dont on dispose aujourd'hui, les procédés plus scientifiques auxquels on peut recourir, l'expérience déjà acquise par tant de tentatives suivies de déceptions, on peut enfin espérer aboutir.

Jusqu'ici, on n'a à enregistrer dans cette voie que quelques efforts sérieux, souvent peu connus, tentés par les particuliers et, dans ces dernières années, par l'administration forestière.

Celle-ci a établi en Campine d'assez nombreux champs d'expérience, les uns dans les bois ou les boisements communaux, les autres sur des terrains appartenant à l'Etat.

Nous croyons qu'il ne sera ni sans intérêt, ni sans utilité, de donner quelques indications sur les expériences, assez complètes, qui ont été installées dans ces dernières parcelles.

*\
* *

Le bois domanial d'*Op 't Stort*, situé sur le territoire de la commune de Lommel, province de Limbourg, comprend deux bandes de 50 à 75 mètres de largeur, s'étendant, de chaque côté du canal de jonction de la Meuse à l'Escaut, sur une longueur de plus de deux lieues. Cette longue languette, de forme si défavorable et d'une contenance d'environ 150 hectares, a été transformée par les agents forestiers en un véritable champ d'expérience.

Les plantations feuillues et résineuses créées là depuis deux, trois et quatre ans, présentent en général une végétation très vigoureuse et les essais nombreux qui y ont été effectués donneront vraisemblablement, d'ici à quelques années, des résultats intéressants. On peut remarquer déjà, dans les peuplements feuillus créés en 1898 et 1899, l'influence du défoncement, l'action des engrais chimiques et de la culture du lupin. On voit déjà s'affirmer comme bonnes, deux essences exotiques jusqu'ici peu cultivées : le bouleau à canot, dont les qualités de couvert et de végétation sont remarquables, et le pin rigide, qui supporte victorieusement jusqu'ici la comparaison avec les autres résineux.

Parmi ceux-ci, le pin de Corse et le pin sylvestre d'Ecosse semblent peu vigoureux ; le dernier même ne paraît pas

mériter, dans les sols pauvres, la réputation qu'on lui
a faite, pour autant qu'on puisse en juger après trois à quatre
années d'essai. Des différentes races de pin sylvestre essayées,
le pin de Haguenau est celle qui se distingue surtout. Dans
les plantations comparatives faites en 1897, ce pin accuse
une végétation bien plus vigoureuse et bien plus rapide que
celle des pins sylvestres de Suède et d'Ecosse. Notons aussi
quelques heureux essais de plantation de Douglas et de Weymouth ; ces essences ont poussé d'une façon tout à fait
remarquable et, à la faveur d'un abri de genêts, le Douglas a
résisté parfaitement aux gelées. Quelques pins de Banks,
qui se distinguent aisément par leur double et même triple
pousse annuelle, donnent à Op 't Stort les plus belles
espérances.

Mais la visite du bois domanial d'Op 't Stort est surtout
intéressante par les essais de boisement en feuillus qui y ont
été effectués. Ces boisements sont composés à peu près d'une
manière uniforme : chênes du pays et d'Amérique, bouleau
du pays (surtout le verruqueux) ; quelques plants d'aunes,
blanc et rouge, et de cerisier de Virginie; essai peut-être
un peu timide de bouleau à canot, de châtaignier, de robinier faux acacia et de hêtre.

De ces essences, les bouleaux à canot et verruqueux et les
chênes d'Amérique sont à citer tout d'abord au point de vue
de leur végétation, puis l'aune blanc, le chêne du pays, le
cerisier de Virginie. La valeur de l'aune blanc en Campine
est toutefois contestée par la plupart des forestiers de la
région, qui lui reprochent de se développer en drageons buis-
sonnants. Il convient cependant d'ajouter que là où nous
l'avons remarqué, l'aune ne se comporte pas trop mal. À
Hechtel, notamment, il couvre pour ainsi dire à lui seul, par
ses drageons nombreux, le terrain inculte dont il a pris
possession, après un an de recepage.

Les boisements d'Op 't Stort, âgés de deux à cinq ans, ont
été installés suivant différents procédés. L'expérience
qui mérite surtout d'attirer l'attention, tant par l'âge du

peuplement et sa végétation, que par les résultats déjà obtenus, est sûrement celle qui a été faite en 1898, sur la rive droite du canal, entre le pont n° 10 et la Grande Barrière.

Le but poursuivi a été de montrer l'influence du défoncement, du rigolage et des engrais chimiques sur la végétation des feuillus. La plantation a été effectuée au printemps 1898. Lors de notre visite à Op 't Stort, en septembre 1900, ce boisement, âgé alors de trois ans, était réellement admirable. Quelle végétation ! quelle exubérance de vie ! Le bouleau blanc, les chênes d'Amérique et du pays, l'aune blanc, y luttaient de vigueur; c'était à celui qui prendrait la plus grande extension, montrerait le plus fort accroissement ! Dans certaines parcelles surtout, ce peuplement se montrait très reconnaissant des travaux de préparation effectués. Dans une des parcelles, défoncée à 0^m40, divisée en planches de 4 mètres par des rigoles de 0^m40, et enrichie par une application de 1,000 kilogr. de phosphate basique à l'hectare, nous avons mesuré des bouleaux de 3^m50 de haut et de 0^m20 de circonférence au pied.

Au printemps de 1901, ces boisements feuillus ont été recepés; à titre d'expérience, quelques ares ont été respectés. En été de la même année, déjà, l'expérience était concluante et tout en faveur du recepage. Les bouleaux, les aunes, les chênes d'Amérique ont donné des rejets énormes, atteignant parfois 1^m50, et ont formé, les deux premières essences surtout, des cépées bien fournies, garnissant bien le sol.

Un autre champ d'expérience est installé au « Dilserbosch », terrain d'une étendue de 22 hectares, cédé à l'Etat par la commune de Dilsen après exploitation d'une pineraie mise à mal par la nonne (*Liparis monacha*).

On a essayé divers mélanges d'essences feuillues, d'essences résineuses et d'essences feuillues et résineuses, le sol, très pauvre, ayant été défoncé et ayant reçu les doses d'engrais suivantes : chacune des parcelles de un hectare a été divisée en 4 parties et a reçu 1,000 kilog. de phosphate basique; de plus on a appliqué sur un quart de la parcelle

500 kilog. de chaux, sur le 2ᵉ quart 125 kilog. de kaïnite,
et sur le ᵧᵉ quart 500 kilog. de chaux et 125 kilog. de kaïnite; le 4ᵉ quart de 25 ares n'a donc reçu que 250 kilog.
de phosphate basique.

Afin d'étudier le meilleur mode d'installation des pineraies, quelques parcelles ont été affectées à la comparaison
de divers procédés de préparation du sol, à l'emploi d'engrais chimiques divers, appliqués à des doses variables.

Au lieu dit « Pastoorbosch », commune de Wuestwezel
(province d'Anvers), une étendue de 16 hectares a été consacrée à des boisements résineux et feuillus, enrichis, soit
par l'apport de boues de villes, soit par des engrais chimiques divers et à doses variées, soit par des cultures de
lupin avec application d'engrais chimiques. Dans un certain
nombre de parcelles, on a cherché à résoudre la délicate
question de l'écartement à adopter dans les plantations de
pin sylvestre en sables campiniens.

Le champ d'expérience d'*Arendonck*, d'une étendue de
27 hectares, est, avec celui d'Op 't Stort, le plus intéressant
à visiter.

10 hectares ont été défoncés en 1891-1895 et ont porté
trois cultures de lupin jaune; des doses d'engrais chimiques
variables ont été appliquées : phosphate basique, phosphate
naturel, kaïnite et carnallite. De ces 10 hectares, trois ont
été plantés en 1897 en résineux (pins sylvestre, rigide, de
Corse, de Banks, mélèzes d'Europe et du Japon), sept ont
été plantés en feuillus (aune, châtaignier, cerisier de Virgi-
gnie, bouleau, chênes d'Amérique et du pays). Malheureusement, les essences feuillues, au lieu d'être installées en
mélange intime, forment des lignes à l'état pur. Ce procédé
ne paraît pas recommandable : après le recepage effectué
en mars 1900, le châtaignier a souffert de la gelée et la ligne
voisine formée de cerisier de Virginie, je crois, a laissé à
désirer; de sorte que, lors de notre visite en 1901, des bandes
de 3 mètres de large, presque dégarnies de végétation, alter-

naient avec des bandes bien fournies formées de lignes de bouleaux et d'aunes poussant très vigoureusement.

Dans une partie de 4 hectares environ, on a appliqué, après défoncement à 0ᵐ50, 120 tonnes de boues de ville; les peuplements feuillus et résineux qu'ils portent sont de très bonne venue.

Enfin, les autres parcelles font l'objet d'une expérience sur l'influence comparative des engrais chimiques, en terrain défoncé à 0ᵐ25 et à 0ᵐ50 et divisé ensuite en planches au moyen de rigoles.

1ʳᵉ parcelle, pas d'engrais;
2ᵉ — 1,200 kilog. de phosphate basique;
3ᵉ — 1,750 kilog. de phosphate naturel;
4ᵉ — 1,200 kilog. de phosphate basique et 500 kilog. de kaïnite;
5ᵉ — 1,700 kilog. de phosphate naturel et 500 kilog. de kaïnite.

Les plantations feuillues et résineuses ont été faites en automne 1899, avec les essences indiquées ci-dessus. Les engrais ne semblent pas, jusqu'ici, avoir eu une influence sensible sur les résineux. L'expérience faite sur les feuillus est déjà intéressante : sur les parcelles 2 à 5, défoncées à 0ᵐ25, végétation vigoureuse, mais sans grande différence d'une parcelle à l'autre; entre les parcelles 1 et 2, différence considérable, du tout au tout. Les photographies prises en été 1901, donc deux ans après la plantation, montrent, d'un côté, la parcelle qui a reçu 1,200 kilog. de phosphate basique : les plants qui la couvrent sont vigoureux, pleins de vie; de l'autre, la parcelle sans engrais : les plants sont chétifs, malingres, et beaucoup, trop peu vigoureux pour résister à la sécheresse, ont été tués par l'été de 1901. Sur les parcelles défoncées à 0ᵐ50, les résultats sont moins sensibles.

Pour terminer ce chapitre, disons quelques mots d'une propriété particulière intéressante que nous avons visitée :

PLANTATION FEUILLUE FAITE EN AUTOMNE 1899.
Travail du sol à 0m25. — Sans engrais.

PLANTATION FEUILLUE FAITE EN AUTOMNE 1899.
Travail du sol à 0m25. — Application de 1,200 kilogr. de phosphate basique.

la Heibloem, appartenant à M. l'inspecteur forestier Hoffmann.

La Heibloem, sise sur le territoire de Peer, est établie en terrain autrefois assez humide et se trouve donc dans des conditions un peu spéciales.

Les sols de cette nature sont ordinairement riches en matières organiques et ne demandent souvent qu'un simple assainissement pour être mis avantageusement en valeur. C'est ainsi que le propriétaire de la Heibloem a créé, après assainissement complet et simple labour, des sapinières dont la végétation n'a de comparable que celle des meilleures pineraies de la basse Ardenne. Dans une partie, probablement très riche, un peuplement de pins rigides, âgé de sept ans, atteignait en 1900 près de 4 mètres de hauteur, dépassant légèrement des pins sylvestres du même âge, qui font cependant des pousses énormes, de 0^m70 et 0^m80.

Cela n'empêche que, dans d'autres parties moins riches, certaines pineraies se sont montrées très reconnaissantes de l'application d'engrais. Malheureusement, le peuplement dans lequel certaines expériences avaient été effectuées a été anéanti par le feu au printemps 1900.

Chose curieuse, les feuillus ne paraissent pas partager complètement la vigueur remarquable de végétation qui distingue les résineux. Sauf le bouleau qui, son développement l'affirme, est bien le plus gourmand de la bande, les autres essences semblent plutôt bouder. Notons à ce sujet un boisement feuillu de végétation médiocre, dans lequel on a introduit, deux ou trois ans après la plantation, des pins sylvestres et des sapins argentés; ce mélange sera intéressant à suivre.

(*A continuer.*)

E. NÉLIS,
garde général des eaux et forêts.

Pédonculé et Rouvre

Le chêne pédonculé (*Quercus pedunculata*) et le chêne à fleurs sessiles (*Quercus sessiliflora*) doivent-ils être considérés comme deux espèces distinctes, ou bien faut-il n'y voir que deux formes d'une même espèce qui serait le *Quercus robur?* Les botanistes anglais penchent vers la deuxième opinion, tandis que les forestiers du continent regardent les deux chênes comme spécifiquement distincts. La distinction, entre eux, est même des plus importantes au point de vue pratique, car ils s'accommodent de sols tout à fait différents au point de vue de l'humidité. Le chêne pédonculé, par exemple, ne devra jamais être planté dans un terrain trop sec.

On s'explique l'opinion des botanistes anglais, par ce fait que les hybrides naturels entre ces deux arbres se rencontrent assez fréquemment; c'est le même cas d'ailleurs pour les saules et les autres plantes fertilisées par le vent qui transporte le pollen. Le docteur Gréville, en 1841, avait montré à la Société botanique d'Edimbourg de nombreux échantillons de chênes, dans lesquels la longueur du pédoncule variait entre 15 centimètres et une absence complète de cet organe. Le même observateur faisait remarquer que les caractères botaniques passaient complètement et insensiblement les uns aux autres. M. Billington avait signalé ce fait intéressant, que le chêne à fleurs sessiles donnait, dans certaines parties de l'Angleterre, les bois les plus lourds, les plus durs et les plus résistants, ce qui permettait de les distinguer sans aucune difficulté de ceux du *Quercus pedunculata*. Les feuilles, faisait-il remarquer, sont d'une couleur plus foncée et d'une apparence plus brillante; les arbres sont plus branchus et leurs rameaux sont plus abondamment et plus finement ramifiés ; la ramification est plus horizontale par rapport au tronc. Dans le chêne pédonculé, les rameaux sont moins nombreux, peu ramifiés et forment avec le tronc un angle nettement aigu.

M. Atkinson, en 1833, notait que le bois du chêne sessile a le grain moins argenté que celui du pédonculé et qu'il est souvent confondu avec celui du châtaignier, comme dans la charpente de Westminster Hall. Il admet, en outre, que le *Quercus sessiliflora* est le vrai chêne britannique, qui a servi aux anciennes constructions anglaises. Ce serait lui qu'on retrouverait dans la forêt sub-marine d'Hastings, dans les tourbières ; preuve évidente de l'antiquité de son apparition dans les Iles Britanniques.

M. Stevenson, dans ses *Trees of Commerce* (Bois de commerce), établit que le chêne sessile est quelquefois pris pour le châtaignier. Il porte encore le nom populaire de chêne « Durmast ».

L'auteur de l'article publié par le *Gardener's Chronicle* est partisan de la spécidlcité des deux chênes. Les différences qui les séparent sont nettement marquées et permettent de les reconnaître sans difficulté. Mais il est bon de faire attention au port des arbres, à leur végétation, à leur structure.

Dans le chêne pédonculé, le feuillage forme des bouquets aux extrémités des plus petits rameaux, qui sont relativement peu nombreux ; les branches principales forment un angle aigu avec le tronc. Dans les beaux jours de l'été, l'ombre que sa couronne projette sur le sol, n'est que partielle. Les feuilles sont sessiles sur les ramilles ; elles sont relativement molles et membraneuses, aussi peuvent-elles transpirer abondamment.

Dans le chêne à fleurs sessiles, les branches sont plus nom-breuses ; elles sont plus petites, disposées horizontalement et surtout beaucoup plus ramifiées. Le feuillage est plus uniformé-ment distribué sur la couronne et protège le sol contre la dessicca-tion, beaucoup plus efficacement que celui du chêne pédonculé. Les feuilles sont portées sur un pétiole long de 2 à 3 centimètres environ ; elles sont d'un vert plus foncé, dures et coriaces ; aussi ne transpirent-elles pas aussi abondamment. Une conséquence de cette disposition, c'est que le chêne pédonculé utilise de plus grandes quantités d'eau qui lui sont nécessaires, tandis que l'autre espèce est adaptée pour économiser le liquide que ses racines absorbent.

Le *Quercus pubescens* n'est qu'une variété du chêne à fleurs sessiles, commune dans le sud-est de la France ; la face inférieure des feuilles et les bourgeons sont couverts d'un tomentum poilu qui les protège contre une transpiration trop active. Nous pouvons maintenant étudier la disposition des glands dans les deux espèces.

Dans le chêne pédonculé, ils sont placés au sommet de pédon-cules effilés qui peuvent avoir, dans des arbres vigoureux, de 10 à 12 centimètres de longueur. Dans l'autre, les glands sont sessiles sur les ramilles, ou rassemblés à la base de pédoncules très courts.

Il est bien reconnu que l'excès d'humidité favorise le développement exclusif de ses organes végétatifs aux dépens de ceux de la fructification. Croissant naturellement dans des lieux humides, le *Quercus pedunculata*, au contraire, produit, dans ces conditions, des glands portés par de longs pédoncules, qui sortent nettement du feuillage.

Les pays sujets aux inondations, le long des rives du Rhin et du Danube, nourrissent de superbes chênes pédonculés, qui croissent aussi merveilleusement dans quelques parties de la France, par exemple dans le Nord. Dans les régions élevées et montagneuses, il se trouve naturellement limité au bord des torrents ou aux alentours de quelques points marécageux. La quantité de pluie tombant annuellement influe sur la distribution géographique de ces deux espèces, et le chêne à fleurs sessiles prédomine partout où la chute de pluie n'est pas suffisante (80 centimètres à 1 m. 20).

C'est lui qui habite les régions sèches, les montagnes du Harz, la Suède, les montagnes et les plateaux de la France. Il est également plus abondant que l'autre dans les landes du nord de l'Allemagne. En France, la forêt de Bellême, dans le nord-ouest, en possède de superbes exemplaires, atteignant 146 pieds d'élévation, cubant 500 pieds.

La distribution géographique des deux chênes, en Angleterre, n'est pas facile à délimiter, en raison des plantations qui en ont été faites, principalement de chêne pédonculé, dont les glands se trouvent plus facilement (1).

A l'état spontané, le chêne à fleurs sessiles se trouve dans le pays de Galles, dans les régions élevées du nord de l'Angleterre et du sud de l'Ecosse. C'est le seul qui doit être planté dans les parties du pays bien drainées ou dans celles qui sont chaudes et montagneuses. Le chêne pédonculé doit être limité aux places où le sous-sol contient une quantité d'eau abondante. Le fait que le chêne à fleurs sessiles est plus sensible à la gelée doit l'exclure des expositions basses, humides et froides, où le chêne pédonculé, poussant plus tard, au printemps, peut être planté sans inconvénient, en protégeant les jeunes plants et les tiges des arbres plus âgés, par un entourage de charmilles, comme dans la forêt d'Epping.

---

(1) D'autre part, dans l'est de la France, le pédonculé n'est pas rare sur les plateaux jurassiques très secs et où d'ailleurs il végète assez mal. A quoi peut tenir ce fait qui semble bien une anomalie? — L. R.

C'est le chêne pédonculé qui fournit les bois les plus durables et les plus durs, dans un sol humide, profond, contenant une certaine proportion d'argile; mais il peut aussi atteindre de fortes dimensions, avec un bois plus mou, dans un sol sableux renfermant suffisamment d'eau par capillarité. Comme règle, pour bien pousser, les chênes doivent se trouver dans un terrain dont le sous-sol est bien pourvu d'eau, mais le chêne pédonculé exige des inondations annuelles pendant plusieurs semaines. C'est dans ces conditions que vit le chêne de Bosnie, le plus estimé de tous.

En comparant la valeur relative des deux chênes, on doit admettre comme axiome, qu'en Angleterre la supériorité dépend de la vigueur et de la rapidité de la croissance, qui fréquemment l'emporte sur celle des chênes du nord de l'Europe, dans la proportion de dix à un (1). Le chêne pédonculé est celui qui croit le plus rapidement. Quant à l'autre, qui tient souvent compagnie au hêtre dans les régions élevées, sa croissance n'est que modérée. A part certaines différences inhérentes à la structure du bois de l'un et l'autre chêne, celui du chêne à feuilles sessiles est habituellement plus mou, d'un poids spécifique plus léger que celui du chêne pédonculé venu dans un bon terrain ; mais il lui est supérieur quand ce dernier a poussé dans des conditions défavorables. Il s'ensuit également qu'il est moins durable et doit être aussi rarement que possible employé dans des constructions appelées à être exposées aux intempéries et à la pluie.

(De *The Gardener's Chronicle*.)

(Traduction de la *Revue des eaux et forêts*.)

———————◆———————

Commerce d'importation et d'exportation des bois en 1900[2]

Nous extrayons du tableau général du commerce de la Belgique avec les pays étrangers pendant l'année 1900, les indications suivantes relatives au commerce *spécial* des bois,

---

(1) Il est présumable que cette donnée résulte de la comparaison du bois de chênes isolés, à fût très court, avec du bois de chênes ayant cru en massif. — L. R.

(2) Note du service des recherches, consultations et statistique,

c'est-à-dire le commerce d'importation et d'exportation, à l'exclusion du transit.

A. — Importations et Exportations

	IMPORTATIONS		EXPORTATIONS	
	En 1899	En 1900	En 1899	En 1900
Bois de chêne et de noyer :				
En grume ou non sciés. . .	2,129,000	2,976,000	263,000	205,000
Simplement refendus . . .	426,000	351,000	146,000	130,000
Sciés	18,712,000	25,227,000	664 000	573,000
TOTAUX. . .	21,267,000	28,554,000	1,073,000	908,000
Bois de construction autres que de chêne et de noyer :				
En grume ou non sciés. . .	7,826,000	10,417,000	214,000	188,000
Sciés . . (poutres sciées .	855,000	713,000	12,000	26,000
(autres . . .	74,912,000	74,013,000	1,170,000	659,000
Rabotés	579,000	372,000	84,000	28,000
TOTAUX. . .	84,172,000	85,515,000	1,480,000	901,000
Bois d'ébénisterie autres que de chêne et de noyer :				
En grume ou non sciés. . .	1,030,000	1,552,000	96,000	112,000
Sciés	272,000	310,000	50,000	40,600
Rabotés		218,000		2,000
TOTAUX, . .	1,302,000	2,080,000	146,000	154,000
Bois divers :				
Perches en grume de moins de 0m75 de circ. au gros bout.	14,113,000	15,695,000	316,000	194,000
Autres (1)	1,225,000	1,228,000	963,000	787,000
TOTAUX. . .	15,338,000	16,923,000	1,279,000	981,000
Bois ouvrés (2)	1,303,000	1,579,000	12,081,000	11,987,000
TOTAUX GÉNÉRAUX. . .	123,382,000	134,651,000	16,059,000	14,931,000
Ecorces à tan.	1,033,000	1,002,000	865 000	1,008,000
Pâtes de bois	9,024,000	12,630,000	5,954,000	6,811,000
Totaux pour les produits des forêts	133,439,000	148,283,000	22,878,000	22,750,000

(1) Bois de chauffage, bois autres que de chêne et de noyer refendus ou façonnés à la hache ou à la doloire.

(2) *Bois ouvrés :* c'est-à-dire les balais communs, les futailles, la vannerie, ainsi que tous les ouvrages ne rentrant pas dans les articles mercerie, quincaillerie et meubles.

Importations. — Nos importations en bois qui, en 1899, s'élevaient à *123 millions* de francs, montent en 1900 à *134 millions*, accusant une augmentation de *11 millions* de francs.

Ce fait est d'autant plus remarquable que les résultats généraux du mouvement commercial entre la Belgique et les pays étrangers, pendant l'année 1900, sont inférieurs à ceux de l'année précédente. Le commerce spécial d'importation, c'est-à-dire la valeur totale des marchandises étrangères mises en consommation dans notre pays, s'est élevé à 2 milliards 215 millions, en *diminution* de 2 p. c. sur le chiffre de 1899. Au contraire, le commerce spécial des bois, en *augmentation* de 11 millions de francs, donne une proportion en plus de près de 10 p. c.

Il est aisé de remarquer, en général, qu'à tout développement commercial et industriel correspond une augmentation dans l'emploi des bois d'œuvre. Si l'ère de prospérité qui a caractérisé ces dernières années, a eu sa répercussion sur notre commerce des bois, la crise que nous subissons actuellement ne peut manquer, semble-t-il, de se faire sentir sur la consommation et partant sur nos importations de matières ligneuses. Aussi est-il vraisemblable que notre commerce extérieur de bois a atteint, en 1900, son chiffre maximum pour la période actuelle. Il n'est donc pas sans intérêt de rappeler l'importance de nos importations dans le courant de cette dernière période quinquennale.

Années.	Chiffre de nos importations.
1896	92,668,000 francs
1897	105,239,000 —
1898	108,155,000 —
1899	123,382,000 —
1900	134,651,000 —

soit donc une augmentation annuelle moyenne de 11 millions de francs.

	Bois de chêne et de noyer		Bois de construction autres que de chêne et de noyer		Bois d'ébénisterie autres que de chêne et de noyer	
	En 1899	En 1900	En 1899	En 1900	En 1899	En 1900
ciale alle- . . .	7,128,000	6,459,000	991,000	1,786,000	»	»
. . .	3,577,000	5,567,000	»	»	»	»
. . .	5,107,000	6,106,000	7,614,000	5,340,000	209,000	568,000
. . .	2,453,000	3,163,000	2,855,000	2,975,000	»	»
. . .	54,000	»	»	8,000	193,000	236,000
. . .	636,000	993,000	1,691,000	2,097,000	»	»
. . .	1,439,000	3,005,000	27,985,000	30,576,000	»	»
. . .	262,000	2,849,000	»	»	»	»
. . .	160,000	12,000	42,512,000	39,041 000	»	»
Congo .	»	»	»	»	38,000	11,000

II. — Pays de desti-

. . .	»	»	»	»	»	»
ciale alle- . . .	554,000	284,000	550,000	253,000	49,000	60,000
. . .	»	»	»	»	»	»
. . .	260,000	258,000	186,000	109,000	»	»
. . .	223,000	312,000	448,000	446,000	»	»
Congo .	»	»	80,000	29,000	»	»

visionnement et de destination

Bois divers		Bois ouvré		Totaux		Pâtes de bois		Ecorces à ta	
En 1899	En 1900	En 1899	En 1900	En 1899	En 1900	En 1899	En 1900	En 1899	En 1900
1,294,000	1,582,000	398,000	623,000	9,811,000	10,450,000	1,401 000	2,167,000	"	"
-	"	"	1,000	3,577,000	5,568 000	"	"	"	"
"	"	"	"	12,930,000	15,014,000	"	"	"	"
4,234,000	5,170,000	512,000	486,000	10,059,000	11,084,000	"	"	815,000	727,
-	"	"	"	247,000	294,000	"	"	"	"
5,072,000	5,861,000	218,000	224,000	7,617,000	9.115,000	"	"	"	"
4,082,000	4,042,000	"	"	33,506,000	37,628,000	13,000	"	"	"
"	"	"	"	262,000	2,849,000	"	"	"	"
412,000	311,000	8,000	15,000	43,292,000	39,379,000	7,094,008	9,793,000	"	"
-	"	"	"	38,000	11,000	"	"	"	"

Bois divers		Bois ouvré		Totaux		Pâtes de bois		Ecorces à ta	
619,000	495,000	3,418,000	3,335,000	4,037,000	3,830,000	206,000	157,000	201,000	241,
-	"	898,000	701,000	2,081,000	1,295,000	606,000	852,000	429,000	380,
"	"	1,579,000	1,733,000	1,579,000	1,733,000	"	"	"	"
374 000	247,000	482,000	487,000	1,302,000	1,101,000	2,427,000	3,382,000	49,000	37,
100,000	100,000	1,423,000	1,738,000	2,254,000	2,526,000	"	"	186,000	318,
"	"	168,000	317,000	248,000	346,000	"	"	"	"

La différence en plus de nos importations en 1900 sur celles de 1899, porte surtout sur les bois de chêne et de noyer sciés. Il faut noter aussi l'accroissement pour les bois de construction en grume autres que de chêne et de noyer et pour les perches en grume de moins de 0ᵐ75 de circonférence au gros bout.

Il y a également une augmentation très sensible de nos importations de pâtes à papier.

Pays d'approvisionnement. — La Russie, la Suède et la Norwège sont, pour la Belgique et les pays industriels européens (Angleterre, Allemagne, France), les principaux pourvoyeurs de bois d'œuvre. Nos importations russes atteignent, en 1900, le chiffre de 37,623,000 francs, alors qu'elles n'étaient en 1890 que de 10,500,000 francs. En l'espace de 10 ans, nos importations de Russie ont presque quadruplé. Si cette proportion est constatée également dans la statistique des pays industriels voisins, il est vraisemblable que pour subvenir à des besoins si considérables, des forêts entières sont détruites chaque année. Quelque grandes que soient les étendues boisées de ces pays, il est à craindre que la consommation ne dépasse beaucoup la production et que, à une époque relativement rapprochée, il ne devienne difficile de satisfaire aux nécessités toujours grandissantes de l'industrie.

Les remarquables travaux présentés au Congrès de Paris en 1900, montrent d'une façon précise, mathématique, que nous marchons vers la disette de bois d'œuvre. Les pouvoirs publics, en Belgique, ont saisi l'importance de cette question et, actuellement, on fait de grands sacrifices pour assurer à la nation une partie de la matière ligneuse dont elle a si grand besoin et pour mettre en culture forestière des terrains jusqu'à présent de nul rapport.

Presque tous les pays cités dans le tableau B conservent, relativement à notre commerce de bois, à peu près leur chiffre d'affaires antérieur, avec une hausse générale, sauf cependant la Suède et la Norwège dont le chiffre d'importation est tombé de 43 à 39 millions de francs. Avec les Pays-Bas, à peu près toutes nos transactions ont augmenté. La Roumanie, qui nous envoyait autrefois une quantité de bois insignifiante, nous en a fourni en 1900 pour 2,849,000 francs.

Les bois d'ébénisterie du Congo sont encore très peu importés chez nous. L'exploration encore incomplète des forêts tropicales, le manque de moyens de transport, n'ont pas, jusqu'ici, permis de tirer grand parti des ressources forestières de ce pays, le commerce s'étant plus spécialement intéressé aux matières plus précieuses et moins pondéreuses.

Les pâtes de bois pour la fabrication du papier nous viennent en grande partie des pays scandinaves. Les chiffres à l'entrée accusent, à ce sujet, une sensible augmentation sur ceux de 1899.

Exportations. — Le commerce spécial des bois à l'exportation, c'est-à-dire la valeur totale des marchandises ligneuses belges ou naturalisées, envoyées à l'étranger, s'est élevé à 11,900,000 francs, en baisse de 1,100,000 francs sur celui de 1899.

Nos bois ouvrés conservent leur faveur à l'étranger et ce n'est pas sur ce chapitre que porte la diminution de nos exportations, mais bien plutôt sur les bois de construction sciés, autres que de chêne et de noyer, et sur les bois divers.

Pays de destination. — L'Allemagne, qui a été fortement atteinte dans son commerce par la crise financière et industrielle de ces deux dernières années, nous a demandé 800,000 francs de bois en moins qu'en 1899; la France, 200,000 francs.

Les autres pays gardent à peu près leur position, sauf les Pays-Bas et l'Etat Indépendant du Congo, qui ont augmenté leurs achats.

C. — Droits de douane perçus par la douane belge

Pour terminer ces renseignements, nous donnons ci-après le tableau des droits de douane perçus sur les bois à leur entrée en Belgique. Ce relevé présentera d'autant plus d'intérêt que, dans un délai très rapproché, le renouvellement de nos traités de commerce avec certains pays étrangers mettra les taxes de douane en discussion.

	Droit appliqué	Somme perçue	Totaux
		FR.	FR.
Bois de chêne et de noyer	1 fr. le m. c.	155,713	
			155,713
Bois de construction autres que de chêne et de noyer :			
en grume ou non sciés . .	1 fr. id.	179,289	
sciés { poutres sciées .	2 fr. id.	24,599	
{ autres . . .	6 fr. id.	3,869,113	
rabotés	9 fr. id.	35,228	
			4,108,229
Bois d'ébénisterie autres que de chêne et de noyer :			
en grume ou non sciés . .	1 fr. le m. c.	4,195	
sciés	6 fr. id.	3,581	
rabotés	9 fr. id.	8,928	
			16,704
Bois divers			
Perches en grume de { de plus de 1m90 de long moins de 0m75 du tour au gros bout . . . { de moins de id.	1 fr. le m. c. libres	168,322 »	
Autres	id.	»	
			468,322
Bois ouvrés			
Balais communs	libres		
Futailles	10 p.c.de la valeur	16,178	
Non dénommés	id.	139,861	
			156.039
Écorces à tan	libres	»	
Pâtes de bois	id.	»	
Totaux. . .			4,905,007

L'aune blanc

Le *Journal forestier suisse* vient de donner, sous la signature de M. le Dr J. Fankhauser, une étude fort intéressante sur l'aune blanc, plus connu en Suisse sous le nom de verne blanche.

Cette essence apparaît à l'état spontané dans les Hautes-Alpes, à 1,500 mètres sur les pentes ; dans le Valais, à 1,550 mètres au sud et à 1,400 mètres au nord ; elle descend le long des cours d'eau et couvre de grandes surfaces dans les grèves de la plaine et sur les versants nord et sud des Alpes. On la rencontre encore à 1,600 mètres et plus dans les vallées du Tessin et des Grisons donnant vers le sud ; par contre, elle s'arrête moins haut dans les massifs de plus basse altitude.

On peut donc dire qu'elle vient spontanément dans les conditions les plus diverses, tandis que l'aune rouge ne paraît guère que dans les sols humides et marécageux des régions inférieures.

L'aune blanc affectionne surtout les talus des rivières et des ruisseaux, et on en a conclu qu'il lui faut des terrains humides et frais, en même temps qu'une certaine fraîcheur de l'atmosphère; cette appréciation n'est pas confirmée partout, car on le rencontre dans des stations où il ne peut trouver semblables conditions d'existence : sur des arêtes desséchées de poudingue calcaire, en pente rapide au sud-ouest, à 800 mètres d'altitude, dans la forêt de Zünggelen, au dessus d'Arth; sur des fauchages arides et desséchés, en pente au sud, à la même altitude, dans la vallée de la Töss (Zurich); à 600-800 mètres, dans la vallée de l'Aar, en aval de Meiringen, dans les déblais de la ligne du Brünig; dans les pentes sèches du Jura et du Tessin; il se sème très facilement sur les terrains caillouteux d'alluvion, sur les cônes de déjection de torrents. Il est un point important à noter: c'est que ces stations ne reçoivent pas de précipitations atmosphériques telles que l'eau qu'elles procurent puisse remplacer l'eau qui fait défaut aux sols.

Le degré d'humidité ne joue donc pas un rôle prépondérant dans la végétation de l'aune blanc; mais il semble essentiel qu'il ait à sa disposition, pour prospérer, un sol ameubli, plus ou moins divisé, facilement perméable aux agents atmosphériques; les sols mélangés de pierres et de pierrailles lui conviennent surtout.

Les terrains compacts lui sont défavorables, mais ici la couverture morte peut amener une correction importante de l'état physique du terrain ; le défoncement paraît devoir être également avantageux dans ces conditions.

L'aune blanc amende rapidement le sol par la décomposition facile en un humus doux, d'excellente qualité, des détritus de son appareil aérien ; il puise, paraît-il, dans l'atmosphère l'azote qui lui est nécessaire, et prépare en peu de temps le terrain à une culture d'essences plus exigeantes.

Plusieurs exemples sont cités dans l'étude de M. Fankhauser, de l'introduction naturelle de l'épicéa dans des peuplements d'aune blanc, qui ont pris possession d'éboulis, du jurassique moyen notamment. C'est l'épicéa que l'on rencontre le plus souvent à l'état naturel sous le couvert de l'aune blanc, mais on y voit également du sapin pectiné, fort reconnaissant aussi de l'abri de l'aune qu'il finit par supplanter au bout d'un nombre d'années relativement court.

Le hêtre peut également, mais moins facilement, en raison du poids de ses graines qui ne sont pas emportées bien loin des semenciers, s'introduire et se développer dans des peuplements d'aune blanc.

La fertilisation du sol par les détritus abondants des organes foliacés de l'aune blanc, le maintien de la fraîcheur du sol, créent aux sujets du sous-bois des conditions favorables, malgré le couvert épais du feuillage.

On rapporte même des exemples de massifs d'aune blanc, de mélèzes et de pins, dans lesquels les deux dernières essences ont fini, sans le concours de dégagements, par vaincre la première. Hâtons-nous de dire que nous connaissons en Belgique des faits opposés, et, notamment, dans une plantation en sol de grès ardennais, à 450 mètres d'altitude, l'aune blanc a étouffé le pin sylvestre.

L'auteur ajoute qu'il ne sera jamais nécessaire de se livrer à une exploitation radicale de l'aune blanc, dans des peuplements mélangés ; les rejets et les drageons sont plus nuisibles que les anciennes tiges ; il ne recommande même pas d'entreprendre une forte éclaircie, car le sol, bien amendé, se recouvre abondamment de mauvaises herbes et se dégrade.

Pour terminer, faisons part de l'opinion de l'auteur que l'aune blanc est l'essence de protection par excellence, qu'il peut jouer le rôle d'essence transitoire dans des conditions défavorables, quand il s'agit de terrains exposés aux gelées, de sols pauvres et dénudés, envahis par les mauvaises herbes, dans des terrains sablonneux exposés aux dégâts du ver blanc, sur des éboulis, etc. Il cite qu'en Bavière, dans dans les environs de Munich, on l'a utilisé sur de grandes coupes rases à la suite de l'invasion de la nonne. On l'a employé, en 1892 et 1893, pour boiser les surfaces de déblai provenant de la construction du canal d'Interlaken au lac de Thoune ; il s'agissait d'un terrain d'alluvion, gravier et sable ; le peuplement le plus âgé atteint aujourd'hui 8 à 9 mètres de hauteur et a déjà été éclairci il y a trois ans. Avis aux administrateurs de nos installations maritimes, présentes et futures !

Il est d'ailleurs d'autres situations en Belgique où l'on a pu et où l'on pourrait tirer parti de l'aune blanc dans les boisements, comme essence définitive ou transitoire. Il aura toujours le mérite d'une croissance rapide, de couvrir rapidement le sol, de lui maintenir sa fraîcheur, de l'améliorer par ses détritus abondants et de le préparer à l'introduction naturelle ou artificielle d'autres essences plus précieuses et plus durables. 	B.

Influence des forêts sur le régime des eaux [1]

(*Fin*)

Je dois maintenant examiner sommairement le phénomène d'assèchement par la forêt.

Ce phénomène, qui est remarquable surtout dans les forêts de pins, comprend en réalité tout ce qui concerne l'abaissement des nappes souterraines sous la forêt, fait sur lequel je reviendrai également.

Il importe de distinguer la *faculté asséchante des arbres* et la *faculté asséchante de la forêt*. Cette distinction n'est ni vaine ni subtile : elle est nécessaire pour prévenir les plus grandes confusions.

La faculté asséchante *de l'arbre* est due à l'exhalation de vapeur d'eau par les feuilles. La faculté asséchante *de la forêt* tient non seulement à cette même perte par exhalation, mais encore à l'ensemble des actions qui ont pour effet de retenir une fraction ou même la totalité des eaux météoriques, dans le feuillage, dans la couverture du sol et dans le sol végétal même.

La dissipation d'une partie des eaux reçues par voie d'évaporation ou de transpiration du feuillage n'est qu'une des composantes de l'assèchement par la forêt.

La faculté asséchante de la forêt n'est, du reste, que *relative*, car le sol forestier est, toutes choses égales d'ailleurs, toujours plus humide à sa surface que le sol découvert, alors même que l'assèchement se manifeste en supprimant les sources et les écoulements superficiels. La persistance de l'humidité à la surface du sol forestier est d'une connaissance vulgaire et sûre. Mais des expériences nombreuses et précises nous apprennent qu'à une certaine profondeur (70 à 80 centimètres, c'est-à-dire dans la région occupée par les racines des arbres), le sol forestier est plus sec que les terres nues à la même profondeur.

Que l'on reboise en pins, cette essence éminemment asséchante, un terrain tout à fait aride ; dès que les plants auront 80 centimètres à 1 mètre de hauteur, le sol gardera déjà un peu d'humidité et il s'y développe des mousses ou des herbes que l'aridité primitive excluait absolument.

Le phénomène de l'assèchement par les pins n'est nullement, comme on a quelquefois paru le croire, une anomalie inexplicable,

---

[1] Conférence donnée à la Société forestière de Franche-Comté et Belfort, par M. Guinier, inspecteur des forêts à Annecy.

et le pin n'est point en antagonisme, quant à cette propriété, avec les autres essences résineuses ou feuillues.

Il n'y a pas, dans les futaies de pins, un autre mécanisme ni d'autres causes de l'asséchement que dans les forêts d'autres essences. Chacune des causes agit seulement avec une intensité spéciale.

C'est ce qui résulte, du reste, de toutes les explications très diverses tentées pour comprendre la faculté asséchante si prononcée des pins.

On a invoqué tour à tour la foliation persistante, d'où résulte une plus forte proportion d'eau retenue par le couvert (1), — la propriété absorbante du lit épais de feuilles mortes sous les jeunes massifs (2), — le drainage vertical des racines ; — ou tout simplement (3) la très forte absorption des racines combinée avec une exhalation correspondante du feuillage.

Cette dernière explication a soulevé des objections qu'il importe d'examiner.

1ʳᵉ objection. — Comment le pin, qui prospère sur les terrains les plus arides, peut-il devenir avide d'eau au point d'entretenir des racines aux feuilles un courant capable de produire les asséchements constatés ?

On répond : Le système radiculaire du pin est très développé, tant par ses racines principales, fortes et profondes, que par le chevelu abondant ; c'est grâce à cette organisation que cet arbre prospère dans les terrains les plus arides, à la condition expresse, toutefois, qu'ils soient très divisés (le pin végète péniblement sur les sols superficiels, sur les calcaires peu perméables ; ces sols sont, d'ailleurs, toujours plus secs que les sols sablonneux siliceux) ; qu'il prospère encore sur des terrains complètement occupés par la bruyère ; qu'il ne se laisse pas affamer par cette plante et qu'il finit par la faire disparaître.

Les plantes, du reste, les arbres surtout, s'accommodent des quantités d'eau fournies par le sol dans les proportions les plus variables. Il faut des sécheresses bien fortes, bien exceptionnelles, pour faire périr à peine quelques arbres dans une forêt. Et il faut bien admettre, par contre, que si les racines ont à leur disposition une grande abondance d'eau, elles augmentent leur absorption ; on s'explique, par l'excitation de cette fonction, la formation de ce chevelu touffu que les racines développent quand elles arrivent au contact d'un cours d'eau et la production de ces volumineuses *queues de renard* dans les tuyaux de conduite où une radicelle est parvenue à s'introduire.

(1) *Revue des Eaux et Forêts*. D'Arbois de Jubainville, *loc. cit.*

(2) Ch. Broilliard, *Traitement des Forêts*.

(3) *Revue des Eaux et Forêts*, De l'asséchement des terres par le pin maritime et le pin sylvestre, par Béraud, t. IX, 1869.

16

La sobriété des pins pour l'eau n'est donc que très relative. Le pin est d'ailleurs classé sans hésitation, par Thurmann (1), parmi les végétaux *hygrophiles* et nullement parmi les *xérophiles*.

2ᵉ objection. — Les aiguilles des pins, qui transpirent beaucoup moins que les feuilles des arbres feuillus (2) (3 fois 1/2 moins que les feuilles de chêne, à poids égal, d'après Gustave Heyer), peuvent-elles suffire à écouler dans l'atmosphère les quantités d'eau considérables que nous supposons absorbées dans le sol par les racines ?

Il faut admettre que la faculté d'exhalation est surexcitée à proportion de la puissance absorbante des racines. Les expériences précises manquent pour le démontrer. L'on n'a pas hésité, toutefois, à penser qu'il en est ainsi lorsqu'on a critiqué l'expérience du maréchal Vaillant (lettre à l'ingénieur Vallès), consistant à placer dans un bocal plein d'eau une branche de chêne feuillée, afin de mesurer la quantité d'eau soustraite par l'absorption de la section et la transpiration des feuilles.

Les futaies de pins ne présentent donc aucune anomalie au point de vue de l'asséchement. D'ailleurs, une faculté asséchante pareille a été constatée par M. Otkosky dans les forêts de bouleaux, ainsi que nous l'apprend le docteur Ebermayer.

Et si les faits d'asséchement par les forêts feuillues sont rares, ou du moins si peu connus, c'est que cet effet est voilé dans ces forêts par la résultante des causes diverses qui font, au contraire, le plus souvent de la forêt feuillue un vrai réservoir d'humidité.

Mais n'est-ce pas un véritable phénomène d'asséchement commun aux forêts résineuses et feuillues, cet « *évanouissement en* » *forêt d'un torrent ou d'un ruisseau temporaire* » ? (Broilliard, *Traitement des bois.*) Le ruisseau formé hors forêt s'y étale en nappe dès qu'il y entre, puis disparaît absorbé par le terreau, la mousse, les racines.

Mario Davy, rappelant que la retenue des eaux, sur certains terrains, peut amener des glissements en délayant la couche d'argile sous-jacente, ajoute : « Il faut assécher le sol de ces pays ; c'est » un rôle que les bois remplissent très bien. »

Lorsqu'à la date du 2 septembre 1868 se produisit sur la commune de *le Bois* (Savoie) un éboulement considérable ayant donné lieu à la formation d'un torrent, personne n'hésita à attribuer la catastrophe à la destruction de la forêt qui occupait le bassin de ce torrent.

Les observateurs n'ont vu, en général, dans le changement de régime des ruisseaux à cours torrentiel, suivant que le bassin de

---

(1) Phytostatique du Jura, Berne, 1848.

(2) *Revue des Eaux et Forêts*, t. VI, an. 1867. p. 307, t. XVI, an. 1877, p. 266.

réception passait de l'état déboisé à l'état boisé, qu'une régularisation de ce régime tenant à ce que le caractère torrentiel a disparu. L'on ne s'est pas préoccupé du fait que les écoulements *ont pu* diminuer comme durée ou fréquence (peut-être jusqu'à disparaître à peu près complètement) et que le débit moyen *a pu* être réduit dans une proportion énorme, lors même que les écoulements ont persisté avec une régularité satisfaisante. En un mot, l'on n'a le plus souvent considéré qu'un des termes de la *régularisation* du cours d'eau, qui est la suppression — inévitable — du régime torrentiel.

Quant à l'asséchement *relatif* (quelquefois peut-être *absolu*) que l'on pourrait constater au moins sur certains cours d'eau *à bassin peu étendu*, l'attention n'a pas été éveillée sur ce point.

M. Labussière, conservateur des forêts à Aix, étudie dans la *Revue agricole et forestière de Provence*, en 1866 (1), le régime des eaux du ravin de Combe d'Yeuse dans la montagne du Lubéron (Vaucluse), ravin long de 2 kilomètres, fort encaissé, ayant un bassin de réception à pentes rapides complètement boisé de 250 hectares de surface et à l'exposition générale du sud-ouest. En 1829, après l'exploitation à blanc de toute la Combe d'Yeuse, le ravin donna une si grande quantité d'eau que d'énormes troncs de pin furent entraînés. Jusqu'en 1840, la Combe d'Yeuse ne donna d'eau que deux fois. En 1845, il y eut encore de l'eau. On n'en revit plus jusqu'en 1856, et à partir de cette époque l'eau coula presque chaque année, mais en petite quantité.

Combien seraient instructives des expériences de jaugeage sur les torrents pareils et sur tous ceux dont on entreprend de reboiser le bassin !

J'ai pu constater un phénomène d'asséchement véritable sur le ruisseau de *Labécède* (2).

Le ruisseau de Labécède traverse un quartier de la petite ville de Tarascon (Ariège), laquelle est assise sur le cône de déjection formé très anciennement par le ruisseau. Le bassin de réception, qui domine la ville, a une surface de 80 hectares : le boisement de ce bassin, d'abord en nature de terre vaine et broussailles, est de date récente. Le ruisseau donnait lieu autrefois à des inondations que le parcours dans la ville rendait dangereuses. Vers 1810, à la suite d'une de ces inondations, l'on construisit, pour contenir et diriger les eaux, une large rigole pavée, encore bien conservée dans la traversée du champ de foire. Cette rigole, d'une section de 1^m67, d'une pente rapide (10 à 12°), avait en temps de crue un débit énorme.

---

(1) Article reproduit par la *Revue des Eaux et Forêts*, t. V. an. 1866, p. 97.

(2) J'ai étudié ce phénomène dans le Bulletin de la Société ariégeoise des sciences, lettres et arts, numéro de juin 1883.

Après les pluies fortes et prolongées, non seulement le canal coulait à pleins bords, mais l'écoulement se prolongeait en s'affaiblissant pendant huit, quinze jours ou même davantage. Les ménagères de Tarascon venaient y laver leur linge.

Aujourd'hui le canal est presque toujours à sec, les pluies les plus fortes et les plus durables seules donnent un écoulement encore très faible et peu prolongé ; les eaux ne peuvent plus servir d'ordinaire aux usages ménagers, et il est évident que ce canal a été fait en vue de besoins qui n'existent plus.

La ville de Tarascon a été soustraite à tout danger d'inondation, mais par contre elle a été presque privée du débit du ruisseau. J'ai constaté, après une nuit pendant laquelle était tombée une pluie intense et continue, soit après une chute d'eau de plus de dix heures, que le ruisseau était à sec le matin.

Le cours d'eau n'a donc pas été *régularisé* dans le sens que l'on donne à ce mot, car il a été presque supprimé.

Pour terminer l'étude sommaire des phénomènes d'asséchement par la forêt, je reviens aux faits d'abaissement de la nappe d'eau souterraine sous les forêts (1).

La forêt étant mieux abreuvée que le sol nu et l'évaporation y étant moindre, comment comprendre ces faits !

Eh bien ! ici encore la forêt agit par sa propriété asséchante. Le sol forestier retient, comme en toute autre circonstance, une partie de l'eau météorique, et la faculté asséchante de la forêt s'exerce d'une façon spéciale, non pas directement en puisant dans le réservoir souterrain l'eau que l'arbre consomme ou qu'il verse dans l'atmosphère à l'état de vapeur, mais en interceptant, pour les besoins de la végétation et même pour l'imbibition du sol végétal, l'eau qui pourrait alimenter la nappe souterraine après avoir traversé le sol végétal. En effet, les racines ne pénètrent pas à la profondeur souvent considérable du niveau des nappes (parfois 10 ou 15 mètres). L'influence de la capillarité, qui ne paraît pas faire remonter l'eau dans les conditions les plus favorables à plus de 1m50, n'expliquerait pas non plus l'action directe des racines. Le mécanisme de l'abaissement des nappes n'est donc pas identique à celui de l'asséchement des terres marécageuses par les pins (ou les eucalyptus, comme dans la campagne de Rome). La forêt s'oppose simplement à l'approvisionnement des nappes.

_____

(1) Voir à ce sujet : les travaux de M. Henry, professeur à l'École nationale des eaux et forêts, dans le compte rendu du Congrès de sylviculture de Paris en 1900 (*Influence des forêts sur les eaux souterraines dans les régions de plaine*), et dans le *Revue des Eaux et Forêts*, t. XL, 1901 (*Sur le rôle de la forêt dans la circulation de l'eau à la surface des continents*).

Et il n'est point étonnant que ce phénomène soit en relation directe et étroite avec le régime des pluies.

« Dans la Russie septentrionale, dit le docteur Ebermayer *(loc.*
» *cit.),* l'influence de la forêt sur l'abaissement de la nappe sou-
» terraine est moins grande que dans la région des steppes. Cela
» tient probablement à ce que le sol reçoit plus d'eau, les pluies
» étant plus abondantes, et à ce que la transpiration des arbres est
» moins grande à cause de l'humidité du climat. »

Et sans nul doute, un abaissement notable des nappes souterraines ne pourrait se produire dans les climats où la pluie serait
assez abondante pour que la forêt ne puisse retenir ou dissiper
qu'une portion très faible de l'eau reçue.

C'est ce que confirment les expériences entreprises par l'Ecole
des eaux et forêts de Nancy dans la forêt domaniale de Mondon,
près de Lunéville (1).

« La forêt, dit M. Henry, abaisse le niveau des nappes phréa-
» tiques immobiles, telles que celles qu'on trouve dans les pays à
» stratification tabulaire, mais dans une proportion qui décroît
» d'autant plus que les arbres ont plus d'eau à leur disposition. »
Et avec combien de raison M. Henry déclare que « l'on ne saurait
» trop insister sur la *relativité de tous les phénomènes hydrologi-*
» *ques*, qui dépendent d'une foule de circonstances éminemment
» variables ».

Ainsi cette action de la forêt sur les nappes souterraines se
trouve renversée dans certains pays tropicaux où non seulement
les chutes de pluie sont très abondantes, mais où encore l'évaporation sur le sol prend, à cause des chaleurs torrides, une très grande
importance : « Des puits de 6 à 10 pieds de profondeur, creusés
» dans des plantations forestières aux environs de Madras, con-
» servent de l'eau pendant la saison chaude, même quand les ri-
» vières du voisinage sont à sec, tandis que des puits de 15 pieds
» de profondeur, voisins mais en terrain non planté, sont entière-
» ment secs pendant les mois chauds. » (2)

Enfin il me reste à dissiper une cause de confusion introduite
dans l'étude de cette question :

D'après le docteur Ebermayer, « le fait que la plupart des fleu-
» ves et des rivières ont leur source dans des montagnes boisées ;
» que des sources autrefois abondantes ont tari à la suite de dé-
» boisements pour reparaître par le reboisement, montre que les
» forêts de montagne, au contraire des forêts de plaine, augmen-
» tent le débit et la régularité des sources et cours d'eau ».

_____

(1) *Revue des Eaux et Forêts*, t. XL, an. 1901, p. 294.
(2) *Revue des Eaux et Forêts*, t. XL, an. 1901, p. 326,

M. Henry (1) admet cette sorte d'antagonisme et se demande :
« Comment expliquer... l'apparente contradiction entre ce qui vient
» d'être dit de la forêt de plaine, qui, du moins dans l'Europe
» moyenne, abaisse quelque peu le niveau de la nappe souterraine,
» et ce que nous disons de la forêt en sol accidenté? Est-il admis-
» sible que la forêt agisse sur un point dans un sens et sur un autre
» en sens contraire? »

Je vais suivre cet auteur dans l'explication cherchée de *cette apparence d'antinomie.*

« En montagne, et surtout en montagne boisée, les chutes de
» pluie sont plus intenses.

» En montagne, l'évaporation du sol est moindre, la tempéra-
» ture étant plus basse; — la fraction de l'eau fixée par les plantes,
» de même que celle qu'elles évaporent, est moins forte, parce que
» la saison de végétation est plus courte, que l'assimilation est
» moins active, la transpiration moindre (le taux des cendres des
» feuilles, moindre en montagne, sert, jusqu'à un certain point, de
» mesure à la consommation en eau).

» En montagne boisée, la neige séjourne plus longtemps, et l'im-
» bibition du sol est plus parfaite.

» Il est vrai qu'en montagne le ruissellement a une importance
» considérable, *mais sur un versant boisé ce ruissellement est ordi-
» nairement supprimé par l'action de la forêt.*

» Donc, *en montagne boisée,* les eaux souterraines sont mieux
» alimentées qu'en montagne déboisée, et les sources par lesquelles
» se déversent ces eaux souterraines ont un débit à la fois plus ré-
» gulier et plus abondant.

» Donc aussi, *en montagne boisée,* les eaux souterraines sont
» mieux alimentées *qu'en plaine boisée ou non.* »

Mais est-il vraiment nécessaire, pour expliquer la prétendue antinomie, de recourir à ce raisonnement?

Raisonnement qui d'ailleurs repose sur des prémisses défectueu-
ses.

J'ai démontré que le fait de la régularisation et de la plus abondante alimentation des sources, cours d'eau ou nappes, soit en montagne, soit en plaine, n'a rien de général ni d'infaillible, bien loin
de là. Dès lors, l'antinomie signalée par le docteur Ebermayer et
M. Henry s'évanouit ! Et il suffit, pour se rendre compte de l'apparente contradiction, de recourir à ce principe de la *relativité* de
tous les phénomènes hydrologiques, relativité si bien notée par
M. Henry, mais dont le savant professeur de Nancy n'a pas poussé
jusqu'au bout les conséquences qui en découlent.

_____

(1) *Revue des Eaux et Forêts,* t. XL, an. 1901, p. 19.

Je résume et je conclus :

L'étude détaillée de l'action de la forêt sur le régime des eaux permet de constater que le boisement du sol peut produire, suivant les circonstances, les effets les plus opposés :

— Assécher les sources, supprimer ou réduire les écoulements superficiels, abaisser le niveau des nappes souterraines.

— Faire naître des sources, prévenir le tarissement de celles qui existent, régulariser le régime du cours d'eau, en augmenter le débit moyen, alimenter abondamment les nappes souterraines.

— Dans des cas spéciaux, augmenter même le débit maximum du cours d'eau en temps de crue, et favoriser ainsi les inondations.

Quant à l'action torrentielle des eaux en montagne, elle est franchement supprimée ou atténuée de manière à devenir insignifiante. *A ce point de vue seul, le rôle de la forêt sur les eaux terrestres s'exerce infailliblement dans le même sens.*

Mais considérons l'ensemble des phénomènes hydrologiques qui dépendent de la forêt, et non pas simplement les résultats ou les conséquences de ces phénomènes, en ce qui concerne le régime des eaux à la superficie de la terre ou dans ses profondeurs ; peut-on dire qu'il n'y ait nulle part d'obscurité, de faits établis par l'observation, mais dont il est impossible de déterminer la cause, et aussi de faits contradictoires en apparence ?

Il s'en faut, et les discussions dans lesquelles je suis entré en ont dévoilé un certain nombre. Par exemple, l'existence d'une colonne de vapeur plus intense sur les forêts de pins que sur les feuillus ; l'évaporation des feuilles de pin soulève d'autres questions encore, comme nous l'avons vu. (1)

Mais tous ces faits incompréhensibles actuellement, ou plutôt toutes ces questions non résolues, sont uniquement du domaine de la physiologie et nullement de la physique ou de la mécanique terrestres.

On peut se demander si la préoccupation des conséquences pratiques à tirer de tel ou tel phénomène mis à jour n'a pas été jusqu'ici un obstacle à la découverte de la vérité.

Quelques ingénieurs avaient dénoncé autrefois les forêts comme

---

(1) Voici encore un fait de ce genre :

« Au-dessus des pins, dit M. Fautrat (*Revue des Eaux et Forêts*, t. XVII, an. 1878, Comptes rendus de l'Académie des sciences), pendant le jour on remarque constamment une élévation de température provenant de la chaleur solaire que retiennent les vapeurs enveloppant la cime des arbres. C'est à ce milieu humide et chaud qu'il faut attribuer la vigueur de végétation du bois résineux dans les sols les plus pauvres. »

Cet air surmontant les pins, plus chaud que l'air ambiant, devrait être peu favorable à la condensation de la vapeur d'eau et à l'abondance des pluies.

propres à aggraver les inondations des grands fleuves : ces idées
sont tombées dans l'oubli. Mais aujourd'hui certains faits sont venus ébranler la croyance absolue à la plus abondante alimentation
des sources et des nappes d'eau souterraines. Et l'on paraît s'en
émouvoir, comme si ces données renfermaient en germe un péril.
comme si l'existence de nos grands bois était de nouveau menacée,
et que la cause du reboisement fût compromise au moment où
cette cause, devenue populaire, semblait avoir triomphé sans retour d'opinion possible !

Non seulement les recherches d'ordre scientifique doivent être au-
dessus de toute considération pareille, mais encore, au point de vue
des seuls intérêts matériels de la société, il ne peut exister d'autre
danger que l'ignorance des lois naturelles qui régissent la physique
du globe.

Et n'est-il pas désirable que l'on puisse, lorsqu'on entreprend un
reboisement, aussi bien que lorsqu'on projette un défrichement ou
un déboisement quelconque, prévoir quelles pourront être les conséquences de ces actes ?

Mais nous nous sommes accoutumés à considérer l'action hydrologique de la forêt comme inévitablement favorable à notre économie rurale et industrielle, aux besoins les plus immédiats et les
plus impérieux de notre existence.

Ne demandons-nous pas trop à la forêt ?

Nous voulons qu'elle retienne toutes les eaux qui s'écouleraient
inutiles ou se répandraient dévastatrices dans nos campagnes, et
que ces eaux, elle nous les rende comme un dépôt fidèlement gardé,
en appropriant leur écoulement à nos convenances. C'est beaucoup
d'exigence !

Mais alors même que la forêt ne s'acquitte pas ponctuellement
du rôle que nous attendons d'elle au point de vue hydrologique, au
cas même où elle contrarie quelques-unes de nos vues, ne conserve-
t-elle pas son utilité générale ? Ne garantit-elle pas, dans la nature,
cet état d'équilibre que sa destruction vient troubler d'une façon
parfois si désastreuse ? N'est-elle pas toujours un élément essentiel
de l'harmonie de la création ?

Nous nous plaignons de la faculté asséchante de la forêt ; mais
cette faculté n'est-elle pas précieuse, soit en plaine, pour l'assainissement des terres marécageuses, soit en montagne, pour absorber
les eaux qui détrempent les masses terreuses des versants et y provoquent d'effroyables catastrophes ?

Enfin, ces mêmes forêts qui assèchent le sol ne rendent-elles pas
à l'atmosphère une partie de l'eau qu'elles en reçoivent ?

« L'eau retenue par les cimes n'est pas perdue pour la contrée,
» disait déjà M. Mathieu il y a trente ans, elle se condense de
» nouveau et contribue à augmenter l'abondance et la durée de la

» pluie soit sur la forêt même, soit sur les environs. » Et il en est de même de l'eau absorbée par les racines et émise en vapeur par le feuillage.

C'est une restitution, et cette humidité, remise en circulation, est toujours bienfaisante, qu'elle se résolve en pluie, qu'elle forme des brouillards, ou que, restant suspendue à l'état de vapeur invisible, elle s'oppose au desséchement de nos récoltes et favorise le dépôt de la rosée.

Et, en définitive, l'eau est dispensée par l'intermédiaire de la forêt sous une forme très utile encore, indispensable même, quoique différente de celle que nous attendions. La forêt est, quoi qu'il en soit, le grand réservoir d'humidité, et, ainsi que l'a dit M. Broilliard (1), les Russes ne concluront pas, du fait de la diminution des nappes souterraines sous la forêt, qu'au lieu de reboiser il faille extirper l'arbre dans une région où il ne tombe que quarante centimètres d'eau.

Mais, bien au contraire. M. Henry nous apprend (Compte-rendu du Congrès de sylviculture) qu' « en ce moment, les Russes sillon-
» nent leurs terres noires, leurs 95 millions d'hectares de *tcherno-*
» *zem*, de bandes boisées dirigées les unes est-ouest, les autres sud-
» nord, découpant ainsi cette mer de blé en vastes carrés entourés
» de bois ».

Dans le même compte-rendu du Congrès, nous trouvons (p. 352) une réflexion frappante de M. Servier :

« Lorsqu'on me vit planter des conifères, on me fit une objection
» qui paraissait fondée :

« Eh quoi, me disait-on, vous voulez accroître l'humidité du pays
» et vous plantez des essences asséchantes ! Ne savez-vous pas que
» les pins dessèchent rapidement les terrains humides, etc. ?

» A cela je répondis : Comme je ne plante que dans les sols les
» plus maigres et les plus secs, je n'ai pas à craindre de les voir se
» dessécher davantage.

» Et, de fait, ces arbres ont poussé dans ces terrains arides avec
» une vigueur extraordinaire : ils ont attiré les pluies et, par con-
» tre, détourné les orages de grêle... »

_____

(1) *Revue des Eaux et Forêts*, t. XXXVII, 1898, p. 593.

Commerce du bois

Commerce du bois. Adjudications officielles prochaines. — Prochainement, à 12 heures, à la Bourse de commerce (salle de l Union syndicale), à Bruxelles. Fourniture (en 78 lots) de bois et piquets pour les besoins des lignes du réseau des chemins de fer de l'Etat, en 1902. Estim. totale, fr. 430,945.17. Renseignements, bureaux de M. de Rudder, administrateur des voies et travaux, rue de Louvain, 11, à Bruxelles; bureaux de MM. les ingénieurs en chef, directeurs de service : Lechien, à la station de Bruxelles-Nord, pour les lots nos 1 à 4; Motte, rue des Guillemins, 105, à Liége, pour les lots nos 5 à 14; Sarton, à la station de Gand-Sud, pour les lots nos 15 à 24; Isbecque, à la station de Tournai, pour les lots nos 25 à 28 ; Dutrieux, rue d'Enghien, 57, à Mons, pour les lots nos 29 à 36; Motte, avenue Fonsny, 48, à Bruxelles, pour les lots nos 37 à 43 ; Becquevort, avenue des Viaducs, 8, à Charleroi, pour les lots nos 44 à 50 ; Weens, boulevard Léopold, 20, à Namur, pour les lots nos 51 à 57; Hermans, rue du Vieux Cimetière, à Arlon, pour les lots nos 58 à 66; Fagnart, Longue rue de Ruysbroeck, 2, à Anvers, pour les lots nos 67 à 73; Braet, rue du Chariot, 1, à Hasselt, pour les lots nos 74 à 78.

Formation d'un syndicat des sociétés exploitant les forêts de bois de karri et de jarrah dans l'Australie de l'Ouest. — Dans son rapport spécial sur l'Australie de l'Ouest (*Recueil consulaire*, t. 106, p. 118), le consul général de Belgique à Melbourne a fourni des renseignements détaillés sur les richesses forestières de cet Etat. Les forêts du sud-ouest, notamment, renferment des bois de karri et de jarrah, lesquels, comme on sait, se distinguent par leur densité et leur grande durabilité. Ils sont très appréciés en Angleterre pour le pavage des rues, la construction de maisons, les travaux de ports et autres.

Ces forêts sont exploitées par diverses sociétés, dont la plus importante est la Millar's Karri and Jarrah Forests, Limited. Or, il paraîtrait, écrit notre agent, que les sociétés en question, au nombre de neuf, se seraient fusionnées en une seule, la Millar's ayant fait l'acquisition de tous les intérêts engagés dans l'industrie forestière. Ce serait là une combinaison très importante, un syndicat comme il en existe peu en Australie. La société Millar dispose, en effet, d'un capital de 500,000 liv. st. alors que celui des compagnies qui font partie du trust est évalué à 1,529,066 liv. st. entièrement versées.

(*Bulletin commercial.*)

Chronique forestière

Actes officiels concernant des sociétaires. — Administration des eaux et forêts. Personnel supérieur. Promotions et résidences. — Réunions mensuelles. — Recrutement du personnel supérieur des eaux et forêts. Concours en 1902. — Concours agricole régional de Mons. — Les plantations le long des routes de l'État. — La revision de l'impôt sur les bois et les terrains incultes. — Le *Thelephora caryophyllea.* — Emplois nouveaux de la tourbe. — Extraction des souches à la dynamite. — Exploitation des oseraies.

Actes officiels concernant des sociétaires. — Par arrêté royal du 22 mars 1902, M. Braffort, membre de la députation permanente du conseil provincial du Luxembourg, est nommé greffier de cette province.

Administration des eaux et forêts. Personnel supérieur. Promotions et résidences. — Par arrêté royal du 31 décembre 1901, MM. Parisel, inspecteur des eaux et forêts à Verviers, et Pollet, garde général à St-Hubert, sont promus au traitement maximum de leur grade.

Par arrêté royal du 25 mars 1902, M. Maes, sous-inspecteur des eaux et forêts à l'administration centrale, est promu au grade d'inspecteur à titre personnel.

Par un autre arrêté de même date, sont promus :

1° Au grade d'inspecteur, M. Thomas, sous-inspecteur des eaux et forêts à Virton. Il est chargé du service de l'inspection de Neufchâteau;

2° Au traitement maximum de leur grade, MM. Schlexer et Pierret, sous-inspecteurs des eaux et forêts respectivement à Malines et à Couvin ;

3° Au grade de sous-inspecteur, MM. Fontaine et Fouage, gardes généraux des eaux et forêts, respectivement à Namur et à Laroche.

Par un troisième arrêté royal du 25 mars 1902, M. Martin, inspecteur des eaux et forêts à Arlon, est, sur sa demande et pour des motifs de santé, déchargé de ses fonctions et chargé du service du cantonnement de Habay-la-Neuve. Il conserve, à titre personnel, son grade et son traitement actuels.

M. Pierret, sous-inspecteur des eaux et forêts à Couvin, est chargé de l'intérim de l'inspection d'Arlon et M. Perau, garde général des eaux et forêts à Habay-la-Neuve, est chargé de la gestion du cantonnement de Virton.

Réunions mensuelles. — Au cours de la promenade à Groenendael, but de la réunion mensuelle d'avril, il a été procédé au cubage et à l'estimation d'une pineraie sise dans la forêt de Soignes, à l'angle de la chaussée de Mont-St-Jean et de l'ancienne gare de Groenendael.

Le peuplement, qui a 40 ans environ, comporte 700 sujets à l'hectare, d'une circonférence moyenne de 0ᵐ67 à 1ᵐ50 du sol, et de 15 mètres de hauteur ; le volume par hectare peut être évalué à 220 mètres cubes. Eu égard aux débits spéciaux tirés du pin sylvestre dans la forêt de Soignes (tringles à panner, lattes de plafonnage, etc), à la rectitude et à la hauteur des pins envisagés et qui permettent d'en tirer des poteaux télégraphiques, il n'est pas téméraire de fixer à 20 francs le prix du mètre cube ; dans ces conditions, le peuplement vaudrait 4,400 francs à l'hectare.

La promenade s'est poursuivie dans la pépinière et l'arboretum de Groenendael, dont nous avons déjà parlé différentes fois et où les excursionnistes ont pu se rendre compte, notamment, de la vigueur du sapin de Douglas, de l'épicéa de Sitka, de l'épicéa alba, etc

Tournée toujours intéressante et instructive dans cette charmante vallée de Groenendael, un des plus jolis coins des environs de Bruxelles.

* * *

Mercredi 7 mai 1902, à 3 heures, réunion mensuelle.
Ordre du jour :
Causerie sur l'excursion en Campine du 15 avril 1902.

Recrutement du personnel supérieur des eaux et forêts. Concours en 1902. — Le *Moniteur* du 14 mars a publié l'avis ci-après :

En conformité des arrêtés royaux des 22 février 1893 et 4 août 1900, le Ministre de l'agriculture a l'honneur de porter à la connaissance des *ingénieurs agricoles* qu'un concours sera institué fin août prochain, pour la collation de quatre emplois de garde général adjoint des eaux et forêts.

Pour être admis au concours, il faut :

1° Avoir obtenu le diplôme d'ingénieur agricole avec les 6/10 des points au moins sur l'ensemble des matières de l'examen, ainsi que le diplôme spécial de capacité délivré après la fréquentation des cours de la 4ᵉ année d'études (section des eaux et forêts);

2° **Être** âgé, au moment de l'inscription, de 20 ans au moins et de 30 ans au plus.

Les **demandes** de participation au concours peuvent être adressées au Ministre de l'agriculture à partir du 30 mai prochain, et être accompagnées :

1° **D'une** copie du diplôme d'ingénieur agricole et du diplôme spécial de **capacité** certifiée conforme par l'autorité communale du lieu de la résidence du requérant;

2°

3° **De** la preuve que celui-ci a obtenu les points exigés;

4° **D'un** extrait de son acte de naissance;

5° **D'une** attestation qu'il a satisfait aux lois sur la milice;

6° **D'une** attestation médicale légalisée reconnaissant qu'il est d'une bonne **constitution** et exempt de défauts corporels qui le rendraient impropre au service forestier.

L'inscription donne lieu au versement d'un droit de 75 francs, payable dans les quinze jours de l'invitation qui sera adressée au récipiendaire.

Le concours comprend une épreuve écrite et une épreuve orale : les trois cinquièmes des points sont attribués au travail écrit.

Les cotes d'importance relatives aux différentes branches du concours, ainsi que la proportion des points à obtenir dans chacune d'elles, sont déterminées par le Ministre de l'agriculture, en distinguant entre l'épreuve écrite et l'épreuve orale.

Celles-ci sont appréciées par un jury nommé par le Ministre.

Préalablement au concours, les ingénieurs agricoles auront à justifier d'une connaissance élémentaire du flamand ou de l'allemand devant un jury spécial à nommer par le ministre. S'ils n'obtiennent pas au moins la moyenne des points, ils seront ajournés de droit.

Seront admis également au concours dans les conditions indiquées par l'arrêté royal du 22 février 1893, les ingénieurs agricoles auxquels s'applique la mesure transitoire du deuxième paragraphe du litt. *E* de l'arrêté royal du 4 avril 1900.

Pour recevoir un exemplaire du programme du concours, on peut s'adresser soit à MM. les agents forestiers, soit à l'administration des eaux et forêts, rue de Louvain, n° 38, à Bruxelles.

Concours agricole régional de Mons. — Les Commissions provinciales d'agriculture du Brabant et du Hainaut organisent un concours agricole régional, qui aura lieu à Mons du 5 au 13 juillet.

La *section de sylviculture* comprendra neuf concours, dont

trois auront un caractère international, les six autres étant exclusivement régionaux (Brabant-Hainaut) (1).

En voici le détail :

1er concours (international). — Collections de graines d'essences forestières feuillues et résineuses. — Herbiers forestiers.

1er prix. — 30 francs et diplôme.
2e prix. — 20 francs et diplôme.

2e concours (concours entre pépiniéristes des provinces de Brabant et de Hainaut). — Collections les plus complètes et les plus remarquables de plants et arbres forestiers, indigènes et exotiques, convenant le mieux au boisement des terrains des provinces de Hainaut et de Brabant.

1er prix. — 75 francs et diplôme.
2e prix. — 40 francs et diplôme.
3e prix. — 25 francs et diplôme.

3e concours. — Collections les plus complètes et les plus remarquables de bois indigènes en grume ou débités.

1er prix. — 75 francs et diplôme.
2e prix. — 40 francs et diplôme.
3e prix. — 25 francs et diplôme.

4e concours (international). — Expositions les plus remarquables de matériel des exploitations forestières : outils et instruments pour le semis, la plantation, la culture, le recepage, l'émondage, l'abatage, l'écorçage, le débit, etc., des essences forestières; appareils et véhicules pour le chargement des arbres et bois débités; instruments servant à marquer les arbres, à évaluer leurs dimensions, etc.

1er prix. — 75 francs et diplôme.
2e prix. — 40 francs et diplôme.
3e prix. — 25 francs et diplôme.

5e concours. — Expositions les plus remarquables des produits des industries travaillant le bois : vannerie, tonnellerie, charronnage, boissellerie, fabrication des meubles à bon marché, des sabots, des cercles, pâte à papier, fibre et laine de bois, tan et succédanés, extraits divers, produits et sous-produits de la distillation du bois, etc. (Systèmes de travail et produits.)

1er prix. — 75 francs et diplôme.
2e prix. — 40 francs et diplôme.
3e prix. — 25 francs et diplôme.

6e concours. — Collections d'insectes et de plantes nuisibles aux forêts. Notices; descriptions et mœurs; dessins et photographies;

---

(1) Les frais d'inscription sont de 1 franc par exposant pour les concours régionaux et de 2 francs pour les concours internationaux.

moyens préventifs et destructifs à employer. (*Ces indications doivent figurer en grands caractères sur cartes à placer sur panneaux.*)

> 1er prix. — 40 francs et diplôme.
> 2e prix. — 25 francs et diplôme.

7e *concours*. — Collections d'échantillons montrant les vices et les défauts des bois; altérations engendrées par les insectes, les plantes parasites, l'élagage inconsidéré, etc.

> 1er prix. — 40 francs et diplôme.
> 2e prix. — 25 francs et diplôme.

8e *concours*. — Travaux statistiques. — Cartes forestières. — Produits et dépenses des forêts. — Importation et exportation. — Rapports et plans d'aménagements. — Travaux divers concernant l'entretien et l'amélioration des forêts.

> 1er prix. — 50 francs, médaille de vermeil et diplôme.
> 2e prix. — 30 francs, médaille d'argent et diplôme.

9e *concours* (*international*). — Littérature forestière. — Ouvrages et publications les plus remarquables concernant la culture, l'entretien, l'exploitation ou l'aménagement des forêts. — Albums, etc.

> 1er prix. — Médaille de vermeil grand module et diplôme.
> 2e prix — Médaille de vermeil petit module et diplôme.
> 3e prix. — Médaille d'argent et diplôme.

Les plantations le long des routes de l'Etat. — La section centrale chargée de l'examen du budget du département des Finances et des Travaux publics pour l'exercice 1902 a posé au gouvernement la question suivante :

« Ne pourrait-on améliorer le service des plantations le long des routes et des canaux? N'y aurait-il pas avantage à le confier à l'administration des eaux et forêts? »

Voici la réponse du gouvernement :

« Le service des plantations le long des routes et des canaux s'améliore de jour en jour et le gouvernement estime qu'il n'y aurait aucun avantage à le confier à l'administration des eaux et forêts. Il y aurait, au contraire, de sérieux inconvénients à compliquer les choses en répartissant le service des voies de communication dont il s'agit entre deux administrations ressortissant à des départements ministériels différents, ce qui pourrait donner naissance à des conflits et amènerait certainement une augmentation de dépenses dans l'ensemble de ces services.

» Il est d'ailleurs à remarquer qu'il ne s'agit pas dans l'espèce de plantations forestières, mais de plantations d'alignement pour lesquelles le choix des essences doit varier, d'après
les indications de l'expérience, avec la nature des terrains de
déblai ou de remblai, avec l'exposition de ces terrains, la
composition de la chaussée et le genre de circulation, tous
éléments que les agents des ponts et chaussées sont le mieux
à même d'apprécier. »

La revision de l'impôt sur les bois et les terrains incultes.
-- Le rapport de la section centrale qui a examiné le budget
du ministère des Finances et des Travaux publics pour l'exercice 1902, nous apprend qu'un crédit est inscrit à ce budget
pour faire face notamment « aux dépenses auxquelles donnera lieu la revision des revenus des terrains incultes mis
en valeur depuis l'établissement du cadastre ».

La section centrale appelle, à ce propos, l'attention de
M. le Ministre des Finances sur les grands sacrifices que cette
mise en valeur a souvent occasionnés et fait remarquer qu'il
y a lieu d'en tenir compte en ne grevant pas les propriétés
en question de charges trop fortes. « Si le fisc, dit-elle,
procédait immédiatement à une évaluation cadastrale prenant
pour base le revenu réel de la propriété sans tenir compte
des sacrifices que se sont imposés les propriétaires ou les
occupants, les impôts qui frapperaient la propriété seraient
assurément fort lourds. Aussi, la section centrale estime-
t-elle qu'il y a lieu de tenir compte de cette situation, et elle
verrait avec faveur introduire dans la loi une disposition qui
limite au quintuple du revenu cadastral actuel le revenu
cadastral nouveau des propriétés dont la mise en valeur aura
augmenté le revenu réel. »

La section rappelle en outre « au gouvernement la promesse, à différentes reprises faite par lui, de déposer un projet de loi organique de la contribution foncière et qui
contiendra une disposition aux termes de laquelle tout pro-

priétaire qui se croira surtaxé, pourra, dans des conditions à déterminer, réclamer périodiquement la revision de l'évaluation cadastrale de ses propriétés.

» Cette loi est indispensable. Si d'une part, en effet, le gouvernement annonce l'intention de faire effectuer l'évaluation des parcelles cadastrées à l'origine comme bruyères, terres vaines et vagues, terrains incultes, etc., transformés aujourd'hui en terres arables, prairies, bois, ou autrement mises en valeur, il n'est que juste de permettre aux propriétaires qui ont dû changer la destination de terres arables en bois, de bois en prairies, etc., et qui en ont vu diminuer le revenu, de réclamer l'évaluation des parcelles surtaxées.

« Du reste, le droit de réclamer la revision des évaluations devrait appartenir au fisc tout comme au propriétaire intéressé. »

La section centrale s'est préoccupée aussi de la façon d'estimer le revenu cadastral de la propriété boisée et a voulu connaître à cet égard l'avis du gouvernement. Elle lui a donc posé la question suivante :

Quelles sont les bases d'estimation pour le revenu cadastral des propriétés boisées ?

Le gouvernement a répondu :

« Lors des opérations cadastrales primitives, l'évaluation des bois en coupes réglées a été faite d'après le prix moyen de leurs coupes annuelles, sous déduction des frais d'entretien, de garde et de repeuplement, et l'évaluation des bois non en coupes réglées, d'après leur comparaison avec les autres bois de la commune ou du canton (art. 67 et 68 de la loi du 3 frimaire an VII).

» La nouvelle évaluation des propriétés boisées sera faite d'après le prix normal actuel de leurs coupes ordinaires annuelles, sous déduction des frais de garde, d'entretien et de repeuplement. Il sera tenu compte, en outre, de ce que *ce prix de vente doit être considéré comme représentant des revenus annuels accumulés* pendant la durée de la révolution de l'exploitation (15, 20, 25, 30 ans ou plus). »

17

La section centrale fait suivre cette réponse des réflexions ci-après :

· « Des membres de la section centrale se sont demandé si le mode d'évaluation adopté par le gouvernement était bien le meilleur. Ils disent que, dans bien des cas, pour éviter un impôt trop élevé, les propriétaires feront disparaître des bois de grande valeur et supprimeront les coupes régulières et annuelles. Ils allèguent qu'en prenant pour base la valeur qui se trouve sur place, taillis et futaie, on arrive à un capital élevé représentant dès lors un revenu considérable, et, dans ce cas, l'importance de l'impôt amènera les propriétaires à se défaire des bois.

» Ils estiment qu'il serait préférable de prendre pour base de revenu cadastral la productivité du sol, non pas naturelle, mais telle qu'elle résulte des améliorations faites pour en augmenter le revenu. »

Rappelons ici les vœux émis, à ce sujet, par la Société dans son assemblée générale du 28 mars 1901 et qui ont été soumis à M. le Ministre des Finances et des Travaux publics :

« 1° Réclamer le changement de la base qui a servi à fixer l'impôt foncier, afin de ne plus le percevoir sur le revenu ; demander qu'il soit établi ou sur la valeur foncière des terrains boisés, sans tenir compte de la valeur de la superficie existante, ou sur le revenu net, annuel.

» En d'autres termes, traiter l'agriculture et la sylviculture sur le même pied ;

» 2° Demander la non majoration, jusqu'à revision ultérieure, de la cotisation des terres qui se trouvent encore dans les délais de faveur résultant des articles 111 à 114 de la loi du 3 frimaire an VII et de l'article 12 de la loi du 25 mars 1847. Accorder un nouveau terme d'exemption de 15 ans à partir du reboisement du parterre d'une pineraie exploitée définitivement ou à blanc étoc, la création d'une nouvelle pineraie étant encore plus difficile et plus coûteuse que celle de la première ;

» 3° Etendre la revision non seulement sur la lande

améliorée, mais aussi sur toutes les propriétés boisées, reboisées ou déboisées, à l'égard desquelles l'impôt a été assis d'une façon vicieuse ;

» 4° Maintenir l'immutabilité de l'impôt, tout au moins pour une période à fixer ;

» 5° Faire entrer un représentant autorisé dans le sein des commissions d'expertise opérant en forêt. »

Nous nous bornerons à faire remarquer que le gouvernement semble disposé, d'après sa réponse, à adopter le principe du premier vœu émis par la Société, mais ne compte l'appliquer que d'une façon fort incomplète, qui justifie les appréhensions de la section centrale en ce qui concerne l'exploitation des arbres de futaie.

On semble bien, en effet, ne vouloir frapper de l'impôt que l'annuité, la rente annuelle du sol, et non le revenu indiqué par le prix de vente, déduction faite des frais admis ; mais, on perd de vue que l'arbre n'est pas le produit d'une seule révolution, telle que celle-ci est fixée par l'aménagement ; et qu'on en arriverait ainsi à atteindre encore l'épargne, à percevoir l'impôt non seulement sur la rente de la terre, mais aussi sur les intérêts accumulés de cette rente, c'est-à-dire sur le *revenu* du propriétaire forestier.

C'est le sol seul, l'immeuble, qu'il faut frapper de l'impôt *foncier*. Le plan de balivage ne fait pas partie de l'immeuble : il est meuble par destination et peut toujours être réalisé ; la réserve, fruit de l'épargne, doit donc comme telle échapper à l'impôt foncier.

La rente du sol ne correspond nullement à l'annuité établie en fonction de la révolution à laquelle le bois est soumis et du produit de la vente d'arbres comptant 5 ou 6 révolutions de cette durée.　　　　　　　E. de M.

Le Thelephora caryophyllea. — Au cours de l'année 1901, M. E. Marchal, chargé du service phytopathologique à l'Institut agricole de Gembloux, a eu à examiner de jeunes semis de pin sylvestre, dont le collet était recouvert d'une curieuse production cryptogamique.

Il s'agit d'un champignon basidiomycète, vraisemblablement le *Thelephora caryophyllea*, qui vit sur le sol humeux et englobe, dans ses réceptacles, les corps les plus variés et, notamment, les végétaux qui croissent dans son voisinage.

L'examen microscopique a montré qu'il n'existait aucun rapport nutritif entre le champignon et son support occasionnel; le premier se détache aisément du second, avec lequel il ne fait que contracter une adhérence intime.

Cependant, le présence de ces réceptacles vivaces peut nuire indirectement aux jeunes pins. L'humidité constante qu'ils entretiennent autour du collet, la présence de matière organique, résultant de leur décomposition progressive, sont éminemment favorables à l'établissement de divers parasites et, notamment, de l'*Agaricus melleus*.

Emplois nouveaux de la tourbe. — Les questions si intéressantes de la mise en valeur des hautes tourbières et de l'utilisation de la matière tourbeuse ont fait, le 18 janvier dernier, l'objet d'une réunion qui s'est tenue chez M. le ministre de l'agriculture, des domaines et des forêts, réunion que S. M. l'Empereur et Roi a bien voulu honorer de sa haute présence.

Dans un discours-programme, M. le conseiller supérieur Dr Fleischer montra comme un élément caractéristique du progrès de la civilisation, en Allemagne et dans les Pays-Bas, le développement de la mise en valeur des tourbières. Cette mise en valeur, après un repos presque centenaire, a pris un nouvel essor, grâce à l'activité de l'Administration de l'agriculture et aux nouvelles conquêtes de la science et de la technique agricoles. Il est probable que ce but ne sera pleinement atteint que lorsqu'il apparaîtra clairement que les hauts marais, comme les tourbières de la Hollande, constituent des magasins presque inépuisables d'une matière combustible d'une réelle valeur. La nouvelle technique de la tourbe cherche à atteindre ce résultat par divers moyens, tantôt par la production d'une matière combustible d'un grand pouvoir calorifique et d'un transport facile, tantôt par l'emploi de la matière tourbeuse comme source d'énergie utilisable à l'endroit même de l'extraction, ce qui supprime tout transport.

Ensuite, M. le conseiller de régence Jäger fit connaître la fabrication du coke de tourbe, d'après le brevet Ziegler, et celle des briquettes de tourbe. La première de ces industries sera prochainement essayée dans l'Oldenbourg, et aussi en Russie. Elle fournira à côté d'un coke de bonne qualité, pouvant faire concurrence au charbon de bois, un grand nombre de sous-produits d'une valeur réelle. Quant aux briquettes de tourbe, elles se fabriquent depuis longtemps déjà et avec un succès marqué à l'établissement Peters-Langenberg, en Poméranie, et également dans la principauté de Sigmaringen.

M. le comte Schwerin-Wildenhof exposa un nouveau procédé de fabrication de briquettes de tourbe en vue d'obtenir un combustible concentré. Ce procédé est basé sur la propriété caractéristique que possède la matière tourbeuse de se contracter fortement lorsqu'on lui soustrait une partie de son eau.

Cette soustraction est obtenue, dans le procédé récemment breveté de M. le comte Botho-Schwerin, en faisant passer à travers la masse tourbeuse un courant électrique qui a pour effet d'enlever à la tourbe la plus grande partie de son eau. Des expériences concluantes ont montré cette action du courant électrique sur la teneur en eau de la tourbe.

Le principal obstacle qui s'oppose à la transformation de la tourbe brute en une matière combustible d'un haut pouvoir calorifique, utilisable notamment pour la production de la vapeur à haute pression, réside dans sa teneur élevée en eau. M. l'ingénieur G. Gercke a de son côté imaginé une chaudière tubulaire alimentée au moyen de bouillie de tourbe (Torfbrei) au lieu d'eau. Le résidu desséché est utilisé pour le chauffage même de la chaudière. Un appareil-type se trouve actuellement en usage et témoigne de la valeur pratique de ce procédé.

S. M. l'Empereur suivit la conférence avec un intérêt marqué et examina ensuite dans tous leurs détails les appareils utilisés par l'industrie.

La réunion se prolongea jusqu'après minuit. S. M. manifesta l'intérêt qu'elle portait à toutes les œuvres de progrès, parmi lesquelles la mise en valeur des hauts marais n'est pas la moins importante, et exprima l'espoir que l'application étendue de ces intéressants procédés d'utilisation de la matière tourbeuse constituerait le levier le plus puissant de cette mise en valeur.   **W.**

(D'après la *Neue Forstliche Blätter*.)

Extraction des souches à la dynamite. — M. Ringelmann, professeur à l'Institut agronomique de Paris, directeur de la Station d'essais de machines, a étudié la question de l'emploi de la dynamite pour l'extraction des souches dans des terrains à défricher; sur les souches brutes, une économie variant de 35 à 50 p. c. peut être réalisée de ce chef sur les procédés ordinaires d'extraction qui coûtent, dans les conditions envisagées, de 4 à 12 francs, suivant la nature du terrain, la disposition des racines, les dimensions des souches et le prix de la main d'œuvre.

Nous donnons ci-après la relation de deux essais faits dans la forêt d'Epinal, en grès vosgien.

Souche brute. — Chêne de 0^m85 de diamètre exploité rez terre la veille de l'expérience; cube 1/2 stère, bois sain. Emploi d'une cartouche de 100 grammes, placée au fond d'un trou central de 0^m40 de profondeur, percé à la tarière.

Après l'explosion, la souche a été divisée en quatre parties sensiblement égales, séparées par des fentes de 5 à 8 millimètres de largeur, pénétrant jusqu'à l'extrémité inférieure; le sol a été complètement dégagé sur 0^m40 de profondeur et 0^m60 de tour extérieurement à la souche.

Le maximum d'effet s'est trouvé à peu près au niveau de la charge, endroit où le pivot a été coupé net. — (La souche présentait une roulure circulaire de 0m30 de diamètre, qui n'a exercé aucune influence appréciable sur les résultats de l'opération.) Les chiffres ci-dessous indiquent les frais d'extraction de la souche suivant les procédés employés :

Frais d'extraction ordinaire.

2 1/2 journées d'ouvrier à 2 fr. 75 . . . . . . fr.	6.87

Frais d'extraction à la dynamite.

15 minutes d'ouvrier mineur à fr. 0.40 l'heure. . fr. 0,10
Cartouche de 100 grammes' 0.50
Capsule et mèche 0.10
Déblai (terre et bois), 12 heures à fr. 0.275. . . . 3.30

Total. . . . . fr. 4.00

Economie, en faveur de l'extraction à la dynamite. . fr. 2.87

Souche dégagée. — Chêne de 1 mètre de diamètre, un an de coupe, cubant 0.9 ; bois sain.

Emploi d'une cartouche de 100 grammes placée au fond d'un trou central de 0m37 de profondeur, atteignant presque le fond de la souche.

Frais d'extraction ordinaire.

Déblai circulaire : 1 journée . . . . fr. 2.75
Déblai (terre et bois), 1.5 journée. 4.12

Total . . . . . fr. 6.87

Frais d'extraction à la dynamite.

Déblai circulaire, 1 journée. . . . . fr. 2.75
15 minutes d'ouvrier mineur 0.10
Cartouche de 100 grammes. 0.50
Capsule et mèche 0.10
Déblai (terre et bois', 4 heures à fr 0 275 . . . . 1.10

Total . . . . . fr. 4.55

Economie, en faveur de l'extraction à la dynamite. . fr. 2.32

Souche dégagée. — Hêtre de 0m80 de diamètre, un an de coupe, cube 1/2 stère ; bois décomposé par places.

Emploi d'une cartouche de 100 grammes placée au fond d'un trou central de 0m22 de profondeur.

La souche a été divisée en 6 gros morceaux par des fentes de 3 millimètres de largeur ; le cœur, décomposé sur 0m15 de diamètre, a volé en éclats et l'explosif n'a pas produit tout son effet.

Frais d'extraction ordinaire.

Déblai circulaire, 1 journée. . . . . .fr. 2.75
Déblai (terre et bois), 1.22 journée 3.38

Total . . . . . fr. 6.13

Frais d'extraction à la dynamite.

Déblai circulaire, 1 journée. . . . . .fr. 2.75
1/8 d'heure d'ouvrier mineur 0.05
Cartouche de 100 grammes 0.50
Capsule et mèche 0.10
Déblai (terre et bois), 8 heures à fr. 0.275 . . . . 2.20

Total . . . . . . fr. 5.60

Economie, en faveur de l'extraction à la dynamite . fr.   0.53

On peut conclure qu'il n'y a pas avantage à dégager préalablement les souches, et il résulte du troisième essai ci-dessus qu'il y a intérêt à ne pas attendre leur décomposition,
même partielle; il est plus avantageux d'opérer sur du bois
sain, l'année même de l'exploitation des arbres.

Exploitation des oseraies. — Il faut arriver au moins à la troisième
année pour avoir un produit sensible. Pendant le premier hiver, on
coupe les jeunes pousses à la base, à quelques millimètres seulement de
la tige, en rognant celle-ci de manière que la petite tête ne soit pas à
plus de 10 centimètres du sol. Les nouvelles pousses, plus nombreuses
et plus longues, sont de même coupées à leur base le second hiver. On
pourra déjà en tirer un certain profit.

Par la suite, la récolte se fait à deux époques, selon la nature du
produit. On coupe en automne et en hiver les osiers destinés à être
employés bruts ou fendus, et en avril-mai, c'est-à-dire lorsque la sève
commence à circuler, ceux destinés à être pelés. Si ces derniers sont
coupés en hiver, il faut les mettre dans l'eau quelque temps avant de les
peler.

La coupe doit se faire proprement, à l'aide d'une serpette spéciale
tranchante, et toujours près de l'empattement. Si la souche est très
vigoureuse, on peut laisser se former plusieurs petites têtes.

Les brins coupés sont laissés sur le sol deux ou trois jours, puis on en
fait des bottes qu'on transporte à la maison, où il est procédé au triage.
On établit alors habituellement trois qualités d'osier. Le gros, qui

comprend des brins do 2 à 3 mètres de longueur; le moyen, formé de ceux de 1m25 à 1m75, et le petit osier, qui n'a pas plus de 1 mètre de longueur.

La coupe et le transport à la ferme coûtent de 70 à 80 francs par hectare.

La préparation de l'osier se fait souvent à la ferme, parfois aussi la récolte est vendue aussitôt après le triage ou même sur pied, quand le propriétaire, pour une raison ou pour l'autre, trouve plus avantageux de ne pas faire lui-même ces diverses opérations.

Les brins destinés à la tonnellerie sont généralement fendus en trois par des femmes; le travail va assez vite. L'écorçage, au contraire, qui se fait précisément sur des brins plus petits, est lent. Un ouvrier ne peut guère faire que 20 kilog. d'osier *blanchi* dans sa journée; ce travail revient donc à un prix élevé.

Les brins blanchis ne sont mis en botte que lorsqu'ils sont bien secs; on les conserve à l'abri de l'humidité et de la poussière pour qu'ils ne perdent pas leur couleur.

On a inventé dans ces dernières années plusieurs peleuses d'osier; ces machines diminuent les frais de décorticage au moins des deux tiers.

Le rendement à l'hectare est naturellement très variable selon l'âge de la plantation, le plant cultivé, la fertilité du sol. On l'évalue en moyenne à 800 à 900 bottes de 1m15 de tour d'osier gris ou brut, ce qui donnera 400 à 500 bottes d'osier blanc ou écorcé.

L'osier gris vaut en moyenne 1 franc la botte, et le pelé 2 à 4 francs, se'on qualité; le produit brut varie de 500 à 900 francs par hectare; ce chiffre de 900 francs est fréquemment dépassé, parait-il, par les bons planteurs des Ardennes en particulier.

M. Mouillefert, professeur de sylviculture à l'Ecole de Grignon, établit ainsi le bilan d'une oseraie de quatre ans:

La première année, on aurait une dépense de 700 francs à l'hectare pour défoncement, achat des plants, plantation, façons culturales, impôts, frais généraux, intérêt de l'argent. Quant à la récolte, elle n'est que de 75 francs, soit une différence de 625 francs.

En seconde année, les frais de labours, binage, remplacement des manquants, récolte et divers, monteraient à 290 francs. Mais on récoltera pour 315 francs de produits, d'où un passif montant encore à 600 francs.

L'auteur prévoit pour 190 francs de labours et binages la troisième année, plus 60 francs pour la récolte, 50 francs pour l'intérêt de l'argent et frais généraux, soit un total de 300 francs. Mais le produit obtenu vaut 500 francs; il ne reste donc plus que 400 francs d'engagés.

En quatrième année, la dépense se monte à 305 francs et la recette à

625 francs, en sorte qu'il ne reste plus que 80 francs comme avance à la plantation.

Chaque année, par la suite, on aura de même 300 francs de dépenses et un produit brut de 650 à 700 francs au moins. Le bénéfice net est donc encore important, et il est assez régulier, car cette culture n'est ni sujette à des maladies lui causant de graves préjudices, ni sensible aux intempéries, bien que pourtant les gelées tardives et la grêle puissent l'endommager dans une certaine mesure.

Il y a certainement, en France, une foule de terrains bas presque improductifs, à cause de leur excès d'humidité, qui seraient facilement transformés en bonnes oseraies si leurs propriétaires connaissaient les avantages de cette spéculation et les moyens de s'y livrer.

Une bonne oseraie dure au moins une trentaine d'années. A mesure que certaines souches s'épuisent, on les recèpe.

(Le Chasseur français.)

Dons à la Société

Nous avons reçu :

1° De M. Charles Sargent, membre correspondant de la Société, un exemplaire de sa brochure intitulée : *New or little known North American Trees. IV.*

2° De M. B. E. Fernow, directeur du New-York State College of Forestry, un exemplaire de chacune de ses trois brochures intitulées : a) *Adirondack Forest Problems* ; b) *Testimony before the U. S. Industrial Commission in forestry matters* ; c) *Twelve theses on College forest management and brief statement of results.*

Assemblée générale ordinaire du mois de mars

(*Séance du 26 mars 1902*)

(Local de la Société « Aux Caves de Maestricht », 5, avenue Marnix,
Porte de Namur, Ixelles.)

ORDRE DU JOUR :

1º Approbation du procès-verbal de l'assemblée du 27 novembre 1901 ;
2º Compte rendu de gestion. Situation financière ;
3º Demande de la Société centrale d'agriculture. Projet d'affiliation.

La séance est ouverte à 10 h. 45, sous la présidence de
M. J. Bareel.

Sont présents :

Conseil d'administration : MM. J. Bareel et de Sébille, vice-présidents;
Berger, A. Dubois, Fraters, Fontaine, Jacques, Naets, conseillers; de Marneffe,
secrétaire; Blondeau et Defrecheux, secrétaires-adjoints.

Membres : MM. Boël, Bommer, Bruggeman, N. I. Crahay, Raoul Drion,
A. Emsens, Francier, Grandfils, Lecart, Mousel, Nélis, Van Hoorebeke, Van
Schelle.

M. Boone s'est excusé de ne pouvoir assister à la séance.

Le procès-verbal de l'assemblée générale du 27 novembre
1901 est approuvé tel qu'il a été publié pp. 795 et suiv. du
Bulletin de l'année 1901.

*
* *

M. le secrétaire donne lecture du compte rendu de gestion
et de l'exposé de la situation financière.

MESSIEURS,

C'est dans cette séance qu'aux termes de l'article 10 de nos statuts
le Conseil d'administration doit vous rendre compte de sa gestion pendant
l'année écoulée.

Constatons tout d'abord que, pour 1901, nos listes renseignent
861 sociétaires et 463 abonnés, soit 14 sociétaires et 34 abonnés de plus
qu'en 1900. C'est certes un succès ; il ne faut cependant pas perdre de
vue qu'il a fallu 76 nouvelles présentations de sociétaires pour arriver
à cette légère augmentation de leur nombre, après compensation des
décès et des démissions inévitables. Tout en remerciant donc vivement
les membres qui ont bien voulu répondre à notre appel, nous nous
permettons d'insister pour qu'ils continuent à nous prêter tout leur
concours et pour que d'autres joignent leurs efforts aux leurs.

Le *Bulletin* est le principal moyen d'action de la Société; c'est lui qui doit surtout en assurer la vitalité. Le Conseil d'administration a pris des mesures afin de lui conserver tout son mérite et le rendre aussi intéressant que possible pour les diverses catégories de lecteurs. Il fait encore appel, dans ce but, à la bonne volonté des membres et sera reconnaissant à tous ceux qui, dans une si faible proportion que ce soit, voudront bien collaborer à l'œuvre commune.

Nous croyons devoir mentionner spécialement que nos ressources ont permis au secrétariat de se procurer, avec l'assentiment du conseil, les belles planches des insectes ravageurs des peuplements résineux, que l'administration des eaux et forêts a fait afficher, en tableaux très suggestifs, dans la plupart des gares de chemin de fer. Quelques planches ont paru dans le *Bulletin* en 1901; les autres paraîtront dans le cours de cette année.

Le *Bulletin* a aussi rendu compte de l'excursion annuelle qui a eu lieu dans les environs de Rochefort; il en a signalé tout l'intérêt et le succès.

La Société a participé officiellement au Congrès agricole de Namur. C'est elle qui a, en somme, assumé toute la tâche de l'organisation de la section des eaux et forêts. Si ce Congrès n'a pas donné lieu à des discussions passionnées, il a néanmoins provoqué des rapports intéressants qui ont paru dans le *Bulletin*, et des vœux dont le gouvernement voudra sans doute tenir compte.

Outre les causeries très instructives des réunions mensuelles par MM. Naets, Mourlon, Bommer, Crahay, Boone et Severin, deux conférences intéressantes ont été données à l'occasion des assemblées générales, l'une sur « la biologie des forêts », l'autre sur « la sélection forestière et la provenance des graines ». la première par M. Bommer précité, la seconde par M. Paul Nypels.

La question de la revision cadastrale des bois et terrains incultes mis en valeur par le boisement, confiée à l'examen d'une commission spéciale, a donné lieu à un excellent rapport de M. de Sébille, vice président de la Société, rapport publié pp. 129 et suiv. du *Bulletin* (mars 1901) et à une discussion en assemblée générale du 28 mars. Les vœux émis par l'assemblée ont été soumis par le bureau de la Société à M. le ministre des finances et des travaux publics. Nous constatons avec regret que, d'après sa réponse à la section centrale chargée de l'examen du budget de ce département pour l'exercice 1902, M. le Ministre ne paraît pas disposé à accueillir complètement nos vœux, qui sont cependant des mieux justifiés.

Des dons divers et des acquisitions ont encore enrichi notre bibliothèque. Nous avons mentionné les dons dans le *Bulletin* et nous adressons itérativement tous nos remercîments aux donateurs.

Enfin, voici, Messieurs, l'exposé de notre situation financière :

COMPTE DE L'EXERCICE 1901

RECETTES		DÉPENSES	
Report de l'année 1901.	350.80	Impression du Bulletin, tirés à part .	6,195.92
860 cotisations à 10 francs (1) . . .	8,600.00	Comité de rédaction, articles payés, planches et gravures, tirages hors texte	914.87
463 abonnement. à 4 francs . . .	1,852.00	Planches chromolithographiées des insectes nuisibles aux résineux	1,065.00
6 abonnements de librairie à 10 francs .	60.00	Bibliothèque : abonnements divers, achats de livres, reliures	348.78
Remboursement des frais de recouvrement de cotisations et autres . . .	129.87	Entoilage de la carte géologique . .	218.25
Annonces	611.50	Collections.	1.70
Vente de livraisons du Bulletin. . .	193.50	Frais de bureau, timbres, ports, taxes diverses. (Bulletin, cartes-quittances, correspondances, etc.)	843.45
Subside du Gouvernement . . .	2,000.00	Dessin et similigravure pr cartes-quittances.	105.30
Intérêts du capital roulant (2) . .	83.14	Location du local	600.00
		Emoluments des secrétaires et secrétaires-adj.	2,200.00
		Conférences: rémunération des conférenciers.	100.00
		Excursion et Congrès forestier de Namur : organisation, frais de représentation, rémunération des rapporteurs, dépenses diverses.	559.95
		Réunions mensuelles : rémunération des conférenciers ou des rapporteurs, frais divers.	156.20
		Rachat de livraisons épuisées . . .	36.55
		Divers :mobilier, prime d'assur., frais de manutention, pourboires, menus frais divers).	109.80
TOTAL. . .	13,910.81	TOTAL. . .	13,457.77
		BONI. . .	453.04
		BALANCE. . .	13,910.81

(1) Une cotisation n'a pu encore être recouvrée.
(2) Les intérêts du fonds de réserve sont versés en compte-courant à la Banque de la Société de la Flandre occidentale, à Bruges, et ajoutés au capital de réserve.

Certifié exact, le 22 février 1902.
Le S..cretaire-adjoint, trésorier-bibliothécaire,
A. DEPRECHEUX.

Il est à noter que sans le report du boni de l'exercice précédent, notre excédent actuel se réduirait à fr. 102.24. Mais, notamment pour l'achat des planches des insectes nuisibles aux forêts résineuses et l'entoilage de la carte géologique, nous avons supporté des frais qui ne se représenteront plus, du moins dans la même proportion. Avec le subside du gouvernement, sans lequel il nous serait d'ailleurs impossible d'assurer la marche régulière de nos services, nous prévoyons que nous pourrons faire face à toutes nos dépenses pour l'exercice 1902, tout en consacrant la somme nécessaire à l'amélioration de notre publication.

Dans ces conditions, nous avons l'honneur de vous proposer, Messieurs, de verser notre boni au fonds de réserve et nous vous prions de bien vouloir approuver notre gestion pendant la huitième année sociale.

Pour le Conseil d'administration :

Le Secrétaire,   *Le Président,*
E. DE MARNEFFE.   Comte A. VISART.

Co compte rendu est approuvé.

* *

M. le secrétaire donne ensuite lecture de la proposition d'affiliation soumise par la Société centrale d'agriculture et de la décision prise à ce sujet par le Conseil d'administration dans sa réunion du 4 mars 1902. (Voir *Bulletin*, p. 195.)

M. de Sébille fait l'exposé de la question. Il fait ressortir que la Société centrale forestière n'éprouve nullement la nécessité de renoncer à son indépendance et que celle-ci est incompatible avec l'idée d'affiliation. Autre chose serait d'une fédération des sociétés.

M. Crahay pense qu'on pourrait peut-être atteindre le but indiqué en favorisant l'affiliation aux deux associations d'un plus grand nombre de membres, par des réductions réciproques de la cotisation.

M. Bareel, président, fait remarquer que les conséquences financières de pareille mesure pourraient être regrettables.

Il estime que l'affiliation proposée ne donnerait pas plus d'autorité aux vœux exprimés au sujet des questions intéressant les deux sociétés et que l'effet serait, au contraire, plus considérable si celles-ci agissaient séparément.

M. Dubois ajoute que d'ailleurs on pourra toujours avoir recours à la nomination de commissions mixtes pour l'étude des questions communes aux deux associations, comme on l'a fait à propos de la revision de l'impôt foncier.

M. Fraters ne voit pas de différence sérieuse entre l'affiliation et la fédération. En réalisant le projet soumis à l'assemblée, on étudierait plus facilement en commun les questions qui intéressent à la fois les agriculteurs et les sylviculteurs.

M. Bareel, président: Il sera tout aussi simple de réunir des délégués chaque fois que l'utilité s'en fera sentir.

A l'unanimité moins une voix, l'assemblée ratifie la décision de son Conseil d'administration : en conséquence, la proposition d'affiliation n'est pas adoptée.

Il est entendu que la proposition de M. Crahay fera l'objet d'un examen de la part du Conseil d'administration, qui aurait à examiner également tout projet éventuel de fédération.

* * *

M. Leplae, professeur à l'Université de Louvain, donne ensuite à l'assemblée la conférence annoncée sur « les forêts de pitch-pine et les forêts vierges de la Floride ».

Cette conférence, accompagnée de projections lumineuses, intéresse vivement les auditeurs.

L'excellent et érudit conférencier est très applaudi et M. le Président le remercie au nom de la Société.

Le *Bulletin* publiera ultérieurement un article de M. Leplae sur le sujet de sa causerie.

La séance est levée à 12 h. 35.

LISTE DES MEMBRES
de la Société centrale forestière de Belgique

Nouveaux membres (7)

MM. **Boël**, Louis, propriétaire, Roucourt par Péruwelz. (Présenté par M. Edmond Baugnies.)

Duchâteau Georges, propriétaire, Grandglise. (Présenté par le même.)

Duvivier, Th., marchand de bois, Rencheux (Vielsalm). (Présenté par M. Bradfer.)

Ophoven-Dumont, Léon, propriétaire, château de Binsta lez-Stavelot. (Présenté par M. Wartique.)

Sébire, Elmire, fils aîné, pépiniériste, Ussy près Falaise (Calvados, France). (Présenté par M. Perpète-Quevrin.)

Senny, Gustave, docteur en médecine, Comblain-au-Pont. (Présenté par M. Rouffignon.)

Van Audenaerde, H., régisseur, château des Cailloux, Jodoigne. (Présenté par M. Poncin.)

───────◆───────

LISTE DES ABONNÉS
au Bulletin de la Société

Nouveaux abonnés (3)

MM. **Bertrand**, Jean, jardinier, Theux. (Présenté par M. Wartique.)

Hubert, A., garde forestier, ferme de Belle-Vue à la Cédrogne, Les Tailles par Manhay. (Présenté par M. Bradfer.)

Villé, Lucien, garde forestier surnuméraire, Transinne. (Présenté par M. Delville.)

───────◆───────

Excursion forestière

. L'excursion annuelle de la Société aura lieu les 23 et 24 juin, dans les environs de Bruges.

Elle aura pour objet la visite : 1° des bois des Hospices civils de Bruges, dans lesquels ont été faites de nombreuses expériences intéressantes ; 2° des bois appartenant à M. Paul van Caloen (futaies de mélèzes sur taillis), des plantations et des vieilles pineraies de feu M. le sénateur chevalier van Outryve d'Ydewalle, à Ruddervoorde, et de l'ancien arboretum de Serret, à Beernem, appartenant à Madame la douairière Ballieu d'Avrincourt.

Le programme détaillé de l'excursion sera publié dans la prochaine livraison du *Bulletin*.

Les taillis de la région ardennaise

(*Fin*)

III. — Difficultés du travail de restauration

Il est parfois bien difficile de faire comprendre aux administrateurs communaux la possibilité, la nécessité même de transformer ces mauvais boisements en peuplements plus productifs.

La routine trouve toujours trop d'adeptes. Les pratiques anciennes, pâturage, essartage, ont conservé des fervents. Les taillis en voie de transformation ne peuvent supporter la houe, et le parcours y doit être supprimé, du moins dans les débuts, et réglementé dans la suite.

Les lecteurs du *Bulletin* se souviennent encore du « Cri d'alarme » jeté par un habitant des bords de la Semois qui, dans son exagération, voyait déjà tous les taillis transformés en massifs résineux et, comme conséquence, la suppression radicale de l'essartage, du pâturage, de l'affouage, etc.

A ce point de vue, les conférences organisées par l'administration forestière rendent de très grands services ; elles mettent les agents en relations plus suivies avec les administrateurs et les habitants réunis d'une commune ; elles permettent d'exposer devant tous les intéressés le but poursuivi, de discuter les objections et d'obtenir soit une approbation, soit même un concours.

Nous pourrions citer telle commune, rebelle à l'introduction des résineux dans les mauvais taillis ; dans l'esprit des habitants, ces essences auraient rendu l'écobuage impossible ; la combinaison suivante y a été admise :

1re révolution. — Essartage de la moitié de la coupe de taillis, repeuplement des clairières *après la coupe des genêts*, à l'aide d'essences résineuses ;

2me révolution. — Essartage et repeuplement de la seconde moitié ;

3me révolution. — Exploitation des résineux en même temps que du taillis dans la première moitié de la coupe ; essartage.

Le terrain se reposera pendant une révolution sur deux, s'améliorera par la culture des résineux et procurera, si l'usage subsiste encore, un essartage plus rémunérateur.

Ailleurs, les communes ont réclamé, avant d'entreprendre les restaurations préconisées, un devis renseignant l'étendue et la nature des travaux à effectuer, l'importance de la dépense, et en même temps ont sollicité une promesse de subsides. Satisfaction leur a été donnée et c'est par un millier d'hectares que se chiffrent les contenances ayant fait l'objet de propositions spéciales.

On a prétendu que l'introduction des résineux dans les taillis amènerait la suppression de l'affouage. Pourquoi ?

Nous pensons, au contraire, que la culture mixte des résineux et des feuillus sauvera, dans bien des communes, la coutume de l'affouage.

N'est-il pas prouvé et admis que les résineux — le pin sylvestre notamment — que nous confinons ici dans un rôle d'essences de remplissage, améliorent le sol et favorisent la croissance du taillis ?

D'un autre côté, les nécessités budgétaires allant toujours en augmentant, alors que la valeur des écorces a diminué de 75 p. c., certaines communes seront dans l'obligation de vendre leurs coupes de taillis si elles ne trouvent, dans les groupes de résineux, l'appoint nécessaire pour équilibrer leur budget.

Des exemples sont à citer.

Redu a vendu, depuis 1890, pour environ 60,000 francs de pins sylvestres, semés ou plantés dans des taillis très clairiérés.

Maissin a réalisé, pour plus de 7,000 francs, deux ou trois groupes de sylvestres encadrés dans de mauvais boisements de bouleau.

La section d'Opont (Paliseul) a exploité en 1900 une coupe mixte ; les pins sylvestres, après avoir amélioré le sol et le taillis, ont produit une somme deux fois supérieure à la valeur du peuplement feuillu. Chacun y a trouvé son profit, les habitants ont eu l'affouage et la commune a encaissé un bon revenu.

Les exemples des résultats financiers obtenus par la culture des résineux abondent, au surplus, dans toutes les régions.

IV. — Améliorations à préconiser

Il importe de ne pas conclure, de ce qui précède, que tous nos taillis sont à transformer en sapinières.

Il existe des taillis bien fournis, peuplés en majorité de

chêne, charme, etc. Il suffirait, dans bien des cas, soit de les exploiter à une révolution plus longue, 25 à 30 ans, soit de les convertir en futaie sur taillis, pour en retirer, dans l'avenir, un revenu beaucoup plus considérable. Des plantations de sujets de moyenne tige (chêne ordinaire et chêne d'Amérique, érable sycomore, frêne, aune blanc, etc.), remplaçant les chêneaux d'un an, compléteraient heureusement les mesures à prendre.

L'administration forestière a préconisé ces mesures à propos d'un grand nombre d'aménagements. Malheureusement, les idées nouvelles ne s'implantent pas sans résistance.

Indépendamment de ces taillis, pouvant s'améliorer par eux-mêmes, on rencontre souvent des boisements de bouleau, assis en bon sol, à proximité de vieilles futaies.

La nature a parfois commencé l'œuvre de conversion ; les semis naturels de hêtre y poussent à merveille. Par quelques plantations appropriées, on arriverait aisément à remplacer le taillis de maigre rapport par une futaie d'avenir. Des travaux semblables ont été entrepris à Ochamps, Framont, Jehonville. D'autres sont prévus, mais la cherté des plants de hêtre nous oblige à les différer. Il va sans dire que les parcelles ainsi traitées sont distraites de la série des taillis.

Mais, nous voulons surtout nous occuper des taillis à *régénérer*, à compléter à l'aide des résineux, et des taillis à convertir entièrement en sapinières.

Dans les premiers, les vides sont nombreux et envahis par une végétation adventice qui empêche la réinstallation des feuillus ; la croissance est médiocre ; le massif complet, nécessaire au maintien de la fraîcheur du sol, ne peut être obtenu qu'avec les résineux ; ces essences sont appelées, dans ce cas, à compléter le taillis.

Dans les seconds, le peuplement feuillu est considéré comme nul au point de vue du rapport; on le sacrifie complètement, mais en lui demandant parfois un abri pour l'épicéa.

Suivant les géologues, dans les temps historiques, les forêts des Ardennes étaient peuplées de hêtres, de chênes, de bouleaux, de coudriers et d'épines, sans arbres verts; mais il est constaté aussi que dans les premiers âges du monde, ces forêts étaient composées de conifères et d'arbres ayant une constitution anatomique analogue.

D'où l'on a voulu conclure, en théorie, que par les boisements résineux, on faisait un pas en arrière. (Koltz, *Courses à travers les bois du Luxembourg*.)

Mais la pratique journalière ne se charge-t-elle pas de démontrer que les résineux, essences généralement frugales, améliorent le sol et préparent pour les feuillus, plus exigeants, une table mieux servie?

Ne va-t-on pas même jusqu'à prétendre que, cette frugalité permettant la mise en valeur des sols pauvres, les conifères primeront partout les feuillus et deviendront insensiblement l'essence dominante des forêts de l'avenir?

Au surplus, il suffit d'étudier les statistiques pour se convaincre que le déficit en bois résineux n'est pas près d'être comblé par la production belge, quelle que soit l'extension donnée à la culture des abiétinées.

Les propriétaires qui craignent, pour l'avenir, un avilissement des prix des sapins, peuvent se rassurer. Le courant d'importation a été progressivement croissant depuis de longues années, et il est permis de penser et de dire qu'il ne saurait se ralentir, et qu'il y a lieu de compter avec lui pour établir les prévisions.

Le principe de la restauration des mauvais taillis à l'aide des résineux étant admis, quelles essences employer?

« Quand on procède au repeuplement des vides et clairières d'une forêt, le but à atteindre est celui de mettre en valeur un sol improductif, c'est-à-dire d'améliorer la production forestière en régularisant les massifs, en introduisant les essences qui donneront les produits en matière les plus considérables et les plus utiles, tout en recherchant pour le capital engagé dans l'opération un place-

» ment sûr et avantageux. » (*Essai sur les repeuplements artificiels,* par A. Noël.)

Le *pin sylvestre* est l'arbre des terrains pauvres, effrités par les abus du pâturage, de l'essartage, etc.; c'est le régénérateur par excellence des forêts épuisées. Là où la bruyère tend à remplacer la végétation forestière, le sylvestre peut encore être cultivé; ses nombreuses aiguilles, tombant tous les deux, trois ou quatre ans, recouvrent le sol et l'améliorent, si bel et bien qu'après lui, on peut songer au boisement à l'aide d'essences plus précieuses.

Il est l'arbre le plus propre à reboiser les sols forestiers que d'imprudentes exploitations ont prématurément découverts et livrés à l'envahissement des bruyères et des autres plantes arbustives.

Sous son couvert plutôt épais dans la jeunesse, la bruyère disparaît et avec elle l'acidité du sol. Plus tard, le couvert s'éclaircissant, le sol étant peut-être déjà restauré, on peut revenir à la forêt naturelle en installant un sous-bois feuillu.

Le pin sylvestre n'est, dans ce cas, qu'une essence transitoire, améliorante.

Nous l'employons de préférence dans les taillis à *améliorer*; là, il active la végétation des cépées voisines sans trop leur nuire par son couvert; nous lui réservons toujours les terrains secs, pierreux, les expositions chaudes.

Le proverbe: *Si tu veux du chêne, fais du pin,* indique suffisamment que le sylvestre n'est pas l'ennemi du chêneau, quoi qu'en disent les partisans à outrance des taillis.

La plantation est actuellement la règle la plus générale. Les mauvais résultats obtenus depuis quelques années avec le semis nous ont engagé à recourir à la plantation.

Le semis a des chances de réussir si l'on répand la graine avant l'exploitation du maigre taillis. La coupe, le façonnage et le transport des bois suffisent au recouvrement de la graine. On peut également semer après l'enlèvement de la litière, lorsque le sol est suffisamment raffermi.

On doit éviter de semer les parties du terrain où les cépées seront assez fortes pour ombrager les jeunes pins qui, dans ces conditions, ne persisteraient pas.

Avant de semer, il importe de s'assurer de la qualité de la graine, de son pouvoir germinatif. Trop souvent, on utilise de la graine dont le germe est tué ou tellement affaibli que la levée, très irrégulière, n'est complète qu'après trois ou ou quatre ans.

En 1895 déjà, nous avions proposé de n'utiliser les graines qu'après de minutieux essais sur leur faculté germinative dans une station agronomique de l'Etat. Les propriétaires et les agents forestiers n'auraient plus à craindre ces mécomptes provenant d'achats directs faits au commerce.

La couverture du sol (bruyère, mousse, etc.) joue un rôle prépondérant dans la réussite d'un semis ; elle ne doit pas empêcher la graine d'arriver au sol, ni étouffer le plant dès la levée.

L'expérience a démontré qu'en général un peuplement forestier peut être créé par voie de plantation plus aisément et à meilleur marché, en raison des nombreux risques d'insuccès des semis et des dépenses qu'entraînent les regarnissages.

Eu égard au rôle améliorant que doit jouer le pin sylvestre, l'écartement oscille entre 0^{m}80 et 1 mètre.

Les plants employés sont presque exclusivement des semis d'un an, trapus, vigoureux, munis de belles racines.

Les sylvestres de deux ans, repiqués, n'ont pas répondu aux espérances ; le déchet, dû au *roussi*, était considérable et les remplacements onéreux ; la plantation, dans ces conditions, était plus coûteuse en même temps que plus aléatoire.

Le déchet, avec les plants d'un an, est très faible si l'on prend les précautions d'usage avant et pendant la mise en place. C'est dans cette partie de sa mission qu'un garde intelligent et énergique est apprécié. Employer de bons sujets, les bien planter, c'est réussir, à moins de circonstances exceptionnellement défavorables.

Planter est un art, a dit Manteuffel. Certains préposés

ont encore des triages trop étendus pour pouvoir diriger ou surveiller toutes les plantations. Le même garde a dû surveiller chaque printemps, pendant trois années consécutives, la plantation de plus de 500,000 sylvestres et épicéas, effectuée dans les bois des trois communes formant son triage ; ajoutons toutefois que sa circonscription est maintenant réduite.

Au pin sylvestre, on pourrait associer, dans une certaine proportion, le *pin laricio de Corse*, là où le terrain n'est pas trop acide ni la bruyère trop forte, et pour autant que l'altitude n'exclue pas cette essence.

Le *pin noir* est à déconseiller dans nos sols pauvres en calcaire. M. Seurrat de la Boulaye, dans une étude présentée en 1881 au Comité agricole de Sologne, constate que cette essence a une grande affinité pour l'acide phosphorique, élément qui manque également dans les terrains de la région. Les pins noirs plantés dans les environs de Paliseul n'ont pas dépassé l'âge de 20 ans.

Il y a toutefois lieu de citer exceptionnellement une pineraie de 2 hectares créée vers 1870 dans un mauvais taillis appartenant à la section d'Our (Opont). La végétation est assez bonne, la circonférence moyenne est de 0^m50 mais la hauteur ne dépasse pas 7 mètres. Quelques sujets mesurent 0^m75 à 0^m80 de tour à 1^m50 du sol. Le pin sylvestre, dans les mêmes conditions, aurait donné un cube de beaucoup supérieur. Notons, en passant, que cette pineraie n'est pas attaquée par l'hylésine ; les arbres-pièges n'ont donné aucun résultat.

L'*épicéa* est planté dans les taillis fangeux, situés en plateaux, dans les sols frais et recouverts d'herbes.

On peut l'introduire avantageusement, sous l'abri du taillis, dans des situations où la gelée serait à craindre.

Nous lui réservons de préférence les grandes clairières et les taillis complètement ruinés, considérés comme terrains incultes.

Installé dans un taillis à petites clairières, taillis à *régénérer*, il étouffe les cépées sous son couvert épais et empêche la réintroduction des essences spontanées, dont la disparition avait été amenée par la dégradation du sol. Après l'exploitation définitive, le sol doit être repeuplé complètement.

Il est donc nécessaire de bien examiner la question lorsque l'on doit choisir entre ces deux essences, pin sylvestre et épicéa.

Il faut parfois envisager un autre but que le rendement, le rapport immédiat, et des questions de ce genre doivent se poser : Pouvons-nous, dans l'avenir, réinstaller la forêt feuillue ? L'intérêt général l'exige-t-il ?

Nous estimons que, les conditions de sol ne dictant pas la marche à suivre, on ne doit pas, à la légère, fixer son choix. sur l'une ou l'autre des deux principales essences résineuses du pays.

D'aucuns sont « amoureux » de l'épicéa, leurs voisins ne « jurent » que par le pin sylvestre.

Chaque essence a son rôle à jouer et, pour nous, l'exclusivisme est un mot qui doit disparaître du dictionnaire forestier.

Là où le particulier fera de l'épicéa, se plaçant uniquement au point de vue spéculatif, des êtres moraux, impérissables, l'Etat, les communes, feront du pin sylvestre, ne considérant celui-ci que comme essence transitoire et visant à la reconstitution d'une forêt se perpétuant par elle-même.

Mais nous pensons que, dans bien des cas, on fait erreur en s'imaginant rétablir un sol ruiné par une seule culture de résineux. La couche d'humus créée en un si court espace de temps (30 à 40 ans) ne nous paraît pas toujours suffisante pour assurer une végétation durable des espèces feuillues. Aussi, dans beaucoup d'endroits à préparer pour le feuillu, l'épicéa sera-t-il installé d'abord. Après exploitation, il cédera la place au pin sylvestre et celui-ci, achevant l'amélioration commencée, facilitera la réintroduction du feuillu. Travail de longue haleine, comme on peut en juger !

Le *pin Weymouth* trouvera également place dans les reboisements, lorsque les dégâts du gibier ne sont pas à craindre.

Cette crainte du gibier n'est-elle pas souvent exagérée ? Nous avons constaté, dans des régions cependant bien peuplées de cerfs et de chevreuils, que le pin Weymouth n'était pas trop endommagé.

On a préconisé l'emploi du pin Weymouth pour boiser les terres tourbeuses. L'humidité stagnante lui étant cependant défavorable, l'assainissement ne doit pas être négligé.

Nous avons observé, dans un terrain renfermant une fangette non assainie, que la végétation de ce pin s'améliorait d'une façon très marquée au fur et à mesure qu'on s'éloignait de la partie plus humide ; des pins Weymouth de deux ans, repiqués, plantés en 1896, mesuraient, au printemps de 1901, depuis 1 mètre, dans la fange, jusqu'à 1^{m}95, dans le terrain plus sec ; en 1900, ces derniers ont fait des pousses de 0^{m}60 à 0^{m}80.

Les plants qui nous ont donné le plus de satisfaction sont ceux de 3 ans, repiqués de 2 ans.

Le *mélèze*, abandonné depuis quelques années à cause de résultats peu satisfaisants, ne doit pas, selon nous, être banni systématiquement des plantations.

Nous sommes d'avis que, s'il était introduit dans les taillis à sol léger et un peu frais, aux expositions N. et E., il donnerait des produits très appréciables et servirait de garniture à un bois d'essences feuillues. Nous avons prescrit des essais.

Nous dirons un mot du *sapin argenté*, si peu répandu en Belgique et cependant à même de rendre de grands services dans le reboisement des taillis ruinés.

Essence d'ombre, à tempérament délicat, demandant dans son jeune âge un abri contre les rayons du soleil, ensuite et progressivement une plus grande somme de lumière, le sapin argenté trouverait ces conditions dans beaucoup de nos taillis broussailleux.

On le propagera dans les sols profonds et frais, aux expositions septentrionales. Dans les situations convenables, il prend de l'essor après avoir végété pendant quelques années et constitue de plantureuses et productives sapinières, si l'on a soin de ne pas lui supprimer trop brutalement l'abri.

Le sapin argenté a été introduit, il y a près de 25 ans, dans le cantonnement de Paliseul, où il a poussé vigoureusement malgré un couvert prolongé.

D'autres essences, telles que le *sapin de Douglas*, l'*épicéa de Sitka*, ce dernier plus exigeant quant au sol, le *sapin de Nordmann*, très rustique, etc., sont également à conseiller pour le reboisement des taillis médiocres.

L'Etat devrait faire, dans chaque cantonnement, des essais qui instruiraient les propriétaires mieux que toutes les dissertations.

Les plants de ces essences sont introuvables chez la plupart de nos pépiniéristes des Ardennes et l'épicéa et le pin sylvestre ont partout la préférence.

L'Etat possède plusieurs pépinières. Il ferait œuvre utile, à notre sens, si, continuant à écarter toute idée de spéculation, il produisait, sur une plus grande échelle, les plants que l'on trouve difficilement dans le commerce. Il les distribuerait, en guise de subsides, aux communes faisant preuve de bonne volonté.

* * *

Nous nous bornerons à signaler les travaux à effectuer dans les taillis avant ou après le reboisement (recepage des traînants, assainissement des parties humides, dégagement des plants, etc.), en attirant l'attention sur certains d'entre eux.

Ces travaux ont pour but d'assurer la réussite du nouveau boisement ou de placer celui-ci dans les conditions qu'il réclame pour produire un revenu maximum.

Il arrive souvent que les jeunes plants sont écorcés par l'hylobe qui, on le sait, se propage dans les souches des pins. Des plantations ont été détruites ou fortement endommagées par cet insecte attiré par quelques souches provenant souvent de mauvais sylvestres épars.

Lorsqu'il s'en trouve à proximité du terrain à replanter, il devient nécessaire de procéder à l'extraction des souches ou à leur écorcement complet, ou bien d'attendre leur décomposition pendant deux ou trois ans. De graves mécomptes ont suivi l'inobservation de ces prescriptions.

Le genêts, poussant vigoureusement depuis l'emploi des engrais chimiques, sont aujourd'hui la plaie des reboisements. La paille est plus abondante et la litière moins recherchée. Le dégagement des plants devient ainsi souvent une source de dépenses. On ne doit pas attendre trop longtemps pour faire ce travail; les boisements souffriraient et finiraient par périr si l'on ne venait à leur secours.

L'opération doit se limiter à l'*écimage* des genêts. On doit respecter la bruyère et la mousse, qui abritent les plants et maintiennent la fraîcheur du sol. Le principe suivant doit guider les opérateurs : tout ce qui ne nuit pas ou ne doit pas nuire prochainement est utile et sera conservé, car tout contribue, si légèrement que ce soit, à la couverture du terrain.

Le dégagement ainsi pratiqué coûte 3 à 5 francs par hectare dans les plantations en lignes; dans les semis, il est plus coûteux, mais la dépense reste toujours hors de proportion avec le résultat obtenu.

La commune de Nollevaux possède un semis de 5 hectares de pins sylvestres effectué en 1895, après un recepage de bouleaux et de genêts. Bouleaux et genêts ont repoussé avec vigueur, le semis devait périr; une dépense de 30 francs a suffi pour dégager complètement les pins sylvestres. Aujourd'hui, une jeune pineraie, très bien venante, remplace ou complète un mauvais taillis.

Ochamps a dépensé, en 1900, 180 francs pour sauver 29 hectares de semis de pins sylvestres.

V. — Conclusion

Indépendamment du maintien des bonnes forêts, du boisement des grandes étendues de terrains incultes inaptes à toute autre destination, les agents forestiers ont une belle tâche à remplir : assurer la conversion, en riches peuplements, des taillis peu productifs que l'on rencontre à chaque pas dans les Ardennes.

Ils doivent rendre plus intensive la culture des taillis, préparer pour l'avenir les ressources nécessaires aux communes, les mettre à même de faire face à des besoins toujours croissants, améliorer la force productive d'un sol qui appartient autant aux générations futures qu'à la communauté actuelle.

Si, à la forêt qui, malgré toute absence de culture, donne encore un produit rémunérateur, on accorde une faible partie des soins si largement prodigués à toutes les autres cultures de la terre, on recueille un résultat relatif infiniment supérieur aux frais que ces soins exigent.

Règle générale : le bois vient partout ; on prétend même qu'il a cela de commun avec l'adversité. Un vague, si petit qu'il soit, peut être mis en production à l'aide de la plantation, car il y a des arbres pour tous les goûts et pour tous les terrains. L'Allemand dit à ce sujet :

Sur toute place vide un arbre planteras ;
Soigne-le, il te le rendra.

C. Delville,
garde général des eaux et forêts.

Paliseul, 1902.

A propos d'une excursion en Campine [1]

(*Suite*)

Mettant à profit les différents faits observés pendant mes quelques journées d'excursion, ainsi que les nombreux renseignements fournis par mes aimables ciceroni, qu'il me soit permis de passer en revue les principaux éléments qui semblent devoir jouer un rôle important dans cette question complexe de la mise en valeur des sables campiniens.

Etrépage. — L'etrépage consiste dans l'enlèvement périodique, tous les 3, 4, 5 ans, des aiguilles et du terreau couvrant le sol, à l'aide d'une houe en forme de faux, très coupante, appelée « heizeisie ».

L'etrépage est à la Campine ce qu'étaient l'essartage et le soutrage (ramas des feuilles) à l'Ardenne; d'un côté, la houe et le râteau des Wallons, de l'autre, la *heizeisie* des Flamands. En Ardenne, longue jachère des terrains incultes, essartage périodique, ainsi que des bois, et culture très étendue tirant parti de l'enrichissement naturel du sol. En Campine, culture annuelle, localisée sur un espace restreint autour des villages; au-delà, d'immenses étendues de bruyères et des bois, livrés à l'etrépage et qui sont en quelque sorte les pourvoyeurs en éléments utiles indispensables à toute culture.

(1) On nous fait remarquer que la taille du garde et la longueur de sa canne ne sont pas les mêmes sur les deux planches qui accompagnent la première partie de cet article (livraison d'avril).

C'est parfaitement exact. Notre facétieux correspondant se demande s'il faut voir dans le fait signalé un phénomène résultant de la fertilisation du terrain par le phosphate basique.

Pour dissiper toute équivoque, nous dirons que la chose est due tout simplement à cette circonstance que le photographe n'a pu se placer, dans les deux cas, à la même distance du préposé. Les photographies n'en sont pas moins éloquentes : elles permettent de se rendre compte aisément de la densité des deux peuplements, de la vigueur de leur végétation, ainsi que de la hauteur des sujets de chacun d'eux par rapport à la taille du garde.   E. de M.

Inutile sans doute de parler longuement des funestes effets du soutrage et de l'etrépage, ni de dépeindre sous de sombres couleurs le travail néfaste qu'effectue la heizeisie. Le *Bulletin forestier*, à plusieurs reprises déjà, a montré par des chiffres l'influence du soutrage sur la végétation forestière. Dans tous les cas, on peut craindre et on doit prévoir l'inanité des efforts à tenter en Campine, tant que seront en honneur ces pratiques appauvrissantes ou que les effets n'en seront pas fortement atténués.

Pauvreté du sol de la Campine. — Le relevé ci-dessous, d'analyses effectuées par la station agronomique de Gembloux à l'occasion d'études de boisement, montre à l'évidence la faible teneur de nombre de sols de la Campine en azote, en acide phosphorique, en chaux et même en potasse.

Pour 1000 parties de terre :

	Azote		Chaux		Acide phosphorique		Potasse	
	Solubles dans l'acide chlorhydrique							
	sol	sous-sol	sol	sous-sol	sol	sous-sol	sol	sous-sol
Commune de Lommel :								
Eyderheide	0.48	0.52	0.19	0.09	0.11	0.17	0.04	0.03
Dorperheide	0.46	0.40	0.13	0.13	0.13	0.17	0.04	0.07
Dorperheide	0.21	0.53	0.23	0.16	0.09	0.20	0.06	0.07
Commune de Coursel . . .	0.42	0.32	0.19	0.05	0.07	0.05	0.13	0.05
id. Bourg-Léopold	0.46	0.15	0.27	0.27	0.16	0.08	0.13	0.21
id. Beeck . . .	0.38	traces	0.23	0.21	0.06	0.06	0.07	0.19
id. Neer-Glabbeek	0.28	0.25	0.35	0.52	0.17	0.21	0.12	0.09
id. Aerendonck .	0.42	»	0.23	»	0.06	»	0.05	»
Moyennes	0.39	0.31	0.22	0.20	0.11	0.13	0.08	0.10

Je me hâte de dire toutefois que ces chiffres sont des minima très faibles et que d'autres analyses de terrains vierges effectuées par la station agronomique précitée donnent des résultats supérieurs. Ces analyses sont complètes, c'est-à-dire qu'elles indiquent la richesse totale des sols en éléments minéraux, solubles et insolubles dans l'acide chlorhydrique (pour une couche de 20 centim. d'épaisseur). Nous mentionnons aussi, à titre de comparaison, les chiffres d'analyses de sols de Famenne (terrain inculté d'Odeigne) et d'Ardenne (terrains incultes de St-Pierre et d'Ochamps).

1,000 parties de terre sèche renferment :

Communes de :	Azote	Chaux	Acide phosphorique	Potasse	Chaux	Acide phosphorique	Potasse
		Solubles dans l'acide chlorhydrique			Insolubles dans l'acide chlorhydrique		
Turnhout	1.08	0.83	1.01	0.07	11.08	0.19	1.93
Retby	0.69	2.31	0.15	0.08	34.99	0.11	27.48
Reeth	0.91	0.94	0.48	0.05	6.08	—	8.23
Nylen	0.66	0.82	1.80	0.20	24.08	—	11.71
Meerhout	0.24	0.05	0.69	0.08	5.02	0.03	8.02
Id.	0.24	0.12	2.96	0.16	12.41	0.05	8.71
Moll.	0.44	0.23	0.16	0.05	4.28	—	7.11
Neerpelt	0.16	0.21	0.12	0.02	5.54	0.10	16.03
Brée	0.59	0.40	0.46	0.05	4.84	0.07	6.63
Genck	0.18	0.04	0.28	0.02	11.13	0.08	2.47
Odeigne	3.02	0.35	1.31	0.22	6.27	0 16	16.35
St-Pierre	1.32	1.53	0.68	0.38	4 05	0.11	26.01
Ochamps	0.52	1.22	0.53	1.86	8.97	—	31.33

Il résulte de ces chiffres que la composition en éléments minéraux des sols de la Campine est extrêmement variable; certains de ces sols, comparés à ceux d'autres régions, paraissent même être assez riches pour porter de bonnes récoltes forestières.

Etablissons d'ailleurs rapidement le bilan chimique d'une pineraie, en comparant la réserve du sol en acide phosphorique et en chaux à la quantité de ces éléments exigée pour la production ligneuse annuelle ; nous arriverions aux mêmes conclusions pour l'azote, la potasse et les autres éléments minéraux.

Prenons comme teneur minimum en acide phosphorique et en chaux des sols de la Campine, 0.1 %₀ d'acide phosphorique et 0.23 %₀ de chaux, ce qui fait, pour une couche de 0ᵐ40 d'épaisseur, environ 500 kilogr. d'acide phosphorique et 1,100 kilogr. de chaux.

PINERAIES DU HERTSBERG. — DOMAINE DE WESTERLOO.

Défoncement du sol à un mètre. Sans engrais. — Âge : 30 ans.

Défoncement du sol à 0m80. Application d 1,000 kilogr. de phosphate basique; deux cul tures de lupin. — Âge : 10 ans.

PINERAIES DE HEISTRAETE OU LE CORBISIER HEIDE. — DOMAINE DE WESTERLOO.

Défoncement du sol à 0m80 ; travail à la charrue pendant trois ans. Sans engrais. — Âge : 15 ans.

Défoncement du sol à 0m80. Application d 1,000 kilog. de phosphate basique; trois culture de lupin. — Âge : 7 ans.

En supposant que le bois de pin sylvestre, que produit le sol campinien, exige annuellement, comme en Bavière (expériences d'Ebermayer), 1 k. 07 d'acide phosphorique et 10 kilogr. de chaux par hectare, et en admettant pour un instant que ces éléments passent graduellement à l'état assimilable, l'exportation en bois n'épuiserait la provision du sol qu'en un nombre considérable d'années.

En fait, les choses se passent tout autrement.

Nous avons observé, dans notre excursion, un grand nombre de pineraies de différents âges : les jeunes peuplements présentaient souvent une végétation luxuriante et pleine d'avenir; ceux de 15, 20 et 25 ans montraient des signes de dépérissement prématuré. Chose étonnante, les pineraies passent presque toujours du premier état au second, à peu près sans transition, en 2 ou 3 ans.

On se refuse à croire qu'un sol qui a porté pendant 15 à 20 ans un excellent peuplement résineux se trouve tout d'un coup appauvri au point d'être incapable, d'une année à l'autre, d'en assurer les conditions de vie.

On entend dire parfois en Campine : « Là où vous ne réussissez plus avec le pin sylvestre, plantez du feuillu. »

Voilà certes un conseil qui paraît heurter de front nos principes forestiers et qui nous laisse tout d'abord assez sceptique.

Les analyses faites par des hommes éminents comme Ebermayer, Schoppach, Grandeau et d'autres, font classer le pin sylvestre parmi les moins exigeantes de nos essences forestières. C'est là un fait acquis.

Et cependant, l'opinion précitée, qui semble paradoxale, pourrait ne pas être tout à fait erronée. La preuve en est dans les quelques beaux bouquets de feuillus qui existent, en Campine, à côté de pineraies malvenantes, comme on n'en voit que dans cette région.

L'existence de taillis d'assez bonne végétation, plus exigeants que les pineraies, ne permet-elle pas déjà de conclure

que la pauvreté du sol n'est pas la vraie cause déprimante
de la culture forestière en Campine ?

Ne pourrait-on plus justement attribuer le dépérissement
des pineraies campiniennes aux mauvaises conditions de
transformation des matières organiques?

Examinons une coupe du sol de la Campine : en général, à
la surface, couche de heide humus (humus de bruyère) ; en
dessous, sable gris lavé par les acides organiques ; plus bas,
sable imprégné de matières organiques noires, puis, la
couche très épaisse de sable naturel jaune ou blanc.

L'ennemi qu'il faut combattre, qu'il faut détruire, c'est le
heide humus.

Qu'il nous soit permis, à ce sujet, d'attirer l'attention sur
les travaux de M. van Schermbeek dans le Mastbosch. Le
compte-rendu de la causerie donnée à Bruxelles, en
mars 1898 (1), par ce forestier hollandais, mérite plus
qu'une simple lecture; il demande, pour être bien compris,
une certaine étude.

Après avoir dépeint ses pineraies et montré l'état de la
surface du sol, M. van Schermbeek s'exprime comme suit :

« Comme contraste, on trouve, à côté des pineraies, des
» taillis mêlés de chêne, de bouleau et d'aune, qui sont
» graduellement envahis pour le noisetier, le sorbier, le
» saule marsault, etc. Quoique ces taillis ne soient pas
» aménagés de manière à assurer le maintien de l'activité du
» sol, — on les coupe à la révolution de 6 ou 7 ans, — la
» couverture morte ne contient que des matières organiques
» en décomposition normale. »

Il continue en montrant ce qui se passe dans le sol d'une
pineraie créée après défoncement :

« Sous les pins bien réussis et croissant vigoureusement,
» se développe bientôt une végétation de mousse serrée, por-
» tant par-ci par-là quelques plantes de bruyère.

» La surface, sur une épaisseur de quelques centimètres,

---

(1) *Bulletin* de 1898, pp. 353 et suiv.

» est absolument imperméable pour l'eau et pour l'atmos-
» phère et constitue une véritable voûte recouvrant la terre
» meuble.

» Les matières organiques enfoncées par le labour ne se
» décomposent guère. La vie végétale et les phénomènes
» chimiques consument rapidement l'air, par conséquent
» l'oxygène renfermé dans la couche ameublie. La vie
» animale est obligée de se retirer d'un milieu privé
» d'air. »

Après quelques années, la couche de sable gris, habituelle
en Campine, réapparaît et le sol s'imprègne d'humus acidé,
de « heide humus ».

Comme l'a fort bien démontré M. Schreiber, agronome
de l'Etat à Hasselt, ce « heide humus », ou humus acide des
bruyères ou des pineraies, rend pour ainsi dire inertes l'acide
phosphorique et la chaux du sol.

M. Schreiber a fait de nombreuses analyses du sol par les
plantes; il donne comme moyennes des expériences effectuées
sur différents sols de bruyères de la Campine limbourgeoise,
les chiffres suivants :

Rendement d'une culture d'avoine :

Avec engrais complet.		100
id.	, sans azote	41.6
id.	, sans acide phosphorique	14.5
id.	, sans potasse	77.6
id.	, sans chaux.	42.5
id.	, sans magnésie. . . .	64.5
Sans engrais		10.9

Ces chiffres montrent que l'azote, la chaux et surtout
l'acide phosphorique du sol sont presque totalement non
assimilables par les plantes.

Les résultats seraient peut-être moins probants si l'expérience pouvait être faite avec le pin sylvestre : l'avoine,
plante annuelle de printemps, ayant un pouvoir absorbant
vraisemblablement moins grand que le pin sylvestre, doit

pouvoir trouver dans le sol de plus fortes doses de substances nutritives à l'état assimilable.

Que conclure de tout cela ? D'abord que la pauvreté de la plupart des sols de la Campine en éléments *assimilables* semble établie et que, pour la mise en valeur de ces terrains, il sera presque toujours nécessaire ou même indispensable d'intervenir par l'apport d'engrais chimiques ou autres. Ensuite que, *dans les situations où l'humus acide peut se reformer*, les engrais appliqués ne doivent pas avoir sur la végétation une action très durable. Enfin que, pour constater l'efficacité de ces engrais, il faut recourir à des doses très fortes, des doses presque exagérées, puisqu'une bonne partie, la totalité peut-être des éléments appliqués, va être emprisonnée dans des combinaisons non assimilables avec les acides humiques et ne pourra servir à l'alimentation des plantes.

La culture forestière devient ainsi une question de spéculation ; il faut savoir calculer la valeur du capital d'installation et le prix de revient de la récolte espérée.

* * *

Pour compléter cet exposé, il serait utile de montrer l'importance du tuf ou alios, d'indiquer les conditions de sa formation, de dire quelques mots de l'état hydrologique du sol de la Campine. Mais cela nous entraînerait trop loin, et nous préférons, après cet essai de diagnostic, nous essayer à proposer quelques remèdes à la situation. Un peu d'indulgence ne sera pas de trop, diagnostic et remèdes venant d'un étudiant et non d'un médecin.

Etrépage et soutrage. — A la situation que nous font les paysans flamands en continuant leurs pratiques de l'etrépage et du soutrage, que pouvons-nous opposer ?

Nous avons comparé sous ce rapport la Campine à l'Ardenne. En Ardenne, l'emploi des engrais chimiques en culture et la production abondante de paille qui en est la conséquence tendent de plus en plus à déraciner les anciennes habitudes de l'essartage et du ramas des feuilles. On peut prévoir le moment où les bois seront affranchis de ces usages appauvrissants.

Pourquoi ne pourrait-on arriver au même résultat en Campine? Il faudrait, pour cela, convaincre les cultivateurs de l'avantage des engrais chimiques, leur montrer l'utilité des engrais verts, et les amener à ne plus recourir aux bois et aux bruyères pour se procurer la mauvaise litière qui leur est indispensable dans les conditions actuelles de leur agriculture.

La solution de cette question est surtout du ressort des agronomes. Ce sont eux qui doivent marcher de l'avant, nous ouvrir la voie en essayant de faire disparaître les anciens usages si pernicieux pour la culture forestière et pour l'agriculture elle-même.

Travail du sol. — Celui qui ne connaît pas la Campine admet difficilement la nécessité du défoncement du sol, toujours très coûteux, qui augmente dans de très grandes proportions le capital d'installation. Quand on parle de défoncer à 0.60, 0.80, 1 mètre même, on a quelque envie de crier : C'est du luxe, Messieurs les Campinois !

Cette première impression — on dit que c'est toujours la bonne — s'efface difficilement et subsiste même parfois après l'étude assez complète de la question.

Sauf dans les cas de la présence du tuf ou alios, ou d'une pineraie exploitée laissant le terrain ensouché, exigeant un défoncement tout au moins partiel, on a peine à croire à la nécessité du travail profond d'un sol léger par lui-même, perméable et filtrant.

Faisons des économies dans le défoncement, soyons avares de ce côté quand c'est possible, cela nous permettra d'être prodigues dans le travail superficiel, l'amendement et l'enrichissement du sol.

Au lieu d'enfouir profondément le heide humus par le défoncement, transformons-le, améliorons-le sur place. Par le travail répété du sol, l'apport de chaux, l'aération et partant la décomposition des matières organiques nuisibles, nous enlèverons à celles-ci leur caractère malfaisant.

Le défoncement, d'ailleurs, est fait parfois en dépit du bon sens ; l'effet qu'on en attend est alors bien momentané et les résultats obtenus sont loin de payer la dépense.

Nous avons visité un peuplement remarquable à ce point de vue. La pineraie dite Hoogmatheide, sise sur le territoire de Lommel, a été créée en 1882 après défoncement à 0^m50-0^m60 de profondeur.

Ce travail a été fait, aux dires du garde, en retournant par gros blocs le sol, couvert d'une épaisse couche de litière, et en mettant la couche supérieure de heide humus dans le fond de la tranchée.

En 1897 (la pineraie avait alors 15 ans et était de belle végétation), l'agent forestier établit quelques parcelles d'expérience dans le but de montrer l'influence du recouvrement des aiguilles et de l'application d'engrais chimiques sur l'accroissement. Des rigoles de 0^m80 de profondeur furent ouvertes tous les 6 mètres, et des engrais chimiques furent répandus à des doses de 600 et 800 kilogr. de phosphate basique et 200 kilogr. de kaïnite.

Jusqu'en 1899-1900, les pins, végétant en sol remué, aéré, ont poussé avec vigueur. Mais depuis, ils languissent, ne font plus de pousse terminale et meurent de cime. L'ouverture de rigoles et l'épandage d'engrais chimiques dans les parcelles d'expérience, n'ont pas eu d'influence sensible.

Il serait intéressant de s'assurer, par quelques sondages, de l'état du sous-sol ; il est vraisemblable qu'on retrouverait intacte la couche de heide humus, imprudemment enfouie il y a 20 ans et dans laquelle les racines ne trouvent pas d'éléments assimilables.

Enrichissement du sol. — La nécessité absolue, démontrée par l'analyse physiologique du sol par les plantes, d'apporter à la terre de la chaux et de l'acide phosphorique comme amendement et comme engrais, doit servir de base aux cultures forestières.

Dans la presque totalité des sables campiniens, ce sont ces deux substances qui sont au minimum, c'est la provision de ces éléments, sous forme assimilable, qu'il faut surtout augmenter.

Pour les raisons énoncées précédemment, une application de 1,500 à 2,000 kilogr. de phosphate basique à l'hectare et 2,000 à 3,000 kilogr. de chaux n'aurait rien d'exagéré.

Il est parfois question aussi du plâtre et des phosphates naturels. Ces derniers sont peu riches en éléments phosphatés assimilables et la chaux qu'ils contiennent se trouve à l'état de carbonate, de transformation lente et même assez difficile. Mais le pouvoir absorbant des plantes et surtout, probablement, des plantes forestières, est si peu connu, qu'il ne faut en somme jurer de rien. Dans la plupart des champs d'expérience où l'on a essayé le phosphate naturel en comparaison avec le phosphate basique, on constate peu ou pas de différence sur leur action ; dans les parcelles d'expérience de Dilsen, s'il y a une différence, elle semble plutôt être en faveur du phosphate naturel. Toutefois, M. Schreiber n'a pas obtenu de bons résultats par l'emploi de phosphate naturel dans ses champs d'expérience de plantes annuelles.

D'après cet agronome, le plâtre, appliqué à des doses assez faibles, pourrait avoir une action très efficace sur la végétation, alors que la chaux n'aurait pas d'influence sensible. La chaux formerait des humates peu assimilables en se combinant avec les acides humiques, tandis que le plâtre résisterait à leur action et pourrait servir d'engrais aux plantes dès son application.

Avantage probable donc, d'associer à la chaux un peu de plâtre et, de préférence, un peu de plâtre phosphaté.

Les analyses physiologiques des sols de Campine, plus encore que les analyses chimiques, montrent qu'ils contiennent généralement assez bien de potasse et de magnésie assimilables. Mais, l'apport d'engrais potassiques et magnésiens (la kaïnite notamment) peut relever plus ou moins fortement la production dans certains cas ; ces éléments, au même titre que la chaux, peuvent agir comme base dans la neutralisation des acides humiques et la mise en liberté de l'acide phosphorique.

L'apport d'azote n'est généralement effectué dans la culture forestière que par la culture du lupin. On est unanime à reconnaître les effets heureux de la sidération, c'est-à-dire de la culture de l'engrais vert (lupin ordinairement) pendant un certain nombre d'années.

·Ces cultures de lupin, surtout quand on les alterne avec des cultures de plantes agricoles, exigent le travail répété du sol et l'apport d'engrais chimiques; elles contribuent donc puissamment à l'aération et à l'enrichissement du terrain en matières organiques et minérales.

La sidération est entrée depuis plusieurs années déjà dans la pratique forestière et plusieurs forestiers y recourent avec un réel succès. J'ai eu le plaisir de visiter et de phototographier, en 1901, les peuplements cités par M. Naets comme exemples des effets de la culture du lupin dans le domaine de Westerloo.

La première photographie montre deux pineraies du *Hertsberg* : celle de droite a été créée il y a 10 ans sur sol défoncé à 0^{m}80 de profondeur (la couche supérieure étant remise au dessus) et après deux cultures de lupin, la première avec 1000 kilogr. de phosphate basique, la seconde sans engrais: les sujets ont en moyenne 3 mètres de hauteur, 0^{m}12 de tour et des pousses annuelles de 0^{m}40 à 0^{m}50. En face, l'autre pineraie d'environ 30 ans a été établie après simple défoncement du terrain à 1 mètre (la bonne terre étant rejetée au fond de la tranchée), sans autre culture ni engrais: elle a 6 mètres de haut et les pins 0^{m}24 de tour en moyenne.

La seconde photographie représente une expérience tout aussi intéressante, en lieu dit *Heistraete* ou *Le Corbisier Heide*. Le sol des deux parcelles est absolument identique et a reçu la même préparation: après dessouchement, défoncement à 0^{m}80 et travail à la charrue pendant trois ans. A gauche, peuplement créé sans engrais : le peuplement, âgé de 15 ans, n'a guère que 2^m50 de haut. A droite, peuplement installé en 1894 (âgé donc de 7 ans en 1901), après trois cultures de lupin avec 1,000 kilogr. de phosphate basique : les pins ont au moins 2^m50 de haut et font des pousses annuelles de 0^m50 à 0^m70.

Les résultats obtenus en culture forestière par la sidéra-. tion ainsi entendue sont dus évidemment à l'apport de matières organiques et d'azote par le lupin, à l'application d'engrais chimiques toujours nécessaires pour cette culture, et enfin au travail répété du sol.

Pour montrer le degré d'importance des matières organiques et de l'azote par rapport aux engrais chimiques, il serait intéressant d'effectuer le petit essai suivant : A côté de terrains ayant reçu une culture sidérale pendant 3 ou 4 années, travailler une parcelle, inculte jusqu'ici, de la façon suivante : défoncement s'il est indispensable, labours répétés, faits en bonne saison, application à l'automne d'une forte dose de phosphate basique et de chaux et d'un peu de kaïnite et plantation au printemps, en même temps que dans la parcelle voisine qui a été lupinée.

(*A continuer.*) E. Nélis,
garde général des eaux et forêts.

Statistique des produits et dépenses des bois soumis au régime forestier [1]

Le service forestier est chargé de dresser tous les cinq ans une statistique des produits et dépenses des forêts soumises au régime forestier (Etat, communes, établissements publics).

Les tableaux ci-après donnent ces renseignements pour les années 1895 et 1900 :

---

[1] Note du service de recherches, consultations et statistique.

| Contenance des BOIS | CONTENANCE DES COUPES (ordinaires et extraordinaires) | | | | | REVE (Additionnels compris) PRIX DE VENTE | | | |
| | FUTAIE | | Futaie sur taillis | Taillis | TOTAL | FUTAIE | | Futaie sur taillis | Taillis |
	Feuillue	Résineuse				Feuillue	Résineuse		
h. a	h. a.	h. a.	h. a.	h. a.	h. a.	fr.	fr.	fr.	fr.
. . . 25,260 —	322 --	17 —	599 —	»	938 —	386,389	20,771	217,209	»
. . . 138,157 —	918 —	201 —	3,781 —	2,364 —	7,264 —	418,584	102,804	1,930,501	454,540
blics. 5,213 —	»	54 —	160 —	26 —	240 —	945	83,640	113,138	5,515
al. . 188,630 —	1,240 —	272 —	4,540 —	2,390 —	8,442 —	805,918	207,215	2,260,848	460,055

. . . 25,543.49	380.97	6.93	451.78	»	839.68	361,479	12,254	19!,938	»
. . . 162,312.52	983.29	176.95	3,028.15	2,146. «	6,334.39	257,187	199,780	2,106,428	327,516
blics. 5,954.90	»	59.39	174.51	17.14	251.04	»	98,685	140,636	4,232
al. . 193,810.92	1,364.26	243.27	3,654.44	2,163.14	7,425.11	618,666	310,728	2,439,002	331.748

FORESTIER. — Année 1895

NUS					DÉPENSES						
TOTAL	Kluzages, recepages, chablis, bois de délit et éclaircies	Chasse et tenderie	Autres	TOTAL	Contributions foncières pour les bois exclusivement	Frais de régie et de surveillance	Frais d'arpentage et de réarpentage	Frais d'adjudication et d'exploitation par entreprise	Travaux d'amélioration	TOTAL	REVENU NET
fr.	fr.	fr.	fr.	fr.	fr.	fr.	fr.	fr.	fr.	fr.	fr.
684,369	133,364	104,449	200,380	1,062,562	2,331	97,166	3,732	35,315	98,975	232,519	830,04
2,96,169	198,667	369,338	1,093,265	4,567,699	257,912	208,334	34,830	210 573	114,407	826,056	3,741,64
3,328	60,290	19,722	8,745	291,965	18,045	14,660	566	22,038	25,689	80,998	210,96
1,734,66	392,291	493,509	1,302,390	5,922,226	278,288	320,160	39,128	267,926	234,071	1,139,573	4,782,68

FORESTIER. — Année 1900

35,67	92,154	77,984	189,032	925,741	3,589	58,546	2,974	7,893	109,706	182,708	743,0
2,99,96	392,339	100,046	924,031	4,417,336	263,675	218,637	23,713	192,873	161,961	861,059	3,556,2
243,33	61,707	27,451	8,466	341,177	18,619	17,115	464	22,853	20,743	79,794	261,3
2,70,14	356,200	505,481	1,122,429	5,684,254	285,883	294,498	27,151	223,619	292,410	1,123,561	4,560,6

Contenance des bois

La contenance totale des bois soumis au régime forestier est, en 1900, de 5,180 hectares supérieure à celle donnée par la statistique de 1895. (193,810 hectares 92 ares en 1900 contre 188,630 hectares en 1895.)

Ceux qui suivent avec intérêt les efforts faits par l'administration forestière pour mettre en valeur les landes communales et qui apprécient les sacrifices considérables que s'impose le Gouvernement pour augmenter le domaine forestier de l'Etat, constateront avec plaisir les résultats obtenus.

L'augmentation de l'étendue se manifeste surtout dans le domaine forestier communal, qui s'est accru en 5 années de 4,155 hectares. (158,157 hectares en 1895, 162,312 hectares en 1900.)

L'acquisition de la Cédrogne par les Hospices civils de Bruges (786 hect. dont 586 en nature de bois) et quelques boisements ont porté l'étendue des bois des Établissements publics de 5,213 à 5,954 hectares.

Par contre, la faible augmentation de l'étendue des bois domaniaux enregistrée par la statistique de 1900 pourrait sembler étonnante. En effet, qu'est-ce, cette majoration de 283 hectares (25,543 moins 25,260), comparée aux acquisitions réalisées de 1895 à 1900 et qui s'élèvent à 1,602 hectares ?

L'anomalie n'est qu'apparente : parmi ces acquisitions, certaines n'ont pas été approuvées immédiatement par la législature et elles ne sont pas comprises dans l'étendue relevée par la statistique de 1900 ; d'un autre côté, le cantonnement des droits d'usage qui grevaient la forêt de Ste-Cécile et la cession à l'administration des ponts et chaussées de 98 hectares de la forêt de Soignes, ont diminué dans une notable proportion le domaine de l'Etat soumis au régime forestier.

Revenus

Les forêts soumises au régime forestier ont rapporté, revenu brut, 5,922,226 francs en 1895, et 5,684,254 francs en 1900.

Le second de ces chiffres est inférieur au premier de 237,972 francs.

Cette constatation était pour le moins inattendue, l'étendue totale des bois en 1900 étant plus considérable qu'en 1895 et la valeur des bois ayant augmenté depuis la dernière statistique. Ce dernier fait ressort de l'aspect général du commerce, des observations des agents forestiers et de l'examen des valeurs officielles renseignées par la commission spéciale instituée par M. le Ministre des finances.

La diminution signalée s'explique de la manière suivante :

Depuis 1895, de nombreux bois ont été soumis à un nouvel aménagement qui a eu pour effet, dans bien des cas, de réduire les exploitations, d'augmenter les révolutions des taillis sous futaie, de distraire des coupes ordinaires, pour des raisons quelconques, des étendues de bois plus ou moins considérables, qu'on laissera en repos pendant longtemps ou qui sont destinées à la création de séries artistiques peu ou pas exploitées.

Comme conséquences naturelles : diminution de la contenance des coupes, — qui de *8,442* hectares en 1895 est tombée à *7,425* hectares en 1900, — et des résultats totaux des ventes.

Une autre cause réside dans la dépréciation considérable des litières et dans l'abandon progressif de la pratique de l'essartage : la valeur des herbages, litières et pâturages, évaluée à *292,000* francs en 1895, descend en 1900 à *147,000* francs ; celle de l'essartage tombe, dans la même période, de *36,000* à *25,000* francs.

Futaies feuillues. — Les chiffres donnés pour la valeur moyenne des coupes de futaies pleines ne sont pas aisément comparables, le traitement, la révolution ou la rotation étant autant de facteurs pouvant faire varier l'importance des exploitations. Dans la forêt de Soignes, la valeur des coupes jardinatoires est de 1,190 francs par hectare, avec une rotation de 8 ans; les coupes définitives ont donné, en 1900, 11,075 francs par hectare.

Dans le Luxembourg, l'hectare de coupe a rapporté en moyenne, dans les bois domaniaux, 635 francs et seulement 270 francs dans la province de Liége (rotation de 18 à 20 ans).

Pour les bois communaux, l'écart est moins grand : 520 francs dans le Luxembourg, 380 francs dans la province de Namur (rotation de 20 à 30 ans).

Ces différences tiennent évidemment à l'état actuel des forêts.

Le prix du mètre cube de bois sur pied varie avec les dimensions, la qualité, les essences, la situation de la coupe et aussi le régime.

La valeur à l'unité a été, dans le Luxembourg, de 15 à 20 francs, pour les baliveaux chêne de 0^m50 à 0^m90; de 20 à 35 francs, pour les chênes de 1^m40 ; de 40 à 70 francs, pour les arbres de 1^m40 à 2^m; 60 à 90 francs pour ceux de plus de 2^m de tour.

Ces chiffres doivent être majorés pour le Hainaut et le Brabant, centres de grande consommation de bois.

Le hêtre s'est également très bien vendu, surtout les grosses pièces de cette essence, qui ont atteint, depuis deux ou trois ans, une valeur considérable. Plusieurs adjudications d'anciens se sont faites dans le Luxembourg sur le pied de 50, 60 et même 65 francs le mètre cube au quart. Le prix moyen ne dépasse pas toutefois, pour les arbres de plus de 1^m50 de tour, 30 à 40 francs le mètre cube.

Le bois de sabotage de moins de 1^m20 de tour se vend 2 francs, 2.50 et 3 francs la solive marchande, soit 15, 20 et même 25 francs le mètre cube. Le bouleau, surtout apprécié dans le Hainaut pour cet usage, le peuplier dans le Brabant et les Flandres, atteignent une valeur au moins aussi élevée. Mais il n'y a pas que les petits bois qui servent à la fabrication des sabots : dans certaines parties du Luxembourg, on débite parfois pour cet usage d'assez grosses pièces de hêtre, vendues à des prix élevés : 30 et 35 francs le mètre cube.

Le prix de la matière première n'est pas fait pour relever la situation déjà précaire de cette industrie forestière, cependant si intéressante.

Futaies résineuses. — Le marché des résineux s'est maintenu très ferme en 1900 ; la moyenne pour le mètre cube de baliveaux pin sylvestre a été de 13 à 17 francs sur pied ; les petits bois se sont vendus 2, 3, 4 francs le mètre cube en moins que les baliveaux, qui sont surtout recherchés. Cela doit engager les propriétaires à ne pas exploiter trop tôt leurs pineraies et à attendre que les pins aient atteint les dimensions réclamées.

Les peuplements d'épicéa sont ordinairement de création plus récente ; toutefois, les ventes des produits d'éclaircies et une exploitation à blanc étoc d'un peuplement de 40 ans, appartenant aux Hospices civils de Bruges et situé à la Cédrogne (Houffalize), ont donné quelques chiffres intéressants.

Le peuplement mis à blanc ne comptait que 187 mètres cubes à l'hectare ; les produits en ont été vendus à raison de 12 francs le mètre cube.

Ce prix est assez faible et a été généralement dépassé, atteignant pour les bois de sciage 15 et 20 francs. Pour pilotis, l'épicéa se vend même 25 et 30 francs le mètre cube. Les petites perches d'épicéa, au contraire, restent peu appréciées dans les charbonnages et il n'est pas toujours facile d'écouler à bon prix les bois d'éclaircies qui, du reste, trouvent un autre débouché sur les marchés — assez irréguliers, d'ailleurs — de perches à houblon.

Futaies sur taillis. — Dans les Flandres et le Brabant, où les conditions de végétation sont meilleures et où les petits bois ont une plus grande valeur, la révolution des futaies sur taillis est de 5 à 13 ans et le prix moyen des coupes est de 980 francs dans les Flandres, 730 francs dans le Rrabant.

Dans le Hainaut, pour des révolutions de 14, 18, 20 ans, le revenu moyen est de 1,000 à 1,200 francs.

Dans les provinces de Luxembourg, de Liége et de Namur, le revenu moyen est de 600 à 700 francs.

La futaie est composée ordinairement, par ordre d'importance relative, de chêne, de hêtre, de bouleau, de frêne, d'érable, de bois blanc; le taillis, de charme, de chêne, d'érable, de bouleau, de frêne, d'aune, de coudrier et de morts bois.

Le taillis ne présente pas toujours les conditions voulues, ni l'importance que lui assignent les principes de l'économie forestière. Parfois écrasé par une futaie trop serrée, il se réduit à un sous-bois sans hauteur et sans valeur; coupé prématurément, il permet aux essences secondaires, aux morts bois, d'envahir le terrain. Aussi le griffage, c'est-à-dire le recrutement des jeunes brins, est-il difficile et l'avenir de la futaie n'est-il assuré que par des plantations coûteuses, par des sacrifices qu'il n'est pas toujours facile d'imposer aux propriétaires.

D'après les résultats de certaines ventes du Brabant et du Hainaut, il semble que le frêne et l'orme ne soient pas représentés comme ils le méritent dans les futaies sur tàillis des bonnes régions. Des frênes de 1 mètre à 1ᵐ30 de circonférence se sont vendus de 40 à 50 francs le mètre cube sur pied; des ormes de 1ᵐ40 à 1ᵐ80 ont trouvé acquéreurs à 35, 40 et même 45 francs le mètre cube.

Taillis simples. — Le tableau suivant donne le produit moyen à l'hectare des coupes de taillis simple :

	Anvers	Flandres	Liége	Luxembourg	Namur
Communes Etablis. publics	120 140	″ 140	225 ″	235 300	240 ″
Révolution adoptée	6-12 ans	5-10	15 20	18-22	15 20

La baisse des écorces, qui s'est accentuée encore dans ces dernières années sans grand espoir d'un relèvement prochain, aura eu pour conséquence d'augmenter dans une assez forte proportion la révolution des haies à écorces. Celles-ci, exploitées autrefois à 14-18 ans, le sont dans bien des cas, aujourd'hui, à 20, 22 et même 25 ans.

On vise surtout, actuellement, à produire du bois de charbonnage et non plus de la belle et bonne écorce à tan. Celle-ci n'atteint qu'un prix dérisoire, ce qui, étant données la rareté et la cherté de la main-d'œuvre, fait renoncer parfois à l'écorcement des taillis.

La botte d'écorce de 25 kg. vaut, sur pied, fr. 0.50 à fr. 0.75 au plus, alors qu'il y a douze à quinze ans, elle se vendait de fr. 1.75 à 2.50.

Rien d'étonnant, dès lors, que les marchands de bois négligent presque de tenir compte des écorces dans leur estimation et exploitent les souches de chêne en même temps que celles des autres essences.

Produits accessoires. — L'essartage, cette ancienne pratique agricole qui fut si en honneur dans l'Ardenne, tend de plus en plus à disparaître. L'emploi des engrais chimiques et les bons résultats obtenus ont permis aux agriculteurs de né plus recourir autant à la jachère ni à l'essartage périodique des taillis.

Sauf dans quelques cantonnements, et notamment dans celui de Beauraing où cette pratique est encore très appréciée, le sartage n'est plus pratiqué qu'assez exceptionnellement dans la partie ardennaise des provinces de Namur et de Luxembourg.

Toutefois, il reste souvent encore un des meilleurs modes de préparation des terrains à boiser en épicéa, et à ce titre, mais à ce titre seulement, on regrette parfois que cette coutume soit tombée en désuétude.

Pour les mêmes raisons que celles indiquées plus haut, le pâturage, l'enlèvement des litières, herbages et menus produits, subissent le sort réservé à l'essartage: Sauf dans le

Condroz et la région jurassique, on ne recourt plus aux bois, d'une manière générale, traditionnelle, que pendant les années de disette.

On ne peut, malheureusement, en dire autant des parties nord de notre territoire. La culture y compte beaucoup sur l'apport d'éléments utiles exportés des bois; le soutrage épuisant se pratique encore d'une façon courante dans les pineraies déjà si pauvres de la Campine. Il y rapporte aux communes propriétaires un revenu qui explique jusqu'à un certain point leur résistance à la suppression de cet usage. Ainsi, en 1900, l'enlèvement des litières dans les bois a produit en moyenne 9 francs par hectare de coupe déli-vrée dans le Limbourg et 16 francs dans la province d'Anvers.

On peut espérer que les progrès réalisés par l'agriculture mettront, dans un avenir peu lointain, un terme à la pra-tique du soutrage, si néfaste pour les forêts et constituant si souvent l'obstacle à toute amélioration ou conversion. Les agents forestiers réduisent le plus possible l'étendue des coupes de litières et en subordonnent l'octroi, quand c'est possible, à l'application, dans les jeunes pineraies, d'une certaine dose d'engrais chimiques. Sous l'influence de ces mesures, on constate une notable diminution de l'étendue des coupes autorisées. Dans le cantonnement de Hasselt, 264 hectares avaient été abandonnés au soutrage en 1896, 95 hectares seulement en 1900.

La chasse constitue généralement une source importante de revenus pour les propriétaires forestiers ; elle rapporte en moyenne fr. 2.45 par hectare dans les bois des communes et fr. 4.75 dans ceux des établissements publics, mieux placés à cet égard ; dans le cantonnement de Beaumont, notamment, ce chiffre atteint parfois 19 francs par hectare. La chasse, dans la majeure partie des bois domaniaux, est réservée à la Couronne.

Il y a lieu de remarquer que le revenu de la chasse est loin d'être un revenu net, car il faut tenir compte des dégâts parfois considérables que cause le gibier dans les plantations, et de l'obstacle qu'il oppose, dans certains cas, à l'exécution des travaux nécessaires.

Les bruyères de la Drenthe

Les lecteurs du *Bulletin*, et surtout les membres de la Société qui ont participé à l'excursion de 1898, savent que la mise en valeur des landes fait de rapides progrès en Hollande, depuis la constitution de la *Nederlandsche Heidemaatschappij*. Instituée en 1889 pour une durée de 29 ans, cette société, placée sous le haut patronage de S. M. la Reine et de S. M. la Reine-Mère, a pour but de favoriser la mise en valeur des bruyères, des dunes et autres terrains incultes, la recherche et l'emploi de la marne, la création de prairies irriguées et artificielles, l'établissement d'étangs à poissons et l'amélioration de l'eau de ces étangs.

Au 15 octobre 1901, elle comptait 2621 membres, dont 227 membres protecteurs (payant une cotisation annuelle de 10 florins ou plus). Si nous consultons le compte rendu de la 13ᵉ assemblée générale, tenue le 13 septembre 1901 à Assen, chef-lieu de la Drenthe, nous y trouvons qu'en 1900 la Société a eu un budget de dépenses de 126,000 florins, se décomposant comme suit :

a) Travaux exécutés directement par la Société, 74,793 florins, dont 36,716 pour les bois, 18,596 pour les irrigations et améliorations foncières, 12,036 pour les travaux de labour, 935 pour la pisciculture et 6,508 pour le salaire du personnel inférieur.

b) Travaux exécutés sous la surveillance de la Société, ± 50,000 florins.

De plus, elle a fourni 1680 kilos de graines d'essences feuillues et résineuses, d'une valeur de 5,403 florins ; elle a payé pour graines de prairies et de trèfle 11,414 florins, pour plants livrés 4,624 florins, pour engrais chimiques 15,912 florins.

Cette société donne des consultations écrites et orales au sujet des bois, des irrigations et améliorations foncières, organise pendant l'hiver un cours théorique pour son personnel, ainsi que des conférences publiques.

En 1900, 350 hectares ont été convertis en bois et 550 hectares en terres agricoles ou en prairies.

Ces quelques mots donnent un aperçu de l'importance des travaux de la *Nederlansche Heidemaatschappij* (1).

En 1897, l'administration de cette Société décida de faire procéder à une enquête au sujet des bruyères de la Drenthe. Le rapport assez volumineux sur les résultats de cette enquête a été publié en 1900 dans la revue que publie la Société : *Tijdschrift der Nederlandsche Heidemaatschappij.* A l'assemblée générale du 13 septembre 1901, à Assen, MM. le Dr Sjollema et Van Schermbeek ont émis des considérations complémentaires que l'on trouve dans la *Tijdschrift* du 15 décembre 1901. Tout cela constitue un ensemble de renseignements qu'il nous paraît utile de faire connaître à ceux qui s'intéressent à la transformation de nos bruyères campiniennes.

La Drenthe a une superficie de 2,662 kilomètres carrés et une population de 130,000 habitants. D'après le nouveau dictionnaire de Larousse, cette province de la Hollande, quoique plus élevée que celles de Frise et de Groningue, ne présente qu'une grande plaine avec quelques bocages et des collines de sable. Elle est constituée surtout de prairies, de landes et de vastes étendues marécageuses. On y cultive le seigle, les pommes de terre et le houblon. Le climat en est humide.

Suivant le Dr A. Salfeld (2), la culture agricole des

---

(1) Pour plus de détails au sujet de l'organisation de cette société, voir le rapport sur l'excursion de 1898. — *Bulletin*, 1898, p. 920.

(2) *De ontginning der Nederlandsche heiden en het gebruik der hulpmeststoffen.* Arnhem, P. Gouda Quint. 1890 (Le défrichement des bruyères hollandaises et l'emploi des engrais complémentaires).

sables de la Drenthe est basée surtout sur la culture du seigle, sans jachère, et l'emploi du fumier de plaques de bruyères; l'alternance y est inconnue; le sarrasin et la spergule occupent presque 1/5 ou 1/6 de l'étendue exploitée et les pommes de terre ne sont cultivées que sur les meilleures terres au voisinage des habitations. En général, le seigle est semé trop dru et on s'occupe peu du choix de bonnes semences. Il est rare que le lupin soit semé comme fumure, mais toutés les récoltes, même le sarrasin, reçoivent du fumier à base de plaques de bruyères. Après seigle, on sème fréquemment de la spergule et de petits navets, ces derniers le plus souvent fumés. Les plantes-racines sont peu cultivées. Les produits de la culture suivent une marche plutôt décroissante qu'ascendante.

En 1897, il y avait dans la Drenthe 135,190 hectares de terrains incultes, 6,730 hectares de bois feuillus, 4,717 hectares de résineux.

D'après le travail publié par la *Heidemaatschappÿ*, de nombreux essais de mise en valeur ont, paraît-il, été tentés dans cette province; mais, à part quelques succès, notamment sur d'anciennes tourbières, les résultats obtenus sont peu engageants.

Au siècle dernier, M. le comte van den Bosch voulut transformer les bruyères en terres arables et en prairies et créer des colonies agricoles; l'expérience eut vite montré que c'était là une utopie. Bien des transformations analogues furent tentées ensuite par divers particuliers. Des conversions de cette nature s'opèrent encore maintenant, mais on a soin de choisir les endroits les plus favorables et l'on tient compte des besoins locaux. Malgré les progrès de la science agricole, la haute bruyère, qui constitue la majeure partie du domaine inculte de la Drenthe, doit être considérée comme ne convenant pas pour la création de prairies et terres arables; il ne peut être question d'y faire que de la culture forestière.

De 1840 à 1880, on travailla activement dans cette direction en installant surtout des pineraies et, il y a 20 ans, on croyait encore que la bruyère de la Drenthe était on ne peut mieux destinée, par la nature de son sol, à la culture du pin sylvestre, et que celui-ci pouvait être planté partout moyennant un très faible travail du terrain : ce n'était là qu'une illusion, que les leçons de l'expérience ont fait s'évanouir.

En présence des résultats obtenus, l'engouement pour le boisement de la lande se refroidit beaucoup. C'est dans ces conditions que, en 1897, la *Heidemaatschappij* se décida à faire effectuer une étude approfondie du sol de la Drenthe. Un subside fut accordé par les Etats provinciaux pour couvrir les frais de cette étude.

Le rapport de l'administration de la *Heidmaatschappij* aux Etats provinciaux de la Drenthe est divisé en quatre parties.

La première renferme une description sommaire du sol au point de vue géologique, due à M. le Dr J. Lorié, d'Utrecht, ainsi que la détermination des sols-types d'après les résultats des sondages. 1,130 trous de sondage ont été creusés à 1 mètre de profondeur et 28 échantillons ont été soumis à l'analyse physique et chimique; une planche avec gravures coloriées est annexée au rapport et indique les divers sols-types.

La deuxième partie, la plus volumineuse, décrit en détail 91 parcelles de bruyères, indiquées par des chiffres à l'encre rouge sur la carte annexée au rapport. La carte et le registre relatifs aux sondages n'ont pas été publiés. Pour chaque veld (campagne étendue), on s'est attaché à indiquer les parties correspondantes à chacun des sols-types et leur destination pour la culture agricole ou forestière.

La troisième partie s'occupe des divers facteurs économiques dont on doit tenir compte lors du défrichement.

La quatrième partie énonce les conclusions de l'enquête.

M. le Dr Sjollema, directeur de la station agronomique de Groningue, a fait l'analyse des divers échantillons. Les résultats et conclusions en sont consignés dans une annexe au rapport.

Nous ne nous arrêterons pas à la formation géologique des bruyères de la Drenthe; elle date à peu près de la même époque que celle de notre Campine, mais on y reconnaît une action prépondérante des glaciers préhistoriques venant du nord et des dépôts sédimentaires charriés par le Rhin.

« Sur ce terrain, dit le rapport, des pluies sont tombées durant des siècles. Une partie de l'eau s'est écoulée à la surface, creusant de petites vallées et formant des ruisseaux dans les plus importantes, de création antérieure. Une autre partie de l'eau s'est évaporée, tandis que le restant a pénétré dans le sol, pour réapparaître dans les vallées sous forme de sources. Le niveau de cette eau souterraine suit en général les irrégularités de la surface, mais s'élève et s'abaisse beaucoup moins qu'on ne pourrait s'y attendre.

» En-dessous des hauteurs de faible étendue, ce niveau est profond, comme le long des bords des vallées encaissées. Le sol est alors de nature sèche et montre fréquemment des dunes terrestres.

» Dans les endroits à situation très basse, ce niveau peut dépasser la surface et former des étangs ou lacs. Si ces derniers ont une profondeur qui ne dépasse pas 1^{m}50, ils se remplissent de plantes aquatiques et ainsi se produit un marécage ou basse tourbière (*laagveen*).

» Dans les plaines sablonneuses étendues et de très faible déclivité, l'eau, retenue par le frottement aux milliards de grains de sable, ne pénètre que difficilement. Il arrive que son niveau coïncide avec la surface du sol ; celui-ci devient marécageux et particulièrement destiné au développement d'une haute tourbière (*hoogveen*). (1)

» Dans ces plaines, le terrain subit peu de transformations au point de vue chimique. Les substances solubles, chaux, potasse, acide phosphorique, etc., existant dans le sable lors

_____

(1) On distingue la *hoogveen* et la *laagveen*, suivant la situation au-dessus ou en dessous du niveau de la mer ; la *hoogveen* se forme au-dessus du niveau de l'eau souterraine, la *laagveen* en dessous. (*De Houtteelt*, par Alph. van Rijckevorsel.)

de son dépôt, y sont retrouvées en grande partie après l'exploitation de la tourbe. C'est ce qui fait que ces *dalgronden* (1) conviennent si bien à la culture agricole, d'autant plus que l'eau n'y fait pas défaut. »

Dans les plaines sablonneuses où le niveau de l'eau se trouve plus bas, que se produit-il ?

Ici, nous donnons de préférence la parole à M. le Dr Sjollema (voir son rapport cité ci-dessus) :

« La couche superficielle des bruyères hautes et sèches consiste en un gazon (*heideplag* ou *heidezode*) d'une épaisseur moyenne de 8 centimètres. Sa structure est compacte et coriace par suite du feutrage des racines de la bruyère et aussi, suivant Müller, de la présence d'une grande quantité de filaments mycéliens, d'un brun foncé, visibles au microscope.

» Elle est riche en matières organiques et surtout en acides humiques solubles, provenant de la décomposition des détritus des plantes. C'est une sorte de formation de tourbe sur le sec.

» C'est elle qui est la cause première de la formation des autres couches : l'eau pluviale dissout et entraîne les acides humiques ; la couche sablonneuse supérieure subit ainsi l'influence de ces acides ; il en résulte l'attaque des substances minérales du sable, silicates, etc., la mise en liberté et l'entraînement des substances basiques (potasse et chaux) ; les autres matières nutritives des plantes (acide phosphorique) sont aussi finalement dissoutes.

» Outre qu'elle s'appauvrit en matières nutritives, la couche sablonneuse supérieure perd son pouvoir absorbant, ce qui contribue encore à son infertilité.

» L'humus agit aussi en réduisant les combinaisons ferriques, qui deviennent solubles, par suite de la formation d'acide carbonique, et sont entraînées par les eaux pluviales, ce qui diminue encore le pouvoir absorbant de cette couche et en amène la décoloration.

---

(1) Terrains descendus, déblayés.

» Si l'eau de pluie, en filtrant à travers la couche supérieure de sable, en entraîne différentes substances mises en
liberté, elle y apporte cependant quelque chose : elle y
entraîne mécaniquement des particules noires d'humus provenant de la couche superficielle.

» Le résultat de ces diverses actions, c'est que la couche
supérieure de sable, que nous appelons sable gris ou *loodzand*
(sable couleur de plomb) consiste en un mélange de grains
de sable décolorés d'un blanc transparent (1) sous la loupe, et
de particules noires d'humus, qui se trouvent entre les grains
de sable. Ce mélange a naturellement une couleur grise,
qui sera plus claire ou plus foncée suivant la proportion des
particules d'humus. Outre sa coloration grise, ce sable est
très pauvre en matières nutritives, il a un pouvoir absorbant très faible et est infertile.

» Le *loodzand* est d'habitude une couche très meuble : cela
tient incontestablement à la disparition des combinaisons
siliceuses et humiques qui, en général, donnent du liant.

» Vers le bas, le loodzand devient généralement plus foncé.
On peut admettre que les particules d'humus traversent avec
facilité la couche meuble de loodzand et s'accumulent à sa
base. L'examen à la loupe nous montre que cette couche
plus foncée, souvent même presque noire, consiste comme le
loodzand en un mélange de grains de sable blancs et de
particules noires d'humus. La différence entre les deux
couches est donc en réalité une différence quantitative.
Lorsqu'elle est colorée en brun foncé, cette couche est
nommée : *koffie* ou *chicoreilaag* (c'est-à-dire couche couleur
de café ou de chicorée).

» Lorsqu'ils atteignent le sable jaune, non encore lavé et
contenant des sels minéraux solubles, les acides humiques se
fixent et recouvrent les grains de sable d'une pellicule, généralement brune, de combinaisons chimiques. La couche ainsi
formée s'appelle *zandoer* (tuf sablonneux), qu'il ne faut pas

---

(1) Sable quartzeux.

confondre avec le *ijzeroer* (tuf ferrugineux). On pourrait l'appeler *humus-zandsteen* (pierre de sable humique ou tuf humique). A la loupe, on reconnaît que chaque petit grain de sable est brunâtre et qu'il ne s'agit plus ici d'un mélange de substances différemment colorées comme dans le loodzand. Cette couche n'est pas toujours un banc compact ou pierreux ; elle peut consister simplement en un sable tuffeux, ne formant pas alors habituellement une couche meuble, mais ne pouvant pas non plus être considéré comme ayant le caractère d'un banc.

» En général, le tuf humique devient plus clair vers le bas et passe au sable jaune.

» Tel est l'énoncé simple de la formation du tuf humique Naturellement, en fait, c'est plus compliqué et un rôle important est joué par les silicates rendus solubles, la compacité de la couche dans laquelle le tuf prend naissance, sa teneur en silicates et en composés ferriques, ainsi que le degré de dessiccation du sol pendant la bonne saison. »

Il ne paraît pas inutile d'indiquer brièvement la manière d'opérer, lorsqu'il s'agit d'étudier un terrain de bruyère dans son aptitude à être mis en valeur, soit par la culture agricole, soit par le boisement. Outre les connaissances scientifiques générales concernant les diverses natures de sol (sables, argiles, etc.), on ne peut prendre aucune décision sans avoir opéré une visite minutieuse des lieux. L'examen de la flore, de la topographie, des résultats obtenus aux environs, donnent déjà des indications très utiles, mais insuffisantes. Il faut absolument mettre la bêche en terre et creuser des trous, assez rapprochés les uns des autres suivant la nature de la bruyère, tous les 50, 100, 150 mètres, et examiner attentivement les divers profils.

Les déductions à tirer de l'examen des profils ne peuvent guère être indiquées. « Seule l'expérience continuelle et de tous les jours, dit Alph. van Rijckevorsel dans le *Houtteelt*, peut apprendre à connaître le sol aussi bien en ce qui concerne ses propriétés physiques que chimiques. C'est ainsi que la couleur, la finesse du grain, la compacité et une foule d'autres propriétés vous mettront à même de tirer de justes conclusions. » Quelques analyses physico-chimiques viennent alors corroborer les déductions. M. A. J. van Schermbeek (*Tÿdschrift* du 15 décembre 1901) donne encore bien plus de détails au sujet des points qui doivent fixer l'attention dans l'étude du terrain.

C'est en procédant de cette façon que la *Heidemaatschappÿ* est parvenue à rattacher les bruyères de la Drenthe à cinq types, non compris les amas de sable mouvant (dunes terrestres).

Des gravures coloriées annexées au rapport indiquent les épaisseurs des diverses couches jusqu'à un mètre de profondeur.

« Le type I comprend la haute bruyère à sous-sol compact, défavorable à la culture forestière.

» En dessous d'une couche de 5 à 10 centimètres de terreau acide de bruyère, on trouve généralement une couche de sable gris (*loodzand*) de 10 à 20 centimètres et quelquefois plus. La séparation entre ces couches est parfois bien distincte. Il n'est pas rare néanmoins que la partie inférieure de la couche d'humus présente un fouillis de radicelles et, dans ce cas, le passage au sable gris se fait insensiblement. Le loodzand renferme plus ou moins de particules d'humus et sa coloration est, par suite, plus ou moins foncée.

» Au loodzand succède fréquemment une couche consistant en particules noires d'humus mélangées avec des grains de quartz gris ou blancs. On appelle cette couche très caractéristique *koffielaag* ou *koffiedik* (couche couleur de café). Cette couche est meuble en général, parfois compacte, mais jamais strictement dure; sans aucun doute c'est le *torfartiger Ortstein* du Dr Müller.

« Cette couche n'est guère appréciée par les défricheurs de la Drenthe, ce qui doit être attribué probablement à son acidité. Les recherches de M. le Dr Sjollema ont cependant montré qu'elle est moins pauvre en matières minérales que la plupart des autres couches; cela concorde avec les observations du Dr Müller. »

Celui-ci dit à ce sujet : « La partie supérieure de la couche d'Ortstein (tuf humique) renferme la presque totalité des substances inorganiques et son pouvoir absorbant est exceptionnellement grand pour les acides et pour les bases. Cette partie noire, presque tourbeuse de l'Ortstein, fréquente surtout en bruyères humides, est la caractéristique d'un sable de bruyère maigre et ne se montre jamais dans l'Ortstein des terrains de meilleure qualité, ainsi que les sondages ont permis de le constater. Cette couche renferme non seulement des combinaisons d'acides humiques précipitées, mais aussi des particules d'humus entraînées mécaniquement. Outre son pouvoir absorbant résultant de transformations chimiques, elle possède la propriété physique des houilles d'arrêter et de retenir les matières solubles . »

Il est remarquable que cette couche existe dans une mesure si considérable dans la Drenthe, alors qu'elle fait très souvent défaut dans le Brabant septentrional et la Gueldre et y est en tout cas beaucoup plus mince. M. Reinders, dans son étude des tufs des environs d'Apeldoorn (1), dit qu'on la rencontre rarement.

« Au kofflelaag ou « torfartige Ortstein » succède un sable brun foncé, qui passe au sable plus clair. Dans le Brabant septentrional et la Gueldre, en Danemark et en Allemagne, si l'on s'en rapporte aux travaux de Müller, Emeis et Ramann, ce sable brun foncé constitue le tuf humique proprement dit.

» Dans la Drenthe, ce sable brun foncé placé sous le kofflelaag est assez rarement dur; le tuf gît en général plus profondément, parfois même à quelques décimètres plus bas, et se trouve immédiatement au-dessus de la oouche argileuse ou d'une couche sablonneuse compacte. Ce tuf a générale-

_____

(1) Voir *Bulletin* de 1897, p. 180 et suiv.

ment une coloration rougeâtre et le plus souvent une grande dureté. Les deux tufs, brun foncé et rouge, se rencontrent très rarement en même temps.

» En dessous du tuf rouge, on voit la couche argileuse (leem). Dans la Drenthe, on distingue quatre espèces d'argiles :

1º la blanche ou bleuâtre, en général très compacte;

2º la bleue, très grasse et pétrissable (?) (kneedbaar);

3º la jaune, ayant les mêmes propriétés;

4º la rouge, parfois pétrissable, parfois compacte et granuleuse.

» L'argile blanche se rencontre surtout dans les endroits élevés; elle a souvent du tuf rouge au-dessus d'elle et constitue un obstacle sérieux pour la culture forestière. La bleue et la jaune se rencontrent davantage dans les endroits bas. La rouge existe principalement dans le « Hondsrug », surtout dans les parties les plus élevées; on la trouve aussi au « Havelterberg ». Dans ces endroits, il y a peu ou pas de sable gris et la végétation est meilleure et plus variée; le bois y croît bien en règle générale. Toutes ces argiles, d'après les recherches du Dr Sjollema, sont pauvres en éléments nutritifs, sauf en potasse; elles n'ont pas une bonne réputation dans la Drenthe, excepté la rouge, bien que sa teneur en éléments nutritifs diffère peu de celle des autres espèces.

» Le type I (1), le plus commun, comprend donc les couches suivantes : humus de bruyère, loodzand, kofflelaag ou turfachtige oer, sable brun foncé, parfois tuffeux, sable plus clair, tuf rouge et argile blanche. On doit le considérer comme un des plus défavorables. La présence d'une couche

_____

(1) Figure I. a.   5 cm. humus de bruyère.
              b. 15 à 20 cm. loodzand.
              c.   20 cm. kofflelaag.
              d   30 cm. sable brun passant au jaune.
              e.   10 cm. tuf rouge.
              f. couche argileuse blanc-bleuâtre

dure à 70 centimètres rend ce terrain impropre à la culture des essences pivotantes, à moins d'un défoncement coûteux ; d'un autre côté, sa situation haute, sa pauvreté et la présence de beaucoup de sable gris, avec ses mauvaises propriétés, ne permettent pas de songer à l'introduction d'autres essences que le pin sylvestre. Les résultats obtenus sur ce terrain par la culture forestière sont mauvais sans exception.

» Le type II (1) est meilleur, parce que le tuf et l'argile font défaut ; tout au moins ne les rencontre-t-on pas jusqu'à 1 mètre de profondeur. Ce type existe sous sa forme la plus favorable dans le voisinage des amas de sable mouvant (dunes). Il est très probable que la couche de sable mouvant qui recouvre le sol primitif est assez épaisse pour empêcher celui-ci d'exercer une influence quelconque ou une influence suffisante sur la végétation. La situation la plus avantageuse se présente lorsque le recouvrement est de date assez récente et que l'humus acide de la bruyère n'a pu encore exercer son influence nuisible sur la couche de sable de recouvrement.

» Le type III comprend :

1º les bruyères basses ou d'une élévation moyenne avec peu ou pas de loodzand (2). Le tuf n'apparaît pas ; souvent il y a de l'argile aride, blanche ou bleue ; une seule fois le sous-sol était sablonneux ;

2º des bruyères élevées à sous-sol d'argile rouge, comme celle-ci apparaît dans les parties les plus élevées du « Honds-rug ».

» A ce type se rattachent beaucoup de terrains qui étaient

---

(1) Figure II. *a.*   5 cm. humus de bruyère.
   b. 15 à 20 cm. loodzand.
   c.   20 cm. koffielaag.
   d. sable brun foncé passant au jaune et au blanc.

(2) Figure III. *a.* . 10 cm. terreau de bruyère.
   b. 5 à 10 cm. loodzand.
   c.   20 cm. koffielaag.
   d.   30 cm. sable brun devenant jaune.
   e. couche argileuse blanc-bleuâtre.

recouverts antérieurement par un humus doux (mild humus).
Nos observations dans la Drenthe concordent absolument avec
ce qu'a dit le Dr Müller au sujet de la transformation de
terrains couverts d'humus doux en terrains couverts d'humus de bruyère, comme il l'a itérativement observé, surtout
dans le voisinage de vestiges arborescents, que l'on trouve
dans la bruyère, de forêts de chêne préexistantes. Plus la
couche superficielle perd les propriétés de l'humus doux,
plus on peut y distinguer trois parties :

1° une couche supérieure foncée, avec feutrage de racines
de bruyère;

2° une couche moyenne, qui prend de plus en plus le
caractère du loodzand;

3° une couche inférieure foncée, qui s'enrichit continuellement en particules noires d'humus.

» Il va sans dire que ce type présente aussi beaucoup de
variétés.

» Les résultats de la culture forestière sont très peu satisfaisants là où le sous sol est constitué par de l'argile aride
et compacte. En général, les résultats qu'on y a obtenus à
l'aide d'épicéas sont meilleurs, mais les belles pineraies ne
se rencontrent que sur l'argile rouge.

» Ce type III se prête généralement très bien à la création
de terres arables et de prairies, surtout quand la couche de
loodzand est mince et la situation favorable.

» Le type IV (1) se rencontre en terrains bas. On a ici une
couche de tourbe de ± 20 à 40 centim. d'épaisseur. On ne s'est
pas occupé des terrains à tourbe exploitable.

» Le loodzand n'existe que très rarement sous la tourbe.
Souvent succède cependant une couche grasse (spek of
smeerlaag), qui est très dure. Il n'est pas rare non plus

---

(1) Figure IV. a.   30 cm. tourbe.
                b.   30 cm. sable gris-brun (smeerlaag).
        c. couche argileuse bleue.
Sur la figure, cette dernière couche est devenue à l'impression quelque peu
trop verte.

d'y trouver une couche sablonneuse d'un blanc sale, très dure. En dessous vient du sable ou de l'argile. Il arrive aussi qu'en dessous de la tourbe, surtout quand elle présente plus ou moins le caractère de bon humus, on rencontre un sable blanc à gros grains; on obtient alors une transition à ce qu'on appelle le « bonte grond » (sol varié ?).

» Le type V (1) est très estimé pour le défrichement.

» Les types IV et V conviennent mieux, en général, pour la création de terres et prairies que pour la culture forestière.

» Un mot maintenant des dunes, si communes dans la Drenthe. On peut y distinguer trois formations :

1º sol dénudé par le vent; peu propre à être mis en valeur, surtout quand, par suite de la dénudation, la couche argileuse affleure à la surface ou s'en approche;

2º sol couvert d'une couche de sable apporté, d'au moins 1 mètre d'épaisseur. Ce sol, après fixation, convient particulièrement bien à la culture forestière. Là où le sol est déjà recouvert par la bruyère, on a un terrain ayant beaucoup d'analogie avec le type II;

3º sol recouvert d'une faible épaisseur de sable mouvant, de sorte qu'on atteint le sol primitif à faible profondeur. Un défoncement profond est ici nécessaire (2).

» Il n'est pas rare que le sable apporté se couvre de bruyère, et on obtient alors souvent deux formations superposées de terreau de bruyère, sable gris et koffielaag.

---

(1) Figure V. a.   30 cm. terre humeuse.
  b.   20 cm. sable blanc.
  c. couche argileuse jaune orangé.
(2) Figure VI. a.   30 cm. sable mouvant.
  b.   5 cm. humus de bruyère.
  c. 15 à 20 cm. loodzand.
  d.   15 cm. koffielaag.
  e.   20 cm. sable brun passant au jaune.
  f.   4 cm. tuf rouge.
  g. couche argileuse blanc-bleuâtre.

La **deuxième partie** du rapport de la commission hollandaise est, avons-nous dit, la plus volumineuse, et s'occupe de la description minutieuse de tous les cantons de bruyères de la Drenthe ; quelques extraits suffiront pour donner une idée nette do la méthode suivie dans ces descriptions.

N° 11. — La bruyère entre Assen et Vries.

« Bornée à l'est par le « Noord-Willems kanaal », à l'ouest, à peu près par le chemin d'Assen à Zeijen par Ter Aard, elle est divisée en deux par le chemin d'Assen à Vries. La partie sise à l'est est irrégulière, surtout dans le milieu ; au nord, elle est plus basse et plate.

» Dans les endroits élevés on rencontre le type de sol I, dans les bas-fonds, les types III et IV, surtout au nord. Du terrain argileux est trouvé en beaucoup de places ; parfois cette argile est compacte, blanc bleuâtre, parfois plus jaune. pétrissable (kneedbaar). Cette dernière se rencontre surtout au nord.

» A l'est, des essais de défrichement ont été tentés ; vers le sud, on trouve diverses parcelles de mauvais pins sylvestres; il n'y a de pins convenables qu'au voisinage du chemin empierré.

» Au nord et spécialement près du canal, on a créé beaucoup de prairies et de terres arables.

» Heidenheim et Vreeburg sont deux grandes fermes, installées totalement en sol de bruyère. La mise en valeur en a eu lieu principalement à l'aide de composts. Dans le voisinage de Vreeburg, existe une ferme d'environ 8 hectares appartenant à la veuve Nagelvast, qui s'est installée là depuis plusieurs années avec son fils et a défriché tout le terrain avec succès. L'expérience montre qu'il n'est pas désavantageux de cultiver les bonnes bruyères, si le capital est suffisant.

» Si l'examen du sol et des résultats obtenus indique que ces terrains ne doivent pas être considérés comme bons pour la culture forestière, il n'est pas douteux qu'ils soient transformables en terres et en prairies.

» La partie ouest est basse dans le sud, tandis qu'au nord la partie sèche prend le dessus. La séparation entre les deux se trouve environ à la hauteur de Rhees.

» Au sud, on voit surtout les types IV et V ; souvent on trouve une couche argileuse orangée en dessous d'un sable blanc à gros grains, surtout aux environs de Ter Aard.

» Au nord les types I et II sont les plus fréquents ; la couche argileuse est rare. Même là où se rencontre le tuf rouge dur, on ne trouve pas d'argile en-dessous, mais du sable fin, souvent compact. Le type II est plus fréquent que le type I, particulièrement au voisinage de Vries, au Grooterveld.

» Près d'Assen existe un défrichement appartenant à M. Gratama. Le sol a été défoncé à 1 mètre ; le pin sylvestre y pousse très bien ; on en rencontre rarement d'aussi beaux dans la Drenthe. La végétation est moins bonne là où le sol est fort tourbeux.

» Dans le voisinage beaucoup d'ouvriers se sont établis dans la bruyère et en ont défriché des étendues plus ou moins grandes. On y trouve aussi l'établissement dit « Oranjebord van Orde ».

» Aux environs de Ter Aard, on a créé beaucoup de terres arables dans ces dernières années, en employant principalement l'engrais artificiel. Les résultats en sont très bons. Mais on doit reconnaître que ces bruyères sont de première qualité.

» Dans la partie nord, à situation élevée, on a peu défriché. Cependant, nos recherches nous autorisent à conclure que ces terrains ne sont pas tout à fait impropres au boisement. »

Het Grieterveld, het Gasselterveld, het Drouwenerveld, et het Borgerveld. — nᵒˢ 16-17-18-19.

« Cette grande bruyère, qui s'étend depuis le chemin de Rolde à Gieten, jusqu'aux prairies de Westdorp, est bornée à l'ouest par l'Oosterschediep, l'Anderschediep et le Rolderdiep ; à l'est par les prairies longeant le Hunse et son affluent, le Voorstediep.

» La situation de toute cette lande est élevée ; çà et là, des endroits bas et tourbeux, entre autres l'Osseveen, le Langeveen, les environs du Mijndersveen ou Zwartewater et la partie basse s'étendant à l'ouest du chemin de Drouwen à Bonger, entre les cultures de ces deux endroits.

» Entre Drouwen et Gasselte existe une grande dune, le Drouwenerzand, dont la plantation serait à souhaiter pour divers motifs.

» L'argile se rencontre rarement, excepté à l'est, au Hondsrug, où l'on trouve en divers endroits une terre argileuse rouge. Nous avons trouvé de l'argile blanc bleuâtre près de Grieteresch. Le tuf se rencontre par places, surtout dans la partie centrale, le Gasselterveld et la partie de l'Oosterveld de Grollo comprise dans les limites ci-dessus.

» Là où il n'y a ni tuf ni argile, on ne peut pas toujours dire que le sol se rapproche du type le plus favorable au boisement, que nous avons appris à connaître. Souvent, il existe dans le sous-sol un sable blanc dur; parfois aussi le « koffielaag » est compact ou dur. En général, cependant, il y a moyen d'y remédier par un défoncement relativement peu profond.

» Notre conclusion est que, dans certaines parties de cette lande, le sol est trop tourbeux pour le pin sylvestre et, dans d'autres, le tuf rouge situé à une grande profondeur exige une préparation du sol trop coûteuse pour espérer un boisement rémunérateur.

» En beaucoup d'autres endroits, le sol ne doit pas être considéré comme tout à fait défavorable, mais ne vaut pas, à beaucoup près, le sol meuble sur une grande profondeur d'autres parties, que l'on rencontre au Grieterveld et au Borgerveld.

» Le défrichement, qui mérite d'être mentionné en premier lieu, est celui exécuté par une société de boisement établie en 1876 à Gasselte. Une étroite bande de 100 hectares traversant toute la lande de Gasselte à l'Oosterdiepje fut boisée en partie en pin sylvestre et en partie à l'aide de plançons de chêne. Les pins furent en partie semés et en partie plantés après un défoncement à deux fers de bêche. L'insuccès est complet. La végétation laissait à désirer et une grande partie fut détruite par l'incendie.

« On ne doit pas en conclure que toute la lande ne convient pas au boisement ; on peut dire avec certitude que ce travail a été entrepris dans les conditions les plus défavorables qui puissent se rencontrer dans cette lande.

» D'abord,. le sol est moins bon qu'ailleurs, fréquemment tourbeux, et exige un assainissement rationnel. Au sud de ces 100 hectares, on rencontre du tuf rouge dans le sous-sol, ainsi que du sable compact.

» On ne doit pas perdre de vue non plus que le boisement a beaucoup souffert du vent ; en outre, lors du défoncement, on n'a pas suffisamment tenu compte de la nature du sol.

» En tout cas, l'état du sol et l'expérience acquise indiquent que, pour les défrichements futurs, on fera bien de choisir les parcelles plus au nord ou plus au sud.

» Mentionnons également quelques hectares de pins près de Gasselte sur du sable mouvant. La végétation est moyenne. Entre Drouwen et Borger, on rencontre quelques pineraies, en partie bonnes, en partie mauvaises.

» L'étude du sol et l'état de végétation nous enseignent notamment que le pin croît mal là où le sous-sol consiste en sable compact et où l'assainissement est défectueux. La croissance est bien meilleure sur l'argile rouge et le sable meuble (type II). C'est ce que nous avons pu aussi constater au sud de Borger, près du nouveau cimetière ; les pins vont bien et sur l'argile rouge et sur le terrain conforme au type II.

» En général, les pineraies à proximité de Borger montrent que les conditions ne sont pas aussi dévaforables qu'ailleurs dans la Drenthe. Il y a lieu de signaler le reboisement en taillis et en épicéas (quelques petites parcelles) des terres cultivées de Drouwen, et la création à l'aide de plançons de taillis de chêne au sud de Borger, après pins sylvestres dérodés.

» Bien que les bois autour de Borger soient peu étendus, ils lui donnent un aspect pittoresque, surtout à cause de la situation de ce village sur le Hondsrug; c'est frappant, surtout quand on s'approche de Borger en venant de Buinen ou d'Ees.

» Lorsqu'on se trouve dans le fond entre Ees et Borger, on a, dans la direction de ce dernier, un chemin à forte pente, des pineraies à l'avant-plan et à l'arrière les cimes des hauts chênes le long du Koestweg, ce qui constitue un des plus beaux paysages de la Drenthe.

» Westdorp aussi est bien situé. Antérieurement, ce hameau était connu à cause des beaux chênes, qui ont peut-être fait partie d'un parc appartenant au château. Ce bois de chêne a maintenant en grande partie disparu ; néanmoins, on y trouve encore des coins splendides, qui font la renommée de Westdorp et attirent les artistes peintres.

» Autour de Westdorp existe une grande étendue de prairies, peu dignes de ce nom et qu'on pourrait améliorer à peu de frais.

» Le défrichement en cultures et prairies a fait peu de progrès à Gieten, Gasselte, Drouwen et Borger. A Gieten, on est occupé à agrandir le jardin de groseilliers, pour lequel on préfère un terrain à sous-sol composé d'argile rouge.

» En somme, dans toute la région qui nous occupe, les sols qui conviennent à la culture agricole sont peu nombreux. »

Het Ellertsveld. — n° 38 [1]

« La partie dont nous voulons parler s'étend au sud de Schoonloo et est bornée à l'ouest par les prairies d'Elp, au sud par le canal d'Orange et à l'est par le Westdorperveen, l'Eeserveen et l'Oldoornerveen. Ce terrain a une grande étendue, mais ne mérite qu'une mention sommaire, parce que sa nature reste la même.

» C'est une haute bruyère, par-ci par-là très accidentée, probablement par suite de l'apport de sable mouvant. Une région basse existe au nord d'Orvelte et près de Westdorp.

« La plus grande partie du terrain appartient au type II. Le sous-sol se compose souvent d'un sable à gros grains et est à peu près partout très meuble, surtout à l'est ; à l'ouest, la qualité est moins bonne, le sol est plus compact et il existe des endroits tourbeux. A l'est, le terrain renferme une grande quantité de pierres, dont beaucoup sont déjà enlevées. Celui qui traverse cette lande voit se dresser devant lui, comme un phare au milieu de la mer, l'étendue assez considérable des pineraies (200 hectares) créées par la société du canal d'Orange, soit par semis, soit par plantation ; certaines parcelles ont été défoncées à 50 centimètres ; ces bois sont très beaux et sont une preuve que les pins poussent admirablement dans la Drenthe, à la seule condition de trouver un sous-sol meuble.

« Dans cette lande, on peut hardiment donner de l'extension à la culture des pins.

« Une plaine basse, au Nord d'Orvelte, près du canal, convient particulièrement à la création de cultures et de prairies. Le sol est tourbeux et repose sur un sous-sol de sable meuble. »

(*A continuer.*)   F. D.

Protection des oiseaux insectivores

La convention pour la protection des oiseaux utiles à l'agriculture, dont le projet avait été adopté par la Conférence internationale de Paris le 29 juin 1895 (voir *Bulletin* 1895, p. 785), a enfin été signée, le 19 mars 1902, par les plénipotentiaires de la Belgique, de l'Allemagne, de l'Autriche-Hongrie, de l'Espagne, de la France, de la Grèce, du Grand-Duché de Luxembourg, de la principauté de Monaco, du Portugal, de la Suède et de la Suisse.

La convention n'a pas été signée, jusqu'à présent, par la
Grande-Bretagne, l'Italie, la Hollande, la Russie et la Norwège, qui avaient cependant pris part à la Conférence internationale de 1895. Mais une clause de l'acte leur permet d'y
adhérer ultérieurement.

Voici le texte de la Convention du 19 mars 1902 :

ARTICLE PREMIER. — Les oiseaux utiles à l'agriculture, spécialement
les insectivores et notamment les oiseaux énumérés dans la liste n° 1
annexée à la présente Convention, laquelle sera susceptible d'additions
par la législation de chaque pays, jouiront d'une protection absolue, de
façon qu'il soit interdit de les tuer en tout temps et de quelque manière
que ce soit, d'en détruire les nids, œufs et couvées.

En attendant que ce résultat soit atteint partout, dans son ensemble,
les Hautes Parties Contractantes s'engagent à prendre ou à proposer à
leurs législatures respectives les dispositions nécessaires pour assurer
l'exécution des mesures comprises dans les articles ci-après.

ART. 2. — Il sera défendu d'enlever les nids, de prendre les œufs, de
capturer et de détruire les couvées en tout temps et par des moyens
quelconques.

L'importation et le transit, le transport, le colportage, la mise en
vente, la vente et l'achat de ces nids, œufs et couvées, seront interdits.

Cette interdiction ne s'étendra pas à la destruction, par le propriétaire, usufruitier ou leur mandataire, des nids que des oiseaux auront
construits dans ou contre les maisons d'habitation ou les bâtiments en
général et dans l'intérieur des cours. Il pourra de plus être dérogé, à
titre exceptionnel, aux dispositions du présent article, en ce qui concerne les œufs de vanneau et de mouette.

ART. 3. — Seront prohibés la pose et l'emploi des pièges, cages, filets,
lacets, gluaux, et de tous autres moyens quelconques ayant pour objet
de faciliter la capture ou la destruction en masse des oiseaux.

ART. 4. — Dans le cas où les Hautes Parties Contractantes ne se
trouveraient pas en mesure d'appliquer immédiatement et dans leur
intégralité les dispositions prohibitives de l'article qui précède, Elles
pourront apporter des atténuations jugées nécessaires aux dites prohi-
bitions, mais Elles s'engagent à restreindre l'emploi des méthodes,
engins et moyens de capture et de destruction, de façon à parvenir
à réaliser peu à peu les mesures de protection mentionnées dans
l'article 3.

ART. 5. — Outre les défenses générales formulées à l'article 3, il est
interdit de prendre ou de tuer, du 1er mars au 15 septembre de chaque
année, les oiseaux *utiles énumérés dans la liste n° 1 annexée à la Convention.*

La vente et la mise en vente en seront interdites également pendant la même période.

Les Hautes Parties Contractantes s'engagent, dans la mesure où leur législation le permet, à prohiber l'entrée et le transit desdits oiseaux et leur transport du 1er mars au 15 septembre.

La durée de l'interdiction prévue dans le présent article pourra, toutefois, être modifiée dans les pays septentrionaux.

Art. 6. — Les autorités compétentes pourront accorder exceptionnellement aux propriétaires ou exploitants de vignobles, vergers et jardins, de pépinières, de champs plantés ou ensemencés, ainsi qu'aux agents préposés à leur surveillance, le droit temporaire de tirer à l'arme à feu sur les oiseaux dont la présence serait nuisible et causerait un réel dommage.

Il restera toutefois interdit de mettre en vente et de vendre les oiseaux tués dans ces conditions.

Art. 7. — Des exceptions aux dispositions de cette Convention pourront être accordées dans un intérêt scientifique ou de repeuplement par les autorités compétentes, suivant les cas et en prenant toutes les précautions nécessaires pour éviter les abus.

Pourront encore être permises, avec les mêmes conditions de précaution, la capture, la vente et la détention des oiseaux destinés à être tenus en cage. Les permissions devront être accordées par les autorités compétentes.

Art. 8. — Les dispositions de la présente Convention ne seront pas applicables aux oiseaux de basse-cour, ainsi qu'aux oiseaux-gibier existant dans les chasses réservées et désignés comme tels par la législation du pays.

Partout ailleurs, la destruction des oiseaux-gibier ne sera autorisée qu'au moyen des armes à feu et à des époques déterminées par la loi.

Les États contractants sont invités à interdire la vente, le transport et le transit des oiseaux-gibier dont la chasse est défendue sur leur territoire, durant la période de cette interdiction.

Art. 9. — Chacune des Parties Contractantes pourra faire des exceptions aux dispositions de la présente Convention :

1º Pour les oiseaux que la législation du pays permet de tirer ou de tuer comme étant nuisibles à la chasse ou à la pêche ;

2º Pour les oiseaux que la législation du pays aura désignés comme nuisibles à l'agriculture locale.

A défaut d'une liste officielle dressée par la législation du pays, le 2º du présent article sera appliqué aux oiseaux désignés dans la liste nº 2 annexée à la présente Convention.

Art. 10. — Les Hautes Parties Contractantes prendront les mesures propres à mettre leur législation en accord avec les dispositions de la présente Convention dans un délai de trois ans à partir du jour de la signature de la Convention.

ART. 11. — Les Hautes Parties Contractantes se communiqueront, par l'intermédiaire du Gouvernement français, les lois et les décisions administratives qui auraient déjà été rendues ou qui viendraient à l'être dans leurs Etats, relativement à l'objet de la présente Convention.

ART. 12. — Lorsque cela sera jugé nécessaire, les Hautes Parties Contractantes se feront représenter à une réunion internationale chargée d'examiner les questions que soulève l'exécution de la Convention et de proposer les modifications dont l'expérience aura démontré l'utilité.

ART. 13. — Les Etats qui n'ont pas pris part à la présente Convention sont admis à y adhérer sur leur demande. Cette adhésion sera notifiée par la voie diplomatique au Gouvernement de la République française et par celui-ci aux autres Gouvernements signataires.

ART. 14. — La présente Convention sera mise en vigueur dans un délai maximum d'un an à dater du jour de l'échange des ratifications.

Elle restera en vigueur indéfiniment entre toutes les puissances signataires. Dans le cas où l'une d'elles dénoncerait la Convention, cette dénonciation n'aurait d'effet qu'à son égard et seulement une année après le jour où cette dénonciation aura été notifiée aux autres Etats contractants.

ART. 15. — La présente Convention sera ratifiée, et les ratifications seront échangées à Paris dans le plus bref délai possible.

ART. 16. — La disposition du deuxième alinéa de l'article 8 de la présente Convention pourra, exceptionnellement, ne pas être appliquée dans les provinces septentrionales de la Suède, en raison des conditions climatologiques toutes spéciales où elles se trouvent.

LISTE N° 1

—

OISEAUX UTILES

RAPACES NOCTURNES :

Chevêches (*Athene*) et Chevêchettes (*Glaucidium*).
Chouettes (*Surnia*).
Hulottes ou Chats-Huants (*Syrnium*).
Effraie commune (*Strix flammea* L.).
Hiboux brachyotte et Moyen-Duc (*Otus*).
Scops d'Aldrovande ou Petit-Duc (*Scops giu* Scop.).

GRIMPEURS :

Pics (*Picus, Gecinus*, etc.); toutes les espèces.

SYNDACTYLES :

Rollier ordinaire (*Coracias garrula* L.).
Guêpiers (*Merops*).

PASSEREAUX ORDINAIRES :

Huppe vulgaire (*Upupa epops*).
Grimpereaux, Tichodromes et Sitelles (*Certhia, Tichodroma, Sitta*).
Martinets (*Cypselus*).
Engoulevents (*Caprimulgus*).
Rossignols (*Luscinia*).
Gorges-Bleues (*Cyanecula*).
Rouges-Queues (*Ruticilla*).
Rouges-Gorges (*Rubecula*).
Traquets (*Pratincola* et *Saxicola*).
Accenteurs (*Accentor*).
Fauvettes de toutes sortes, telles que :
  Fauvettes ordinaires (*Sylvia*);
  Fauvettes babillardes (*Curruca*);
  Fauvettes ictérines (*Hypolais*);
  Fauvettes aquatiques, Rousserolles, Phragmites, Locustelles
    (*Acrocephalus, Calamodyta, Locustella*), etc.;
  Fauvettes cisticoles (*Cisticola*).
Pouillots (*Phylloscopus*).
Roitelets (*Regulus*) et Troglodytes (*Troglodytes*).
Mésanges de toutes sortes (*Parus, Panurus, Orites*, etc.).
Gobe-Mouches (*Muscicapa*).
Hirondelles de toutes sortes (*Hirundo, Chelidon, Cotyle*).
Lavandières et Bergeronnettes (*Motacilla, Budytes*).
Pipits (*Anthus, Corydala*).
Becs-Croisés (*Loxia*).
Venturons et Serins (*Citrinella* et *Serinus*).
Chardonnerets et Tarins (*Carduelis* et *Chrysomitris*).
Etourneaux ordinaires et Martins (*Sturnus, Pastor*, etc.).

ECHASSIERS :

Cigognes blanche et noire (*Ciconia*).

LISTE N° 2

—

OISEAUX NUISIBLES

RAPACES DIURNES :

Gypaète barbu (*Gypaetus barbatus* L.).
Aigles (*Aquila, Nisaetus*); toutes les espèces.

Pygargues (*Haliaetus*); toutes les espèces.

Balbuzard fluviatile (*Pandion haliaetus*).

Milans, Elanions et Nauclers (*Milvus, Elanus, Nauclerus*); toutes les espèces.

Faucons : Gerfauts, Pèlerins, Hobereaux, Emerillons (*Falco*); toutes les espèces, à l'exception des Faucons kobez, Cresserelle et Cresserine.

Autour ordinaire (*Astur palumbarius* L.).

Eperviers (*Accipiter*).

Busards (*Circus*).

RAPACES NOCTURNES :

Grand-Duc vulgaire (*Bubo maximus* Flem.).

PASSEREAUX ORDINAIRES :

~~Grand Corbeau (*Corvus corax* L.).~~

~~Pie voleuse (*Pica rustica* Scop.).~~

~~Geai glandivore~~ (*Garrulus glandarius* L.).

ÉCHASSIERS :

Hérons cendré et pourpré (*Ardea*).

Butors et Bihoreaux (*Bautorus* et *Nycticorax*).

PALMIPÈDES :

Pélicans (*Pelecanus*).

Cormorans (*Phalacrocorax* ou *Graculus*).

Harles (*Mergus*).

Plongeons (*Colymbus*).

Chronique forestière

Nécrologie. — Administration des eaux et forêts. Personnel supérieur. Nomination. — Réunions mensuelles. — Les rouilles corticoles des pins. — La culture de l'acacia. — Une conférence forestière à Moll. — Les insectes nuisibles aux forêts. — Les dessoucheuses Bennett. Une petite excursion en Campine. — Le *Tuberculina persinica*. — La rouille de l'épicéa. — La kaïnite.

Nécrologie. — Nous avons appris avec peine la mort de M. G. Fouquet, ancien directeur de l'Institut agricole de l'Etat à Gembloux, décédé à Schaerbeek le 26 avril dernier.

M. Fouquet a enseigné l'agriculture pendant près de 40 années, d'abord à Tirlemont et à Thourout, puis pendant plus de 20 ans à notre Institut supérieur ; enfin, comme conférencier agricole dans les diverses régions de la Belgique.

Il était très goûté de ses élèves et de ses auditeurs, et savait donner beaucoup d'attrait aux théories agricoles.

C'est lui qui, un des premiers, a préconisé l'emploi des engrais verts et notamment la culture du lupin jaune dans les sols sablonneux. Ce qui parait aujourd'hui nouveau pour beaucoup d'agriculteurs et de forestiers, était vivement conseillé par G. Fouquet il y a plus de 35 ans !

G. Fouquet était un érudit. Il lisait et étudiait beaucoup, était au courant de tout ce qui se publiait à l'étranger, particulièrement en France où il avait fait ses études. Il était aussi bon écrivain que professeur éloquent et distingué. La littérature agricole fourmille de ses écrits et il rédigea, dans le beau livre de *La Ferme,* le chapitre si important des labours et du travail du sol.

Quoique d'un caractère un peu timide, aimant à vivre seul, G. Fouquet était un charmant homme, simple, affable et gai, s'intéressant à ses anciens élèves et les aidant de ses bons conseils. Tous ceux qui l'ont connu lui conserveront un souvenir ému ou reconnaissant.

Il était membre de la Société forestière depuis le début et était heureux de sa prospérité.

Nous présentons à la famille nos bien sincères condoléances.

N. I. C.

Administration des eaux et forêts. Personnel supérieur. Nomination. — Par arrêté royal du 15 avril 1902, M. Bossu, C., ingénieur agricole à Matagne-la Grande, est nommé, à titre provisoire, garde général adjoint des eaux et forêts. Il est attaché au cantonnement de Couvin.

Réunions mensuelles. — M. le garde général Nélis, du service des recherches et consultations en matière forestière, a entretenu la dernière réunion mensuelle de la dessoucheuse Bennett, achetée récemment en Amérique par l'administration forestière et expérimentée sous les yeux des excursionnistes du 15 avril dernier.

Nous n'avons pas à anticiper sur le compte-rendu de sa causerie que donnera M. Nélis dans le prochain *Bulletin* ; le lecteur y trouvera tous les renseignements désirables sur l'appareil lui-même, la force à déployer, les rendements, le coût de l'extraction, etc.

*
* *

Le Comité des réunions mensuelles organise, pour le *mardi 27 mai*, une excursion dans le domaine du Chenoy (Court-Saint-Etienne), appartenant à M. le sénateur Boël.

Départ de Bruxelles à 9 h. 03, d'Ottignies à 9 h. 36, de Louvain à 8 h. 38, de Namur à 7 h. 35. Arrivée à *Villers-la-Ville* à 9 h. 55.

Retour à 6 h 19 de *Mont-Saint-Guibert*.

Les membres de la Société désireux d'assister à cette excursion, qui promet d'être intéressante, sont priés d'en informer M. Crahay (38, rue de Louvain), inspecteur des eaux et forêts et vice-président des réunions mensuelles.

Les rouilles corticoles des pins. — La rouille corticole du pin Weymouth (*Peridermium Strobi*) est en ce moment en pleine fructification. Cette maladie contagieuse, qui semble se répandre de plus en plus, fait mourir les parties attaquées et dépérir les arbres. Aussi est-il utile de visiter les pineraies au mois de mai, afin de faire couper et brûler les parties attaquées. Celles-ci se reconnaissent aisément, à cette époque, aux pustules remplies d'une poussière jaune orangé qui apparaissent sur l'écorce.

Les rouilles corticoles du pin sylvestre, dont les fructifications n'apparaissent que plus tard (vers le mois de juin) sont tout aussi nuisibles. Il est important de faire également couper et brûler les parties atteintes.

M. Nypels, conservateur adjoint au Jardin botanique de l'Etat, à Bruxelles, qui s'occupe actuellement de recherches sur ces rouilles corticoles des pins, désirerait recevoir pour cette étude des matériaux frais (branches ou rameaux portant les fructifications). Il nous prie de faire appel aux membres de la Société et espère que ceux qui auront l'occasion de rencontrer ces maladies, soit sur le *Pinus strobus*, soit sur le pin sylvestre, voudront bien lui envoyer des matériaux d'étude.

La culture de l'acacia. — Nous avons reçu la communication suivante :

« Un sociétaire désirerait bien vivement voir paraître l'article sur l'acacia, annoncé depuis déjà longtemps. Comment doit-on traiter cet arbre quant à l'élagage? Il est très cassant; doit-on lui laisser beaucoup de branches? ou raccourcir celles-ci? ou en couper un bon nombre pour alléger la tête au risque de faire filer l'arbre? »

Nous ne nous rappelons pas avoir jamais annoncé la publication d'un article sur l'acacia. Nous ne demandons pas mieux, toutefois, que de donner satisfaction à notre honorable correspondant et nous faisons appel dans ce but à MM. les sociétaires qui cultivent l'acacia: à défaut, nous tâcherons de trouver un rédacteur qui soit à même de nous parler, en parfaite connaissance de cause, de cette culture quelque peu spéciale.

En attendant, notre correspondant trouvera sans doute des indications utiles dans le *Bulletin*, années 1897, pp. 243 et 596; 1899, pp. 397 et 699; 1900, pp. 22, 530 et 594. Il pourrait aussi s'adresser au service de recherches et consultations en matière forestière, rue de Louvain, 38, en ayant soin de signer lisiblement et de donner son adresse.

Une conférence forestière à Moll. — A la demande du Comice agricole du canton, M. le notaire Boone a donné le 27 avril, au local de la justice de paix de Moll, une conférence sur le sujet qu'il avait déjà traité à Turnhout le 12 janvier dernier (v. *Bulletin* de février, p. 104) : « Les insectes ravageurs des peuplements résineux; commentaire de l'arrêté royal du 24 juillet 1901, prescrivant les mesures à prendre en vue d'enrayer leur propagation. »

La salle d'audience était bondée, non seulement d'habitants de Moll, mais de propriétaires et de gardes forestiers des communes environnantes.

L'exhibition d'échantillons d'insectes, les uns vivants, les autres naturalisés, ainsi que de branches de pins attaquées et déformées, et l'écorçage d'une section d'arbre-piège ont beaucoup intéressé les auditeurs. Après la conférence, l'honorable conférencier a fait une distribution d'exemplaires de l'arrêté; puis, à sa grande satisfaction, il a été assailli d'une foule de questions et de consultations.

· Voilà qui permet de bien augurer pour l'avenir. A n'en pas douter, grâce aux nombreux efforts des pouvoirs publics et au concours actif d'hommes dévoués comme M. le notaire Boone, la sylviculture est en progrès très sérieux dans notre pays et les questions forestières y sont partout à l'ordre du jour.

Nous sommes convaincu que M. Boone continuera sa campagne pour la bonne cause des forêts et nous souhaitons derechef qu'il ait de nombreux imitateurs.

Les insectes nuisibles aux forêts. — Nous rappelons à tous les propriétaires de forêts qu'aux termes de l'article 1er de l'arrêté royal du 24 juillet 1901 (*Bulletin* 1901, p. 563), ils sont tenus de signaler immédiatement à M. le Ministre de l'agriculture l'invasion des insectes nuisibles ci-après : Hylobe (*Hylobius abietis*), Hylésine géante (*Dendroctonus micans*), Bombyce moine *(Bombyx monacha)* et Lophyre du pin (*Lophyrus pini*).

L'article 2 stipule que ces propriétaires sont tenus d'exécuter, dans les délais fixés, les mesures qui seront arrêtées par le Ministre.

« Après une mise en demeure à la requête de l'administration forestière, porte l'article 6, et à défaut par les intéressés de se conformer, dans les délais fixés, aux prescriptions de l'article 2, il y sera procédé d'office à leurs frais sur l'ordre du Ministre de l'agriculture, sans préjudice aux peines édictées par la loi, *ni aux dommages intérêts au profit des propriétaires lésés.* »

A notre avis, le fait de n'avoir pas signalé l'invasion en temps opportun exposerait les propriétaires non seulement à l'amende, mais également aux dommages intérêts au profit de leurs voisins lésés, tout comme dans le cas d'inexécution des mesures prescrites.

Et nous ajouterons que MM. les régisseurs et gardes qui n'auraient pas rempli leur devoir à cet égard pourraient être appelés en responsabilité.

Spécialement, MM. les agents forestiers, gérants légaux des bois de l'Etat, des communes et des établissements publics, pourraient avoir à garantir les propriétaires à l'égard des tiers des conséquences dommageables de leur négligence.

Avis aux intéressés, spécialement en ce qui concerne les invasions de l'hylésine micans, dont l'extension dans nos peuplements d'épicéa constitue en ce moment un danger des plus réel, et des plus sérieux.

Les dessoucheuses Bennett. Une petite excursion en Campine. — Elle a obtenu un plein succès, la petite excursion annoncée sous ce titre dans la livraison de mars et qui avait été organisée à l'occasion des premiers essais, dans la Campine limbourgeoise, de la dessoucheuse Bennett acquise par l'Etat.

Nous étions quarante. Arrivés à Eygen-Bilsen par le train de 9 h. 45, nous nous dirigeons immédiatement, sous la conduite de M. Dubois, garde général des eaux et forêts à Hasselt, vers le domaine de la Zangerey, appartenant à M. le baron de Lamberts.

Chemin faisant, nous longeons une fort belle pineraie de la commune d'Eygen-Bilsen; le peuplement issu de semis, installé sur terrain simplement rigolé, a une trentaine d'hectares; il est âgé de 32 ans et son matériel ligneux se chiffre à 220 mètres cubes à l'hectare. Il convient d'ajouter que nous ne nous trouvons pas encore dans la vraie région campinienne; nous sommes à sa limite sud-est, dans la vallée du Démer. En général, le sol y est de bonne qualité dans les parties basses et le sylvestre y donne des produits très rémunérateurs, sans demander aucune avance; mais les pins de seconde génération exigent autre chose que les labours et les fossés que les communes exécutaient, jusqu'à présent, à grands frais après la mise à blanc.

Actuellement, nous dit M. Dubois, on réduit dans une certaine mesure les frais d'ameublissement, on effectue un défoncement partiel par bandes de 40 centimètres alternant avec des bandes incultes de 60 centimètres, on supprime les rigoles d'assainissement là où elles ne sont pas indispensables, et, en compensation, on incorpore au sol les engrais les plus appropriés aux terrains de cette nature, soit 1,000 à 1,200 kilogrammes de phosphate de scories et 300 à 400 kilogrammes de kaïnite à l'hectare, ce qui donne lieu pour le tout à une dépense de 175 francs.

C'est évidemment le seul moyen d'obtenir un résultat satisfaisant. Les labours profonds, utiles ou nécessaires dans certains cas, modifient simplement les conditions physiques du sol, mais ne contribuent guère à sa fertilisation; si parfois un sous-sol assez riche et moins épuisé que les couches superficielles a pu, étant ramené à la surface, donner en Campine une apparence de vigueur à des sujets de seconde génération, cette vigueur n'a jamais été de bien longue durée, car, vers l'âge de 10 à 15 ans, un arrêt brusque dans la végétation venait anéantir les plus belles espérances.

C'est pour avoir constaté la chose à ses dépens que la commune d'Eygen-Bilsen a été amenée à utiliser en engrais une partie des dépenses qu'elle affectait à peu près en pure perte à des travaux d'ameublissement souvent exagérés.

On ne peut impunément méconnaître la loi de la restitution.

Nous arrivons bientôt au domaine de la Zangereÿ, séjour enchanteur que malheureusement nous n'avons pu que traverser très rapidement.

Quelques forestiers visitèrent cette charmante oasis en mai 1894 et l'un deux fit à cette époque, dans le *Bulletin* de la Société (v. p. 672), un compte rendu de toutes les merveilles dendrologiques et sylvicoles que l'on y rencontre. La lecture de ces pages, auxquelles nous renvoyons ceux que la chose intéresse, fera mieux apprécier ce que nous avons perdu en renonçant forcément à une visite suffisante de ce beau domaine.

Nous rappellerons cependant les bouquets superbes d'épicéas et de pins Weymouth, les groupes de vieux sylvestres de 25 mètres de haut et 1^{m}80 à 2^{m}30 de circonférence, le joli massif de sapins argentés de même hauteur et de 0^{m}50 à 1^{m}45 de circonférence, enfin les multiples essences exotiques et, entr'autres, une collection de caryers et une autre de nombreux chênes d'Amérique. Parmi ceux-ci, il nous a été donné de voir, en entrant dans la propriété, une rangée de neuf palustris, sur un talus bordant un chemin creux et alternant avec des chênes du pays, ce qui permet d'apprécier la supériorité de croissance des premiers. Plantés en 1846, ces chênes des marais avaient une circonférence moyenne, à 1 mètre du sol, de 1^{m}30 en 1885, et de 1^{m}52 en 1893; ils ont actuellement 1^{m}72.

Nous admirons à la sortie du parc une splendide allée de platanes d'Orient ayant une circonférence moyenne de 1^{m}80; malheureusement, ils ne sont pas encore parés de leur joli feuillage qui, à la bonne saison, couvre cette avenue d'un dôme de verdure du plus bel effet.

En traversant les bois, nous sommes frappés de l'état de végétation des peuplements, composés en grande partie de futaie de chêne sur taillis; mais nous n'y retrouvons plus les pédonculés de 3 et 4 mètres de tour que nous y admirions encore en nombre très respectable en 1894. Ils sont tombés sous la cognée du bûcheron; aussi notre déception, à nous qui les avions tant de fois contemplés, a-t-elle été grande de ne pouvoir entendre à leur sujet les appréciations de nos compagnons d'excursion.

Nous passons directement, et pour ainsi dire sans transitive, de ces beaux peuplements à la lande immense et nue formée de gros mamelons sablonneux alternant avec de grands champs de bruyère. Nous sommes dans les bruyères de Sutendael et c'est là que commence la vraie Campine.

Quel contraste et de quel sentiment de tristesse on est étreint à la vue de ce désert qui semble interminable !

Nous gravissons, sous les premiers rayons d'avril déjà bien chauds, un de ces monticules stériles, pour arriver à un plateau dont la commune a entrepris le boisement depuis quelques années. Nous apercevons de loin un attelage et ses conducteurs; c'est là que fonctionne la charrue à défricher, dite *charrue Rud-Sack* ou charrue universelle.

Pour ceux qui sont initiés aux choses agricoles, nous dirons que la charrue allemande Rud-Sack est d'un système à avant-train, rappelant dans son ensemble l'ancienne charrue anglaise de Howard. Elle est entièrement construite en fonte d'acier d'une très grande solidité; elle est munie d'un avant-soc et d'un double mancheron.

C'est M. le garde général Dubois qui en a introduit récemment l'usage pour le défrichement des bruyères communales, et l'on peut dire que les résultats qu'elle a donnés dès le début ne tarderont pas à en généraliser l'emploi en Campine.

Il ne fallait pas songer aux charrues défonceuses, car en en admettant l'utilité, non seulement le prix de revient du défoncement n'eût pas été moindre que celui qu'on exécute à la bêche, mais on se fût heurté très souvent aux grandes difficultés résultant notamment de la pénurie de chevaux et de conducteurs habiles.

L'instrument devait surtout remplir les conditions suivantes : permettre le labour au besoin jusque 0^m30 à 0^m35 de profondeur, être d'une solidité à toute épreuve et, en cas d'accident, pouvoir être immédiatement remis en état par des pièces de rechange, ne pas exiger un attelage de plus de deux chevaux, être d'un maniement facile et enfin donner un labour parfaitement homogène.

Celui que nous voyons fonctionner sous nos yeux répond à n'en pas douter à ces desiderata.

L'avant-train, placé à la partie antérieure de l'âge, a le grand avantage de donner à la charrue plus de fixité, d'as-

surer sa marche en la maintenant dans sa direction normale
et sans que le conducteur ait à déployer une attention incessante ou à posséder l'adresse qu'il ne peut acquérir du
jour au lendemain et qu'exige le maniement des charrues
ordinaires.

En effet, toutes les pièces d'une charrue étant solidaires,
si le coutre, le soc ou le versoir rencontrent une pierre, une
racine ou tout autre obstacle capable de faire dévier l'un
d'eux de la direction normale, cette déviation se transmet
immanquablement à l'extrémité de l'âge ; or, ce sont ces
déviations que le conducteur d'une charrue simple doit
continuellement corriger en se servant habilement du mancheron. Ici, tous ces inconvénients disparaissent et cela à
ce point, nous dit M. Dubois, qu'on peut, dans certains cas
et lorsque la charrue est bien réglée, l'abandonner à elle-
même dès qu'elle a pénétré dans le sillon.

Le terrain que nous voyons labourer, est remué à 0^{m}18 de
profondeur ; le sol est graveleux et légèrement caillouteux,
couvert d'une courte bruyère ; le coût du labour s'élève à
la très modique somme de 35 francs par hectare.

Au moment où nous écrivons ces lignes, M. Dubois nous
informe qu'à Asch un labour de 10 hectares dans un terrain
très graveleux vient de faire l'objet d'une adjudication par
voie de soumission ; le travail a été adjugé au prix de
45 francs l'hectare.

Il nous reste à dire que la charrue Rud-Sack, avec tous ses
accessoires, un soc et un avant-soc de rechange, ne coûte
que 115 francs. On peut se la procurer à la maison Léon
Van den Broeck, 6, rue d'Arenberg, à Anvers.

L'État a acheté deux de ces charrues et les a mises à la
disposition des communes pour le défrichement des terrains
incultes destinés au boisement.

A côté du labour en cours d'exécution, nous voyons une
plantation effectuée par la commune de Sutendael, il y a
2 et 3 ans, en terrain remué; les sujets sont vigoureux, le
peuplement est complet, mais on ne saurait se prononcer

maintenant sur leur avenir. Toutefois, à en juger par l'état des pineraies installées non loin de là sur un sol de même nature et n'ayant même reçu aucune façon préparatoire, tout fait augurer un plein succès.

Mais nous avons hâte de voir fonctionner la fameuse dessoucheuse Bennett, but principal de l'excursion.

Cette dessoucheuse n'est pas précisément une nouveauté; elle existe depuis de nombreuses années dans l'Ohio, son pays d'origine ; elle est aujourd'hui répandue dans tous les Etats-Unis d'Amérique.

Un de nos membres, M. Van Schelle, eut fréquemment l'occasion de l'y voir fonctionner pendant le long séjour qu'il fit au pays des Yankees. Depuis longtemps, il attendait une occasion favorable pour l'introduire en Campine, où il avait lui-même acquis une propriété (à Wortel, province d'Anvers).

Parcourant l'année dernière son petit domaine avec l'un de nous, il parla de la dessoucheuse et se mit à la disposition de notre Société pour lui envoyer les catalogues accompagnés de tous les renseignements désirables. C'est d'après ces documents que notre *Bulletin*, dans son numéro de décembre dernier (v. p. 789), donna une description des appareils à dessoucher de la maison Bennett.

La dessoucheuse que nous avons vue fonctionner à Sutendael a été acquise par l'Etat à titre d'essai.

Disons-le tout de suite, l'expérience a été absolument concluante. Les excursionnistes ont été unanimes à le proclamer et à reconnaître en même temps la simplicité élémentaire de l'appareil et la facilité extrême de son fonctionnement. Le *Bulletin* en donnera prochainement une nouvelle description détaillée, avec une photographie à l'appui, ce qui nous dispense de nous y arrêter davantage en ce moment.

Constatons toutefois que, de l'avis de tous, la machine envoyée par la maison Bennett est beaucoup trop puissante pour l'arrachage des souches de pin sylvestre en Campine. On pourra beaucoup mieux utiliser dans cette région les appareils plus faibles, qui auront surtout l'avantage d'être d'un déplacement plus facile.

Avec l'appareil actuel, quatre hommes travaillant pendant 10 heures et payés à raison de 2 francs chacun arrivent à enlever 100 souches d'un diamètre de 0ᵐ18 à 0ᵐ27, représentant une valeur de 12 francs (prix de vente), tandis qu'un dessouchage à la main pratiqué au même endroit, par les mêmes ouvriers et pendant le même laps de temps, a donné en totalité 60 souches ne valant guère plus de 5 francs, les plus grosses racines, sectionnées à la hache, restant dans le sol. En somme, le travail à la dessoucheuse est plus rapide et plus rémunérateur, il ameublit plus complètement le sol et le débarrasse absolument des moindres débris des racines ; on peut dire que le rendement en bois est d'environ 1/3 en plus en opérant avec la dessoucheuse Les chiffres qui précèdent ont été relevés par M. Peeters, secrétaire communal de Sutendael et ont fait de sa part l'objet d'un rapport à M. Dubois. Il conclut en disant que cet instrument constituera un bienfait pour la Campine.

Nous partageons entièrement cet avis et nous avons la conviction que son usage se généralisera rapidement dans cette région. Non seulement les reboisements pourront s'y faire ainsi dans de meilleures conditions, mais nous croyons que la dessoucheuse contribuera beaucoup à nous débarrasser des insectes xylophages qui sont le fléau de nos pineraies.

Serait-ce déjà en prévision de leur disparition prochaine que l'un de nous, entomologiste distingué, prêtant une attention distraite aux essais de l'appareil, allait de groupe en groupe faire ample moisson de pissodès sur les épaules et les couvre-chefs de ses collègues de la Société ?

Après un excellent et copieux déjeuner, auquel nous faisons le plus grand honneur, nous nous remettons en route pour arriver bientôt à la parcelle de la commune de Lanaeken où fut établie, en 1889, une expérience sur l'application d'engrais chimiques et l'influence de l'origine de la graine (comparaison des pins issus de graines de Suède avec ceux provenant de graines du pays).

Le terrain ne reçut d'autre préparation qu'un rigolage profond. La parcelle, de forme rectangulaire, fut alors divisée en deux parties dans le sens de la longueur et l'engrais, 1,500 kilogr. de phosphate de scories, fut répandu sur l'une des moitiés. On sema la graine de Suède au milieu de la parcelle et la graine indigène aux deux extrémités.

Pendant les trois ou quatre premières années, la différence ne fut pas nettement marquée; d'une part, la moitié qui avait reçu l'engrais était couverte d'herbages élevés et, d'autre part, la bruyère avait fait sa réapparition sur la seconde moitié. A partir de la quatrième année, la partie fertilisée accusa une différence bien nette, le semis était plus régulier, sans vides et le feuillage des pins d'un vert plus foncé. Aujourd'hui, il faut, il est vrai, un œil exercé pour se prononcer sur le meilleur état de végétation des deux parties et la différence n'est sensible qu'entre les deux variétés de pins, ceux de Suède étant moins élevés que leurs congénères du pays. En pénétrant dans le massif, la meilleure croissance de la partie qui a reçu l'engrais s'accuse de façon plus apparente. Peut-être verra-t-on les différences s'accentuer après la première éclaircie, le massif étant pour le moment trop serré.

L'excursion se termine en traversant les pineraies communales de Lanaeken, bois magnifiques, très bien soignés et qui font l'admiration de tous.

Ils sont l'œuvre de feu M. le comte de Caritat de Peruzzis, sylviculteur aussi modeste que distingué, qui fut bourgmestre de cette commune pendant près de cinquante ans. Signalons en passant un détail intéressant : Lanaeken est la seule commune du Limbourg où le soutrage ne fut jamais pratiqué dans les bois. Nous qui avons tout particulièrement connu le créateur de ces belles pineraies et qui avons reçu maintes fois ses bons conseils, nous nous faisons ici un devoir de rendre hommage à sa mémoire.

Après avoir félicité et remercié M. le garde général Dubois de la façon dont il a organisé cette petite excursion, nous reprenons à Lanaeken le train vers Bruxelles, où nous arrivons à 6 heures, avec l'impression d'une journée utilement remplie.   A. D.

Le Tuberculina persicina. — Les écidies produites sur le pin sylvestre par le *Cronartium asclepiadeum* sont parfois envahies par un champignon qui en modifie complètement la couleur si caractéristique.

Au lieu d'apparaître en rouge-orangé, les parties malades prennent une teinte violet foncé, due aux spores du *Tuberculina persicina.*

Les rapports biologiques qui existent entre ce champignon, l'urédinée et le pin, ne sont pas encore bien définis. Il semble cependant que le *Tuberculina* n'est pas parasite du *Cronartium*; le plus souvent, il n'apparaît dans les écidies de ce dernier que tardivement, quand ses fructifications sont déjà vidées.

Vis-à-vis du pin, le *Tuberculina* n'agit pas non plus en véritable parasite : il est, en tout cas, incapable de l'attaquer à lui seul.

Il existe, en réalité, des rapports de commensalisme entre ces deux cryptogames, le *Tuberculina* vivant dans l'écorce désorganisée sous l'influence de la rouille vésiculeuse.

J'ai eu l'occasion d'observer, cette année, cet intéressant et rare champignon à deux reprises ; la première fois, sur pin de montagne, près de Rochefort; la seconde, sur pin sylvestre. Ce dernier exemplaire, provenant de la forêt de Marlagne (Wépion), m'a été communiqué par M. le garde général adjoint Quairière.

Une espèce très voisine, le *Tuberculina maxima*, se ren-

— 333 —

contre dans les écidies produites sur le pin Wymouth par le
Cronartium ribicolum.

E. MARCHAL.

(Bulletin de l'agriculture.)

l'Institut agricole de Gembloux.

La rouille de l'épicéa. — La rouille de l'épicéa produite
par le *Chrysomyxa abietis* a été observée, dans l'Hertogenwald, par M. le garde général adjoint Collignon.

La maladie apparaît, çà et là, dans les peuplements de
cette région et ceux de l'Ardenne, de préférence dans les
endroits humides, dans les vallées, à proximité des fanges.

Les conditions météorologiques qui accompagnent, au
printemps, la germination des téleutospores exercent également une grande influence sur la réapparition de la maladie,
que favorise très manifestement l'humidité.

J'ai eu l'occasion de suivre, durant plusieurs années, la
marche de la rouille sur un peuplement d'épicéas de trente
ans, situé à Neufchâteau, dans un endroit frais, longeant la
Vierre.

La maladie s'y est présentée en 1899 et en 1900, à l'état
sporadique, sur des sujets tantôt isolés, tantôt groupés en
bouquets.

Rien dans l'âge, la vigueur, les conditions de végétation,
ne différenciait les sujets malades des individus sains. Il y a
là une prédisposition individuelle difficile à expliquer.

En 1901, la maladie a à peu près disparu.

Cette disparition subite, complète et spontanée de la
rouille de l'épicéa a déjà été maintes fois constatée.

Elle résulte de ce fait que l'émission des sporidies résultant de la germination des téleutospores ne coïncide pas toujours avec le moment où les jeunes bourgeons sont aptes à
être infectés.

Dans ces conditions, ces sporules meurent, et comme le
champignon ne possède pas d'autres organes de reproduction
durables, sa conservation se trouve complètement entravée.

Ce caractère fait de la rouille de l'épicéa une affection en
général peu nuisible, et que les forestiers ont rarement à
combattre d'une façon systématique.   (*Du même.*)

La kaïnite. — La kaïnite, qu'on trouve en abondance non seulement
en Prusse, à Léopold-Shall et à Stassfurt, ainsi qu'à Kaluy, dans les
Carpathes orientales, a non seulement un grand intérêt au point de vue
minéralogique, en raison des aspects très divers qu'elle présente, mais
elle joue encore un rôle important en agriculture.

Ce minéral constitue, en effet, un des engrais potassiques les plus
employés surtout depuis quelques années. Il faudrait tout un volume
pour décrire les célèbres gisements de sels potassiques de Stassfurt,
dont les produits sont expédiés aux agriculteurs du monde entier. On
rencontre dans ces mines, en quelque sorte uniques au monde, une
trentaine d'espèces minérales; mais nous nous bornerons à parler ici
des sels bruts, c'est-à-dire des minéraux assez riches en potasse pour
être utilisés directement au sortir de la mine. Les trois principaux sont :
la *Carnallite*, la *Sylvinite* et la *Kaïnite*.

La carnallite est un mélange de chlorure de potassium et de chlorure
de magnésium, qui forme, vers la partie supérieure des dépôts, des
couches d'environ 25 mètres de puissance, entremêlées de sel gemme,
de kiéserite (sulfate de magnésie) et d'antrydrite (sulfate de chaux).
Quoique la carnallite ne contienne que 9 pour 100 de potasse, à l'état de
chlorure, elle est assez employée en Allemagne, comme engrais, à l'état
brut, après une simple pulvérisation. Toutefois, son emploi n'est avantageux que dans les régions voisines des gisements, qui n'ont pas à
supporter de grands frais de transport.

La sylvinite résulte du mélange naturel, dans les gisements, de la
sylvine (chlorure de magnésium pur) et de sel gemme en petite quantité.
Elle est très inégalement répartie dans les mines, et malgré sa richesse
assez forte en potasse, soit 14 à 18 pour 100 (à l'état de chlorure), elle
est peu employée comme engrais. On l'utilise plutôt dans les usines
pour enrichir les autres engrais en potasse et régulariser leur composition.

La kaïnite est de beaucoup le sel potassique brut le plus employé
comme matière fertilisante. Ainsi que la carnallite, elle existe en masses
cristallines, de couleur très variable, rouge, rosée, jaunâtre, brune ou
noirâtre. C'est un produit complexe et de composition assez variable,
qui s'est formé, dans les mines, par la réaction multiple des autres
minéraux les uns sur les autres, après leur dépôt. La kaïnite ne forme
pas de masses continues, mais bien dans les gisements des amas irrégu-

liers très importants. Pour son exploitation, on fait sauter à la mine de gros blocs, qui sont ensuite débités sur place; des wagonnets transportent les morceaux de kaïnite jusqu'aux puits d'où ils sont amenés dans des bennes aux usines installées à la surface du sol.

Là, on fait passer la kaïnite dans une série de broyeurs pour la réduite en poudre, et c'est celle-ci qui constitue l'engrais si apprécié par les agriculteurs. En effet, la consommation de la kaïnite s'est élevée en 1900 à 1,099,631 tonnes. La richesse moyenne de ce minéral en potasse est de 12 à 18 pour 100. C'est un sulfate double de potasse et de magnésie, avec des quantités variables de chlorures de magnésium et de sodium. Sa composition chimique est donnée par la formule: $SO^4 K^2$, $SO^4 Mg$, $Mg C^2$, $+ 6 H^2 O$; mais, on ne la rencontre jamais à cet état dans la nature; elle contient toujours 30 à 40 pour 100 d'impuretés et surtout de sel gemme, qui font partie intégrante de sa masse. MM. Muntz et Girard lui assignent la composition moyenne suivante:

Sulfate de potasse	24.0 pour 100	
— de magnésie.	16.5	—
Chlorure de magnésium	13.0	—
— de sodium	31.0	—
Sulfate de chaux	1.5	—
Eau	14.0	—

La présence simultanée des sulfates de potasse et de magnésie donne à la kaïnite une grande valeur fertilisante; aussi en emploie-t-on des quantités considérables, surtout en Allemagne et en Belgique. La kaïnite est vendue avec une teneur moyenne et garantie de 12.50 pour 100 de potasse, mais elle est souvent plus riche et peut en contenir jusqu'à 18 pour 100. Elle convient surtout à la fumure des terres sableuses légères et des terres tourbeuses acides, et donne en général d'excellents résultats sur les prairies, dans tous les terrains. C'est par l'emploi de la kaïnite, associée aux engrais phosphatés et azotés, que les Allemands sont parvenus à mettre en valeur les vastes tourbières et les immenses plaines sablonneuses de l'Allemagne du Nord. En France, on commence à employer cet engrais, concurremment avec les phosphates. notamment sur les prairies, à la dose de 400 à 600 kilogrammes par hectare. M. Davaine, au petit Pressac (Charente-Inférieure), en terre granitique, sur prairie acide un peu humide, a obtenu:

Sans engrais	3,800 kg. de foin	
Scories de phosphoration seules	7,000	—
— — et 600 kg. de kaïnite	10,500	—

M. Barbier, de Montigny-Montfort (Côte d'Or), en terre argileuse, a récolté:

Sans engrais	3,000 kg. de foin	
Engrais phosphaté	4,510	—
— — et 600 kg de kaïnite	6,000	—

Or, nous ferons remarquer que les terres granitiques, comme les terres argileuses, sont cependant considérées comme étant en général riches en potasse.

La kaïnite, moins hygroscopique que la carnallite, se conserve facilement à l'air, sans altération, au moins pendant un mois ou six semaines; passé ce délai, elle s'agglomère en masses très dures; aussi, pour en permettre une plus longue conservation, la mélange-t-on le plus souvent, à Stassfurt, avec de la poussière de tourbe à raison de 2 à 3 pour 100 ; ce mélange résiste alors indéfiniment à l'action de l'humidité. Indépendamment de la kaïnite brute, on emploie aussi assez souvent la kaïnite calcinée qui, non seulement est plus riche en potasse, mais dans laquelle le chlorure de magnésium a été détruit par l'action du feu.

Indépendamment de son emploi dans la fertilisation des terres, la kaïnite est encore utilisée, sur les lieux de production, comme matière première dans la fabrication du sulfate de potasse et du chlorure de potassium.

Dans le commerce des engrais, la kaïnite, dosant de 23 à 25 pour 100 de sulfate de potasse, se vend actuellement de fr. 3.50 à 4 francs les 100 kg. On voit que c'est là un prix très abordable qui, joint aux bons effets que donne généralement la kaïnite sur les prairies, tant quantitativement que qualitativement, milite au plus haut point en faveur de son emploi.   Albert LARBALÉTRIER.

(*La Nature.*)

------◆------

LISTE DES MEMBRES
de la Société centrale forestière de Belgique

Nouveau membre

M. **Schwersenz**, Max, directeur gérant de la maison Koppel, constructeur de
chemins de fer fixes et portatifs, 10, Vieux Marché aux Grains, Bruxelles.
(Présenté par M. Grandfils.)

------◆------

LISTE DES ABONNÉS
au Bulletin de la Société

Nouvel abonné

M. **Pire**, Léopold, garde particulier, Chêneux-Fays, par Marloie. (Présenté par
M. Crahay.)

Excursion forestière

L'excursion annuelle de la Société aura lieu les 23 et 24 juin.

PROGRAMME

Lundi 23 juin. — Départ en voitures à 7 h. 45, en face de la gare. Visite des bois et plantations des Hospices civils de Bruges.

A 12 h. 30, déjeuner en forêt.

Retour en voitures à Bruges. Dîner à 7 heures, à l'Hôtel du Sablon.

Mardi 24 juin. — Départ en voitures à 6 h. 30 pour Ruddervoorde. Visite des plantations et pineraies de feu M. le chevalier Eugène van Outryve d'Ydewalle et des bois de M. le baron van Caloen de Bassegliem (futaies de mélèzes sur taillis).

A 11 heures, déjeuner à Ruddervoorde.

A 12 h. 30, départ en voitures pour Beernem. Visite de l'ancien arboretum de Serret, appartenant à Madame la douairière Baillieu d'Avrincourt.

Rentrée à Bruges en voitures ou par le train de 4 h. 59.

MM. les sociétaires qui se proposent de prendre part à l'excursion sont priés de bien vouloir en informer le secrétariat (38, rue de Louvain) avant le 17, *au plus tard*, en indiquant :

1° S'ils participeront aux deux journées d'excursion ou à l'une d'elles seulement ;

2° S'ils assisteront, le lundi, au dîner en commun, à l'Hôtel du Sablon.

MM. les excursionnistes qui n'ont pas l'intention de se conformer à une autre partie du programme sont priés de le faire connaître.

Conservation du caractère naturel

de parcelles boisées ou incultes

RAPPORT

de la commission spéciale du Conseil supérieur des forêts

Il existe encore en Belgique des étendues de pays dont le caractère naturel est remarquablement conservé. Tels sont, par exemple, certains massifs boisés et les fanges de la haute Ardenne, les dunes et les marais de la Campine. Ces régions abandonnées à elles-mêmes offrent, à des points de vue divers, un très grand intérêt.

Elles nous permettent d'étudier dans des conditions exceptionnelles la flore et la faune de notre territoire, si souvent appauvries et défigurées par le développement de la population et de l'industrie. L'étude de ces régions favorisées peut seule donner la solution d'une foule de questions. Citons entre autres les recherches par lesquelles on s'efforce de reconstituer les conditions d'existence des anciennes populations du pays. Les forêts ont exercé sur elles une influence si grande, qu'on doit considérer les restes de nos futaies primitives comme les plus vénérables de nos monuments historiques.

Ces reliques de notre passé possèdent d'ailleurs un attrait tout spécial. Elles ont été respectées le plus souvent en raison des difficultés qu'elles opposaient à l'envahissement de la civilisation, difficultés qui se traduisent dans l'aspect pittoresque qui les distingue. Elles s'imposent donc à la fois à l'attention des artistes et des savants, de même qu'à celle de tous ceux qui savent apprécier les sensations fortes et profondes que donne la contemplation de la nature. Elles constituent pour tous un patrimoine précieux que nous ne saurions trop religieusement conserver.

C'est grâce à un heureux concours de circonstances que nous possédons encore aujourd'hui, dans un pays comptant cependant au nombre des plus peuplés qui soient, quelques parties ayant conservé, relativement intact, leur caractère primitif. Il ne faut cependant pas se dissimuler que leur nombre et leur étendue se réduisent chaque jour et que dans un avenir peu éloigné, la plupart d'entre elles, sinon la totalité, auront définitivement disparu. On doit, en effet, bien se rendre compte qu'une intervention, même légère, suffit pour bouleverser complètement ces ensembles naturels et leur enlever leur originalité. Or, les travaux d'assainissement et de boisement des terres incultes font de très rapides progrès, d'ailleurs pour le plus grand bien du pays; les aménagements nouveaux modifient profondément et à juste titre la constitution des massifs forestiers. Tous ces travaux d'utilité publique ont pour conséquence de détruire les ensembles de florés et de faunes spéciales qu'ils rencontrent.

Lorsqu'on se représente la haute signification de ces vestiges et le peu d'étendue des espaces qu'ils occupent encore, on est doublement encouragé à tenter un effort pour les préserver d'un anéantissement irrémédiable.

Dans d'autres pays on s'est ému depuis longtemps de la rapidité avec laquelle disparaissent les représentants les plus remarquables de la flore et de la faune.

Aux Etats-Unis le danger s'est manifesté d'une façon particulièrement saisissante, la destruction des richesses naturelles s'étendant même, en ce qui concerne les forêts, à des territoires tout entiers. Cette situation exigeait des mesures radicales; aussi le gouvernement a-t-il créé des réserves considérables soumises à son contrôle d'une manière absolue. Parmi ces réserves, il est une catégorie spéciale dont le but est de soustraire à toute action de l'homme les districts dont la flore ou la faune offrent le plus d'intérêt. C'est ce qui a été réalisé notamment pour une partie des forêts de séquoias, les arbres géants de la Californie. Ces merveilles végétales ne forment qu'un petit nombre de massifs peu étendus, dont plusieurs avaient été totalement détruits lorsqu'on s'est décidé à créer des zones réservées.

Les Américains ont appliqué le même principe, d'une manière grandiose, en créant dans une des parties les plus pittoresques et les plus intéressantes des Etats-Unis, le célèbre Parc national de Yellowstone, comprenant un espace de 9,000 kilomètres carrés, soit près du tiers de la superficie de la Belgique.

Il est évident que c'est grâce seulement à cet ensemble de mesures que l'on peut espérer conserver dans l'avenir un vestige important d'un des ensembles naturels les plus remarquables qui existent.

C'est une idée semblable qui a déterminé le prince Ad. de Schwarzemberg à conserver intact le caractère primitif des forêts d'une partie de ses domaines situés dans le Böhmerwald; cette réserve qui comprend plusieurs milliers d'hectares, forme, pour les forestiers aussi bien que pour les naturalistes, un document de la plus grande valeur.

Le gouvernement allemand est entré depuis longtemps dans la même voie en réservant les points les plus remarquables des domaines de l'Etat.

Malgré le très grand développement de la population, nous possédons aussi dans notre pays des régions privilégiées qui ont échappé aux transformations qu'impose la civilisation. Nous sommes donc en quelque sorte obligés de nous conformer aux exemples qui précèdent, car nous devons nous considérer comme responsables de ce précieux héritage devant les populations à venir.

Il est certain qu'on a, jusqu'à présent, fait preuve de beaucoup de zèle pour sauvegarder le caractère pittoresque si accentué d'un grand nombre de localités. La Société pour la protection des sites tient à cœur de justifier le titre qu'elle s'est donné; le Gouvernement a montré dans maintes occasions son désir de seconder les initiatives qui se produisent.

Le plus souvent, cependant, on n'a pris que des mesures restreintes, s'appliquant à des cas isolés.

La question qui nous occupe demande à être traitée d'une manière qui soit mieux en rapport avec sa réelle importance. L'action de l'Etat devrait être plus étendue et surtout plus directe.

Les motifs qui justifient l'intervention de l'Etat sont multiples. On vient d'insister sur les raisons d'ordre scientifique et artistique, il en est d'autres d'un caractère plus matériel et par conséquent tout aussi décisives pour les pouvoirs publics. On sait combien est grande l'extension que le tourisme a prise dans ces dernières années ; notre pays si varié d'aspect eu égard à sa faible étendue et situé à proximité des plus grands centres de la vie moderne, est, à cet égard, favorisé entre tous.

C'est donc à juste titre que l'Etat s'impose des sacrifices considérables pour développer et perfectionner les moyens de communication dont il a la charge. Logiquement ces efforts doivent avoir pour corollaire la conservation aussi complète que possible de nos richesses pittoresques. Elles constituent, en effet, l'élément essentiel de ce développement du tourisme dans lequel la Belgique trouve une source de revenus toujours croissants.

La base du travail d'ensemble que l'Etat aurait à entreprendre doit être l'inventaire général des sites et des régions à conserver. Pour dresser cet inventaire il faut préciser les motifs qui détermineront les réserves à effectuer et les conditions dans lesquelles devra se réaliser leur conservation.

Le point de vue auquel il conviendrait de se placer pour répondre exactement à la question posée au Conseil, serait la conservation du caractère naturel, primitif, des régions qui semblent les plus remarquables à cet égard.

Au premier abord on est tenté de croire que ce caractère s'est maintenu intact dans un grand nombre des parties les plus pittoresques du pays : les forêts et les fanges de la haute Ardenne, les bruyères de la Campine. En réalité, il n'y a guère que les landes campinoises qui, peut-être, se trouvent exactement dans ces conditions.

Les parties les plus sauvages des forêts de l'Ardenne, ses fanges les plus étendues ont, pour la plupart, subi largement l'action de l'homme ou même ont été créées par lui. Une exploitation abusive, pratiquée sans autre règle que les convenances immédiates des populations, et continuée depuis l'occupation romaine, a imprimé à ces forêts de la haute Belgique leur caractère si éminemment pittoresque.

Cette même absence de ménagement dans l'utilisation des produits des forêts a créé les déboisements d'étendue variable, qui forment les hautes fanges ainsi qu'un grand no .bre de fanges plus réduites occupant des espaces considérables dans les massifs boisés situés à une altitude élevée, comme celui de Saint-Hubert.

Quelle que soit l'origine du caractère spécial de ces parties du pays, l'utilité de leur conservation ne saurait être contestée. Elles ont été, au cours des siècles, le centre du développement de flores et de faunes spéciales, dont l'extension est certes due aux conditions favorables amenées par l'homme, mais dont les éléments nous offrent cependant une image fidèle de la flore et de la faune primitives ; leur valeur à cet égard est indiscutable.

Il résulte toutefois de ce qui précède que ce seront les considérations d'ordre pittoresque qui détermineront principalement la délimitation des parcelles à réserver.

Si l'on se demande de quelle manière doit être réalisé le principe de la réserve, on ne saurait être trop catégorique. Pour être efficace, la réserve doit être absolue; il faut proscrire radicalement toute intervention de l'homme, puisque le but poursuivi est la conservation des aspects de la nature livrée à elle-même.

Dans les parties boisées, toute exploitation doit être suspendue; il faut réduire les voies de communication au strict nécessaire et les dissimuler autant qu'on le pourra; un des grands écueils à éviter est de créer des parcs et d' « embellir » la nature au lieu de la respecter. La chasse devra être interdite dans les parties réservées, quitte à supprimer l'excédent du gibier lorsqu'on s'y trouvera obligé par sa trop grande multiplication.

D'autre part, les réserves doivent, dans chaque cas particulier, comprendre une surface suffisante pour que le caractère spécial des parties conservées soit nettement exprimé. Il est d'ailleurs une autre raison pour laquelle leurs dimensions ne peuvent être trop limitées.

On a en vue en constituant les réserves de conserver le caractère naturel d'une région. Ce caractère est lié à des conditions particulières de milieu dont il est la résultante.

Ces influences ne peuvent cependant exercer leur action sur des étendues restreintes, car elles sont alors contrebalancées et atténuées par l'action prépondérante du milieu différent dans lequel les parcelles se trouvent englobées. Cette remarque est surtout applicable aux réserves forestières, car on sait combien les forêts sont sensibles aux moindres modifications apportées dans leurs conditions de développement.

Créer des réserves trop restreintes serait donc un résultat tout à fait illusoire pour le but que nous poursuivons.

Après avoir déterminé les motifs qui justifient l'établissement des réserves et la manière dont celles-ci doivent être constituées, il nous reste à examiner dans quelle mesure on peut appliquer les principes qui viennent d'être énoncés.

Pour répondre complètement à cette question il serait indispensable de pouvoir s'appuyer sur les résultats d'une enquête générale. Celle-ci n'étant pas faite et les travaux de la Commission n'ayant porté que sur deux points du pays seulement, on ne saurait considérer les indications qui suivent comme étant définitives.

Depuis que la question a été mise à l'étude, son cadre s'est considérablement élargi ; une organisation nouvelle proportionnée à la tâche qui reste à accomplir presque tout entière, sera seule à même de lui donner une solution satisfaisante.

Des raisons d'ordre pratique rendront parfois difficile la création des réserves. Il conviendra souvent d'attendre des circonstances particulièrement favorables, telles que le renouvellement de l'aménagement des forêts de l'Etat et des Communes, lors duquel les commissions qui en sont chargées pourront très utilement prêter leur concours. Le projet soumis à l'approbation du Conseil supérieur des forêts exigera donc une longue persévérance pour être mené à bonne fin.

En conséquence, la Commission qui sera chargée éventuellement de sa réalisation, ne peut espérer aboutir qu'à la condition d'être permanente et de posséder l'autorité nécessaire pour faire appliquer ses décisions. Cette institution, qui pourrait prendre le nom de Commission des Réserves, aurait le caractère de la Commission royale des Monuments, la mission des deux collèges étant d'ailleurs tout à fait comparable.

On peut toutefois, dès à présent, indiquer sommairement les principales réserves à établir, en ajoutant que la plupart d'entre elles n'occuperont pas une très grande surface.

Les plus intéressantes seraient situées dans la haute Belgique, notamment dans les massifs forestiers de Saint-Hubert et de l'Hertogenwald et comprendraient des parties boisées ainsi que des fanges. Sur un des points culminants de l'Ardenne, la Baraque de Fraiture, existent de grandes fanges d'un aspect extrêmement sauvage, dont on devrait aussi maintenir le caractère.

Les versants de beaucoup de rivières de cette région du pays, parmi lesquelles il faut placer en première ligne La Lesse, l'Ourthe, l'Amblève et la Semois, sont également dignes d'attirer l'attention du Gouvernement. Il en est de même pour nombre de points situés sur les bords de la Meuse.

La Campine offre également des sites caractéristiques dont la conservation, au moins partielle, serait à désirer ; on peut citer les marais, les sapinières et les landes de Genck, les belles sapinières centenaires de la province d'Anvers.

La forêt de Soignes, enfin, mérite d'être spécialement mentionnée en raison de sa proximité de la capitale; la mise en réserve s'y trouve réalisée déjà dans les séries artistiques; il serait cependant à désirer qu'elle fût appliquée d'une manière plus stricte à certaines de ses parties.

Indépendamment des régions que l'on vient de citer comme exemples, il existe une foule de localités remarquables à des titres divers; il va de soi que, dans la mesure des possibilités, la mise en réserve s'appliquerait à tous les sites dont la conservation serait reconnue utile.

* *

La Commission spéciale du Conseil supérieur des forêts m'a chargé de faire une enquête sur les lieux afin de déterminer les réserves à effectuer. Etant donnée la portée générale qu'il convient de donner à la question posée au Conseil, ses résultats sont absolument incomplets, même en ce qui concerne les parties qui ont été visitées.

En compagnie de MM. Vander Swaelmen et Crahay, respectivement membre et secrétaire de la Commission, et de MM. Houba et Parisel, inspecteurs des Eaux et Forêts, j'ai parcouru les massifs de St-Hubert et de l'Hertogenwald; d'accord avec ces messieurs, je suis arrivé aux conclusions qui vont être exposées.

MASSIF FORESTIER DE SAINT-HUBERT. — La forêt a subi d'une manière permanente l'action de l'homme sur presque toute son étendue. L'aspect pittoresque de beaucoup de cantons est dû à une exploitation mal conduite qui a amené le dépérissement des arbres. Ces parties ruinées sont condamnées à disparaître ensuite de l'application du nouvel aménagement adopté. Elles ne représentent évidemment pas le caractère naturel des forêts de la région, puisqu'elles trahissent au maximum l'intervention de l'homme, d'où provient leur aspect délabré. Ces futaies sont cependant si belles pour les artistes, si admirablement sauvages au sens qu'on attache d'ordinaire à ce mot, qu'on ne peut s'empêcher de regretter profondément leur disparition totale et prochaine.

Il existe dans la forêt des ruisseaux à grand débit alimentés par des fanges et dont le cours accidenté est un des éléments les plus captivants du paysage. On peut citer, comme étant les plus remarquables, la Bazeille, la Masblette, le ruisseau de Palogne et celui de la Doneuse.

Un dernier trait caractéristique de ce massif est formé par les fanges. Elles sont en voie d'assainissement et ce travail est très avancé pour la plupart d'entre elles.

Il en existe cependant encore des portions plus ou moins étendues qu'il serait possible de conserver comme types de ce caractère particulier des forêts ardennaises aux altitudes élevées.

Il y a lieu de remarquer que les vallées des ruisseaux, de même que les fanges, offrent aux naturalistes des champs d'exploration particulièrement riches en espèces rares qui, souvent même, sont exclusives à ces stations; détruire ces dernières, c'est amener du même coup la disparition de ces types peu répandus.

La Commission propose de prendre les mesures suivantes:

En premier lieu, il conviendrait de conserver une partie un peu importante des vieilles futaies ruinées à cause de leur caractère éminemment pittoresque et de leur valeur très grande comme documents artistiques; on ne saurait, en effet, imaginer de plus admirables sujets de paysages forestiers. Il faudrait réserver deux massifs: l'un situé entre la fange de la Bonne et la route Tasiaux, depuis la route de La Roche jusqu'à la Bazeille; le second s'étendant entre ce ruisseau, la route de Laneuville, les Ammonies et le Ri des Chevaux. Il serait également désirable que les bois situés aux abords du village de Laneuville fussent conservés aussi intacts que possible. Ces bois ne devraient pas être complètement abandonnés à eux-mêmes, car ils finiraient par se reconstituer en un massif normal; pour leur conserver leur caractère, on doit continuer à les traiter comme ils l'ont été jusqu'à notre époque.

En second lieu, on devrait réserver le long des ruisseaux qui ont été cités, deux bandes de terrain de 20 à 50 mètres de largeur comprenant la partie de la forêt qui les borde immédiatement, l'étendue de cette bande dépendant de celle du fond de la vallée. Les arbres qui y croissent sont d'une exploitation difficile et le plus souvent de médiocre valeur.

En troisième lieu, on propose de réserver un compartiment dans la fange du Rouge Ponceau, à front de la route de La Roche et de conserver dans l'état actuel la fange de la Tête de Cheval qui descend de la route Tasiaux vers la Bazeille.

Ces propositions, toutes modestes qu'elles soient, se heurtent cependant à une grande difficulté. La plupart des parties à réserver sont situées dans la partie du massif qui appartient aujourd'hui aux Communes.

HERTOGENWALD. — Cette forêt, en pleine période de transformation, est d'un intérêt inégal dans ses diverses parties, au point de vue qui nous occupe. Les séries artistiques sont d'un caractère assez banal et seront d'ailleurs maintenues telles qu'elles existent. Il serait bon de dégager les abords du Barrage de la Gileppe en créant une prairie naturelle afin de ménager une vue un peu éloignée de ce superbe ouvrage d'art, que l'on encadrerait d'autre part en boisant irrégulièrement les versants situés à ses abords.

Les parties de la forêt destinées à être régulièrement exploitées sont de beaucoup les plus belles et les plus variées. Il existe de vieux peuplements de pins et d'épicéas qui sont à conserver dans leur intégrité.

Ainsi qu'on l'a proposé pour le massif de St-Hubert, il serait désirable de créer le long des deux rivières torrentueuses qui parcourent la forêt, la Helle et la Soer, des zones réservées d'une étendue suffisante.

Les fanges de l'Hertogenwald sont d'une très grande étendue et d'un fort beau caractère. Il est malheureusement impossible d'en conserver une partie suffisante pour produire l'effet de solitude qui constitue leur charme spécial. On doit donc se borner à demander d'en conserver une large bande le long de la Helle, depuis la sapinière de Noir Flohay jusqu'à la forêt ; cette zone comprendrait le Geitzbosch, reste d'ancienne forêt fort intéressant, ainsi que la sapinière de Noir Flohay, dont l'aspect extraordinairement tourmenté rappelle les forêts de résineux situées en Europe à la limite polaire de la végétation arborescente.

Bien que l'Hertogenwald soit une des forêts les plus pittoresques que nous possédions en Belgique, il n'y a pas de mesures de conservation particulières à proposer en dehors des quelques indications qui viennent d'être données. La Commission est heureuse, en effet, de rendre pleinement hommage au zèle intelligent dont fait preuve l'administration des forêts pour y réaliser, dans leurs moindres détails, les vœux formulés au début de ce rapport.

CONCLUSIONS

Les conclusions suivantes découlent de l'exposé qui a été fait de la question soumise à l'examen du Conseil.

Etant donnée l'importance de la conservation intégrale des parties les plus pittoresques de notre pays au point de vue de la science, de l'art et du tourisme, il y a lieu de proposer au Gouvernement :

1° Qu'il soit fait un inventaire général des sites et des régions présentant un intérêt spécial aux points de vue précédents ;

2° Qu'il prenne les mesures nécessaires pour réaliser leur conservation intégrale ;

3° Qu'il soit institué une Commission permanente, dite Commission des Réserves, ayant le caractère de la Commission royale des Monuments, qui soit officiellement chargée de cette double mission.

Bruxelles, le 28 novembre 1901.

Le rapporteur,
C. BOMMER.

A propos d'une excursion en Campine

(*Fin*)

Choix des essences. — Il se dessine, semble-t-il, une certaine vogue en faveur des boisements feuillus en Campine. Il faut avouer même que, malgré les idées préconçues, on revient d'une visite à Op 't Stort avec une impression assez favorable aux feuillus.

Les taillis n'ont pas, comme les pineraies, à supporter l'assaut d'une multitude d'ennemis ravageurs. Ils donnent, en Campine, des produits très appréciés et les résultats obtenus sont, dans certaines situations, absolument extraordinaires. On cite, à Wiekevorst, une aunaie en sol humide qui produirait, à la révolution de 12 ans, un revenu de 3,000 francs l'hectare ! En réduisant de moitié ce chiffre, donné par M. le bourgmestre de la commune de Wiekevorst lui-même, ce serait encore incroyable.

Certes, on ne comprend guère la culture des feuillus sans la suppression du soutrage ou sans l'apport périodique d'engrais. Mais, avec les feuillus, plus de travaux coûteux d'installation, finis ces perpétuels recommencements avec lesquels le sol n'est jamais réellement acquis au boisement.

La décomposition des feuilles mortes de ces peuplements donne un terreau doux, qui n'a pas les effets désastreux du heide humus. C'est là surtout leur grand avantage. Mais

est-il durable ? Sous le couvert du bouleau et du chêne, généralement employés, la bruyère ne va-t-elle pas faire sa
réapparition, envahir peu à peu le terrain, produire son terreau acide, reconstituant ainsi le heide humus redouté, qui
enlèvera au sol sa valeur productive ?

Pour éviter cet écueil, il faut, toutes autres conditions étant
supposées bonnes : 1° enrichir le terrain ; 2° composer convenablement le taillis, chercher autant que possible à donner la prédominance aux essences à couvert épais : chêne
d'Amérique, bouleau à canot, aune blanc, châtaignier (là où
il n'a pas à redouter les gelées).

Les taillis formés d'essences à couvert léger donnent, en
Campine, les plus belles espérances au début, mais leur avenir est loin d'être assuré.

Aussi, qu'on ne se hâte pas trop de jeter la pierre aux peuplements résineux, dont l'amélioration des conditions culturales doit rester à l'ordre du jour. Les produits de haute
valeur fournis par les pineraies de bonne végétation en
feront toujours une culture tentante pour les particuliers et
les administrateurs communaux.

Le mélange des résineux et des feuillus, l'alliance offen-
sive et défensive de ces deux éléments de production, combinée à l'enrichissement et à l'amendement du sol, donneront vraisemblablement dans l'avenir de bons résultats.
L'expérience devra montrer les modes pratiques d'application.

Culture des prairies. — Ce qui frappe en Campine, dès la
première visite qu'on y fait, c'est la grande étendue de marais,
de terrains très humides qui s'y présentent. La bruyère
commune (*Calluna* ou *Erica vulgaris*, *bieheide* en flamand)
et les maigres graminées des terrains secs font place à la
bruyère quaternée (*Erica tetralix*, *hommelheide* en flamand),
au myrica galé et aux joncs, et à toute époque de l'année,
même en été, l'eau y est superficielle, stagnante.

Plus on s'avance vers le nord des provinces de Limbourg et d'Anvers, plus le niveau de la nappe d'eau souter-

raine est superficiel. Il suffit que le sol soit légèrement en contre-bas, fasse cuvette, il suffit de la présence d'une couche argileuse ou de tuf, pour qu'on constate une modification de la flore, une humidité plus grande.

Il se forme dans ces sols très humides une espèce de tourbe, qui est exploitée assez souvent pour le chauffage des habitants.

Mais parfois, ces marais sont respectés, et les matières organiques qui y sont accumulées en font un sol d'une richesse remarquable; richesse latente sans doute, mais qu'un peu de travail et de chaux ont vite fait de rendre disponible.

Il semble que, dans ces situations, la culture forestière doive céder le pas à la culture herbagère. Faisons du bois autant que nous pouvons, dans les mauvais terrains , mais n'ayons pas que ce seul objectif; le mot d'ordre ne doit pas, ne peut pas être uniquement: Boisons la Campine. Faisons la part des choses, laissons à la culture herbagère les parties basses, fraîches, où l'humidité ne fera jamais défaut, réservons-nous les terrains secs, maigres, presque stériles; étudions-les, mettons-les en valeur; nous aurons en cela d'autant plus de mérite que la difficulté aura été plus grande.

Ces messieurs de la Nederlansche Heide Maatschappij nous donnent le bon exemple à ce sujet.

La Heide Maatschappij est une société très importante, qui a pour but de favoriser la mise en valeur des bruyères, des dunes et autres terrains vagues de la Hollande.

La Compagnie d'assurance *Utrecht* a fait l'acquisition, vers la frontière belge, de 1,050 hectares de terrains incultes. Elle laisse à la Heide Maatschappij le soin de mettre ces bruyères en valeur moyennant une redevance fixée par hectare.

Nous avons eu le plaisir le visiter ce domaine, piloté par le directeur technique de la société, M. Lovinck, forestier aussi aimable que compétent.

Il a d'abord été procédé à l'étude approfondie du terrain:

arpentage, nivellement, examen du sol, ce qui amena la division du domaine en trois parties :

1) Terrains frais à boiser en mélange feuillus et résineux ;

2) Terrains secs à abandonner au pin sylvestre ;

3) Terrains humides, marais, à convertir en prairies.

La Heide Maatschappij a entrepris la transformation des terrains incultes en prairies pour la somme de 200 florins à l'hectare (environ 425 francs).

Voici comment elle opère :

Le sol étant assaini fortement et nivelé à la herse, on applique 1,000 kilogr. de phosphate basique et autant de chaux et de kaïnite. Semis au printemps de trèfle et de graminées et application à l'automne de 800 kilogr. kaïnite et de 6 à 700 kilogr. de phosphate basique.

Le trèfle disparaît après 2 à 4 années; les graminées restent ; 4 ou 5 ans après, on recommence l'opération.

Les résultats constatés lors de notre visite, en juin 1901, étaient réellement admirables.

Mais, je me hâte de le dire, nous avons en Campine belge de frappants exemples de semblables transformations avantageuses de terres incultes humides.

La commune de Caulille, notamment, a converti en prairies, en 1899, 10 hectares de terrain inculte marécageux, couvert de myrica galé, de carex, de bruyère quaternée.

Voici les travaux qui ont été exécutés :

Assainissement : fossés de 0.80 × 0.50 × 0.40 tous les 10 mètres et les bandes coupées à leur tour par des fossés plus petits de 0.45 × 0.40 × 0.30. Sartage à feu couvert et chaulage (3,000 kilogr. de chaux à l'hectare). Le sol a été enrichi par un apport, à l'automne, de 1,500 kilogr. phosphate basique et de 1,000 kilogr. de kaïnite à l'hectare et, au printemps, de 250 kilogr. de nitrate de soude, dont la moitié a été répandue en couverture.

Coût total des travaux : 6,772 francs pour 10 hectares.

En 1901, 8 hectares de ces prairies ont rapporté 1,500

francs, soit 185 francs par hectare. En tablant sur un capital d'installation de 900 francs par hectare (700 francs pour les travaux de premier établissement, sans déduction du subside accordé à la commune par l'Etat, et 200 francs pour la valeur du fonds), c'est du 20.5 p. c. tout simplement, et ce n'est certes pas trop mal !

A Exel, la commune a converti également près de 30 hectares de mauvais terrain humide, marécageux même, en très belles et très productives prairies par l'apport de boues de ville.

Après un nivellement complet du terrain on a procédé à l'assainissement par l'ouverture de fossés plus ou moins larges et plus ou moins profonds, suivant l'humidité constatée.

Un petit chemin de fer Decauville (4,000 mètres de voie), qui avait déjà servi pour le nivellement du sol, a amené ensuite, aux parcelles à convertir, des boues de ville transportées par bateau et qui ont été répandues à raison de 300 tonnes par hectare. (La tonne de boue a coûté, rendue sur le terrain, fr. 2.25 environ.)

Dans les parties pauvres, on a en outre fait grand emploi de phosphate basique et de kaïnite.

26 hectares de prairies ont coûté, comme frais d'installation, 33,000 francs (sans tenir compte de la maison d'habitation du garde), soit donc 1,260 francs par hectare. C'est beaucoup, mais la spéculation n'en est pas moins très fructueuse ; d'après les renseignements qu'a bien voulu nous donner M. Indekeu, secrétaire communal, les prairies rapportent par hectare, en moyenne, 220 francs.

En donnant 200 francs à la valeur du sol, le capital d'installation, qui s'élève ainsi à 1,460 francs, produit 14 p. c. d'intérêt.

Un dernier exemple : M. l'inspecteur forestier Hoffmann, dans sa propriété « La Heibloem », dont nous avons parlé précédemment, a converti en prairie à pâturer 2 hectares 50 ares de terrain humide ayant porté une assez mauvaise pineraie.

Voici la succession des travaux et des amendements : 1ʳᵉ année, extraction des souches, nivellement, assainissement; application de 20,000 kilogr. de cendres de chaux, 2,000 kilogr. phosphate basique et 800 kilogr. de kaïnite (pour les 2.50 hectares); 2ᵉ année, 1,200 kilogr. phosphate et 400 kilogr. kaïnite; 3ᵉ et 5ᵉ années, 800 kilogr. phosphate basique; 4ᵉ année, rien.

On y a parqué, la 2ᵉ année, 3 génisses, la 3ʳ année, 6 génisses, et les 4ᵉ et 5ᵉ années, 8 génisses. Les bénéfices réalisés o t permis de solder tous les frais d'installation s'élevant à 1,000 francs environ, ainsi qu'une bonne partie des frais de clôture.

La culture herbagère ne constitue pas seulement un bon placement au point de vue pécuniaire, mais elle forme aussi et surtout un placement de rapport immédiat, et c'est l'avantage qu'elle a sur la culture forestière.

E. NÉLIS,
garde général des eaux et forêts.

Les aunes

L'aune blanc a été, dans le *Bulletin* forestier, l'objet d'une étude de la part de M. S. de L.

Que dans un sol qui convient *médiocrement* à l'aune blanc plusieurs drageons meurent et que le taillis se dégarnisse, il n'y a rien là d'anormal.

Ce qui est vrai pour l'aune blanc est vrai pour toutes les essences.

Mais ce n'est pas dans un tel milieu qu'il faut prendre une espèce pour la décrire et apprécier ses qualités ou ses défauts : c'est une exception qui ne détruit pas la règle générale. La règle commune est que l'aune blanc *drageonne beaucoup* et c'est un danger pour le mélange des essences qui n'ont pas la même propriété. Il devient alors *envahis-sant*.

Si l'on prend l'aune commun dans le Luxembourg, par exemple, on peut affirmer qu'il ne vient bien presque nulle part, si ce n'est le long des cours d'eau.

J'ai eu l'occasion d'étudier ici l'aune visqueux et je l'ai trouvé mourant au bout de peu de temps, presque partout. Les *scolytes* et les *cossus* exercent leurs ravages dans les aunaies dès les premières années de la plantation. La plante reste buissonnante, rabougrie ; elle porte des cônes dès l'âge de 4 ou 5 ans ; quelques années après, l'aunaie a disparu et l'épicéa doit venir prendre sa place.

L'aune blanc, au contraire, qui a moins besoin d'humidité et est plus résistant à la gelée, donne de meilleurs résultats. Il vient encore de façon convenable dans les sols tourbeux.

Sans doute, l'aune blanc ne fournit pas un bois de toute première qualité et l'aune commun paraît avoir la préférence de certains forestiers.

Les analyses faites pour en déterminer la valeur ne sont, toutefois, pas concordantes. Les différences doivent provenir du milieu dans lequel ont cru les plantes, et de leur âge.

Nördlinger, un des premiers dendrologues allemands, résume ainsi ses expériences sur les qualités physiques des deux espèces :

	Poids spécifique	Résistance à la traction	Quote-part	Résistance à la compression	Quote-part	Résistance à la flexion	Quote-part
Aune commun	0.526	11.90	22.6	4.21	8.06	8.33	15.8
Aune blanc	0.482	9.02	18.7	3.45	7.16	7.05	14.6

L'aune blanc, dans la situation où il a été pris par Nörd-linger, a donc des qualités inférieures à l'aune commun. Mais le bois d'aune blanc, suivant plusieurs auteurs, est moins cassant et je ne comprends pas pourquoi il serait moins apprécié dans les charbonnages que l'aune ordinaire. Il y a là une vieille légende qui doit disparaître.

Mathieu, dans sa *Flore forestière*, s'exprime ainsi sur son compte : « Le bois d'aune blanc a la même structure que celui de l'aune glutineux. Il se reconnaît néanmoins à ses gros rayons plus rares, à ses couches plus régulièrement circulaires et évidemment rentrantes au passage des rayons, à sa coloration plus claire et plus uniforme. Ce bois n'est *point cassant comme celui de l'aune glutineux et peut servir à faire des cercles*; il est plus *dur*, *plus tenace*, généralement *plus estimé* et sert aux mêmes usages; il doit *avoir une puissance calorifique supérieure* et vaut, dit-on, à cet égard, le bois de bouleau. »

Voilà, certes, une opinion d'un forestier français éminent, qui ne cadre pas avec celle de Nördlinger.

Pendant assez longtemps, j'ai vu, dans les charbonnages du Centre, accorder la préférence à l'aune blanc. Aujourd'hui, beaucoup de charbonnages acceptent difficilement l'aune, soit blanc, soit glutineux. L'exclusion est-elle justifiée ? Je pense qu'elle dépend plutôt du caprice que des expériences.

En tout cas, les charbonnages belges et les charbonnages français ne sont pas complètement d'accord.

Chevandier et Wertheim ont trouvé que la limite d'élasticité pour l'aune est :

A l'état vert : 1,449;

A l'état sec : 1,809,

tandis que pour le tremble elle est :

A l'état vert : 2,302;

A l'état sec (air ou soleil) : 3,082.

Pour le frêne :

A l'état vert : 1,726 ;

A l'état sec : 2,029.

Pour le charme :

A l'état vert : 1,282.

M. Thélu, dans sa notice sur les étais de mines en France, fait connaître ce qui suit, d'après les mêmes auteurs, pour les propriétés moyennes des bois de différentes espèces :

Mesure des propriétés mécaniques des bois.

ESSENCES	COEFFICIENT D'ÉLASTICITÉ	LIMITE D'ÉLASTICITÉ	COHÉSION	DENSITÉ
Acacia.	1261.9	3.188	7.93	0.717
Orme	1165.3	1.842	6.99	0.723
Erable sycomore .	1163.8	2.303	6.16	0 692
Frêne	1121.4	2.029	6.78	0.697
Sapin	1113.2	2.153	4.18	0.493
Aune	1108.1	1.809	4 54	0 601
Charme	1085.7	1 282	2.90	0.756
Tremble	1075.9	3.082	7.20	0.602
Erable.	1021.4	2.715	3.58	0.674
Bouleau	997.2	1.617	4.30	0.812
Hêtre	980.4	2.317	3.57	0.823
Chêne pédonculé .	977.8	»	6.49	0.808
Chêne rouvre . .	921.3	2.349	5.66	0.872
Pin sylvestre . .	734.0	1.633	2.48	0.612
Peuplier	517.2	1.484	1.97	0.477

Les essences, dans les charbonnages, sont surtout appréciées au point de vue de la sécurité des mineurs. Le chêne, le frêne, l'aune, sous l'effort d'une pression exagérée, *ploient, s'infléchissent, se fendillent superficiellement*, se rompent, puis se brisent entièrement; d'autres, tels que le hêtre, le bouleau, dans des circonstances analogues, *ploient légèrement, s'infléchissent à peine, puis cassent subitement* sans avoir annoncé leur prochaine rupture.

Les premières sont donc préférables à ce point de vue aux secondes, et je ne vois pas encore ici pourquoi l'aune serait frappé de discrédit.

Des observations faites sur la décomposition du bois dans les galeries, il résulte que l'aune occupe encore une des premières places.

Les essences peuvent être classées sous ce rapport dans l'ordre suivant :

1° Chêne rouvre et pédonculé ;
2° Pin sylvestre ;
3° Aune ;
4° Frêne ;
5° Pin maritime ;
6° Acacia (robinier, faux) ;
7° Saule ;
8° Erables plane, champêtre, sycomore ;
9° Orme ;
10° Tremble ;
11° Cerisier, mérisier ;
12° Bouleau ;
13° Charme ;
14° Hêtre ;
15° Peuplier.

Le saule et l'aune, dit M. Thélu, outre qu'ils sont légers, maniables, et en même temps assez fibreux et résistants, jouissent à un degré remarquable de la propriété de se bien conserver dans un milieu chaud et humide.

Nous voilà certes bien loin de l'opinion généralement admise. Il est donc prudent de se montrer réservé et de demander aux expériences directes une opinion que la légende ou l'observation incomplète nous apporte avec des erreurs.

Il y a un réel danger pour nos principales essences à subir comme probante l'opinion d'un directeur quelconque de charbonnage.

Ce qui arrive pour l'aune n'est-il pas arrivé pour des essences qui, aujourd'hui, sont classées premières ?

Le pin sylvestre a-t-il été accepté sans protestation dans nos fosses ? Nullement. Si ces lignes parviennent aux directions des charbonnages, j'espère que MM. les ingénieurs se feront renseigner, qu'ils demanderont au besoin des expériences à l'atelier de Malines ou ailleurs, et je ne doute pas que l'aune, blanc ou visqueux, ne sorte victorieux de l'épreuve.

En attendant, je me fie à mes expériences personnelles pour la flexibilité de l'aune blanc et j'accepte l'opinion de M. Mathieu pour le reste. Je continue à proclamer l'aune blanc, le roi des aunes.

Mais, à une condition, c'est qu'on le plante dans le milieu qui lui convient.

Certaines plantes ont des préférences marquées pour tel ou tel sol. Il y en a même qui sont exigeantes.

L'aune commun est très exigeant sous le rapport de l'humidité. Son terrain préféré est le terrain argileux, riche en humus, ou le sable argileux et légèrement calcaire. *Le vrai terrain calcaire*, même s'il réunit les autres conditions, ne produit que des aunaies médiocres; il en est de même du sable pur.

L'aune blanc, au contraire, est moins exigeant que l'aune commun, sous le rapport de l'humidité. Il peut *se contenter* d'une fraîcheur moyenne. Il semble *plus exigeant* que l'aune commun à l'égard de la richesse nutritive du sol et demande *surtout* du calcaire et un terrain meuble.

Voilà donc des différences nettement caractérisées.

Y a-t-on égard dans la pratique? Je ne le pense pas. Que la présence du calcaire, même en faible quantité, favorise la croissance de l'aune blanc, il n'y a pas de doute à cet égard. On peut s'en convaincre en visitant les plantations de date récente au Rond du Roi, près de Rochefort.

N'est-ce pas à cause de cet élément, qui fait défaut dans le sol ardennais, que nous voyons disparaître les aunaies? Je ne le pense pas. Mais, à mon avis, on a placé presque partout l'aune commun au lieu de l'aune blanc, alors que le principal élément faisait défaut : l'humidité.

Toutefois, dans certains cas l'humidité était suffisante, surabondante même, et l'aunaie a dégénéré aussi. Mais, au lieu d'être baignés dans l'eau courante, les pieds étaient baignés dans l'eau stagnante, ce qui est tout à fait défavorable à l'aune visqueux *dans un sol dépourvu d'humus*.

Lorsqu'on crée une aunaie, il est donc essentiel d'avoir les plus grands égards aux exigences marquées des deux espèces. S'il est difficile et dispendieux de donner l'humidité et l'humus nécessaires, il est plus aisé de neutraliser les acides, d'écouler les eaux stagnantes, d'apporter un peu de chaux et, sous ce rapport, j'espère que cette étude ne sera pas sans résultat.

Si les aunes, soit commun, soit blanc, ne sont pas destinés à former des peuplements uniformes considérables, en revanche ce sont deux essences à faire entrer dans la composition des taillis. Elles fixeront l'azote et, par leurs réactifs d'une nature spéciale, elles enrichiront les sols dans lesquels elles seront introduites. Partout où il y a une aunaie, il y a de la fraîcheur : c'est là que croissent les beaux brins de chêne, qu'on rencontre la bécasse. C'est souvent là qu'on voit le poète rêver, que l'on entend fredonner le musicien. On y trouve le marchand de bois, qui se plaint de son marché, de la difficulté de faire admettre l'aune parmi les essences mélangées, ce qui ne l'empêche pas de rechercher cette essence, parce qu'elle lui donne de belles perches premières qui font accepter les autres. Dans une belle propriété, un boqueteau d'aunaie se remplacerait difficilement.

Les auteurs les plus récents ne parlent pas des ravages exercés par les insectes sur les aunes. L'attention des sylviculteurs semble s'être concentrée sur les peuplement résineux, dans lesquels ont été exercés les plus grands dégâts. Les essences nouvellement introduites ou à peine naturalisées ont été particulièrement éprouvées. C'est là que les entomologistes, forestiers et autres, vont rechercher les insectes pour les décrire et les combattre.

Les feuillus sont donc un peu négligés pour le moment. Cependant, ils ont des ennemis parfois redoutables. Gayer n'en connaît pas à l'aune.

Je ne partage pas cette opinion pour la Belgique. Les aunaies, dans le Luxembourg, sont attaquées par plusieurs ennemis, des champignons et des insectes ; quelques-uns de ces derniers, les *scolytes* et les *cossus*, feront de ma part l'objet d'une prochaine étude.

Marche, 11 mars 1902.   Julien HOUBA,
                                  Inspecteur des eaux et forêts.

Qualités et exigences de diverses essences
d'après quelques pépiniéristes

Nous commençons aujourd'hui un résumé des indications données, dans des livres et catalogues, par quelques pépiniéristes belges et étrangers, au sujet des qualités et des exigences de diverses essences cultivées en Belgique ou dont on y a tenté l'acclimatation.

Quoique nombre de ces observations aient pour elles la sanction de l'expérience dans d'autres pays, il va sans dire que nous entendons dégager la responsabilité du *Bulletin* dans des renseignements que nous ne faisons que reproduire.

Nous débuterons par les essences résineuses.

ABIES BALSAMEA. — *Sapin baumier. Baumier de Gilead:*
Ressemble au sapin argenté; atteint une hauteur de 15 mètres; des plus rustique et d'un effet très pittoresque; à conseiller dans les parcs où l'on craindrait un trop grand développement de l'épicéa.

(Pépiniériste des Ardennes.)
A conseiller en vue de l'esthétique dans les parcs et à la bordure des forêts.

(Alsace-Lorraine.)
Vient dans les sols les plus pauvres.

(Flandres.)

ABIES NOBILIS. — *Sapin noble.*
Très rustique, atteignant jusque 60 mètres de hauteur.

(Loire.)
L'espèce originaire de l'Orégon parait mieux s'accommoder de notre climat et de nos terrains que l'espèce ancienne.

(Campine.)

ABIES ou PSEUDOTSUGA DOUGLASII. — *Sapin de Douglas.*
Grand et bel arbre à forte croissance. Demande une situation à l'abri des gelées tardives. L'abri latéral est à conseiller pour les jeunes plants; dans son jeune âge, il pousse très tard et est victime des gelées précoces. Vient fort bien dans les cultures récemment établies en anciennes landes de bruyère.

(Ardennes.)
Arbre de première grandeur, d'une végétation rapide ; s'accommode très bien d'un terrain maigre et léger.

(Flandres.)

Le plus recommandable des résineux pour les terres légères et fraiches; il dépasse de loin l'épicéa en vigueur, en grosseur et en hauteur ; son bois est d'excellente qualité.

(Condroz.)

Convient dans les terrains légers et frais.

(Flandres.)

Un des arbres forestiers les plus majestueux dont la culture, semble-t-il, est destinée à devenir de plus en plus profitable. Il semble prospérer surtout dans les sables gras et frais et dans les argiles sablonneuses, mais il s'accommode cependant des sols secs dans les situations abritées contre les vents violents. Quant à la provenance qu'il convient de préférer pour les graines, on peut dire que pour les contrées à climat marin, les graines de la variété glauque des régions humides de l'Orégon doivent être préférées aux graines récoltées sur des arbres de la variété argentée des régions intérieures (du Colorado) spécialement adaptée par une longue hérédité aux conditions d'un climat continental.

·(Copenhague.)

Un des plus grands sapins connus, originaire de la Colombie britannique où il atteint 50 mètres de hauteur; forme pyramidale, élancée, croissance extrêmement rapide, bois de très bonne qualité.

(Campine.)

Recommandé par le Dr Mayr spécialement dans les vallées transversales du Rhin. S'adapte facilement à un sol donné : enracinement très traçant en terrain superficiel: en sol léger et dans les fissures des rochers, développe un puissant pivot. Ne s'accommode pas moins bien des stations à degrés différents d'humidité, tant du sol que de l'air. Résiste bien au froid quand les gelées automnales surviennent après la période de végétation.

Le fût utilisable ne laisse rien à désirer en cylindricité ni en netteté ; d'où la supériorité du Douglas, qui se rapproche du mélèze dans son bois le plus lourd et égale, dans son bois plus léger, les meilleurs bois de sapin et d'épicéa.

(Alsace-Lorraine.)

ABIES GRANDIS (Gordoniana).

Très bel arbre, très vigoureux, très rustique.

(Loire.)

Originaire de l'île de Vancouver, où il atteint 60 mètres de hauteur : feuillage vert foncé; croissance très rapide et régulière sous notre climat.

(Campine.)

Aime les sols humides.

(Alsace-Lorraine.)

ABIES LASIOCARPA. — *Sapin élancé*.

Superbe espèce, de forme régulière très remarquable; larges feuilles glaucescentes.

(Flandres.)

Originaire de Californie où il atteint de grandes dimensions. Remarquable par ses feuilles allongées, disposées sur deux rangs, d'un beau vert clair, et par la belle symétrie de son port.

(Campine.)

ABIES CONCOLOR.

Remarquable par son port, mais surtout par son beau feuillage bleuâtre d'un effet magnifique.

(Loire.)

Un des plus beaux et des plus grands sapins qui nous viennent de Californie; il a le port majestueux de l'Abies lasiocarpa, mais son feuillage est plus fourni et d'une belle nuance glauque sur les deux faces, d'où son nom de concolor.

(Campine.)

ABIES FIRMA.

Grand arbre vigoureux, rustique.

(Loire.)

ABIES MAGNIFICA.

Originaire de Californie. Rivalise par son port, qui rappelle celui de l'*Araucaria excelsa*, et par la belle nuance de son feuillage avec les plus beaux sapins connus.

(Campine.)

ABIES BRACHYPHYLLA.

Originaire du Japon où il atteint 40 mètres de hauteur; il a le port du sapin de Nordmann, mais il a le feuillage plus clair et une plus grande vigueur.

(Campine.)

ABIES VEITCHII.

Espèce très remarquable importée en ces dernières années du Japon où elle croit dans les hautes montagnes. Ressemble dans sa jeunesse à l'Abies Nordmanniana, mais peu à peu il s'élance et prend une forme svelte et élégante.

(Campine.)

ABIES BRACTEATA.

Rustique, très rare. Arbre magnifique, élancé, de 30 à 40 mètres de hauteur.

(Loire.)

ABIES PINSAPO. — *Sapin d'Espagne.*
Préfère les contrées montagneuses abritées.

(Alsace-Lorraine.)

Prend la forme d'une pyramide compacte, à large base et parfaitement régulière ; se ramifie à l'infini. Feuilles nombreuses, courtes, dressées et aiguës, d'un beau vert glaucescent. Demande un terrain bien drainé et l'exposition nord pour résister à nos hivers rigoureux.

(Campine.)

ABIES NORDMANNIANA. — *Sapin de Nordmann* ou *du Caucase.*

Essence des plus rustique, convenant à la création d'abris très efficaces. Croissance forte et régulière. Beau feuillage luisant, vert sombre. Vient en sols médiocres en Ardennes.

(Ardennes.)

Très rustique. Pyramide majestueuse de branches étagées avec une grande régularité. Ne devrait manquer dans aucun parc.

(Flandres.)

Très rustique ; un des plus beaux du genre, tronc élancé et robuste, de 30 mètres et plus de hauteur, garni de la base à la cime de larges branches rapprochées, horizontalement verticillées.

(Loire.)

Originaire des montagnes du Caucase, où il forme d'immenses forêts à une altitude de 1,000 à 2,000 mètres, cet arbre peut supporter durant de longues semaines une température de —25° à —30° c.; comme sa végétation ne se réveille que lorsque la saison est déjà fort avancée, il paraît peu redouter les gelées tardives du printemps. Il prospère même dans les sols sablonneux, légers, où le sapin commun n'a qu'une croissance difficile et, comme cette espèce, il préfère les situations bien abritées.

(Copenhague.)

Peut être proclamé *le roi des sapins*. Ne craint ni le froid, ni l'humidité, ni les vents. Aucun conifère ne convient mieux pour être isolé dans les pelouses, pour former des massifs ou des avenues.

(Campine.)

ABIES PECTINATA. — *Sapin argenté, pectiné, des Vosges.*

Bel arbre demandant du couvert ou au moins l'abri latéral dans le jeune âge. Aime les sols frais, rocheux. Convient pour boiser les pentes N. et N.-O. Très résistant dans ces conditions.

(Ardennes.)

Doit être planté sous bois ou à l'ombrage pour être protégé des gelées printanières. A été essayé avec succès dans les Flandres et les Ardennes.

(Flandres.)

Mêmes exigences. Bons résultats dans les Ardennes et les Flandres.

(Condroz.)

On le trouve souvent implanté en bouquets dans les futaies de hêtre, en grands massifs dans les futaies d'épicéa.

(Alsace-Lorraine.)

ABIES NUMIDICA. — *Sapin d'Algérie.*

Le sapin d'Algérie est un bel arbre d'une riche végétation et qui atteint une hauteur de 15 à 20 m. Dans les montagnes de l'Afrique du Nord d'où il est originaire, il forme d'immenses forêts à plus de 2000 m. au-dessus du niveau de la mer. On l'y rencontre associé au cèdre de l'Atlas, à l'if et au houx. Plus robuste que son proche parent le sapin d'Espagne (Abies pinsapo).

(Copenhague.)

CEDRUS. — *Cèdres.*

Arbres gigantesques, végétation rapide. Croissant de préférence sur les pentes au sud.

(Loire.)

Les cèdres sont des arbres magnifiques, de croissance rapide, de très bel effet lorsqu'ils sont isolés.

(Flandres.)

CEDRUS ATLANTICA. — *Cèdre de l'Atlas.*

Précieux par sa rusticité, sa croissance prompte, sa facilité de végétation dans les sols secs et arides.

(Loire.)

Le plus robuste des cèdres en raison du développement tardif de ses bourgeons au printemps.

(Copenhague.)

TSUGA PATTONIANA (Hookeriana).

Le plus distingué, à notre avis, de toute la section des tsugas ou sapins de Hemlock. Pyramide compacte, à branches peu fléchies, feuillage fin, tantôt glauque, tantôt argenté. Le port rappelle celui de Cedrus deodora. Croissance lente pendant la jeunesse ; mais, à partir de 1 m., la flèche s'allonge rapidement.

(Campine.)

T. GLAUCESCENS.

Remarquable par son port compact et la couleur bleuâtre, glaucescente, de son feuillage ; très rustique.

(Loire.)

T. MERTENSIANA (Albertiana).

Elancé et élégant, à rameaux longs, flexibles et retombants, feuillage fin, dense, vert foncé ; supérieur sous plusieurs rapports à son proche parent, l'Abies canadensis.

(Campine)

T. CANADENSIS.

On plante trop peu cet arbre, si élégant, si léger et très rustique. Supporte bien la toute et forme des haies et rideaux parfaits.

(Flandres.)

De première rusticité. Avantageux pour rideaux compacts. On peut l'employer comme les charmilles, dont il rappelle le port lorsqu'il est taillé.

(Ardennes.)

Vient bien dans les sols très humides.

(Flandres)

Aime les vallées étroites et humides et s'implante même dans les marais froids, où il vit avec les aunes et les frênes. Écorce riche en tanin, poids spécifique et qualité du bois le rapprochant du sapin.

(Alsace-Lorraine.)

T. SIEBOLDI. — *Tsuga à feuilles variées.*

Réussit dans la plupart des sols, mais préfère cependant les sols secs, quoiqu'il vienne admirablement dans les terrains légèrement argileux. Le plus beau spécimen que l'on peut voir au Danemark se trouve à Frijsenborg, dans le Jutland ; il est âgé de 40 ans et haut de 25 mètres.

(Copenhague.)

Port élégant de l'Abies canadensis, mais feuillage plus large, d'un vert tendre.

(Campine.)

(A continuer).

Les bruyères de la Drenthe

(Fin)

Le **chapitre III** du rapport, qui traite des facteurs économiques, examine successivement la situation, les voies de communication, les prix et salaires, les états dans lesquels se trouve la propriété, la condition des cultivateurs et des ouvriers.

« *Situation.* — La création de terres, prairies ou jardins ne donne de bons résultats qu'à proximité d'un grand centre de consommation, notamment pour les produits d'une conservation difficile ou que leur trop grand volume ne permet pas de transporter économiquement.

« C'est ainsi qu'en Twente, surtout aux environs d'Enschede, on a créé, dans ces dernières années, beaucoup de prairies, qui prospèrent parce que les produits en sont achetés à bon prix dans les fabriques. Le même terrain dans la Drenthe ne rapporterait pas autant.

« En général, on peut dire que l'absence de centres de consommation en Drenthe et à proximité de cette province est une circonstance tout à fait défavorable à la transformation en terres et en prairies. Si l'industrie venait s'y implanter, la situation se modifierait rapidement. »

La proximité de villes influe moins au point de vue économique sur la culture forestière, sauf en ce qui concerne la vente du bois de chauffage de peu de valeur.

» *Voies de communication.* — Elles présentent beaucoup d'importance.

« En agriculture et dans l'élève du bétail, le cultivateur est plus près du marché et transporte plus facilement les engrais. Sous ce dernier rapport, les canaux, tout à fait indispensables autrefois et en tout cas préférables aux voies ferrées, ne présentent plus le même intérêt depuis l'usage plus répandu des engrais artificiels. D'ailleurs, on doit plutôt s'attendre dans cette province à la construction d'un réseau convenable de voies ferrées qu'à la création de nombreux canaux.

» En sylviculture, les terrains voisins de voies ferrées présentent, pour le transport du bois, beaucoup d'avantages sur ceux qui sont éloignés et reliés par de mauvais chemins.

» La situation de la Drenthe est défavorable au point de vue des voies de communication ; cette province est mal partagée en canaux et en voies ferrées. Il se produit néanmoins une amélioration relative; on va construire un nouveau chemin de fer et diverses lignes de trams, ce qui sera surtout utile à la sylviculture. Même avec un réseau suffisant de voies de communication, la Drenthe restera encore trop éloignée des centres pour que ceux-ci exercent, sur la transformation en terres et prairies, l'action dont nous avons parlé plus haut.

» Il n'est pas impossible toutefois qu'avec le temps la situation se modifie entièrement. L'industrie et la vie économique se sont toujours concentrées dans les grandes villes ; tous les dangers de cette concentration n'avaient pas de poids en présence du grand avantage de la proximité du marché. Mais actuellement que, peu à peu, les moyens de transport s'améliorent, il n'est pas invraisemblable que plus tard l'industrie aille s'établir dans les parties éloignées du pays, là où le terrain est à bon marché, ce qui amènerait une transformation complète. Nous n'avons pas l'intention d'entrer dans plus de détails à ce sujet ; nous n'avons soulevé cette question que pour en déduire quelle influence, même indirecte, l'augmentation des voies de communication peut acquérir sur le défrichement.

» *Prix.*— Il est inutile d'insister sur la grande influence des prix des produits et des engrais sur le succès des défrichements. Il est hors de doute que la faiblesse des prix des produits culturaux et du bétail pendant les vingt-cinq dernières années ont entravé, dans la Drenthe, la transformation en terres et en prairies. De même, la cherté actuelle du beurre et du fromage, si elle perdure, favorisera la création et l'amélioration des prairies.

» Le bas prix des engrais a une influence diamétralement opposée à celui des produits. On peut admettre que pour la généralité des bruyères, les deux influences se sont contrebalancées.

« Là où l'avantage des engrais à bon marché a été supérieur au désavantage des produits à vil prix, nous voyons le défrichement avancer à grands pas ; c'est le cas notamment pour le « dalgrond », la tourbière exploitée : d'abord, l'engrais artificiel y est plus efficace que sur le sable ; ensuite, la culture principale est celle de la pomme de terre, dont les prix ont peu baissé et dont la différence a été compensée par l'emploi d'espèces plus productives. Jusqu'avant l'avilissement des prix des produits agricoles, le défrichement des « dalgronden » suivait une marche régulière ; il resta stationnaire pendant les années de bon marché, de 1880 à 1890 ; après 1890, l'usage des engrais chimiques lui fit prendre un essor inconnu auparavant.

» Il en résulte clairement que là où le cultivateur sait que le défrichement est avantageux, il est tout de suite disposé à l'entreprendre.

» Maintenant, nous désirons nous occuper un instant des prix des produits des bois et de leur influence au point de vue de la culture forestière. Deux branches de la sylviculture ont pour la Hollande un grand intérêt : la culture du taillis de chêne et celle du pin sylvestre. Il est notoire que la grande importation d'extraits tannants à bon marché et les nouvelles méthodes usitées en tannerie, ont occasionné un grand avilissement du prix de l'écorce. Les prix du bois pelé ont également beaucoup diminué, le bois de chauffage n'étant presque plus demandé depuis l'usage des appareils à pétrole et des fourneaux perfectionnés (Vulkachels). D'après Nolthenius, les prix de l'écorce et du bois pelé ont diminué de moitié. Tandis qu'on payait dans les bonnes années 6 à 7 florins par botte de 65 kilog. et 10 florins par charrette (Deventervoer), ces prix sont aujourd'hui à peu près de 3.50 fl. et 5.90 fl.

» Il en est tout autrement des prix de la futaie et spécialement des bois de mine. Les prix en sont aujourd'hui extraordinairement élevés et il est à prévoir qu'ils augmenteront encore.

« L'expérience a ainsi appris que la création de taillis de chêne n'est pas à conseiller, et doit être déconseillée même en présence d'un relèvement des prix de l'écorce et des bois pelés.

» On ne s'adresse donc qu'aux résineux et, là où le sol le permet, aux résineux mélangés aux feuillus.

» *Salaires.* — Pour celui qui veut entreprendre de grands défrichements, le taux des salaires dans la région présente la plus grande importance. »

Le rapport donne à ce sujet, pour les communes de Rolde, Smilde et Ruinerveld, des renseignements très détaillés, dont il résulte que les salaires dans la Drenthe sont très bas, quoique depuis 3 ou 4 ans ils augmentent par suite de l'exode annuel des ouvriers vers l'Allemagne.

« *Etats dans lesquels se trouve la propriété.* — Lorsqu'on recherche s'il y a possibilité de défricher sur une grande échelle et le meilleur moyen d'y arriver, on a à résoudre diverses questions relatives aux états dans lesquels se trouve la propriété.

» Les bruyères appartiennent-elles aux communes, aux associations dites « marken » ou aux particuliers? Sont-elles dans ce dernier cas divisées entre beaucoup ou entre quelques propriétaires? Les propriétaires tirent-ils de la bruyère beaucoup ou pas de profit? Les parcelles ont-elles une forme plus ou moins favorable au défrichement? Ce sont là des questions dont la solution a une grande importance.

» Anciennement, les bruyères de la Drenthe appartenaient presque exclusivement aux « marken »; les communes ne possédaient pour ainsi dire rien. En 1828, lors de la création du cadastre, 116 « marken » étaient encore propriétaires de 126,398 hectares sur un total de 130,000 à 140,000 hectares. Ces marken constituaient une entrave au défrichement. C'était la conviction de Louis-Napoléon, lorsqu'il chercha à amener le partage de leurs biens par la loi de 1809 et l'arrêté royal de 1810, et aussi du législateur de 1886, qui permet à chaque associé (deelgenoot) de réclamer le partage. Mais, tous deux commirent la grande faute de penser que l'existence de la communauté était le seul empêchement à la mise en valeur. L'expérience a démontré suffisamment, surtout en Drenthe, que cette opinion n'était pas fondée.

» Après le partage, presque entièrement terminé aujourd'hui, les terrains ne reçurent pas une autre destination; tout comme auparavant, ils ne servirent qu'au pâturage des moutons et à l'etrépage. Parfois même, des bois retournèrent à l'état inculte. Si l'un ou l'autre des propriétaires procédait à la coupe de son bois, il forçait ses voisins à agir de même.

» On doit reconnaître que, au début de la situation nouvelle, de ci de là un propriétaire sans moutons se livra au boisement. Mais, la parcelle avait en général une forme très défavorable. De plus, les moutons étaient souvent un grand empêchement à la bonne croissance du bois, directement par suite des dégâts occasionnés, indirectement parce que les pâtres recouraient fréquemment à l'incendie. Tout cela, joint à la mauvaise qualité du sol, donna souvent des résultats peu encourageants. De ce qui précède, il résulte que la plus grande entrave au défrichement ne résidait pas dans la possession en commun, mais dans ce fait que le cultivateur avait besoin de bruyère pour son exploitation, quelque maigres que fussent les profits fournis par un hectare de lande.

» On ne pouvait pas se passer de bruyères, à moins de modifier entièrement le système de culture. C'est ce qu'avaient compris ceux qui, il y a environ vingt ans, prônaient le boisement de la lande, et surtout la création de taillis de chêne. De cette façon, tout le fumier aurait pu être concentré sur les prairies. Depuis, le prix de l'écorce est tellement avili, que personne ne se préoccupe de travailler dans cette direction afin de rendre l'élevage du mouton inutile. La situation est d'ailleurs tout à fait changée par l'apparition de l'engrais artificiel, de plus en plus employé sur les prairies et sur les terres. Le moment approche à grands pas où le cultivateur drenthais n'aura plus besoin de fumier de mouton; la laine d'ailleurs est à trop bon compte, de sorte que le nombre des troupeaux diminue beaucoup et qu'en certains endroits, il n'en existe plus.

» Mais, même en supposant que ces divers progrès soient réalisés, il n'en reste pas moins vrai que le plus grand obstacle au défrichement est la façon vicieuse dont presque tous les marken ont été partagés, en longues et étroites bandes. On dirait que le désir d'empêcher la transformation et de donner à chacun une partie de chaque espèce de sol a présidé à ces partages.

» Le boisement n'est donc possible, même là où le sol est de bonne qualité, que si les propriétaires réunissent leurs parcelles contiguës pour en entreprendre la mise en valeur en commun ou se décident à les vendre en bloc. Mais il est à craindre que l'on n'ait affaire à des récalcitrants, dont l'un suffira pour faire échouer toute la combinaison. L'intérêt général étant en jeu, il serait absolument nécessaire de limiter par une loi le droit de propriété, de façon que la minorité soit obligée de se rallier à l'avis de la majorité.

» *Situation de la classe agricole et ouvrière.* — Nous avons déjà eu l'occasion d'indiquer qu'on a considéré, de tout temps, le défrichement des bruyères comme un puissant moyen d'améliorer les conditions sociales.

» Nous devons donc nous poser deux questions:

» *a*) Quelle est la condition des cultivateurs et des ouvriers dans la Drenthe?

» *b*) De quelle manière le défrichement peut-il apporter la plus grande amélioration?

» La culture agricole et l'élevage du bétail y sont pour ainsi dire les seuls moyens d'existence ; l'industrie y est rare. Il en résulte un premier mal : c'est que le nombre des cultivateurs augmente dans une proportion plus forte que les fermes pouvant nourrir l'exploitant. Tout le monde embrasse la carrière agricole sans se demander si chaque enfant pourra nourrir sa famille; on doit dire d'ailleurs que l'occasion de trouver d'autres moyens d'existence est rare. La Drenthe se trouve sous ce rapport dans une position tout à fait défavorable, quand on la compare à la Gueldre, à l'Overijsel et au Brabant septentrional. Dans ces provinces, le voisinage des grandes villes avec leurs écoles et les occasions qu'elles donnent d'apprendre des métiers de toute sorte, font que les jeunes gens abandonnent avec la plus grande facilité la profession paternelle. Là, on entend parler du manque de bons fermiers, ce dont on ne se plaindra certes pas dans la Drenthe. Il se produit dans cette dernière province un trop grand morcellement des héritages. La classe des cultivateurs aisés et indépendants devient ainsi de moins en moins nombreuse, tandis que celle des cultivateurs besogneux et misérables augmente, surtout quand l'ancien système d'exploitation est adopté et qu'on ne se livre pas à une culture plus intensive. Ces cultivateurs, propriétaires d'exploitations insuffisantes, sont plus misérables que beaucoup d'ouvriers occupant leurs loisirs à la culture d'un

. lopin de terre loué et trouvant au service d'autrui leur.
occupation principale.

» Si la ferme est grande assez pour exiger presque la
totalité du travail de son possesseur, on voit alors apparaître
un groupe de personnes occupant une situation intermédiaire entre le cultivateur et l'ouvrier et qui doivent souvent
s'imposer un très dur labeur pour pouvoir subsister. L'argent
leur fait souvent défaut et, pour s'en procurer, ils vendent
tous les produits non indispensables à l'entretien de leur
famille et cherchent des travaux supplémentaires. Ils ne
peuvent trouver ces travaux que dans des fermes plus
grandes, mais à l'époque où leur propre exploitation peut le
moins se passer d'eux. Impossible de s'occuper à la maison
pendant l'hiver à des ouvrages supplémentaires, ni dans les
grands bois qui n'existent pas. Ces derniers procurent beaucoup de travail en hiver et permettent en outre au petit cultivateur de tirer parti de son cheval, pour lequel il n'a pas
assez de besogne dans sa ferme, mais dont il ne peut non plus
se passer.

» Nous devons nous demander, maintenant, dans quelle
mesure le défrichement de la bruyère peut être un remède à
la situation que nous venons de décrire.

» La colonisation, tentée plusieurs fois, en transportant
des sans-travail en pleine bruyère dans l'espoir qu'ils deviendront des cultivateurs indépendants, est à déconseiller ;
l'expérience n'a fait qu'enregistrer des mécomptes à ce point
de vue. Cette colonisation mériterait plus de recommanda-
tion, si elle était entreprise par de jeunes cultivateurs possédant un petit capital. Mais, le meilleur moyen d'améliorer,
par le défrichement, la condition du petit cultivateur, consiste
à favoriser la mise en valeur de terrains convenables situés
à proximité des fermes existantes.

» Et quand nous parlons de mise en valeur, nous la con-
cevons dans un sens très large, c'est-à-dire sous le rapport
d'une productivité plus grande donnée à des terrains ne
rapportant rien ou que peu de chose. C'est ainsi que, dans la

Drenthe, on pourrait y comprendre la création de terres et prairies sur bruyères basses, mais aussi l'amélioration de beaucoup de prairies naturelles d'un faible rapport. De cette façon, la ferme des parents s'agrandirait non seulement en étendue, mais aussi par l'adoption d'une culture intensive, et le partage laisserait à chaque enfant une étendue suffisante pour subsister. Que l'on nous comprenne bien! Nous n'avons pas voulu indiquer que la transformation en terres et prairies de bruyères attenantes aux fermes de la Drenthe peut en général être exécutée avec avantage et doit être encouragée. L'expérience décidera à ce sujet. Nous avons seulement voulu attirer l'attention sur ce fait que cette transformation, si elle est avantageuse, peut se faire le mieux près des fermes existantes. On obtiendrait ainsi le plus grand nombre possible des avantages que l'on s'est toujours proposés par l'établissement des colonies.

» Un second mal dont souffre la Drenthe, consiste dans ce fait qu'il y a trop de bras et trop peu d'occasions d'obtenir un salaire suffisant ; beaucoup d'ouvriers partent, soit pour les tourbières, soit au moment de la moisson en Frise et Groninghe, soit au moment de la fenaison en Hollande. Beaucoup se dirigent aussi vers l'Allemagne, depuis quelques années. C'est naturellement un bonheur pour les ouvriers de pouvoir trouver du travail à l'étranger, mais nous verrions plus volontiers qu'ils en aient en suffisance dans la Drenthe même. C'est surtout en hiver que le travail manque, depuis l'usage des machines à battre. Nous avons ici affaire à une question qui doit être résolue; sinon, il n'est pas invraisemblable qu'avec le temps, la population ouvrière abandonnera le pays plat en si grand nombre que les bras feront défaut en été.

» Quelles sont les améliorations que le défrichement des bruyères peut apporter à ces conditions? Nous avons déjà fait connaître notre opinion : que nous n'attendons absolument aucun salut des tentatives faites dans le but de procurer aux ouvriers une existence indépendante de cultivateur sur des terrains nouvellement défrichés (colonies).

» Le défrichement de bruyères peut être plus avantageux pour des ouvriers qui ont l'occasion de gagner quelque chose en dehors de leur métier. Le sol défriché peut leur fournir une nourriture d'un bon marché excessif, tandis que, grâce à leur salaire, ils peuvent mettre et maintenir le sol dans un état suffisant de fertilité.

» En général, il est reconnu que le petit paysan est un bon défricheur. Il existe des exemples nombreux d'ouvriers qui, en s'installant en bruyère, ont pu jouir d'une certaine aisance dans leur vieillesse. Néanmoins, cela n'est possible que là où les salaires sont suffisants. Dans la Drenthe, ce qui manque le plus souvent, c'est le moyen de gagner quelque chose, et il en résulte que la condition des cultivateurs qui se sont établis dans la lande est bien précaire. Il suffit, pour s'en convaincre, de visiter les misérables huttes que l'on voit à Ruinen, Odoorn, Havelte, Diever et Vledder.

» Le manque de travail régulier et convenablement rémunéré, ainsi que la certitude que la bruyère défrichée serait une vraie bénédiction pour les ouvriers, nous font ici attirer l'attention sur la valeur de la culture forestière pratiquée sur une grande échelle. Elle serait un remède au manque de travail en général, et surtout pendant l'hiver. Elle viendrait beaucoup en aide aux petits, qui ne peuvent vivre exclusivement sur leur terrain, mais ne peuvent néanmoins, sans se faire du tort, l'abandonner en été pour aller travailler ailleurs. L'exploitation forestière exige justement le plus d'ouvriers en hiver et est donc en état de combler une grande lacune dans le système de la petite culture. »

Les conclusions font l'objet du **chapitre IV.**

« Quand nous nous demandons, arrivés à la fin de nos considérations, ce que l'enquête a appris, nous pensons pouvoir tirer les conclusions suivantes :

» A. *Création de terres et prairies.*

. » Si la généralité de la bruyère de la Drenthe est élevée, on y rencontre aussi de grandes étendues de bruyère basse, susceptibles d'être transformées en terres et prairies, actuellement ou dans un avenir rapproché.

» On doit, en attendant, prendre en considération que la Drenthe, par suite du manque de voies de communication, par sa situation éloignée, ne se trouve pas dans des conditions aussi favorables que mainte autre contrée, située à proximité de grands centres de consommation.

» Les conditions économiques de la Drenthe sont telles qu'il y a peu de résultats à attendre de l'établissement de colonies ouvrières dans la lande.

» L'amélioration la plus certaine s'obtient lorsque le défrichement se fait à proximité de fermes existantes et qu'on s'attache à augmenter la production de terrains nus ou à peu près incultes. Les bruyères basses se trouvant dans ces conditions conviennent fort bien pour prairies. Dans d'autres provinces, on a déjà fait beaucoup sous ce rapport, avec l'aide de notre Heidemaatschappij, et les conditions économiques ne différaient cependant guère de celles de la Drenthe. De même, les sols bas, le long des rivières, offrent un vaste champ d'action. Des centaines d'hectares de prairies de peu de rapport peuvent donner des produits meilleurs par l'assainissement et les irrigations.

» B. *Création de bois.*

» Une grande partie de la bruyère de la Drenthe devra être destinée à la culture forestière. On devra néanmoins être très prudent, si on ne veut pas se voir déçu dans ses espérances. En beaucoup d'endroits, le sol est peu propre à la culture forestière, surtout à cause de la présence de tuf et d'argile dans le sous-sol. D'autres endroits, cependant, sont favorables, notamment les dunes et les terrains avoisinants. »

Le rapport entre dans des considérations détaillées sur la fixation et la plantation des dunes, qui présentent pour nous moins d'intérêt et que nous laissons de côté.

C. *Aide de l'Etat et de la Province.*

Cette aide. dit le rapport, doit être directe et indirecte.

L'Etat doit acheter du terrain et le boiser, comme il l'a fait
dans d'autres provinces; donner des subsides à la Heidemaatschappij pour lui permettre d'installer le personnel
technique nécessaire ; faire des lois concernant la régularisation des mauvaises limites des propriétés et au sujet de la
fixation des dunes.

Enfin, la Heidemaatschappij installera un fonctionnaire
pour aider les propriétaires désireux de défricher.

« Evidemment, nombre de difficultés se présenteront ; on
devra encore acquérir beaucoup d'expérience au sujet de
questions peu connues. Mais nous ne doutons pas du succès,
si la théorie et la pratique se donnent la main et s'en-
traident. »

La traduction de ce qu'il y a d'intéressant dans le rapport
de la commission hollandaise est terminée; il ne nous reste
plus qu'à donner connaissance de l'annexe I traitant de
l'analyse chimique et physique de quelques sols (1).

« Les échantillons dont il est question dans cette annexe
m'ont été fournis en 1899 par M. Smid, excepté ceux de
Midlaren, Wijster et Nieuweroord.

» Les n°s 1632, 1633 et 1634 ont été prélevés dans la bruyère
au sud d'Exloo, sur une des parties les plus élevées du
Hondsrug, où le sous-sol est constitué fréquemment par
l'argile rouge. Ce sol appartient au type III.

---

(1) Les teneurs s'appliquent au sol séché à l'air. Pour la détermination de la
potasse et de la chaux solubles dans les acides minéraux, le sol a été chauffé en
présence d'un sel acide faible, et pour la fixation de l'acide phosphorique, avec
de l'acide nitrique dilué. La teneur en azote a été déterminée suivant la méthode
Jodlbaur, qui donne la quantité totale d'azote. Le pouvoir absorbant de la potasse
a été déterminé par l'emploi d'une solution au 10e de chlorure de potasse, et celui
de l'azote avec une solution au 10e de chlorure d'ammoniaque. Le taux d'acidité a
été fixé par la méthode de Tacke. La fixation de la matière noire n'a pas été faite
en suivant exactement la méthode de Grandeau : une partie du précipité ammoniacal filtré a été évaporée, séchée, pesée ; réduite en cendres et pesée. La différence
des deux pesées donne la quantité de matière noire. La détermination du minimum
et du maximum de l'imbibition par l'eau a été faite suivant la méthode de Hilgard
dans un tamis d'un c ntimètre de haut. L'analyse physique a été faite avec l'appareil de Sikorski.

Numéros	DESCRIPTION	ORIGINE	PROFONDEUR	Azote o/o	Chaux soluble dans acides minéraux o/o	Acide phosphorique soluble dans minéraux en o/o	Potasse soluble dans aci. les minéraux en o/o	Matières organiques en o/o	Matière noire de (Grandau en o/o)	Acidité Tacke	Maximum d'imbibition en volume o o	Minimum d'imbibition en volume o/o	Pouvoir absorbant pour l'azote	Pouvoir absorbant pour la potasse	Sable grossier	Sable fin	Sable très fin	Sable poussiéreux	Limon et humus
1682	Sable, couche supérieure	au sud des terres cult. à Exloo	0-20	0.55	0.08	0.04	0.04	9.8			77.2		26.7	161.—	24.2	26.5	14.5	16.6	8.3
1683	Id. moyenne	au sud des terres cult. à Exloo	20-50	0.06	0.02	0.025	0.07	2.3			47.4		8.9	151.3	31.3	24.6	13.—	8.6	9.5
1684	Argile rouge	au sud des terres cult. à Exloo	50-70	0.02 / 0.03	0.06 / 0.04	0.025 / 0.05	0.15 / 0.21	0.37	0.53		34.2 / 38.3		26.7 / 40.—	0.0	44.3	39	8	6.6	9.2
1685	Id. bleue	des environs d'Odoorn d'une haute bruyère près de Hooghalen						2.9 / 13.5	1.2 / 7.8		38.9 / 65.5	8.3	9.8 / 28.4		27.4	27.5	11.6	17.3	16.2
1781	Loodzand	en dessous du no 1781		6.056 / 0.23 / 0.128	0.034 / 0.00	0.008 / 0.18 / 0.008	0.02 / 0.05 / 0.15			0.053 / 0.074	40.3		43.6	134.5					
1782	Koffielaag	des envir. de Hooghalen																	
1783	Argile blanche, avide	d'une bruyère basse près de Hooghalen																	
1784	Sable humeux																		
1785	Sable jaune (avec radicelles)	sous no 1784, de Drouwen		0.30	0.06	0.04	0.03	8.8	6.5 / 3.5		53.9		14.3	90.—	18.5	29.1	29.2	22.0	0.0
1788	Sable mouvant à gros grains		0-50	0.06		0.02	0.07	3.—	2.3	0.081	46.6	10.1	12.5	0.6	70.0	30.—	traces	0.0	0.0
1787	Sable mouvant	prairies de Borger			0.03	0.01	0.03	1.7			50.7		1.7 / 3.2	0.0					
1788	Id. blanc	du Westerveld à Rolde		0.03	0.06	0.015	0.07	70.3	0.9		55.1								
1789	Tuf rouge	des envir. de Hooghalen sous 53			0.04	0.02	0.07	3.1			51.1 / 53.4		4 / 6 / 8.—						
53	Tourbe	Id. en dessous							2.3	0.24									
54	Sable brun-noir	de sable gris à Midlaren					0.08	21.4 / 5.2 / 2.9 / 1.4 / 0.8			31.2								
55	Heideplag						0.05												
1 2 3 4 5	Terrain cultivé / Id. / Id. / Id.	au nord de Wyster (commune de Beilen)	0-25 / 25-50 / 50-75 / 75-100	0.21 / 0.12 / 0.05 / 0.04	0.12 / 0.03	0.21 / 0.09	0.05	9.1 / 6.9 / 3.1 / 1.6	4.2 / 1.7		32.2								
6 7 8 9	Eschgrond / Id. / Id. / Id.	Nieuweroord (Middenraay)	4-25 / 25-50 / 50-75 / 75-100	0.33 / 0.22 / 0.11 / 0.06	0.05 / 0.04	0.11 / 0.13	0.05 / 0.04												
10 11 12	Tourbe / Smeerlaag / Sable brun / Wykzand	en dessous de 9 / en dessous de 10 des fosses de la même campagne que v.	0-80 / 80-85 / 85-100	0.31 / 0.37 / 0.12	0.34 / 0.03	0.07 / traces / 0.02	0.04 / 0.08	76.6 / 95.3 / 2.—		1.14 / 0.142									

» Le n° 1635 est une argile bleue des environs d'Odoorn.

» Les nᵒˢ 55, 1781, 1782, 1789 et 1783 proviennent des diverses couches du type I et nous donnent une image de la richesse d'une grande partie de la bruyère haute.

» Les nᵒˢ 1784 et 1785 proviennent des bruyères basses de Hooghalen (type III). Le n° 1785, constitué par un sable jaune avec radicelles, jouit d'une bonne réputation auprès des défricheurs. Il en est de même du n° 1788.

» Les nᵒˢ 53 et 54 proviennent d'un sol classé sous le type IV.

» Les nᵒˢ 1786 et 1787 proviennent du sable bien connu de Drouwen.

» J'ai pris moi-même, en 1899, les échantillons de Midlaren, Wijster et Nieuweroord, qui m'ont servi à des recherches sur la nitrification et la perte en azote, potasse, chaux, etc., par le lavage.

» Les échantillons de Midlaren ont été prélevés sur une terre haute et sablonneuse, de bonne qualité, du Hondsrug ; à un mètre de profondeur, le sable devient argileux (argile rouge) ; aucun fumier de plaques de bruyères n'y a été apporté, du moins pendant les 50 dernières années.

» Les échantillons de Wijster proviennent d'une terre au nord de Wijster, de moins bonne qualité.

» Les échantillons de Nieuwerood proviennent d'une tourbière exploitée et défrichée. La couche de résidus de tourbe atteint 80 centimètres et il n'y a pas de sable gris (loodzand) ; viennent ensuite 5 centimètres de « smeerlaag », puis un tuf brun (bruinzand) ; le wijkzand est le sable pris dans les fossés et mélangé à la tourbe. Le sol est un peu argileux. Il m'a paru intéressant de mettre l'analyse de ces échantillons à côté de celle des échantillons de bruyères incultes.

» Au point de vue chimique, le sol de la Drenthe est très pauvre, surtout en chaux et en acide phosphorique. La plupart des échantillons, sauf ceux d'argiles, sont pauvres aussi en potasse.

» La pauvreté en *chaux* du sol drenthais est très frappante.

Toutes les argiles analysées étaient très pauvres en chaux. C'est un fait qui se présente aussi pour les argiles des autres provinces du nord de la Hollande. Une argile de Lonneker (Twenthe) a une teneur en chaux de 0.04 p. c.; il en est de même d'une autre, dans le voisinage de Jubbega en Frise. Une argile du Hondsrug, près de Haren (Groninghe) en renferme 0.03 p. c. Quelle que soit la pauvreté en chaux de la généralité des argiles des provinces septentrionales, il y a des exceptions : dans le Gaasterland il y a de l'argile qui renferme 5 p. c. de carbonate de chaux ; à Leek, au sud de Tolbert (Groninghe), près de la Drenthe, l'argile bleue en contient 6 p. c. et on y trouve des morceaux de carbonate de chaux pur ; des morceaux semblables m'ont été envoyés du nord de la Drenthe ; ils provenaient également de l'argile bleue. Il serait intéressant de faire en Drenthe des recherches pour y découvrir des argiles calcareuses. L'argile de Tolbert présente aussi des propriétés physiques bien plus favorables que les argiles pauvres en chaux; elle ne forme pas de couche dure, imperméable.

» Les diverses autres espèces de terrains de la Drenthe, sans exception, étaient pauvres en chaux (sable jaune, loodzand, sable mouvant, sable blanc, tuf rouge). Des échantillons provenant de Raggelhuizen, près d'Assen, analysés antérieurement, étaient très pauvres en chaux (0.02 à 0.03 p. c.), renfermaient pareille quantité de potasse et ne recélaient que des traces d'acide phosphorique ; seule, la couche superficielle était plus riche en chaux (0.06) et en acide phosphorique (0.08 p. c.).

» Les terres cultivées de la Drenthe sont fréquemment aussi très pauvres en chaux. La terre de Wijster renfermait : sol superficiel, 0.05 p. c. ; couche de 50 à 70 centimètres, 0.035 p. c. La terre haute sablonneuse de Midlaren : sol superficiel, 0.12 p. c. ; couche de 50 à 75 centimètres, 0.034 p. c.

» Les tourbières exploitées (dalgronden) sont moins pauvres en chaux que les autres espèces de terrains; la tourbière de Gasselte et celle de Klooster présentent respectivement une teneur en chaux de $\pm$ 1 et $\pm$ 0.8.

» Le sol drenthais ne se présente pas sous un aspect plus favorable au point de vue de sa richesse en *acide phosphorique*.

» Les terrains incultes n'en renferment qu'un taux absolument insuffisant, car on peut admettre en général qu'un minimum de 0.1 p. c. d'acide phosphorique est exigé pour la culture agricole.

» Les échantillons de terres cultivées depuis longtemps étaient plus riches que les sols de bruyères : le sable haut de Midlaren en renferme environ 0.2 p. c. sur toute sa profondeur (jusqu'à 0^{m}75), ce qui est une bonne teneur; les terres au nord de Wijster n'en renferment que 0.12 p. c., encore beaucoup plus toutefois que les bruyères. Une terre de Zwinderen accuse un taux de 0.16 p. c.

» Les sols tourbeux et gras près des rivières sont très riches; ils peuvent contenir jusque 4 p. c. d'acide phosphorique.

» La plupart des échantillons ont accusé une faible teneur en *potasse*; sauf pour les argiles, le taux n'atteint pas 0.1 p. c., minimum nécessaire en général pour la culture agricole.

» Les terres de Midlaren et de Wijster sont très pauvres en potasse. Au contraire, les argiles rouge, bleue, blanche sont riches en potasse : elles renferment 0.15 à 0.2 p. c. de potasse soluble dans les acides minéraux. Il en est de même des argiles des autres provinces du nord, entre autres des argiles de Gaasterland, Schoterland et Tolbert; le taux des deux dernières est 0.35 p. c.

» La teneur totale en potasse des argiles analysées est aussi très élevée; elle atteint 1.6 à 2 p. c.

» La richesse en *azote* des sols pauvres en matières organiques, tels que les argiles, est faible. Le « kofflelaag » de Hooghalen renferme beaucoup d'azote; il est aussi moins pauvre en acide phosphorique et en potasse que les autres échantillons et se différencie ainsi très avantageusement du loodzand en dessous duquel il se trouve.

» Les couches superficielles des terrains de Midlaren et de

Wijsler contiennent beaucoup d'azote, mais les couches plus profondes, de 0ᵐ50 à 0ᵐ75 et de 0ᵐ75 à 1 mètre, sont pauvres en cet élément, tout comme les sols de bruyères.

» Comme il est déjà dit ci-dessus, tous les échantillons de bruyères analysés sont pauvres en chaux, en acide phospho-rique et en potasse (excepté les argiles en ce qui concerne la potasse). Leur culture agricole exige une forte fumure, mais toutes ces bruyères ne sont pas trop pauvres pour la culture forestière.

» Le taux minimum des substances minérales solubles dans les acides minéraux exigé par la culture forestière peut être fixé notablement plus bas. Aussi bien pour la chaux et l'acide phosphorique que pour la potasse, ce taux minimum, peut, à ce qu'il me semble, ne pas être porté à plus de 0.03 p. c., du moins pour les pins ; peut être pour ceux-ci peut-il encore être fixé plus bas.

» Pour les terrains arides, si fréquents dans la Drenthe, la teneur en matières minérales est un facteur important de leur fertilité, surtout au point de vue de la sylviculture, puisqu'il n'est pas possible de fumer souvent comme en agri-culture. L'analyse chimique présente plus d'intérêt pour la sylviculture que pour l'agriculture, parce que la teneur en matières minérales représente le taux qui sera disponible pour les plantes forestières, attendu qu'il peut être admis que pendant la longue durée de la végétation d'un bois, la quantité soluble dans les acides minéraux deviendra assimi-lable. On peut donc en déduire que les terrains de la Drenthe ne sont pas en général trop pauvres en matières minérales pour la culture forestière.

» La teneur en *matières organiques* varie beaucoup.

» Le sable mouvant et l'argile sont pauvres en matières organiques, les autres sols sont assez riches, parfois même très riches. Mais, les matières organiques de ces terrains ne sont pas tout à fait favorables à leur fertilité. Dans beaucoup de sols, une haute teneur en substances organiques provo-que une acidité correspondante. Le taux d'acidité, qui est uhe conséquence de la présence de combinaisons humeuses acides, a été déterminé pour quelques sols. En proportion de la quantité des matières organiques, ce taux était élevé dans le « loodzand », ainsi que dans la couche superficielle (heideplng) en dessous de laquelle se trouvait le « loodzand », et moins élevé dans le « koffielaag » de Hooghalen.

» *La matière noire de Graudeau*, c'est-à-dire la partie des matières organiques soluble dans l'ammoniaque est souvent considérée comme la mesure de la fertilité. Cette matière noire a été déterminée pour quelques échantillons; elle est très importante dans le « koffielaag ». La signification de ce résultat serait très grande, si nous n'avions affaire à des sols acides.

» Un facteur important dans l'étude des sables est le *pouvoir absorbant*, c'est-à-dire le pouvoir qui empêche que les éléments nutritifs solubles soient entraînés par les eaux pluviales. En général, on se contente de déterminer le pouvoir absorbant pour l'azote et on admet comme suffisant un coefficient de 5 à 10. Seul le sable mouvant ne le possède pas. Le sable blanc aride, pris près de Borger, n'avait non plus qu'un faible pouvoir absorbant.

» Il m'a paru utile de déterminer également le pouvoir absorbant de quelques échantillons pour la potasse. Les argiles ont un coefficient très élevé, tandis qu'il fait défaut au loodzand, au sable mouvant et au tuf rouge.

» Il n'est pas possible dans un laboratoire de déterminer toutes les propriétés physiques des sols; des recherches sur le terrain même sont nécessaires, notamment pour la détermination de la *perméabilité pour l'eau et pour l'air*.

» En Drenthe, un facteur important est précisément la perméabilité du sol pour l'eau; cette perméabilité est influencée par la présence du tuf ou de l'argile, surtout quand la surface de la couche est horizontale ou concave et provoque l'état de marais.

» Au point de vue pratique en sylviculture, la perméabilité des sols de la Drenthe a plus d'importance que les autres propriétés physiques, notamment que le pouvoir d'imbibition par l'eau, d'autant plus que ces sables ont un grain fin et une forte teneur en humus, ce qui assure, en règle générale, un *pouvoir d'imbibition maximum* satisfaisant. Le tableau donne des renseignements suffisants à ce sujet.

» Le *pouvoir d'imbibition minimum*, c'est-à-dire la quantité d'eau qui existe dans un certain volume d'un terrain, quand l'eau est retenue uniquement par les plus petits vaisseaux capillaires, a aussi été déterminé pour quelques échantillons. Ce cas se présente dans la couche supérieure d'une haute colonne de terre, arrosée d'eau, quand la circulation de celle-ci a cessé. C'est donc la quantité d'eau que le terrain ne laisse pas écouler dans le sous-sol après la pluie. Il convient que ce pouvoir d'imbibition minimum ne soit pas petit, surtout quand l'humidité du sous-sol ne peut pas remonter par capillarité; il est faible dans le loodzand, ce qui explique pourquoi ce sable devient si vite mouvant.

» Quoiqu'il soit prématuré de tirer une conclusion définitive d'une seule recherche, il ne me paraît pas invraisemblable que le faible pouvoir absorbant du loodzand pour l'eau est une des causes de sa grande infertilité. »

L'*analyse physique* a non seulement déterminé la proportion de limon, mais le sable a aussi été divisé en catégories d'après la grosseur du grain. Les chiffres indiquent clairement que les échantillons étaient d'un sable très fin. Seul, le sable mouvant fait exception à cet égard.

Le diamètre des grains du

sable poussiéreux $= 0.01\text{-}0.05$ $^m/^m$;
sable très fin $= 0.05\text{-}01$ $^m/^m$;
sable fin $= 0.1\text{-}0.2$ $^m/^m$;
sable moyen et grossier $= +$ de 0.2 $^m/^m$.

F. D.

Une nouvelle réserve forestière
aux États-Unis

Le projet d'établir une réserve nationale dans la région sud des monts Alleghany a été examiné avec attention par le Congrès, au cours du mois de décembre dernier, et a donné lieu à l'introduction de différentes motions, tant à la Chambre des Représentants qu'au Sénat. Le président Roosevelt lui-même a publié, le 19 décembre, un message spécial dans lequel il expose les raisons qui militent en faveur de l'établissement de cette réserve et recommande le projet à la sollicitude du Congrès.

L'idée de cette réserve remonte à 1899. Au printemps 1901, les législatures des Etats de la Caroline du Nord et du Sud, de l'Alabama, du Tennessee et de Virginie accordèrent au gouvernement national l'autorisation d'acquérir, dans l'étendue de leur propre territoire, les terres nécessaires à l'établissement d'une réserve, en exonérant celle-ci de tout impôt. Voici le texte du message présidentiel relatif à ce projet :

Messieurs les Membres
du Sénat et de la Chambre des Représentants,

J'ai l'honneur de vous adresser ci-joint un rapport de M. le secrétaire du département de l'agriculture, relatif aux forêts, rivières et montagnes de la région sud des Alleghany et à leur importance au point de vue de la situation agricole de cette région. Le rapport présente les résultats d'une enquête ordonnée par le dernier Congrès et montre, d'une manière indiscutable suivant nous, la nécessité de l'établissement d'une réserve forestière dans les Etats du Sud.

Parmi les massifs montagneux de l'est des Etats-Unis, les monts Alleghany présentent un intérêt spécial au triple point de vue climatologique, hydrologique et forestier, et aussi, comme conséquence, au point de vue économique. Ces grandes montagnes sont vieilles dans l'histoire du continent qui a grandi autour d'elles. De vigoureuses forêts naquirent sur leurs pentes et de là s'étendirent à tout l'est du continent. Puis, dans le lointain passé des âges géologiques, elles disparurent devant la mer, dans l'Est, le Sud et l'Ouest, devant la glace dans le Nord. Ici, dans les Alleghany, elles ont survécu jusqu'aujourd'hui.

Par suite des conditions variées de sol, d'altitude et de climat de la région des Alleghany, la flore forestière s'y montre d'une diversité merveilleuse. La puissance de la végétation y est en outre remarquable. Cette variété et cette richesse de la flore ont amené nos économistes et nos savants à demander l'intervention du gouvernement en vue d'assurer la préservation de ces beaux massifs. L'intérêt de la science, l'instruction et le plaisir du peuple la réclament manifestement. Nulle autre région de l'Est, d'ailleurs, ne se prête mieux que celle-ci à l'établissement d'une réserve forestière.

Les conclusions de M. le secrétaire de l'agriculture sont résumées ainsi dans son rapport :

1. La région méridionale des Alleghany comprend les hauts sommets et les masses montagneuses les plus considérables de la moitié est du continent. Elle en est comme la charpente principale. De plus, aucun massif montagneux, dans l'Amérique entière, n'est couvert d'aussi belles forêts.

2. Aucune région des Etats-Unis, si l'on en excepte la côte septentrionale du Pacifique, n'est arrosée par des pluies aussi considérables ; on y a relevé des hauteurs d'eau tombée de 8 pouces en 11 heures, 31 pouces en un mois et 105 pouces en un an.

3. Le sol des parties déboisées, balayé par des pluies torrentielles, perd rapidement sa couche de terre végétale et par conséquent sa fertilité, puis finit par être entraîné en masses énormes dans les cours d'eau à allure de torrent qui se forment de toutes parts et qui vont ravager les terres basses, soit en les recouvrant de pierres et de graviers, soit en y creusant des ravins qu'une érosion continuelle élargit de plus en plus. Plus bas encore, la vitesse des cours d'eau en diminuant détermine le dépôt des matières en suspension et comme conséquence l'obstruction des rivières et l'envasement des canaux. On peut dire sans exagérer que quelques heures de pluie torrentielle sur des parties dénudées ont à cet égard plus d'action que ne pourraient en avoir des siècles entiers sur des parties boisées.

4. Les rivières qui prennent naissance dans la région sud des Alleghany traversent ou longent tous les Etats de l'Union situés entre l'Ohio et le golfe du Mexique et entre l'Atlantique et le Mississipi.

L'intérêt de l'agriculture, celui de l'industrie à laquelle ces cours d'eau fournissent souvent une force motrice qui ne lui coûte rien, celui enfin de la navigation, exigent impérieusement que le débit de ces cours d'eau soit maintenu et que leur régime soit aussi régulier que possible.

5. Ces conditions de débit et de régime ne peuvent être assurées d'une manière définitive que par la conservation scrupuleuse des forêts.

6. Celles-ci, constituées par des massifs de futaie d'une beauté et d'une variété incomparables, sont incontestablement les plus denses et les plus riches du continent. Elles renferment de nombreuses espèces de pre-

mière valeur au point de vue commercial, et notamment certains bois qui
ne se rencontrent nulle autre part.

7. La préservation de ces forêts est réclamée aussi par des motifs
économiques. La prospérité des basses terres, arrosées par les eaux qui
y naissent, en dépend étroitement. Maintenues dans de bonnes conditions, ces forêts seront une source permanente de nombreuses richesses
qui viendraient à manquer si elles disparaissaient. Un aménagement
prudent et l'application de règles culturales rationnelles, non seulement
soutiendront, mais accroitront les ressources de la région et par conséquent la fortune publique de la nation tout entière.

De plus une leçon pratique, une démonstration d'une valeur inestimable en résultera. Il apparaitra alors que l'usage des forêts n'implique
nullement leur destruction, et que leur conservation par l'usage non
seulement est possible, mais en outre avantageuse.

8. Conserver ces forêts, en empêcher la dégradation, c'est maintenir et
même augmenter les ressources agricoles de la région.

9. Les inondations provoquées par les torrents qui se forment dans les
Alleghany, si la destruction de ces forêts n'est pas arrêtée, deviendront
de plus en plus fréquentes et préjudiciables. Les dommages causés par
ces inondations, et par les érosions des champs cultivés et des routes,
ne peuvent naturellement être évalués avec une approximation
très grande. Cependant, on n'exagère nullement en les évaluant
pour la présente année à 10,000,000 de dollars, somme suffisante
pour acquérir l'étendue entière de la réserve projetée. Ces dommages d'ailleurs ne peuvent s'évaluer en argent seulement, car ils correspondent à la disparition d'un ensemble de conditions heureuses
qu'aucune intelligence, qu'aucun pouvoir ne peut faire renaitre.

10. Préserver les forêts, maintenir un régime des eaux favorable et
sauvegarder les intérêts de l'agriculture, tels sont les desiderata que
l'établissement d'une réserve nationale peut seul réaliser. L'action du
pouvoir central est nécessaire à cette fin, car les différents Etats de
l'Union ne possèdent ni les terres nécessaires, ni les ressources suffisantes pour les acquérir. Cette action se justifie pleinement par l'importance
et la généralité des intérêts attachés à la création de la réserve projetée.

Pour ces motifs, j'approuve pleinement et je recommande instamment
cette mesure à la bienveillante attention du Congrès.

  Forestry and Irrigation.   Traduction de L. Wartique.

Poésie, Amour et Sylviculture

Fantaisie forestière (1)

> Oui, les premiers baisers, oui, les premiers serments
> Que deux êtres mortels échangèrent sur terre,
> Ce fut au pied d'un arbre effeuillé par les vents,
> Sur un roc en poussière.
>
> A. DE MUSSET.

> C'est au pied d'un bouleau que nous eûmes l'audace de faire un aveu
> qui. . . . nous a coûté la liberté.
>
> C. DELVILLE.

Il y a dans le cœur de tout forestier un poète qui sommeille.

Le souffle lyrique qui passe dans les dernières phrases de l'article du *Bulletin* : « *Les taillis de la région ardennaise* » (1ʳᵉ partie, numéro d'avril) en est une nouvelle révélation.

Et je ne sais ce qu'il faut le plus admirer : la grâce naïve du délicieux rendez-vous ou la franchise pudique et sans mièvrerie qui confesse l'aveu tendrement murmuré sous les frondaisons dentelées des bouleaux.

Les forestiers et les poètes aiment l'extase dans les grands bois, sous la ramure sombre et verdoyante, tamisée de lumière.

Plusieurs reposent de leur dernier sommeil à l'ombre des arbres qui les ont inspirés et qu'ils ont aimés.

A. de Musset, selon son désir suprême, dort sous un saule pleureur :

> Mes chers amis, quand je mourrai,
> Plantez un *saule* au cimetière ;
> J'aime son feuillage éploré,
> La pâleur m'en est douce et chère
> Et son ombre sera légère
> A la terre où je dormirai.

Un *marronnier* répand sa fraîcheur sur la tombe de Lamartine. Millevoye pleure la mort du jeune malade, en automne, dans la

---

(1) Cette fantaisie, qui témoigne d'ailleurs d'une belle érudition et d'une plume alerte, nous a paru trop finement humoristique pour que les quelques propos un peu grivois qu'elle renferme ne trouvent pas grâce aux yeux des lecteurs les plus austères du *Bulletin*. Une fois n'est pas coutume et nous demandons, au besoin, qu'on nous accorde le bénéfice des circonstances atténuantes. N. D. S.

chute tournoyante des feuilles jaunies et redit, avec une tristesse douloureuse, l'ingratitude de l'amante :

> Sous *un chêne*, on creusa sa tombe.
> Mais son amante ne vint pas
> Visiter la pierre isolée
> Et le pâtre de la vallée
> Troubla seul du bruit de ses pas
> Le silence du mausolée.

Le grand poète Poppe, à l'âge de douze ans, sous les *hêtres*, écrivit l' « Ode de la solitude ».

Virgile, dont les poèmes sont à chaque page imprégnés de l'amour des bois, Ronsard, Mme de Sévigné, J.-J. Rousseau, Châteaubriand, Bernardin de St-Pierre, Victor Hugo, André Theuriet ont chanté la splendeur, la majesté des forêts.

Les bois ont aussi fait naître les plus beaux chants populaires.

Les vieux forestiers disent avec une émotion pleine de souvenirs :

> « Les bois sont verts, les lilas sont en fleurs » ;

les jeunes, plus enthousiastes :

> A mon heure dernière,
> Quand ma paupière sera fermée
> Je veux que l'on m'enterre
> Sous la sombre ramée.
> Aux marbres noirs d'ébène,
> Aux lettres d'or, aux croix argentées,
> Je préfère un vieux chêne
> De taillis sous futaies,
> Afin que parfois à l'aurore,
> Je puisse entendre encore :
> Baliveau, baliveau, baliveau !

Le proscrit maure barytonne avec délice la beauté de son amie, une perle de Castille, qui lui a livré son amour sous les *sycomores*.

Enfin, entre mille autres chansons : *Le murmure des peupliers, La grande voix des chênes*, l'*Hymne à la forêt* redisent le charme des arbres.

Les arbres, dans l'antiquité, étaient consacrés poétiquement aux divinités : le chêne à Jupiter, maître du ciel ; le laurier et le palmier à Apollon, dieu du soleil, de la poésie et de la musique ; l'olivier à Minerve, déesse de la sagesse et des arts; le myrte, symbole de l'union des époux, et le tilleul, dont on connaît les effets calmants des fleurs sur les vapeurs de certaines femmes et l'irritabilité de certains hommes, ôtaient consacrés à Vénus ; le pin à Cybèle, déesse de la terre ; le peuplier à Hercule, célèbre par ses douze travaux et spécialement ses démêlés avec les Amazones, femmes jusqu'alors indomptées.

La légende nous a transmis l'exemple de ce couple touchant : Philémon et Baucis. Après leur mort, en récompense de leurs vertus, ils furent métamorphosés ; le premier en chêne, la seconde, en tilleul.

Les Grecs, comme en un temple, invoquaient Jupiter dans les bois de Dodone, Esculape dans celui d'Epidaure.

Rome possédait aussi des bois sacrés : les bois d'Egérie et de Diane, le bois de Vesta, près du Forum.

Les grandes forêts de la Gaule étaient des lieux de sacrifices.

On le voit, presque toutes les essences forestières ont éveillé les sentiments poétiques de l'homme.

C'est que les arbres, comme les fleurs, ont leur langage :

> Car tout parle dans l'univers,
> Il n'est rien qui n'ait son langage.

Ainsi dit La Fontaine, qui fut forestier avant d'être poète.

*
* *

Les arbres conservent encore aujourd'hui leur cachet poétique ; mais il faut convenir que les idées utilitaires de notre temps l'ont un peu terni.

Aussi, sachons gré à l'auteur des *Taillis de la région ardennaise* d'avoir enveloppé son excellent travail d'un léger voile idyllique qui en relève l'esprit et le charme.

M. Delville m'a attiré dans son sillon. Il voudra sans doute me permettre d'y demeurer un moment.

Ses gracieuses confidences, toutes spontanées, ont donné l'envolée à une question d'une délicatesse exquise, car elle effleure les troublantes profondeurs de la psychologie. C'est avec une certaine appréhension que j'en aborde l'exposé.

A la série déjà longue des influences exercées par les forêts dans l'économie générale de la nature (inondations, climat, régime des eaux, orages, etc.), il faut ajouter, on le voit, l'influence des forêts sur les idées matrimoniales ; mais il importe de déterminer, sans parti pris, par des recherches consciencieuses et des examens comparatifs, si les peuplements de bouleau répondent bien, sous ce rapport, à tous les desiderata.

*
* *

On ne sait de quelle essence : figuier, pommier ou oranger, était l'arbre de la science du bien et du mal, portant le fruit défendu, sous lequel nos premiers parents inaugurèrent les rendez-vous amoureux, dont la mode s'est pieusement perpétuée jusqu'à nous.

Rien n'a été écrit sur les préférences à accorder à telle ou telle essence pour l'usage commode des couples cherchant à faire l'abandon de leurs cœurs. Force m'a donc été de questionner des camarades ayant sur ce sujet, à la suite d'une pratique plus ou moins longue, des connaissances spéciales.

Dans le but de me rendre agréable et utile aux lecteurs du *Bulletin*, je vais donner le résumé de ces consultations intéressantes et prises sur le vif.

Les *coudriers* et les *charmilles* disparaissent de nos bois à la suite des longues révolutions généralement adoptées par nos aménagistes et des dégagements de chênes ordonnés. On est donc obligé de s'adresser à d'autres essences.

Plusieurs camarades, et c'est le plus grand nombre, se plaignent d'avoir souvent et vainement attendu sous l'*orme*.

Cela m'est arrivé également. Aussi, j'estime que cet arbre ne peut convenir aux tempéraments impatients. Au surplus, l'orme s'appelle encore l'*arbre au pauvre homme*. Plaignons, en effet, celui qui attend et ne voit rien venir.

Les *conifères* du pays ou exotiques ont des aiguilles d'une impertinence et d'une curiosité inouïes ; ils laissent en outre couler des larmes de résine qui, traîtreusement, s'attachent aux habits et deviennent des signes révélateurs du secret entretien.

Sous les *frênes*, les impressions ne manquent pas d'un certain je ne sais quoi que stimulerait encore la présence dans le feuillage de cantharides aux brillants élytres ; cet arbre ranimerait les enthousiasmes qui s'éteignent.

Les *platanes* ont l'inconvénient de répandre dans l'atmosphère une grande quantité de poils très fins, qui déterminent des irritations de la gorge. Cet organe obstrué ne peut plus dès lors entonner le cantique, l'hosanna d'amour.

Je n'insiste pas sur l'inconvénient de se mettre dans les *vignes*, dont les feuilles sont d'une pudeur proverbiale.

Les essences exotiques, trop nouvellement introduites dans notre pays, ne forment pas encore de massifs assez fourrés et n'ont pas fait l'objet d'expériences. J'ai toutefois la conviction, partagée d'ailleurs par plusieurs praticiens distingués, que les arbres étrangers introduits en Belgique seront, dans un avenir assez prochain, d'une grande ressource. Pour le moment, la question n'est pas mûre.

On peut cependant répudier le *mancenillier* qui jette les crêpes de la mort sur les amants qui, la main dans la main, s'endorment sous son ombre perfide.

L'*arbre des Lotophages*, ou arbre de l'oubli, ne convient pas à la fidélité à toute épreuve des forestiers.

Par contre, on pourra conseiller l'*oranger* dont les fleurs suaves symbolisent la candeur et la fraîcheur de l'épousée, et quelquefois du jeune marié.

Le rameau d'*olivier* n'aurait plus, paraît-il, ses vertus pacificatrices d'autrefois.

Bernardin de St-Pierre cache les amours de Paul et Virginie sous les *palmiers*. M. Delville ne craint pas de dévoiler les *siennes* (1) sous le *bouleau*.

*

Je ne sais pourquoi, j'ai pour cet arbre (le bouleau), au point de vue qui nous occupe, une réelle répulsion.

Ce n'est pas moi qui aurais songé à faire un aveu tendre au pied d'un bouleau.

Certes, avec son écorce blanche emprisonnant une taille élancée, avec sa cime de branches grêles qui retombent — telle une chevelure — le bouleau a de la grâce et certains imaginatifs lui trouvent même la grâce de la virginité.

Mais, précisément, cette blancheur éclatante, neigeuse, donne froid.

Le bouleau est l'arbre du Nord. Son nom évoque la bise glacée, la neige qui tourbillonne et s'accumule éternellement, les girandoles de givre scintillant sous les rayons d'un soleil pâli, puis le cortège des rhumatismes qui vous tordent les muscles et des fluxions de poitrine qui vous étouffent.

Le bouleau a, pour toute âme sensible, un aspect peu propre à éveiller la chaleur que demandent l'éclosion des jeunes amours et la continuation des anciennes.

Sans doute le bouleau est appelé l'*arbre de la sagesse*, mais

----

(1) En prose, amour est du masculin quand on l'emploie au singulier et du féminin quand on l'emploie au pluriel.

d'une sagesse née sous le coup des verges, une sagesse forcée, ter-
rorisée, rêvant sournoisement la vengeance.

Il est plutôt l'emblème de l'asservissement, du joug, de la priva-
tion de liberté. Il en a été ainsi de tout temps.

M. Delville faisant appel à Coleridge me permettra d'invoquer
Théophraste. Ce philosophe grec, qui a eu l'avantage de vivre
300 ans avant J.-C., est l'auteur des *Caractères*, ouvrage célèbre
ayant servi de modèle à La Bruyère. Il nous dit que le bouleau ne
convient qu'à la confection de bâtons!

Les poètes grecs n'ont jamais cité le bouleau. Les Latins l'appelaient *betula,batula*, verge,'mot dérivant de *batu* : battre.

Sébastien Vaillant nomme le bouleau « le sceptre des maistres
d'eschole ».

Pline rappelle les verges redoutées par lesquelles les magistrats
se faisaient précéder : *terribilis magistratuum virgis*.

Enfin, les rameaux du bouleau furent, sous un fallacieux prétexte, utilisés par les ménagères à la confection de balais, objets
d'apparence pacifique et semblant spécialement destinés au maintien, dans la maison, de l'ordre et de la propreté. Mais trop de fois,
hélas! le bouleau, dans le balai hypocrite, reprend, comme mû
par un ressort, le rôle de] verges que la nature lui a décidément
assigné.

Heureux, dit Poiret dans sa *Philosophie des plantes*, l'homme à
qui les rameaux fluets et flexibles du bouleau, ne peuvent rappeler
qu'ils ont été autrefois les instruments de ces punitions avilissantes.

Les poètes ne placent le bouleau qu'en des tableaux mélancoli-
ques, sombres ou lugubres.

> Voyez ce mausolée, où le Bouleau pliant,
> Lugubre imitateur du Saule d'Orient,
> Avec ses longs rameaux et sa feuille qui tombe
> Triste et les bras pendants vient pleurer sur la tombe.
>
> DELILLE.

> A la nuit, quand par les bois d'Elo
> Tu revenais du bourg, des touffes de bouleau
> Entendais-tu sortir des plaintes étouffées?
> .
> BRIZEUX.

> Des monstres dont l'enfer rêve seul les fantômes,
> La sorcière échappée aux sépulcres déserts
> . Volant sur le bouleau qui siffle dans les airs.
>
> . . . .
> Entrent dans le vieux cloître où leurs flots tourbillonnent.
>
> V. HUGO.

Les bouleaux semblent des femmes sensibles, dont personne n'a entendu la pensée, une pensée timide et gracieuse qui arrive à demi effacée avec le chuchottement et l'agitation de leurs fins rameaux.

TAINE.

Vous êtes-vous déjà arrêté pour écouter les bouleaux, un soir, alors que tout devient calme, que les cloches lointaines égrènent l'Angelus, que les derniers bruits du village se meurent?

Le vent du crépuscule secoue lugubrement les fluettes et longues branches des arbres et les feuilles agitées bruissent un grand soupir, une plainte douloureuse comme le vent qui passe dans les hauts épicéas d'un cimetière.

Cette musique laisse à l'âme une profonde sensation qui la recueille et l'humilie.

J. HUBERTY.

Mais quittons ces tristes pensées.

Je reproche au bouleau son couvert trop léger, ne procurant pas l'ombre et le mystère recherchés des amants.

Où donc les petits oiseaux cachent-ils leurs nids, si ce n'est dans la profondeur des bocages?

Le bouleau m'écœure encore par l'exemple pernicieux de sa prolificité.

Sa cime trop légère et trop gracile n'arrête pas les ardeurs du soleil et laisse sous elle un sol rude et brutal, au lieu de l'épais et moelleux tapis de mousse parsemé d'herbes aux vives couleurs et fleurant bon.

Les oiseaux, ces petits curieux qui voient tout sous la ramée et mêlent leurs gazouillements harmonieux aux bruits des baisers, fuient les massifs de bouleau trop nus, trop dépouillés.

. . . .
. . . .
Pour déployer leur noble voix
Ils veulent le frais des bocages,
L'azur du ciel, l'ombre des bois.

*
* *

Mais, dira-t-on alors, quelle est l'essence qui a vos préférences ? Je vais le dire.

C'est mon opinion personnelle, assise sur des expériences peut-être pas assez souvent répétées et discutable sans doute.

L'endroit le plus propice à l'effusion des âmes aimantes, à l'échange des doux serments et des promesses qui lient pour toujours, est — quand on a à sa disposition une futaie régénérée par la méthode du réensemencement naturel et des éclaircies, comme j'ai l'ineffable bonheur d'en posséder dans mon cantonnement — un jeune peuplement de hêtre et chêne mélangés, intermédiaire entre le gaulis et le bas perchis, alors que, au printemps, les feuilles s'épanouissent, frileuses, cachées comme des coquettes dans un duvet soyeux, ou que, en été, dans leur pleine exubérance, gorgées de sève, elles protègent de leur fraicheur le pied d'une vieille écorce dont la cime s'étale au soleil éclatant, dans le ciel pur, azuré.

Si l'administration ne vous a confié la gestion que de taillis plus ou moins composés, choisissez de préférence des coupes de 9 à 12 ans, alors que les cépées, tout en maintenant un abri protecteur et suffisant, n'ont pas encore étouffé, à leurs pieds, les petites fleurettes.

Il y a lieu, cela va sans dire, de tenir compte de la nature du sol : sec ou humide, sablonneux ou couvert de cailloux ; de l'exposition aux vents du Nord ou aux ardeurs du Midi ; de la pratique du soutrage qui peut avoir réduit l'épaisseur de la couche de feuilles mortes, etc.

Le séjour que je préconise est, je l'avoue, assez difficile à découvrir.

Sa recherche demande un peu d'expérience, fruit de l'observation attentive des faits, sans laquelle la sylviculture bien entendue, saine et rationnelle, est d'ailleurs impossible.

*
* *

Vous le voyez, la question reste ouverte néanmoins.

Il y a encore bien des doutes à dissiper.

Aussi, comme conclusion pratique à ce travail, j'émets le vœu de voir l'Etat intervenir pécuniairement dans l'organisation d'expériences dont j'accepterais volontiers l'exécution.

Les impressions que je recueillerais supprimeraient des indécisions toujours regrettables et pénibles. Elles seraient un guide sûr pour maints pauvres petits cœurs endoloris qui subissent les lois inéluctables de l'amour.

Qui pourrait leur en faire un reproche ?

Le grand Corneille n'a-t-il pas dit :

« L'amour est un tyran qui n'épargne personne »?

JULES ROCHEFORT.

Commerce du bois

PROCHAINEMENT, à 12 heures, à la Bourse de commerce (salle de l'Union syndicale), à Bruxelles. Fourniture, en 1904, aux conditions de l'avis spécial n° 000, publié le 13 mai 1902, se référant au cahier des charges-type I, approuvé le 11 novembre 1893, de 380,000 billes demi-rondes en chêne ou en hêtre à cœur blanc, et de 35,700 pièces de bois de chêne pour fondation d'appareils de voie, répartis en 170 assortiments distincts et indivisibles. Les billes mesureront $2^m60 \times 0^m28 \times 0^m14$, ou bien $2^m60 \times 0^m26 \times 0^m13$ (chêne et hêtre), ou bien $2^m60 \times 0^m21$ à $0^m24 \times 0^m14$ à 0^m16 (chêne seulement, ces dernières avec un découvert de 0^m12 à 0^m15. Chaque lot de bois équarris comprendra 40 pièces de 4 mètres; 35 de 3^m60; 30 de 3^m30; 40 de 3 mètres et 65 de 2^m70, toutes de l'équarrissage $0^m30 \times 0.15$. Il ne sera pas ordonnancé de paiement avant le 1er janvier 1904. Délais de fourniture : la première moitié du nombre total des billes et de la longueur totale des pièces de bois de chêne, pour le 31 janvier 1904 ; la seconde moitié, de même que la totalité des billes en hêtre, pour le 31 mai suivant, au plus tard. Ces délais sont de rigueur Cautionnements : par bille, fr. 0.25; par lot de bois équarris, fr. 280. Renseignements, bureaux de M. De Rudder, administrateur des voies et travaux, rue de Louvain, 11, à Bruxelles, et Commission de réception des fers et bois, rue d'Idalie, 32, à Ixelles.

Chronique forestière

Actes officiels intéressant des sociétaires. — Ordre de Léopold. Nominations de sociétaires. — Réunions mensuelles. — La fête des arbres en Italie. — Les engrais chimiques en culture forestière. — Pépinières forestières. — Les feuilles des arbres pour la nourriture du bétail. — Destruction de la pyrale par les pièges lumineux à l'acétylène. — Les bois aux iles Philippines. — Enlèvement de la mousse des arbres. — Les forêts de la Russie.

Actes officiels intéressant des sociétaires. — Nous avons omis, par inadvertance, de signaler la nomination de M. le comte de Briey, ancien membre de la Chambre des Représentants, au poste de gouverneur de la province de Luxembourg.

Par arrêté royal du 13 mai 1902, M. Franz Gérard, candidat-notaire, est nommé notaire à Gembloux.

Par arrêté royal du 31 mars 1902, ont été promus :

a) Au grade d'ingénieur principal do 2⁰ classe des ponts et chaussées, M. Biddaer, E., ingénieur de 1ʳᵉ classe ;

b) Au grade de conducteur principal de 2ᵉ classe des ponts et chaussées. MM. Janmart, H., et Passagez, C., conducteurs de 1ʳᵉ classe.

Ordre de Léopold. Nominations de sociétaires. — Par arrêté royal du 23 mai 1902, MM le comte do Limburg Stirum, A., questeur de la Chambre des Représentants, et Delvaux, Henry, membre de la même Chambre, sont nommés chevaliers de l'Ordre de Léopold.

Réunions mensuelles. Excursion du 27 mai 1902 au domaine du Chenoy. — Une belle journée, une des rares de la période que nous venons de traverser, a favorisé l'excursion à laquelle ont pris part une soixantaine de membres de la Société, dans le vaste et très riche domaine de M. le sénateur Boël, le Chenoy. Un compte rendu détaillé de cette tournée charmante paraîtra plus tard dans le *Bulletin.*

Nous nous faisons un plaisir et un devoir tout à la fois de remercier dès maintenant, au nom de la Société, l'honorable sénateur de Bruxelles, de l'autorisation qu'il nous a accordée de visiter sa riche propriété du Chenoy et de l'accueil cordial qui nous y a été réservé. Merci aussi à MM. Louis et Georges Boël, qui nous ont guidés à travers les richesses forestières du domaine, à M. l'inspecteur des eaux et forêts Crahay, qui nous a prodigué explications et renseignements sur la culture, l'exploitation et la gestion des bois parcourus.

* * *

Comme les années antérieures, les réunions mensuelles sont suspendues jusqu'à nouvelle information.

La fête des arbres en Italie. — M. Baccelli, ministre de l'agriculture, vient d'attacher son nom à une œuvre qui, il faut l'espérer, deviendra rapidement populaire dans toute l'Italie. Depuis 1898, il prescrivait, par simples arrêtés ministériels, la célébration de la fête des arbres. Les résultats obtenus le décidèrent, d'accord avec son collègue de l'instruction publique, M. Zanardelli, à soumettre à la signature royale le décret du 2 février 1902, instituant la fête des arbres dans toutes les communes de l'Italie.

L'arrêté invoque qu'il est nécessaire d'assurer la rigoureuse observation de la loi forestière et que les lois ont une plus grande efficacité quand elles peuvent trouver un concours de bon vouloir et d'obéissance dans les coutumes populaires.

La date de la célébration de la fête est fixée annuellement par les conseils communaux, d'accord avec les autorités forestières et scolaires, en tenant compte notamment des conditions climatériques et culturales.

Le personnel forestier doit concourir, directement et par ses conseils, aux travaux préparatoires et à ceux qui sont compris dans le programme même de la fête.

L'administration forestière est chargée de déterminer les espèces et le nombre d'arbres à planter; ceux-ci sont fournis par les pépinières gouvernementales.

Pour le choix des terrains, une circulaire recommande de préférer les jardins annexés à l'école, les propriétés communales ou les berges des routes; à défaut de ces terrains publics, on doit s'adresser aux particuliers qui s'engageront à veiller avec soin à la conservation des nouvelles plantations.

L'administration forestière est chargée, d'accord avec les autorités communales, de pourvoir à la garde et à l'entretien de ces plantations, de manière à en assurer la bonne venue.

Afin de ne pas en compromettre le succès dans les communes pauvres, il est recommandé d'écarter de l'organisation des fêtes tout ce qui pourrait occasionner des frais inutiles.

Dans la seule province de Novare, 90,000 plants forestiers ont été mis en terre; dans les autres provinces, les enfants des écoles italiennes en ont planté 300,000.

A Rome, la fête, célébrée le 1er avril, a pris un caractère véritablement national. Sur la Voie Latine, en présence du Roi et de la Reine, ont défilé plus de 8,000 écoliers qui venaient de créer un bois futur dans les environs de Rome.

Dans toutes les écoles de la capitale, on a distribué un

livre populaire sur la fête des arbres et sur les avantages que présentent ceux-ci, notamment pour l'agriculture et l'hygiène.

Puisse la tentative si louable du ministre italien être couronnée d'un plein succès!

Les engrais chimiques en culture forestière. — Le Dr Giersberg, de Berlin, dans une brochure éditée en 1901 et intitulée : *Künstliche Düngung im forstlichen Betriebe*, après avoir exposé les différentes raisons qui s'opposèrent au début à l'emploi en grand des engrais chimiques en culture forestière — notamment l'insuffisance des précautions prises dans les essais, — cite sur la question quelques faits assez intéressants.

Au printemps de 1895, malgré des fumures de toutes espèces, on n'obtint que de si médiocres plants dans une pépinière établie depuis 1875 qu'on se vit forcé de reconnaître que cet emplacement ne convenait plus à sa destination; on se décida à faire des essais plus judicieux de fumure. Après l'arrachage des plants, on répandit, à larges poignées, de la kaïnite et des scories phosphatées. Après enfouissement de cet engrais, on sema des vesces; celles-ci levèrent à merveille et furent enfouies en septembre. Au printemps suivant, on repiqua des épicéas, semis de deux ans, qui accusèrent une croissance magnifique et conservèrent une belle couleur verte les deux premières années; la troisième année, les sujets devinrent un peu jaunâtres tout en maintenant leur belle croissance; ils avaient atteint 0^m35 à 0^m45 de hauteur la deuxième année, et les dernières pousses accusaient une longueur de 0^m15 à 0^m28. Ces plants étaient, au moins, aussi beaux que ceux d'une pépinière nouvellement établie en très bon sol.

L'auteur avoue que, malgré une haute teneur en humus, beaucoup de sols sont très pauvres en azote assimilable.

Les sols agricoles, tout en contenant en moyenne 0.8 à

1.5 $^o/_{oo}$ d'azote dans la couche arable, sont encore très reconnaissants d'une fumure azotée. Nos sols forestiers paraissent contenir à peine 0.5 $^o/_{oo}$ d'azote; la plupart sont encore bien au dessous de cette teneur, ce dont on peut induire, sans aucun doute, qu'il en est bien peu dans lesquels un apport d'azote ne produise une influence des plus favorable sur la croissance des jeune plantes.

L'auteur considère une teneur en azote de 1$^o/_{oo}$ comme nécessaire à la bonne végétation des plantes. La plupart des analyses de sol accusent pourtant des quantités beaucoup inférieures: dans un sol du cantonnement forestier de Bitsch (Lorraine), soumis à une analyse minutieuse, cette teneur descendait même à 0.3 $^o/_{oo}$.

L'action extraordinairement favorable et rapide de la fumure azotée dans les pépinières a, en maintes occasions, ajoute-t-il, conduit à l'emploi unique de cet engrais, au détriment des autres éléments de restitution, ce qui n'a pas tardé à provoquer des résultats fâcheux.

A la dose de 100 kilogr. à l'hectare, il est à conseiller d'appliquer le nitrate de soude en une fois, tandis qu'il est recommandable de répartir en deux fois, à trois ou quatre semaines d'intervalle des doses de 200 à 300 kilogr.

De préférence, il faut employer cet engrais au début de la végétation.

Ramm, oberförster à Calmbach (Wurtemberg), expérimenta, en 1900, le nitrate de soude à la dose de 500 kilogr. à l'hectare, sur des semis d'épicéa et de sylvestre de l'année, à une altitude de 695 mètres; quoique le semis fut très dense, eu égard à l'altitude, et eût été effectué tardivement, et que l'automne eût été précoce cette année, les plants se développèrent très vigoureusement après la fumure, et se firent remarquer par leur enracinement (0^m20 à 0^m25 de profondeur) et leur tige élevée (0^m07 à 0^m08).

Des semis d'épicéa de 1899, situés dans la même station, souffrirent tellement des froids tardifs au printemps 1900, que toutes les jeunes pousses périrent; néanmoins, sous l'influence d'une fumure de 500 kilogr. de nitrate, ces plantes reprirent toutes et fournirent des sujets très vigoureux (20 centimètres de tige et 0^{m}20 de racines).

Le plus souvent, la fumure aux scories phosphatées, contenant 50 p. c. de chaux vive, suffit pour la restitution de la chaux nécessaire à la végétation.

L'auteur recommande l'emploi de cet engrais en deux fois : la première dose avant la préparation du sol, la seconde avant ou après le semis ou la plantation.

Un essai de M. le Forstmeister Fricke, à Beutnitz, prouve bien l'influence de la couverture d'humus sur la croissance des plants dans les coupes à blanc.

Il fuma fortement, il y a trois ans, de façon à recouvrir le sol dépourvu d'humus d'une couche assez épaisse de fumier de cheval, un peuplement de pin sylvestre de quinze ans, tout à fait rabougri, atteignant 0^{m}50 de hauteur environ et dont les pousses annuelles avaient à peine 0^{m}05 de longueur ; l'année suivante déjà, les plantes se faisaient remarquer par leur belle coloration verte et un couvert plus puissant ; la longueur moyenne des pousses annuelles dépassa 0^{m}30. Pour se convaincre que le développement plus vigoureux des sujets n'était pas dû seulement aux engrais apportés par le fumier de cheval, mais aussi et *surtout* à la couverture, M. Fricke utilisa, à d'autres places, comme couverture, des fanes de pommes de terre et, à d'autres encore, des chiendents provenant d'un champ voisin : la même action favorable se manifesta également, si pas tout a fait au même degré ; les pousses annuelles dépassèrent 0^{m}20.

Dans le cantonnement de Hadamar, à Niederzeugheim, on exploita, en 1899, un très mauvais peuplement de chêne, de quatre-vingts ans environ ; le sol était constitué par une argile sableuse très pauvre ; au printemps 1900, la coupe fut regarnie en épicéas, sans préparation aucune ; les rejets de chênes devaient servir d'abri aux jeunes plants. En automne

1899, des essais de fumure y avaient été établis par M. Rothenbücher à l'effet de prouver l'efficacité des engrais sur la croissance des jeunes plants.

La première parcelle resta sans engrais.

La seconde reçut des scories phosphatées.

La troisième, de la potasse.

La quatrième, de la potasse et de l'acide phosphorique.

La cinquième, de la potasse et de l'azote.

La sixième, de l'acide phosphorique et de l'azote.

La septième, de la potasse, de l'acide phosphorique et de l'azote.

La huitième enfin resta également sans engrais.

Les doses employées furent de 1000 kilogr. de kaïnite, 1000 kilogr. de phosphate basique et 200 kilogr. de nitrate de soude à l'hectare. On peut déjà juger actuellement de l'influence de la fumure; des vues photographiques lèvent tout doute : on remarque une grande différence de végétation là où l'on a fait usage d'un élément; la différence est plus sensible là où deux éléments sont en présence ; la partie où la fumure a produit le plus d'effet est, sans conteste, celle qui a reçu un engrais complet; c'est ici surtout que se produisit, dans le cours de l'été, un développement exubérant de rejets.

A la mi-août 1900, sur la parcelle ayant reçu l'engrais complet, quelques pousses de chêne avaient déjà 2 mètres de longueur et l'on comptait jusqu'à 30 rejets par souche, tandis que, dans les parcelles sans fumure, les cépées gardaient leur aspect rabougri.

L'emploi des engrais sur les prairies enclavées dans les bois, ou situées en lisière, a eu des résultats visibles sur la chair du gibier et sur la formation du bois, plus ferme et mieux grené. Avec la kaïnite et les scories, l'herbe est de moitié plus riche en azote et la teneur en acide phosphorique est quasi double.   J. P.

Pépinières forestières. — M. F. Caquet vient de donner l'aperçu ci-après sur l'établissement et la culture des pépinières de plants forestiers.

Il conseille tout d'abord de se défier des données fournies à cet égard par les meilleurs livres forestiers eux-mêmes, les auteurs ayant trop fréquemment le tort de se copier et de répandre, sans les contrôler, des indications souvent inutiles ou absolument inexactes.

M. Caquet recommande de choisir un sol plutôt léger et siliceux que fort et glaiseux, la reprise des plants y étant plus sûre et plus rapide; les terrains d'alluvion et les sables gras conviennent tout particulièrement.

Comme clôture, il indique un fossé de périmètre, des piquets plantés sur le rejet des terres et reliés entre eux par 4 rangs de fil de fer, et ensuite des plants d'épine blanche en double ligne à 20 centimètres de distance, de façon à fournir une haie vive, résistante et durable.

A cet égard, nous ajouterons que, là où il y du lapin, il est indispensable de recourir à une bonne clôture en treillis suffisamment fort et serré, enfoncé à 20 centimètres au moins avec courbure vers l'extérieur et courbure analogue en haut; et encore conviendra-t-il de surveiller la pépinière, afin de détruire à temps les rongeurs qui parviendraient malgré tout à y pénétrer.

Les graines doivent être mises en terre aussitôt après leur réception et semées en lignes distantes de 25 centimètres environ.

Il préconise les quantités de graines ci-après :

Par are de terrain, 2 kilogr. de graines désailées de pin sylvestre, 4 de pin noir d'Autriche, 2 d'épicéa, 4 de sapin, 2 de mélèze, 1 1/2 hectolitre de glands, de châtaignes ou de faînes, 4 kilogr. de graines désailées de charme, 5 d'érable, 2 de robinier faux acacia, 4 de frêne, 2 d'orme, 3 de bouleau, 3 d'aune.

Pour le repiquage, on limitera à 10,000 le nombre de plants résineux par are de terrain et à 5,000 celui des plants feuillus, ceux-ci ne pouvant être livrés au commerce qu'à l'âge de deux ou trois ans.

Les feuilles des arbres pour la nourriture du bétail. — Les feuilles vertes de différentes essences forestières, prises au même moment, renferment des proportions différentes de matières albuminoïdes.

Le feuillage des arbres contient autant d'éléments nutritifs (pour moutons, chèvres ou bœufs) que le bon foin de prairie, et vaut mieux que le foin médiocre. Un quintal de feuillage vert équivaudrait donc, comme valeur nutritive, à un quintal de foin.

	Matière protéique pour 100.
Foin de trèfle.	13 à 15
Bon foin de prairie	10.4
Aune blanc	17.76
Tilleul à petites feuilles	14.86
Erable de montagne.	14.86
Coudrier	14.50
Chêne	14.36
Tilleul de Hollande	13.86
Acacia	12.44
Saule pentandre	12.35
Orme	11.74
Sorbier.	11.34
Frêne	11.21
Bouleau	10.96
Hêtre	10.64
Aune noir	9.13

(*Annales de la station agronomique de l'Est*, par Grandeau, p. 177.)

Destruction de la pyrale par les pièges lumineux à l'acétylène. — Les pyrales sont de l'ordre des lépidoptères, famille des tordeuses.

Les espèces principales sont : la pyrale de la vigne, qui a eu autrefois la renommée du phylloxera, la pyrale des bourgeons, celle des pousses, celle de la résine, la pyrale verte ou du chêne et la pyrale hercynienne ou de l'épicéa.

Depuis trois ou quatre ans, la pyrale des pousses exerce des ravages dans nos jeunes pineraies, auxquelles elle cause des dommages très appréciables.

Jusqu'à ce jour, aucun moyen de destruction, pratique et peu coûteux, n'a été employé.

On s'est borné à préconiser certains remèdes, variant suivant les espèces, tels que la recherche de la jeune chenille, la capture du papillon avant la ponte, l'éclaircie des massifs, l'enlèvement en hiver des litières recélant les larves, l'échaudage, etc.

Nous signalons à l'attention des propriétaires de sapinières le procédé suivant, efficace et pratique, qu'ont employé, dans le canton de Villefranche (Rhône), MM. Gastine et Vermorel, pour la destruction de la pyrale de la vigne, qui a causé de tout temps de grands dégâts.

Les papillons étaient extrêmement nombreux et, pour les détruire, MM. Gastine et Vermorel ont employé des lampes à acétylène, d'une construction très simple, dont le bec d'éclairage, complètement libre, était disposé à 12 ou 15 centimètres de hauteur au centre d'un bassin circulaire en métal léger de 40 à 50 centimètres de diamètre. Ce bassin, peu profond, était garni d'eau sur 2 ou 3 centimètres de hauteur et l'eau recouverte d'une couche de pétrole ou d'huile de schiste

Dans le système de MM. Gastine et Vermorel, le petit générateur d'acétylène reçoit 150 grammes de carbure de calcium, quantité qui permet d'alimenter pendant six à sept heures un bec simple à acétylène, à flamme filiforme, fournissant l'équivalent de un carcel et un dixième environ. Ce générateur supporte le bassin-piège et lui-même se trouve fixé par une douille sur un piquet enfoncé dans le sol à hauteur convenable. Dans les vignes très maltraitées, dépouillées de végétation, les foyers ont été placés assez bas. Dans celles encore garnies de leurs feuilles, les appareils étaient placés plus haut afin que le rayonnement de leurs flammes ne fût pas masqué. L'allumage commençait entre 8 heures et demie et 9 heures et les lampes brûlaient jusqu'au lever du jour.

Pendant la période crépusculaire, il s'est pris relativement peu de papillons. Les prises abondantes commençaient à la nuit pleine et devenaient considérables vers 10 à 11 heures ou plus tard encore. De véritables nuées de papillons étaient alors attirées par les flammes brillantes de l'acétylène dont ils se rapprochaient graduellement par volées successives de souche en souche.

« Quelques-uns étaient brûlés en passant dans ces flammes ou dans la zone de gaz chauds située au-dessus d'elles, écrivent MM. Gastine et Vermorel ; mais la plupart étaient pris en se précipitant directement dans les bassins pendant leur vol saccadé et à courbure toujours plongeante au voisinage des foyers lumineux. Les chutes avaient lieu par alternatives de maximum, lorsque les compagnies de papillons se poursuivaient mutuellement. Rarement, ces chutes étaient isolées. Au début, nous avions mis 50 à 60 centimètres cubes d'huile dans les bassins, et cette quantité serait suffisante quand les papillons ne sont pas très abondants. Mais, en présence dû nombre des insectes qui rapidement couvraient le liquide, nous avons été conduits à garnir les plateaux avec 120 et même 150 centimètres cubes d'huile de schiste, afin d'assurer les prises par l'imbibition des papillons, même lorsque leur couche devenait compacte et épaisse de quelques centimètres. Aussitôt touchés par le pétrole, les papillons sont étouffés. »

MM. Gastine et Vermorel ont commencé leurs essais dans la nuit du 13 au 14 juillet et ont recueilli cette nuit-là, avec un seul appareil, 4,650 pyrales et 218 insectes divers, parmi lesquels des papillons de très grosse taille rapidement étouffés par le pétrole. Les insectes étaient non pas comptés, mais mesurés dans des éprouvettes graduées permettant d'en évaluer le nombre avec une approximation suffisante.

Dans la nuit du 14 au 15, deux appareils prirent 2,000 pyrales ; on en prit 2,700 dans la nuit du 15 au 16 et, avec un seul appareil, 1,600 dans la nuit du 16 au 17 et 2,800 dans la nuit du 17 au 18.

Douze appareils semblables furent alors placés en carré à 50 mètres de distance les uns des autres dans la nuit du 18 au 19; 12,600 papillons furent détruits. Le 19 juillet, 20 pièges lumineux ayant été installés au même écartement de 50 mètres en tous sens, 64,000 pyrales vinrent s'y faire prendre. Du 20 au 31 juillet, MM. Gastine et Vermorel détruisirent de la sorte 67,000 papillons.

A partir du mois d'août, les insectes devinrent de plus en plus rares. Les essais furent continués néanmoins jusqu'à la fin d'août, mais avec moins de régularité, parce que les coups de vent violents empêchèrent les lampes de fonctionner; de plus, des pluies abondantes ayant fait déborder les bassins, il fut impossible d'évaluer le nombre des cadavres qu'ils contenaient.

Pendant la période comprise entre le 13 et le 31 juillet, 170,000 pyrales ont été détruites, soit 940 en moyenne par soirée et par appareil. La chasse eût été encore plus fructueuse si on avait pu commencer l'expérience pendant les premiers jours de juillet, où une suite ininterrompue de soirées chaudes et calmes ont été très favorables à l'éclosion des papillons.

Il était intéressant de connaître la proportion des papillons femelles dans cette hécatombe. Elle a été déterminée sur deux lots de 150 et de 300 insectes prélevés sur la chasse de chaque jour Cette proportion a été très variable ; elle s'est élevée jusqu'à 76 p. c. dans la nuit du 15 au 16, alors qu'elle est tombée à 27 p. c. dans la nuit du 20 au 21 juillet. La moyenne générale est de 42.

En tenant cette moyenne pour exacte, on voit que dans les 170,000 pyrales détruites, il y avait environ 71,000 femelles; à raison de 300 œufs par femelle, cela fait plus de 21 millions de larves dont le vignoble a été préservé.

Ce résultat a été obtenu à peu de frais. La dépense par lampe et par soirée est d'environ 8 centimes, même en comptant la quantité maximum d'huile de schiste que l'on peut, d'ailleurs, récupérer en partie par des moyens faciles. Si les lampes sont placées en carré à 50 mètres les unes des autres, ce qui correspond à l'emploi de quatre lampes par hectare, la dépense en produits s'élève à 32 centimes. Enfin, en supposant que les lampes puissent être allumées utilement vingt fois pendant la durée du papillonnage, la dépense totale d'entretien de quatre pièges par hectare atteint fr. 6.40.

MM. Gastine et Vermorel concluent de leurs essais que l'emploi des ampes à acétylène pour la destruction des papillons nocturnes conduit à des captures beaucoup plus élevées que les procédés employés jusqu'à ce jour. « C'est une erreur de croire, disent-ils, que l'attraction des papillons n'est point, dans une certaine mesure, proportionnelle à l'intensité lumineuse des lampes. Le système de piège par large bassin garni d'huile de pétrole et de schiste flottant sur l'eau permet, d'autre part, des prises considérables que l'on n'avait jamais réalisées jusqu'ici. »

Les pièges lumineux à acétylène pourront sans doute être employés avec le même succès pour la destruction de la cochylis, qui n'est pas moins dommageable aux vignes que la pyrale, et pour faire la chasse à d'autres insectes nuisibles à l'agriculture, s'il est établi que ces appareils n'effraient pas les petits oiseaux au point d'empêcher leur reproduction.

Les bois aux îles Philippines. — Le consul général de Belgique à Manille vient d'adresser un rapport du capitaine G. Abern sur l'organisation forestière aux îles Philippines, les diverses essences étudiées jusqu'aujourd'hui, les prix des bois, etc.

Nous résumons ci-après les renseignements que donne à ce sujet le *Bulletin commercial.*

La vente, la location ou la concession de terrains publics, boisés et autres, ou de mines, sont interdites dans les nouvelles possessions américaines depuis les premiers jours de mars 1901. Néanmoins, il peut être accordé, pour l'exploitation des forêts du domaine public, des licences diverses pour bois de construction, pour bois de chauffage, pour récolte des gommes et du caoutchouc.

La licence, qui se délivre sous certaines formalités, est gratuite; le bénéficiaire paie uniquement le bois exploité, au pied cube, à des prix variant de 0.01 à 0.14 dollars mexicains, suivant les classes de bois.

La statistique officielle de géographie de 1876 porte à 51,537,243 acres la superficie des forêts; en 1891, on l'évaluait à 48,112,920 acres, forêts privées, et du domaine public. Dans ce chiffre, les forêts privées, appartenant à des Espagnols, à des Allemands, à des Anglais et à des Philippins, figurent au nombre de 74 et pour 125,000 acres seulement. Les ordres religieux, qui sont supposés en posséder 400,000 acres, n'ont encore fait enregistrer aucun de leurs titres de propriété, ainsi que l'exige la loi. D'après les prévisions, les forêts particulières auraient une étendue de 1 million d'acres.

La richesse des forêts philippines est incontestable; on y trouve des bois de construction inattaquables par les fourmis blanches qui pullulent là-bas ; des bois d'ébénisterie superbes; l'arbre à caoutchouc, le Ylang-Ylang dont les fleurs produisent une huile qui est la base de parfums renommés.

Mais les voies de communication manquent; l'exploitation rémunératrice est subordonnée à la construction de routes, à l'amélioration des cours d'eaux, à l'aménagement des ports.

Enlèvement de la mousse des arbres. — Pour enlever la mousse des arbres on prépare, avec de la cendre de bois, une lessive de moyenne force ; pour 10 litres de lessive, on ajoute 200 grammes d'acide phénique. On fait bouillir ce mélange et, avant qu'il soit refroidi, on enduit, au moyen d'un torchon, les parties des arbres couvertes de mousse.

Peu de jours après, toute la mousse tombe pour ne plus reparaitre.

(*Le Luxembourgeois.*)

Les forêts de la Russie. — Un rapport consulaire américain signale que le déboisement graduel des forêts de l'empire attire actuellement l'attention en Russie, où la Société forestière et le Département des forêts du Ministère de l'agriculture et des domaines cherchent actuellement le moyen de mettre la consommation du bois en rapport avec la production normale. L'ensemble des forêts ne court cependant aucun danger immédiat, un rapport officiel ayant fixé à 188 millions d'hectares la superficie actuelle de la partie boisée de l'empire.

Parmi les pays européens, la Suède vient ensuite avec 18 millions d'hectares de forêts En Russie, les forêts couvrent environ 36 p. c. de la superficie du pays, contre 44 p. c. en Suède et 32 p. c. en Autriche-Hongrie. On a calculé qu'il y a en Russie 2 hectares de forêt par habitant, alors que la Suède en compte 3.85 hectares, la Norvège 4.22 hectares et l'Allemagne 0.28 hectare seulement.

En Russie, les forêts ont une importance beaucoup plus grande pour les habitants que dans les pays occidentaux, parce que la plus grande partie des maisons de campagne et des habitations villageoises y sont construites en bois. Dans certains districts, les maisons en pierres et en briques sont pour ainsi dire inconnues, sans compter que c'est le bois qui y constitue le principal combustible.

Ce sont, paraît-il, les propriétaires privés qui contribuent le plus, par leur exploitation imprévoyante, à la diminution graduelle des forêts en Russie. On a cependant remarqué que le produit des forêts domaniales a passé de 17 1/2 millions de roubles en 1890 à 48 millions de roubles en 1899, et la Société forestière prétend qu'il y a lieu de revenir prudemment à une exploitation plus rationnelle. (*Bulletin commercial.*)

Bibliographie

Institut agricole de l'Etat à Gembloux, historique, organisation, enseignement, annexes, par M. Damseaux, broch. in-8, 87 p. et gr. Bruxelles, Mierlo, 1901.

— *Les exploitations forestières et la loi du 9 avril 1898* ; thèse pour le doctorat en droit, par Henri Grandcolas. In-8, 135 p. Imp. Louis Kreis, Nancy.

— *Rapport du Jury international de l'Exposition de 1900*, par M. Eugène Wœlckel, négociant en bois : Classe 50 ; Produits des exploitations et des industries forestières. Grand in-8, 210 p Imp. nat.,Paris.

— *Le repeuplement des rivières en Meurthe-et-Moselle*, par M. de Drouin de Bouville, garde général des eaux et forêts. In-8, 11 p. Paris, Imp. nationale.

— *La forêt vierge de Doussard et la forêt du Crêt du Maure*, par M. Guinier. Brochure in-12, chez Abry, éditeur à Annecy ; prix franço, fr. 0 85.

— *L'affouage communal (loi du 19 avril 1901)* par L. Germain, docteur en droit, juge au tribunal civil de Vesoul. In-8, 64 p. Paris, Berger-Levrault et Cie. Prix, 2 francs.

Dunes et landes de Gascogne. La défense des forêts contre les incendies, par M. Delassasseigne, broch. in-8, 35 p. Paris, Imp. nat., 1900.

Restauration et conservation des terrains en montagne. Le pin laricio de Salzmann, par M. Calas, broch. in-8, 50 p., 19 pl. et une carte. Paris, Imp. nat., 1901.

L'industrie de la carbonisation des bois en France et la dénaturation des alcools destinés à des usages industriels, au chauffage et à l'éclairage, broc. in-8, 10 p. Paris.

Les scieries et les machines à bois, par Paul Razous, ingénieur, licencié ès sciences mathématiques et ès sciences physiques, membre de l'Institut des actuaires français, inspecteur du travail dans l'industrie. Un volume grand in-8 de 475 pages, avec 332 figures. (En vente à la librairie Vve Ch. Dunod, 49, quai des Grands-Augustins, Paris, VIe). Prix 15 francs.

Tarif n° 7 pour le cubage des bois en grume, au volume réel, au quart sans déduction et au cinquième déduit, d'après les longueurs mesurées de 25 en 25 et les circonférences de 2 en 2 centimètres, avec les diamètres et équarrissages correspondants et tables de comparaison relativement aux autres barèmes les plus usités par Ch. Grandgeorge, marchand de bois, 34, faubourg Saint-Georges, à Nancy. Nouvelle édition. Prix franco : fr. 3.60.

LISTE DES MEMBRES

de la Société centrale forestière de Belgique

Nouveaux membres (6)

L'Ecole d'agriculture de l'Etat, Huy. (Présentée par M. Rouffignon.)

MM. Dupret, Georges, sénateur, Bruxelles. (Présenté par M. Bruggeman.)

Hankart, directeur de la Caisse d'Épargne, rue Fossé-aux-Loups, Bruxelles. (Présenté par M. N. I. Crahay.)

Jacques. Louis, propriétaire, Beaumont. (Présenté par M. Goor).

Lefèbvre. Gustave, quai Taille-Pierre, Tournai. (Présenté par M. Dapsens.)

Spaey, Jean, notaire, Eecloo. (Présenté par M. Euerard.)

———◆———

LISTE DES ABONNÉS

au Bulletin de la Société

Nouveaux abonnés (4)

MM. Gustin, A., garde forestier, Marche. (Présenté par M. Claude.)

Hologne, P., garde forestier, Bomal. (Présenté par le même.)

Lechapelier, C., garde forestier, Roy. (Présenté par le même.)

Raskin, R., garde forestier, Rendeux. (Présenté par le même.)

MARCHANDS DE BOIS ET INDUSTRIELS TRAVAILLANT LE BOIS

faisant partie de la Société centrale forestière de Belgique

Bastin, marchand de bois, Melreux.

Belvaux, Joseph, marchand de bois, Villers-le-Gambon.

Biel, Alphonse, marchand de bois, Naninne.

Blondeau-Fonder, marchand de bois, Nismes.

Bochkoltz, Maurice, tanneur, St-Hubert.

Bolle, Jean-Baptiste, marchand de bois, Hollogne (Waha).

Brichet, Joseph, marchand d'écorces, Bièvre.

Brouhon, Joseph, marchand de bois, 50, rue Léopold, Seraing-sur-Meuse.

Brouhon, Louis, ingénieur, industriel et marchand de bois, Chimay.

Bruggeman, Jean, industriel et marchand de bois, Turnhout.

Cambier, frères, industriels (ameublement), Ath.

Capelle-Lutgen, industriel, marchand de bois, Marche.

Carton-Herman François, industriel (ameublement), Ath.

Collette, Jules, ainé, marchand de bois, 12, quai de Fragnée, Liége.

Conreur, Henri, marchand de bois, Thuin.

Culot, Joseph, marchand de bois, à Jenneret-Bende.

Dupierry, Jules, marchand de bois, Hotton (Melreux).

Dupont, Eugène, marchand de bois *à brûler*, quai à la Chaux, 6 et 7, Bruxelles

Duvivier. Th., marchand de bois, Rencheux (Vielsalm).

Fourneau, Jules, négociant en bois, avenue Brugmann, Bruxelles.

François, Alfred, marchand de bois, Cerfontaine.

Gillard, Alphonse, directeur de la scierie mécanique St-Joseph, Nismes.

Grandjean, Alphonse, industriel et marchand de bois, Courtil-Bovigny.

Hoyois, Valéry, marchand de bois, La Bouverie (près Mons).

Huart, Constant, marchand de bois, Couvin.

Jacquemin, Hippolyte, marchand de bois, Habay-la-Vieille.

Jonet, marchand de bois, Marche.

Laloyaux, Joseph, marchand de bois, Strée (Thuin).

Lambert, Célestin, marchand de bois, Bande.

Lambert, Edmond, marchand de bois, Bouillon.

Lambert-Burbin, Franz, tanneur, rue Heyvaert, 28, Molenbeek.

Lambiotte, Ludolphe, industriel et marchand de bois, Marbehan

Leenaerts, Aug., négociant en bois et entrepreneur, Turnhout.

Legros, J.-B., marchand de bois, Bois-de-Villers (Namur).

Lelogeais, Jules, marchand de bois, Yvoir (Dinant).

Lonchay, Alexandre, marchand de bois, Hollogne lez-Marche.

Louis, Jacques, marchand de bois, Ambly (Forrières).

Mathieu, Lucien, marchand de bois, Virelles.

Min, Guillaume, industriel et marchand de bois, Charleroi.

Moureau, marchand de bois, Waha (Marche).

Moriamé, frères, marchands de bois, Tamines.

Naveau, J., marchand de bois, Strépy (Bracquegnies).

Orban, Gustave, marchand de bois, rue d'Artois, Liége.

Parizel, Jacques, négociant en bois, Graide, Bièvre.

Philippe-Empain, Aimé, marchand de bois de houillères et de construction, Fontaine-l'Evêque.

Royaux, Alfred, marchand de bois, Leignon (Ciney).

Schreurs, Nicolas, marchand de bois, Arlon.

Servais, Alphonse, négociant en bois, boulevard Léopold, 48, Anvers.

Séverin, Amand, marchand de bois, Bande.

Slegten-Becquaert, M., entrepreneur et marchand de bois. Lille Saint-Hubert lez-Neèrpelt (Limbourg).

Soors, Martin, marchand de bois, Neer-Oeteren (Limbourg).

Stiernon, Elie, marchand de bois, Sainte-Marie (Etalle).

Toisoul, J.-B., marchand de bois, Profondeville.

Tournay, Xavier, marchand de bois, Bande.

Vanderlinden, négociant en bois, chaussée de La Hulpe, Boitsfort.

Verday, François, marchand de bois et bourgmestre, Hurre (Werbomont).

Zoude, Emmanuel, industriel, marchand de bois, Poix.

Zoude, Henri, tanneur, St-Hubert.

Le nitrate de soude en sylviculture

Avant-propos

Depuis cinq ans, nous étudions les effets que le nitrate de soude donne en pépinière.

Nous avons déjà enregistré les services qu'il rend dans l'élevage des jeunes chênes, érables planes et érables sycomores, frênes, charmes, bouleaux, vernis du Japon, cyprès chauves, épines, osiers, peupliers, pins noirs, etc.

Nos essais, continués en 1901 chez plusieurs praticiens, confirment les expériences antérieures.

Mais nous avons voulu donner plus de développement et d'appui à nos nouvelles épreuves et, dans ce but, nous avons demandé la collaboration de MM. Delville, garde général des eaux et forêts à Paliseul, et Dufour, horticultéur diplômé, chef des cultures de MM. Michiels, à Montaigu. Les essais faits à Montaigu ont en outre été contrôlés et surveillés par M. Carlens, ingénieur chimiste de l'université de Louvain.

Notre examen a porté sur des essences non encore éprouvées ou bien sur celles qui — comme l'épicéa — n'avaient donné jusqu'à présent que des résultats discutables.

Le travail suivant montre une fois de plus que la culture des jeunes arbres n'échappe pas aux lois de la restitution et que les véritables progrès à réaliser dans cette branche de l'activité du forestier résident dans l'application bien entendue et circonspecte de ces lois.

Nous avons exposé le mécanisme de la fertilité des pépinières dans plusieurs articles précédents auxquels nous renvoyons le lecteur.

28

Nous avons la certitude que notre nouvelle contribution à l'étude de l'emploi pratique et rationnel du nitrate de soude en sylviculture sera bien appréciée par nos collègues, amis des bois, et qu'ils voudront bien lui reconnaître certaine utilité.

Chercher à améliorer en qualité et en quantité la production de nos pépinières, dont l'étendue atteint 2,500 hectares en Belgique, est un devoir impérieux pour les forestiers.

N'est-ce pas, en effet, dans les pépinières qu'ils puisent les éléments solides leur permettant de mener à bien la grande œuvre du boisement de nos landes et de la restauration de certaines parties de notre domaine boisé?

Expériences faites dans la pépinière de l'Etat à Paliseul

Nos essais ont été établis dans la pépinière domaniale de Paliseul.

Sauf dans quelques cas, nous avons associé le phosphate basique et la kaïnite au nitrate de soude et noté surtout les effets causés par l'absence de l'engrais azoté.

Un autre pépiniériste, sur nos conseils, a bien voulu tenter quelques expériences calquées sur les nôtres.

Vcici, rapportés aussi simplement que possible et d'après les notes de M. Delville, les divers résultats constatés :

La pépinière domaniale de Paliseul fut créée en 1898 dans un sol maigre, mal cultivé jusqu'alors, provenant d'un defrichement assez récent et infesté de mauvaises herbes.

Le terrain a reçu, sur la plus grande partie de son étendue, une dose moyenne de fumier : 30 à 40,000 kilogrammes.

Quelques parcelles en ont reçu peu ou point.

La pépinière sert aux repiquages d'épicéas, hêtres, sapins argentés et sapins de Douglas. Les plants sont distribués aux communes pour la mise en valeur de leurs terrains incultes.

Le nitrate de soude a été appliqué en plusieurs fois aux doses de 200 à 300 kilogrammes par hectare, en avril-mai pour la première fois.

Essais sur des épicéas repiqués de deux ans. — Ces plants furent repiqués en 1900 et devaient, pour avoir les qualités requises, passer une seconde année en repiquage.

Traités au nitrate, ils sont devenus fort vigoureux, extrêmement corsés, garnis du pied et d'une belle teinte vert foncé se détachant d'une façon frappante à côté des sujets privés de l'engrais azoté.

Dans une parcelle attenante, le repiquage a été fait dans de mauvaises conditions, par une bise desséchante, et les ouvriers ont négligé, pendant une absence forcée du surveillant, le pralinage prescrit.

Ici, les résultats sont éloquents.

Sans nitrate : reprise irrégulière, plants trop grêles et moins vigoureux.

Avec nitrate : déchet faible malgré les conditions défavorables, plants solides, quoique plus serrés, et d'un enracinement bien proportionné.

Sur les *douglas* et les *argentés,* les lignes nitratées se dessinent bien et montrent des plants d'un bien plus bel aspect.

Essais sur des hêtres repiqués. — C'étaient des semis d'un an, repiqués en 1900.

L'engrais azoté, associé au phosphate basique et à la kaïnite, a produit des sujets forts, d'une belle énergie vitale; la pousse de l'année atteint 50 à 60 centimètres et plus. Dans la parcelle voisine, sans nitrate, les plants sont moins robustes, plus rabougris, bien que de même âge. (*Fig. I.*)

Essais sur des épicéas repiqués de l'année (1901). — L'année a été défavorable pour les pépinières, désastreuse même dans certaines régions.

La sécheresse a retardé et contrarié l'action des engrais, les insectes ont occasionné de grands dégâts.

A Paliseul, le ver blanc et la chenille de *Noctua segetum* ont abondé.

Détail curieux, les parcelles ayant reçu du fumier de ferme ont surtout été très éprouvées. De grandes taches rousses plaquent la pépinière, alors qu'à côté, où les engrais chimiques ont été employés exclusivement, surtout le nitrate, les plants sont bien verts, peu ou pas attaqués.

Un coin de la pépinière n'avait pas été défriché, ni conséquemment fumé. Nous y avons repiqué, ce printemps, des épicéas avec :

1) Nitrate seul ;
2) Phosphate basique, kaïnite et nitrate ;
3) Phosphate basique et kaïnite ;
4) Fumier seul.

Non seulement dans les parcelles traitées aux engrais spéciaux, la reprise a été meilleure et la végétation plus active, mais le ver blanc et la noctua ont arrêté leurs ravages. A la limite de la parcelle soignée au fumier de ferme, l'action des insectes se révèle déjà, s'accentuant de plus en plus vers le milieu du parc; le déchet augmente et le ralentissement de la végétation se manifeste.

*
* *

Les expériences tentées l'an dernier sur le meilleur mode d'emploi du nitrate de soude n'avaient pas donné dans le principe de résultat appréciable, la partie de la pépinière assignée à ces essais ayant reçu une dose assez forte de fumier.

L'action du nitrate s'est marquée davantage cette année.

Il semble résulter des essais effectués que le mode d'emploi (enfouissement, couverture, arrosage) n'exerce pas une influence bien nette.

L'application en couverture, en deux ou trois fois, tout en étant le mode le plus facile, est tout aussi favorable.

Lorsqu'on l'enfouit quelque temps avant l'occupation du sol par les plants, le nitrate de soude est exposé à disparaître, entraîné par les pluies, et ce fait se remarque surtout dans les terrains profonds et sablonneux des Flandres. Le nitrate est toutefois mieux retenu par nos sols ardennais.

Mis en couverture, le nitrate de soude ne perd rien par volatilisation.

Il convient de prendre cependant des précautions pour ne pas répandre le sel sur les feuilles des plants.

Le nitrate doit toujours être bien pulvérisé.

Enfin, rappelons ici l'observation que nous avons déjà faite et que les remarques de M. Dufour, à Montaigu, ont encore corroborée.

C'est que les plants forestiers repiqués de deux ans se montrent plus reconnaissants du nitrate que ceux repiqués de l'année même, toutes conditions étant égales quant à la fumure antérieure.

Pendant la première année de repiquage, les jeunes plants trouvent, dans le fumier par exemple, les matières alimentaires suffisantes ; pour la seconde année, le fumier est plus ou moins épuisé, ses éléments actifs ayant été ou bien absorbés par les plants ou perdus en partie dans le sous-sol.

L'addition de nitrate à cette époque a, dès lors, des effets heureux.

Ce sel remet en circulation des principes : acide phosphorique et potasse, devenus en quelque sorte inertes ou difficilement utilisables et il active la végétation à laquelle il donne le coup de fouet caractéristique.

Essais faits dans la pépinière de M. Mahin-Copet, à Lesse-Redu

Essais sur des épicéas semis de deux ans. — Cinq planches ont reçu au printemps quelques poignées de nitrate. M. Mahin s'était borné à un essai timide, craignant un échec.

Les résultats qu'il a obtenus l'ont convaincu.

Sans nitrate : hauteur des tiges, 6 à 12 centimètres, plants grêles, teinte jaune, beaucoup de rebuts.

Avec nitrate : hauteur 13 à 20 centimètres, moyenne 15;

plants vigoureux, bien proportionnés quoique serrés, belle teinte vert foncé, peu de déchets.

Cet aspect de vigueur et de santé des plants nitratés ne pourrait malheureusement être rendu par la photographie ; nous ne pouvons fixer que les dimensions des sujets moyens de chaque parcelle d'expérience.

M. Mahin possédait, au printemps dernier, trois planches d'épicéas, semis d'un an, très mal venants, à la suite d'une de ces non réussites inévitables en pépinières. Les semis voisins étaient remarquablement beaux. M. Mahin voulait sacrifier les premiers, quand il eut l'idée de les traiter au nitrate. Sous l'influence de cet engrais, ces plants ont secoué leur torpeur et, aujourd'hui, ils ont notablement dépassé les voisins qui les primaient d'abord. Ces plants nitratés ont même été retenus, à cause de leurs belles qualités, pour les repiquages dans la pépinière domaniale.

Nous avions déjà obtenu des résultats analogues, il y a trois ans, dans la pépinière de Han-sur-Lesse.

Essais sur des épicéas repiqués en 1900. — *Sans nitrate* : hauteur 0^m15 à 0^m25 ; *avec nitrate* : hauteur 0^m25 à 0^m55 ; la plupart ont de 35 à 40 centimètres.

Ces plants, bien formés et bien enracinés, sont de premier choix. Ils offriront plus de garanties dans la mise en place définitive. M. Delville a constaté à différentes reprises les excellents résultats obtenus par la plantation de sujets semblables. Aussi ne cesse-t-il de les conseiller, en rappelant toutefois les mesures à prendre lors du transport et de la plantation.

Essais sur des épicéas repiqués en 1901. — Les plants étaient chétifs au moment du repiquage. C'étaient des déchets provenant d'un triage.

La différence est actuellement frappante.

Les plants nitratés ont fait de bonnes pousses, ont pris du corps. Leur végétation était encore active fin septembre.

Les sujets non nitratés ont souffert de la reprise et boudent. Ils n'ont pour ainsi dire pas « bougé » depuis le repiquage et ont un aspect malingre que remarque l'œil le moins exercé.

Essais sur des pins sylvestres repiqués en 1902. — Un parc a été partiellement recouvert de nitrate, à la volée, en deux ou trois fois, par un temps humide. Le premier épandage a eu lieu le 20 mai, afin de ne pas trop hâter la végétation dans cette région où les gelées tardives sont à craindre.

La ligne de démarcation est visible sur le terrain. D'un côté, des plants forts et verts, de l'autre des sujets à tiges plus grêles et aux teints chlorotiques.

*
* *

Il n'est pas sans intérêt de consigner ici l'observation suivante faite par M. Delville :

Les plants venus en terrains enrichis par les engrais chimiques laissent moins de déchets à la transplantation et boudent peu. Les épicéas montrent moins ce jaunissement consécutif à la plantation.

L'avance du début se maintient dans la suite et s'explique, du reste, par la meilleure organisation des plants.

*
* *

Des constatations qui précèdent nous concluons :

Que le nitrate de soude a une influence marquée sur la production des épicéas, principalement dans la seconde année de repiquage ;

A dose même modérée, il favorise la reprise lors du repiquage et réduit les déchets au minimum ;

En portant la dose à 3 ou 400 kilogrammes par hectare, on active la végétation des jeunes plants, on maintient la fraîcheur dans le sol et, chose curieuse à signaler, mais qui demande encore quelques examens, le nitrate paraît éloigner le ver blanc et la noctua des pépinières.

Expériences faites chez MM. Michiels, à Montaigu

Nos champs d'expériences ont été établis de la façon suivante :

Rien	Nitrate	Chlorure de potasse et superphosphate	Les trois
Les trois	Chlorure et superphosphate	Nitrate	Rien
Rien	Nitrate	Chlorure et superphosphate	Les trois
Les trois	Chlorure et superphosphate	Nitrate	Rien

Les parcelles avaient 500 mètres carrés. Elles ont reçu par mètre carré : 30 grammes de nitrate, 60 grammes de superphosphate, 20 grammes de chlorure de potasse.

Le champ avait, en outre, reçu une bonne dose de fumier en 1899, lors du repiquage des plants.

Dans tous les essais qui suivent, le nitrate a été répandu en avril.

1) *Essais sur des chênes des marais* repiqués en novembre 1899, avec fumier de ferme.

Dix sujets moyens sans nitrate pesaient 1,380 grammes, dix sujets avec nitrate pesaient 2,350 grammes. (*Fig. II.*)

Les plants des parcelles à chlorure de potasse et superphosphate présentaient de plus belles dimensions que ceux venus sur fumier seul.

Essais sur châtaigniers repiqués en février 1900 avec fumier de ferme.

Ces châtaigniers ont été traités comme les chênes d'Amérique, c'est-à-dire que les parcelles de 500 mètres carrés ont reçu des doses de chlorure de potasse et de superphosphate correspondantes, mais au lieu de 30 grammes de nitrate par mètre carré, nous en avons appliqué 40.

Les résultats sont magnifiques. Les plants nitratés sont plus élevés de 30 à 50 centimètres que ceux privés de l'engrais azoté. (*Fig. III.*)

Dix sujets *sans nitrate* pesaient 1,650 grammes.

Dix sujets *avec nitrate* pesaient 2,450 grammes.

CHÊNES DES MARAIS   (Fig. II)

Chlorure de potasse et superphosphate, pas de nitrate.

Engrais complet (superphosphate, chlorure de potasse
et nitrate...

HÊTRES COMMUNS   (Fig. 1)

Phosphate et kaïnite, sans nitrate.

Avec engrais complet (phosphate, kaïnite et nitrate de
soude).

CHATAIGNIERS   (Fig. III)

Superphosphate et chlorure   Superphosphate, chlorure de
de potasse, sans nitrate.   potasse et nitrate de soude.

TROÈNE DE CHINE   (Fig. IV)

Sans nitrate.   Avec nitrate.

La même expérience avec les mêmes résultats a été répétée sur des châtaigniers repiqués de un an en février 1901, sans fumier. La parcelle ayant reçu du nitrate donne des plants remarquables, surtout par la grandeur et l'abondance des feuilles; partout, entre les lignes, le sol est complètement caché, ce qui n'existe pas dans les autres parcelles.

Nos essais faits sur des *érables sycomores* repiqués d'un an en février 1901, sans fumier de ferme, nous donnent les mêmes résultats remarquables que ceux dont nous avons rendu compte en 1900 et 1899.

Essais sur des ormes champêtres. — Dans les mêmes conditions que pour les chênes et les châtaigniers — repiqués de deux ans en février 1900 — 40 grammes de nitrate de soude par mètre carré.

Dix plants moyens sans nitrate, 2,540 grammes.

Dix plants avec nitrate, 2,950 grammes.

Ces derniers ont des pousses plus longues et des feuilles plus larges et plus vertes.

Mêmes résultats sur des *frênes* déjà expérimentés en 1899 et 1900.

Essais sur des pommiers. — Greffe d'un an. Variété : *Reinette étoilée.*

Deux parcelles de 500 mètres carrés chacune : la première rien, la seconde 50 grammes de nitrate par mètre carré.

De loin, on remarque la partie traitée au nitrate, la hauteur générale des plants de la seconde parcelle dépasse celle des plants de la première de 25 centimètres environ, le feuillage est plus foncé, plus large, plus abondant, les tiges mieux corsées et plus élevées. Le sujet moyen, sans nitrate, pèse 250 grammes, celui avec nitrate 335 grammes.

Même succès du nitrate sur des *pommiers* de quatre ans, variété : gueule de mouton, et sur des *poiriers* en pyramide greffés sur franc et sur cognassier, sur des *cupressus* et des *thuyas*, etc.

Enfin, voici une constatation incidente en quelque sorte et qui ne manque pas d'intérêt :

Entre les lignes de pommiers, baliveaux de quatre ans, où nous avions répandu 70 grammes de nitrate par mètre carré, sont entreplantés des *Ligustrum sinense* (troène de Chine), une ligne de Ligustrum entre deux lignes de pommiers. Ces pommiers ont donné un accroissement considérable, mais les troènes, eux aussi, ont mis à profit la provision d'azote : ils sont beaucoup plus touffus, plus robustes que leurs voisins. (*Fig. IV.*)

Toutes les données qui précèdent ont été soigneusement relevées par M. Dufour, chef des cultures de MM. Michiels.

La collaboration de ce praticien instruit nous a été des plus précieuse.

Expériences chez MM. Fossoul, à Ampsin

MM. Fossoul ont continué avec intérêt les essais que nous avons installés, il y a trois ans déjà, dans leurs pépinières. Les essences diverses indiquées dans nos précédents rapports ont été soumises à un nouvel examen.

Nous ne reviendrons pas sur les détails publiés à ce sujet en 1899 et 1900.

Les sécheresses du printemps 1901 ont contrarié un moment l'action des engrais complémentaires. Néanmoins les effets du nitrate se sont, manifestés de la même façon avantageuse.

Rappelons d'ailleurs le beau succès obtenu à Namur par MM. Fossoul.

Il s'agissait d'installer sur les hauteurs de la citadelle une collection de plantes forestières dans des terrains secs, arides, mal exposés. Et l'on était en juin ! Les plants de premier choix extraits de la pépinière d'Ampsin furent non seulement plantés avec soin, mais arrosés à l'aide d'une dissolution de nitrate (une petite poignée dans 10 litres d'eau). Cette dose servait pour six plantes feuillues et huit résineuses. L'arrosage fut continué à l'aide d'eau pure. Les plants nitratés réussirent tous, et MM. Fossoul purent offrir aux yeux des visiteurs de l'exposition un parc de toute fraîcheur se détachant au milieu des plantations voisines plus ou moins roussies sous les ardeurs du soleil et dans les schistes desséchés.

J. HUBERTY,

Garde général des eaux et forêts.

Causerie sur la Campine [*]

La Campine présente encore d'énormes étendues de terrains incultes qu'on peut estimer à environ 75,000 hectares.

D'après le dernier recensement agricole publié par le Ministère de l'Agriculture, la Campine Limbourgeoise, dont nous nous occuperons tout spécialement dans la présente causerie, contenait en 1895 39,388^{h}63^a de bruyères ou landes, se répartissant comme suit : 3,722^{h}23^a appartenant à l'Etat, occupés par le camp militaire de Beverloo ; 24,464^{h}88^a aux communes ; 95^{h}07^a aux établissements publics, et 11,106^{h}45^a aux particuliers.

L'état statistique des terrains incultes, qui a été dressé par mon prédécesseur, M. Clerfeyt, renseigne, comme appartenant aux communes et établissements publics du cantonnement forestier de Brée, une étendue de 10,743^{h}59^a de terrains incultes au 31 décembre 1895. De ces 10,743^{h}59^a, 7,847^{h}09^a ont été reconnus propres au boisement, 2,455^{h}30^a comme pouvant être avantageusement cultivés et 421^{h}20^a comme ne pouvant être ni cultivés ni boisés. Cette dernière catégorie de terrains est surtout constituée par de petits marais ou parties basses dont l'assainissement est

---

[*] Causerie donnée à la réunion mensuelle de février de la Société centrale forestière.

impossible ou serait trop onéreux ; certains préconisent
pour l'assèchement de semblables terrains le creusement de
puits d'absorption, espèces de puits artésiens permettant
d'évacuer les eaux de surface dans une couche perméable
plus basse.

Le boisement des landes se poursuit lentement, malgré
les expériences probantes qui ont été faites au cours
des dix dernières années, expériences portant surtout sur
l'emploi des engrais minéraux (phosphate Thomas, kaïnite
et chaux), la culture sidérale et le travail rationnel du sol
(défoncement, labour partiel ou complet et rigolage).

Pendant les sept dernières années, de 1896 à 1901 inclus,
il a été boisé dans le cantonnement de Brée, par les communes
et les établissements publics, respectivement : $81^h 41^a 06^c$,
$55^h 00^a 96^c$, $69^h 13^a 96^c$, $42^h 96^a 57^c$, $84^h 11^a 34^c$, $67^h 66^a 84^c$
et $64^h 48^a 11^c$; en tout $406^h 78^a 89^c$, soit une moyenne de
58 hectares par année.

En prenant le chiffre de 58 hectares comme base, il faudrait
environ cent septante-cinq années pour la mise en valeur
complète des $7,847^h 09^a$ de terrains incultes communaux
qui ont été reconnus propres au boisement. Cinq communes
possèdent encore au-delà de 500 hectares de bruyères,
savoir : Exel $839^h 84^a$, Lommel $3,635^h 98^a$, Neerpelt $551^h 87^a$,
Meuwen $1,063^h 16^a$ et Overpelt $1,362^h 82^a$. Hormis la commune d'Exel, ce sont précisément celles qui montrent le
moins d'enthousiasme pour le boisement et l'amélioration
de leurs landes et, lorsqu'elles mettent la main à l'œuvre,
elles le font sans le moindre travail du sol ni apport d'engrais. Trop de communes s'obstinent à ne pas suivre à cet
égard les conseils qui leur sont donnés, ou si elles le font,
ce n'est que contraintes par une décision ministérielle et en
vue d'obtenir l'une une aliénation de terrains incultes,
l'autre une coupe à blanc ou une coupe de litière.

La majorité des propriétaires de la région reboisent
d'ailleurs leurs pineraies exploitées, sans travail préparatoire et sans restitution aucune d'engrais. La plupart du

temps, les souches ne sont même pas extraites. Le système de plantation en fente, dans un sol durci et épuisé, est absolument défectueux et il n'y a rien d'étonnant, dans ces conditions, de voir en Campine tant de bois rabougris et d'avenir nul, dépérissants avant d'être arrivés à maturité.

Quoique le pin sylvestre soit une essence très rustique et peu exigeante, il n'en est pas moins vrai que les bonnes pineraies sont l'exception en Campine. Presque toutes les vieilles pineraies encore existantes ont été créées par semis ou plantation avec mottes. Anciennement, on se contentait de semer la graine dans la bruyère, et on la recouvrait à l'aide de terres provenant de rigoles peu profondes que l'on creusait tous les 6 à 8 mètres. Certaines communes créaient de petites pépinières volantes de quelques ares, choisissant de préférence les parties basses et humides; les plants en étaient extraits vers la quatrième année, jusqu'à épuisement complet de la pépinière, avec une motte minuscule les privant des 4,5 de leur enracinement. J'ai vu des plantations créées de la sorte qui, à l'âge de dix ans, bien que le sol fût de qualité moyenne, atteignaient à peine 0^m70 à 0^m80 de hauteur. Ce système est encore très en vogue chez les petits propriétaires de bois de la région.

Néanmoins, il tend à disparaître d'année en année pour être remplacé par la plantation en fente à racines nues, avec plants d'un an de semis, que l'on peut se procurer actuellement dans le commerce au prix de 0.50 à 1 franc le mille. Cette méthode de boisement dans un sol vierge non remué est tout à fait mauvaise. En effet, il est toujours difficile de tasser suffisamment la terre autour du pied du plant. Par suite du retrait que subit la couche supérieure de la bruyère sous l'influence d'une certaine température, l'adhérence entre la terre et le jeune pin est parfois détruite ; beaucoup de plants meurent, et ceux qui subsistent restent souffreteux pendant bon nombre d'années. De plus, le sol est trop peu aéré et les plants sont, ou bien étouffés par la végétation spontanée, ou bien retardés dans leur croissance. Ce sys-

tème de boisement quelque peu primitif ne saurait être
employé avec chance de succès que dans des sols convenablement ameublis.

On a paré en partie à ces inconvénients, notamment en
traçant tous les mètres, à la charrue, des sillons dans le fond
desquels on plante, ou bien en recouvrant la bruyère avec la
terre extraite de rigoles qui divisent la surface à boiser en
planches de 3 à 5 mètres de largeur.

Le meilleur système de préparation est, sans contredit,
celui qui consiste à labourer entièrement le sol à une profondeur de 0^m15 à 0^m20 ; c'est le système qui, selon moi,
prévaudra dans l'avenir, partout où le sol est perméable
de sa nature. Si, au contraire, le sol renferme à une profondeur insuffisante une couche imperméable de tuf ou
d'argile, on doit recourir au défoncement.

Le terrain, après avoir été labouré, est rigolé s'il y
a lieu. Autant que possible, il faut éviter cette opération, qui
n'est pas nécessaire lorsque le sous-sol est de bonne
qualité, perméable, frais sans être humide. Mais, si le terrain est humide, le rigolage s'impose après le labour. La
bruyère des marais est souvent un indice d'imperméabilité
ou d'humidité du sol ; là où elle se trouve associée en assez
forte proportion à sa congénère, la bruyère commune, le
rigolage est indispensable.

Le myrica galle, sous arbrisseau à suc résineux, se rencontre plutôt dans les terrains marécageux ou tourbeux,
riches en terre noire, submergés pendant la morte saison.

Le pin sylvestre est un ennemi des terrains marécageux,
humides ou à sous-sol imperméable. Planté sans assainissement préalable dans de tels sols, il dépérit prématurément
et ne donne que des produits de valeur insignifiante ou nulle.
Aussi les rigoles doivent-elles être multipliées au besoin,
tous les 3 mètres si possible, et profondes de 1 mètre et plus.
J'ai eu l'occasion de constater maintes fois, à cause d'un excès
d'humidité du sous-sol, le dépérissement de jeunes pineraies d'une vingtaine d'années, bien venantes jusqu'alors ;

des rigoles de $1^m \times 0^m50 \times 0^m25$ y avaient cependant été creusées, mais la plupart étaient partiellement comblées par la végétation adventice ; un simple nettoiement ou un approfondissement de 0^m30 des rigoles existantes aurait eu pour effet de corriger cet état de choses et d'assurer à la jeune pineraie son bon état de végétation primitif jusqu'à l'exploitabilité. C'est peu de chose, me direz-vous, et malgré cela on ne le fait pas. Il y a ainsi en Campine énormément de pineraies malvenantes à cause d'un excès d'humidité.

Quelles sont les autres causes principales de la non réussite du pin dans cette région ?

1re cause. — La première réside surtout dans la pauvreté du sol en principes nutritifs, notamment en acide phosphorique et en chaux. Dans toute création de pineraie en Campine, on doit recourir à l'emploi d'engrais calcaires et phosphatés.

Le manque d'azote ne permettrait qu'une végétation misérable. Le sol possède-t-il une forte couche d'humus, l'azote ne fera pas défaut. Dans le cas contraire, on doit abandonner le sol à lui-même jusqu'à ce qu'il ait pu s'enrichir en matières organiques, ou bien, ce qui est préférable, on a recours à la culture sidérale.

Presque tous les sols dans lesquels le sable jaune domine contiennent une assez forte provision de potasse ; ceux dans lesquels domine le sable blanc, rude au toucher, sont les plus pauvres. La potasse n'est donc pas aussi généralement indispensable que les deux premiers éléments.

2e cause. — La deuxième cause est la présence d'humus acide difficilement décomposable, lequel se forme dans les terrains incultes à cause de l'insuffisance ou de l'absence de carbonate de chaux. Les labours seuls ont raison de ces mauvais terrains; ils facilitent les oxydations, d'autant plus rapidement que l'on incorpore en même temps au sol des engrais minéraux ou des amendements (phosphates Thomas, chaux, plâtre).

L'humus de bruyère (*heide humus* en flamand) provient de
la végétation spontanée qui recouvre les landes, végétation
composée généralement des deux bruyères, d'herbages
(espèces de Molignée), d'algues, de mousses, de lichens, etc.

Dans les pineraies, la térébenthine et les corps dérivant
de l'oxydation donnent aussi naissance à un humus de mauvaise qualité.

Sans addition d'engrais phosphatés ou calcaires et
d'amendements, les pins végètent misérablement dans cet
humus acide et ne forment la plupart du temps que des
peuplements malingres, sans vie, où tous les insectes et
les cryptogames se donnent rendez-vous au grand détriment
des bons peuplements situés dans le proche voisinage. Il
existe beaucoup de peuplements de l'espèce en Campine;
la commune de Lommel en possède plusieurs centaines d'hectares. La stérilité de l'humus de bruyère est due surtout
aux acides humiques qu'il contient, parce qu'ils entravent
l'action de certains éléments : l'acide phosphorique, la chaux
et la magnésie.

Dans les terres de bruyères riches en humus, la chaux fait
souvent défaut autant que l'acide phosphorique. Le chaulage
y est donc de toute nécessité, et pour que la chaux soit
efficace, il faut qu'elle soit employée à forte dose : 2,000 à
4,000 kilogr. à l'hectare. M. l'agronome Schreiber préconise
beaucoup le plâtre dans de tels sols, parce que, dit-il, il ne
se décompose que lentement ; aussi son action fertilisante
est-elle des plus prononcée. Aucun essai, que je sache, n'a
encore été tenté avec le plâtre.

La chaux sert surtout comme amendement, pour neutraliser les acides nuisibles, et le phosphate basique comme
aliment.

La pratique qui consiste à brûler l'humus de la bruyère
et à l'enfouir dans le sous-sol doit être absolument condamnée. Il importe, au contraire, de maintenir l'humus à la surface, car, par son azote et ses matières organiques, il possède
une grande valeur pour nos landes. Que l'on se garde bien

de détruire la terre morte, mais qu'on la corrige, qu'on la vivifie par le travail du sol (labour), l'apport d'engrais et de chaux ou de plâtre ; de la sorte, on transformera l'humus acide et stérile en humus doux et fertile. Une expérience a été tentée par la commune de Peer dans un terrain de cette nature, ancienne pineraie qui avait dû être abattue pour cause de dépérissement prématuré. Nous y reviendrons plus loin.

Un procédé auquel certains cultivateurs du pays ont recours pour la mise en valeur de bruyères ou de pineraies dérodées est celui qui consiste à enfouir dans le sol, par un bon labour à la charrue ordinaire, des phosphates Thomas, de la chaux et du plâtre, auxquels ils laisseht le temps de pénétrer dans la profondeur pendant trois ou quatre années de jachère. Ce procédé est à conseiller, lorsqu'il n'y a pas moyen de recourir à la culture arable des pineraies exploitées.

3° cause. — L'étrépage, qui consiste à enlever la bruyère avec quelques centimètres de terre ou gazon, a été pratiqué de tout temps et est encore très en vogue actuellement. C'est une opération qui épuise la bruyère et qui cause les effets les plus désastreux, en ce sens qu'elle fait disparaître ou ruine totalement la couche d'humus. Qui ne connaît la *heide zeisie*, avec laquelle on pratique l'étrépage, cette espèce de faux courte que l'on manie presque de la même façon que la faux ordinaire?

Beaucoup de propriétaires de bois enlèvent ou font enlever les litières de leurs bois au moyen de cet instrument, à tel point que l'on croirait que le sol a été raclé à l'aide d'un rasoir. Les nombreux taillis qui limitent ou séparent les terres cultivées (haies de 4 à 10 mètres de largeur) sont étrépés régulièrement à chaque révolution, tous les 6 à 7 ans. Beaucoup de taillis ont l'aspect misérable et languissant, ne donnent plus que des rejets grêles et sans vigueur, à cause de cette pratique funeste à laquelle on les soumet périodiquement.

Ajoutez à cela les exploitations à courte révolution et l'abat:ge absolument vicieux en usage presque partout.

Abandonnées à elles-mêmes, les bruyères pourraient s'améliorer au point de constituer un bon sol forestier, la végétation adventice, quelle qu'elle soit, exerçant une influence favorable sur les terrains incultes :

1° En enrichissant le sol en matières organiques ou humifères ;

2° En empruntant à l'atmosphère une certaine quantité d'azote libre par l'intermédiaire de certaines plantes inférieures (mousses, algues) ;

3° En fixant l'azote combiné amené par les eaux météoriques ;

4° En s'opposant à la déperdition ou à l'entraînement de l'azote nitrifié ;

5° En enrichissant, par leur décomposition, la terre en acide phosphorique, en potasse, etc., absorbables, éléments qu'elles ont dégagés lentement de leurs combinaisons insolubies.

Rien d'étonnant donc que l'étrépage épuise complètement les bruyères.

4ᵉ cause. — Le soutrage, qui ruine les pineraies existantes et épuise la terre. C'est un fait démontré et connu de tout le monde : si on n'enlevait pas la litière des bois, l'épuisement ne serait certes pas aussi complet ; pratiqué périodiquement dans une pineraie, le soutrage rend le sol à peu près sans valeur après la première exploitation. En Campine, le soutrage s'opère presque toujours par l'étrépage, de sorte que les deux opérations n'en font qu'une.

Le soutrage et l'étrépage ne disparaîtront que lorsqu'on aura transformé les étables de la Campine, car le système de conservation prolongée du fumier à l'étable, sous le pied des animaux, exige des quantités considérables de litière. Les cultivateurs du pays disent que le fumier ainsi produit est lourd et contient beaucoup de matières organiques, que c'est un fumier qui convient tout particulièrement aux sols sablonneux.

Outre qu'ils supprimeraient le soutrage et l'étrépage, ces pratiques si funestes pour les bois et auxquelles les cultivateurs consacrent une bonne partie de leur temps, la disparition des étables sans fond et leur remplacement par des étables modernes pavées, avec fosse à fumier, constitueraient un progrès incontestable, notamment au point de vue hygiénique (trous malpropres, maladies contagieuses). On pourrait remplacer avantageusement la litière par de la paille — presque tous les cultivateurs de la Campine limbourgeoise vendent annuellement leur paille — associée à de la tourbe et du sable bien sec que l'on répandrait entre les couches de fumier.

Les produits de l'étrépage et du soutrage servent aussi de combustible à la classe nécessiteuse ; les cendres, qui sont assez riches en sels alcalins, sont répandues sur le bout de prairie qui avoisine la chaumière.

L'étrépage sera toujours le grand obstacle contre lequel les administrations communales auront à lutter pour la continuation des boisements de terrains incultes. Le paysan se dit : Si nous laissons boiser toutes nos landes, nous n'aurons plus de litière et nos moyens d'existence seront fortement diminués. Beaucoup de conseillers communaux ont été privés de leur mandat uniquement parce qu'ils avaient favorisé le boisement des terrains incultes. Il faut donc compter avec les us et coutumes du pays ; vouloir brusquer les choses, ce serait courir à un flasco complet. Mieux vaut procéder par étapes, en gravissant l'échelle échelon par échelon, et savoir tirer le meilleur parti possible de la situation existante ou offerte. Celle-ci varie de commune à commune : certaines se montrent très bien disposées, d'autres sont très méfiantes ou absolument hostiles et refusent de tenter la moindre expérience, tous les frais fussent-ils même payés par l'Etat.

Aujourd'hui que la science a mis à notre disposition des éléments qui nous permettent de rendre productifs les sables les plus pauvres, acceptons donc les bruyères dont les communes veulent bien se dessaisir pour les mettre en valeur par le boisement, fussent-elles très éloignées, morcelées ou de qualité médiocre ; boisons-les en nous inspirant de l'expérience déjà acquise, et le reste viendra de lui-même.

L'installation de champs d'expériences ou d'arboretums aux frais de l'Etat, dans les communes dont le domaine inculte et boisé est considérable, constituerait une innovation des plus louable. Ces champs d'expériences impressionneraient beaucoup le public ignorant et l'effet serait tout autre que celui produit par les conférences, dont quelques intellectuels seuls profitent et qui sont peu suivies dans le Limbourg. Les résultats obtenus dans les champs d'expériences vont en s'accentuant d'année en année et attirent l'attention des plus incrédules qui, finalement convaincus de l'avantage de telle ou telle innovation, doivent bien s'y rallier. Les quelques communes qui ont tenté des essais, en petit il est vrai, sont tellement persuadées de l'utilité qu'il y a à recourir aux engrais minéraux, qu'elles ont renoncé définitivement à la vieille routine, et l'on peut dire, dès à présent, que la fumure du pin sylvestre, à l'aide d'engrais minéraux avec ou sans culture sidérale, commence à se vulgariser.

L. HALLEUX,
Garde général des eaux et forêts

La dessoucheuse Bennett

Essais. — Résultats (1)

En Campine et dans les régions à sol sablonneux, on effectue généralement l'extraction des souches pour le reboisement des coupes mises à blanc étoc. Sous le couvert léger

---

-.(1) Note du Service des recherches en matière forestière.

des pineraies sans sous-bois, le sol, soumis au soutrage périodique, s'est tassé, durci, usé. Il est, dans la plupart des cas, incapable de porter une deuxième récolte sans un certain ameublissement, et celui-ci exige l'extraction des souches.

D'un autre côté, le dessouchement fait en temps opportun est le meilleur moyen d'empêcher la multiplication des insectes et des champignons les plus nuisibles.

Mais l'opération, telle qu'elle est pratiquée habituellement, ne permet pas d'utiliser la charrue pour le travail du sol et oblige à recourir à la bêche, ce qui est toujours très coûteux.

Dans ces conditions, il y a un intérêt très sérieux à rechercher le système d'extraction de souches le plus pratique et le plus économique. C'est dans ce but que le Service des recherches en matière forestière proposa d'acquérir une dessoucheuse Bennett, appareil que M. Van Schelle, propriétaire en Campine, avait vu fonctionner en Amérique et qu'il recommandait chaudement.

L'appareil acheté par l'administration forestière est formé
de trois montants mobiles en bois, reposant sur des patins
qui permettent de traîner la dessoucheuse sur le sol et
l'empêchent de s'enfoncer dans la terre meuble.

L'examen de la photographie d'autre part montrera, mieux
que toute description, le principe de la machine.

L'effort de haut en bas, imprimé à l'extrémité du levier,
se transmet, par l'intermédiaire d'un long chaînon en acier,
à une roue dentée qu'il fait tourner. A chaque *coup de pompe*
du levier, la grande roue dentée avance d'un cran et un petit
rochet la fixe, immobile, pendant qu'on relève le levier.

La grande roue entraîne dans son mouvement tournant
une poulie à empreintes, plus petite, avec laquelle elle fait
corps. Dans ces empreintes viennent s'emboîter exactement
les mailles d'une chaîne qui supporte, par l'intermédiaire
d'une poulie mobile, l'appareil d'accrochage. Celui-ci est
formé de deux machoires mobiles que l'on fixe sous les
grosses racines.

Il est aisé de voir que l'appareil est formé simplement
d'une combinaison de leviers. Le faible effort imprimé à
l'extrémité du grand bras de levier se multiplie en vertu de
ce principe de mécanique : « Quand un levier est en équilibre,
les forces sont en raison inverse de leur bras de levier. »

Cela étant, quel est le rapport qui existe entre la force
motrice agissant à l'extrémité du levier et la résistance à
vaincre (souche à extraire)? Il va sans dire que ce rapport
varie avec les dimensions des leviers et, partant, avec l'appareil. Faisons le calcul pour la machine fournie à l'Etat, la
machine dite n° 3, d'une force de 30 tonnes.

Le grand bras de levier est mobile et peut être placé de
façon à faire varier la longueur des bras de levier qui peuvent être, pour le grand bras : 2^m73, 2^m77 et 2^m81, et pour
le petit 0^m16, 0^m12 et 0^m08. Au moment où l'appareil a été
photographié, il travaillait avec les bras de levier respectifs
de 2^m73 et de 0^m16.

D'après le principe de mécanique énoncé ci-dessus, nous avons :

$$\frac{m}{r} = \frac{0,16}{2,73}$$

(m étant l'effort moteur agissant au levier, r la résistance à vaincre à l'extrémité de ce levier)

d'où $$m = r \frac{0,16}{2,73}$$

L'effort r obtenu au bout du levier agit à son tour comme force motrice sur la grande roue dentée avec un bras de levier égal au rayon, soit 0^m24, tandis que la résistance r' agissant sur la chaîne a, comme bras de levier, le rayon de la petite roue à empreintes, 0^m07.

Nous avons donc comme valeur de r :

$$\frac{r}{r'} = \frac{0,07}{0,24}$$

$$r = r' \times \frac{0,07}{0,24}$$

Enfin, l'effort r' obtenu à la chaîne est encore doublé en passant par la poulie mobile, c'est-à-dire que l'effort r' est 1/2 de la résistance de la souche, ou :

$$r' = \frac{r''}{2}$$

ce qui nous donne pour valeur de m, l'effort moteur :

$$m = \frac{0,07}{0,24} \text{ à } \frac{0,16}{2,73} \quad \frac{r''}{2} = r'' \times 0,0085$$

$$\text{et } r'' = \frac{m}{0,0085}$$

c'est-à-dire que pour un effort de 10 kilogrammes agissant au bout du bras de levier, nous obtenons, théoriquement, une force aux crochets de :

$$\frac{10}{0,0085} = 1175 \text{ kilogrammes.}$$

Mais, en fait, la transmission de l'effort au moyen de chaînes, poulies à empreintes, donne lieu à des chocs, à des frottements considérables.

Dans un essai effectué au dynamomètre par M. Pyro, le distingué professeur de mécanique de l'Institut agricole de Gembloux, une résistance de 650 kilogrammes exigeait un effort de 8 à 9 kilogrammes au levier; un effort de 10 kilogrammes aurait donc produit une force utile de 760 kilogrammes environ, soit un peu plus des 3/5 de la force théorique.

En plaçant le point fixe du grand levier dans ses deux autres positions, nous obtiendrions, comme valeur théorique de la résistance vaincue par 10 kilogrammes de force, dans le premier cas 1590 kilogrammes et dans le deuxième 2440 kilogrammes, et comme valeurs réelles : 1000 et 1500 kilogrammes environ.

Les essais de la dessoucheuse Bennett, effectués en Campine par M. Dubois, garde général à Hasselt, ont donné des résultats satisfaisants. Toutefois, la machine mise en œuvre, le n° 3, d'un poids de 320 kilogrammes et d'une force de 30 tonnes, présente certains inconvénients sérieux résultant de son poids élevé et du mode défectueux de déplacement; le transport de l'appareil, d'une souche à l'autre, exige la présence de 4 hommes, alors que 2 ouvriers suffisent pour le travail d'extraction proprement dit.

Pour remédier à ces imperfections, on pourra faire choix d'un instrument beaucoup moins lourd et peut-être remplacer par des roues basses et à jante large les patins en bois qui supportent les montants. La maison Bennett fournit des machines ainsi montées moyennant une majoration de prix de 10 dollars.

On peut toutefois, dès maintenant, attribuer à la dessoucheuse Bennett, les avantages suivants :

1°) La machine est solide, de mécanisme très simple, de fonctionnement facile ;

2°) Le travail de la dessoucheuse Bennett présente de très sérieux avantages au triple point de vue de la rapidité, du rendement en bois et même de l'ameublissement du sol (si l'on compare, bien entendu, dans les deux derniers cas, ce travail à celui de la simple extraction des souches abandonnées aux habitants).

Dans un essai comparatif effectué à Sutendael (Limbourg), 4 ouvriers ont extrait, en 10 heures, 100 souches de 0^m25 de diamètre en moyenne à la dessoucheuse et seulement 60 à la bêche et à la cognée, soit une proportion de 3 à 5 entre le travail effectué par les deux procédés.

D'un autre côté, les villageois qui vont aux souches se contentent d'extraire le corps de la souche, qu'ils isolent en coupant toutes les grosses racines, celles-ci restant dans le sol. Le travail à la dessoucheuse est autre : la souche étant accrochée par les crampons, l'effort vertical lent et progressif auquel elle est soumise, arrache et brise les extrémités ténues des racines, qui sont extraites presque entières; ou bien, quand ces racines forment corps avec le bloc de terre qui les a nourries, et c'est le cas pour les souches fraîches, c'est le bloc de terre entier qui est enlevé.

Il en résulte qu'avec la dessoucheuse, le volume de bois extrait est beaucoup plus considérable et le sol beaucoup plus remué et aéré que par le dessouchement habituel. Dans les coupes où les souches sont serrées, le terrain est ainsi retourné, ameubli sur presque toute son étendue et le travail du sol, obtenu de cette façon, vaut un demi défoncement.

Autre conséquence importante : le sol, complètement dégarni du bois qu'il a porté, peut être labouré à la charrue, d'où économie de main-d'œuvre, lorsqu'un travail plus profond du sol n'est pas nécessaire.

Or, à quoi bon défoncer à 0^m60, 0^m70 et même 0^m80 de profondeur, alors qu'un labour à la charrue est, en règle générale, très suffisant ?

Comparons d'ailleurs le coût de l'un et l'autre procédés: le dessouchement tel qu'il se pratique actuellement dans la grande culture forestière, c'est-à-dire avec travail du sol simultané et régulier par des ouvriers munis de bêche et de cognée, et le dessouchement mécanique, préalable au travail de la charrue.

Admettons, dans le premier cas, un travail à 0^m40 seulement de profondeur ; coût approximatif 250 francs, valeur des souches, 100 francs ; coût net 150 francs. Dans le second cas, amortissement et intérêt du capital constitué par la machine : 10 francs (la machine dessouchant, pendant 10 ans, 4 hectares annuellement) ; coût du dessouchement : 150 francs l'hectare, en admettant 2,000 souches par hectare et une extraction de 100 souches par jour et par quatre hommes ; cette somme est assez considérable, mais nous ferons remarquer qu'une machine plus légère que le n° 3, et n'exigeant sans doute que deux hommes, ferait probablement le même travail pendant le même temps. On peut admettre en conséquence que les frais d'extraction, d'amortissement et d'intérêt seraient dans ce cas récupérés par la vente des bois de souche. Nous pouvons ainsi ne tenir compte que des frais de labour à la charrue, frais qui ne s'élèveraient pas, semble-t-il, à plus de 60 francs l'hectare.

La comparaison des deux modes de travail du sol donne donc un sérieux avantage, au point de vue pécuniaire, au dessouchement mécanique suivi d'un simple labour à la charrue.

3°) La dessoucheuse Bennett permet aussi d'arracher rapidement les arbres debout. Il suffit d'adapter, à la place des crochets dont on se sert pour les souches, un système de chaînes dont on entoure le bas du tronc.

L'abatage par dessouchement présente l'avantage d'augmenter le volume de bois d'œuvre. Lorsque l'exploitation se fait de manière satisfaisante, on ne peut guère, semble-t-il, compter sur un gain de plus de 0^m07 de bois, soit 140 mètres courants de bois pour les 2,000 souches que présente en moyenne un blanc étoc d'un hectare. Pour des bois de 0^m50 de tour au pied, le volume au mètre courant serait de $0^{mc}019$, soit pour les 140 mètres, $2^{mc}600$, ce qui à 13 fr. fait environ 34 francs.

Ce n'est sans doute pas énorme ; mais, il ne faut pas perdre
de vue que les souches sont extraites — et que le coût de
l'extraction ainsi épargné peut donc se porter à l'actif du
système — ; en outre, l'extraction mécanique a déjà ameubli
le sol dans une certaine mesure et permet l'emploi de la
charrue, comme nous l'avons fait ressortir ci-dessus.

Certes, le mode d'abatage par dessouchement n'est pas
dans les habitudes, mais il n'en coûte que de l'instaurer.
Les difficultés d'arrangement à ce sujet avec les marchands
de bois ne sont pas insurmontables, et les petits sacrifices
qu'il faudrait faire au début pour montrer les avantages du
système, seraient payés largement par les bénéfices qu'on
pourrait en retirer.

Terminons cet exposé par quelques renseignements destinés à faciliter le choix et l'acquisition d'une dessoucheuse
Bennett. Le catalogue de la maison américaine cite sept
machines basées sur le même principe. En voici le poids, la
force et le coût. Les chiffres de la 4e colonne représentent les
prix du catalogue diminués de 20 p. c., ristourne accordée à
l'exportation. La colonne suivante donne les frais approxi-
matifs de douane (10 p. c.), de fret, de place, etc.

Nᵒˢ DES MACHINES	POIDS KILOGR.	FORCE KILOGR.	COUT DE LA MACHINE		
			PRIX DE LA MACHINE FR.	FRAIS DIVERS FR.	TOTAL FR.
B	45	3.000	60	35	95
A	170	10.000	100	45	145
1	270	20.000	140	50	190
2	295	25.000	160	55	215
3	320	30.000	180	60	240
4	360	40.000	200	65	265
5	400	50.000	280	70	350

Les chiffres totaux représentent la valeur de la *machine complète*, rendue sur le terrain. Toutefois le crampon (grab-hook) pour accrocher les souches s'achète à part, comme *extra*, aux prix de : 45 francs pour le crampon en acier de la machine n° 5; fr. 40.50 pour celui du n° 4; fr. 31.50 pour ceux des n°ˢ 1 et 2; fr. 22.50 pour le crampon en fer de la machine A.

Pour les machines légères, A et 1, il semble préférable de faire forger en Belgique le crampon en acier, en lui donnant les dimensions les plus restreintes possible.

Pour faire la commande d'une machine, s'adresser à II. L. Bennett et Cⁱᵉ, n° 9, Stone street, New-York. La machine dont l'Etat belge a fait l'acquisition a été transportée par la *Phœnix Line*; l'agent de cette société, M. Steinmann, 30, Longue rue Neuve, à Anvers, mis en possession du connaissement *envoyé à l'acheteur* par la maison Bennett, se charge, sur demande, de toutes les formalités de douane et autres.

Quelle est, de ces machines, celle qui convient le mieux pour une exploitation donnée ?

Pour répondre à cette question, il était nécessaire, connaissant la force respective des machines, de déterminer l'effort exigé pour extraire une souche. Dans ce but, M. le professeur Pyro a eu l'obligeance de faire quelques essais au dynamomètre. L'expérience effectuée dans une coupe communale de Lanaeken, en terrain très caillouteux, nous a donné les chiffres suivants :

Une souche de 2 ans d'exploitation, de 0ᵐ25 de tour, a exigé un effort de 400 k.; id., de 0ᵐ40, 620 k.; une souche fraîche de 0ᵐ42, 650 k.; un arbre mort récemment, de 0ᵐ44 de tour, 550 k.; id. vert de 0ᵐ53, 11 à 1200 k.

Le dynamomètre étant trop faible, il n'a pas été possible de déterminer l'effort nécessaire pour extraire des souches plus fortes.

Conclusions. — Dans les conditions ordinaires des peuplements résineux de la Campine, où les souches n'ont guère

plus de 0ᵐ40 à 1 mètre de tour, il semble absolument inutile
d'employer de fortes machines exigeant, pour leur déplacement, la présence de 4 ou 5 hommes.

' Les chiffres qui précèdent paraissent montrer que la
machine A, d'une force de 10,000 kilog., que 2 hommes
peuvent manier et déplacer, pourrait parfaitement suffire.

· Plusieurs propriétaires et même une commune de la
Campine nous ont demandé de vouloir leur servir d'intermédiaire pour leur faire revenir une dessoucheuse de cette
force.

. M. Paul Emsens, propriétaire à Bruxelles, ayant déjà
fait l'acquisition d'un exemplaire de ce type, nous croyons
devoir tout d'abord nous rendre compte *de visu* des résultats
qu'on peut en obtenir. Il en sera rendu compte dans le
prochain numéro du *Bulletin*.

Pour tous renseignements complémentaires, s'adresser à
M. Crahay, inspecteur des eaux et forêts chargé du service
de recherches (38, rue de Louvain, Bruxelles).

· Qualités et exigences de diverses essences
d'après quelques pépiniéristes

(*Suite*)

PINUS BANKSIANA. — *Pin de Bank.*
D'une vigueur extraordinaire : reprend très facilement, même à l'âge
de 3 ans. Résiste bien au climat des hauts plateaux ; vient dans les terrains pauvres où ne réussit pas le pin sylvestre.

(Flandres)

Le Dʳ Mayr, dans son livre traitant des forêts de l'Amérique du
Nord, a attiré l'attention sur l'introduction de cette essence qu'il considère comme la plus importante de ces dix dernières années ; il la recommande pour les sols sableux et les landes les plus mauvaises. Tous
les essais exécutés peu après en Amérique, Allemagne et Russie, ont

corroboré de façon éclatante les observations et recommandations de
Mayr. Ils furent entrepris en Prusse par le Dr Schwappach, et celui-
ci écrit : « Les renseignements inclus sont pleins de louanges sur
son peu d'exigences au point de vue du sol, sa résistance à la sécheresse,
au froid et au roussi, ainsi que sur sa croissance rapide. A tous ces
points de vue, il est supérieur au pin sylvestre dans sa jeunesse Même
la première année, le pin de Bank surpasse notre sylvestre en croissance ; dès la troisième année, cette supériorité devient tout à fait mar-
quante, car cette même année il développe deux et même trois verticilles, si les conditions de végétation sont favorables.

» Dans les cultures de cinq ans (les plus anciennes actuellement),
les pins de Bank de 1^{m}50 d'élévation environ, en *sol de sylvestre de
quatrième classe*, garnis d'un feuillage vert foncé, surpassent étonnamment les sylvestres en mélange. »

Très utilisé pour combler les vides dans des semis de sylvestre de
quelques années.

Signalé en différents endroits comme supérieur pour le repeuplement
des sables les plus pauvres à cause de sa rusticité.

(Holstein.)

P. LARICIO CORSICANA. — *Pin laricio de Corse.*

Ressemble dans sa jeunesse au pin noir d'Autriche, mais il s'en distingue plus tard par son port plus élancé, ses branches plus courtes et
son feuillage moins foncé. Feuilles généralement tortueuses, quelquefois
même en forme de tire-bouchon ; c'est là peut-être son caractère le plus
distinct.

(Campine.)

A recommander de préférence au pin sylvestre pour seconde culture
après cette dernière essence.

(Flandres.)

P. LARICIO AUSTRIACA. — *Pin noir d'Autriche.*

Essence des terrains calcaires stériles, des sables, des dunes, mais
vient aussi dans tous les autres terrains : beaux exemplaires dans les
sablès des Flandres et dans le terrain yprésien.

(Flandres.)

Bien connu et apprécié pour sa croissance rapide, son port compact
et son feuillage vert foncé, presque noir.

(Campine.)

P. MUGHO (MONTANA). — *Pin de montagne.*

Rustique et sobre par excellence. Vient même en sols caillouteux,
maigres, dans les fentes de rochers de grès et de schistes ; n'y produit
que du bois de chauffage.

(Ardennes.)

Résiste bien au climat des hauts plateaux.

(Flandres.)

Cet arbre occupe depuis quelques années une place prééminente dans la sylviculture danoise. Le grand emploi du pin de montagne dans les dunes est principalement dû à son peu d'exigence ; il a parfaitement supporté l'acide humique du sol des landes ; cet acide humique semble même dans certains cas lui avoir été favorable. La culture de ce pin dans les landes danoises, où tous les essais de culture de l'épicea, du pin sylvestre d'Ecosse et du pin d'Autriche avaient échoué, est considérée soit comme une culture préparatoire, soit comme une culture forestière avantageuse par elle-même ; il en est ainsi lorsque cet arbre y atteint une hauteur de 15 mètres. Mais, son rôle principal dans nos landes, c'est d'y permettre l'introduction de l'épicéa. Lorsque l'on procède à une plantation de ces deux essences en mélange, le feuillage rapidement développé du pin de montagne étouffe la bruyère et après la mort de celle-ci l'acide humique est bientôt neutralisé et la croissance de l'épicéa rendue possible.

(Copenhague.)

P. DENSIFLORA.

Originaire du Japon ; plus rustique que le pin maritime auquel il ressemble ; gèle toutefois facilement avant l'âge de deux ans.

(Flandres.)

P. RIGIDA. — Pin rigide.

Egale en rusticité les autres espèces de pins les plus résistantes. Double pousse annuelle et bourgeons sur les vieux bois. S'accommode des terrains de bruyère défrichés en Ardennes, où l'on en connait des sujets de 8 ans qui ont atteint 2 mètres de hauteur.

(Ardennes.)

D'une vigueur extraordinaire ; la reprise, même à l'âge de 3 ans, est des plus facile ; vient dans les terrains pauvres où ne réussit pas le pin sylvestre ; en terrain sec, son bois vaut celui du pitch-pine (Pinus australis).

(Flandres.)

Recommandé par Mayr dans les sables des dunes.

(Alsace Lorraine.)

Le professeur Dr Schwappach écrit ce qui suit sur les résultats obtenus en Prusse avec cette essence : « De l'opinion unanime, cette essence est
» très peu exigeante relativement aux matières nutritives minérales,
» car elle prospère encore dans les sols les plus médiocres, même
» là où les pins Weymouth et de montagne ne croissent plus. En
» pareille situation, il est bien supérieur au sylvestre. Il souffre beau-
» coup moins de la rouille, resiste bien dans les parties nues, croît très

» vite et se déplante facilement, car il est doté d'un bel enracinement;
» il émet aussi des rejets de souches, et est beaucoup utilisé pour l'éta-
» blissement de remises à gibier. » Dans ces derniers temps il a été
recommandé particulièrement pour le repeuplement des landes; l'Ober-
forstmeister Euen, à Oberfler, en dit ce qui suit: « Les exigences du P. rigida, au point de vue de la qualité du sol, sont moindres que celles du sylvestre. La culture du rigida réussit beaucoup plus sûrement que celle
du sylvestre en sols non précisément les plus mauvais de tous. Accuse
encore une croissance satisfaisante, sans exiger des regarnissages coûteux, en sols où le sylvestre s'installerait avec la plus grande peine. Relativement aux influences climatériques, le rigida est plus recommandable
que le sylvestre. Il n'a absolument rien à redouter de la rouille et est
plus résistant au froid que ce dernier. Par sa croissance rapide dans le
jeune âge, son couvert abondant, le *P. rigida* contribue plus que le sylvestre à l'amélioration du sol. Quoiqu'il soit déjà dépassé en hauteur la
10e année par le sylvestre, et reste à partir de ce moment assez
loin en arrière, il conserve jusque là, relativement à la grosseur, une
avance sur le sylvestre. Il est de fait qu'un peuplement de *P. rigida*, en
sol non trop mauvais, aura déjà atteint de telles grosseurs à l'âge de
20 à 25 ans, qu'en l'exploitant à cette époque on aurait une forte
production de bois de plus de 0 m. 07 de tour. (Derbholz.) »

On peut inférer de tous les essais qu'il peut être employé avec avantage, comme essence transitoire, sur les vieux sols cultivés où
le sylvestre dépérit en grande quantité à l'âge du perchis, car en
une période de 20 années, donc en un laps de temps relativement court,
il aura de nouveau remis le sol en un état qui permet sûrement le
repeuplement durable en sylvestre

(Holstein.)

P. PONDEROSA. — *P. à bois lourd.*
Son bois est l'un des plus recherchés de l'Amérique du Nord.

(Flandres.)

P. CEMBRA. — *P. cembro.*
Reste toujours un de nos plus beaux conifères; pyramide serrée, gar-
nie de branches jusqu'au sol et très régulière. C'est le pin des Hautes
Alpes.

(Campine.)

Très cultivé dans les Alpes et les Carpathes; la semence a à souffrir
des pluies et de la fonte des neiges; on le produit en plaine et on le
plante à l'âge de 1 à 3 ans.

(Alsace-Lorraine.)

P. STROBUS. — *P. Weymouth.*
Arbre élancé, d'une croissance très rapide; recherche de préférence
les terrains légers, frais, humides et même tourbeux.

(Loire.)

La meilleure essence dans les terrains drainés, froids, où l'épicéa ni même le bouleau ne peuvent végéter. Croît avec vigueur dans les situations les plus diverses, mais préfère les sols frais. Bois très employé pour la fabrication d'emballages et de pâte de bois.

(Ardennes.)

Résiste bien au climat des hauts plateaux; convient pour les sols tourbeux et les terrains maigres, où ne réussit pas le pin sylvestre.

(Flandres.)

Quoique le pin Weymouth ait été planté en grandes quantités dans ces dernières années, on ne l'emploie pas encore sur une assez vaste échelle. Cette essence est toujours inconnue à beaucoup ; les ensemencements coûteux, qui souvent manquent, parce qu'ils sont dévorés par les oiseaux, détournent peut-être un peu de sa culture.

La légèreté de son bois le rend très apte à la fabrication des caisses, etc.; il est encore très recherché pour maintes autres branches de l'industrie. Très apprécié comme bouche-trou, car il a vite regagné le niveau de son entourage, il rend particulièrement des services dans les stations humides : il supporte assez bien le poids des neiges et le couvert. C'est une essence des montagnes aussi bien que des plaines ; il vient encore à 1,000 mètres d'altitude.

Sa croissance est très rapide à partir de la troisième année; aussi est-il vite en dehors de l'influence de la végétation herbacée.

Il dépasse presque toutes les autres essences et, même à l'état libre, sa ramure est modérée. Le Dr Mayr recommande notamment le weymouth pour le mélange en groupes dans les îlots sableux à sol humide de la forêt feuillue, à la lisière des marais, et en mélange avec le pin ordinaire ainsi qu'avec l'épicéa et le sapin argenté. Il s'exprime comme suit à son sujet : « Si l'on en juge d'après la quantité de bois utilisée, » cette essence est la plus précieuse et la plus importante de tous les » Etats de l'Union, car aucun arbre n'est débité par la scie en pareilles » quantités. Mais, comme les bois ne tarderont pas à s'épuiser. cette » proportion ne se maintiendra plus longtemps, et c'est le douglas qui, » dans peu de temps, surpassera le weymouth au point de vue des » quantités utilisées. »

(Holstein.)

P. EXCELSA. — *Pin élevé.*
Grand et beau pin originaire des montagnes de l'Himalaya, où il atteint jusque 40 mètres de hauteur. Feuilles longues de 10 à 15 centimètres, tombantes et d'un vert glauque clair.

(Campine.)

PINUS RESINOSA. — *Pin résineux.*
Cet arbre, vraiment élégant, se rencontre dans le Canada et la Nou-

velle Ecosse, où il forme des forêts étendues, presque toujours en peuplements purs et le plus souvent sur des sols secs, graveleux, sablonneux ou pierreux. Son bois est certainement le meilleur que fournissent les forêts américaines.

(Copenhague.)

LARIX EUROPÆA. — *Mélèze commun.*

Des expériences effectuées en ces dernières années ont montré que le mélèze des Alpes du Tyrol est moins convenable pour les terres basses et que le mélèze de Silésie est d'une croissance plus belle, plus élancée, plus droite ; cette dernière variété est spécialement recommandée pour la culture sous le climat marin du Nord de l'Europe.

(Copenhague.)

L. LEPTOLEPIS et L. JAPONICA. — *Mélèzes du Japon.*

Très peu de différence entre les deux variétés. Plus vigoureux que l'espèce commune et viennent là où cette dernière ne vient pas. S'ils peuvent geler comme elle, ils se rétablissent très vite, n'étant pas attaqués par les insectes.

(Flandres.)

L. LEPTOLEPIS.

Atteint une hauteur de 30 mètres ; il montre son meilleur développement dans le nord de l'île japonaise de Nippon (34° à 41° lat. nord), aux stations froides et relativement sèches, d'une altitude de 1600 à 2400 mètres au-dessus du niveau de la mer. Sa croissance est plus rapide et beaucoup plus régulière que celle du mélèze commun. Il supporte mieux la sécheresse que celui-ci, se montre très robuste, aussi bien dans l'extrême nord qu'à Stockholm. Dans le «Pinetum», près de Copenhague, on peut en voir un spécimen de 8 mètres de haut, planté en 1889. Cet arbre convient sans aucun doute pour les climats froids ou tempérés du nord de l'Europe.

(Copenhague.)

Très recommandé actuellement. Il croît beaucoup plus vite au début que notre mélèze indigène; des sujets de huit ans atteignent 5 mètres de hauteur. Il se caractérise par la formation précoce d'un fût droit très joli. Il n'est pas autant attaqué que notre mélèze par la teigne. Cette essence est déjà cultivée sur de grandes étendues et toutes les opinions lui sont assez favorables.

Insensible au froid, à la chaleur et à la sécheresse, il se refait facilement des lésions, particulièrement de celles provoquées sur les racines par le ver blanc. Une pousse terminale coupée est vite remplacée par une forte pousse provenant d'un bourgeon latéral.

Comme essence de parc, il est de loin supérieur au nôtre, tant en été avec ses aiguilles vert-bleuâtres, qu'en automne alors que celles-ci deviennent d'un jaune d'or.

(Holstein.)

L. SIBERICA. — *Mélèze de Sibérie.*

Cette espèce est, comme le sapin de Sibérie (*Abies siberica*) et le spruce de Sibérie (*Picea obovata*), plus convenable pour les localités qui ont un climat continental bien marqué. Sous les climats tempérés, sa végétation se réveille très tôt au printemps et, pour ce motif, cette essence y souffre beaucoup des gelées tardives.

(Copenhague).

Le Dr Mayr, de Munich, a récemment attiré l'attention des forestiers sur ce mélèze, qui surpasse notablement le nôtre en rectitude de fût, tout en ne lui étant pas inférieur en croissance et en qualité. Qui plante du mélèze ne devrait pas perdre de vue cette essence qui croît très rapidement et n'a pas d'exigences spéciales au point de vue du sol.

(Holstein.)

L. (PSEUDOLARIX) KAEMPFERI.

Originaire de la Chine, où il acquiert jusque 40 mètres de hauteur. Le plus ornemental du genre. Feuilles beaucoup plus longues et plus larges que celles du mélèze commun et d'un vert tendre, gai, passant à l'automne au jaune brillant, d'où son nom de *mélèze doré.* Parfaitement rustique.

(Flandres.)

Conseil supérieur des forêts

SESSION DE 1902

Séance du jeudi 10 avril 1902

Présidence de M. le comte Amédée Visart de Bocarmé, président.

La séance est ouverte à 10 h. 10.

Sont présents : MM. le comte A. Visart de Bocarmé, président; le comte W. de Mérode, vice-président; Bareel, Bommer, de Caritat de Peruzzis, le comte de Kerchove de Denterghem, le comte de Limburg-Stirum, Henry Delvaux, Fontaine, Fraters, Heynen, Naets, Séverin, van der Swaelmen, van Zuylen, membres, et Crahay; secrétaire.

MM. Berger, le comte de Ramaix, d'Andrimont, Lecart, Nève et Proost s'excusent de ne pouvoir assister à la séance.

M. le Président. — Le compte rendu de la dernière session a été envoyé à tous les membres. Désire-t-on en entendre lecture ?

M. le comte W. de Mérode. — Ce compte rendu est très long. Tous les membres l'ont reçu et s'il n'y a pas d'observations, on pourrait, me semble-t-il, l'approuver.

M. le Président. — Il n'y a pas d'observations ? Le compte rendu de la dernière session est approuvé.

I. — Communications

M. le Président. — Messieurs, depuis notre dernière session, nous avons eu le malheur et le regret de perdre M. le vicomte d'Hendecourt. Quoique nommé récemment membre du Conseil supérieur, il s'était déjà signalé par son intelligence, son activité et son dévouement. Il était appelé à nous rendre de véritables services ; il joignait à des connaissances étendues une excellente rédaction.

Sa mort nous a causé à tous les plus vifs regrets. (*Adhésion unanime.*)

Nous avons subi une perte non moins grande et pénible par la mort de M. le chevalier van Outryve d'Ydewalle, qui était membre du Conseil supérieur des forêts depuis son origine.

Vous savez que M le chevalier van Outryve, auquel notre honorable collègue M. le comte de Kerchove, dans une note nécrologique que vous avez tous lue, a rendu un hommage bien mérité, était un homme qui, avec la plus grande compétence, s'était occupé des intérêts forestiers, non seulement depuis qu'il faisait partie du Conseil supérieur des forêts, mais depuis un grand nombre d'années. Il était même l'auteur de notices, en général brèves, mais extrêmement instructives.

Il a certainement été, dans la partie de la Flandre occidentale à laquelle il appartenait, l'initiateur et le promoteur d'un grand nombre d'améliorations forestières.

Il a largement contribué à y propager ce zèle pour les questions de sylviculture, cette sorte de feu sacré qui, contre toute attente, anime beaucoup de personnes dans cette partie du pays cependant peu boisée jusqu'à présent.

M. le chevalier d'Ydewalle était un de nos membres les plus considérés et son caractère si agréable et si sympathique, les relations excellentes que nous avons eues avec lui, feront que nous conserverons toujours son souvenir. C'est avec un profond sentiment de regret que nous constatons qu'il n'est plus parmi nous. (*Adhésion unanime.*)

Je demanderai à l'assemblée la permission de consigner l'expression de nos regrets au compte rendu de la séance. (*Nouvelle adhésion.*)

II. — Installation des nouveaux conseillers : MM. Bareel, Delvaux et van Zuylen

M. le Président. — MM. Bareel, Delvaux et van Zuylen ont été nommés, par M. le Ministre, membres du Conseil supérieur des forêts.

C'est avec beaucoup de satisfaction et de sympathie que nous les accueillons au sein du Conseil supérieur. Nous sommes convaincus qu'ils nous rendront beaucoup de services.

Je les déclare installés.

III. — Discussion du rapport de la Commission spéciale chargée de l'étude de la question : Maintien de parcelles avec leurs caractères naturels.

M. le Président. — L'ordre du jour appelle la discussion du rapport de M. Bommer sur le maintien de parcelles avec leurs caractères naturels.

Ce rapport a été imprimé et distribué.

Les conclusions sont formulées de la manière suivante :

Etant donnée l'importance de la conservation intégrale des parties les plus pittoresques de notre pays au point de vue de la science, de l'art et du tourisme, il y a lieu de proposer au Gouvernement :

1º Qu'il soit fait un inventaire général des sites et des régions présentant un intérêt spécial aux points de vue précédents ;

2º Qu'il prenne les mesures nécessaires pour réaliser leur conservation intégrale ;

3º Qu'il soit institué une Commission permanente, dite Commission des Réserves, ayant le caractère de la Commission royale des Monuments, qui soit officiellement chargée de cette double mission.

La discussion est ouverte sur ces conclusions,

La parole est à M. le comte W. de Mérode.

M. le comte W. de Mérode. — Je voudrais obtenir de M. le rapporteur une petite explication. Quel genre de mesures pourrait-on bien prendre pour sauvegarder certains sites ?

Prenons, par exemple, les bords de la Meuse. Voilà une quantité de rochers qui sont mis en exploitation dans tous les coins. Ce n'est pas parce qu'on aurait conservé quelques coins particuliers de la vallée, qu'on serait arrivé à des résultats suffisants pour attirer les touristes.

Dans ces conditions, tout en étant grand partisan du respect des

sites, je ne vois pas très bien quelles sont les mesures que l'on pourrait
prendre pour assurer cette conservation.

M. Bommer, rapporteur. — Je répondrai à l'honorable comte de
Mérode en prenant l'exemple qu'il a cité lui-même. Le grand intérêt
pittoresque de toute la région entre Namur et la frontière se concentre
principalement en quelques points spéciaux. Je citerai, parmi beaucoup d'autres, les rochers de Champal, près d'Yvoir, et les rochers de
Freyr.

Il suffit que ces sites soient sauvegardés, qu'ils soient rachetés par
l'Etat, afin d'être soustraits à toute modification ultérieure, pour que
les principaux éléments d'attraction de cette vallée pittoresque soient
conservés et que son caractère essentiel soit maintenu. C'est tout ce
que nous devons désirer.

M. le comte W. de Mérode. — Je suis absolument d'accord avec
l'honorable rapporteur sur le but à atteindre, mais quand il s'agira de le
mettre en pratique, on se buttera à des difficultés capitales.

En effet, il ne suffit pas de sauver les rochers qu'il signalait tout
à l'heure. Il faut également que le cadre environnant soit respecté.
Il n'est pas pas possible de conserver une chose très belle en l'entourant
de décombres ou de travaux et d'exploitations de toute nature. Il faudra
donc étendre la mesure d'une façon extrêmement large pour arriver
à lui donner une efficacité quelconque. Dans ces conditions, je me
demande s'il sera bien utile de formuler un simple vœu, qui ira rejoindre dans les cartons du ministère les autres vœux analogues.

Si j'ai soulevé cette question, c'est parce qu'elle me paraît exceptionnellement difficile à résoudre. S'il s'agit d'un site entouré d'un cadre qui
ne se prête pas à l'exploitation, la solution est facile ; mais il n'en est pas
de même pour les sites, comme ceux de la vallée de la Meuse, où les
propriétaires riverains ne demandent qu'à mettre leurs terrains en
valeur.

Si l'on établit d'un côté des fours à chaux, d'un autre côté des carrières
ou des points d'attache pour une briqueterie, que restera-t-il de la beauté
d'un site et comment arriverez-vous à assurer un cadre suffisamment
large pour conserver un bel ensemble ? Il est évident qu'il serait désirable que les touristes puissent remonter la Meuse en bateau, depuis
Liége ou même simplement de Namur à Dinant, en ne constatant pas sur
les trois quarts du parcours des dévastations et des décombres. Les
seuls points conservés ne formeront pas un attrait suffisant.

Je ne fais nullement opposition aux désirs formulés dans le rapport,
mais je pense qu'il y aura grande difficulté à les mettre en pratique et
c'est pourquoi j'ai demandé des explications.

M. le Président. — Ne vous semble-t-il pas que vous sortez un peu
des limites de la question qui nous a été posée ?

Il ne s'agit pas ici de la conservation des sites...

M. le comte W. de Mérode. — Cela fait partie du rapport.

M. le Président. — Les observations, malheureusement très justes, que l'honorable comte de Mérode vient de présenter, s'appliquent tout spécialement à la conservation des sites. C'est là un des côtés de la question qui nous occupe, mais ce n'est pas, pour nous, le plus important. Le maintien des sites fait l'objet des soins d'une société instituée à cet effet et qui a déjà rendu dans ce sens beaucoup de services. Le gouvernement, de son côté, ne néglige pas de se préoccuper de ce point de vue.

La conservation des sites est parfois très difficile, surtout dans les cas comme ceux auxquels il vient d'être fait allusion, et où il s'agit bien plutôt de sites que de forêts proprement dites. Or, au sein du Conseil supérieur, nous nous préoccupons surtout de la conservation de certaines forêts ou parties de forêts qui, au point de vue pittoresque, scientifique ou botanique, présentent un caractère ou un intérêt tout spécial. Là, il est presque certain que la conservation sera possible, les forêts ou parties de forêts appartenant déjà maintenant à l'Etat ou aux communes ou pouvant être acquises assez facilement. Elles se trouvent d'ailleurs dans un cadre où leur conservation serait facile, si le gouvernement voulait faire les sacrifices nécessaires.

La preuve que la chose est pratique c'est qu'on a réalisé des projets semblables dans plusieurs autres pays, notamment en Allemagne et en France. Ainsi on a réservé une partie de seize cents hectares dans la forêt de Fontainebleau et l'on y pousse la conservation au point de ne pas même enlever les arbres morts ou renversés par les tempêtes.

M. le comte W. de Mérode. — Je suis d'accord avec l'honorable président sur la question de principe, mais j'y trouve une objection. Notre pays est excessivement peuplé; la conservation des sites se bornera donc à fort peu de chose. J'admets que, dans la forêt de Soignes, par exemple, on pourrait maintenir une partie boisée dans un état pittoresque où le public pourrait admirer les beaux arbres ; mais alors n'y a t-il pas lieu de spécifier certaines choses, d'attirer l'attention sur quelques points particuliers? Si le Conseil se contente d'émettre un vœu général, je crois pouvoir affirmer que, par là-même, il assurera au projet un enterrement de première classe.

M. le comte de Kerchove de Denterghem. — J'ai demandé la parole pour me rallier aux observations qu'a présentées tantôt l'honorable président.

Je crois cependant que, si l'honorable comte W. de Mérode s'est préoccupé des sites, c'est un peu à la suite du rapport de la commission spéciale qui, à mon avis, a légèrement déraillé. Ce rapport ne s'est plus occupé seulement des forêts, mais des sites et des points remarquables situés sur les bords de la Meuse. Nous devons rester dans notre rôle et nous borner à parler des forêts, et des bois. Certes, les sites m'intéressent beaucoup et les rochers des bords de la Meuse constituent une des plus remarquables beautés de notre pays. Si nous avions pu faire des bords de la Meuse un parc national comme en Amérique, c'eût été chose très belle et très heureuse au point de vue artistique.

Mais cela n'est pas. Si nous sortons de l'objet de la question qui nous est posée, nous risquons de ne pas aboutir. Sous ce rapport, nous devons donc être très circonspects ; admettons la conclusion de la commission tendant à créer une commission dite « des Réserves », titre au sujet duquel d'aucuns pourraient même faire toutes leurs réserves. (*Rires.*)

Cette commission serait chargée de s'entendre avec le gouvernement afin d'assurer dans les forêts du domaine national et dans celles soumises au régime forestier, la conservation des parties intéressantes au point de vue de l'amélioration des forêts elles-mêmes et du domaine forestier national. Ces cantons seraient comme des champs d'expérience à longue échéance, car certains essais peuvent durer des siècles; mais on y verrait se développer les plus beaux spécimens de la culture forestière de notre pays.

Réduite à ces termes, la proposition aurait chance d'être acceptée. Supprimant les considérations de tourisme et d'art pour se borner à invoquer les considérations d'intérêt forestier, la commission reste dans son rôle en demandant au Gouvernement qu'il soit dressé un inventaire général des sites et régions présentant un intérêt spécial au point de vue forestier et que les mesures nécessaires soient prises pour assurer leur conservation intégrale

Bornant à cela nos conclusions, nous ne sortirions pas du cadre de notre mission et nous pourrions espérer aboutir.

Ainsi, il est certain qu'au point de vue de la forêt de Soignes on a fait certaines choses, mais il en reste d'autres à faire. Si, d'autre part, le Gouvernement pouvait acquérir une partie des sapinières centenaires de la province d'Anvers et augmenter ainsi le domaine forestier de l'Etat, il en résulterait un grand bien pour le pays tout entier.

M. le Président. — Je vois que l'honorable comte de Kerchove abandonne une partie des conclusions. Il invoque les considérations scientifiques et forestières, mais ne veut pas des considérations esthétiques ou artistiques, dont on ne peut cependant nier l'importance.

De même que la Commission des sites et des monuments conserve non seulement les choses utiles, mais également celles qui n'ont qu'une valeur esthétique, de même la commission dont on propose la création

travaillerait à la conservation de ce qui présente un caractère particulièrement intéressant, non seulement au point de vue botanique et
forestier, mais également au point de vue esthétique et artistique...

M. le comte de Kerchove de Denterghem. — ... et historique
aussi alors.

M. le Président. — Prenons, par exemple, ce qui a été fait dans la
forêt de Fontainebleau. Si, dans une partie de la forêt de Soignes, on
pouvait maintenir une surface assez grande en lui conservant son
caractère actuel, son originalité, ce qui attire particulièrement les
touristes et les amateurs de la nature, si on trouvait également dans
l'Hertogenwald une partie assez considérable à conserver dans les
mêmes conditions, ne serait-ce pas déjà un beau résultat ? N'est-il pas
certain qu'il y a là, non seulement au point de vue forestier, botanique
ou scientifique, mais également au point de vue pittoresque, des choses
véritablement uniques dans leur genre ! Nous avons parcouru, il y a
quelques années, l'Hertogenwald, et nous avons pu constater que, dans
les parties qui sont aux confins des grandes tourbières, dans les parties
les plus élevées, il y a des choses qui ont un caractère tel qu'il faudrait
vraiment aller à l'extrême Nord de l'Europe, en Laponie, pour trouver
une végétation du même aspect et de la même nature. C'est une
flore spéciale à ces parties de l'Hertogenwald et à quelques régions
analogues en Belgique. Si l'on ne prend aucune mesure, on les verra
successivement disparaître pour être remplacées par des plantations
uniformes d'épicéas. Bientôt l'aspect de notre haute Belgique, si pittoresque et si intéressante, ne sera plus qu'un souvenir

Dans la région de Laroche et de Saint-Hubert, on trouverait également des parties fort remarquables et intéressantes à conserver. Je ne
connais pas aussi bien la Campine et j'ignore s'il existe là des restes des
forêts primitives qui méritent la même sollicitude.

Je voudrais que la commission à instituer ne dût pas exclusivement
s'inspirer de considérations utilitaires ou scientifiques, mais aussi un
peu de considérations artistiques.

M. le comte W. de Mérode. — Je me permettrai de répondre à
l'honorable président qu'en nous plaçant au point de vue esthétique pur
et simple, nous rentrons dans la théorie du beau gâteux, du beau
lépreux et que nous pourrons arriver à l'abomination de la désolation.

Je ferai observer, en outre, que la forêt de Fontainebleau est située à
proximité de Paris, que plusieurs lignes de chemin de fer permettent d'y
arriver facilement et qu'il n'en est pas de même pour l'Hertogenwald,
que les accès, surtout aux plateaux, n'y sont pas fort commodes. Il n'y a
qu'un très minime nombre de touristes qui puissent y parvenir, les
routes y sont quasi impraticables et il y a des distances considérables à
franchir.

L'honorable président disait également tantôt qu'on en arriverait bientôt à des plantations uniformes de résineux ou d'autres sujets d'un caractère semblable. Je ne crois pas que le but qu'on poursuive dans l'Hertogenwald soit l'exploitation pure et simple des résineux. Je crois même qu'il existe un rapport tendant à prouver que les résineux ne constituent qu'une plantation transitoire et préparatoire à la remise en forêt feuillue. S'il faut en croire ce rapport, les résineux pourraient disparaître à fort bref délai et on n'a jamais considéré l'épicéa dans l'Hertogenwald que comme un moyen d'arriver à des plantations de bois feuillus.

Or, si notre œuvre n'est pas l'œuvre d'un jour, si nous ne travaillons qu'en vue de résultats dont profiteront seulement les générations futures, — ce qui, en foresterie, est fatal, car on ne plante pas pour soi-même, — si nous voulons préparer l'avenir et empêcher qu'on ne continue la désolation dans nos forêts, il faut tâcher de se renfermer dans des limites convenables. Les efforts que l'on a tentés jusqu'ici nous ont montré combien il est difficile de remonter le courant des dévastations. Ainsi, par exemple, l'Hertogenwald. Quel est le revenu qu'on en tirerait s'il fallait l'administrer comme un particulier? Il y aurait d'énormes dépenses à faire sans produit immédiat et ce n'est que l'Etat qui peut se payer pareil luxe. Mais s'il ne s'agissait même que de conserver dans les forêts ce qui présente un véritable caractère de grandeur, je ne pourrais encore me rallier à cette idée qu'il faut con-server pendant deux ou trois cents ans, quitte à les laisser pourrir sur place, des arbres qui sont arrivés à complète maturité. Si nous entrons dans la voie de constituer pareilles réserves, les demandes afflueront, on nous priera de tout respecter, et le domaine forestier deviendra un parc public. Au lieu de constituer un domaine bien traité, beau par son exploitation et par une culture forestière bien entendue, nous arrive-rons à créer une espèce de jardin public où les branches des arbres pousseront jusqu'au bas du tronc. Ce sera peut-être très pittoresque, mais le caractère commercial et utile de l'exploitation forestière aura complètement disparu.

Tous les jours nous lisons dans les journaux qu'il faut respecter ceci et respecter cela. Quand on coupe les arbres arrivés à maturité, les journaux protestent; quand on enlève les arbres morts des boulevards pour les remplacer, c'est l'administration qui les a fait mourir. Il y a là une tendance à faire croire que tout ce que l'administration fait est mal fait. Quand on exécute une coupe quelconque dans une forêt, les tou-ristes crient à la dévastation.

Je voudrais mettre le Conseil supérieur en garde contre cette exagéra-tion qui, grâce à l'institution d'une Commission des réserves, pourrait être exploitée à l'encontre même de la raison d'être du Conseil supérieur des forêts. Celui-ci, en effet, a été institué en vue du perfectionnement de la culture forestière et non pas pour empêcher les forêts d'être utilisées suivant leur destination. Les moyens de conservation de beaux sites seraient plutôt de la compétence d'artistes, d'esthètes, de gens chargés du maintien du pittoresque, mais ne rentrent pas dans le cadre de nos occupations. Avant tout, nous devons chercher à perfectionner la culture forestière.

M. Heynen. — L'honorable président, dans les observations qu'il vient de présenter, a envisagé la question au point de vue où s'est placée la Commission elle-même.

L'assainissement des fanges ayant été décidé par un vote des deux Chambres, et nos hauts plateaux possédant encore des vestiges des anciennes forêts avec leurs caractères naturels, le gouvernement s'est demandé si ces régions typiques, pittoresques et très utiles à l'étude de la flore et de la faune n'allaient pas disparaître par le fait d'une culture normale ? Contrairement à ce que pense l'honorable comte de Mérode, la haute Belgique est parfaitement accessible aux touristes. Y avait-il lieu de réserver certaines parties, très limitées du reste, dans l'intérêt de la science, de l'art et de l'esthétique ?

C'est dans ce sens que la Commission a dirigé ses études. Elle a été unanimement d'avis qu'il ne fallait pas détruire complètement l'aspect primitif de nos hautes Ardennes.

Les conclusions de M. le rapporteur n'ont pas d'autre signification et j'engage le Conseil à s'y rallier.

M. le comte W. de Mérode. — Je n'ai pas voulu faire une opposition absolue et complète aux conclusions qui sont proposées. J'ai tout simplement demandé des explications. Je n'ai pas l'intention de faire de l'obstruction ni même de voter contre, si l'on peut me donner des explications satisfaisantes.

M. le Président. — Les conclusions portent : 1° Qu'il soit fait un inventaire général des sites et régions, etc. Il me semble qu'on pourrait dire : ... régions et des sites « forestiers », etc.

M. Bommer, rapporteur. — Si l'on se donne la peine d'établir un inventaire semblable, et si l'on constitue une commission permanente,— ce qui serait assez nécessaire, — il serait vraiment dommage de ne pas profiter de cette institution nouvelle pour traiter la question dans son ensemble. Il serait regrettable de charger cette commission de s'occuper uniquement du point de vue forestier, en se fiant aux artistes pour ce qui concerne le point de vue esthétique. Plutôt que d'instituer ainsi deux organismes différents, il serait plus utile de concentrer les efforts.

M. le Président. — La tâche est si grande.

M. Bommer, rapporteur. — Oui, mais il y va d'un intérêt capital pour le pays.

M. le Président. — Ne trouvez-vous pas que si on n'insère pas dans les conclusions le mot « forestiers » on aboutit, en somme, à demander la constitution d'une commission des sites, se substituant à la société bien connue qui s'occupe de cet objet. Si on parle de tous les sites remarquables ou intéressants dans tout le pays, même quand ils n'ont aucun caractère forestier, l'activité de la Commission ne risquera-t-elle pas de s'écarter de ce côté-là au lieu de s'occuper de ce qui nous concerne.

M Bommer, rapporteur. — C'est en effet des forêts qu'on doit s'occuper. Je crois cependant qu'il y a lieu de grouper tous les efforts qui tendent à conserver à notre pays un aspect pittoresque. Ces efforts, actuellement très nombreux, manquent de cohésion et d'autorité et restent très souvent sans sanction pratique.

M. le comte de Kerchove de Denterghem. — Il suffit, me semble-t-il, de lire les conclusions de la Commission pour être convaincu que celles-ci ne peuvent être acceptées telles qu'elles sont formulées. En effet, Messieurs, comment nous, Conseil supérieur des forêts, pourrions-nous prendre une résolution conçue en ces termes :

« Etant donnée l'importance de la conservation intégrale des parties les plus pittoresques de notre pays, au point de vue de la science, de l'art et du tourisme, il y a lieu de proposer au Gouvernement... »

Dans ce considérant, il ne s'agit ni de forêts ni de bois. Nous sortons donc de notre rôle en disant à l'Etat : Etant donnée l'importance — que je ne dénie pas — de la conservation des parties les plus pittoresques du pays, nous demandons au Gouvernement de nommer une commission.

Le Gouvernement, d'ailleurs, ne manquera pas de répondre que nous dépassons notre mission et que la meilleure preuve en est que nous invoquons la science, l'art et le tourisme dont nous n'avons pas à nous inquiéter au Conseil supérieur des forêts.

En effet, à quoi aboutirions-nous ? Nous pourrions examiner la question à tous ces points de vue et quand nous viendrions dire que nous nous opposons à l'assainissement des fanges pour des raisons de science, de pittoresque ou de tourisme, le Gouvernement nous répondrait : Pardon, vous sortez de votre rôle ! Les commissions médicales ont statué sur le point de savoir si l'assainissement des fanges n'est pas commandé par l'intérêt bien entendu du pays. La population augmentant toujours, il faut également étendre l'espace qui peut être cultivé et pour mettre une plus grande quantité de terrain à la disposition de la population, nous croyons qu'il y a lieu de faire procéder à l'assainissement des fanges et à leur transformation en terrains de culture.

Restons dans notre rôle de Conseil forestier et exprimons le désir qu'il soit fait un inventaire général des sites et des régions présentant un intérêt spécial au point de vue de la science forestière et de la richesse nationale ; que le Gouvernement prenne des mesures nécessaires pour réaliser autant que possible la conservation intégrale des parties ainsi désignées, qui seraient incorporées dans le domaine public et auxquelles on laisserait ce caractère pittoresque que notre honorable président et nous admirons à Fontainebleau.

N'ayons donc pas des visées trop hautes, nous n'arriverions à rien. Bornons-nous à demander qu'on réserve deux ou trois coins dans la forêt de Soignes et dans l'Hertogenwald, c'est tout ce qu'il faut.

M. Heynen. — Et dans la forêt de Freyr aussi

M. le comte de Kerchove de Denterghem. — Soit, demandez également la conservation de coins dans cette forêt et même, si vous le voulez, la représentation proportionnelle des essences forestières. (*Rires.*)

M. le Président. — Il convient de ne pas perdre de vue le texte de la question qui nous a été posée par le Gouvernement. Voici comment cette question est libellée :

Le domaine forestier de l'Etat comprend dans la haute Belgique des régions dont les caractères naturels sont particulièrement bien conservés, Elles constituent un dernier reste des forêts dont le rôle a été si considérable dans le passé de notre pays et peuvent être considérées comme le vestige historique le plus vénérable que nous possédons.

Ces régions présentent un intérêt capital pour l'étude de la flore et de la faune de nos forêts et pour celle des conditions de milieu dans lesquelles se sont développées nos populations primitives. Elles sont de plus extrêmement pittoresques et leur valeur, à ce point de vue, est inestimable.

Or, il existe une incompatibilité absolue entre la conservation intégrale de ces régions si typiques et la pratique d'une culture forestière normale.

En raison des motifs qui viennent d'être exposés et en s'inspirant de l'exemple d'autres pays, tels que les États-Unis, ne conviendrait-il pas de soustraire à l'exploitation forestière ces régions d'ailleurs fort limitées? Il y aurait lieu, le cas échéant, d'indiquer les parties à réserver, ainsi que la manière dont cette réserve devrait être réalisée.

La question qui nous est soumise est donc limitée au domaine forestier. Si nous répondons à cette question d'une façon trop générale, qui embrasse tout ce qui est pittoresque ou intéressant à un point de vue quelconque, nous risquons fort de ne pas aboutir.

Il y aurait donc lieu, me semble-t-il, d'ajouter, dans les conclusions, le mot « forestiers » après les mots « sites et régions ».

Les conclusions seraient donc ainsi conçues :

Etant donnée l'importance de la conservation, dans leur état actuel, de certaines parcelles boisées ou incultes, le Conseil supérieur décide de demander au Gouvernement :

1º Qu'il soit fait un inventaire général des cantons forestiers présentant un intérêt spécial au point de vue scientifique ou pittoresque et que des mesures soient prises pour assurer leur conservation ;

2º Qu'il soit institué une commission permanente, dite : Commission des Réserves forestières, ayant le caractère de la Commission royale des Monuments, et officiellement chargée de cette double mission.

Je pense que M. le rapporteur ne s'oppose pas à cette rédaction nouvelle.

M. Bommer, rapporteur. — Je me rallie à cet amendement.

M. le comte de Mérode. — J'approuve également la modification proposée.

Les conclusions ainsi modifiées sont mises aux voix et adoptées par douze voix et une abstention.

M. le Président. — Le membre qui s'est abstenu est prié de faire connaître les motifs de son abstention.

M. Van der Swaelmen. — Je me suis abstenu parce que j'estime que les conclusions contiennent trop et trop peu ; trop peu au point de vue artistique, parce que nous ne tenons pas suffisamment compte des nécessités esthétiques, et trop, au point de vue administratif, parce que l'administration, telle qu'elle existe, a suffisamment de pouvoirs pour ordonner la conservation des sites qu'on lui désigne.

Motion d'ordre

M. le comte W. de Mérode. — Dans l'étude sur le « Dendroctonus micans » qui nous a été soumise, je trouve ce qui suit :

Les dégâts que produit le micans peuvent être très importants et amener rapidement la mort du sujet attaqué, lorsque plusieurs insectes travaillent à peu de distance l'un de l'autre sur le même tronc. Il se jette de préférence sur les arbres vigoureux de 40 à 50 ans, surtout sur ceux formant bordure au sud et à l'est. Les plaies provenant de frottures, les entre-écorces des arbres fourchus, les plaies produites par des animaux, les arbres foudroyés ou cassés par la neige, les empâtements résultant de gros nœuds, paraissent spécialement recherchés.

Voici donc une nouvelle plaie qui fond sur l'Hertogenwald et qui s'attaque spécialement aux sujets remarquables. Or, dans cette forêt d'Hertogenwald, déjà éprouvée outre mesure par le climat, par la température et par la main maladroite des hommes, vous allez mettre en œuvre une nouvelle cause de destruction sous prétexte de pittoresque.

Je conçois qu'une végétation vigoureuse, comme celle de la forêt de Soignes, soit mise à l'épreuve jusqu'à un certain point pour le plaisir de nos yeux ; mais qu'on aille faire des expériences dans une région où l'on a déjà contre soi le climat et la nature, je les considère comme dange-reuses pour la conservation de la forêt. Ayant lu avec intérêt la notice de M. Séverin, j'ai été frappé de la réponse que cette brochure donne à la question que nous venons de discuter ; c'est pourquoi je me suis permis de faire cette observation.

M. le Président. — Je voudrais également faire une observation, mais je n'ose dire qu'elle sera confirmée par les spécialistes.

Je pense que ce sont plutôt les forêts artificielles, de culture intensive, qui sont sujettes aux ravages des insectes. Les parties à conserver se trouvant dans les forêts naturelles et ayant gardé un caractère spon-tané ne sont pas facilement atteintes. C'est l'avis de beaucoup de fores-tiers, entre autres de M. Gayer, de Munich, que les forêts naturelles sont moins exposées aux ravages des insectes, des champignons et autres parasites.

Cette observation me paraît avoir assez d'importance.

M. le comte W. de Mérode. — Nous sommes absolument d'ac-cord ; mais ces peuplements naturels à conserver se trouvent entourés de parties artificielles. C'est absolument comme si, au beau milieu de l'institut Pasteur, on lançait une bouteille remplie de microbes.

M. le Président. — Ce sont les parties naturelles qui sont le moins sujettes aux ravages des insectes, précisément à raison du caractère spontané et du mélange des espèces. Dans la nature il existe des moyens de défense que nous ne connaissons pas.

M. Séverin. — Cela est vrai, à condition que les essences se trouvent également dans des stations naturelles. Il s'agit de savoir si c'est le cas.

M. le Président. — Puisqu'il s'agit de conserver des parties qui sont dans leur état naturel...

M. Séverin. — Mais après l'introduction d'autres essences.

M. le comte de Kerchove de Denterghem. — Il est à constater que l'épicéa a été introduit.

M. Crahay, secrétaire. — Nous n'avons guère dans notre pays de forêts naturelles. La culture des taillis est artificielle, de même que celle des résineux.

M. de Caritat de Peruzzis. — Sauf les pins et les sapins.

M. Naets. — Introduits également.

M. le comte W. de Mérode. — Vous croyez que les résineux sont des produits artificiels ?

M. Crahay, secrétaire. — En Belgique, absolument.

M. le comte W. de Mérode. — Il n'y aurait donc jamais eu de sapins en Belgique ?

M. Crahay, secrétaire. — Peut-être bien, mais à une époque pré-historique.

M. le Président. — Il n'y a pas d'autres observations? Nous passons donc aux questions à mettre à l'étude.

IV. Echange de vues sur les nouvelles questions posées par le Gouvernement et renvoi aux commissions compétentes.

M. le Président. — Je propose la formation d'une commission spéciale pour étudier la question du Dendroctonus micans, dont les dégâts prennent une certaine extension.

Je propose de constituer cette commission comme suit : M. le comte de Limburg-Stirum, président, et MM. van Zuylen et Séverin, membres. (Adhésion.)

M. Séverin. — D'après le règlement d'ordre intérieur, M. le Ministre désigne assez communément un inspecteur forestier pour être attaché, à titre consultatif, à la commission.

Dans le cas présent, tout à fait spécial, je prierai le Conseil de demander à M. le Ministre de bien vouloir attacher à la commission M. Brichet, garde général des eaux et forêts, qui a découvert l'insecte dans l'Hertogenwald et qui, depuis plusieurs années, le combat avec énergie et succès. La commission trouvera certainement grand avantage à recourir à ses lumières.

M. le Président. — Je pense également que le concours de M. Brichet sera fort utile à la Commission et ce vœu sera transmis à M. le Ministre de l'agriculture. (*Adhésion.*)

M. Séverin. — Je voudrais faire une seconde observation, en réponse notamment aux paroles prononcées tantôt par l'honorable comte de Mérode. D'après lui, le Dendroctonus micans pourrait jouer un rôle destructif très considérable. Je tiens à faire remarquer que n'importe quel arbre sera toujours, à quelque moment, exposé à certaines attaques d'insectes. Si l'administration forestière a désiré qu'une commission fût instituée pour l'étude du Dendroctonus micans, c'est spécialement à titre d'exemple, pour le cas où de nouveaux dévastateurs seraient signalés dans le pays. Il ne faut pas s'effrayer outre mesure de l'attaque des épicéas par tel ou tel ennemi. Mais il faut apprendre à connaître ceux-ci, et quand on les connaîtra mieux on les combattra avec succès.

M. le comte W. de Mérode. — C'est sans doute parce que j'entends parler pour la première fois de cet insecte et qu'il est plus grand que les autres, qu'il m'a effrayé davantage que ses compagnons. (*Rires.*)

M. le comte de Limburg-Stirum. — Je tiens à me rallier à la proposition qui a été faite par M. Séverin, de faire constater et étudier ce qui se fait en Allemagne à propos du Dendroctonus micans. Il est très important que nous soyons renseignés sur les ravages exercés par cet insecte et que nous sachions quel est l'état actuel des forêts précédemment attaquées. S'il faut en croire M. Séverin, pour certaines forêts, c'est la destruction complète; d'autres peut-être pourront être conservées. Il serait très intéressant d'être renseigné et le Conseil pourrait utilement se rallier à la proposition de M. Séverin d'envoyer un délégué en Allemagne pour étudier sur place et dresser un rapport détaillé sur ce qu'il aura constaté.

M. le Président. — Nous pourrions demander à M. le Ministre de prendre préalablement cette mesure, mais ne vaudrait-il pas mieux que la Commission elle-même propose ce moyen et, qu'au besoin, elle en réfère à l'administration ? (*Adhésion.*)

M. le Président. — La seconde question soumise à notre examen est celle des traités de commerce et des tarifs douaniers, qui est certainement une des plus importantes et des plus actuelles dont nous ayons jamais eu à nous occuper.

Cette question comprend plusieurs points très divers; il importerait donc de la renvoyer à l'examen de plusieurs commissions.

M. Crahay, secrétaire. — Ces commissions pourraient se réunir ensuite pour élaborer un rapport commun. En tout cas, il paraît indispensable de partager la besogne.

M. le Président. — Il est une question préalable qui se présentera : Est-on oui ou non partisan de la protection?

M. le comte de Limburg-Stirum. — Poser la question aux forestiers, c'est la résoudre.

M. Crahay, secrétaire. — Nous nous trouvons en présence de traités de commerce existants et qui doivent être examinés.

M. le comte de Kerchove de Denterghem. — Et on demande que cela soit fait rapidement, puisque les réponses doivent être parvenues avant le 31 décembre 1902.

M. le comte W. de Mérode. — Ne s'agit-il pas d'une question commerciale plutôt que forestière ?

M. Crahay, secrétaire. — Il ne faut pas oublier que les chambres commerciales et autres seront consultées. Elles ne manqueront pas de défendre les intérêts du commerce ; il importe que le Conseil supérieur des forêts examine la question au point de vue des intérêts des producteurs de bois. (*Adhésion.*)

M. le Président. — Il me semble que ces commissions devraient

13

être composées d'éléments assez nombreux pour que les idées et les théories diverses puissent y trouver leur expression.

M. Crahay, secrétaire. — J'ai dressé un relevé résumant la question des droits d'entrée afin de faciliter le travail. Il y a différentes faces du problème à étudier avec attention : l'importance des exportations et des importations, les tarifs et les traités de commerce existants avec les pays étrangers, ainsi que la question de savoir s'il y a lieu de les modifier. Ensuite il y aurait lieu d'examiner si, grâce à des conventions plus favorables, on ne pourrait trouver de débouchés nouveaux pour certains de nos produits. Il n'est pas difficile de se rendre compte que le travail sera excessivement laborieux et compliqué et qu'il serait utile de créer trois grandes divisions :

1° Les bois de chêne et de noyer et les bois de construction et d'ébénisterie autres que de chêne et de noyer ;.

2° Les bois divers : bois de charbonnage, perches à houblon, au sujet desquelles différentes réclamations se sont déjà fait jour; les bois ouvrés : balais, sabots et autres produits de ce genre au sujet desquels il y aura à examiner nos relations avec la France et la Hollande ;

Enfin, 3° les écorces, les pâtes de bois et les produits relatifs à la tannerie.

En conséquence, je pense qu'il serait utile de nommer trois commissions qui se répartiraient le travail d'après cette division.

M. le Président. — Il y aurait donc une commission avec trois sous-commissions.

M. de Caritat de Peruzzis. — Ce sera presque tout le Conseil supérieur, et il y a toujours un grand danger à avoir beaucoup de commissions. Celles-ci ont, en effet, une tendance à faire une besogne lente; or, la solution presse.

Le travail indiqué par l'honorable secrétaire ne sort-il pas du cadre de la besogne ordinaire du Conseil supérieur? Ne devons-nous pas nous placer exclusivement au point de vue forestier? Or, les traités de commerce, les tarifs douaniers sont choses essentiellement commerciales. Je ne vois pas la relation qu'il peut y avoir entre les fonctions du Conseil supérieur des forêts et l'étude des traités de commerce. Nous n'avons ici qu'à prendre la défense des intérêts forestiers et s'il ne s'agit que d'empêcher que la concurrence étrangère vienne ruiner nos cultures, la question est bien simple. Puisque nous ne pouvons produire aux mêmes conditions que les pays étrangers où le sol boisé n'est pas aussi amoindri, où la main-d'œuvre est moins coûteuse, il n'y a qu'une chose à faire, c'est d'établir des droits d'entrée. Mais, comme le disait l'honorable Président, le droit d'entrée est un droit fiscal plutôt qu'un droit de protection.

En tout cas, si nous entrons dans l'étude des traités de commerce, nous n'en finirons pas et il nous sera impossible de rester dans le cadre de nos attributions.

M. le comte de Limburg-Stirum. — Nous n'avons qu'à nous préoccuper exclusivement des intérêts forestiers. Les intérêts commerciaux seront suffisamment défendus par d'autres C'est à nous qu'incombera le soin de maintenir le juste équilibre entre les deux intérêts en présence.

M. Fraters. — Il est certain qu'au point de vue forestier, il y a intérêt à maintenir une protection, fût-elle même minime.

M. le Président. — On est d'accord, je pense, pour constituer trois commissions de quatre membres chacune? (*Adhésion.*)

Ces commissions pourraient être constituées comme suit :

1re Commission. — Bois de chêne et de noyer, bois de construction et d'ébénisterie autres que de chêne et de noyer : MM. le comte W. de Mérode, le comte de Ramaix, Nève et le comte Visart de Bocarmé.

2me Commission. — Bois divers et ouvrés : MM. Hubert, Naels, Fraters et de Caritat de Peruzzis.

3me Commission. — Ecorces, pâtes de bois, etc. : MM. Delvaux, Fontaine, Lecart et Heynen.

Il n'y a pas d'opposition? Il en sera donc ainsi.

La séance est levée à 11 h. 50.

Nouvelles réserves forestières aux États-Unis

Un message présidentiel du 16 avril dernier a créé deux nouvelles réserves forestières dans la région des dunes sablonneuses du Nebraska. L'une, désignée sous le nom de « Dismal River Reserve », est située entre la « Dismal River » et la « Middle Loup River », immédiatement en amont de leur confluent; elle comprend une étendue de 86,000 acres (34,000 hectares). L'autre, dénommée « Niobrara Reserve », occupe une position semblable entre la « Niobrara River » et la « Snake River »; l'étendue de celle-ci est de 125,000 acres (50,000 hectares).

Ces deux réserves sont situées dans la partie centrale de la grande région des dunes sablonneuses, qui ne comprend pas moins de 15,000,000 d'acres (6,000,000 d'hectares) et dont le quart environ fait partie du territoire de l'Etat du Nebraska. Cette région est caractérisée par de nombreuses chaînes de dunes ou de collines sablonneuses d'origine éolienne, séparées l'une de l'autre par de faibles dépressions.

Jadis, à l'époque de formation de ces dunes, la contrée entière était aride et nue. Les plus anciens occupants y ont connu des sables mobiles recouverts çà et là d'une végétation herbacée ou buissonnante. L'application dans les contrées environnantes d'un système de plus en plus rigoureux de mesures préventives des incendies, a permis à la végétation d'y développer rapidement une couverture suffisante.

Aujourd'hui, les seuls endroits stériles qui s'y rencontrent encore se trouvent sur le flanc des collines fortement battues des vents. Ceux-ci balayent et dispersent les parties sableuses en rendant impossible tout retour de la végétation.

De nombreux arbrisseaux, tels que le prunier rouge, les cerisiers sauvage et des sables, le lierre vénéneux (« Poison Ivy ») ont réussi à s'y installer depuis quelques années. Dans toute la partie orientale de l'Etat, ces arbrisseaux sont les premiers végétaux ligneux qui se montrent sur les sols en voie de reforestation naturelle ; ils constituent en quelque sorte l'avant-garde de la forêt. Leur apparition est un indice certain de l'existence de conditions favorables à la végétation forestière.

La futaie ne se rencontre qu'exceptionnellement dans ces réserves et seulement sur les bords des rivières qui en marquent, comme nous l'avons dit, les limites. La grande demande de bois de feu et de bois d'œuvre de toutes sortes, de ces dernières années, a déterminé l'exploitation de la plupart des massifs.

Dans les parties où quelques tiges seulement ont été enlevées, la régénération se produit avec une merveilleuse facilité.

En quelques endroits, particulièrement sur les bords de la « Niobrara River », les jeunes peuplements de pins se propagent loin des collines de sable. Laissés à eux-mêmes, ils parviendront à la longue, insensiblement, à occuper de larges étendues de la prairie.

Mais le but principal poursuivi dans l'établissement de ces réserves est de déterminer la valeur pratique des méthodes de reboisement appliquées sur une vaste échelle. Toutes les conditions paraissent ici devoir favoriser cette entreprise. L'avenir des peuplements de pins dans cette région n'a jamais été sérieusement mis en doute. Le besoin de bois s'y fait sentir d'une manière si pressante que la production de ces réserves y trouvera un écoulement assuré. On ne pourrait d'ailleurs tirer parti de ce sol autrement que par le boisement; à tout autre point de vue, il reste sans valeur. Le point capital est d'y installer la végétation ligneuse, d'y obtenir la forêt naissante ; cette difficulté vaincue, le succès de l'entreprise est absolument certain.

L'établissement de ces deux réserves marque une phase nouvelle, une orientation particulière de notre politique forestière. C'est le premier essai tenté par le gouvernement national de mise en valeur par le reboisement de terrains incultes, c'est la première tentative de créer la forêt artificielle dans les régions où la forêt naturelle fait défaut.

Si les résultats en sont heureux, le gouvernement national devra généraliser la mise en valeur de ses terres improductives par le reboisement, partout où celui-ci est possible.

Par suite de l'intérêt qu'elles présentent à ce point de vue, les nouvelles réserves du Nebraska doivent être l'objet d'une attention particulière.

Le 11 avril, un message de M. le Président Roosevelt a définitivement établi la « San Isabel Forest Reserve », d'une étendue de 77,980 acres (31,000 hectares), louée aux comtés de Saguache et de Custer et située dans le sud central de l'État du Colorado. Quelques jours plus tard, le 16 du même mois, la « San Francisco Mountains Forest Reserve » a été augmentée de 999,950 acres, ce qui porte l'étendue totale de cette réserve à 1,975,000 acres (790,000 hectares).

L'étendue totale des réserves forestières des Etats-Unis est actuellement de 48,002,101 acres (19,200,000 hectares). (*Forestry and Irrigations.*)

Traduit par L. WARTIQUE.

L'ombre et le cor d'Ambroise [1]

Aux conscrits

Lorsqu'au coin du foyer, songeant aux jours passés,
Je revois cette école où vous nous remplacez
Et qu'un doux souvenir vient égayer ma muse,
Une ombre bien lugubre, en passant sur mes yeux,
Etend son voile noir sur ces tableaux joyeux :
      Oh ! dites-moi si je m'abuse !

Quand la bise mugit dans votre corridor,
Pendant les soirs d'orage, entendez-vous un cor
Mêler ses gais accents au tourbillon qui passe ?
Quand l'esprit flotte encore en un demi sommeil,
L'écho des escaliers, au lever du soleil,
      Vous redit-il un air de chasse ?

La nuit, quand les bosquets, sur le sable des cours
Allongent leur grande ombre aux bizarres contours,
Voyez-vous un piqueur, debout vers la fontaine,
Avec son habit vert, son cor, ses cheveux gris,
A la moustache rude, aux membres amaigris,
      Vieillard ayant la soixantaine ? ·

---

[1] Un ancien nous demande l'insertion de cette belle poésie, dont la lecture plaira certainement à tous, et qui évoquera dans l'esprit de plusieurs les souvenirs si agréables de l'Ecole forestière de Nancy. Cette poésie, d'un vétéran de la 28e promotion, date sans doute déjà de loin. Si le cor a pu un jour être supprimé à la célèbre école de la rue Girardet, ce n'a pas été pour longtemps, car M. Guyot n'en fait pas mention dans son ouvrage sur l'Ecole de Nancy (1898), et les conscrits de la 76e promotion, celle de 1902, ont encore entendu, comme ceux de 1898, comme nous-même en 1880, la même joyeuse fanfare que sonnait jadis Ambroise le piqueur. N. D. S.

Ah ! s'il est vrai que l'homme est libre, après sa mort,
De revoir chaque nuit ce monde dont il sort,
Vers les lieux qu'il aimait si son âme revole,
Au bord de la fontaine il doit venir encor
Se montrer tous les soirs, le vieux sonneur de cor,
  Et visiter sa chère école.

On a dû vous parler d'Ambroise le piqueur....
Pauvre Ambroise ! il aimait l'école de tout cœur,
Comme l'enfant chérit le toit qui l'a vu naître,
Comme le vétéran son drapeau glorieux ;
Et chaque élève était à la fois, à ses yeux,
  Comme un cher fils et comme un maître.

Depuis plus de vingt ans, on l'avait vu toujours
Sonner aux forestiers, l'appel, l'heure des cours,
Le matinal réveil et l'heureuse sortie.
Ses chants étaient divers, parfois tristes et doux,
Parfois éclatants et gais, selon que par nous
  L'heure était maudite ou bénie.

Le *débuché*, des cours nous célébrait la fin ;
La *curée* annonçait le repas du matin ;
Lent et doux, le *reviel* commençait à voix basse,
Comme s'il eût regret de troubler nos sommeils,
Puis, montant par degrés, le cor aux tons vermeils
  Sonnait comme au fort d'une chasse.

Mais surtout, il fallait l'écouter et le voir
Quand de tous ses poumons, il entonnait, le soir,
L'*hallali*, gai signal pour sortir de l'école ;
Alors à ses accents tous mêlaient des chansons
Et tous s'élançaient comme une troupe d'aiglons
  Qui brise sa cage et s'envole.

Des courses, quand venait le bienheureux moment,
Debout sur le grand char et solennellement
Il sonnait le départ, tandis que l'attelage
Emportait au galop les bruyants pèlerins.
Et l'on partait gaiment, comme on voit les marins
  Quitter en chantant leur mouillage.

Alors!... Mais maintenant on n'entend plus sa voix!
Les signaux que son cor nous donnait autrefois,
A présent qui les donne ? — Une cloche fêlée !
Il n'existait donc plus un seul sonneur de cor?
Nul piqueur n'a donc pu dans nos murs faire encor
    Retentir la fanfare ailée !

Il faut dans les couvents la cloche aux tristes sons,
Dans la caserne, il faut les tambours, les clairons,
Et la voix du cor à l'école forestière.
Car il faut faire aimer la musique des bois
A ceux qui, des forêts les hôtes et les rois,
    Vont y passer leur vie entière.

                    (JOLYET — 28e promotion.)

Commerce du bois

Le 30 JUILLET 1902, à midi, à la Bourse du commerce (salle de l'Union syndicale), à Bruxelles. Fourniture, en 1904, aux conditions de l'avis spécial n° 120, approuvé le 13 mai 1902, se référant au cahier des charges-type I, approuvé le 11 novembre 1893, de 380,000 billes demi-rondes en chêne ou en hêtre à cœur blanc, et de 35,700 pièces de bois de chêne pour fondations d'appareils de voie, répartis en 170 assortiments distincts et indivisibles. Les billes mesureront $2^m60 \times 0^m28 \times 0^m14$, ou bien $2^m60 \times 0^m26 \times 0^m13$ (chêne et hêtre), ou bien $2^m60 \times 0^m21$ à $0^m24 \times 0^m14$ à 0^m16 (chêne seulement), ces dernières avec un découvert de 0^m12 à 0^m15. Chaque lot de bois équarris comprendra 40 pièces de 4 mètres; 35 de 3^m60; 30 de 3^m30; 40 de 3 mètres et 65 de 2^m70, toutes de l'équarrissage $0^m30 \times 0^m15$. Il ne sera pas ordonnancé de paiement avant le 1er janvier 1904. Délais de fourniture : la première moitié du nombre total des billes et de la longueur totale des pièces de bois de chêne, pour le 31 janvier 1904; la seconde moitié, de même que la totalité des billes en hêtre, pour le 31 mai suivant, au plus tard. Ces délais sont de rigueur. Cautionnements : par bille, fr. 0. 25; par lot de bois équarris, 280 fr. Renseignements, bureaux de M. De Rudder, administrateur des voies et travaux, rue de Louvain, 11, à Bruxelles, et Commission de réception des fers et bois, rue d'Idalie, 32, à Ixelles.

Chronique forestière

Nécrologie. – L'excursion forestière de juin 1902. — Les plantations d'épicéas et les cerfs. — Quelques réflexions à propos du coudrier et du frêne. — Influence améliorante de l'acacia. — Le peuplier à la Société des Agriculteurs de France. — Appareils de chauffage au bois. — Le lérot et les oiseaux.

Nécrologie. — Notre livraison du mois dernier avait paru lorsque nous avons appris, non sans une vive et pénible surprise, le décès inopiné et prématuré — il n'avait pas 55 ans — de M. Scarsez de Locque-neuille, membre du Conseil d'administration de la Société centrale forestière.

Le 11 juin, vers 4 heures de l'après-midi, M. Scarsez se trouvait encore au local de la Société et s'y informait du programme de l'excursion à laquelle il se proposait d'assister. C'est le lendemain que, pris d'un mal subit, il décédait à Spa, où il était allé rejoindre sa famille en villégiature.

M. Scarsez s'intéressait beaucoup aux questions forestières. C'était un observateur et un chercheur. A diverses reprises, il a collaboré au *Bulletin*. Il était l'un des plus assidus aux réunions mensuelles de la Société, qui perd certainement en lui un de ses plus dévoués membres.

Nous exprimons à la famille de M. Scarsez tous les regrets que nous fait éprouver la perte cruelle qui l'a frappée et nous la prions d'agréer nos bien sincères condoléances.

*
* *

Une autre perte, qui sera aussi vivement déplorée, est celle de M. Denis Verstappen, de Diest, si connu dans le monde agricole et forestier comme l'apôtre de la sidération à l'aide du lupin dans les sols sablonneux. M. Verstappen est mort le 4 juillet, dans sa 65e année.

Comme on le rappelait très exactement il y a deux mois (voir livraison de mai, p. 320) à propos de la mort de M. G. Fouquet, le savant professeur d'agriculture de l'Institut de Gembloux, celui-ci a préconisé un des premiers, il y a quelque 35 ans, l'emploi des engrais verts et notamment la culture du lupin jaune dans les sols sablonneux; M. Denis Verstappen, lui, a l'un des premiers en Belgique, sinon le premier, appliqué le conseil, et l'on peut dire que par son exemple et par ses écrits il a le plus contribué à le faire entrer dans le domaine de la pratique.

Bien des agriculteurs et des forestiers sont allés prendre d'excellentes leçons dans l'intéressant petit domaine dont M. Denis Verstappen faisait les honneurs avec une simplicité et une obligeance rares.

Le nom de M. Denis Verstappen sera souvent encore écrit ou prononcé par ceux qui traiteront la question de la mise en valeur des landes sablonneuses.

Nous présentons à la famille du regretté défunt toutes nos condoléances.

.*.
* *

Dans un rôle plus modeste, le brigadier des eaux et forêts Denis, de Frahan, était également un de ces hommes à la mémoire desquels on doit rendre hommage.

A une intelligence parfaite de ses devoirs, il joignait des connaissances plus qu'ordinaires des choses de son état. Il conduisait sa brigade avec une délicatesse et un bon sens peu communs. Il apportait dans ses conseils et ses jugements une prudence et une impartialité qui rehaussaient son ascendant sur tous ceux qui dépendaient de lui.

Ses chefs l'eurent toujours en très haute estime et lui témoignèrent maintes fois leur satisfaction.

Le brigadier Denis est mort en service, la nuit, seul, terrassé par une congestion qui le précipita dans la Semois. Il était âgé de 45 ans.

Nous exprimons également à sa famille si éprouvée toute la part que nous prenons à sa douleur.

L'excursion forestière de juin 1902. — Une quarantaine de membres de la Société ont participé à l'excursion organisée cette année dans les massifs boisés des environs de Bruges.

Etant données les qualités et la richesse des sols de cette partie des Flandres, la proportion des terrains affectés à la culture forestière y est faible ; la région revêt un caractère franchement agricole, avec ses champs de seigle et de pommes de terre, et de ci de là une parcelle de colza, de lin, de sarrasin. La culture y est intensive ; les terrains cultivés sont livrés, par leurs propriétaires, à la culture des bois, lorsque le revenu en est jugé insuffisant — nous ne citerons pas de chiffres pour ne pas être taxé d'exagération. Les lignes d'arbres en bordure des héritages, les plantations le long des routes, limitent les horizons dans ces vastes plaines flamandes et donnent au pays un cachet tout particulier. En somme, dans cette région agricole, la production ligneuse paraît assez considérable, et il serait curieux d'en chiffrer l'importance, en grume surtout.

Les excursionnistes ont consacré la première journée à la visite de la propriété des Hospices civils de Bruges, le Vloetemveld, d'une étendue de 300 hectares environ, dont 225 de bois, et située, au S. O. de cette ville, sur les confins des territoires des communes de Snelleghem, Zedelghem et Aertrycke.

Les honneurs du domaine étaient faits avec la plus grande amabilité par la Commission administrative des Hospices civils, présidée par M. Goethals.

M. J. van Caloen de Basseghem, délégué de la Commission pour l'administration et la gestion du Vloetemveld, un homme charmant doublé d'un forestier passionné et émérite, a guidé les promeneurs dans tout le domaine, prodiguant à chacun renseignements et explications ; un plan-guide et une notice fort détaillée avaient été distribués dès l'arrivée dans la propriété, où l'on a accès par une allée bordée de hêtres pourpres et ordinaires alternés, d'un agréable effet, et en tête de laquelle un arc de triomphe avait été érigé à notre intention, en signe de bienvenue.

Nous ne voulons pas anticiper sur le travail du rapporteur désigné pour dire aux absents, par la voie du *Bulletin*, toutes les choses intéressantes observées au cours de cette belle journée, favorisée par un temps splendide.

Nous avons vu des peuplements de pin sylvestre accusant, à 25 ans, un accroissement annuel moyen de près de 10 mètres cubes par hectare, quoiqu'ils comportent encore plus de 4,000 sujets à l'hectare; des pineraies de 15 à 18 ans avec 12,000 pieds à l'hectare ; de jeunes plantations et semis faits ou entretenus très serrés, afin de couvrir vite et complètement le sol, et donnant dès le premier nettoiement un rendement fort appréciable; la mise en pratique d'une rotation agricole et forestière, que l'on reconnaîtra un jour indispensable dans les régions à sols sablonneux livrés à la culture des essences résineuses ; des opérations de défoncement à diverses profondeurs, le prix de vente des souches atteignant souvent, dépassant parfois le prix de la main-d'œuvre ; les conséquences funestes, déjà constatées ailleurs, du défoncement avec renversement des couches, etc., etc.

Dans la région, chaque brindille a sa valeur, les produits ligneux atteignent des prix inconnus ailleurs, mais la main-d'œuvre s'y trouve à très bon compte, chose bien rare aujourd'hui chez nous.

La visite d'un tel domaine, placé dans de pareilles conditions économiques, géré avec un esprit bien marqué de méthode doublé d'un certain éclectisme, n'a pu manquer d'être pour tous attrayante et profitable.

La promenade a été interrompue à midi par un déjeuner en plein bois, sous une tente dressée à cette effet, déjeuner gracieusement offert par l'administration des Hospices civils et accepté avec empressement par les excursionnistes, dont la marche au grand air avait aiguillonné l'appétit.

Après avoir souhaité la bienvenue aux membres de la Société forestière et leur avoir dit le grand plaisir que lui et ses collègues de la Commission éprouvaient à les recevoir, M. Goethals, président de la Commission, a reporté sur M. J. van Caloen tout le mérite de la bonne gestion de la propriété des Hospices civils. Il a donné rendez-vous aux excursionnistes pour visiter, dans deux ou trois années, le nouveau domaine forestier (La Cédrogne) que les Hospices de Bruges ont récemment acquis dans le Luxembourg.

M. le comte de Limburg-Stirum, membre du Conseil d'administration de la Société et du Conseil supérieur des forêts, a remercié en excellents termes M. Goethals et la Commission administrative et a exprimé la vive satisfaction des excursionnistes, qui tireront certainement de leur visite à la belle propriété du Vloetemveld de précieux enseignements pour le plus grand progrès de la sylviculture des plaines basses du pays.

En rentrant à Bruges, les excursionnistes ont pu parcourir rapidement, le temps faisant défaut, un important et très intéressant établissement d'horticulture.

Le soir a eu lieu, dans la vaste salle de l'Hôtel du Sablon, le dîner en commun au cours duquel notre honorable président, M. le comte A. Visart, a porté le toast au Roi, le haut protecteur des forêts, et a ensuite levé son verre à la prospérité toujours croissante de la Société forestière. M. Victor Dupont a bu à la santé de M. le comte A. Visart, qui préside la Société avec un talent et un dévouement auxquels elle doit une grande partie de sa vogue et de son succès.

Au cours de la journée du lendemain, on a visité, au *Munken*, sous la conduite des fils du défunt et de M. Standaert, pépiniériste à Ruddervoorde, la propriété de feu M. le sénateur chevalier van Outryve d'Ydewalle, un sylviculteur éclairé, qui fut l'un des fondateurs de la Société forestière et qui, grand amateur d'essences étrangères, en a réuni une abondante collection dans son domaine du Munken. Outre ces curiosités, les excursionnistes ont pu admirer de vieilles pineraies, avec, en sous-étage, des taillis de rhododendrons en fleurs lors de la visite : une véritable féerie et une productive exploitation ; des peuplements de chênes d'Amérique et de robiniers, en étages superposés, surmontant une plantation de sapins de Douglas recouvrant elle-même des rhododendrons en taillis, etc., etc.

Les promeneurs ont quitté ce splendide domaine, enchantés de la visite et regrettant que l'architecte d'aussi jolies choses n'ait pu en jouir beaucoup plus longtemps.

De cette propriété, les excursionnistes passent dans celle toute proche de M. le baron A. van Caloen de Basseghem, bourgmestre de Lophem.

Il se trouve là un peuplement sans doute unique en Belgique : une futaie de mélèzes, de fortes dimensions pour la plupart, espacés de 10 à 15 mètres, sur taillis de châtaigniers presque pur ; les résineux sont encore très bien venants et accusent de forts accroissements ; l'économie la plus stricte a présidé jusqu'aujourd'hui à l'exploitation de l'étage supérieur, qui représente une valeur considérable.

En quittant la propriété de M. le baron van Caloen, les voitures conduisent les excursionnistes au village voisin de Ruddervoorde, où les attendent un copieux déjeuner et une réception musicale par la fanfare de l'endroit, qui se fait entendre pendant presque toute la durée du repas.

Ensuite; on se dirige, toujours en voitures, vers Beernem, où se trouve l'ancien arboretum de Serret, du nom de son créateur, et qui appartient aujourd'hui à Mme la douairière Baillieu d'Avrincourt. Un grand nombre d'essences exotiques croissent, disséminées ou groupées, dans le domaine; plusieurs ont atteint de fortes dimensions. Chacune d'elles fait l'objet d'une courte causerie de M. le comte Visart, président de la Société, un érudit en cette matière comme en tant d'autres.

Enfin, les excursionnistes reprennent la direction de Bruges, les plus pressés par le chemin de fer, les autres en voitures.

En résumé, l'excursion de 1902, pour s'être faite dans une région peu boisée, n'en a pas été, loin de là, moins intéressante que les précédentes. Elle a révélé à nombre d'entre nous l'existence de pratiques particulières à la région, et parfaitement justifiées d'ailleurs, dans la culture des bois en plaines sablonneuses, et chacun a pu en tirer son profit. Elle a confirmé que les sylviculteurs doivent adapter leurs travaux, non seulement aux circonstances locales de sol et de climat, mais aussi aux conditions régionales des débouchés et de la main-d'œuvre. Nous nous félicitons d'avoir pris part à cette intéressante tournée forestière au cours de laquelle, comme toujours, les participants ont rivalisé de courtoisie et de cordialité.   I. B.

Les plantations d'épicéas et les cerfs. — On a expérimenté, au château de Mirwart, différents procédés pour protéger les jeunes plantations d'épicéas et les rendre défensables contre le gibier, surtout contre les cerfs et les biches.

Le badigeonnage au lait de chaux est celui qui a donné le meilleur résultat.

On se sert d'un seau en fer blanc et d'un pinceau. Des enfants, des femmes sont employés à cette besogne; on les paie à raison de 1 franc par jour. Le coût du travail est de fr. 2.50 par hectare la première année et de 2 francs, même un peu moins, la seconde. Le travail offre quelque ennui, mais pas de difficulté.

On estime qu'au bout de cinq ans le sujet sera suffisamment garanti. Le travail se fait à partir de fin octobre, en novembre et en décembre. Les épicéas, ainsi badigeonnés, n'échappent pas tous, mais le nombre des sujets broutés est insignifiant; il est de 300, en moyenne, par hectare.

On se sert aussi de dents en fer-blanc, petites lamelles dentées, dont on entoure le bourgeon terminal. Ce procédé n'a donné aucun résultat; on y a renoncé et l'on en est revenu au lait de chaux.

Le moyen est à expérimenter: on continue à Mirwart; on pourrait commencer ailleurs.

J'ai cru devoir faire connaître le procédé : c'est à M. Schlich, co-propriétaire du domaine de Mirwart, professeur de sylviculture en Angleterre, que je dois ces renseignements.
                                               J. HOUBA,
                                    inspecteur des eaux et forêts.

Marche, le 26 juin 1902.

Quelques réflexions à propos du coudrier et du frêne. — On ne peut parler de la première de ces essences sans exciter le mécontentement des forestiers chargés de surveillance. Son bois, véritable convoitise des maraudeurs, est employé pour cercles de tonneaux, manches, paniers, râteaux et balais. Son fruit, suivant un usage toléré plus ou moins dans les bois communaux depuis un temps immémorial, est cueilli par

les promeneurs et les enfants et, si l'on s'oppose trop sévèrement à cette cueillette, il en résulte parfois des actes de
mauvais gré très préjudiciables à la forêt.

Condamnée par la nature à ne produire que du bois de
petite dimension, doit-on, pour ces motifs, maudire cette
essence sans pitié? Dans nos taillis sous futaie, où les arbres
ne sont pas trop serrés, à l'âge de 16 ans le coudrier ne donne
guère que des cerceaux, dits de Bruxelles (longueur
2^m70 à 3 mètres), d'une valeur de 300 à 400 fr. par hectare ;
si la futaie est abondante, le prix varie de 100 à 200 francs.
Mais le coudrier a certains avantages culturaux dont il faut
tenir compte : il couvre le sol de son ombrage épais et fournit
un terreau doux, très fertile ; il ne s'élance guère et permet
ainsi aux brins sur graine, de bonnes essences, de se développer et de devenir des arbres de futaie. C'est le résultat
qu'on peut constater quand on procède à un griffage dans
les cantons à coudriers.

On peut donner le conseil, aux forestiers chargés du
repeuplement des jeunes coupes, de ne rien négliger pour
introduire des frênes dans les parties à noisetiers. Ceux-ci
du reste se trouvent presque toujours dans les cantons à
sol riche où le frêne prospère, et le coudrier contribue
au maintien et parfois à l'augmentation de la fertilité du
sol. Comme il a choisi les parties à sol favorable pour
s'établir, il veut y rester. Le dessouche-t-on, à la révolution
suivante on retrouve ordinairement un repeuplement, même
plus abondant ; en un mot, il résiste au fer et au feu, il
brave souvent tous les instruments de destruction.

Si le coudrier favorise la végétation des sujets existants
aussi forts ou plus avancés que lui, par contre il s'oppose
aussi à l'installation des essences précieuses, avides de lumière,
qu'il contrarie par son couvert bas et épais. Lorsqu'il est
trop abondant, on le combat par différents procédés. Parfois,
il suffit d'allonger la révolution. Le coudrier, ne pouvant
suivre ses voisins, reste en arrière, s'arrête, dépérit et
meurt. On peut aussi couper les coudriers une fois vers le

milieu de la révolution et respecter les autres essences.
Enfin, on peut éclaircir le taillis deux, trois ou quatre ans
avant l'exploitation. Pour peu qu'il y ait des arbres semenciers, il se produira un repeuplement naturel de frênes,
d'érables, de chênes, qui se maintiendra par suite du couvert relevé et aura déjà une certaine avance lors de l'exploitation du taillis.

En résumé, n'excluons pas le coudrier qui fertilise et
amende nos sols forestiers, mais empêchons-le d'être exclusif
et de chasser nos essences de grande production.

Nous avons parlé du frêne qui lutte avec succès contre
le coudrier. Dans sa station, le frêne est très remunérateur ;
il fournit des arbres de futaie fort recherchés, son bois est
employé en menuiserie, charpente, charronnage et carros-
serie, etc. ; en outre il produit un excellent taillis, des souches
résistantes et a une croissance rapide (1). Si nous exceptons
les gelées tardives qui font souffrir ses jeunes pousses, ce
qui arrive assez rarement, rien, ou presque rien, ne l'arrête
dans le cours de sa végétation.

Dans sa jeunesse, on voit la flèche droite et raide forer,
pour ainsi dire, dans les branches des arbres voisins placées
au-dessus comme pour lui couper le passage dans sa marche
montante. Quant à l'envahissement des ronces, c'est peut-
être de toutes nos essences feuillues celle qui en souffre le
moins.   P. CONREUR,
                                         brigadier forestier.

---

(1) Ce que l'on dit du frêne peut aussi, en partie, se rapporter aux érables.
Cependant, leur bois a moins de valeur, surtout celui de petite dimension ; mais les
érables sont moins exigeants que le frêne sous le rapport de l'humidité et de la
richesse ; de plus, ils rejettent très bien de souche et se reproduisent abondamment
par la graine.

Frêne et érables sycomore et plane sont trop négligés dans nos bonnes futaies
sur taillis.

Influence améliorante de l'acacia. — Nous lisons ce qui
suit dans le compte rendu, publié par la *Revue des Eaux et
Forêts*, d'une conférence de M. Matthès, conseiller des forêts
à Eisenach (Saxe-Weimar) :

On n'a pas jusqu'à présent suffisamment expérimenté
l'influence de l'acacia sur des plantations déjà grandes. Mais
pour bien faire voir l'importance de l'acacia comme fixeur
d'azote et sa faculté d'amélioration du sol, je vais relater un
fait que j'ai observé il y a deux ans. Au cours de la revision
d'une plantation d'épicéas exécutée en 1894 avec des plants
repiqués de 3 ans, je fus frappé de l'aspect d'un groupe
d'épicéas qui se distinguaient par leur feuillage sombre et
leur remarquable accroissement en hauteur. Une enquête fit
découvrir qu'à l'endroit en question, on avait brûlé un tas
de branchages d'acacia que l'adjudicataire avait renoncé à
enlever à cause de leurs épines. Encore plus extraordinaire
était l'accroissement des épicéas à l'endroit même où avaient
poussé les acacias exploités et sur lequel on voit actuellement des drageons au milieu des épicéas plantés en 1894.
Le peuplement d'épicéas de six ans y accusait une hauteur
moyenne de 3^{m}50 avec, à la base, un diamètre de 6 centimètres et une largeur de cime d'environ 1 mètre, alors qu'à
l'entour, les épicéas plantés sur un sol engraissé de détritus
de hêtre ne présentaient qu'une hauteur moyenne de 1^{m}40
pour un diamètre de 3 centimètres. Cet accroissement considérable était d'autant plus frappant que les épicéas en
question se trouvaient sur un talus qui avait été pratiqué
autrefois pour l'établissement d'une meule à charbon ; c'est
parce que le sous-sol avait été mis à nu, que l'on avait
replanté le talus en acacia, peu exigeant au point de vue du
sol.

Le peuplier à la Société des Agriculteurs de France. — Nous
lisons dans le dernier Bulletin de cette importante Société
que, dans sa séance du 28 février 1902, sur la proposition de

. son président, M. le docteur Mitivié, la section des sylviculteurs a libellé comme suit le programme du prix agronomique à décerner en 1903 : *Monographie du peuplier (genre
Populus), variétés, plantation, culture, maladies, remèdes,
exploitabilité, produits, emplois divers.*

Dans les discussions préliminaires, il est dit que le peuplier, bien planté et bien cultivé, est d'un excellent rapport,
que le prix à Paris atteint jusqu'à 60 francs le mètre cube (1);
il est rappelé que les plantations de peuplier du canal de
l'Ourcq ont suffi à en payer les frais de construction; les débouchés de ce bois sont énormes, mais les prix sont en rapport
avec les qualités du bois; il ne faut ni nœuds, ni marques de
crampons ; il vient bien dans les remblais et les terres
rapportées.

Appareils de chauffage au bois. — La Société des Agriculteurs de France a institué, l'an dernier, un concours pour
ces appareils.

Une récompense a été décernée à M. Faye, constructeur à
Juvisy, le concours restant d'ailleurs toujours ouvert. Nous
n'avons pas à décrire le poêle en question; nous notons seulement que la combustion est aussi satisfaisante que possible, que
la production d'oxyde de carbone n'est que de 0.07 pour cent
dans les seules conditions où ce gaz peut prendre naissance,
c'est-à-dire après la carbonisation complète du bois, mais
alors que la braise est encore rouge ; les appareils à houille
produisent 2 à 3 pour cent au moins de ce gaz ; l'avantage
hygiénique de l'appareil au bois est donc incontestable, mais
il serait désirable, d'après les rapports présentés, de voir
perfectionner les récupérateurs de la chaleur entraînée dans
les produits de combustion s'échappant par la cheminée.

------

(1) Il s'agit vraisemblablement du bois débité.   (N. D. L. R)

Le lérot et les oiseaux. — On connait partout le lérot (*Myoxus nitela*),
ce petit mammifère gracieux d'allures, que l'on voit aux heures crépusculaires de l'été, passer par petits bonds rapides sur le chaperon des
murs ou apparaître, comme une ombre fugitive, dans les arbres, en
parcourant les branches avec une légèreté qui fait à peine plier les plus
ténues; sous ce rapport, il n'a rien à envier à l'écureuil. On sait aussi que,
comme la marmotte, il passe l'hiver dans un sommeil léthargique. Il est
peu d'habitants de la campagne qui n'aient eu l'occasion de le rencontrer
dans cet état, alors que, roulé sur lui-même et cerclé par sa queue
presque aussi longue que son corps, il forme une boule aussi parfaite
qu'une bille de billard.

Ce qui attire surtout l'attention, ce sont les dégâts qu'il commet dans
les vergers et surtout le long des espaliers et des treilles, à l'époque de
la maturité des fruits dont il se plaît à détériorer les plus beaux spécimens. Cependant ces méfaits ne sont pas ce qu'il y a de plus sérieux à
lui reprocher; le plus grave est, sans contredit, son goût prononcé pour
les œufs d'oiseaux, qu'il mange avec délices, causant ainsi la perte d'un
grand nombre de nids. Malheureusement, si les constatations font
naître à son égard des pensées de représailles, celles-ci sont
rarement suivies d'effet et, à part quelques jardiniers qui, exaspérés de
voir leurs plus belles pêches entamées, lui tendent des pièges, le lérot
n'est guère menacé; il peut se multiplier en paix, et poursuivre pendant
les mois où il n'y a pas encore de fruits, son action destructive des couvées d'oiseaux.

Ce petit animal possède un estomac particulier qui lui permet, au moment de son réveil, généralement vers la fin de mars, de manger, sans
en éprouver le moindre inconvénient, les substances les plus hétéro-
gènes sous le rapport de la nutrition. Dans les combles des habitations
où il a passé son hivernage, il s'attaque à tout ce qui tenterait le rat ou
la souris; le savon, qu'il soit de toilette ou de Marseille, lui plaît particulièrement, et il fait des ravages dans les caisses de bougies dont il ne
laisse parfois que la mèche. Quelles que soient les matières qu'il absorbe,
il n'en éprouve aucun trouble dans ses fonctions digestives et ses excréments restent invariablement les mêmes, qu'il ait mangé du savon, des
œufs, de la chair ou des fruits.

L'aire de dispersion du lérot occupe une grande partie de l'Europe:
il est commun partout. En France, on le trouve aussi bien dans le centre
des forêts qu'au milieu des habitations; mais depuis quelques années, il
se montre de plus en plus abondant dans certaines régions de l'Oise, où
les bois sont transformés en d'immenses parcs d'élevage de faisans;
les nombreux gardes nécessaires pour protéger ces basses-cours à gibier
— car on ne saurait appeler cela des chasses — contre les convoitises

des braconniers, détruisent sans relâche les oiseaux nocturnes tels que le chat-huant et le hibou, qui sont à peu près les seuls pondérateurs du lérot. Ces gardes se font ainsi les protecteurs inconscients de ce petit animal, auquel ils n'attachent aucune importance et que, par ignorance, ils laissent pulluler, fléau pour les nids des oiseaux comme pour les jardins.

Le lérot passe les nuits à se livrer à la recherche des nids, et, grâce à sa petite taille et à son incomparable agilité, il sait les atteindre partout. Il visite les trous des arbres et des murailles dans lesquels les plus petits de nos oiseaux indigènes peuvent s'établir pour nicher, explore les buissons les plus fourrés, les arbres les plus élevés, inspecte les toits des maisons où pas un nid de moineau ne lui échappe sous les chenaux. Il n'y a que les nids en plein champ qui soient soustraits à ses funestes inquisitions.

M. Raspail met le lérot au premier rang des destructeurs de nids. Et par le fait, le chat trouve en ce petit rongeur, qu'il ne parvient pas à capturer, un sérieux concurrent, ne laissant arriver que de rares couvées au point où les chats les attendent généralement avant de s'en emparer.

Alors qu'on peut, à de l'aide grillages, mettre à l'abri des chats les nids placés à terre ou qu'ils peuvent atteindre dans les buissons et les arbres, c'est en vain qu'on s'ingénie à les protéger contre le lérot ; dans les endroits les plus exposés aux explorations de ce redoutable dévastateur, M. Raspail préfère même jeter bas tout commencement de nid, de façon à porter les oiseaux à recommencer ailleurs, plutôt que d'assister à la destruction certaine de leur couvée à la place primitivement choisie par eux.

Cet animal, en dépit de sa taille inférieure, tient donc une place prépondérante dans les causes qui amènent la diminution progressive des oiseaux à laquelle nous assistons.

Ces causes peuvent être divisées en deux catégories : celles qui sont naturelles, c'est-à-dire qui font partie de ce système pondérateur du développement des êtres organisés, dans lequel le lérot joue évidemment son rôle — car, depuis qu'il existe, il a toujours été un mangeur d'œufs — et celles qui incombent directement à l'homme et qui ne sont pas les moins actives. Outre le trouble qu'il est venu jeter dans l'ordre des choses naturelles pour satisfaire ses besoins et ses caprices, l'homme détruit lui-même les oiseaux dans des proportions qui dépassent celles de toutes les causes naturelles réunies

Le lérot ne mérite pas seulement qu'on l'inscrive en tête des animaux les plus nuisibles après l'homme, mais qu'on mette sa tête à prix en fixant une prime à sa destruction.

Sans parler de tous les pièges dans lesquels il donne, du moment qu'on l'attire par un appât, et qu'on peut lui tendre à son réveil dans les habitations, il est un des animaux sauvages dont la retraite, pendant la belle saison, est des plus faciles à trouver.

Si l'on inspecte les trous d'arbres, pendant le courant d'avril, on le rencontrera par groupes de plusieurs individus réunis par le rut, qui paraît survenir peu après leur sortie de l'état léthargique. Plus tard, on le trouvera isolé dans les vieux nids composés surtout de mousse, de laine et de bourre, qu'il arrange pour s'en faire un refuge pendant le jour et où l'habitude permet de reconnaître facilement sa présence. A la moindre alerte, il en sort, grimpe lentement jusqu'à une fourche d'arbre et offre ainsi un but facile au chasseur.

(Revue scientifique.)

LISTE DES MEMBRES
de la Société centrale forestière de Belgique
Nouveaux membres (7)

MM. le marquis **de la Boëssière Thiennes**, 19, rue aux Laines, Bruxelles. (Présenté par M. Blondeau.)

Gauthier de Rasse, Léopold, avocat, 15, rue du Prince royal, Ixelles. (Présenté par M. Dupont.)

Hoffmann, J., propriétaire, 129, rue Marie-Thérèse, Louvain. (Présenté par M. Crahay.)

Sociétés réunies des Phosphates Thomas, section agricole, 5, rue de Vienne, Paris. (Présentées par M. Huberty.)

Spaas, Théodore, propriétaire, Lille St-Hubert. (Présenté par M. Julien Bareel.)

Verheggen, Charles-Adolphe, contrôleur des contributions, Arlon. (Présenté par M. Crahay.)

le baron Frédéric **van der Bruggen**, château de Houtain-le-Val p. Genappe. (Présenté par M. le secrétaire.)

LISTE DES ABONNÉS
au Bulletin de la Société
Nouveaux abonnés (4)

MM. **Haseleer**, Joseph, garde particulier au Chenoy, Court-St-Etienne. (Présenté par M Crahay.)

Lemoine F., garde forestier, Macon. (Présenté par M. d'Orjo.)

Leurquin, Constant, garde forestier, Robechies. (Présenté par le même.)

Martelleur, Onézime, garde forestier, Robechies. (Présenté par le même.)

PEPINIERISTES ET MARCHANDS GRAINIERS

faisant partie de la Société centrale forestière de Belgique

MM. Appel, Conrad, marchand grainier, Darmstadt (G^d-duché de Hesse).

Aubinet-Neuville, pépiniériste, Grand-Halleux (Vielsalm).

Bastien, Frédéric, pépiniériste, Hyon-lez-Mons.

Bernard-Dumortier, pépiniériste, Lesdains, par Bléharies (Hainaut,.

Caye et frère, pépiniéristes, Rochefort.

Charles, Xavier, directeur de l'établissement horticole de Limelette (Ottignies).

Copet, E. pépiniériste, Bertrix.

Copet, Isidore, pépiniériste, Paliseul.

Copet-Hardenne, pépiniériste, Pondrôme (Beauraing).

Crahay, Prosper, pépiniériste, Tilff.

Debehogne-Desomiaux, pépiniériste, Libin.

De Haes-Brems, Léopold, pépiniériste, Heyst-op-den Berg (Anvers)

Dehez, Nicolas, pépiniériste, Farnières (Grand-Halleux).

de Pierpont, O., pépiniériste, Rochefort.

de Pierpont-van den Hove, F., propriétaire de pépinières, Herck la-Ville.

de Vilmorin, Maurice, marchand graînier, 13, quai d'Orsay, Paris.

Dijon-Rome, A., pépiniériste, Huy.

Dioos, Alphonse, pépiniériste, Begijnendijck, Aerschot.

Doutreloux-Cheniaux, pépiniériste, Honnay (Beauraing).

Evrard, François, pépiniériste, Neuville (Wanne).

Gambs, Auguste, marchand grainier, Haguenau (Alsace).

Herman-Parmentier, pépiniériste, Grand Halleux (Vielsalm).

Keller, Henry, fils, marchand grainier, Darmstadt (G^d-duché de Hesse).

Kerckvoorde, C., pépiniériste, Wetteren.

Lambert-Georis, Nicolas, pépiniériste, Grand-Halleux (Vielsalm).

le Clément de Saint-Marcq (le chevalier), pépiniériste, Assesse.

Lens, Louis, pépiniériste, Wavre-Notre-Dame lez-Malines.

Lesure, pépiniériste, Lessines.

Looymans et fils, pépiniéristes, Oudenbosch (Hollande).

MM. Marien, François, pépiniériste, 116, faubourg Pennepoel, Malines.

Méresse, François, pépiniériste, Lesdain, par Bléharies (Hainaut).

Méresse, Achille et Louis, pépiniéristes, Lesdain, par Bléharies (Hainaut).

Micha, pépiniériste, Fosse lez-Stavelot.

Michiels, frères, pépiniéristes-grainiers, Montaigu.

Nùngesser, L.-C., marchand-grainier (propriétaire de la sécherie de Ryckevorsel, Belgique), Griesheim, près Darmstadt (grand-duché de Hesse).

Nys-Art, Léopold, pépiniériste, Sorinne-la-Longue, par Courrière.

Op de Beek, pépiniériste, Putte lez-Malines.

Perpète-Quevrin, pépiniériste, Libin.

Perpète, Emile, pépiniériste, Florenville.

Pierre-Cornet, pépiniériste, Gomzé Audoumont, p. Trooz (Liége).

Remience, Ern., pépiniériste, Moircy (Libramont).

Sarcé, pépiniériste (peuplier suisse blanc, dit Eucalyptus), Pont-valain (Sarthe, France).

Schepers, Ferdinand, pépiniériste, Wyngene (Fl. occidentale).

Schepers-Warniers, Ch.-L., pépiniériste, Beernem (Bloemendael).

Schott, Pierre, pépiniériste et marchand grainier, Knittelsheim (Rheinpfalz), Allemagne.

Sebire, P., et fils horticulteurs-pépiniéristes, Ussy (Calvados, France).

Sebire, Elmire, fils aîné, pépiniériste, Ussy près Falaise (Calvados, France).

Serroen, Henri, pépiniériste, Beceiaere par Menin.

Sevrin, Louis, pépiniériste, Ennal Grand-Halleux (Vielsalm).

Société anonyme horticole de Calmpthout.

Standaert, frères, pépiniéristes, Ruddervoorde.

Steingaesser, G.-J., et Cie, marchands grainiers, Miltenberg s/Main (Bavière).

Vandenheuvel, pépiniériste, Uden (Hollande).

Vanderschaegen, pépiniériste, Ruddervoorde (Flandre occidentale).

Van Hulle, P., pépiniériste, Beernem (Flandre occidentale).

Van Rieseghem, Gustave, pépiniériste, Laethem-St-Martin (Flandre orientale).

Vendelmans, Edouard, pépiniériste, Gierle.

Walraet, Camille, horticulteur et pépiniériste, Steenbrugge lez-Bruges.

Les engrais chimiques en culture forestière
dans la région ardennaise

La culture agricole, pour être rémunératrice, doit être intensive. La culture forestière doit le devenir également.

Nous avons la conviction que, grâce à l'emploi judicieux et raisonné des engrais chimiques, il est possible, ici, d'obtenir une production annuelle de 4 ou 5 m. c. au lieu de 3; là, d'avancer de plusieurs années l'exploitation tout en prenant le même volume ; ailleurs, de hâter la formation d'un sous-étage, de lui donner de la vigueur ; dans bien des cas, de faciliter la reconstitution de la forêt naturelle.

Ne sont-ce pas là des avantages immenses,que l'on devrait chercher à réaliser dans un pays où la valeur de la production ligneuse est inférieure de plus de cent millions de francs à celle de la consommation, où les essences précieuses entre toutes, le chêne et le hêtre, doivent trop souvent faire place à des espèces moins exigeantes destinées à restaurer le sol, travail de longue haleine et que l'emploi des engrais chimiques rendrait peut-être inutile ou accélérerait tout au moins?

Aussi la question de l'emploi de ces engrais en sylviculture préoccupe-t-elle de plus en plus ceux qui visent à la production intensive des forêts.

Des champs d'expériences ont été établis et des articles de revues, des brochures, des photographies, ont permis au public intéressé de se rendre compte des résultats obtenus.

L'idée de fertiliser les bois fraye ainsi son chemin, mais il reste à convaincre les fervents de la sainte routine; les adversaires de toute innovation sylvicole.

. La vulgarisation par des expériences probantes est la meilleure ; les essais ne sauraient être trop multipliés, mais ils devraient être établis, dans chaque région, après analyse chimique du sol, car avec M. Colomb-Pradel, directeur de la station agronomique de Nancy (1), nous posons en principe que toute expérience sur l'application d'engrais, qui n'a pas pour base la connaissance de la composition chimique du sol, n'a aucune valeur et que ses résultats ne peuvent être pris en considération.

L'Administration des Eaux et Forêts s'est préoccupée d'étudier l'action des engrais sur la végétation des peuplements forestiers ; elle a prescrit l'établissement de champs d'expériences sur l'efficacité de diverses matières qui peuvent, par leurs éléments utiles et leur bas prix, être employées avantageusement dans la culture forestière. Les dépenses de ces installations sont supportées par l'Etat.

Beaucoup de communes du cantonnement de Paliseul ont, en outre, sur nos conseils, fait à leurs frais des essais de ce genre au moyen du phosphate basique et de la kaïnite. Il en sera question ci-après.

Composition des sols ardennais

En général, le sol de la région est gréseux, assez profond ou même profond, léger, poreux et perméable ; sa cohésion naturelle est faible, mais l'humus lui donne une certaine consistance.

La proportion de terre fine n'est pas très élevée.

Le poids spécifique des terres analysées varie entre 0 kg. 970 et 1 kg. 230, et leur pouvoir absorbant pour l'eau oscille entre 38.5 et 75.9 p. c.

Le sous-sol est généralement perméable; il est imperméable dans certaines vallées et sur maints plateaux, où l'on

---

(1) *Scories et superphosphates. — Résultats de dix années d'expériences.*

rencontre des prairies fangeuses, des marais et des tourbières.

Nous extrayons de la *Monographie agricole de la région de l'Ardenne* les indications suivantes :

ANALYSE PHYSICO-CHIMIQUE DE LA TERRE SÉCHÉE A L'AIR (1,000 PARTIES)

SOLS DE L'ARDENNE	OCHAMPS		JUSERET	
	Sol profondeur 0m18	Sous-sol profondeur 0m20	Sol profondeur 0m25	Sous-sol profondeur 0m50
Eau à 150° C.	51.90	44.80	29.50	30.18
Résidu sur le tamis de 1 m/m				
Débris organiques.	—	—	0.60	0.80
— minéraux	119.00	90.80	104.80	91.80
Terre fine passant au tamis de 1 m/m				
Matières organiques	80.60	45.00	49.00	41.20
Sable grossier . . . . . . ⎫			3.90	7 30
— fin . . . . ⎬	767.90	780.80	21.30	17.10
— poussiéreux . . . . ⎭			755.60	754.70
Argile	25.30	77.80	58.50	84.00
Différence considérée comme calcaire	7.20	5.60	6.30	3.10
Poids d'un litre de terre séchée à l'air	0.980	1 095	1.090	1.090
Pouvoir absorbant pour l'eau de la terre séchée à l'air . .	759.00	566.00	463.00	412.00
Matière noire de Grandeau. .	9.03	5.80	5.13	1.70

ANALYSE CHIMIQUE DE LA TERRE FINE

1,000 PARTIES DE TERRE SÉCHÉE RENFERMENT :	OCHAMPS		JUSERET	
	Sol 0m18	Sous-sol 0m20	Sol 0m25	S. us-sol 0m50
Matières combustibles et volatiles	90.89	49.35	54.77	45.42
Azote organique	2.65	0.46	2.98	1.54
Id. ammoniacal	0.03	0.06	0.07	0.05
Id. nitrique	0.02	0.03	0.01	0.01
Soluble à froid dans l'acide chlorhydrique à 1.18 de densité	75.35	75.37	36.71	32.99
Oxyde de fer et alumine. . .	58.47	61.38	28.53	27.75
Chaux	4.76	1.22	2.35	0.47
Magnésie	7.06	9.46	3.37	2.91
Soude	0.36	0.36	0.33	0.37
Potasse	1.08	1.86	0.22	0.18
Acide phosphorique . . .	1.28[1]	0.55	1.03[2]	0.73[3]
Id. sulfurique	2.08	0.01	0.28	0.37
Id. carbonique	traces	traces	0.21	traces
Id. silicique	0.26	0.53	0.14	0.14
Chlore	traces	traces	0.05	0.07
Insoluble à froid dans l'acide chlorhydrique, soluble dans l'acide fluorhydrique . . .	833.76	875.28	908 52	921.59
Potasse	31 12	31.33	25.47	26.55
Chaux	6.26	8.97	3.41	3.50
Magnésie	10.98	2.37	13.00	12.86
Acide phosphorique	0.00	traces	0.18	0.17
Oxyde de fer et alumine . .	0.00	0.00	135.31	146.74

(1) Dont 0.09 soluble dans le citrate d'ammoniaque alcalin.
(2) Dont 0.45   id.   id.
(3) Dont 0.42   id.   id.

La terre fine renferme donc par hectare les quantités d'éléments principaux consignées dans le tableau ci-après :

ELÉMENTS PRINCIPAUX	OCHAMPS				JUSERET			
	Sol 0m18		Sous-sol 0m20		Sol 0m25		Sous-sol 0m50	
	Soluble	Insoluble	Soluble	Insoluble	Soluble	Insoluble	Soluble	Insoluble
	K.	K.	K	K.	K.	K.	K.	K.
Acide phosphorique	1.885	—	1.046	—	2.436	426	3.501	815
Potasse	1.590	45.830	3.536	59.958	520	60 262	863	127.331
Chaux	7.011	9.221	2.319	17.052	5.560	8.068	2.254	17.170
Magnésie . . .	10.399	16.173	17.983	4.505	8.446	30 758	13.956	61.677
Azote	4.021		989		7.239		7.674	

L'examen de ce tableau nous apprend que la couche arable est généralement assez riche en azote ; elle est, par contre, pauvre en chaux et en acide phosphorique, et la potasse, qu'elle renferme en grande quantité, est presque totalement insoluble dans l'acide chlorhydrique.

Le sous-sol ou sol vierge est aussi très riche en potasse insoluble, mais il renferme peu d'azote, d'acide phosphorique et de chaux.

Exigences des plantes forestières

Les arbres, aussi bien que les plantes agricoles, appauvrissent le sol dans lequel ils puisent une partie de leur nourriture, et cet appauvrissement est surtout manifeste dans les jeunes peuplements. Les exploitations épuisent le sol d'autant plus qu'elles sont plus souvent répétées.

Or, le principe de la restitution, si suivi en agriculture, était complètement méconnu en sylviculture.

La restitution sous forme de débris végétaux (brindilles,

feu'lles, fruits...) n'est que partielle et elle est réduite encore, dans certaines régions, par l'enlèvement de la litière et du terreau.

Les expériences, les analyses de savants français et allemands, nous apprennent que la culture forestière réclame surtout de l'azote, de la chaux, de l'acide phosphorique et de la potasse. Les besoins varient avec l'âge des peuplements et, pour un même sujet, avec les différents organes (tronc, branches, feuilles, fruits). Les parties jeunes sont les plus exigeantes.

Suivant Schröter, la quantité d'azote amenée au sol par les eaux météoriques serait suffisante pour la végétation normale des forêts. Mais, nous venons de constater que la potasse est généralement à l'état insoluble dans les sols de la région, tandis que l'acide phosphorique et la chaux y manquent.

Puisque les éléments minéraux les plus abondants dans les cendres des végétaux, acide phosphorique, chaux et potasse, manquent dans le sol, tout au moins sous une forme directement assimilable, il y a une double raison de fumer les bois et les plantations, l'accroissement ligneux étant d'autant plus fort que le sol contient plus d'éléments nutritifs assimilables.

Engrais à employer

Les phosphates basiques (ou scories phosphatées, ou phosphates Thomas) renfermant 14 à 20 p. c. d'acide phosphorique et 40 à 45 p. c. de chaux, restituent au sol deux des éléments principaux. Leur efficacité est certaine dans toutes les terres naturellement pauvres ou appauvries en acide phosphorique. En raison de leur haute teneur en chaux, dont une partie à l'état libre, ils sont doués d'un certain pouvoir nitrifiant et ils neutralisent l'acidité du sol et aident à la disparition de la bruyère.

L'acide phosphorique qu'ils renferment n'a à subir aucune transformation dans le sol pour servir d'aliment à la plante, il est immédiatement assimilable ; leur grande densité les fait descendre sous l'influence de pluies légères jusqu'aux racines des végétaux, ce qui rend compréhensibles les bons effets de leur distribution en couverture. (L. GRANDEAU.)

Cet engrais minéral a fait ses preuves dans les sols ardennais. C'est grâce à lui que l'agriculture a marché à pas de géant en ces derniers temps et qu'elle a pu mettre en valeur de grandes étendues de terrains jusque là rebelles à toute culture régulière.

En Belgique, la consommation de phosphate basique a passé de 35.000 tonnes, en 1893, à 80,000 tonnes, en 1899.

Les autres engrais phosphatés (phosphate naturel, superphosphate, etc.) ne produisent pas, en général, de résultats aussi marqués.

Les nombreuses expériences installées de tous côtés avec le plus grand soin par les agronomes, ont permis d'affirmer en général la supériorité des scories sur les superphosphates, dans les sols siliceux, argileux, ferrugineux ou tourbeux ; dans les sols calcaires, les résultats ont été égaux dans la plupart des cas.

Ainsi s'explique le développement extraordinaire de la consommation des scories phosphatées par l'agriculture.

On recommande de ne pas appliquer à la fois, en sylviculture, de trop fortes doses de phosphates Thomas (1,000 kilogrammes par hectare sont à considérer comme un maximum), les exigences des végétaux forestiers en acide phosphorique étant plus limitées que celles des plantes agricoles et les excédents de l'engrais phosphaté étant moins profitables que de nouvelles restitutions.

Cette opinion n'est pas unanime.

De la double propriété du phosphate de scories, — assimilabilité immédiate au contact du suc des racines et insolubilité dans l'eau, — découlent la possibilité de l'employer à toutes les époques de l'année et l'avantage, constaté depuis de longues années par L. Grandeau, de son introduction dans le sol en quantités considérables d'un seul coup (1,000 à 2,000 kilogrammes).

La *kaïnite* est l'engrais potassique à appliquer, notamment dans les terrains légers de la région.

Notre appréciation est basée sur les résultats obtenus. La potasse est à un prix abordable; elle ne se perd pas, elle se conserve dans le sol. Inutile cependant d'en donner en grand excès, les plantes ne pouvant en absorber une quantité dépassant leurs besoins. Au surplus, la forte réserve de potasse insoluble que renferme le sol devient lentement absorbable sous l'action des sucs végétaux.

Nous conseillons l'application, dans les boisements, des phosphates Thomas et de la kaïnite dans la proportion de 2 ou 3 à 1.

Considérations relatives à la dépense

L'application d'engrais dans les boisements constitue-t-elle une bonne opération financière?

Aux prix ordinaires des scories phosphatées et de la kaïnite, l'emploi d'une dose de 1,000 kilog. entraînerait une dépense de 40 à 50 francs par hectare.

Les avantages se manifesteront de différentes façons :

Dans les jeunes boisements : reprise plus certaine. crise de la transplantation supprimée ou réduite, pousses vigoureuses, formation plus rapide du massif, accroissement plus considérable...

Dans les peuplements d'un certain âge : dépérissement arrêté ou retardé, reprise hardie de la végétation, résistance aux maladies et aux attaques des insectes, production augmentée dans une notable proportion. L'augmentation de volume à l'exploitation compensera largement les dépenses.

Ceux qui s'occupent de la création de peuplements dans la région ardennaise savent ce qu'il en coûte de compléter les boisements mal réussis.

Nous inspirant des travaux du Dr Giersberg, en Allemagne, nous nous demandons si une application d'engrais n'aurait pas pour effet de maintenir le hêtre dans beaucoup de forêts où les peuplements dépérissent prématurément et doivent être réalisés à blanc étoc.

, . En sylviculture, les avances sont généralement faites à longue échéance ; c'est un obstacle à l'emploi des engrais chimiques. Mais la conviction que ce sacrifice constitue une dépense productive, qui fera hausser le taux de rendement du capital engagé ou permettra de conserver des peuplements précieux, doit suffire pour décider l'Etat, les communes et les propriétaires aisés à entrer dans la voie que le raisonnement et l'expérience leur indiquent comme étant logique et productive.

: *(A continuer.)*   C. DELVILLE,
garde général des eaux et forêts.

Causerie sur la Campine

(Suite)

Il n'est pas sans utilité d'exposer ce qui a été fait, dans le cantonnement de Brée, dans un but expérimental et les résultats qui ont été obtenus.

Les premiers essais ne remontent pas à une date antérieure à 1893 et je me hâte de dire que, pour des raisons diverses, la plupart ont laissé à désirer sous le rapport de la méthode, mais qu'ils n'en fournissent pas moins des indications d'un intérêt pratique incontestable.

I. La commune de Grand-Brogel a boisé, en 1893, sans le moindre travail du sol ni apport d'engrais, une étendue de 4 h. 35 a. avec plants en mottes, à raison de 12,500 plants par hectare ($1^m \times 0^m80$). Les plants ont été extraits dans un semis exécuté en 1888 sur une parcelle voisine (semence achetée par M. Goupy de Bauvolers, alors gouver-

neur du Limbourg); ils étaient donc âgés de 5 ans; on a
pris les plus petits; leur hauteur ne dépassait pas 0^m20
à 0^m30, d'après les dires du garde Maesen qui a surveillé la
plantation.

Une étendue de 10 ares de la même parcelle a été labourée
la même année à une profondeur de 0^m15, après application
de 200 kilog. de phosphate Thomas et 100 kilog. de kaïnite,
soit des doses de 2,000 et de 1,000 kilog. à l'hectare. En
mars 1894, on a planté 1,000 pins sylvestres, dont 500 de
Suède et 500 d'Ecosse ($1^m \times 1^m$), semis d'un an provenant de
la pépinière domaniale de Brée.

La description du sol figurant au devis était la suivante :
Sol sablonneux recouvert de bruyère commune récemment
étrépée, meuble sur une grande profondeur, de bonne qualité. Situation élevée. Altitude 51 mètres.

Un mesurage fait en janvier dernier nous a donné :

Parcelle labourée avec engrais, 8 ans de plantation :
Hauteur maximum 3^m15, longueur moyenne des 2 dernières pousses 0^m57.
Hauteur moyenne 2^m67,   id. 0^m45.

Parcelle sans travail ni engrais, 9 ans de plantation :
Hauteur maximum 1^m50, longueur moyenne des 2 dernières pousses 0^m24.
Hauteur moyenne 1^m10,   id. 0^m16.

Les plants de la parcelle fumée sont très vigoureux,
les aiguilles longues et d'un beau vert foncé, tandis que
ceux de la parcelle sans engrais et transplantés avec mottes
paraissent souffreteux, les aiguilles sont jaunes et courtes ;
certains de ces plants sont même attaqués par la rouille du
pin, le *Peridermium corticola*, ce que l'on ne constate pas
sur la parcelle de 10 ares. La photographie même ne peut
rendre, d'une part, la misère physiologique des arbres non
fumés, le peu de dimension des aiguilles, leur couleur jaunâtre, ni, d'autre part, la vigueur de la croissance des pins
améliorés, le grand développement des aiguilles, leur couleur d'un beau vert.

Les plants de la parcelle fumée, bien que se trouvant à

un écartement plus grand ($1^m \times 1^m$) que ceux de la parcelle non fumée ($1^m \times 0^m80$), couvrent totalement le sol depuis 3 ou 4 années, tandis qu'il faudra encore aux autres au moins autant de temps.

Les pins suédois et les pins écossais sont à peu près de même force; néanmoins, les écossais dépassent encore les premiers de 0^m30 à 0^m50 (hauteurs moyenne et maximum).

II. Une expérience des plus curieuse a été également tentée par la commune de Bocholt en 1894. Étendue boisée : 4^h 42^a 90^c.

Le devis dressé en 1893 donne comme description du sol : Sable jaune, sauf sur 1/6 de l'étendue où l'on trouve le sable gris reposant sur le sable jaune strié de matières organiques sans dureté. Les deux bruyères associées couvrent le terrain. Sol profond, de qualité moyenne. Situation relativement élevée. Altitude 50 mètres.

a) Sur trois compartiments de 25 ares chacun, séparés par des coupe-feu de 4 mètres de largeur, et préalablement à la division du sol en planches de 4 mètres par des rigoles de $1^m \times 0^m65 \times 0^m25$, semis des quantités respectives de 100, 300 et 500 kilog. de phosphate Thomas correspondant à des doses de 400, 1,200 et 2,000 kilog. à l'hectare, et de 50, 100 et 150 kilog. de kaïnite correspondant à des doses de 200, 400 et 600 kilog. à l'hectare. Le devis prescrivait d'appliquer la kaïnite sur la moitié de chaque compartiment, mais on l'a répandue sur toute leur étendue.

b) Labour de 50 ares à la charrue et semis sur la moitié de 100 kilog. de phosphate Thomas, soit 400 kilog. à l'hectare, puis rigolage. Le labour qui devait avoir 0^m15 de profondeur n'a été fait qu'à 6 ou 7 centimètres, donc un simple pelage du sol.

La plantation a été faite en 1894, à raison de 12,500 plants à l'hectare ($1^m \times 0^m80$). Elle est donc âgée de 8 ans.

Des mesurages faits en janvier dernier donnent les chiffres
suivants :

Parcelle I Phosphate : 2,000 k. Kaïnite : 200 k.	Haut. max. 2^m88; longueur moyenne des 2 dernières pousses 0^m57 Hauteur moyenne 1^m77	id.	0^m35
Parcelle II Phosphate : 1.200 k. Kaïnite : 400 k.	Hauteur maximum 2^m30, Hauteur moyenne 1^m07,	id. id.	0^m48 0^m35
Parcelle III Phosphate : 400 k. Kaïnite : 600 k.	Hauteur maximum 2^m06 Hauteur moyenne 1^m26	id. id.	0^m50 0^m28
Parcelle IV Phosphate : 400 k. mais léger labour.	Hauteur maximum 1^m63, Hauteur moyenne 1^m20,	id. id.	0^m44 0^m22
Parcelle V Témoin sans engrais	Hauteur maximum 1^m37, Hauteur moyenne 0^m84,	id. id.	0^m28 0^m15

Sur la parcelle III qui a reçu les doses maximum de kaïnite
et minimum de phosphate, les plants sont moins beaux que
sur celle où l'on a appliqué les doses maximum de phosphate
et minimum de kaïnite; beaucoup de plants y sont morts la
première et la seconde année, et l'on a dû y faire des regarnissages deux années de suite. Aucun regarnissage n'a dû
être fait sur les autres parties.

Dans le compartiment V, sans engrais, les plants sont assez
fortement attaqués par la rouille, tandis qu'il n'y en a pas un
seul dans les compartiments I et II, ayant reçu une forte dose
de phosphate.

Même observation que ci-dessus (Grand-Brogel) concernant la coloration des aiguilles. Les plants du compartiment V sont très malingres, presque tous ont des aiguilles
courtes et jaunes, certains même présentent des signes de
dépérissement (cime sèche); dans le compartiment IV, beaucoup de plants ont encore les aiguilles courtes et jaunes ;
il y en a moins dans le compartiment III.

Les pins couvrent complètement le sol depuis 2 ou 3 ans
dans les compartiments I et II, à peine dans les compartiments III et IV. Quant à ceux du compartiment V, il leur
faudra encore au moins 3 ou 4 années.

La hauteur des plants est la même dans les deux parties
du compartiment IV, mais la coloration vert foncé est beau-

coup plus prononcée dans celle qui a reçu le phosphate basique.

Le compartiment I, qui a reçu la dose maximum de phosphate, est incontestablement le plus beau sous le rapport de la hauteur et de la vigueur des plants, ainsi que de la coloration vert foncé des aiguilles.

L'expérience ci-dessus prouverait donc que la dose de 400 kilog. de phosphate est absolument trop faible. Selon moi, la dose de 1,000 kilog. serait un minimum, à moins que l'on ne fasse plus tard une deuxième application, lors d'une première ou d'une seconde éclaircie avec recouvrement des aiguilles.

Quant à l'influence de la kaïnite, elle paraît peu marquée.

III. La même commune de Bocholt a effectué en 1900 une plantation sur des terrains, d'une étendue de 11 hectares environ, absolument identiques sous le rapport de la composition du sol. La parcelle avait été divisée en planches de 4ᵐ50, par des fossés de 1ᵐ × 0ᵃ65 × 0ᵐ25, après application de 900 kilog. de phosphate basique à l'hectare. La moitié de l'étendue a été plantée en pin de Suède et l'autre moitié en pin de Haguenau, plants d'un an de semis provenant de la pépinière domaniale de Brée. Un coupe-feu sépare les deux parties.

Un mesurage fait en janvier 1902 donne :

Pin de Haguenau, hauteur totale moyenne 0ᵐ45, dernière pousse 1901, 0ᵐ32
Pin de Suède, id. 0ᵐ25 id. 0ᵐ18.

Partout, toutes les conditions de sol et d'amendement étant égales, le haguenau montre une vigueur supérieure, en hauteur et en diamètre, à celle du suédois; les aiguilles sont plus longues et les pousses plus fortes en grosseur et en hauteur.

IV. Une expérience analogue a été faite en 1894 par la commune de Tessenderloo.

Le devis donnait la description suivante du sol : Sable tantôt jaune, tantôt grisâtre, de 0ᵐ20 à 0ᵐ30 de profondeur, reposant sur une couche de tuf de dureté et d'épaisseur

variables, mais dépassant rarement 0ᵐ08, à laquelle succède
une couche puissante de sable jaune. Sol de qualité moyenne,
couvert de bruyère commune clairsemée.

Le terrain a été défoncé à 0ᵐ50 et rigolé. Une parcelle
de 1ʰ 50ᵃ a été divisée en 6 compartiments de 25 ares,
sur lesquels on a appliqué les engrais ci-après. Trois
espèces de pins (du pays, suédois et écossais) ont été plantés
par lignes alternes (le pin issu de graines du pays a, à peu
de chose près, les mêmes allures que le haguenau ; sa croissance est même supérieure).

Un mesurage a été fait en 1900 (hiver).

			Longueur moyenne de la dernière pousse
Nº 1. Sans engrais	Pin de Suède	1ᵐ02	0ᵐ16
	— du pays	1ᵐ47	0ᵐ39
Nº 2. 50 k. kaïnite	— de Suède	1ᵐ12	0ᵐ29
	— du pays	1ᵐ48	0ᵐ43
Nº 3. 100 k. kaïnite	— de Suède	1ᵐ40	0ᵐ39
	— du pays	1ᵐ61	0ᵐ49
Nº 4. 200 k. phosphate	— d'Ecosse	0ᵐ90	0ᵐ28
	— du pays	1ᵐ54	0ᵐ37
Nº 5. 300 k. phosphate	— d'Ecosse	1ᵐ04	0ᵐ23
	— du pays	1ᵐ63	0ᵐ50
Nº 6. 300 k. phosphate et 150 k. kaïnite	— de Suède	1ᵐ13	0ᵐ30
	— d'Ecosse	1ᵐ02	0ᵐ24
	— du pays	1ᵐ50	0ᵐ36

V. Des expériences ont aussi été faites sur l'application simultanée de chaux et de phosphate Thomas et de chaux seule.

La première a été tentée par la commune de Peer en 1897,
dans une ancienne pineraie dérodée de 6 h. 20 a.

L'exploitation de ce bois, âgé seulement de 20 ans au
maximum, a été autorisée à cause de son misérable état de
végétation, dû surtout au manque absolu de préparation du
sol et à la nature acide de sa couche supérieure. De plus, le
peuplement avait été fortement éprouvé par la grêle en 1891
et un grand nombre de sujets mouraient chaque année des
blessures leur occasionnées. La coupe en a eu lieu vers 1895.
Les 6ʰ20ᵃ ont rapporté la somme de 602 francs, soit à peine
100 francs par hectare. La commune a été autorisée à
reboiser cette parcelle, avec l'intervention pécuniaire de
l'Etat jusqu'à concurrence du tiers de la dépense.

Après extraction des souches, le sol a été divisé, sur environ 4 hectares (les parties les plus basses et humides), en planches de 4ᵐ50, par des rigoles de 1ᵐ × 0ᵐ65 × 0ᵐ50, après application de 2,000 kilog. de chaux et 600 kilog. de phosphate basique à l'hectare.

L'autre parcelle, composée des parties plus élevées, a été reboisée sans travaux ni engrais.

La plantation a été faite en 1898 avec des pins d'un an provenant de la pépinière domaniale de Brée, à raison de 12,500 par hectare, presque tous de Haguenau.

Un mesurage fait en décembre 1901 donne:

Parcel'e rigolée et engrais.	Haut. maximum : 1ᵐ30,	long. moyenne des 2 dernières pousses	0ᵐ38
	Haut. moyenne : 0ᵐ92,	id.	0ᵐ30
Parcelle sans travail ni engrais.	Haut. maximum : 0ᵐ36,	id.	0ᵐ16
	Haut. moyenne : 0ᵐ25,	id.	0ᵐ08

La plantation de la première parcelle est une des plus belles du cantonnement.

La deuxième expérience a été faite par la commune de Heppen avec emploi exclusif de chaux.

Le premier bois était une pineraie rabougrie, dépérissante, d'une étendue de 1ʰ50ᵃ; elle a été exploitée en 1893 et a rapporté fr. 166.50 à l'âge de 28 ans. Le sol était frais, couvert des deux bruyères associées, celle des marais dominant; la couche supérieure était assez dure.

Le défoncement a été effectué en 1894 à une profondeur de 0ᵐ40 à 0ᵐ50, puis le sol a été divisé en planches de 4 mètres, par des rigoles de 0ᵐ50 × 0ᵐ30 × 0ᵐ25, après application de 1,000 kilog. de chaux à l'hectare. La plantation a eu lieu en 1895, avec des plants issus de graines du pays.

Un mesurage fait en janvier 1902 donne :

Hauteur maximum 2 mètres, longueur moyenne des deux dernieres pousses 0ᵐ40;
Hauteur moyenne 1ᵐ20   id.   0ᵐ31.

Les plants sont très vigoureux, mais la coloration des aiguilles est moins prononcée (vert clair ou jaunâtre).

VI. La commune de Petit-Brogel a reboisé en 1900 une ancienne pineraie, exploitée en 1898 sur une étendue de trois hectares. L'extraction des souches avait eu lieu en 1899. L'engrais a été appliqué, sans autre travail du sol, dans les trous de plantation, à la dose de 800 kilogrammes à l'hectare.

L'application du phosphate Thomas ayant eu lieu 5 à 6 semaines avant la plantation, un grand nombre de plants ont été brûlés par l'engrais, bien que le mélange ait été fait dans de bonnes conditions. Les plants brûlés ont été remplacés au printemps de 1901.

L'effet de l'engrais est déjà très visible actuellement : les sujets sont vigoureux et ont une teinte verte très prononcée; leur hauteur moyenne est de 0^{m}30, la dernière pousse a 0^{m}23 de longueur.

A côté, se trouve une jeune plantation appartenant à la commune, créée en 1899 sur bruyère vierge, en terrain absolument identique, sans engrais. On a simplement ouvert tous les mètres, à la charrue ordinaire, un sillon dans le fond duquel on a planté. La hauteur moyenne des plants est de 0^{m}25, la longueur de la dernière pousse de 0^{m}15. Les pins paraissent souffreteux, les aiguilles sont courtes et jaunâtres.

VII. Deux expériences ont été tentées par les communes sur l'influence de l'application d'engrais, notamment de phosphate basique, sur de vieilles pineraies.

La première l'a été par la commune de Lommel, dans une pineraie d'une étendue de 45^{h}10^{a}35^c, créée en 1881, 1882 et 1883 en lieu dit « Hoogmaatheide », après défoncement à 0^{m}50-0^{m}60 de profondeur.

Cette pineraie a crû dans des conditions normales jusqu'en 1893. A partir de cette date, les pins sont restés stationnaires et, actuellement encore, cet arrêt semble se maintenir ; beaucoup de pins sont secs de cime. Ce dépérissement doit être attribué au travail de défoncement, qui a été exécuté dans de très mauvaises conditions : la couche de tuf, au lieu d'être brisée et mélangée intimement au sol et au sous-sol, a été culbutée dans le fond par blocs de 1 mètre et plus.

En 1896, on a établi trois compartiments de 1 hectare, lesquels ont reçu respectivement 800, 600 et 200 kilog. de phosphate basique. Des rigoles de $1^m \times 0^m80 \times 0^m35$ ont été ouvertes tous les 6 mètres dans les trois compartiments. Un quatrième compartiment a été rigolé sans engrais. Aucun soutrage n'avait été pratiqué dans cette pineraie avant l'essai.

Jusqu'en 1899, il ne se manifestait aucune différence avec les parcelles témoins voisines. En 1900, la couleur verte des aiguilles paraissait seulement un peu plus tranchée sur les compartiments fumés. Il est probable que ce résultat presque négatif doit être attribué à la défectuosité du travail du sol.

La deuxième expérience a été tentée par la commune de Caulille, dans une pineraie sise en lieu dit « De Hove », plantée aux printemps de 1894 et 1895, sans travail du sol, en fente et à racines nues.

D'après une clause qui est insérée chaque année dans l'état des coupes de litières dans les peuplements résineux, les communes doivent consacrer la somme provenant du prix de vente de ces litières à des travaux d'amélioration ou à l'épandage d'engrais chimiques dans les jeunes pineraies. Toute commune qui ne se conforme pas à cette stipulation est privée de nouvelles coupes ou bien celles-ci sont notablement diminuées.

C'est ainsi que la commune de Caulille a été amenée à faire l'essai en question.

Les engrais ont été appliqués en 1898 sans recouvrement, à la dose de 600 kilogrammes de phosphate Thomas et 150 kilogrammes de kaïnite par hectare, sur des bandes de 10 mètres traversant la jeune pineraie dans sa plus grande largeur.

Un mesurage fáit en janvier 1902, donne :

· Parcelle avec engrais	Hauteur maximum 1ᵐ80, long. des pousses de 1900 et 1901,	0ᵐ32, 0ᵐ52	
	Hauteur moyenne 1ᵐ15,	id.	0ᵐ24, 0ᵐ37
Parcelle sans engrais	Hauteur maximum 1ᵐ10,	id.	0ᵐ20
	Hauteur moyenne 0ᵐ75,	id.	0ᵐ14

Le résultat obtenu est plus accusé encore en 1901 qu'en 1900.

· Même observation que pour Grand-Brogel, concernant la coloration des aiguilles et la vigueur des plants. Les plants des bandes sur lesquelles on a semé les engrais sont vigoureux, leurs aiguilles sont longues et d'un beau vert foncé, tandis que les autres sont restés souffreteux et que leurs aiguilles sont jaunes et courtes.

(*A continuer.*)　　　　　　　　　　L. HALLEUX,
garde général des eaux et forêts.

La dessoucheuse Bennett

Essais. — Résultats (1)

Dans le rapport sur la dessoucheuse Bennett, publié dans la livraison du *Bulletin* de juillet dernier, nous faisions connaître que M. P. Emsens, propriétaire à Bruxelles, avait fait l'acquisition d'une machine du type A qui nous semblait être suffisante pour les besoins de la Campine. L'essai de cet instrument dans les pineraies de MM. Emsens, à Wouw (Hollande) et à Arendonck (province d'Anvers), a confirmé pleinement nos prévisions.

La dessoucheuse A, d'un poids de 160 à 170 kilogr., est basée sur le même principe et est construite de la même manière que la machine nᵒ 3 achetée par l'Etat. Mais les dimensions en sont considérablement réduites; ainsi, la hauteur des montants tombe de 3ᵐ60 à 3 mètres; la grande

---

(1) Note du Service des recherches en matière forestière.

roue dentée n'a que 0ᵐ30 de diamètre, les chaînes, la poulie à empreintes, tout est réduit de dimensions, ce qui permet à deux hommes de déplacer l'appareil, alors qu'il en fallait quatre pour la machine n° 3. Par contre, la multiplication de l'effort est moindre, c'est-à-dire qu'une force donnée appliquée au bout du levier, soulèvera un poids moins considérable avec la dessoucheuse A qu'avec la machine n° 3. En effectuant le simple calcul auquel nous avons procédé pour la machine n° 3, nous arrivons aux résultats ci-dessous : suivant que l'on donne au grand bras de levier sa longueur minimum, moyenne ou maximum, la résistance vaincue par un effort de 10 kil. appliqué au levier sera théoriquement de 840, 1,250 et 1,750 kil., et réellement de 500, 750 et 1,000 kil., en tenant compte des pertes de force résultant des chocs, des frottements, etc.

Inversement, une résistance à vaincre de 3,000, 4,000, 5,000 kil. exigerait, en donnant au grand bras de levier sa longueur moyenne, un effort de 40 kil., 53 kil., 66 kil. Il en résulte qu'un « coup de collier » est nécessaire quand on a à extraire une forte souche ; mais cet effort est très court et ne se donne qu'au moment où, la souche étant sur le point de céder, les racines se tendent avant de se briser.

La dessoucheuse du type A donnera entière satisfaction — avec un peu d'habitude dans le maniement — dans les blancs étocs ordinaires de la Campine, formés de souches de 0ᵐ50 de circonférence en moyenne. A Arendonck, dans une coupe à blanc assez serrée, 115 souches ont été extraites en un jour par trois ouvriers encore peu expérimentés.

Mais la petite dessoucheuse peut fournir un effort beaucoup plus considérable. C'est ainsi qu'à Wouw elle a extrait, dans une prairie, la souche fraîche d'un vieux cerisier qui mesurait 1ᵐ10 de tour au pied. Dans une pineraie à sol sablonneux, liant et assez tenace, elle a extrait des souches de 0ᵐ80 et 0ᵐ90 de tour, dont l'enracinement très pivotant avait jusque 2ᵐ40 de longueur ! Enfin, dans un peuplement de 50 ans, présentant environ 1,300 sujets à l'hectare,

M. Emsens s'est servi de la dessoucheuse pour faire extraire les souches provenant d'une éclaircie. Trois ouvriers, dont deux maniant l'appareil, un troisième recherchant les étocs et les dégageant, ont extrait 50 souches en un jour. La valeur du bois (8 stères pour 10 francs, ce qui est très peu) paie et au-delà le travail effectué, qui fera le plus grand bien au peuplement. Ce résultat est très satisfaisant, si l'on considère que les souches extraites étaient de fortes dimensions (0^m60 à 0^m90 de tour), qu'elles étaient assez distantes l'une de l'autre et que le déplacement de la machine entre les arbres restant sur pied était assez difficile.

Nous n'avons rien à retrancher de ce que nous disions dans notre précédent rapport, au sujet des avantages présentés par la dessoucheuse. Il y a même lieu d'insister sur le travail donné au sol par ce procédé d'extraction des souches. Dans le peuplement éclairci dont nous venons de parler, la dessoucheuse enlevait des blocs de terre énormes, d'un diamètre de 1^m00 à 1^m30, de 0^m60 à 0^m70 de profondeur et d'un volume de près d'un mètre cube. Nul doute que dans un blanc étoc serré, l'extraction de souches fraîches ne bouleverse le sol sur presque toute son étendue et ne rende inutile, dans la généralité des cas, un défoncement plus complet.

Disons, en terminant, que la dessoucheuse pourrait aussi être utilisée pour l'extraction d'arbres avec motte, destinés aux plantations à effectuer dans les villes.

Qualités et exigences de diverses essences
d'après quelques pépiniéristes
(Suite)

PICEA EXCELSA, SEPTENTRIONALIS. — *Épicéa commun*, graine de Scandinavie.

On connaît sous ce nom sur le marché la graine de l'épicéa commun, récoltée exclusivement en Finlande et en Scandinavie. La graine de la même espèce récoltée en Suède et en Norwège, au nord du 67° latitude, est connue sous le nom de :

PICEA EXCELSA BOREALIS. — *Épicéa polaire.*

Graine d'excellente qualité et très pure, pouvoir germinatif atteignant généralement 90 à 96 °/₀, graine beaucoup plus petite que celle du Tyrol ou de la Thuringe. Tandis que 1,000 graines de l'épicéa polaire pèsent 3 gr. 96 à 4 gr. 56, le même nombre de graines provenant du sud de la Scandinavie pèsent 5 grammes à 5 gr. 50, provenant du Danemark, de l'Allemagne ou du Tyrol 7 gr. 50 à 8 gr. 60. Les variétés d'épicéa du Nord sont beaucoup plus robustes que celles de l'Europe centrale, mais les plants sont de croissance lente dans leur jeunesse, leur bois est aussi plus serré.

(Copenhague.)

ABIES MENZIESI, SITKAENSIS. — *Épicéa de Sitka. Spruce de Sitka.*

Arbre fort décoratif, rustique, craint peu les gelées, parce qu'il entre assez tard en végétation. Ses aiguilles piquantes le rendent presque indemne des attaques du gibier. Vigueur remarquable dans les terres et bruyères défrichées.

(Ardennes.)

Convient dans les terrains légers et frais ; défie la dent du lapin après l'âge de deux ans.

(Flandres.)

Cette belle espèce se rencontre entre le 40° et le 57° de latitude Nord; elle est très abondante dans le nord de la Californie, dans la Colombie britannique et dans l'île de Sitka ; on la trouve dans les Montagnes Rocheuses jusqu'à une altitude de 2,300 mètres. Se montre parfaitement robuste en Ecosse et en Danemark. Mérite d'être admise dans tous les arboreta et les parcs. Sera considéré dans un avenir prochain comme un de nos arbres forestiers les plus utiles.

(Copenhague.)

Le Dr Mayer en trouva à la montagne de Takoma, dans un endroit marécageux garni de roseaux à hauteur d'homme, un sujet de 2ᵐ30 de diamètre et 60 mètres de hauteur, dont 30 sous branches.

Il convient dans les endroits où les autres essences, principalement l'épicéa, ne peuvent être employées par suite de la trop grande humidité du sol.

S'il recherche les sols humides, pourtant il est recommandable aussi en sol sec, de bonne qualité.

Voici ce qu'en dit le professeur Dr Schwappach :

« Cet épicéa résiste complètement aux froids ; après le douglas, » aucune essence exotique ne peut être recommandée aussi chaudement

» pour la culture en grand ; on peut même le lui préférer en ce sens
» qu'il est moins difficile au point de vue de la station. Il est désigné
» comme arbre d'avenir par les chefs de cantonnement ; certes, cet
» épicéa, de tous le plus gigantesque, qui atteint 50 à 60 mètres de
» hauteur et un diamètre de 2m50, élira domicile permanent dans
» nos forêts allemandes et enrichira ainsi considérablement notre flore
» forestière. »

(Holstein.)

P. PUNGENS.

Défie la dent du lapin après l'âge de deux ans ; vient bien en sols très
humides

(Flandres.)

Provient des Montagnes Rocheuses. Est en place dans les climats très
rudes et là où le sol est trop humide pour l'épicéa ; ses aiguilles pointues
le protègent un peu de la dent du gibier. A recommander pour les parcs
à cause de ses belles aiguilles.

(Holstein.)

P. ALCOCKIANA (bicolor, ajanensis).

Originaire du Japon. Fort élancé, pyramide élégante. Feuillage
vert foncé à la face supérieure, blanc d'argent à la face inférieure.

Campine.)

ABIES ENGELMANNII.

Peu connu encore, mais annonce des qualités de croissance sérieuses.
Rustique, peu sensible aux gelées. Se contente de terrains fort
médiocres, à condition de binages jusqu'à un certain âge.

(Ardennes.)

Vient bien dans les sols très humides ; défie la dent du lapin après l'âge
de deux ans.

(Flandres.)

Originaire d'Amérique ; particulièrement recommandé dans les montagnes, mais il peut aussi croitre en plaine, en sol frais et de bonne
qualité et servir de bouche-trou dans les coupes claires de hêtres, d'autant
plus que, grâce à ses aiguilles pointues, il est peu attaqué du gibier.
Peut acquérir une hauteur de 50 mètres en station appropriée.

(Holstein.)

ABIES POLITA. — Sapin élégant.

Vient du Japon ; très remarquable, rustique ; supporte facilement la
transplantation.

(Flandres.)

Un des plus beaux sapins du Japon. Port trapu, de forme conique.
Feuilles courtes, dressées et effilées, d'un beau vert foncé contrastant
avec la teinte jaune-orange des branches et des rameaux. Mérite la
meilleure place dans les collections.

(Campine.)

P. ALBA. — *Epicéa blanc, Spruce blanc.*

Précieux dans les endroits exposés aux vents. Bois de meilleure qualité que l'espèce commune.

(Flandres.)

Espèce robuste. C'est le principal des arbres qui se rencontrent au Canada et dans les régions voisines au delà de la limite septentrionale de la région des forêts. Il y apparaît sur de grandes étendues de terres qui ne sont dégelées que pendant les mois d'été à une profondeur de 2 à 4 pieds, tandis que la couche perpétuelle de glace sous-jacente présente une épaisseur de 6 à 8 pieds Dans les vastes landes du Danemark et dans les dunes du Jutland continuellement balayées par les vents froids de la mer du Nord, cette essence robuste et peu exigeante a jusqu'ici été constamment employée, comme base de peuplement, pour les nombreuses plantations d'abri.

L'*epicéa blanc* joue ce rôle d'abri d'une manière si parfaite que l'on ne connaît jusqu'à présent aucune essence qui puisse lui être préférée à ce point de vue par la sylviculture danoise.

(Copenhague.)

SCIADOPITYS. — S. VERTICILLATA. — *Pin parasol des Japonais.*

Magnifique espèce du Japon, cultivée autour des temples, très ornementale, très rustique.

(Flandres.)

Espèce des plus intéressantes et parfaitement rustique. Feuilles toujours luisantes, disposées en verticilles.

(Campine.)

CHAMÆCYPARIS. — *Faux cyprès.*

Grands arbres de l'Amérique septentrionale. Croissent dans les lieux humides ; rustiques. Bois tendre, de couleur rosée, très aromatique.

(Loire.)

CHAMÆCYPARIS (CUPRESSUS) LAWSONIANA. — *Cyprès de Lawson.*

Arbre des plus pittoresques, floraison remarquable ; résistance au froid à toute épreuve, croit vigoureusement en Ardennes. Convient spécialement pour cimetières, dans les parcs, au bord des eaux.

(Ardennes.)

Excellent en Allemagne ; demande sol argileux ou sablonneux frais. Bois de première qualité. A employer en sous-étage dans les pineraies et les taillis de chêne.

(Ardennes.)

Grand arbre de la Californie, atteignant jusqu'à 40 mètres de hauteur. Croissance très rapide, port très gracieux.

(Loire.)

CH. OBTUSA. — *Cyprès du Japon.*

Arbre magnifique, appelé au Japon la gloire des forêts. Très rustique ; le bois blanc, poli, acquiert le brillant de la soie.

(Loire.)

Ch. OBTUSA. — *Cyprès du Japon.*
Ch. PISIFERA. — *Cyprès pisifère.*

Au point de vue forestier, le premier de ces arbres est pour le Japon le plus important des résineux. Mélangé au Ch. pisifera, il forme de vastes forêts du 30° au 38° de latitude Nord à des altitudes variant de 400 à 1,000 mètres au dessus du niveau de la mer. Il atteint 30 à 40 mètres de haut et son bois est d'une réelle valeur. Le Ch. pisifera n'atteint pas une taille aussi élevée que l'espèce précédente ; sa hauteur ne dépasse guère 25 à 30 mètres, mais il est, dans la jeunesse surtout, d'un tempérament plus robuste.

(Copenhague.)

THUYOPSIS.
Originaire du Japon, d'une rare élégance, rustique ; ses rameaux étalés ressemblent aux feuilles de fougère.

(Loire.)

TH. BOREALIS. — *Chamœcyparis nutkaensis.* Th. boréal.
Grand et bel arbre de l'Amérique du Nord ; de grande vigueur, fort pittoresque.

(Flandres.)

Belle pyramide élancée et beaucoup d'analogie avec le cyprès de Lawson, mais il est plus rustique et n'a jamais souffert de nos rigou-reux hivers.

(Campine.)

TH. DOLOBRATA.
Superbe conifère de moyenne grandeur ; pyramide à large base, très régulière, à verdure bien luisante.

(Campine.)

TAXODIUM.
Les sols légers, humides et même un peu tourbeux lui conviennent parfaitement.

(Loire.)

T. DISTICHUM. — *Cyprès chauve, de la Louisiane.*
De grande vigueur et d'un effet superbe lorsqu'il est planté le long des eaux ou dans des endroits humides et marécageux.

(Flandres.)

Vient bien dans les sols très humides.

(Flandres.)

Pyramide régulière, élancée et très élégante. Feuillage caduc, des plus légers et d'un vert très tendre. Vient de préférence au bord des étangs.

(Campine.)

THUYAS.
Originaires de l'Amérique septentrionale, rustiques et de culture facile.

Bois excellent, de longue durée, d'où la qualification d'arbre à vie, de l'espèce commune.

(Loire.)

T. GIGANTEA. — *Th. gigantesque.* (Cèdre blanc.)
Originaire de la Californie; d'une grande vigueur, peu délicat sur la nature du sol.

(Flandres.)

Atteint une hauteur énorme en bon terrain. Bois très recherché.

(Flandres.)

T. LOBBII.
Grand et bel arbre atteignant en Californie, son pays d'origine, jusque 100 pieds de hauteur. Beaucoup plus vigoureux et port plus élégant que le Th. commun (*occidentalis* ou du Canada); sa verdure claire ne ternit pas en hiver.

(Campine.)

T. OCCIDENTALIS. — Th. commun.
Recommandé récemment par Mayr comme essence de sous-bois avec le chène, le sylvestre et le mélèze.

(Alsace-Lorraine.)

CRIPTOMERIA. — *C. japonica, C. du Japon.*
Grand arbre du Japon. Demande terre légère et fraiche, mais non humide, à l'exposition Sud. Bois blanc, léger.

(Loire.)

RETINOSPORA.
Sont tous originaires du Japon. Leur feuillage rappelle celui des thuyas et des genévriers, mais ils ont une forme gracieuse et une verdure fraiche qui ne ternit pas par le froid. Résistent aux hivers les plus rigoureux.

(Campine.)

JUNIPERUS. *J. virginiana, Genévrier de Virginie.*
Les genévriers de Virginie, appelés aussi improprement cèdres de Virginie, n'exigent qu'une mince couche de terre végétale; viennent très bien sur les coteaux inclinés et dans les sols sablonneux. Se contentent des terrains pauvres où ne réussit pas le pin sylvestre.

(Flandres.)

SEQUOIA (WELLINGTONIA).
Arbres très élevés de Californie où ils atteignent 80 et 100 mètres de hauteur. Exigent un climat tempéré, un sol léger, profond, substantiel et frais.

(Loire.)

Demande terre profonde et fraiche et de bonne qualité.

(Flandres.)

S. GIGANTEA.

C'est l'arbre géant de la Californie; il y atteint jusque 100 mètres de hauteur. Pyramide conique, très compacte, bien garnie, imposante et de superbe aspect. Les rudes hivers de 1870 et de 1880 lui ont été funestes; néanmoins, les sujets qui étaient abrités des grands vents et des rayons directs du soleil, soit par des montagnes, soit par des arbres de haute futaie, ont été épargnés. Il convient de le planter à l'exposition Nord.

(*A continuer.*)   (Campine.)

La sylviculture au concours régional agricole de Mons

Comme le *Bulletin* l'a annoncé dans la livraison d'avril, p. 241, la sylviculture figurait au programme du concours organisé à Mons, du 5 au 13 juillet dernier, par la Société agricole Brabant-Hainaut, et mes souvenirs me reportent à l'une des premières réunions du Comité organisateur, au cours de laquelle fut discutée la répartition des subsides entre les diverses sections.

Après examen des allocations afférentes aux branches principales de l'agriculture, on en vint aux branches dites « accessoires » ou « subsidiaires », au bas desquelles figurait la sylviculture, dotée *grassement* d'un subside de 900 francs. « C'est beaucoup trop! » s'exclama un membre influent du Comité, grand connaisseur évidemment. Ce cri du cœur en disait assez et montrait, à l'évidence, tout ce qu'avait de téméraire la participation de la foresterie au concours de Mons.

La région Brabant-Hainaut renferme cependant 75,000 hectares de bois et forêts valant plus de 200 millions; et, certes, la sylviculture méritait, ici encore, beaucoup plus de considération qu'elle n'en a reçu.

Abandonnée, non sans raison, par des personnalités influentes à même d'en assurer le succès, l'exhibition sylvicole montoise fut plus que modeste, et la bonne volonté des rares exposants à tirer quelque parti du hangar ténébreux mis à leur disposition, ne parvint guère à attirer l'attention que des spécialistes, peu nombreux dans la région.

Les pays industriels consomment des quantités énormes de bois et c'est sur l'emploi de la matière ligneuse que repose, en grande partie, l'exploitation minière.

Mais doit-on s'inquiéter de ce fait? La forêt pousse dans les pays sauvages, tout comme la queue du chat, comme la salade dans le jardin!! Voilà toute l'histoire!!

Le bois entre de plus en plus dans l'économie industrielle, les forêts disparaissent par le fait de la rage spéculatrice qui nous dévore, peu importe : le fer et la houille nous restent... C'est l'essentiel!

Du reste, il y aura toujours trop de forêts, n'est-ce pas? car elles ne rapportent rien et elles nuisent généralement à la libre expansion de la population et de l'industrie!!...

C'est en de semblables énormités que les esprits forts résument la question.

Nous n'essaierons pas de les convaincre. Venons-en plutôt à l'objet de ce compte rendu.

Parmi les choses exposées, notons d'abord une collection complète de graines forestières de la maison Henry Keller fils, de Darmstadt, dont la haute réputation n'est plus à faire.

M. Henry Keller a obtenu un diplôme de 1er prix et une prime de 30 francs.

Les beaux échantillons d'arbres et plants convenant au boisement des terrains de la région, exposés par MM. Méresse frères et Wibout-Leclercq, de Lesdain, attiraient l'attention de tous les connaisseurs. Ces produits montrent combien nos pépiniéristes se préoccupent de l'amélioration de leur culture, qui s'étend aussi bien aux espèces exotiques, récemment acclimatées, qu'aux espèces indigènes.

Ces exposants ont obtenu, les premiers un diplôme de

1ᵉʳ prix et une prime de 75 francs, le second un diplôme
de 2ᵉ prix et une prime de 40 francs.

M. Blin d'Orimont, de Beaumont, exposait des spécimens
de bois de chêne et de hêtre provenant du bois d'Hestrud
(Grandrieu), propriété renommée pour la bonne qualité
de ses arbres. Les sujets envoyés, droits comme des cierges,
sans être de fortes dimensions, comptaient 16ᵐ propres à
l'œuvre et le chêne montrait à peine 1 centimètre d'aubier.
Semblables sujets conviennent à tous les usages qu'en réclame
l'industrie et commencent à devenir très rares dans notre
pays.

Le diplôme de grand prix et une médaille en argent ont
été décernés à M. Blin d'Orimont.

M. Dupuis, brigadier forestier à Boussu-lez-Walcourt,
avait réuni une collection de tronces de bois de la province
de Hainaut. Cette collection, très ingénieusement présentée,
ne renfermait pas moins de 50 espèces et variétés forestières
et se trouvait complétée par trois séries d'étais de mines de
différentes essences, classées suivant leur degré de résistance
à la rupture, à l'écrasement et à la pourriture.

M. Dupuis a obtenu un diplôme de 1ᵉʳ prix et une prime
de 75 francs.

M. Gérin, de Rance, exposait une série de planches provenant d'arbres abattus dans les forêts des environs de Rance.

Cette collection ne comprenait pas moins de 25 échantillons dont plusieurs avaient été enlevés sur des sujets de plus
de 3 mètres de tour.

M. Gérin a obtenu un 2ᵉ prix et une prime de 40 francs.

M. A. Lheureux, de Pâturages, montrait une collection
de tronces provenant d'arbres croissant sur le terril Sainte-
Hortense, à Quaregnon.

Un peuplier du Canada de 12 années de plantation accuse
0ᵐ60 de tour. Le bouleau, l'acacia, le saule marsault, le
sorbier, l'aune et l'érable plane de 8 à 10 ans ont couramment de 0ᵐ20 à 0ᵐ40 de tour. Ces résultats remarquables
prouvent à l'évidence qu'il est possible de tirer un parti

avantageux, par la. végétation forestière, de ces hideux monticules si nombreux en pays charbonnier.

M. Lheureux poursuit le boisement de son terril qui, à l'heure actuelle, se trouve peuplé des espèces les plus variées et la plupart bien venantes.

Selon le vœu de M. Lheureux, tous les terrils du Borinage devraient être boisés: on arriverait ainsi à créer de véritables oasis qui enlèveraient au pauvre pays noir la tristesse et la monotonie qui y règnent.

L'ouvrier borain s'extasie devant un massif de verdure et, plus que tout autre peut-être, il sait apprécier les bienfaits de l'arbre.

M. Lheureux, en vrai philanthrope, n'a cessé de prêcher d'exemple, mais, hélas! il prêche dans le désert et trouve bien peu d'imitateurs. Ces terrils sont généralement la propriété de puissantes sociétés charbonnières qui n'ont cure d'agrémenter la région qu'elles exploitent; il ne faut donc guère compter sur elles pour arriver au but désiré.

Ces sociétés ne tirant aucun parti des terrains recouverts de résidus miniers, elles devraient les céder gratuitement aux établissements de bienfaisance voisins, qui les boiseraient avec le concours pécuniaire de l'Etat.

C'est là l'idée de M. Lheureux; nous ne la discuterons pas, mais nous constaterons au moins qu'elle part d'un bon cœur, désireux d'être utile à sa région et à ses concitoyens.

M. Lheureux a obtenu un diplôme de 3e prix et une prime de 25 francs.

Dans la section du matériel des exploitations forestières figurait un chemin de fer à voie étroite qui nous paraît à même de rendre de grands services en forêt, où la traite des arbres restera toujours incompatible avec l'entretien convenable des routes.

Ce chemin de fer, construit par M. A. Koppel, de Bruxelles (usines à Ans-lez-Liége), est d'un déplacement facile, et ses wagonnets (ridelles), d'un chargement aisé, peuvent supporter individuellement des poids de 4 à 5,000 kilogrammes.

C'est, en un mot, un matériel très pratique et, comme il est destiné à ménager les routes forestières dont la construction et l'entretien sont très coûteux, nous pensons qu'il doit souvent présenter des avantages sérieux.

Les installations de M. Koppel, dans la forêt de Soignes, donneraient, paraît-il, d'excellents résultats et méritent, en tout cas, de fixer l'attention des propriétaires forestiers.

Un 2e prix et une prime de 40 francs ont été décernés à M. Koppel.

Les collections d'outils et instruments de MM. Fery, de Rochefort, et Bayard frères, de Séloignes, étaient très complètes et très remarquées.

Le premier a obtenu un diplôme de 1er prix et une somme de 75 francs, les seconds un 2e prix et une prime de 25 francs.

M. Hannoteau, de Sivry, avait réuni les plus beaux produits de sa vaste exploitation et nous montrait le beau chêne de Chimay, débité en bois de merrain et en pièces de quartier, faisant voir une maille brillante du plus bel effet.

Ces produits, dont on ne connaît plus guère l'usage dans notre siècle de camelote, faisaient l'admiration de tous les connaisseurs.

Le 1er prix et une prime de 75 francs ont été accordés à M. Hannoteau.

M. Laffineur, de Sivry, avait envoyé une série d'échantillons montrant les différentes phases que comprend la fabrication du sabot, depuis le bloc brut jusqu'à la chaussure artistement planée et fleurie. Il a obtenu un 3e prix et une prime de 25 francs.

La vieille maxime rendue célèbre par Labiche : « Il faut d'l'engrais », ne devait pas se borner à une grande répercussion dans les compartiments voisins : il lui fallait franchir les sombres austérités de l'antre forestier. Les éloquents travaux présentés par MM. Huberty et Delville lui rendaient toute évidence et tout à-propos.

M. Claudot, inspecteur des eaux et forêts à Darney (Vosges), et M. Huberty, déjà cité, exposaient un nombre respectable de brochures, fruits de leurs travaux.

Ces messieurs ont obtenu : M. Huberty, un diplôme de grand prix et une médaille en vermeil ; M. Claudot, un diplôme de grand prix et une médaille en argent ; M. Delville, un diplôme de 3ᵉ prix et une médaille en argent.

Enfin, par une série de cartes et tableaux graphiques très habilement dressés, M. Delannoy, arpenteur forestier de l'Etat à Marbaix-la-Tour, qui a obtenu un 1ᵉʳ prix, une médaille en vermeil et une prime de 50 francs, indiquait la répartition de la propriété forestière dans la région visée.

Ses représentations graphiques établissaient clairement qu'entre tous les pays du monde, c'est la Belgique qui, toutes choses égales, consomme le plus de bois et en produit le moins.

Souhaitons, en terminant, qu'elle ne paie pas trop cher l'imprévoyance dans laquelle elle semble se complaire en dépit des avertissements les plus éclairés, et rendons hommage, une fois encore, au gouvernement qui consent à faire des sacrifices en vue de la reconstitution de son domaine forestier.　　　　　　　　Eug. Goor,

sous-inspecteur des eaux et forêts.

Le fléau des lapins

Le quatrième fascicule du deuxième volume des « Travaux de la Division de biologie agricole et forestière de l'adminis-tration impériale d'hygiène » nous apporte une précieuse étude des docteurs Jacobi et Appel. Consacrée au « fléau des lapins » et aux moyens de le combattre, cette étude s'appuie sur une minutieuse enquête qui a montré la multiplication de ce rongeur et l'augmentation croissante des dégâts qu'il occasionne.

Originaire du sud de l'Europe, le lapin a peu à peu envahi

l'Allemagne tout entière. Nous pourrions, dans une certaine mesure, déterminer l'expansion progressive de cette espèce, particulièrement dans l'est de l'empire, par les observations qui ont signalé son apparition. Tandis que Altum, par exemple, en 1876, considérait le lapin comme un animal propre surtout aux régions occidentales de l'empire, causant des dégâts considérables dans la Westphalie et se faisant de plus en plus rare à partir de cette province à mesure que l'on s'avance vers l'est, nous savons que, actuellement, ce sont au contraire précisément les provinces de l'est qui ont peut-être le plus à souffrir de sa multiplication.

Les chiffres suivants justifient en effet cette affirmation:

Au cours de l'exercice 1899-1900, 3,100 lapins ont été tués dans 10 cantonnements de l'inspection de Potsdam et 4,855 dans 18 cantonnements de l'inspection d'Oppeln, tandis que, dans trois triages seulement du cantonnement de Mauche, 10,786 lapins ont été détruits du 1er avril 1898 au 1er décembre 1899.

Les talus des remblais et des tranchées de chemin de fer ont favorisé probablement cette immigration. Dans tous les cas, il est certain que les lapins se sont répandus dans les domaines du N. et de l'E. avec une rapidité souvent très grande et y sont devenus immédiatement un fléau très difficile à combattre par les moyens ordinaires.

Nous n'avons pas, malheureusement, pour plusieurs Etats de l'empire, les données qui nous permettraient de juger de la multiplication de ce rongeur par le nombre d'animaux détruits. En Prusse seulement, il a été abattu dans les bois domaniaux :

en 1881-1882   6,140 lapins sauvages
en 1885-1886   314,116   id.

Cependant il convient de faire remarquer, devant une différence aussi considérable, que le premier de ces nombres a été obtenu par estimation, tandis que le second résulte d'une statistique minutieuse. Le nombre des lapins détruits en 1885-1886 se répartit de la manière suivante entre les provinces du royaume :

1. Prusse orientale	265	7. Saxe	76,229
2. — occidentale	275	8. Schleswig-Holstein	2,856
3. Brandebourg	36,037	9. Hanovre	8,924
4. Poméranie	1,346	10. Westphalie	12,138
5. Posnanie	21,891	11. Hesse-Nassau	845
6. Silésie	102,688	12. Province Rhénane	49,802

Parmi les inspections, celle de Liegnitz présente le plus grand nombre de lapins détruits : 59,613.

D'autre part, voici le détail des lapins abattus en Autriche, par ordre du gouvernement, de 1874 à 1898. Ces renseignements ont été puisés dans un tableau émanant de la direction de l'exposition de la chasse d'Autriche-Hongrie (Paris 1900) :

1874 à 1878	156,274
1879 à 1883	179,175
1884 à 1888	298,496
1889 à 1893	440,688
1894 à 1898	566,845

La recherche de la nature des dommages causés offre un aspect nouveau à plusieurs de nos lecteurs. Une enquête complète n'avait pour ainsi dire jamais été faite à ce sujet; les observations judicieuses d'Altum éclairent cette question d'un jour nouveau.

« Lorsqu'il est question des dommages causés par ce petit rongeur, on n'a le plus souvent en vue que la perte qu'il occasionne à l'agriculture ou à la sylviculture, en consommant les fruits des champs, en mettant les graines à découvert, en écorçant et mutilant les jeunes pousses, etc., car ce sont les dégâts dont on a la plupart du temps à s'occuper. La courte existence de l'animal n'empêche pas cependant que le dommage soit parfois si étendu qu'il ne peut se réparer qu'avec de grandes difficultés et au prix de lourds sacrifices d'argent. Il en est ainsi de la dévastation d'une emblavure ou de la destruction d'une plantation.

35

» Ce rongeur, pour le travail souterrain qu'il pratique dans toutes les directions, utilise jusque dans la limite extrême l'étendue entière du sol.

» Par la facilité et la rapidité avec lesquelles il creuse ses galeries et exécute des fouilles d'une étendue considérable, par son activité continuelle et son humeur capricieuse qui le porte à recommencer tout un nouveau travail à proximité de l'ancien, il peut arriver qu'en très peu de temps une colonie de lapins envahisse l'étendue entière d'un canton sur lequel, si l'homme ne prend garde, elle règne bientôt en maîtresse. Il faut. souvent des efforts très longs et très pénibles pour suivre jusque dans les dernières ramifications le lacis inextricable de leurs galeries et de leurs passages; ce sont parfois des constructions à plusieurs étages, que l'on pourrait avec raison appeler de petites villes.

Nous avons eu l'occasion, au cours de nos recherches, d'ouvrir des terriers dont les galeries présentaient un développement de 45 mètres de longueur, et cependant nous reconnaissions par le nombre et la disposition des entrées que le réseau s'en trouvait plus vaste encore.

» Lorsque les lapins ne sont pas énergiquement combattus, il faut donc prévoir qu'ils ne tarderont pas à devenir, par leurs fouilles et par leurs dépôts, une cause de dommage et de danger considérables. »

Dans un travail succinct consacré au fléau des lapins et publié avant sa mort, Altum nous apprend que les fouilles actives et incessantes de ces rongeurs ont laissé sans résultat les travaux coûteux et pénibles de fixation des dunes sablonneuses entrepris dans les îles de la Frise.

Les remparts et les fortifications de Spandau ont été, de leur côté, très sérieusement endommagés par ces animaux.

Ainsi que cet auteur le fait très justement remarquer, le lapin, hôte habituel des contrées découvertes, se rencontre fréquemment sur les champs de manœuvres, où il constitue une cause permanente de danger pour les hommes aussi bien que pour les chevaux ; lorsque le sol est recouvert de neige, les trous creusés par cet animal déterminent des chutes graves. Lors de la récente création du grand champ de manœuvres de Posen, on fut obligé de combattre énergiquement ce rongeur, la place qui avait été choisie pour l'exercice des troupes montées étant par endroits entièrement minée.

Le dommage causé par les lapins à la culture des forêts est beaucoup plus grave. Quoiqu'à cet égard on trouve en plus d'un endroit des données pleinement édifiantes, il ne nous paraît pas inutile de faire connaître ici le résultat de quelques observations.

Le dommage le plus facile à constater et à évaluer est celui causé aux jeunes plantations; on peut en donner quelques exemples :

Dans le canton de Lilla, de la seigneurie de Baschkow, une plantation fut exécutée en 1898, sur une surface de 16 arpents. L'année suivante, la plantation avait déjà tellement souffert de la dent du lapin, qu'il fut nécessaire de procéder à d'importants regarnissages; une année plus tard, il restait si peu de plants que l'étendue entière du terrain dut être replantée. On n'aurait vraisemblablement pu enrayer la marche du fléau au moyen du fusil ou du furet, qu'au prix des plus grands efforts; il fallut entourer la plantation tout entière d'un treillis protecteur.

Un fait analogue se produisit dans une plantation de 10 arpents établie aussi en 1898. Au coût de la plantation (200 marks) vint s'ajouter celui des regarnissages qu'il fallut effectuer l'année suivante (70 marks). Le résultat fut désastreux : en 1900, la plantation entière était détruite; on y retrouva, avec beaucoup de difficultés, une trentaine de plants dont la plupart, d'ailleurs, rongés, écorcés ou mutilés, n'auraient pu dans l'avenir donner des arbres normaux.

Dans les cantons où les lapins ne sont pas très nombreux, le dommage causé aux jeunes pins présente un caractère bien déterminé. Les aiguilles en sont généralement rongées l'une après l'autre et de bas en haut; le plus souvent, il reste un chicot dont le brachyblaste ne se reproduit pas, mais qui, au moins, développe en petite pousse un bourgeon dormant ; comme, d'autre part, les bourgeons de la couronne des branches ont généralement été épargnés, le plant reprend assez rapidement une forme normale. Mais lorsque les lapins se multiplient, le dégât ne tarde pas à présenter un caractère grave : les rongeurs s'attaquent à la plante tout entière ou au moins à toutes les parties tendres ; la repousse alors ne s'effectue plus que très exceptionnellement.

Dans le premier cas, la plupart des jeunes plants conservent la possibilité de survivre, ils peuvent réparer par une régénération des tissus la perte de leurs organes d'assimilation. Dans le second cas, au contraire, presque tous les jeunes plants sont tués, les rares survivants même sont trop endommagés pour produire plus tard une tige solide et de forme convenable. Dans certaines contrées, les lapins semblent s'être habitués à un abroutissement total du jeune plant, dont toutes les aiguilles sont alors rongées. Cependant des plants mutilés s'y montrent aussi ; lorsque cette mutilation porte sur les jeunes branches des couronnes supérieures, ces plants conservent généralement toutes leurs feuilles. Chez les plants plus âgés, qui possèdent déjà de fortes branches, le lapin s'attaque de préférence aux jeunes pousses.

L'épicéa ne se comporte pas mieux que le pin sylvestre, bien que, par exception, à Baschkow nous ayons pu constater qu'il avait beaucoup moins souffert.

Chose étonnante, les tiges des jeunes plants ont proportionnellement moins à souffrir, ce qui peut s'expliquer peut-être par le rôle protecteur que jouent les branches ; celles-ci d'ailleurs, sur les jeunes plants, sont atteintes très facilement par le lapin. Les arbres plus âgés, qui n'ont plus cette protection, sont fortement attaqués. Il semble que, généralement, le rongeur ne s'en prend à des écorces déjà dures que pour arriver ensuite au liber et à l'aubier pleins de sève, qui se trouvent en dessous et qui servent seuls de nourriture, tandis que l'écorce est rejetée. Tel n'est cependant pas toujours le cas; parfois, au contraire, l'écorce la plus dure sera seulement recherchée et réduite en charpie; nous avons pu nous en assurer par de nombreuses observations directes. Le bois lui-même, s'il n'offre pas une trop grande résistance à la dent, sera très souvent aussi rongé.

Les arbres ne sont protégés ni par les propriétés chimiques, ni par les propriétés mécaniques de leur écorce. Les écorces de chêne et de saule, qui renferment une forte proportion de tanin, disparaissent sous la dent des lapins, de même que la rude écorce gercée du pin et l'épaisse couche de liège qui constitue celle de l'orme subéreux.

L'âge seul paraît mettre les arbres à l'abri de ces rongeurs, du moins nous ne voyons aucun pin de plus de 15 ans sérieusement endommagé, quoique des troncs abattus, âgés de 80 à 100 ans, aient été écorcés presque à blanc sur toute leur moitié inférieure.

Cette consommation de substances qui n'ont qu'une valeur nutritive nulle ou insignifiante, paraît destinée à tromper la sensation de la faim. A cela servent aussi les tiges mortes de « lappa » et les parties annuelles de diverses plantes.

On a déjà cherché à déterminer les arbres préférés par les lapins et ceux auxquels ils s'attaquent le moins.

Altum, dans sa *Zoologie forestière*, I, pp. 192 et 193, les range à cet égard de la manière suivante :

« Fruitiers, charme et fusain; viennent ensuite : troène, coudrier, frêne, bourdaine, peuplier tremble, hêtre, épine noire, aubépine et érable; suivent, constituant un troisième groupe : bouleau, cornouiller sanguin, viorne aubier, cerisier, orme et tilleul; enfin les moins exposés aux attaques des lapins sont : saule, chêne, alisier, sorbier des oiseleurs et rosier. »

Cet ordre n'a d'ailleurs pas une signification absolue, il varie suivant les contrées. A Baschkow, le plant de pin très jeune est le plus recherché par le lapin. C'est pour le bouleau, le chêne et surtout les saules que ce rongeur y manifeste la moindre préférence. Les épicéas y sont si peu attaqués qu'il n'est pas rare d'y rencontrer des plantations mélangées dans lesquelles tous les pins sont rongés jusqu'au bois, tandis que les épicéas ont à peine été touchés. La plupart des arbres de forêt ou de jardin ne sont pas épargnés dans cette région, non plus que le lierre des murailles et les ronces des lisières de forêt.

Sur le champ de manœuvres de Posen, les lapins montrent une préférence très marquée pour l'orme et l'aubépine. Les pins, dont il existe en cet endroit de jeunes plantations, ont proportionnellement très peu souffert.

Dans les environs de Schwiebus, enfin, l'ordre paraît être le suivant : acacia, épicéa, peuplier; suivent alors le pin et, beaucoup plus loin seulement, l'aune rouge et le saule.

Il ressort de ces faits que dans une région déterminée les lapins recherchent diversement les diverses essences. On ne peut cependant en conclure que la plantation supplémentaire d'une essence recherchée par le lapin et destinée à lui servir de nourriture, c'est-à-dire à jouer un rôle protecteur, permettrait de sauvegarder la plantation principale. Il n'en est rien.

Que les lapins se multiplient et que survienne un hiver rigoureux, rien ne restera de la plantation tout entière.

Les dommages causés à l'agriculture sont, de leur côté, très importants et les plaintes à cet égard se font entendre toujours plus nombreuses. A côté des ravages causés aux champs par les explorations souterraines de ces rongeurs, il faut remarquer qu'ils consomment beaucoup de graines semées. On traverse fréquemment des campagnes dont les récoltes sont régulièrement anéanties et qui ne donnent plus aucun produit réel.

Enfin, il convient de ne pas oublier que le lapin détermine encore indirectement un dommage considérable, cette fois au point de vue de la chasse, dont le revenu se trouve par là fortement diminué. Surtout dans les Etats où chacun peut capturer ce rongeur au moyen du furet, cette chasse devient une industrie, sa pratique une profession courue par nombre de gens, paresseux sans aveu, dont la présence dans les bois constitue une cause de danger pour le personnel et de dommage pour le gibier. Le furet refuse-t-il par exemple de sortir du terrier, on ouvre celui-ci sans précaution en détruisant quantité de jeunes plantes. Le gibier dérangé disparaît et gagne des cantons plus tranquilles. Souvent d'ailleurs, ces gens n'hésitent pas à se l'approprier lorsque l'occasion s'en présente. Les abris en feuillage, les pièges à bêtes fauves et autres dispositifs analogues sont systématiquement endommagés. Depuis quelque temps, ces fureteurs se sont montrés particulièrement importuns et leurs procédés ont soulevé de nombreuses plaintes dans le monde forestier prussien, qui ne désire nullement les protéger davantage. Les choses sont allées si loin à cet égard, que beaucoup voudraient que le lapin ne fût plus considéré comme un animal nuisible dont la destruction est toujours autorisée.

Les moyens employés jusqu'ici pour combattre les lapins (l'usage des armes à feu ou des pièges à ressort, le furetage, la destruction des rabouillères) rendent des services, mais ne suffisent généralement pas. Les mesures préventives (enduits, manchons ou treillis protecteurs) ne peuvent non plus être considérées comme d'une efficacité absolue.

Il est bien plus recommandable de détruire ces animaux en injectant des vapeurs toxiques dans leurs refuges. Les gaz qui nous paraissent le mieux appropriés à cette fin, sont l'acétylène, l'anhydride sulfureux et le sulfure de carbone; l'emploi de ce dernier, qui se recommande tout particulièrement, réclame quelques précautions.

Par cette étude, l'administration impériale de l'hygiène a augmenté la longue série des publications sur ce même sujet et elle a bien mérité de l'agriculture et de la sylviculture.

(*Neue Forstliche Blätter.*)
Traduction de L. Wartique.

Relevé des arbres remarquables [1]

Au même titre que les monuments qui font la beauté de nos villes, les arbres remarquables méritent la protection et les soins des pouvoirs publics. Certains arbres aux dimensions colossales, aux formes bizarres, ne sont-ils pas, en effet, de véritables monuments naturels qui forcent l'admiration ou tout au moins l'étonnement? Maints sites curieux et fréquemment visités ne sont-ils pas sauvés en partie de la banalité, précisément par la présence d'un vieil arbre qui en fait le charme et le pittoresque? D'autre part, à bon nombre d'arbres souvent plusieurs fois séculaires, ne se rattache-t-il pas un souvenir historique, une vieille légende poétique, qui tomberait dans l'oubli par la disparition de l'antique témoin?

Il faut le dire, ces arbres bien connus dans les régions qui les possèdent, ne sont pas toujours respectés aussi religieusement qu'ils le méritent et des actes de vandalisme regrettables sont parfois à déplorer.

Il n'est pas facile d'empêcher ceux-ci. Déjà en 1897 l'administration forestière avait « appelé l'attention spéciale » de ses agents sur les arbres remarquables par leur beauté » ou leurs formes bizarres, sur ceux qui présentent un carac- » tère historique ou portent un nom populaire connu dans » la contrée et même à l'étranger, sur tous ceux qui » excitent la curiosité des touristes et des voyageurs et dont » la conservation offre de l'intérêt ou de l'agrément pour le » public ».

Afin de pouvoir prendre, le cas échéant, certaines mesures de protection ou de conservation, M. le ministre de l'agriculture a invité les agents forestiers à dresser un relevé des arbres remarquables Chaque fois qu'un de ceux-ci sera

---

[1] Note du Service des recherches et consultations en matière forestière.

menacé de disparaître, soit par l'exploitation, soit par vétusté, l'administration forestière, si elle est prévenue en temps utile, interviendra, si possible, pour en assurer la conservation.

Nous donnons ci-après le résultat de ce recensement forcément incomplet, les circonscriptions des agents forestiers étant presque toujours fort étendues. Les relevés sont même très insuffisants pour les provinces flamandes, et MM. les membres de la Société centrale forestière pourraient aider l'administration à les compléter, en adressant des renseignements analogues à ceux du relevé au Secrétariat de la Société, qui les transmettra à qui de droit.

Province d'Anvers

COMMUNE DE BOISSCHOT.
Situation : près de la chaussée de Hulshout.
Propriétaire : M. de Turck de Meersbeek.
Nom de l'arbre :   »
Essence : chêne pédonculé.
Végétation : très bonne.
Circonférence à 1ᵐ50 du sol : 3ᵐ40.
Hauteur sans branches : 7 mètres.
Hauteur totale : 20 mètres.
Observations : Couronne de 20 mètres de diamètre.

COMMUNE D'ITEGEM.
Situation : place de l'Eglise.
Propriétaire : la commune.
Nom de l'arbre : Arbre de la liberté.
Essence : tilleul.
Végétation : bonne.
Circonférence à 1ᵐ50 du sol : 3ᵐ35.
Hauteur sans branches : 5 mètres.
Hauteur totale : 30 mètres.
Observations : Agé de 250 ans environ.

MÊME COMMUNE D'ITEGEM.
Situation : près du pont de la chaussée.
Propriétaire : M. Hendrickx, brasseur.
Nom de l'arbre :   »
Essence : châtaignier.

Végétation : bonne.
Circonférence à 1ᵐ50 du sol ; 3 mètres.
Hauteur sans branches : 4 mètres.
Hauteur totale : 25 mètres.
Observations : Couronne de 20 mètres de diamètre; âgé de 80 ans.

COMMUNE DE LICHTAERT.
Situation : bois de la commune.
Propriétaire : la commune.
Nom de l'arbre :   »
Essence : pin maritime.
Végétation : assez bonne.
Circonférence à 1ᵐ50 du sol : 2 mètres.
Hauteur sans branches: non indiquée.
Hauteur totale : 7 mètres.
Observations : Placé au sommet d'une colline ; visible à très grande distance.

COMMUNE DE LILLE-ST-PIERRE.
Situation : bois communaux,
Propriétaire : la commune.
Nom de l'arbre : Acht zalig leden.
Essence : pin sylvestre.
Végétation : bonne.
Circonférence à 1ᵐ50 du sol : 1ᵐ30.
Hauteur sans branches : 7 mètres.
Hauteur totale : non indiquée.
Observations: Forme bizarre ; cépée de 7 à 8 branches formant candélabre.

COMMUNE DE RETHY.
Situation : Grand'Place.
Propriétaire : la commune.
Nom de l'arbre : Tilleul de Rethy.
Essence : tilleul.
Végétation : bonne ; l'arbre est creux.
Circonférence à 1ᵐ50 du sol : 3ᵐ50.
Hauteur sans branches : 2ᵐ40.
Hauteur totale : 14 mètres.
Observations: Bien protégé par une armature en fer.

COMMUNE DE SCHILDE.
Situation : dans le village.
Propriétaire : la commune.
Nom de l'arbre : Arbre de la liberté. Vryboom.

Essence : tilleul.
Végétation : très bonne.
Circonférence à 1ᵐ50 du sol : 2ᵐ50.
Hauteur sans branches : 7 mètres,
Hauteur totale : 21 mètres.
Observations : Arbre planté en 1830.

Province de Brabant

COMMUNE DE BIERBEEK.
Situation : forêt de Meerdael.
Propriétaire : M. le duc d'Arenberg.
Nom de l'arbre : Les jumeaux.
Essence : chêne rouvre et hêtre accolés.
Végétation : excellente.
Circonférence à 1ᵐ50 du sol : chêne 1ᵐ80, hêtre 2 mètres.
Hauteur sans branches : 10 mètres.
Hauteur totale : 17 mètres.
Observations : Ces arbres sont soudés à la base jusque 2 mètres de hauteur ; ils sont très connus.

COMMUNE D'IXELLES.
Situation : place de Boondael (près de l'église).
Propriétaire : la commune d'Ixelles.
Nom de l'arbre : Vieux tilleul de Boondael.
Essence : tilleul à grandes feuilles.
Végétation : assez bonne.
Circonférence à 1ᵐ50 du sol : 4ᵐ10.
Hauteur sans branches : 3 mètres.
Hauteur totale : 11 mètres.
Observations : Cet arbre est entièrement creux et une grande ouverture a été masquée par une maçonnerie en briques, le tout entouré de plusieurs cercles en fer ; il servait déjà de rendez-vous de chasse sous le règne de Charles-Quint, alors que Boondael et les environs étaient englobés dans la forêt de Soignes.

COMMUNE DE JETTE-ST-PIERRE.
Situation :   ”
Propriétaire : M. Delvigne, de Tournai.
Nom de l'arbre : Arbre de Wemmel ou arbre des cris.
Essence : hêtre commun.
Végétation : médiocre (a failli périr par le feu il y a quelques années).
Circonférence à 1ᵐ50 du sol : 4 mètres.

Hauteur sans branches : 10 mètres.
Hauteur totale : 16 mètres.
Observations : Cet arbre est le seul survivant d'une quadruple allée de hêtres qui longeait la voie romaine dite « Schaapenbaan ».

VILLE DE LOUVAIN.
Situation : cour de l'hôtel de M. le sénateur Decamps.
Propriétaire : M. Decamps.
Nom de l'arbre : Acacia boom ou Naamschestraat boom.
Essence : sophora japonica.
Végétation : excellente.
Circonférence à 1ᵐ50 du sol : 2ᵐ85.
Hauteur sans branches : 8 mètres.
Hauteur totale : 15 mètres.
Observations : Provenant de semences rapportées du Japon, en 1818, par les premiers missionnaires revenant de ce pays.

MÊME VILLE DE LOUVAIN.
Situation : jardin botanique.
Propriétaire : la ville de Louvain.
Nom de l'arbre :   »
Essence : sophora japonica.
Végétation : excellente.
Circonférence à 1ᵐ50 du sol : 3ᵐ15.
Hauteur sans branches : non indiquée.
Hauteur totale :   idem.
Observations : Arbre de même âge et de même provenance que le précédent ; il présente une fourche à 5 mètres de hauteur.

COMMUNE DE TESTELT.
Situation : près de l'église.
Propriétaire : la commune.
Nom de l'arbre : Tilleul de Testelt.
Essence : tilleul à petites feuilles.
Végétation : bonne.
Circonférence à 1ᵐ50 du sol : 2ᵐ90.
Hauteur sans branches : 9 mètres.
Hauteur totale : 14 mètres.
Observations : Cet arbre ombrage une bonne partie de la place communale, à laquelle il donne un cachet riant et pittoresque

Province de Flandre occidentale

COMMUNE DE LOPHEM.
Situation :   »

Propriétaire : M. Coppieters.
Nom de l'arbre : 　　　"
Essence : peuplier du Canada.
Végétation : excellente.
Circonférence à 1^m50 du sol : 5^m40.
Hauteur sans branches : 14 mètres.
Hauteur totale : 25 mètres.
Observations : 　　"

MÊME COMMUNE DE LOPHEM.
Situation : 　"
Propriétaire : M. Otto de Mentock, à St-André-lez-Bruges.
Nom de l'arbre : 　　　"
Essence : pin laricio de Corse.
Végétation : excellente.
Circonférence à 1^m50 du sol : 3^m10.
Hauteur sans branches : 24 mètres.
Hauteur totale : 30 mètres.
Observations : 　　"

Province de Flandre orientale

COMMUNE DE MALDEGEM.
Situation : 　"
Propriétaire : M. Rotsaert de Hertaing.
Nom de l'arbre : 　　"
Essence : tilleul à grandes feuilles.
Végétation : dépérissante.
Circonférence à 1^m50 du sol : 4^m80.
Hauteur sans branches : 4 mètres.
Hauteur totale : 24 mètres.
Observations : 　　"

COMMUNE D'ONKERZEELE.
Situation : 　"
Propriétaire : M. de Kerchove de Denterghem.
Nom de l'arbre : 　　　"
Essence : chêne pédonculé.
Végétation : excellente.
Circonférence à 1^m50 du sol : 4^m60.
Hauteur sans branches : 14 mètres.
Hauteur totale : 25 mètres.
Observations : 　　"

Province de Hainaut

COMMUNE DE BAILIÈVRE.
Situation : chemin de Dessivières.
Propriétaire : Mme Moronval, rentière, à Avesnes (France).
Nom de l'arbre : Tilleul du moulin.
Essence : tilleul à grandes feuilles.
Végétation : bonne.
Circonférence à 1^m50 du sol : 4^m65.
Hauteur sans branches : 5 mètres.
Hauteur totale : 17 mètres.
Observations :   »

COMMUNE DE BOIS DE LESSINES.
Situation : place communale.
Propriétaire : la commune.
Nom de l'arbre : Arbre de la liberté.
Essence : tilleul à larges feuilles.
Végétation : bonne.
Circonférence à 1^m50 du sol : 4 mètres.
Hauteur sans branches : 5 mètres.
Hauteur totale : 25 mètres.
Observations : Planté vers 1790.

VILLE DE CHIMAY.
Situation : bois de la **Fagne**.
Propriétaire : la ville de Chimay.
Nom de l'arbre : Chêne St-Hubert ou **Notre-Dame**.
Essence : chêne rouvre.
Végétation : dépérissante.
Circonférence à 1^m50 du sol : 3^m30.
Hauteur sans branches : 4 mètres.
Hauteur totale : 7 mètres.
Observations : Une petite image de la Vierge est attachée au tronc ;
on y va prier.

MÊME VILLE DE CHIMAY.
Situation : près du bois de Thiérache.
Propriétaire : la ville de Chimay.
Nom de l'arbre : Tilleul de la Champagne.
Essence : tilleul à grandes feuilles.
Végétation : bonne.
Circonférence à 1^m50 du sol : 1^m60.
Hauteur sans branches : 2^m50.

Hauteur totale : 16ᵐ50
Observations : »

MÊME VILLE DE CHIMAY.
Situation : bois de Thiérache.
Propriétaire : ville de Chimay.
Nom de l'arbre : Marronnier de la Champagne.
Essence : marronnier.
Végétation : bonne.
Circonférence à 1ᵐ50 du sol : 2ᵐ35.
Hauteur sans branches : 2ᵐ20.
Hauteur totale : 13 mètres.
Observations : »

MÊME VILLE DE CHIMAY.
Situation : Fagne de Chimay.
Propriétaires : MM. Félix et Lucien Jottrand, à Bruxelles.
Nom de l'arbre : Chêne des Quatre-Frères.
Essence : chêne rouvre.
Végétation : bonne.
Circonférence à 1ᵐ50 du sol : il se sépare en quatre branches à 0ᵐ50 de hauteur ; sa circonférence en cet endroit est de 4ᵐ48.
Hauteur sans branches : 10 mètres.
Hauteur totale : 19 mètres.
Observations : Le bois particulier de la Fagne fut vendu par les princes de Chimay et défriché. Le garde particulier Lafontaine, de Rance, réserva l'arbre et lui donna le nom de Chêne des Quatre-Frères, qu'il porte encore, ainsi que la ferme dont il dépend.

COMMUNE DE FROIDCHAPELLE.
Situation : bois de Hermoy.
Propriétaire : commune de Froidchapelle.
Nom de l'arbre : Chêne Notre-Dame de Lumière.
Essence : chêne rouvre.
Végétation : bonne.
Circonférence à 1ᵐ50 du sol : 2ᵐ62.
Hauteur sans branches : 6 mètres.
Hauteur totale : 16 mètres.
Observations : Une petite image de la Vierge est attachée au tronc; on y va prier.

MÊME COMMUNE DE FROIDCHAPELLE.
Situation : chapelle St-Antoine.
Propriétaire : la commune.
Nom de l'arbre : Deux-Hêtres.

Essence : hêtre commun.
Végétation : assez bonne.
Circonférence à 1ᵐ50 du sol : 2ᵐ38 et 2ᵐ50.
Hauteur sans branches : 6 et 7 mètres.
Hauteur totale : 16 et 17 mètres.
Observations : Lors du défrichement du bois dit « Queue de Rance », il y a 50 ans, ces arbres sont restés à la disposition du curé de Froidchapelle pour que, le cas échéant, le produit de la vente soit affecté à l'amélioration de la chapelle.

COMMUNE DE GERPINNES.
Situation :   »
Propriétaire : la commune.
Nom de l'arbre : Chêne Ste-Rolande.
Essence : chêne.
Végétation : dépérissante.
Circonférence à 1ᵐ50 du sol : 3ᵐ20.
Hauteur sans branches : 4 mètres.
Hauteur totale : 15 mètres.
Observations : La légende rapporte que Ste Rolande, étant jeune, était recherchée par un noble seigneur des environs et qu'un jour qu'il la poursuivait, elle se réfugia sur le chêne pour échapper à ses poursuites. La procession de Ste Rolande, très connue dans la contrée, qui se fait tous les ans le lundi de la Pentecôte et qui parcourt le même chemin que la sainte dans sa fuite, passe au pied du chêne, où il y a un reposoir. Cette procession est, parait-il, la plus belle de la région et attire une foule considérable.

COMMUNE DE GOZÉE.
Situation :   »
Propriétaire : Mᵐᵉ veuve Cayphas.
Nom de l'arbre : Belle Épine.
Essence : épine blanche.
Végétation : assez bonne.
Circonférence à 1ᵐ50 du sol : 1ᵐ40.
Hauteur sans branches : 1ᵐ50.
Hauteur totale : 7 mètres.
Observations : Se trouve le long d'un chemin et, dans la cime, on a placé un Christ.

COMMUNE DE MONTBLIART.
Situation : place communale.
Propriétaire : la commune.
Nom de l'arbre : Arbre de la place.

Essence : tilleul à larges feuilles.
Végétation : vigoureuse.
Circonférence à 1^m50 du sol : 2^m65.
Hauteur sans branches : 2^m20.
Hauteur totale : 16 mètres.
Observations : Cet arbre fut planté en 1750 par un ouvrier bûche-
ron, comme essence étrangère et curieuse trouvée dans le bois
communal.

COMMUNE DE MONTIGNY-LE-TILLEUL.
Situation :   "
Propriétaire : Mme veuve de Cartier, Emile, de Marchienne.
Nom de l'arbre : Chêne Bonnet.
Essence : chêne.
Végétation : dépérissante.
Circonférence à 1^m50 du sol : 3^m10.
Hauteur sans branches : 5 mètres.
Hauteur totale : 7 mètres.
Observations : Cet arbre est bien connu dans la région ; une sec-
tion de la commune, située dans le voisinage de l'arbre, porte son
nom. Il est absolument creux et il ne lui reste guère que dix centi-
mètres de bois sous l'écorce.

COMMUNE DE RAGNIES.
Situation : chapelle « Là-Haut »
Propriétaire : commune de Ragnies.
Nom de l'arbre : Aux Quatre-Arbres ou Arbres de la chapelle
« Là-Haut ».
Essence : tilleul.
Végétation : dépérissante.
Circonférence à 1^m50 du sol : 2^m40 et 2^m10.
Hauteur sans branches : 3 mètres.
Hauteur totale : 10 mètres et 9 mètres.
Observations : Il y a quelques années, quatre arbres semblables se
trouvaient là, disposés en quadrilatère; deux d'entre eux, morts de
vieillesse, ont été remplacés.
On rapporte qu'en 1815, quelques jours avant la bataille de
Waterloo, un piquet de dragons prussiens se trouvait campé près
de ces arbres et qu'à l'arrivée de l'avant-garde de l'armée fran-
çaise, avant de quitter leur poste, ces soldats firent, sur l'ennemi,
une fusillade en règle.

COMMUNE DE SALLES.
Situation : bois de Salles, dit « Mazelles ».

Propriétaire : la commune.
Nom de l'arbre : Chêne du parc.
Essence : chêne rouvre.
Végétation : bonne.
Circonférence à 1ᵐ50 du sol : 2ᵐ32.
Hauteur sans branches : 4 mètres.
Hauteur totale : 9 mètres.
Observations : Ancien lieu de réunion de chasse

MÊME COMMUNE DE SALLES.
Situation : chapelle de l'Arbrisseau.
Propriétaire : la commune.
Nom de l'arbre : Deux-Tilleuls.
Essence : tilleul à petites feuilles.
Végétation : mauvaise.
Circonférence à 1ᵐ50 du sol : 4ᵐ05 et 4ᵐ30.
Hauteur sans branches : 5ᵐ et 6ᵐ.
Hauteur totale : 17ᵐ et 20ᵐ.
Observations : Ces arbres ont probablement été plantés lors de l'érection de la chapelle, en 1646 ; il y en avait plusieurs autres, mais, placés sur un lieu élevé (signal géodésique à 271 m.), ils ont été brisés par le vent.

COMMUNE DE SOLRE-SAINT GÉRY.
Situation : le long de la chaussée de Mons à Chimay.
Propriétaire : M. A. Huart, de Solre-St-Géry.
Nom de l'arbre : Sapin du court tournant.
Essence : pin noir d'Autriche.
Végétation : bonne.
Circonférence à 1ᵐ50 du sol : 1ᵐ98.
Hauteur sans branches : 16 mètres.
Hauteur totale : 24 mètres.
Observations : Planté en 1772, pour orner une chapelle érigée en cet endroit.

MÊME COMMUNE DE SOLRE-SAINT-GÉRY.
Situation : le long de la route de Solre-St-Géry à Barbençon.
Propriétaire : la commune de Solre-St-Géry.
Nom de l'arbre : Tilleul Ste-Anne.
Essence : tilleul à larges feuilles.
Végétation : dépérisante.
Circonférence à 1ᵐ50 du sol : 4ᵐ60.
Hauteur sans branches : 4 mètres.
Hauteur totale : 7 mètres.

Observations : Planté en 1563, pour orner une chapelle érigée en cet endroit.

MÊME COMMUNE DE SOLRE-SAINT-GÉRY.

Situation : bois du Fourneau.
Propriétaire : la commune.
Nom de l'arbre : Sapin haché.
Essence : pin Weymouth.
Végétation : bonne.
Circonférence à 1ᵐ50 du sol : 2ᵐ90.
Hauteur sans branches : 20 mètres.
Hauteur totale : 30 mètres.
Observations :   »

COMMUNE DE THIMÉON.

Situation :   »
Propriétaire : évêché de Tournai.
Nom de l'arbre : Buisson du bon Dieu.
Essence : épine blanche.
Végétation : assez bonne.
Circonférence à 1ᵐ50 du sol : 1ᵐ34.
Hauteur sans branches : 3ᵐ50.
Hauteur totale : 5 mètres.
Observations : Deux épines adossées l'une à l'autre. Napoléon Iᵉʳ a campé là, en 1815, avec son artillerie. Un chemin qui passe à proximité porte le nom de « chemin des Batteries ».

COMMUNE DE THUIN.

Situation : bois communal.
Propriétaire : la commune.
Nom de l'arbre : Chêne Maillard.
Essence : chêne.
Végétation : assez bonne.
Circonférence à 1ᵐ50 du sol : 4ᵐ22.
Hauteur sans branches : 6 mètres.
Hauteur totale : 21 mètres.
Observations : C'est le géant de la contrée, auquel on ne peut donner moins de 200 ans d'existence. Il porte le nom d'un ancien bourg-mestre de Thuin qui, vers 1868, assistant un jour aux opérations du martelage dans le bois communal, demanda lui-même que cet arbre fût réservé. Le garde général qui dirigeait l'opération baptisa l'arbre du nom de « Chêne Maillard », sous lequel il est connu depuis. Peu de temps après, les autorités communales firent déposer autour

.

do ce chêne une couche de terreau de 0^m30, dans le but de lui assurer une longue vie.

Le 15 mars 1881, la circonférence de cet arbre était de 3^m95.

(A continuer.)

Commerce du bois

3 SEPTEMBRE 1902, à 13 heures, au local de la Bourse de commerce (salle de l'Union syndicale), à Bruxelles. Adjudication publique, aux clauses et conditions du cahier des charges n° 844, de l'entreprise de la fourniture de bois de chêne et de pitch-pine.

1° Fourniture à effectuer à Malines et à Braine-le-Comte.

1er lot. Bois de chêne de toutes provenances (y compris l'Amérique).

a) Fournitures à effectuer à Malines (gare de Muyzen). 55 mètres cubes poutres d'une longueur min. de 6.00 (moitié de 0.48 au moins et moitié de 0.50 au moins d'équarrissage) ; 140 mètres cubes poutres d'un équarrissage d'au moins 0.30 aux deux bouts et d'une longueur moyenne de 7.50 sans qu'aucune d'elles puisse avoir moins de 6 mètres de longueur ; 35 mètres cubes poutres d'un équarrissage d'au moins 0.30 aux deux bouts et d'une longueur de 10 à 12 mètres.

b) Fournitures à effectuer à Braine-le-Comte. 8 mètres cubes poutres d'un équarrissage d'au moins 0.30 aux deux bouts et d'une longueur de 10 à 12 mètres.

2° Fournitures à effectuer à Malines (gare de Muysen).

2e lot. Bois de chêne de toutes provenances à l'exception de l'Amérique. 6,000 rais de 1.10 de longueur pour roues.

3e lot. Bois de chêne de toutes provenances à l'exception de l'Amérique. 20 mètres cubes planches pour marche-pieds de 3.60 × 0.26 × 0.045; 30 idem de 4.90 × 0.26 × 0.045 ; 6 idem de 5.10 × 0.26 × 0.045 ; 8 idem de 6.30 × 0.26 × 0.045 ; 10 idem de 3.60 × 0.275 à 0.28 × 0.045 ; 30 idem de 4.90 × 0.275 à 0.28 × 0.045 ; 50 idem de 5.10 × 0.275 à 0.28 × 0.045; 50 idem de 6.50 × 0.275 à 0.28 × 0.045.

4e lot. Bois de chêne de toutes provenances à l'exception de l'Amérique. 225 mètres cubes planches de 6.00 à 7.40 × 0.18 à 0.20 × 0.035 ; 170 idem de 2.55 × 0.20 à 0.28 × 0.05 ; 4 idem de 2.55 × 0.32 × 0.05.

5e lot. Bois de chêne de toutes provenances à l'exception de l'Amérique. 4 mètres cubes traverses de 2.35 × 0.11 × 0.08 ; 6 idem de 2.20 × 0.13 × 0.09 ; 18 idem de 2.45 × 0.13 × 0.09 ; 4 idem de 1.95 × 0.25 × 0.11 ; 20 idem de 2.75 × 0.26 × 0.11 ; 4 idem de 2.20 × 0.26 × 0.12 ; 3 idem de 2.90 × 0.26 × 0.12 ; 17 idem de 3.00 × 0.48 × 0.135 ; 4 idem de 1.95 × 0.28 × 0.15 ; 8 idem de 2.20 × 0.26 × 0.16 ; 12 idem de 2.90 × 0.26 × 0.16; 3 idem de 2.85 × 0.50 × 0.165 ; 3 mètres cubes lisses et croix Saint-André de 2.45 × 0.14 × 0.12 ; 2 idem de 2.90 × 0.15 × 0.13.

6e lot. Bois de chêne de toutes provenances à l'exception de l'Amérique. 10 mètres cubes madriers de 4.00 au min. 0.26 au min × 0.07 ;

100 idem de 4.00 au min. × 0.26 au min. × 0.08 ; 90 idem de 4.00 au min × 0.26 au min. × 0.12.

3° Fournitures à effectuer à Ans.

7° lot. Bois de chêne de toutes provenances à l'exception de l'Amérique. 1 mètre cube traverses de 1.95 × 0.25 × 0.11 ; 33 idem de 2.65 × 0.25 × 0.12 ; 20 idem de 2.85 × 0.42 × 0.135 ; 7 idem de 3.00 × 0.48 × 0.135 ; 60 mètres cubes madriers de 4.00 au min. × 0.26 au min. × 0.12 ; 15 mètres cubes planches de 2.55 × 0.20 à 0.28 × 0.04 ; 40 idem de 6.80 × 0.20 à 0.28 × 0.05 ; 35 idem de 7.00 × 0.30 × 0.05 ; 25 idem de 2.55 × 0.32 × 0.05 ; 2 idem de 2.15 × 0.35 × 0.05.

4° Fournitures à effectuer à Gentbrugge (Sud).

8° lot. Bois de chêne de toutes provenances à l'exception de l'Amérique. 20 mètres cubes montants de 2.45 × 0.12 × 0.10 ; 5 mètres cubes traverses de 2.65 × 0.25 × 0.11 ; 15 idem de 2.85 × 0.42 × 0.135 ; 2 idem de 3.00 × 0.48 × 0.135 ; 1 idem de 2.20 × 0.26 × 0.16 ; 6 idem de 2.85 × 0.50 × 0.165 ; 16 idem de 2.48 × 0.335 × 0.315 ; 30 mètres cubes lisses et croix Saint-André de 6.60 × 0.21 × 0.08 ; 40 idem de 6.45 × 0.28 × 0.12 ; 2 mètres cubes pour marche-pieds de 4.90 × 0.26 × 0.045; 2 idem de 3.60 × 0.275 à 0.28 × 0.045 ; 200 idem de 2.55 × 0.20 à 0.28 × 0.05 ; 10 idem de 4.80 × 0.30 × 0.05

5° Fournitures à effectuer à Braine-le-Comte et à Luttre.

9° lot. Bois de chêne de toutes provenances à l'exception de l'Amérique.

a) Fournitures à effectuer à Braine-le-Comte. 3 mètres cubes planches pour marche-pieds de 6.30 × 0.26 × 0.045 ; 50 idem de 2.55 × 0.20 à 0.28 × 0.04 ; 6 idem de 6.30 × 0.20 à 0.28 × 0.05 ; 30 idem de 2.55 × 0.32 × 0.05 ; 5 idem de 2.75 × 0.20 à 0.25 × 0.07 ; 30 idem de 4.00 au min. × 0.26 au min. × 0.12.

b) Fournitures à effectuer à Luttre. 9 mètres cubes planches de 6.30 × 0.20 à 0.28 × 0.05.

10° lot. Bois de chêne de toutes provenances à l'exception de l'Amérique.

a) Fournitures à effectuer à Braine-le-Comte. 4 mètres cubes de traverses de 1.95 × 0.25 × 0.11 ; 75 idem de 2.70 × 0.25 × 0.12 . 10 idem de 2.70 × 0.30 × 0.12 ; 8 mètres cubes lisses et croix Saint-André de 6.35 × 0.09 × 0.09 ; 3 idem de 2.45 × 0.14 × 0.12 ; 1 idem de 6.45 × 0.28 × 0.12 ; 3 idem de 6.35 × 0.13 × 0.13.

b) Fournitures à effectuer à Luttre. 1 mètre cube montants de 2.10 × 0.10 × 0.10 ; 25 mètres cubes traverses de 3.00 × 0.48 × 0.135 ; 10 idem de 2.85 × 0.50 × 0.165 ; 1 mètre cube lisses et croix Saint-André de 6.45 × 0.29 × 0.10.

6° Fournitures à effectuer à Cuesmes.

11° lot. Bois de chêne de toutes provenances à l'exception de l'Amérique. 20 mètres cubes traverses de 2.85 × 0.42 × 0.135 ; 6 idem de 3.00 × 0.48 × 0.135 ; 22 idem de 2.85 × 0.50 × 0.165 ; 4 mètres cubes lisses et croix Saint-André de 6.45 × 0.28 × 0.12 ; 8 mètres cubes planches pour marche-pieds de 6.30 × 0.26 × 0.045 ; 55 idem de 2.55 × 0.20 à 0.28 × 0.04 ; 23 idem de 5.60 × 0.20 à 0.28 × 0.05 ; 9 idem de 2.55 × 0.32 × 0.05.

12° et 13° lots. Bois de chêne de toutes provenances à l'exception de l'Amérique. Deux lots composés chacun de 695 mètres cubes planches de 2.55 × 0.20 à 0.05.

7° Fournitures à effectuer à Jemelle et à Schaerbeek.

14ᵉ lot. Bois de chêne de toutes provenances à l'exception de l'Amérique.

a) Fournitures à effectuer à Jemelle. 1 mètre cube montants de 1.40 × 0.12 × 0.10 ; 2 mètres cubes traverses de 2.85 × 0.42 × 0.135 ; 3 idem de 3.00 × 0.48 × 0.135 ; 1 idem de 2.85 × 0.50 × 0.165 ; 30 mètres cubes planches de 2.55 × 0.20 à 0.28 × 0.04 ; 200 idem de 2.55 × 0.20 à 0.28 × 0.05 ; 2 idem de 2.55 × 0.32 × 0.05.

b) Fournitures à effectuer à Schaerbeek. 3 mètres cubes traverses de 2.85 × 0.12 × 0.135 ; 13 idem de 3.00 × 0.48 × 0.135.

8° Fournitures à effectuer à Louvain.

15ᵉ lot. Bois de chêne de toutes provenances à l'exception de l'Amérique. 10 mètres cubes montants de 2.10 × 0.10 × 0.10 ; 10 idem de 2.45 × 0.12 × 0.10 ; 10 mètres cubes traverses de 2.65 × 0.235 × 0.09 ; 4 idem de 1.90 × 0.30 × 0.12 ; 2 idem de 2.20 × 0.26 × 0.12 ; 12 idem de 2.65 × 0.25 × 0.12 ; 15 idem de 2.70 × 0.25 × 0.12 ; 75 idem de 2.70 × 0.30 × 0.12 ; 13 idem de 2.85 × 0.42 × 0.135 ; 1 idem de 3.00 × 0.48 × 0.135 ; 20 mètres cubes madriers de 4.00 au min. × 0.26 au min. × 0.07 ; 33 idem de 4.00 au min. × 0.26 au min. × 0.08 ; 6 mètres cubes lisses et croix Saint-André de 5.40 × 0.12 × 0.10 ; 10 idem de 5.20 × 0.12 × 0.06 ; 9 idem de 5.65 × 0.12 × 0.11 ; 1 idem de 8.20 × 0.12 × 0.08 ; 3 idem de 7.20 × 0.15 × 0.13 ; 9 mètres cubes planches de 2.90 × 0.21 × 0.05.

16ᵉ lot. Bois de chêne de toutes provenances à l'exception de l'Amérique. 260 douves de 1.20 × 0.07 × 0.02 pour échelles ; 600 rais de 1.20 × 0.07 × 0.06 pour roues.

9° Fournitures à effectuer dans divers lieux.

17ᵉ lot. Bois de pitch-pine.

a) Fournitures à effectuer à Malines (gare de Muysen). 75 mètres cubes madriers de 4.00 au min. × 0.26 au min. × 0.12 ; 2 mètres cubes planches de 4.00 au min. × 0.25 au min. × 0.025 ; 6 idem de 2.55 × 0.20 à 0.28 × 0.04 ; 2 idem de 2.70 × 0.20 à 0.28 × 0.05 ; 2 idem de 7.00 × 0.30 × 0.05.

b) Fournitures à effectuer à Ans. 1 mètre cube madriers de 4.00 au min. × 0.26 au min. × 0.10 ; 1 mètre cube planches de 4.00 au min. × 0.25 au min. × 0.025 ; 3 idem de 7.00 × 0.30 × 0.05.

c) Fournitures à effectuer à Gentbrugge (Sud). 10 mètres cubes traverses de 1.95 × 0.25 × 0.11 ; 10 mètres cubes madriers de 4.50 au min. × 0.26 au min. × 0.12 ; 4 mètres cubes planches de 4.00 au min. × 0.25 au min. × 0.025 ; 10 idem de 2.55 × 0.20 à 0.28 × 0.05 ; 75 idem de 6.30 × 0.20 à 0.28 × 0.05 ; 1 idem de 2.45 × 0.30 × 0.05 ; 3 idem de 2.55 × 0.32 × 0.05.

d) Fournitures à effectuer à Braine-le-Comte. 15 mètres cubes planches de 2.55 × 0.20 à 0.28 × 0.04 ; 30 idem de 6.80 × 0.20 à 0.28 × 0.05 ; 12 mètres cubes madriers de 4.00 au min. × 0.26 au min. × 0.12.

e) Fournitures à effectuer à Luttre. 7 mètres cubes lisses et croix Saint-André de 5.65 × 0.14 × 0.09 ; 1 idem de 6.45 × 0.13 × 0.10 ; 5 mètres cubes planches de 2.55 × 0.20 à 0.28 × 0.04 ; 20 idem de 6.30 × 0.20 à 0.28 × 0.05 ; 3 idem de 6.80 × 0.20 à 0.28 × 0.05 ; 10 idem de 7.00 × 0.30 × 0.05.

f) Fournitures à effectuer à Cuesmes. 2 mètres cubes montants de 1.40 × 0.12 × 0.10 ; 4 mètres cubes lisses et croix Saint-André de 6.45 × 0.28 × 0.12 ; 22 mètres cubes planches de 2.55 × 0.20 à 0.28 × 0.04 ; 800 idem de 2.55 × 0.20 à 0.28 × 0.05 ; 5 idem de 6.30 × 0.20 à 0.28 × 0.05.

g) Fournitures à effectuer à Jemelle. 4 mètres cubes montants de 1.40 × 0.12 × 0.10 ; 7 idem de 2.10 × 0.10 × 0.10 ; 14 idem de 2.80 × 0.14

× 0.10 ; 27 mètres cubes traverses de 1.95 × 0.25 × 0.11 ; 22 idem de 2.70 × 0.28 × 0.12 ; 3 mètres cubes lisses et croix Saint-André de 5.40 × 0.12 × 0.10 ; 150 mètres cubes planches de 2.55 × 0.20 à 0.28 × 0.05 ; 34 idem de 2.55 × 0.32 × 0.05 ; 6 mètres cubes madriers de 4.00 × 0.23 × 0.09.

h) Fournitures à effectuer à Schaerbeek. 1 mètre cube traverses de 2.70 × 0.25 × 0.12 ; 16 mètres cubes planches de 2.55 × 0.20 à 0.28 × 0.05.

i) Fournitures à effectuer à Louvain. 150 mètres cubes planches de 2.55 × 0.20 à 0.28 × 0.05 ; 5 idem de 2.60 × 0.23 × 0.05 ; 2 idem de 7.00 × 0.30 × 0.05.

∗∗∗

30 JUILLET 1902. (Avis spécial n° 120.) Fourniture, en 1904, de 380,000 *billes* en chêne et en hêtre de 2 m. 60 de longueur.

A) Offres pour *billes en chêne :*

a) De 0 m. 28 × 0 m. 14. Aug. Mahy, Chanly (Wellin) (offre sur papier libre), 400 billes, fr. 6.00 par bille (ou bien 400 de 0 m. 26 × 0 m. 13 à fr. 5.25) ; A. Decadt, Oostnieuwkerke, 300, fr. 5.85 ; Mommaert-Adelaire, Hamois, 900, fr. 6.10 ; J. Reclercq, Beauce (Flawinne), 300, fr. 6.18, 300, fr. 6.28, 300 fr. 6.38, 300, fr. 6.48 ; Koelmans et Beauloye, Gand, 20,000, fr. 5.79, 20,000, fr. 5.83, 20,000 fr. 5.84 ; F. Schenck, Landau (Palatinat), 5,000, fr. 6.00, 5,000, fr. 6.10, 12,500, fr. 6.18, 12,500. fr. 6.28 ; Ad. Verspreeuwen, Anvers, 20,000, fr. 5.84, 10,000, fr. 5.85, 10,000, fr. 5.90, 10,000, fr. 6.00, 10,000, fr. 6.10, 20,000, fr. 6.20 ; Verspreeuwen et Dewandeleer, Anvers, 25,000, fr. 5.84 ; G. Cordemans, Villers-sur-Lesse, 400, fr. 6.00 ; J.-B. Legros, Bois-de-Villers, 800, fr. 6.15 ; Louis Jacques, Ambly, 500, fr. 6.15 ; A. Nissens, Buggenhout, 20,000, fr. 5.70 ; Émile Thomas, aux Islettes (France), 25,000, fr. 6.00, 25,000, fr. 6.10, 25,000, fr. 6.20, 25,000, fr. 6.30 ; Mathieu, Virelles, 300, fr. 5.95, 300, fr. 6.10 ; François Glaudot, Meix-devant-Virton, 500, fr. 6.10, 500, fr. 6.14, 500, fr. 6.19 ; Charles Chaidron, Corbion, 500, fr. 6.25 ; Veuve Louis Zoude, Val-de-Poix, 1,500, fr. 6.15 ; J.-B. Toisoul, Profondeville, 600, fr. 6.20, 600, fr. 6.00 ; Lambiotte frères, Schaerbeek, 500, fr. 6.40 ; Maron et Huriaux, Rossignol, 300, fr. 6.18 ; Ch. Romnée, Dave, 700, fr. 6.15 ; Zénobe Henry et Mathieu Henry, Profondeville, 1,000, fr. 6.15, 700, fr. 6.25 ; Napoléon Moriamé, Tamines, 2,000, fr. 6.15, 20,000, fr. 6.05, 10,000, fr. 6.13 ; Société anonyme Houthandel, voorheen G. Alberts Zoon & Cie, Middelbourg, 50,000, fr. 5.97 ; Brouhon frères, Chimay, 2,000, fr. 5.97, 1,800, fr. 6.07, 1,500, fr. 6.17, 1,500, fr. 6.23 ; Saint-Remy-Henry, Mangiennes (France), 300, fr. 6.00, 300, fr. 6.25 ; J.-B. Bolle, Hollogne, 900, fr. 6.15 ; Ed. Lambert, Bouillon, 500, fr. 6.00, 500, fr. 5.90, 700, fr. 6.15 ; J. Brouhon, Seraing-sur-Meuse, 400, fr. 6.15 ; C. Huart, Couvin, 500, fr. 6.20, 1,000, fr. 6.10 ; A. Maillieux, Couvin, 1,000, fr. 6.15, 1,000, fr. 6.20, 1,000, fr. 6.25; Ch. Hannoteau, Sivry, 2,500, fr. 6.00, 1,000, fr. 6.15, 15,000, fr. 6.35 ; B. Barbier, Swevezeele, 800, fr. 6.00 ; A. Biel, Naninnes, 5,000, fr. 6.15, 1,800, fr. 6.25 ; Hippolyte Jacquemin, Habay-la-Vieille, 800, fr. 6.00 ; Pierson frères, l'Escaillière, 600, fr. 6.20 ; Eug. Burm, Zèle, 50,000, fr. 5.97 ; A. Pousseur, Ciney, 4,000, fr. 6.15, 2,000, fr. 6.20, 2,000, fr. 6.25.

b) Billes de 0 m. 26 × 0 m. 13. Aug. Mahy (offre sur papier libre), 400 billes, fr. 5.25 par bille (ou bien 400 de 0 m. 28 × 0 m. 14, fr. 6.00) ; Mommaert-Adelaire, 100, fr. 5.40 ; J. Reclercq, 400, fr. 5.60 ; G. Cordemans, 100, fr. 5.25 ; A. Nissens, 2,000, fr. 5.10 ; François Glaudot, 300, fr. 5.32 ; Lambiotte frères, 500, fr. 5.40; Maron et Hurieaux, 100 fr. 5.40; Ch. Romuée, 300, fr. 5.40; Zénobe Henry et Mathieu Henry, 300, fr. 5.40; Napoléon Moriamé, 1,000, fr. 5.40; Saint-Remy-Henry, 300, fr. 5.20, 300, fr. 5.40 ; Pierson frères, 200, fr. 5.30.

c) Billes du type GCB (0 m. 21 à 0 m. 24 de largeur × 0 m. 14 à 0 m. 16 d'épaisseur). A. Nissens, 1,000 billes, fr. 5.00 par bille.

B) Offres pour *billes en hêtre :*

a) De 0 m. 28 × 0 m. 14. Aug Mahy (offre sur papier libre), 400 billes, fr. 4.60 par bille (ou bien 400 de 0 m. 26 × 0 m. 13, fr. 4.02) ; J. Reclercq, 300, fr. 5.23 ; J.-B. Legros, 400, fr. 5.00 ; P. Baeten, Schaerbeek, 1,500, fr. 5.00 ; Louis Jacques, 300, fr. 4.90 ; J.-B. Toisoul, 200, fr. 4.90 ; Lambiotte frères, 1,000, fr. 5.20 ; Ed. Lambert, 300, fr. 4.90 ; A. Biel, 200, fr. 5.10 ; H. Jacquemin, 1,200, fr. 5.00, 800, fr. 5.20.

b) De 0 m. 26 × 0 m. 13. A. Mahy (offre sur papier libre), 400 billes, fr. 4.02 par bille (ou bien 400 de 0 m. 28 × 0 m. 14, fr. 4.60) ; J. Reclercq, 100, fr. 4.60 ; P. Baeten, 500, fr. 4.30 ; J.-B. Toisoul, 100, fr. 4.25 ; Lambiotte frères, 500, fr. 4.60.

30 JUILLET 1902. (Avis spécial n° 120.) Fournitures, en 1904, de 170 assortiments de pièces de bois pour fondations d'appareils de voie. Aloïse Decadt, Oostnieuwkerke, 1 lot, fr. 3,150; H. Jacquemin, Habay-la-Vieille, 1, fr. 2,920 ; Maurice Wilford, Tamise, 30, fr. 3,062.25 par lot ; Edmond Lambert, Bouillon, 1, fr. 2,970 ; 1, fr. 3,090 ; 1, fr. 2,924 ; J.-B. Bolle, Hollogne, 1, fr. 3,215 ; Lambiotte frères, Schaerbeek, 1, fr. 2,909.14 ; 1, fr. 3,184.74 ; 1, fr. 3,490.97 ; François Glaudot, Meix-devant-Virton, 1, fr. 3,210 ; 1, fr. 3,100 ; A. Nissens, Buggenhout, 4, fr. 2,143 par lot ; J. Reclercq, Beauce (Flawinne), 1, fr. 3,240 ; 1, fr. 3,310 ; A. Pousseur, Ciney, 8, fr. 3,215 par lot ; Herrmann Wolf, Berlin, 10, fr. 3,192.40 par lot ; 10, fr. 3,238.33 id.; 10, fr. 3,284.26 id.; 10, fr. 3,330.20 id.; 10, fr. 3,376.14 id.; 10, fr. 3,406.75 id.; Constant Huart, Couvin, 1, fr. 3,060 ; E. Thomas, aux Islettes (France), 1, fr. 3,285 ; 1, fr. 3,385 ; 1, fr. 3,485 ; R. Spindler, Schaerbeek, 15, fr. 3,200 par lot ; 5, fr. 3,291.50 id.; 10, fr. 3,383.50 id.; J.-B. Legros, Bois-de-Villers, 1, fr. 3,215 ; L. Mathieu, Virelles, 1, fr. 2,993 ; Vve Louis Zoude, Val-de-Poix, 2, fr. 3,215 ; J.-B. Toisoul, Profondeville, 1, fr. 2,965 ; 1, 2,899 ; J. Brouhon, Seraing, 1, fr. 3,215 ; Pierson frères, l'Escaillère, 1, fr. 2,990 ; Ch. Romnée, Dave, 1, fr. 3,215 ; Zénobe Henry et Mathieu Henry, Profondeville, 1, fr. 3,215; Napoléon Moriamé, Tamines, 1, fr. 3,200 ; Brouhon frères, Chimay, 1, fr. 2,945 ; 1, fr. 3,005 ; 1, fr. 3,245 ; 2, fr. 3,395 par lot ; 2, fr. 3,545 id.; Ch. Hannoteau, Sivry, 2, fr. 2,920 id.; 1, fr. 3,058 ; 1, fr. 3,280 ; E. Picard, Rennes, 36, fr. 3,031 par lot ; A. Biel, Naninnes, 2, fr. 3,135 par lot ; 1, fr. 3,140.

Chronique forestière

Acte officiel concernant un sociétaire. — Décorations agricoles décernées à des préposés des eaux et forêts. — Administration des eaux et forêts. Personnel supérieur. Promotions. — Recrutement du personnel supérieur des eaux et forêts. Concours en 1902. — Section forestière pour préposés annexée à l'École pratique d'agriculture de Huy. — Les plantations d'épicéas et les cerfs. — Pineraies. Dégâts des écureuils. — Le chancre du pommier.. — Branches gourmandes. Suppression. — Compas forestier enregistreur. — Les reboisements en France. — Moyen de donner au bois blanc la solidité du chêne. — Les forêts de la Roumanie.

Acte officiel intéressant un sociétaire. — Par arrêté royal du 30 juin 1902, M. Walin, ingénieur principal de 2e classe des ponts et chaussées, est promu à la 1re classe de son grade.

Décorations agricoles décernées à des préposés des eaux et forêts. — Par arrêté royal du 16 juillet 1902, la décoration agricole de 2e classe est accordée aux préposés forestiers ci-après désignés :

Craisse, brigadier à Hazeilles ;
François, brigadier à Aublain ;
Grandjean, brigadier à Suxy ;
Lejeune, garde à Tenneville ;
Tichon, brigadier à Grosfays ;
Verdin, garde à Grune.

Administration des eaux et forêts. Personnel supérieur. Promotions. — Par arrêtés royaux du 30 juin 1902 ont été promus :

1° au traitement médium de son grade : M. Wary, inspecteur des eaux et forêts à l'administration centrale ;

2° au traitement médium de son grade : M. Barthelemy, sous-inspecteur des eaux et forêts à Marcinelle ;

3° au grade de sous-inspecteur : M. Huberty, garde général des eaux et forêts à Rochefort ;

4° au traitement médium de leur grade : MM. Rouffignon, Poncelet et Pérau, gardes généraux des eaux et forêts, respectivement à Comblain-au-Pont, à Beauraing et à Virton.

Recrutement du personnel supérieur des eaux et forêts. Concours en 1902. — En conformité des arrêtés royaux des 22 février 1893 et 4 août 1900, le Ministre de l'agriculture a l'honneur de porter à la connaissance des *ingénieurs agricoles* que le concours annoncé au *Moniteur* du 14 mars 1902, pour la collation de quatre emplois de garde général adjoint des eaux et forêts, aura lieu dans la première quinzaine du mois d'octobre prochain.

Pour être admis au concours, il faut :

1° Avoir obtenu le diplôme d'ingénieur agricole avec les 3/5 des points au moins sur l'ensemble des matières de l'examen, ainsi que le diplôme spécial de capacité délivré après la fréquentation des cours de la 4e année d'études (section des eaux et forêts);

2° Etre âgé, au moment de l'inscription, de 20 ans au moins et de 26 ans au plus

Les demandes de participation au concours doivent parvenir au Ministre de l'agriculture avant le 1er septembre prochain, et être accompagnées :

1° D'une copie du diplôme d'ingénieur agricole et du diplôme spécial de capacité, certifiée conforme par l'autorité communale du lieu de la résidence du requérant;

2° De la preuve que celui-ci a obtenu les points exigés;

3° D'un extrait de son acte de naissance ;

4° D'une attestation qu'il a satisfait aux lois sur la milice ;

5° D'une attestation médicale légalisée reconnaissant qu'il est d'une bonne constitution et exempt de défauts corporels qui le rendent impropre au service forestier.

L'inscription donne lieu au versement d'un droit de 75 francs, payable dans les quinze jours de l'invitation qui sera adressée au récipiendaire.

Le concours comprend une épreuve écrite et une épreuve orale ; les trois cinquièmes des points sont attribués au travail écrit.

Les cotes d'importances relatives aux différentes branches du concours, ainsi que la proportion des points à obtenir dans chacune d'elles, sont déterminées par le Ministre de l'agriculture, en distinguant entre l'épreuve écrite et l'épreuve orale.

Celles-ci sont appréciées par un jury nommé par le Ministre.

Préalablement au concours, les ingénieurs agricoles auront à justifier d'une connaissance élémentaire du flamand ou de l'allemand devant un jury spécial à nommer par le Ministre. S'ils n'obtiennent pas au moins la moyenne des points, ils seront ajournés de droit.

Seront admis également au concours dans les conditions indiquées par l'arrêté royal du 22 février 1893, les ingénieurs agricoles auxquels s'applique la mesure transitoire du deuxième paragraphe du litt. *E* de l'arrêté royal du 4 avril 1900.

Pour recevoir un exemplaire du programme du concours, on peut s'adresser soit à MM. les agents forestiers, soit à l'administration des eaux et forêts, rue de Louvain, n° 38, à Bruxelles.

Section forestière pour préposés annexée à l'Ecole pratique d'agriculture de Huy. — Le 25 juillet dernier a eu lieu, avec une certaine solennité, la remise des certificats de capacité aux élèves qui ont suivi avec fruit les cours de la section de sylviculture annexée à l'Ecole d'agriculture de Huy.

A cette occasion, M. l'inspecteur des eaux et forêts Cailteux a adressé aux jeunes forestiers l'allocution suivante :

Messieurs,

C'est avec la plus grande satisfaction que, en ma qualité d'inspecteur des cours de la section forestière et de membre du jury de l'examen que vous venez de subir, j'ai pu constater le zèle, l'application et la bonne tenue dont vous n'avez cessé de faire preuve pendant la durée de ces cours, et dont vous recevez aujourd'hui la juste et légitime récompense.

Je ne puis donc que vous adresser mes sincères et chaleureuses félicitatiohs, et vous engager à persévérer dans la bonne voie où vous êtes entrés.

La vie est faite de travail ; aussi ne faut-il pas vous endormir sur vos lauriers ; dites-vous, au contraire, que vous avez encore beaucoup à acquérir au point de vue théorique comme et surtout au point de vue pratique.

Livrés à vous-mêmes ou sous les ordres d'agents spéciaux, pénétrez-vous toujours de cette idée que vous devez veiller constamment, non seulement à l'entretien et à la conservation des forêts, de la chasse et de la pêche, mais encore et surtout à leur amélioration. Observez, comparez, jugez et agissez.

Avant de quitter ces lieux où vous n'aurez fait qu'un court, trop court séjour, qu'un sentiment de gratitude jaillisse de votre cœur à l'adresse de MM. les directeur, professeurs et surveillants, qui n'ont épargné ni leurs soins, ni leurs peines pour faire de vous des élèves bien élevés, rangés, studieux, et vous inculquer toutes les notions scientifiques et autres qui vous mettront à même de remplir dignement votre modeste mais très utile mission.

En terminant, que ces messieurs me permettent également de leur adresser toutes mes félicitations pour leur dévouement et le résultat qu'ils ont obtenu, résultat qui fait bien augurer de l'avenir, quand une organisation plus complète aura perfectionné l'œuvre entreprise dans l'intérêt général du pays.

La section forestière n'en est qu'à sa première année d'organisation. Dix-huit élèves se présentaient; un seul n'a pas satisfait à l'épreuve finale.

Voici, dans l'ordre de mérite, les noms des obtenteurs du certificat :

1er Dejardin, Eugène. de Scry-Abée.
2e Denis, Eugène, de Lavacherie.
3e Beaujean, Charles, de Huy.
4e Kerger, Joseph, de Martelange.
5e Laurent, Emile, de Jamoigne.
6e Dury, Joseph, de Nafraiture.
7e Wittamer, Edmond, de Nobressart.
8e Habran, Victor, de Harre.
9e François, Constant, de Grammont.
10e Verdin, Nestor, de Grune.
11e Bastin, Gustave, de Barvaux-sur-Ourthe.
12e Lemaire, Louis, de Bras-St-Hubert.
13e Mouvet, Armand, de Felenne.
14e Rigaux, Désiré, de Wanze.
15e Beaujean, Alphonse, de Huy.
16e Mouvet, Emile, de Buissonville.
17e Jacquet, Hippolyte, de Felenne.

Les plantations d'épicéas et les cerfs. — M. Schlich, qui avait fourni les renseignements publiés p. 472, dernière livraison du *Bulletin*, nous demande de rectifier une erreur qui s'est glissée dans l'articulet de M. Houba.

Le nombre de sujets atteints par les cerfs, après badigeonnage au lait de chaux, a été, en 1902, d'environ 300 « sur 204 hectares », et encore, dit M. Schlich, les cerfs ont-ils « simplement essayé »; ils ont rapidement renoncé à se nourrir des plants ainsi badigeonnés.

Pineraies. Dégâts des écureuils. — Le *Bulletin* a déjà eu l'occasion (1899, pp. 399 et 422) (1) de signaler les dégâts causés par ce charmant petit hôte de nos bois, dans les peuplements résineux. Voici qu'un correspondant du *Luxembourgeois* rend compte de nouveaux méfaits à mettre à sa charge, commis dans des pineraies à Longchamps (Fays) et dans des peuplements mélangés de résineux et de feuillus de vingt à vingt-deux ans. Le hêtre surtout est attaqué, l'érable également, mais moins que le premier.

Des arbres de 0^m30 à 0^m70 de tour, de la plus belle venue, sont décortiqués à une hauteur variant de 2^m50 à 6 mètres, jamais en dessous; les plus jeunes sont épargnés; les lanières qui tombent au pied des arbres ont 0^m05 à 0^m17 de longueur et 0^m01 à 0^m04 de largeur chez le hêtre, dont l'écorce est cassante; chez l'érable, la longueur va jusque 0^m35. La flèche surtout est attaquée, jusqu'à la cime, souvent sur toute la périphérie du sujet.

L'auteur de la communication fait remarquer au surplus que les écureuils ne sont pas plus nombreux dans la région que les années précédentes et qu'il n'a jamais eu à constater de dégâts de ce genre; il est à supposer qu'ils ont manqué de nourriture en mai et juin; il ne croit pas qu'ils mangent l'écorce, mais il suppose qu'ils la détachent pour sucer la sève.

D'un autre côté, on nous signale des déprédations du même genre sur des épicéas des environs de Marche. Dans des pineraies de la forêt de Soignes, on a constaté des dégâts réels, sur les flèches surtout; dans ce domaine, les gardes forestiers sont d'ailleurs chargés, depuis deux ans et moyennant primes, de réduire par la carabine administrative les excès de progéniture de l'écureuil.

Le chancre du pommier. — Dans une communication à l'Académie des sciences de Paris, M. Brzezinski expose que,

---

(1) Voir aussi 1901, p. 596 : « Essai de réhabilitation de l'écureuil ».

d'après ses recherches datant de 1896, « le *Nectria ditissima*
ne serait qu'un saprophyte dont le mycelium n'attaque pas les
tissus vivants du pommier, ne s'y laisse pas inoculer, mais
pénètre dans l'écorce inerte, dans les tissus tués par le
chancre ». La présence de ce champignon dans le chancre
n'est pas du tout constante, et la cause du chancre est autre.

M. Brzezinski a trouvé dans les tissus malades des
pommiers de nombreuses bactéries, qu'il a isolées et cultivées à l'état pur et à l'aide desquelles il s'est livré à des
expériences d'inoculation dont les résultats ne semblent
permettre aucun doute. Quinze jours après l'opération, en
août 1899, on trouvait déjà des bactéries, des microbes,
dans les cellules voisines de la plaie. L'année suivante,
les filons jaunâtres, bruns ou presque noirs, caractéristiques du chancre, s'étendaient déjà dans le bois jusqu'à
une distance de un centimètre de la plaie cicatrisée;
ils étaient englobés dans le bois nouveau et normal; ce
n'est qu'au printemps de 1902 qu'on vit apparaître les
plaies caractéristiques du chancre, juste aux points de l'inoculation faite en 1899. Par contre, les pommiers témoins,
traités de la même manière, mais sans inoculation de bactéries, n'ont présenté aucun symptôme du mal.

« Il était ainsi démontré, écrit M. Brzezinski, que le
chancre est une maladie contagieuse, minant lentement le
pommier comme la tuberculose envahit le corps humain, et
pouvant être perpétuée par des greffons contaminés. La
maladie peut se conserver à l'état latent pendant des années
entières, dans du bois, en y causant des lésions caractéristiques, mais sans provoquer de plaies chancreuses, surtout
lorsque l'arbre se trouve dans des conditions favorables à
la végétation. Sitôt que ces conditions changent à son détriment ou que sa végétation est ralentie par une autre cause,
vieillesse par exemple, le chancre peut surgir à la fois sur
plus d'un point de la branche, saine en apparence jusqu'alors. La prédisposition au chancre de certaines variétés
(calville blanc d'hiver, rouge de Stettin, etc.) joue aussi un

rôle considérable, la variété n'étant qu'un individu perpétué par la greffe. »

Le chancre du poirier serait provoquée par la même bactérie, et la maladie de la gomme du pêcher, de l'abricotier, du prunier et du cerisier serait également due à des bactéries ressemblant à celle du chancre, mais en différant cependant par certains caractères.

A propos du chancre du pommier, divers journaux spéciaux ont publié dans ces derniers temps, d'après le *Journal de l'Agriculture*, une note de M. Huet, jardinier à Etain (Meuse), que l'occasion nous engage à reproduire également :

« J'ai vu autrefois dans des publications une recette contre le chancre des pommiers et des poiriers, laquelle consistait à recouvrir le mal, après avoir enlevé jusqu'au vif les nodosités, d'une pâte faite de terre glaise délayée dans de l'acide chlorhydrique. J'ai employé, non pas le procédé tel qu'il est décrit, mais en essayant tout simplement le badigeonnage à l'acide pur, c'est-à-dire tel qu'on le trouve dans le commerce, des chancres après les avoir nettoyés au vif. La guérison ayant été parfaite à la suite d'une seule application, je recommande ce moyen, qui est simple et facile à exécuter. L'acide chlorhydrique, aussi appelé esprit de sel, et dont les ferblantiers se servent pour souder, est facile à trouver et coûte peu.

» Pour l'emploi, se servir d'un petit pinceau, qu'on peut faire soi-même avec du crin de cheval ou avec une mèche d'une vieille brosse, et même à défaut prendre une plume de volaille, laisser les barbes sur un ou deux centimètres de longueur en épointant ce qui est trop mou, et s'en servir en guise de pinceau pour étendre l'acide sur la plaie. Cet acide détruit infailliblement le champignon (?) du chancre sans nuire à la branche.

» Peut-être pourrait-on se dispenser d'enlever les nodosités produites par le chancre, mais je crois préférable de les enlever pour faire une surface plane ; l'acide pénètrera ainsi mieux la racine du mal, et d'un autre côté la cicatrisation se fera plus promptement.

» Il est bien entendu qu'il faut prendre quelques précautions pour le maniement de cet acide et éviter d'en éclabousser ses vêtements. »

Branches gourmandes. Suppression. — M. Em. Mer, qui a publié en 1901 un mémoire fort intéressant sur la suppression des branches gourmandes par extraction, a renouvelé ses essais au printemps dernier.

Nous dirons que le système en question consiste à arracher à la main les petites branches qui poussent sur le tronc surtout, parfois aussi dans les premières couronnes, des réserves dans les coupes récemment exploitées. L'ouvrier doit revêtir la main d'un gant grossier, car l'opération est assez fatigante, et il doit même être occupé à d'autres travaux une partie de la journée ; il se sert d'une échelle dont la longueur varie nécessairement avec la hauteur à atteindre.

M. Mer a constaté que des baliveaux chêne, émondés par extraction des branches gourmandes deux années de suite, n'en portaient presque plus la troisième année, alors que d'autres, traités par l'émondoir, en développaient encore un grand nombre. Il a remarqué également que l'évolution de ces branches n'avait guère lieu que dans les six premières semaines qui suivent le réveil de la végétation ; il en résulte qu'en les supprimant à la fin de cette période, alors qu'elles sont encore assez tendres pour pouvoir être arrachées sans trop de difficultés, on est certain qu'il ne s'en développera plus la même année.

Compas forestier enregistreur. — Nous croyons être utile à celui de nos lecteurs qui s'informait récemment au sujet d'un de ces instruments, ainsi qu'à d'autres sans doute, en donnant la description d'un nouveau compas inventé par M. Jobez, et construit par M. Ch. Peccaud, à Morbier (Jura).

Le compas en question est construit tout en métal ; les branches, en aluminium, peuvent se plier. Les deux rouleaux encreurs peuvent sortir de l'appareil ; les chiffres imprimés sont fort lisibles ; le point qui marque les essences est perfectionné. L'instrument, qui pèse 3 kilogr., se place dans une gaine en toile à bretelle.

Les compas automatiques suppriment les nombreuses causes d'ennuis du compas ordinaire, savoir :

1° Les erreurs de lecture et d'appel par le porteur de l'instrument ;

2° Le pointeur peut mal entendre et mal pointer, ou bien entendre et mal pointer, ou bien encore ne pas entendre, surtout s'il dirige plusieurs hommes.

Les reboisements en France. — Au cours des séances de février 1902, de la section de sylviculture de la Société des Agriculteurs, il a été donné lecture du rapport de M. Bouquet de la Grye sur le concours de reboisement institué en 1901. Un seul concurrent, M. de Bantel, ancien conservateur des eaux et forêts à Troyes, s'est présenté pour l'obtention du prix ; il a présenté un travail sur le reboisement de terrains appartenant à la formation jurassique, de composition exclusivement calcaire, constitués de débris rocheux, dépourvus presque complètement de terre végétale et d'une pauvreté excessive.

Les travaux exécutés à partir de 1870, sur des terrains payés à raison de 100 francs l'hectare au début, ont consisté dans la plantation de pins noirs, de mélèzes et d'épicéas, sujets de deux et trois ans, repiqués. Le mélange des deux essences résineuses a donné d'excellents résultats ; les plus vieux peuplements ont été exploités en 1899 et ont donné 4,000 mètres cubes de bois de mines sur 31 à 35 hectares.

On trouve sous les pins de nombreux semis de chênes et

37

quelques semis de résineux, trop peu nombreux pourtant pour reconstituer le boisement sans nouvelles plantations.

M. de Bantel signale parmi les essences exotiques qui réussissent bien dans ses bois, le *sapin de Douglas*, arbre précieux, dit-il, à cause de sa rusticité et de son peu d'exigences.

L'auteur du rapport a obtenu une médaille d'or.

Moyen de donner au bois blanc la solidité du chêne. — Certains propriétaires ruraux hésitent souvent à faire construire en bois dur les clôtures, auvents, volets, etc., de leurs habitations ou des logements de leur bétail. Le bois blanc qu'ils emploient est promptement détérioré. Pour éviter cet inconvénient et pour donner au bois blanc quelconque employé la dureté du chêne, il suffit de recouvrir la partie destinée à être exposée à l'air d'une première couche de peinture grise à l'huile, qu'on revêt ensuite, avant qu'elle soit séchée, d'une légère couche uniforme de sablon ou grès pilé et tamisé. Puis, on met une nouvelle couche de la même peinture à l'huile, en ayant soin d'appuyer fortement avec la brosse qui applique la peinture.

(*Le Bois*, de Paris.)

Les forêts de la Roumanie. — Nous extrayons du *Bulletin commercial* les lignes suivantes :

Les forêts de la Roumanie occupent une superficie totale de 6,935,000 acres (*), soit :

2.712,500 acres pour les forêts de l'État ;

175,500 acres pour les domaines de la Couronne ;

315,000 acres pour les établissements publics, les communes, etc., et 3,732,000 acres pour les forêts appartenant à des particuliers.

Les forêts de l'État se trouvent surtout dans la région montagneuse du pays, soit 350,000 acres dans le district de Néamtz et 100,000 à 200,000 acres dans les districts de Muscel, Argès, Bacuu, Valcea, Gorj, Dambovitza, Prahova et Mehedintz. Quant aux forêts de la Couronne, qui sont bien entretenues et bien exploitées, elles se trouvent surtout dans les districts de Suceava (100,000 acres), de Néamtz (32,000 acres), de Dolj, de Prahova et d Ilfov. Les hôpitaux civils de Bucarest possèdent 40,000 acres de forêts dans le district d'Argès et 50,000 acres dans celui de Prahova. D'autres établissements publics possèdent de grandes forêts

_____

(*) L'acre = 4,046 mètres carrés.

dans les districts de Tulcea, Constantza, Bacuu et Gorj, et les forêts
appartenant à des particuliers se rencontrent surtout dans les districts
de Gorj, de Valcea, de Bacuu, de Putna, de Mehedintz, de Buzea, de
Suceava, de Dambovitza, de Muscel, d'Argès, de Prahova et de Néamtz.

Il n'existe pas de données statistiques concernant les forêts privées,
mais les chiffres suivants se rapportant aux forêts de l'État peuvent être
considérés comme aussi exacts que possible.

DISTRICTS.	Forêts.			Essences.			
	Exploi-tées.	Non ex-ploitées.	Total.	Résineux.	Hêtres et resineux.	Hêtres, chênes, ormes, etc.	Chênes.
				Acres.	Acres.	Acres.	Acres.
Argès	22	28	50	3,580	29,625	85,417	17,972
Bacuu	19	2	21	37,317	76,127	28,750	3,480
Buzea	35	35	70	15,635	2,715	26,567	35,385
Constantza . .	25	30	55	—	—	35,907	14,017
Dambovitza . .	42	24	66	9,637	4,737	48,113	31,830
Dolj	32	25	57	—	—	162	58,285
Gorj	15	8	23	11,340	59,630	7,965	21,760
Ilfov	48	10	58	—	—	5,037	44,715
Mehedintz . .	28	20	48	—	—	1,200	76,817
Muscel . . .	16	41	57	24,445	37,062	83,215	—
Néamtz . . .	26	10	36	168,422	160,275	18,852	3,897
Prahova . . .	30	42	72	—	37,425	18,875	31,287
Putna . . .	17	5	22	8,000	15,172	40,332	2,692
R. Sarat . . .	26	13	39	—	14,515	6,805	22,212
Suceava . . .	13	2	15	4,900	44,275	21,501	—
Tulcea	56	—	56	—	—	73,952	116,422
Velcea . . .	15	41	56	15,812	48,927	16,882	37,265
Vlasea . . .	43	5	48	—	—	4,860	67,645

Comme on le voit par les chiffres ci-dessus, c'est le district de Tulcea
qui renferme les plus grandes forêts de chêne, mais il est à remarquer,
toutefois, que ces forêts ont été surexploitées. Les hommes du métier
affirment, d'ailleurs, qu'il ne reste que fort peu de beaux chênes, frênes
et hêtres dans les forêts roumaines ayant déjà été exploitées; pour trouver ces arbres en assez grand nombre, il faut aller dans les districts
difficilement accessibles, où il n'existe pas de routes. On n'exporte d ailleurs plus guère que du chêne rabougri pour traverses.

La plus grande partie du bois exporté de Galatz (le principal centre
d'exportation) consiste en pin, sapin, etc , scié en planches et venant par
chemin de fer de la Transylvanie, de la Bucovine et de la Moldavie,
principalement du district de Néamtz.

Il a été exporté par voie de Galatz, pendant l'année 1901, 112,000
tonnes de bois divers, d'une valeur approximative de 6,985,856 francs.

L'exportation a consisté principalement en *bois de sapin*, comprenant
des planches rabotées et des planches pour caisses, des bois de construction, lattes, chevrons, etc., et en *bois de chêne*, doubles planches et
planchettes pour parquets.

Voici un relevé des quantités exportées, avec l'indication de leur valeur et des pays de destination :

PAYS DE DESTINATION.	Quantité. Tonnes.	Valeur. Francs.
Hollande.	27.336	1,670,089
France	20,018	1,446,824
Belgique.	15,826	916,251
Russie	9,149	504,886
Grèce.	8,008	534,195
Turquie.	7,864	485,429
Italie.	6,962	430,662
Allemagne.	6,446	393,098
Bulgarie.	4,054	251,762
Afrique.	2,302	148,186
Angleterre.	1,883	113,018
Égypte	1,524	91,455
Total.	111,372	6,985,855

D'après ce tableau, la Belgique occupe le troisième rang parmi les pays qui ont importé des bois venant de Roumanie.

De grandes quantités de bois de flottage arrivent également par la Biritza, le Sereth et le Danube jusqu'à Galatz.

Dans le district de Valcea (Petite-Valachie), il se fait un grand commerce de bois et les expéditions y atteignent annuellement 100,000 mètres cubes.

Dans son livre sur la Roumanie, M. Benger fait remarquer que le bois de chêne le plus recherché est celui du *Quercus conferta*, qui atteint une hauteur de 28 à 37 mètres ; le frêne et l'orme ont une hauteur de 30 mètres et une circonférence de 1m50. Mais il est à remarquer que de très grandes étendues de forêts ont été dérodées durant la dernière décade et que l'on ne trouve pour ainsi dire plus de beaux arbres dans le voisinage des chemins de fer.

LISTE DES MEMBRES
de la Société centrale forestière de Belgique
Nouveau membre (1)

La **commune de Libramont**. (Présentée par M. Gillet.)

LISTE DES ABONNÉS
au Bulletin de la Société
Nouveaux abonnés (2)

MM. **Delbrassine**, garde particulier, Haute-Heuval (Gentinnes) par Villers-la-Ville. (Présenté par M. Crabay.)

Dessy, Charles, garde particulier, Henoumont (Aywaille). (Présenté par M. le chevalier de Theux de Montjardin.)

Les engrais chimiques en culture forestière dans la région ardennaise

(*Fin*)

Expériences

On n'a pas renseigné, jusqu'à présent, d'expériences tentées dans la région ardennaise pour démontrer l'efficacité des engrais chimiques en culture forestière.

Il a été fait d'ailleurs peu de chose sous ce rapport.

La province de Luxembourg renferme des étendues considérables de bois (162,000 hectares) et de terrains incultes (55,000 hectares). La question a donc une grande importance et il serait désirable que chacun fît part de ses observations personnelles.

Nous avons eu souvent l'occasion de constater l'influence exercée sur la végétation forestière par le phosphate basique employé à une dose relativement faible, 500 kilog. par hectare, au moment de l'essartage; cette dose restitue au sol 70 à 100 kilog. d'acide phosphorique, 200 à 225 kilog. de chaux, 20 à 25 kilog. de magnésie, soit trois à quatre fois plus que n'enlève la récolte de seigle.

Lorsque les genéts n'entrent pas dans l'assolement, le surplus profite à la plantation, qui se montre, par une végétation puissante, très reconnaissante de l'aubaine. On ne peut attribuer le résultat à la légère préparation du sol, car les parcelles traitées sans engrais, mais se trouvant à tous autres points de vue dans les mêmes conditions, accusent un retard très apparent.

38

Nous connaissons des plantations qui ont ainsi bénéficié, il y a trois ou quatre ans, d'une application de phosphates basiques; elles sont d'une végétation surprenante; on leur donnerait un âge double.

Pour notre édification, nous avons établi en 1901, dans de nombreuses communes de notre ressort, des champs d'expériences destinés à montrer l'action bienfaisante des engrais en sylviculture.

Les résultats ne peuvent être immédiatement apparents. Il faudra vraisemblablement plusieurs années pour constater des différences sensibles, si pas dans la croissance en hauteur et dans la vigueur des sujets, du moins dans le volume du peuplement.

Nos expériences portent sur différentes essences (chêne, hêtre, épicéa, pins sylvestre et Weymouth, aune, bouleau) et sur différents peuplements (semis, plantation, taillis, perchis).

Les parcelles ont reçu, les unes des phosphates basiques, les autres de la kaïnite, d'autres encore des phosphates et de la kaïnite. Les doses varient de 400 à 2,000 kilog. à l'hectare. Le mode d'application n'a pas été uniforme (à la volée, en potets).

Il sera ainsi possible de se rendre compte de l'action des phosphates et de la kaïnite employés isolément ou simultanément.

Nous donnons ci-après quelques extraits de notre tableau d'expériences :

Commune de Hautfays.
Epicéas, plantation de 1900 :
I. 45 ares; 550 kil. phosphate basique par hectare; à la volée.
II. 45 — 450 — — — —
    et 275 — kaïnite — —
Taillis âgé d'un an :
I. 50 ares; 500 kil. phosphate basique par hectare; à la volée.
II. 50 — 400 — — — —
    et 250 — kaïnite — —

Commune de l'aliseul.

Epicéas, plantation de 1901 :

25 ares; 400 kil. phosphate basique par hectare; au pied des plants.

Pins sylvestres, plantation de 1901 :

20 ares; 1,000 kil. phosphate basique par hectare; à la volée.

Commune de Maissin.

Pins sylvestres, semis de 1901 :

I. 30 ares; 500 kil. phosph. bas. par hectare; à la volée.

II. 30 — 500 — — — —
    et 250 — kaïnite — —

Pins sylvestres, plantation de 3 ans :

I. 10 ares ; 500 kil. phosph. bas. par hectare; à la volée.

II. 10 — 500 — — — —
    et 250 — kaïnite — —

III. 20 — 375 — — — —

Commune d'Offagne.

Pins Weymouth, plantation de 1901 :

I. 25 ares ; 600 kil. phosph. bas. par hectare; à la volée.

II. 25 — 500 — — — —
    et 300 — kaïnite — —

III. 25 — 100 gr. phosph. basique; au pied des plants.

Commune d'Opont.

Aunes, plantation de 5 ans :

30 ares; 350 kil. phosph. basique et 150 kilogr. kaïnite par hectare; à la volée.

Commune de Jehonville.

Hétres, 25 ans :

10 ares; 500 kil. kaïnite par hectare; à la volée.

Chênes, 20 ans :

10 ares; 500 kil. kaïnite par hectare; à la volée.

Chênes et bouleaux, 20 ans :

10 ares ; 500 kil. kaïnite par hectare; à la volée.

Pins sylvestres, semis de 5 ans, et épicéas, plantation de 1 an
(en mélange):

I. 10 arcs; 1,600 kil. phosph. bas. par hectare; au pied
des plants.

II. 10 ares; 2,000 kil. phosph. bas. par hectare; à la volée.

Commune d'Ochamps.

Pins sylvestres, plantation de 1895, mal venante :

40 ares; 300 kil. phosph. bas. par hectare; à la volée.
et   125 —   kaïnite   —   —

Pins sylvestres, plantation de 1901 :

I 25 ares; 600 kil. phosph. bas. par hectare; à la volée.

II. 25 —   500 —   —   —   —
et   200 —   kaïnite   —   —

Epicéas et pins Weymouth, plantation de 1901 :

2 ares; 100 gr. phosph. basique; au pied des plants.

Des parcelles-témoins ont été réservées dans chaque expérience.

Plusieurs communes de la région ont eu recours à divers
procédés pour obtenir, économiquement, la préparation et
l'enrichissement du sol avant le boisement.

En 1900, la commune de Libramont a donné aux habitants la jouissance gratuite d'une parcelle inculte de 15 hectares et a fourni en outre 1500 kilog. de phosphate basique
par hectare, à charge par les détenteurs de défricher le terrain par un labour à la charrue, de prélever 2 récoltes d'a-
voine en 1901 et 1902 et d'appliquer à leurs frais, pour la
deuxième récolte, une nouvelle dose de 600 kilog. de phosphate basique. La plantation sera effectuée en 1903, sur
terrain ainsi ameubli et enrichi.

Une autre parcelle, mal située pour la culture, a été
défrichée par bandes de 0^m50 de largeur, séparées par des
intervalles incultes de 1^m50 (coût 35 francs par hectare).
Le phosphate a été répandu sur les bandes cultivées à raison
de 400 kilog. par hectare et la plantation d'épicéas a eu lieu
sur ces bandes à l'écartement de $1^m50 \times 2^m00$.

La section de Presseux (commune de St-Pierre) a boisé,

en 1900, 19 hectares de bruyères, en mélangeant l'engrais avec la terre des fosses au moment de la plantation; une seconde parcelle de 15 hectares sera boisée en 1903, après préparation du sol par bandes de 0^m50; cette préparation sera suivie d'une addition de phosphate et d'un roulage.

La section de Sberchamps, même commune, a également adopté, pour la mise en valeur d'une parcelle de 10 hectares, le système que nous venons d'exposer pour Libramont.

Nous pourrions, d'autre part, citer tel propriétaire de Paliseul, partisan également de la sylviculture intensive, qui, à l'automne de 1901, a fait répandre 10,000 kilog. de scories et de kaïnite dans des boisements à deux étages (pins sylvestres de 25 ans et sous-bois d'épicéas). Nous avons fait ceinturer et mesurer exactement à 1^m50 un certain nombre de sujets; nous noterons chaque année les différences constatées dans l'accroissement en grosseur, en comparant avec les arbres qui n'ont pas reçu d'engrais.

La ville de Marche a entrepris également, depuis 1899, des essais dans des sols très pauvres en potasse et en acide phosphorique (terrain anthraxifère, système condruzien quartzo-schisteux de Dumont); les essais ont porté sur différentes essences feuillues et résineuses et ont été effectués au moyen d'engrais variés : phosphate basique, phosphate naturel, superphosphate, plâtre phosphaté, kaïnite; les engrais ont été employés en plein ou en potets.

Les champs d'expériences se multiplient ainsi partout. Il sera intéressant de noter, chaque année, les résultats obtenus et d'en tirer des renseignements utiles pour l'avenir.

Dès à présent, nous pouvons déduire de nos expériences les observations suivantes:

1º Le mode d'application du phosphate Thomas semble exercer une influence sur la réussite des boisements. L'expérience, confirmant la théorie, indique que l'épandage à la volée est le mode le plus profitable aux points de vue de la reprise et de la végétation;

2° Le dépôt de la kaïnite au pied des plants, au moment de la mise en place, a souvent occasionné un très fort déchet.
Il en résulte que la kaïnite ne doit pas être mise en contact immédiat avec les racines des jeunes plants;

3° Le phosphate basique donne des résultats supérieurs aux autres engrais phosphatés;

4° L'application simultanée de phosphate basique et de kaïnite est très avantageuse;

5° Les scories et la kaïnite semées à la volée sur le terrain à boiser ou dans une plantation existante sont entraînées mécaniquement et disséminées dans le sol par les pluies. Il y a donc avantage à répandre ces engrais à l'époque des pluies; celles-ci les aideront à arriver au contact des racines. Lorsque c'est possible, donner un fort hersage;

6° Partout, les plantations de sylvestres, épicéas et pins Weymouth paraissent reconnaissantes, dès la première année, d'une application rationnelle d'engrais. Dans plusieurs cas, l'action bienfaisante a été très manifeste; les plants, malgré la sécheresse de l'été de 1901, ont été d'un beau vert foncé et ont fait de bonnes pousses; les déchets sont nuls;

7° La levée des graines de pins sylvestres semées en 1901 étant encore peu apparente, on ne peut préciser, au moment où ces lignes sont écrites, l'influence des engrais sur la réussite ou la végétation des semis.

Expériences en pépinières

Nos essais se sont également poursuivis pendant trois années dans la pépinière domaniale de Paliseul.

Le fumier était rare et coûteux; nous l'avons remplacé en totalité ou en partie par des engrais chimiques : phosphates Thomas, kaïnite, nitrate de soude et même sulfate de fer.

Tout en se félicitant de l'emploi des engrais commerciaux et en les déclarant indispensables, on leur a souvent reproché de ne pouvoir fournir l'humus nécessaire à la fertilité des terres et, pour remédier à cette lacune, d'obliger à recourir à l'application de fumier ou d'engrais verts; ce reproche ne paraît pas aussi fondé qu'on le croit communément.

Nous trouvons dans la traduction d'un article de la *Deutsche Landw. Presse*, du 1er mai 1901, la démonstration suivante :

« En vérité, dans un sac d'engrais chimiques, l'on ne découvre guère de matières propres à former de l'humus. Mais, il n'est pas moins vrai qu'on peut cultiver très long-temps une terre avec des engrais chimiques sans l'emploi de fumier et qu'on ne remarque à la fin aucun changement capital dans la composition de cette terre.

» On sait que l'emploi des engrais chimiques est très répandu dans la province de Groningue (Hollande). Pour avoir une idée exacte de l'état dans lequel se trouvait, au point de vue de l'humus, la couche arable d'une terre fumée exclusivement, pendant des années, avec des engrais chimiques, on résolut d'envoyer des échantillons d'analyse au laboratoire de chimie agricole de l'État. On envoya en même temps des échantillons d'une terre située à côté de la précédente et qui, pendant des années, n'avait reçu que du fumier d'étable.

» Contre toute attente, les analyses donnèrent, pour les deux lots, une même richesse en humus.

» C'est impossible, dira-t-on, et peut-être croira-t-on qu'une erreur avait été commise dans la prise des échantillons. Mais l'exactitude du fait fut bien établie.

» On se fait généralement une idée trop haute de la valeur du fumier d'étable comme producteur d'humus. En voyant une charrette, un char, ou même une cargaison entière de fumier, on se dit : Quelle immense quantité d'humus ce fumier ne donnera-t-il pas à la terre !

» Or, considérons les choses de près ; les chiffres ne peuvent tromper, pourvu qu'on les manie avec loyauté.

» L'application de 40,000 kilog. de fumier peut-être considérée comme une bonne fumure; généralement, on reste en dessous de cette quantité. Or, sait-on que dans cette quantité de fumier les matières organiques, c'est-à-dire celles qui constituent l'humus, n'entrent que pour 1/5.

» Admettons que pendant un certain temps, la moitié de ces matières organiques se présente sous forme d'humus — ce n'est certes pas trop peu, car il est établi que dans une terre bien cultivée l'humus se convertit en acide carbonique — et nous trouvons que les 40,000 kilog. de fumier forment 4,000 kilog. d'humus.

» Cette quantité est considérable sans aucun doute, mais ne perdons pas de vue l'étendue sur laquelle elle a été répandue.

» L'hectare équivaut à 10,000 mètres carrés; calculons l'épaisseur de la couche arable à 2 décimètres, et nous trouvons que le décimètre de terre cultivée n'a pour sa part que 2 grammes d'humus. Le pèse-lettres pourra donner à chacun une idée de l'importance de cette quantité.

» C'est peu de chose, dira-t-on, mais encore l'analyse aurait dû révéler la présence de ces 2 grammes d'humus en plus dans les échantillons de terres traitées au fumier d'étable.

» Ce ne fut cependant pas le cas, ni chez M. A.-G. Mulder, de Sappemeer, ni chez M. H.-J. Huisenga, de Middelstum, ni chez M. J. van Hoorn, de Garsthuizen.

» Chez MM. Mulder et van Hoorn, les parcelles en question avaient été fumées exclusivement aux engrais chimiques pendant 15 ans et chez M. Huisenga pendant 9 ans.

» Sommes-nous en présence d'un problème inextricable? La Commission agricole appelée à donner son avis dans l'examen de la terre de M. van Hoorn conclut que les engrais chimiques avaient provoqué une végétation plus intense que le fumier de ferme, qu'une plus grande quantité de racines avait été formée et que la décomposition de ces racines avait fourni une quantité plus grande d'humus.

PIN SYLVESTRE

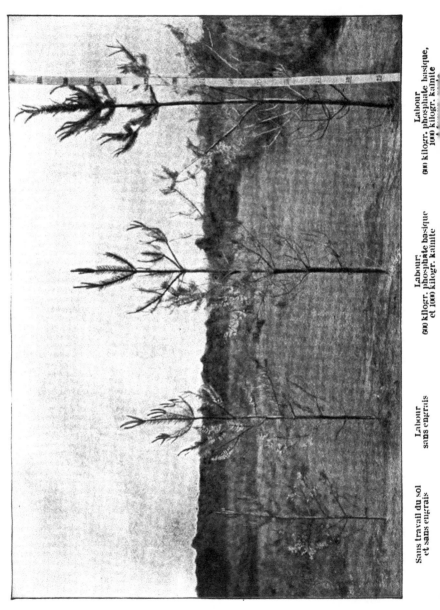

Sans travail du sol
et sans engrais

Labour
sans engrais

Labour,
600 kilogr. phosphate basique
et 1000 kilogr. kaïnite

Labour,
600 kilogr. phosphate basique,
1000 kilogr. kaïnite

PIN SYLVESTRE

Sans engrais

640 kilogr. phosphate basique
et 300 kilogr. kaïnite

1200 kilogr. phosphate basique
et 300 kilogr. kaïnite

II

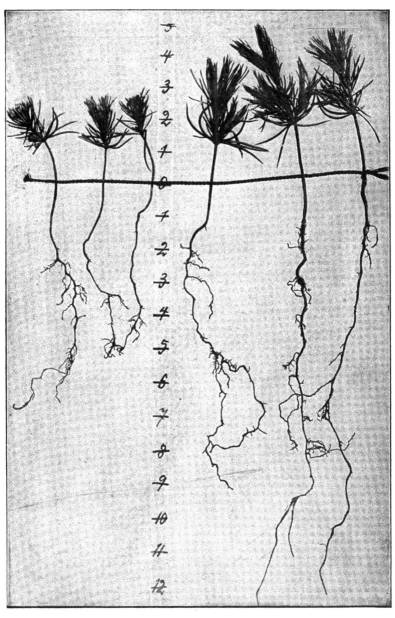

Sans engrais

1000 kilogr. phosphate basique,
1000 kilogr. kaïnite
et fumure verte

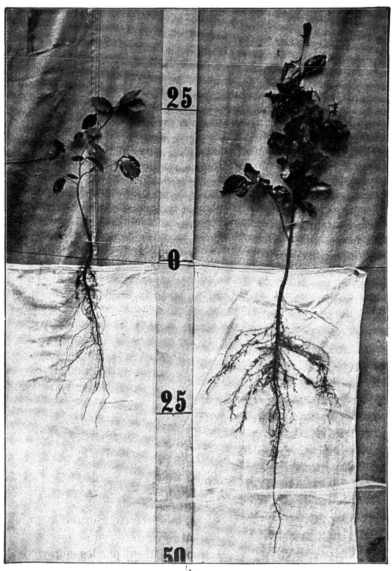

Sans engrais   400 kilog. phosphate basique,
200 kilogr. chlorure de potasse
et 100 kilogr. nitrate de soude

» Nous aussi, nous croyons qu'il faut attribuer dans la formation de l'humus une plus grande importance aux racines qui restent dans le sol. Examinez la couche arable après l'enlèvement d'une récolte et vous ne trouverez pour ainsi dire que des racines. Quoi qu'il en soit, les faits sont indéniables. Nous estimons beaucoup le fumier, mais ce n'est pas comme producteur de l'humus.

» Inutile de dire que l'on agit bien en enfouissant plusieurs fois des engrais verts dans une terre pauvre en humus, l'humidité y sera mieux maintenue ; mais dire que l'emploi exclusif des engrais chimiques rend la terre pauvre en humus constitue une erreur qui repose sur une conception surannée et non fondée.

» En approfondissant bien la question on sera convaincu que l'on ne peut plus considérer comme une maxime que les engrais chimiques rendent le sol pauvre en humus (K. DE VRIEZE). »

Nous avions déjà été frappé de la quantité considérable de radicelles qui restaient en terre après l'enlèvement des plants garnis d'un bon chevelu.

Cet excès de radicelles, destinées à se convertir en humus, serait dû à l'engrais chimique, et la question que nous nous sommes déjà posée : y a-t-il possibilité de produire de bons plants au moyen des engrais commerciaux seuls ? devrait être résolue d'une façon affirmative.

Il en résulterait une grande économie dans la fumure et l'entretien des pépinières; mais, avant de se prononcer catégoriquement, il serait bon que la théorie nouvelle se confirmât par d'autres analyses.

Les plants venus dans la pépinière de Paliseul, installée en sol maigre au début et enrichi principalement au moyen d'engrais chimiques, sont forts, bien corsés, munis d'un bon chevelu et d'une teinte dénotant la santé.

Les parcelles traitées plus spécialement par les engrais se montrent supérieures sous les différents rapports.

Nous remarquons de nombreux épicéas de 4 ans, repiqués de 2 ans, qui ont fait, la dernière année, une pousse de 0^m30 à 0^m40 et qui ont une circonférence de tige de 0^m05, 0^m06 et même 0^m07. Les hêtres de 3 ans, repiqués de 2 ans, ont une hauteur moyenne de 0^m80, supérieure de 0^m30 au moins à la moyenne de la parcelle.

Les effets sont notablement accentués lorsqu'on ajoute aux scories et à la kaïnite une certaine dose de nitrate de soude. Celui-ci a été appliqué de différentes façons : enfouissement, arrosage, semis à la volée. Les résultats sont sensiblement identiques. Nous préconisons cependant l'application en couverture, en deux ou trois fois.

Nous préférons le nitrate de soude au sulfate d'ammoniaque. L'azote ne se présente pas sous la même forme dans les deux engrais. Le nitrate de soude produit un effet immédiat. Le sulfate d'ammoniaque agit moins rapidement; il doit préalablement se nitrifier dans le sol, mais son action est plus soutenue et plus durable. Le nitrate de soude se prête beaucoup mieux à l'application en couverture et convient à tous les sols.

Nous avons repiqué ce printemps des épicéas dans un terrain qui n'avait jamais reçu de fumier de ferme et que nous avons enrichi à l'aide de divers engrais. Nous noterons avec soin les résultats.

Un fait intéressant est à signaler à l'actif des engrais. Dans une pépinière infestée de vers blancs et de larves de *Noctua segetum*, les parcelles qui ont reçu du fumier de ferme ont donné un déchet assez considérable, les plants ont fait de maigres pousses et sont comme anémiés. A côté, les parcelles traitées aux engrais chimiques seuls sont pour ainsi dire indemnes et la végétation est tout à fait normale.

Le nitrate de soude surtout aurait la propriété d'éloigner les larves de hanneton et de *noctuelles*.

Si l'observation se confirme ailleurs, on trouverait probablement là un moyen d'éviter ou d'atténuer les ravages de ces ennemis, ravages si communs dans les pépinières.

*
* *

Il ne suffit pas de produire de bons plants,il convient également de surveiller ceux-ci après la mise en place et d'observer comment ils se conduisent une fois hors du champ de production.

Nous avons remarqué, dans de nombreuses circonstances, que les plants produits en pépinière, à l'aide d'engrais chimiques, avaient une conformation et une vigueur supérieures à celles de leurs voisins et que ces avantages se manifestaient, après la transplantation, par une reprise plus facile, une teinte moins jaunâtre et une végétation plus active. Les qualités de l'enfant se continuent chez l'adolescent.

En résumé, les engrais chimiques assurent une production économique des plants et en même temps une qualité supérieure et des aptitudes de végétation plus accentuées.

Nous n'avons pas encore eu l'occasion de prendre de bonnes photographies permettant de se rendre compte des résultats obtenus par nos expériences ; nous espérons pouvoir bientôt combler cette lacune.

En attendant, nous reproduisons les photographies d'essais faits dans une région dont le sol diffère sans doute beaucoup de celui de l'Ardenne, quoiqu'il s'en rapproche probablement assez bien au point de vue de la composition chimique.

Nous n'avons d'autre but, en annexant ces planches à notre travail,que de faire mieux ressortir les résultats qu'on peut obtenir par l'emploi d'engrais dans la culture forestière.

C. DELVILLE,
Garde général des eaux et forêts

Causerie sur la Campine

(*Fin*) [1]

VIII. Bien que de nombreuses démarches aient été faites dans ce but, les communes de mon cantonnement ne se sont pas encore décidées à recourir à la culture sidérale, avec engrais chimiques, pour la préparation du terrain en vue du boisement. D'après les renseignements recueillis, quelques particuliers auraient recours à ce procédé depuis deux ou trois années.

Mais, les seules expériences dont j'aie connaissance sont celles du bois domanial d'Op 't Stort.

Ce bois, si on peut appeler cela un bois, ancienne dépendance du canal de jonction de la Meuse à l'Escaut remise en 1892 à l'Administration forestière par celle des Ponts et Chaussées, est constitué par deux bandes de 50 à 75 mètres de largeur, longeant le canal de part et d'autre sur une longueur de plus de 14 kilomètres.

Le sol du bois domanial est à peu près partout le même. Sa richesse varie suivant l'épaisseur de la couche de sable jaune qui succède au sol végétal. Par place, on rencontre à 0^m30-0^m50 une couche de terre noirâtre, assez dure, espèce de tuf.

La plus grande partie de l'étendue se présente sous l'aspect de dunes, mais ces dunes sont absolument artificielles; elles sont constituées par des dépôts de sable provenant du creusement du canal ; leur hauteur varie de 1 à 5 mètres et leur largeur de part et d'autre du canal est de 30 à 40 mètres. Le sol de ces dunes est très meuble, assez frais, mais se desséchant fortement en été. La couverture

---

[1] La phrase suivante doit être ajoutée à la suite du premier alinéa de la p. 493 (livraison d'août) :

« Il importe de dire que, dans la partie de ce compartiment qui a reçu du phosphate basique, 4 planches frappent cependant spécialement l'attention ; les plants y sont beaucoup plus forts que sur les autres planches : c'est qu'elles ont été plantées en pins de Haguenau, tandis que partout ailleurs on a planté des pins de Suède. »

vivante y est constituée presque exclusivement par des herbages et des genêts ; ces derniers y poussent en abondance et vigoureusement. De nombreux semis et cépées de chêne y croissent également, associés par place à des bouleaux.

A l'époque de la remise à l'Administration des eaux et forêts, la propriété comportait une contenance de 156 ^{h}, dont 45 ^{h} de vieilles pineraies, de végétation plutôt médiocre, qui furent vendues en 1895 pour la somme de 42,100 francs, soit à peu près 935 francs en chiffres ronds par hectare, prix très minime en raison de l'âge (28 à 42 ans). Le reste était inculte, sauf par-ci par-là quelques petits boqueteaux de taillis (chênes et bouleaux bien venants) issus de semis naturel.

Les 45 hectares ont été dérodés et défoncés à une profondeur de 0^{m}40, sauf dans les parties formées par les espèces de dunes dont il vient d'être question. Quelques hectares, dont l'exploitation est antérieure à 1895, ont aussi été défoncés en 1894.

Les dunes ont été boisées sans travail du sol ni engrais, à l'exception de quelques parcelles qui ont été plantées avec application d'engrais chimiques dans les trous de plantation.

Les plantations, tant résineuses que feuillues qui y ont été créées de 1893 à 1901, recevront des engrais en couverture. Le premier essai vient d'être fait dans le courant de janvier sur 10 hectares (feuillus et résineux), à raison de 1,000 kilogrammes de phosphate Thomas.

Le premier boisement créé dans la forêt domaniale, avec travail du sol, culture de lupin et engrais, remonte à 1895 : environ 2 hectares de terrain vierge ont été labourés en 1893, après application de 1,000 kilogr. de phosphate basique et 150 kilogr. de kaïnite à l'hectare; en 1894, culture de lupin; en 1895, plantation de pin d'Ecosse, à raison de 10,000 par hectare (1^m × 1^m).

Un mesurage fait en janvier, donne :

Hauteur maximum 2^{m}94, pousses des années 1900 et 1901 0^{m}70 et 0^{m}68 ;
Hauteur moyenne 1^{m}55, pousses des années 1900 et 1901 0^{m}35 et 0^{m}44.

Presque toutes les plantations exécutées en 1895 ont été partiellement compromises par l'hylobe. Des regarnissages ont dû y être faits à plusieurs reprises. Un dernier regarnissage a été fait avec chêne rouge à l'automne de 1898.

IX. Dans une autre partie de 5 hectares environ, le sol était constitué par 0^m20 à 0^m25 de sable gris reposant sur une faible couche de sable jaune, à laquelle succède un sable blanc jaunâtre sur une grande profondeur.

Sol médiocre donc plutôt que bon, assez frais mais se desséchant fortement en été.

En 1894, toute l'étendue a été défoncée à 0^m40 de profondeur. Après application de phosphate basique et de kaïnite aux doses indiquées ci-après, le terrain a été soumis à deux cultures de lupin en 1895 et 1896.

En 1897, cinq variétés de pins ont été plantées par demi compartiments séparés par des coupe-feu, le long desquels on a planté de chaque côté une ligne de pin rigida. Les plants provenaient de la pépinière domaniale de Brée; ils avaient un an de semis, sauf les rigidas qui comptaient un an de repiquage.

Un mesurage fait en 1902, donne :

1er compartiment Phosph. 1,000 k. Kaïnite 300 k.	Haguenau	Haut. max. 2^m14, moyenne des 2 dernières pousses 0^m39		
		Haut. moy. 1^m40,	id.	0^m42
	Ecossais	Haut. max. 1^m15,	id.	0^m42
		Haut. moy. 0^m98,	id.	0^m28
2e compartiment Phosph. 950 k. Kaïnite 250 k.	Ecossais	Haut. max. 1^m42,	id.	0^m39
		Haut. moy. 0^m93,	id.	0^m27
	Suédois	Haut. max 1^m61,	id	0^m47
		Haut. moy 1^m04,	id.	0^m35
3e compartiment Phosph. 800 k. Kaïnite 200 k.	Ecossais	Haut. max. 1^m31,	id.	0^m40
		Haut. moy. 0^m88,	id.	0^m28
	Suédois	Haut. max. 1^m54,	id.	0^m44
		Haut. moy. 0^m98,	id.	0^m36
4e compartiment Phosph. 700 k. Kaïnite 150 k.	Rigidas repiqués 1 an	Haut. max. 2^m21,	id.	0^m46
		Haut. moy. 1^m76,	id.	0^m44
	Rigidas semis 1 an	Haut. max. 1^m75,	id.	0^m43
		Haut. moy 1^m50,	id.	0^m38

5e compartiment Phosph. 300 k. Kaïnite 100 k.	Suédois	Aucun mesurage n'a été fait. C'est par oubli. Les plants y sont toutefois moins beaux que dans les autres compartiments (hauteur et vigueur).
	Pin de Corse	Haut. max 1^m19 moyenne des 2 dernières pousses 0^m31 Haut. moy. 0^m74, Id. 0^m19

Parcelle témoin Sans travail du sol ni engrais	Suédois	Haut. max. 0^m70,	id.	0^m30
		Haut. moy. 0^m50,	id.	0^m25

Evidemment, cette expérience, comme la plupart des autres, prête à la critique en ce que un seul des facteurs qui en font l'objet aurait dû varier d'un compartiment ou d'une partie de compartiment à l'autre. Il n'est pas possible donc d'en tirer des déductions absolues quant aux doses les plus convenables des deux éléments fertilisants employés; on ne peut dire si les faits constatés doivent être attribués à l'action d'une quantité plus forte soit d'acide phosphorique, soit de potasse. Mais on peut cependant en déduire des indications pratiques fort utiles et fort intéressantes, en ce qui concerne les diverses variétés de pins essayées.

La plantation peut être considérée comme bonne au point de vue de la réussite générale, et exceptionnelle en ce qui concerne les rigidas et les Haguenau. Pour les Haguenau, on pourrait attribuer le résultat aux fortes doses d'engrais utilisés, puisqu'il n'en a été planté que dans le compartiment n° I; mais d'autres expériences ont confirmé la supériorité de cette variété, du moins dans les sols de la Campine. Quant aux rigidas, ils tiennent le record au point de vue de la vigueur et de la hauteur; la végétation de ceux qui sont plantés en bordure des divers compartiments confirme le résultat obtenu dans le compartiment n° IV, lequel n'a reçu qu'une dose moyenne d'engrais (700 kilog. de phosphate basique et 150 kilog. de kaïnite à l'hectare). Disons toutefois que les rigidas paraissent souffrants depuis 1900; serait-ce l'effet des gelées de cette année-là, ou bien le roussissement des aiguilles, qui persistent après cela rarement plus d'une année, serait-il dû à des émanations d'anhydride sulfureux des établissements métallurgiques situés à proximité?

Les suédois occupent le troisième rang et leur supériorité sur les écossais résulte plus qu'à suffisance de la comparaison des résultats obtenus dans les trois premiers compartiments.

Les pins de Corse viennent en dernier lieu; mais l'expérience n'est pas concluante en ce qui les concerne, attendu qu'ils n'ont été introduits que dans le compartiment le moins enrichi, le n° V, qui n'a reçu que 500 kilog. de phosphate basique et 100 kilog. de kaïnite.

X. Une étendue de 10 hectares, située entre les ponts 11 et 12, a été défoncée à 0^m40 en 1895. Deux cultures de lupin y ont été faites, en 1896 et 1897, avec application la seconde année de 27,000 kilogr. de boues de ville par hectare. La plantation a eu lieu en 1898, à raison de 10,000 pins d'Ecosse par hectare.

Un mesurage en janvier 1902 donne :

Hauteur maximum 1^m14, longueur moyenne des deux dernières pousses 0^m38 ;
Hauteur moyenne 0^m74, longueur moyenne des deux dernières pousses 0^m26.

XI. 5 hectares de pineraies exploitées, situés sur la rive gauche des deux côtés du pont 10, ont été plantés en automne 1897, après défoncement à 0^m40 et application de 1,000 kilogr. de phosphate de scories et 200 kilogr. de kaïnite par hectare et trois cultures de lupin.

Sur 1^h20^a de terrain vierge se trouvant immédiatement à côté, mais en partie sur dune et en partie sur terrain plat, on a appliqué les engrais aux mêmes doses (c'est-à-dire 1,200 kilogr. de phosphate basique et 240 kilogr. de kaïnite), dans les trous de plantation, sans travail du sol.

Un mesurage en janvier 1902 donne :

I. Parcelle avec travail du sol, engrais et lupin.	Hauteur maximum : 0^m89, pousses 0^m38	
	Hauteur moyenne : 0^m69, id. 0^m24	
II. Parcelle avec engrais dans trous de plantation.	Hauteur maximum : 1^m16, id. 0^m45	
	Hauteur moyenne : 0^m78, id. 0^m31	

Cette expérience, établie antérieurement à mon arrivée au cantonnement de Brée, ne prouve rien à mon sens. On devrait en conclure que l'application d'engrais chimiques dans les trous de plantation est préférable au travail du sol avec culture de lupin et engrais ; le contraire est certainement vrai et je ne voudrais recommander le premier mode de boisement qu'à titre tout à fait exceptionnel, lorsqu'il s'agit de dunes fixées, afin de ne pas provoquer un nouveau déplacement des sables sous l'influence des vents.

Les résultats constatés ci-dessus doivent être attribués sans doute à ce que le terrain auquel on a appliqué les engrais dans les trous de plantation n'avait pas été épuisé comme l'autre par une première culture forestière et, peut-être aussi, à ce que l'engrais placé directement dans les trous a dû faire au début l'effet de doses beaucoup plus fortes.

XII. Des expériences très concluantes ont également été tentées avec les essences feuillues, tant sur les dunes que sur les parties planes (anciennes pineraies dérodées en 1895). Comme je l'ai déjà dit, il existe bon nombre de petits boqueteaux, disséminés un peu partout dans les dunes, très bien venants et issus de semis naturels.

Les premières plantations ont été faites en 1893 et 1894, sur terrain non préparé et sans engrais. Les plants, des chênes rouges d'Amérique et des cerisiers de Virginie *(Prunus serotina)*, ont végété pendant les trois premières années. Le recepage a eu lieu en mars 1901, donc 9 ans seulement après la plantation.

Mesures prises en janvier 1902 :

Rejets de chêne rouge, 1^m45 de hauteur; nombre par souche, 1 à 5; la plupart des souches n'ont donné qu'un seul rejet.

Cerisier de Virginie, 1^m85 à 2^m01; nombre de rejets, de 7 à 23 par souche.

Une plantation plus importante a été faite en janvier et février 1898, sur une étendue d'environ 17 hectares.

1° 1^{h}50^a a été défoncé à 0^{m}40 en 1897, puis divisé en planches de 4^{m}50 par des rigoles de 1^m × 0^{m}60 × 0^{m}30, après application de 1,000 kilogr. de phosphate basique à l'hectare ;

2° 1^{h}50^a a reçu la même préparation sans engrais ;

3° 1^{h}50^a a été simplement rigolé sans défoncement ni engrais.

Le reste a été planté sans aucun travail ni engrais (dunes), en trous de 0^{m}35 × 0^{m}35 × 0^{m}40.

La plantation comporte 8,000 plants à l'hectare, dont 2,500 bouleaux, 1,500 chênes rouges, 2,000 rouvres, 1,500 pédonculés, 500 cerisiers de Virginie. Dans les plantations ultérieures (1899, 1900 et 1901), on a introduit l'aune blanc, le hêtre, le frêne blanc, l'acacia, et une plus forte proportion de *Prunus serotina*.

L'effet des engrais et du travail du sol est très marqué ; les plants sont beaucoup plus vigoureux dans le compartiment I que dans le compartiment II, et surtout que dans le compartiment III. Dans le compartiment I, des bouleaux mesurent 4^{m}50 à 5^m de hauteur et une circonférence au pied de 0^{m}30 à 0^{m}35. Des spécimens des parcelles II et III mesurent également 4 mètres et plus de hauteur avec des circonférences de 0^{m}24 à 0^{m}26 dans la parcelle II et de 0^{m}18 à 0^{m}24 dans la parcelle III.

Dans celle-ci, la bruyère a fait sa réapparition et le terrain n'y était pas couvert, avant le recepage, comme dans les compartiments I et II.

Les 17 hectares ont été recepés en mars 1901, sauf une vingtaine d'ares de chacun des compartiments I et II et 5 ares du compartiment III, qui ont été réservés pour pouvoir apprécier plus tard l'avantage du recepage. M. Giersberg, de Berlin, qui visita ces parcelles en 1900, ne voyait pas l'utilité de receper les parties bien venantes des parcelles I et II.

Mesures de quelques rejets en janvier 1902 :
Bouleaux : 1^{m}50 à 2^{m}14.
Chênes pédonculés : 1^{m}20 à 1^{m}83.
Chênes rouges d'Amérique : 1^{m}30 à 1^{m}80.
Cerisiers de Virginie : 1^m à 1^{m}50.

Le recepage a été fait en même temps que celui d'une plantation datant de l'automne 1898 et ayant par conséquent un an de moins. Les sujets de la plantation du printemps 1898 sont incontestablement plus vigoureux, plus hauts et plus nombreux que ceux de la plantation d'automne de la même année. Mieux vaudrait donc receper trois ans que deux ans après la plantation ; seulement, la troisième année, les bouleaux et les aunes sont déjà trop forts pour être recepés au sécateur Pons.

Dans un terrain de 5 hectares, défoncé en 1895 et qui avait reçu 2 cultures de lupin après application de 1,000 kilogr. de phosphate Thomas et 200 kilogr. de kaïnite, on a planté en automne 1899 le même nombre de plants que ci-dessus, savoir : 2,500 bouleaux blancs et à canot, 1,000 chênes rouges, 2,000 rouvres, 1,000 pédonculés, 500 hêtres, 500 cerisiers de Virginie et 500 aunes blancs ; dans les regarnissages faits en 1900 et 1901, on a introduit quelques milliers de frênes blancs et d'acacias, ceux-ci en bordure.

En janvier 1902, des bouleaux à canot mesuraient jusque 3^{m}72 de hauteur et une circonférence de 0^{m}21 au pied. Ce bouleau vient incontestablement beaucoup mieux que le bouleau commun, qui cependant donne déjà de magnifiques résultats.

Beaucoup de terrains incultes de la Campine peuvent être affectés à la culture des feuillus en taillis. Les sols frais contenant un peu d'argile sont ceux qui conviennent le mieux, quoique diverses essences feuillues réussissent bien aussi dans les sols plus secs (bois domanial et camp de Beverloo). Les sols tourbeux assainis leur conviennent également, de même qu'à l'épicéa. J'ai vu, dans la propriété de MM. Spaas et Slegten, de Lille-Saint-Hubert, de jeunes massifs de feuillus et d'épicéa qui ne le cèdent en rien aux beaux massifs de la région limoneuse et de l'Ardenne.

Un bois taillis, avantageusement situé, peut rapporter de 50 à 75 fr. par hectare et par an, c'est-à-dire un revenu notablement supérieur à celui que fournissent maintes pinières.

Mais, pour réussir le feuillu en Campine, il faut recourir au défoncement profond et à la fumure du sol. Il convient de planter si possible à l'automne qui suit le défoncement, afin d'éviter l'envahissement par les nombreux herbages qui poussent presque partout en Campine, dans les anciennes pineraies dérodées, et qui sont très nuisibles aux jeunes plants. Il faut mélanger intimement les essences et ne pas les planter par lignes alternes (1), comme le font bon nombre de propriétaires. Le recepage doit avoir lieu la troisième ou la quatrième année, suivant la vigueur des plants.

Le *Prunus serotina* est une excellente essence pour les sols sablonneux de la région. Il pousse rapidement, donne de nombreux rejets, couvre bien le sol et fournit un humus des plus riche; sa feuille se décompose facilement. Il donne chaque année des graines très abondantes. Son bois est excellent et très recherché par les boulangers. Les taillis du camp de Beverloo, si remarquables par leur croissance dans un sable très pauvre mais enrichi par le fumier de la cavalerie et les produits des latrines, en renferment une grande proportion, et M. Mattheus, chargé des plantations du domaine de la guerre, le prône beaucoup. Il est très envahissant, mais c'est loin d'être un défaut pour la Campine.

L'acacia et le tilleul devraient également être largement représentés dans les boisements feuillus de cette région. Ils viennent très bien dans les terrains frais, sans excès d'humidité. J'ai constaté leur bonne végétation presque partout dans mes tournées.

_____

(1) Voir à ce sujet la livraison du *Bulletin* d'avril 1902, p. 211 : champ d'expérience d'Arendonck.

D'autres essais variés ont encore été faits dans le bois domanial d'Op 't Stort, notamment pour se rendre compte de la valeur de diverses essences en Campine.

Je me bornerai à donner à ce sujet les quelques explications suivantes :

Un pin de Bank planté sur dune, en 1899, sans engrais ni travail du sol, accuse une hauteur totale de 1^{m}22 ; la pousse de 1901 mesure 0^{m}57.

Des Douglas plantés dans les mêmes conditions en 1893, dans un sol couvert de bruyères, genêts et pins épars issus de semis naturels, forment un petit massif de quinze ares dont les sujets mesurent jusque 3^{m}25 et les pousses de 1900 et 1901 en moyenne 0^{m}60.

Un petit peuplement d'une quarantaine d'ares de Weymouth a été planté à proximité dans les mêmes conditions; il a reçu cette année des phosphates Thomas en couverture. La hauteur des sujets est de 2^{m}51 ; les pousses des deux dernières années mesurent en moyenne 0^{m}50.

Je pourrais énumérer une à une les expériences nombreuses et variées qui ont été faites dans le cantonnement de Brée et qui toutes sans exception démontrent, d'une façon probante, les effets vraiment surprenants que l'on peut obtenir au moyen de la fumure et du travail rationnel du sol. Le tout n'est pas de faire produire; le but que l'on doit viser dans toute culture du sol, quelle qu'elle soit, c'est d'obtenir le maximum de revenu avec le moins de frais possible. Dans presque tous les terrains épuisés par une culture ou deux de pins et dans quantité de terrains incultes, la fumure seule est capable de rendre le boisement rémunérateur.

Bien que l'emploi des engrais soit encore de date récente, on peut cependant déjà bien en augurer pour l'avenir.

Certains praticiens estiment que les pineraies créées dans les sols améliorés par la fumure auront au bas mot, entre l'âge de trente à quarante ans, une valeur de 2,000 fr.

L. Halleux,
garde général des eaux et forêts.

Qualités et exigences de diverses essences
d'après quelques pépiniéristes
(*Fin*)

ACER PSEUDOPLATANUS. — *Erable sycomore*.
Se recommande en mélange avec le hêtre là où le sol est trop pauvre et trop frais pour le chêne. Arbre de demi-ombre à la limite Nord des forêts feuillues.

(Alsace-Lorraine.)

A. SCHWEDLERI. — *Erable de Schewdler*.
Jeunes pousses d'un rouge sang, de grand effet; croissance très vigoureuse.

(Campine.)

A. TARTARICUM. — *Erable de Tartarie*.
Remarquable par les jolies teintes blanches et roses de ses jeunes pousses.

(Campine.)

A. VIRGINICUM RUBRUM. — *Erable rouge de Virginie*.
Très bel arbre d'ornement, poussant bien dans les terrains maigres et siliceux.

(Loiret.)

Résiste à toutes les influences du climat.

(Ardennes.)

Les érables d'Amérique sont de beaucoup supérieurs à nos érables, tant par la rapidité de leur croissance que par la valeur de leur bois.
Parmi eux, les érables de Californie et à larges feuilles sont les plus vigoureux; l'érable de Virginie et l'érable dasycarpum croissent dans les terres légères.

(Flandres.)

ROBINIA PSEUDO ACACIA. — *Robinier*.
Son fort enracinement et sa rapide végétation le font employer avec succès depuis une dizaine d'années pour fixer les dunes des talus. Ne pas semer, mais planter semis ou repiqués.

(Alsace-Lorraine.)

CERASUS (PRUNUS) SEROTINA. — *Cerisier d'Amérique*.
Croît dans les sables secs; bon pour combler les vides dans les taillis.

(Flandres.)

Une des essences à bois dur et de valeur, à croissance la plus rapide dans l'Amérique du Nord. Il croît facilement en terrain sec, même si celui-ci est trop pauvre pour la culture agricole. Il est à recommander, au même titre que le chêne rouge (*Q. rubra*), dans les terrains fatigués du hêtre et comme bouche-trou dans les semis naturels de feuillus.

Essence très décorative avec son feuillage d'un vert brillant. Son bois d'œuvre, d'un beau rouge, est très prisé pour la fabrication de meubles de toutes espèces. (Holstein.)

CERASUS PADUS. — *Cerisier à grappes.*
Se multiplie trop dans les bons sols.
(Flandres.)

SORBUS AMERICANA. — *Sorbier d'Amérique.*
Grande rusticité, plus vigoureux que le sorbier ordinaire.
(Ardennes.)

ULMUS. — *Orme.*
L'orme champêtre maigre est désigné pour les terres fortes.

L'orme gras et l'orme d'Ypres se contentent de terres moins profondes ; le dernier se distingue par son élévation, sa parfaite rectitude et sa feuillaison tardive.

L'orme *vegeta*, de croissance extraordinaire, est l'orme des terres pauvres.

L'orme Dumont se plaît dans les terres calcaires, et même dans les sables des dunes.
(Flandres.)

L'orme Dumont est très vigoureux et pousse très droit.
(Flandres.)

ULMUS UMBRACULIFERA.
Très bel arbre, à tête ronde, compacte et régulière.
(Loiret.)

U. VEGETA.
Le plus vigoureux des variétés cultivées. Donne souvent des pousses de 3 mètres de longueur.
(Loiret.)

U. MONTANA ET U. VEGETA.
Les moins difficiles des ormes pour la nature du sol.
(Flandres.)

PLANERA ACUMINATA. — *Planère à feuilles acuminées.*
Originaire du Japon. D'une rare élégance ; feuilles très longues, fortement dentées, d'un vert sombre, légèrement pourprées, retombant gracieusement sur le sol ; jeunes pousses rougeâtres. Peu répandu, mais très méritant.
(Campine.)

Bel arbre de moyenne grandeur, ressemblant à l'orme.

(Flandres.)

FRAXINUS EXCELSIOR. — *Frêne commun.*

Aime l'humidité et vient surtout au bord des ruisseaux. A planter par bouquet dans les forêts feuillues, celles de hêtre notamment.

(Alsace-Lorraine.)

F. AMERICANA. — *F. blanc.*

Épargné par les froids tardifs du printemps.

(Alsace-Lorraine.)

Le meilleur pour la plantation.

(Ardennes.)

Voici ce que le Dr Mayr en dit : « L'introduction de ce frêne est une grande source de profit pour l'Allemagne, car il supporte mieux notre climat que l'espèce indigène, qui souffre sensiblement des froids tardifs en terrain nu ; celui d'Amérique résiste aux froids, parce que ses feuilles se développent plus tardivement. Cette espèce peut atteindre 30 à 40 mètres de hauteur et un diamètre correspondant. Sa croissance en grosseur est énorme quand la cime est libre : un bloc de collection à New-York accuse 103.5 centimètres de diamètre. A introduire de préférence là où l'on redoute de hautes eaux en été, car il résiste très bien aux inondations. »

(Holstein.)

Essayé avec beaucoup d'avantages sur le continent ; il est spécialement recommandé pour sa robustesse et la vigueur de sa croissance. Le bois est, paraît-il, de grande valeur.

(Copenhague.)

F. RYNCOPHYLLUS.

Originaire du nord de la Chine. Très vigoureux, forme un grand arbre.

(Loiret.)

F. OREGONA. — *Fr. de l'Orégon.*

Le seul frêne qui ait toujours résisté aux gelées printanières. Paraît préférable à tous les autres.

(Flandres.)

Arbre de première vigueur, au feuillage large ; croissance puissante.

(Ardennes.)

F. RUBRUM. — *Fr. rouge.*

Le plus vigoureux des frênes.

(Flandres.)

F. MONOPHYLLA. — *Fr. monophylle.*

Même tempérament que le frêne ordinaire ; large feuillage, excellent pour avenues et abris divers par suite de son ombre abondante.

(Ardennes.)

Fr. de la Kabylie.

Semble préférer les terres légères, vigueur extraordinaire, mais fort capricieux.

(Flandres.)

Le frêne exige un bon sol calcaire; le frêne à fleurs n'est pas si exigeant. Les frênes d'Amérique sont beaucoup moins difficiles.

(Flandres.)

QUERCUS PALUSTRIS. — *Chêne des marais.*

Aime les dépressions humides et pousse vigoureusement, surtout dans la jeunesse.

(Alsace-Lorraine.)

Un des plus beaux arbres à planter en avenues.

(Loiret.)

Le plus élevé des chênes ; exige sols frais et profonds.

(Flandres.)

Exige sols profonds et frais. Bois de première qualité.

(Condroz.)

Q. RUBRA. — *Chêne rouge d'Amérique.*

Représenté en Allemagne dans beaucoup de forêts feuillues, mais surtout le long des chaussées, surtout en Silésie. Vient encore dans des sols trop pauvres et sous climat trop froid pour le chêne indigène. Croissance rapide et bois de bonne qualité.

(Alsace-Lorraine.)

La providence des terres sablonneuses.

(Flandres.)

Le plus beau de tous les chênes d'Amérique ; grand feuillage teinté de rouge, plus prononcé à l'automne.

(Campine.)

Essence exotique, à croissance rapide; sa culture est à recommander rien qu'au point de vue de l'embellissement de la forêt. Moins exigeant que notre chêne au point de vue de la qualité du sol et de la chaleur de la station ; on peut le cultiver dans des contrées d'où le nôtre est exclu ; en fait de qualité de bois, il lui est pourtant inférieur. Recommandable dans les endroits frais où l'épicéa est déjà largement représenté dans la forêt, et en terrains maigres. Même en terrain nu, il est plus résistant aux gelées que notre chêne et est plus vite hors d'atteinte de la dent du gibier. Convient à merveille comme bouche-trou dans les plantations anciennes.

(Holstein.)

Q. ALBA. — *Chêne blanc.*

Le plus recherché des chênes d'Amérique.

(Flandres.)

Q. COCCINEA. — *Ch. cocciné.*
Espèce très distincte ; feuilles luisantes en dessous.

(Flandres.)

Q. CERRIS. — *Chêne chevelu.*
C'est le chêne do Turquie; un des plus beaux connus.

(Campine.)

Croit plus rapidement que le chêne commun.

(Flandres.)

Q. FALCATA.
Donne les feuilles les plus rouges à l'automne.

(Loiret.)

JUGLANS NIGRA. — *Noyer noir.*
A recommander en mélange par pieds ou par groupes dans les stations chaudes du chêne.

(Alsace-Lorraine.)

De grand rapport, mais exige de bons sols.

(Flandres.)

Très recommandé ; il croit rapidement partout et s'annonce bien là où le chêne est encore représenté en assez grande quantité; le sol du chêne lui convient. Bois très utilisé pour la fabrication des meubles.

(Holstein.)

J. CINEREA. — *N. cendré.*
Paraît le moins exigeant.

(Flandres.)

JUGLANS CINEREA et NIGRA.
Essayés avec succès sur le continent. Ils sont tous deux de véritables arbres de forêt, de croissance rapide, s'accommodant parfaitement du climat européen et ne redoutant pas les gelées tardives. Plus robustes que le noyer commun. Ils fournissent un bois splendide.

(Copenhague.)

J. SIEBOLDII.
Originaire du Japon. Ample feuillage vert-clair, très vigoureux.

(Campine.)

CARYA ALBA. — *Caryer blanc.*
Essence de grande valeur; à cultiver par groupes comme les chênes, mais surtout aux chaudes situations. Le meilleur et le plus tenace des bois d'industrie.

(Alsace-Lorraine.)

C. AMARA.
A cultiver dans les bons sols, le long des fleuves.

(Alsace-Lorraine.)

Les caryers exigent de bons terrains.

(Flandres.)

FAGUS AMERICANA. — *Hêtre américain.*

Vigoureux, feuilles beaucoup plus grandes que celles du hêtre indigène.

(Campine.)

ALNUS GLUTINOSA. — *Aune glutineux.*

Recommandable pour le boisement des sols humides et marécageux. Utiliser seulement la plantation, le semis étant souvent détruit par les gelées et les mauvaises herbes. Restituer la chaux dans les terrains appauvris en cet élément.

(Alsace-Lorraine.)

A. INCANA. — *A. blanc.*

Aime surtout les sols riches en calcaire.

(Alsace-Lorraine.)

Très recherché pour les taillis. Vient mal en terrains acides. Se plait aussi bien dans les terrains légers que dans les sols humides.

(Flandres.)

Mérite l'attention en taillis composé à cause de sa faculté d'émettre des rejets et drageons, parce qu'il supporte le couvert et pousse rapidement ; à utiliser surtout dans le boisement des landes à sol superficiel en terrain calcaire ; il y rend de grands services. Peut se contenter des sols même les plus secs.

(Holstein.)

BETULA ALBA. — *Bouleau blanc.*

Le semis n'en est pas à conseiller, car en terrain nu, il manque presque toujours. Planter tôt au printemps.

(Alsace-Lorraine.)

B. POPULIFOLIA — *B. à feuilles de peuplier.*

Remarquable par sa belle vigueur.

(Loiret.)

Bouleau d'Amérique.

Pousse admirablement en terres légères.

(Flandres.)

B. LENTA. — *B. mérisier.*

Se plait dans tous les terrains, pourvu qu'ils ne soient pas trop compacts. Bois très recherché en Amérique.

(Flandres.)

Appelé aussi bouleau à feuilles de charme. Très rustique et d'une grande vigueur.

(Ardennes.)

POPULUS CANADENSIS. — *Peuplier du Canada, blanc.*
Croissance très rapide. A préférer de beaucoup au peuplier noir.

(Alsace-Lorraine.)

Le peuplier du Canada blanc est à préférer dans les terres humides.

(Flandres.)

Devrait être plus employé; il croît dans presque tous les sols, même dans des sables pas trop maigres; le sol humide, mouillé (même marécageux), est celui qu'il préfère. Malgré sa croissance rapide, il livre un bon produit; employé pour la fabrication des allumettes, du papier et de la cellulose.

(Holstein.)

P. CORDATA.
Donné comme le plus vigoureux de tous les peupliers. Feuillage large.

(Loiret.)

P. WOBSI.
Très vigoureux, feuilles larges, vert foncé luisant, à revers blanchâtres. Bois et pédoncule rougeâtres. Cultivé dans les environs de Moscou.

(Loiret.)

Peuplier picard.
Le peuplier franc-picard du Hainaut est supérieur à tous les autres peupliers blancs.

(Flandres.)

P. régénéré.
Reconnaissable à son pédoncule rosé. Dépasse tous les autres peupliers en rapidité de croissance; bois excellent. On en connaît qui ont dépassé 1 mètre de tour à 1^{m}50 du sol à 13 ans.

(Flandres.)

Croissance la plus rapide; peu difficile sous le rapport du sol, et bois excellent.

(Condroz.)

P. neige.
Croît dans les dunes; n'est pas attaqué par les insectes, mais n'acquiert pas de très fortes dimensions.

(Flandres.)

SALIX. — *Saules.*
Les saules bleu, Daphné, marsault et ses hybrides conviennent aux terrains légers et secs; le premier dépasse en vigueur tous les autres et donne parfois des pousses de 3 m. en une saison.

(Flandres.)

Les hybrides du S. marsault ont toutes les qualités du saule marsault *noir* sans en avoir les défauts. Très employés dans les bois des environs d'Enghien.

(Flandres.)

SALIX GIGANTEA.
Nouvel osier très résistant et très vigoureux. Les pousses de l'année atteignent souvent près de 4 mètres de hauteur.

(Flandres.)

S. MUTABILIS.
Nouvelle variété de saule du Japon.

(Loiret.)

S. FRAGILIS. — *S. fragile.*
Convient aux terres compactes.

(Flandres.)

AILANTHUS GLANDULOSA. *Ailanthe glanduleux*, *Vernis du Japon.*
Arbre majestueux, à grandes feuilles composées, mesurant jusqu'à 1m40 de longueur. Résiste aux vents les plus violents.

(Loiret.)

Croit facilement et très rapidement en tous terrains.

(Flandres.)

Aime les terrains secs.

(Flandres.)

GLEDITSCHIA TRIACANTHOS. — *Epine du Christ.*
Recommandable dans les dépressions humides. Excellents résultats en Allemagne, surtout dans les vallées du Rhin. Son bois ressemble à celui de l'acacia.

(Alsace-Lorraine.)

Forme des avenues magnifiques, comme on peut le voir au Parc du Cinquantenaire. Bois excellent.

(Flandres.)

SOPHORA KOROLKOWI.
Feuillage plus large que le S. japonica. Introduit de l'Asie-Mineure. Rameaux retombants.

(Loiret.)

LIRIODENDRON TULIPIFERA. — *Tulipier.*
Originaire de l'Amérique septentrionale. Arbre de première grandeur, port majestueux. Grandes et belles feuilles lobées, d'un vert tendre. Fleurs jaune verdâtre, en forme de tulipe.

(Campine.)

Croissance rapide et bois de bonne qualité. Se plait en sols légers. De reprise difficile s'il n'a été repiqué.

(Flandres.)

Le budget de l'administration des eaux et forêts

pour l'exercice 1902

Propositions du gouvernement

ART. 24. — Personnel. Traitements. Indemnités; frais de route et de séjour; frais de bureau; indemnités aux agents énumérés à l'article 24 de la loi du 19 janvier 1883; dépenses diverses (armement et équipement, contrôle des arpentages, etc) 637,065

ART. 25. — Conseil supérieur des forêts. Stations météorologiques. Encouragement à la Société centrale forestière. Bureau de recherches et de consultations en matière forestière. Conférences et champs d'expériences. Traitements, salaires, indemnités. Frais divers. . . 29,000

Ce poste est majoré de 3,000 francs.

Les expériences effectuées dans les bois des communes et des établissements publics occasionnent des frais de main-d'œuvre et d'achat de matières premières (engrais, plants d'essences exotiques et autres) pour lesquels il n'existe aucune allocation au budget. Pour faire face à ces dépenses, il convient d'augmenter le crédit d'une somme de 1,900 francs.

Le surplus de l'augmentation, soit 1,100 francs, sera affecté aux augmentations réglementaires de traitement à accorder au personnel du bureau de recherches et de consultations.

ART. 26. — Forêts domaniales. Culture et améliorations. Indemnités aux gardes dirigeant les pépinières, les travaux, etc. Maisons forestières (construction, entretien, location de maisons ou indemnités représentatives). Routes destinées à faciliter l'exploitation des forêts de l'Etat. Arpentage des coupes 101,000

ART. 27. — Terrains incultes. Mise en valeur : conversion en bois, prés, oseraies ou étangs; subsides aux communes et aux établissements publics; indemnités, dépenses diverses. 65,000

Augmentation de 22,000 francs.

L'assainissement et la plantation des hautes fanges communales se poursuivent avec activité et, partout, les travaux de boisement prennent un essor de plus en plus grand. Il s'ensuit que le crédit inscrit au budget en vue d'aider à la mise en valeur des terrains incultes appartenant aux communes et aux établissements publics est devenu insuffisant. Un crédit supplémentaire de 25,000 fr. a dû être sollicité pour l'exercice 1900, et tout fait prévoir que l'allocation sera encore insuffisante pour l'exercice 1901. Pour la mettre en rapport avec les dépenses qu'elle aura à supporter pendant l'année 1902, il y a lieu de la porter à la somme de 65,000 francs.

Art. 28. — Service du boisement des fanges et autres terrains incultes; traitement, frais d'étude et d'enquête 11,500

Art. 29. — Pisciculture et chasse. Repeuplement des cours d'eau ; destruction des animaux nuisibles; dépenses diverses. . . . 40,000

Discussion à la Chambre des Représentants et au Sénat

Le projet de budget, adopté sans observation par la section centrale de la Chambre des Représentants, a été voté par celle-ci sans discussion, avec une majoration de 15,000 fr. de l'article 24, sur la proposition du gouvernement.

Ces 15,000 francs sont spécialement destinés à l'amélioration du service de surveillance de la pêche fluviale et sont couverts, comme les 100,000 alloués antérieurement, par le produit des permis de pêche.

Le crédit de l'article 26 est ainsi porté à fr. 652,065.

Au Sénat, deux membres se sont occupés de la protection des oiseaux insectivores et surtout de l'échenillage. Voici ce qu'ils en ont dit :

M. Steurs. — Messieurs, je dois signaler à l'attention de l'honorable ministre une autre question assez importante, c'est celle de l'échenillage. En Belgique, nous avons le grand malheur de voir détruire les oiseaux insectivores et j'insisterai auprès des instituteurs, afin qu'ils apprennent aux enfants qui fréquentent leurs écoles à respecter les nids d'oiseaux. On oublie trop souvent que le plus grand destructeur de chenilles, c'est

l'oiseau. Malgré tous les règlements, malgré les visites que les gardes
champêtres font chez les habitants des localités boisées, on ne parviendra que très difficilement dans notre pays à enrayer la destruction des
oiseaux insectivores. Ce résultat est acquis en Allemagne et en Suède.
J'espère qu'il en sera de même chez nous.

J'insiste auprès de l'honorable ministre, afin qu'il veuille bien inter-
céder auprès de son collègue de l'intérieur et de l'instruction publique,
pour qu'il envoie des circulaires pressantes aux instituteurs dans l'ordre
d'idées que je viens d'indiquer.

M. Lippens. — Messieurs, on a traité tout à l'heure la question de
l'échenillage. Je crois qu'en cette matière les pouvoirs publics ne sont
pas moins coupables que les propriétaires, et l'incurie des uns et des
autres s'explique par la difficulté d'obéir à la loi. •

Il y a un siècle à peu près, on s'avisa d'ordonner aux propriétaires de
détruire les chenilles. C'était vite dit, c'était moins vite fait. Encore
conçoit-on que le propriétaire qui dispose de gardes ou qui peut engager
des ouvriers puisse, dans une certaine mesure, obéir à cette prescrip-
tion. Mais la chose est plus difficile pour l'Etat, pour la province et pour
les communes : on n'improvise pas une organisation pour exécuter ce
travail. Voilà une première difficulté et, si j'en parle, ce n'est pas pour
excuser les administrations publiques qui doivent appliquer la loi
comme les particuliers, mais j'incrimine la loi elle-même, et je veux
montrer que cette loi, après un siècle d'existence, doit être abrogée et
remplacée par une législation plus pratique. Elle a un premier vice :
elle s'attaque au mal lorsqu'il est commis. La loi prescrit de détruire les
nids de chenilles, c'est-à-dire les chenilles écloses. Ce n'est pas lorsque
le mal est fait qu'il faut agir. A ce point de vue, la protection des
oiseaux insectivores est chose excellente et il est regrettable que la
législation pénale contienne une disposition permettant aux gamins
qui violent la loi de se soustraire à toute punition. Je ne dis pas qu'il
faille aller jusqu'à les incarcérer, mais ce qui est inadmissible, c'est
qu'actuellement le gamin qui contrevient à la loi échappe à toute punition lorsqu'il a moins de 16 ans.

Si on veut faire quelque chose d'utile, il y a d'autres moyens à employer
pour la destruction des chenilles; il serait certainement plus facile de
faire la chasse aux papillons qu'aux chenilles. Ceux d'entre vous qui
lisent les revues scientifiques ont pu constater qu'on a pris, dans certains pays étrangers, des mesures spéciales. Je ne parlerai pas de la
Californie, mais même dans le Midi de la France, on a établi des foyers
nocturnes où les papillons viennent se détruire par milliers. On emploie,
à cet effet, l'acétylène ou d'autres lumières éclatantes. La dépense qui
en résulte n'est pas considérable. Voilà un moyen pratique qu'on appli-

que ailleurs et je me demande pourquoi l'administration n'y a pas recours chez nous ? C'est peut-être parce que l'administration trouve toujours excellent ce qui existe et n'aime guère les innovations.

Il n'y a pas que ce moyen-là, il en existe d'autres encore. Une fois la chenille éclose, les conditions biologiques qu'elle doit remplir l'obligent à grimper sur les arbres pour y trouver sa nourriture. Empêchez-la de monter sur l'arbre. C'est déjà beaucoup plus difficile que détruire le papillon, mais c'est encore réalisable.

Pas plus tard qu'il y a huit jours, le journal *La Nature* signalait que dans les vergers de Californie, on avait recours à un moyen extrêmement simple : On entoure le tronc de l'arbre d'une bande d'ouate sur une hauteur de 20 centimètres; la chenille s'empêtre dans cette ouate et ne peut franchir l'obstacle. Voilà qui est cent fois plus pratique que d'envoyer le garde champêtre dire aux paysans qu'ils ont à engager des ouvriers pour détruire les nids de chenilles.

Je signale ce moyen, mais je suis persuadé que les spécialistes, les entomologistes pourraient en indiquer d'autres. Ainsi, pour les vergers, un procédé différent est appliqué industriellement et sur une grande échelle en Amérique, en Californie notamment. Il consiste à établir une tente au dessus de l'arbre à écheniller et à pratiquer des insufflations d'acide cyanhydrique. J'ajoute que certaines mesures de précaution sont indispensables parce que cet acide est un poison violent. C'est ainsi qu'on arrive progressivement à circonscrire le mal et à enrayer la propagation de l'espèce.

Le Sénat a adopté les divers articles du budget tels qu'ils avaient été votés par la Chambre des Représentants.

Les forêts de l'Alaska

Dans la relation publiée dernièrement de l'expédition Harriman dans l'Alaska, on constate d'étranges divergences de vues et d'opinions concernant les forêts de cette région.

L'auteur, qui accompagna l'expédition, leur consacre une longue étude dont les conclusions semblent entièrement repoussées, quelques pages plus loin, par M. Gannett, tant en ce qui concerne le caractère que la valeur des forêts de la côte et de l'intérieur.

Ni l'auteur ni M. Gannett n'ont eu l'occasion d'étudier les forêts de l'intérieur. Ils ne peuvent, par conséquent, nous fournir à leur sujet que des renseignements de seconde main. Parlant de l'étendue occupée par ces forêts, M. Gannett s'exprime comme suit : « Dans cette immense région, *il doit exister* une masse presque fabuleuse de futaie résineuse suffisante pour approvisionner notre pays durant un demi-siècle, si nos autres réserves venaient à s'épuiser. »

L'auteur, après une comparaison attentive des rares renseignements fournis sur cette région par les voyageurs et les topographes, n'a rien découvert qui justifiât un jugement si optimiste. Bien au contraire, une situation toute différente ressort des relations des voyageurs qui ont exploré cette contrée, et, à défaut de renseignements précis sur son état boisé, la simple étude des conditions de sol et de climat conduit à la conviction que le caractère de la végétation et l'étendue des forêts *ne doivent pas être* tels que M. Gannett le suppose. En d'autres termes, l'idée que l'intérieur de l'Alaska n'est qu'une vaste forêt est certainement erronée.

Les sources d'information doivent, pour acquérir une réelle valeur, passer au crible d'une critique minutieuse. Trop souvent les voyageurs ont décrit avec trop d'enthousiasme les forêts rencontrées au cours d'une exploration difficile; parfois aussi, sous l'influence d'un sentiment pénible provoqué par l'aspect d'un pays morne et désolé, ils ont émis un jugement manifestement trop défavorable. Il ne faut pas oublier que chacun de ces voyageurs n'a vu qu'une partie, et une partie bien minime, du vaste territoire intérieur. La majeure partie de celui-ci a jusqu'aujourd'hui échappé à toute exploration.

Du récit de tous les voyageurs, il ressort que l'intérieur de l'Alaska n'est en général qu'une suite de collines et de plateaux couverts de mousse, mais dépourvus de végétation forestière. Les arbres n'y apparaissent qu'exceptionnellement, en bouquets clairiérés, de préférence au bas des versants et des croupes. Dans quelques vallées cependant, des peuplements assez denses se rencontrent sur les bords des rivières ou des lacs.

Plusieurs îles y sont occupées par des massifs très serrés. En quelques endroits, le long du cours supérieur des rivières, vers les sources, la futaie se rencontre.

Le lieutenant Henry Allen rapporte que son camp, sur la « Tozikakat River », était installé dans un bouquet de haute futaie; il rencontrait celle-ci pour la première fois depuis le « Yukon ». Un arbre avait un diamètre de près de 2 pieds; ailleurs, le même voyageur mentionne la possibilité de traverser une rivière de 40 pieds de large en abattant en travers un « spruce ».

Sur les côtes de la baie de Norton, à un quart de mille de la mer, croissent d'épais bouquets de spruce; mais la hauteur des arbres n'y dépasse jamais 40 pieds; leur diamètre est de 6 à 10 pouces. Le long de la rivière Tavana, le lieutenant Allen trouva des spruces dont la plupart atteignaient 3 à 8 pouces de diamètre. Mais, ici comme là-bas, les dimensions les plus remarquables ont été seules indiquées.

Certes, si l'on considère l'immense étendue du territoire de l'Alaska, on doit croire que ces rares massifs n'en représentent pas moins dans leur totalité une masse énorme de produits forestiers. Mais, on se tromperait beaucoup en supposant que l'exploitation de ces massifs pourrait suffire à faire face, pendant un demi-siècle, aux besoins de notre pays, « si nos autres réserves venaient à s'épuiser ».

Une végétation forestière d'un caractère souffreteux, des arbres d'un aspect rabougri, manquant de fût, d'une forme noueuse et tourmentée due à la gelée, çà et là, dans les situations abritées, quelques bouquets de bonne venue, voilà ce que nous pouvons attendre d'un climat et d'un sol tels que ceux de l'Alaska.

C'est un climat sec, bien que caractérisé par d'abondantes chutes de neige (8 à 15 pieds); l'été s'y montre d'une très grande sécheresse (il n'y tombe que 13 pouces d'eau environ); l'hiver y est glacial.

En été, la température dépasse parfois 112° Fahr. à l'ombre, tandis qu'en hiver elle descend jusqu'à 60°, ce qui correspond à une différence de 170°.

Les côtes du nord et de l'ouest sont battues par « les redoutables tempêtes sibériennes, qui les enveloppent d'une humidité glacée ».

« Ces tempêtes, quoique ne s'accompagnant pas de températures aussi basses que les « blizzards » qui désolent l'intérieur, sont cependant plus nuisibles, par suite de leur humidité, à la vie animale ou végétale. » Quiconque a étudié la vie des arbres, saura ce qu'on peut attendre d'un pays décrit dans les termes suivants :

« L'étendue entière de la contrée est recouverte d'un triste tapis de mousse et de lichens; le sol semble saturé comme une éponge mouillée, et reste humide et froid jusque bien avant dans l'été. Même dans les pentes, l'eau ne disparaît que lentement, parce que, à quelques pouces de profondeur, se rencontre un lit de roche, de glace ou de terre glacée. Le dégel, en été, n'atteint qu'un ou deux pieds de profondeur, et ne permet pas au sol d'absorber les eaux de la surface. »

Les graines ne rencontrent que rarement des conditions favorables à leur germination, dans quelques endroits des versants, mieux drainés, ou sur les sables d'alluvion des lits de rivière et des îles.

Le manque absolu de végétation forestière sur les terres basses (tundras) qui bordent la mer de Behring et l'océan Arctique sur une largeur variant de 25 à 100 milles, doit être attribué à ces mauvaises conditions de sol, quoique l'absence entière d'abri contre les assauts du vent glacial d'hiver et l'insuffisance des pluies d'été, due à ce que ces basses tundras donnent peu de prise à une condensation de la vapeur d'eau, suffisent à expliquer cette situation.

Les essences forestières qui sont capables de se prêter aux

mauvaises conditions de sol et de climat de l'intérieur de
l'Alaska, sont le bouleau à canot, le peuplier baumier, le
tremble et le spruce blanc; cette dernière essence — qui croît
également dans notre Est — est de loin la plus importante
par l'étendue qu'elle recouvre et par sa valeur.

L'importance économique de ces forêts, dont l'étendue est
souvent faible et la croissance médiocre, est cependant
considérable au point de vue local, car elles peuvent fournir
non seulement des matériaux de construction, mais aussi
une matière combustible de première nécessité. Des rapports
ont déjà montré que le chauffage des steamers qui naviguent
en très grand nombre sur la Yukon River menace de
réduire considérablement, dans un avenir assez rapproché,
les ressources forestières le long de cette rivière. Des
incendies ont aussi commencé leur œuvre de destruction;
dans les environs du lac Lindeman tous les bois propres à
la construction maritime ont été détruits par le feu.

Quant aux forêts côtières, M. Gannett s'exprime ainsi :
« Leurs massifs sont principalement, et souvent même
exclusivement, constitués par l'épicéa de Sitka ; l'Hemlock
se montre sur les plus hauts plateaux, et le Cèdre dans la
partie méridionale; mais ces derniers ne présentent qu'une
importance commerciale secondaire. Le Sitka atteint de
grandes dimensions et est de bonne qualité. »

Cette appréciation montre que deux personnes peuvent
voir la même chose, et la voir cependant de deux manières
bien différentes, car la composition aussi bien que le caractère des forêts ont paru bien différents à l'auteur de la relation de l'expédition Harriman. Ce dernier, après une étude
très attentive de ces forêts, conclut comme suit :

« Abstraction faite de quelques espèces qui se répartissent
d'une façon plus ou moins sporadique (cèdre de l'Alaska,
arbre de vie géant, *Pinus concorta*, *Abies lasiocarpa*, aune
de l'Orégon et bois de Coton), la composition des peuplements est assez simple; généralement ceux-ci sont constitués
par un mélange de deux espèces : le spruce de Sitka ou de

Tideland (*Picea sitchensis*) et l'hemlock de la côte (*Tsuga heterophylla*), mélange auquel s'ajoute parfois, sur les plateaux de faible altitude de l'extrême ouest et vers la limite de la végétation arborescente, l'admirable mais inutile alpine Hemlock (*Tsuga mertensiana*).

» L'hemlock de la côte paraît être l'essence la plus généralement dominante, entrant souvent pour 70 à 80 p. c. dans la composition des peuplements. Le spruce ne domine qu'exceptionnellement, surtout le long des cours d'eau et sur les moraines récemment occupées par la forêt; l'extrême limite de l'aire de cette espèce est seulement atteinte au « Prince William Sound »; dans l'extrême ouest, elle contribue seule a la formation des forêts et des bouquets, comme sur les bords du Cook Inlet et sur les rivages de l'île Kadiak, que cette essence ne dépasse pas.

» Ces sombres forêts mélangées de spruce et de hemlock recouvrent les versants des îles montagneuses et les rivages de l'archipel. La forêt commence à peu de distance du rivage (1,800 à 2,400 pieds); vers l'intérieur, elle s'élève graduellement et gagne la région des neiges où se rencontrent les passes protégées, situées parfois à plus de 5,000 pieds (passe de Taku).

» Le peuplement n'est généralement pas aussi dense qu'on le pourrait désirer en vue d'obtenir des troncs longues et nettes fournissant au débit les meilleures pièces. En effet, quoique le développement individuel nous rappelle parfois les géants de la contrée du Puget Sound, et que des spruces de 6 pieds de diamètre et de 175 pieds de hauteur aient été mesurés à Sitka, et quoique, même dans l'extrême ouest, au Prince William Sound, des diamètres de plus de 5 pieds avec des hauteurs de 150 aient été relevés, les troncs trop branchus n'ont généralement que peu de valeur pour les exploitants. Des massifs serrés ne se rencontrent que dans des situations privilégiées : les fûts y sont d'une bonne longueur, bien nets, cylindriques plutôt que coniques, et sans nœuds.

» Cette croissance défavorable des arbres, par suite de l'état clair des massifs, est due, selon toute vraisemblance, moins au climat qu'au sol. La mince couche de terre qui recouvre la roche dans les versants raboteux s'amoindrit encore lorsqu'on gagne le Nord et, finalement, cède la place (à part toutefois dans les graviers des moraines et des glaciers) à une simple couche de mousse et de végétation inférieure, fournissant un terrain maigre et bien insuffisant pour assurer une assiette aux arbres ; ceux-ci sont alors facilement déracinés et remplacés par des broussailles et des herbages dont le fourré, souvent très épais, comprend diverses espèces de vaccinium, rubas, ribes, menziesia et léchinopanax du printemps. »

Quant à l'importance économique des forêts qui couvrent les îles désolées de l'archipel Alexandre et qui forment une ceinture d'une largeur variant de 2 à 20 milles le long des rivages du Cook Inlet, forêts dont on peut estimer l'étendue totale à 20,000 milles carrés, l'auteur, pressé de la faire connaître aussi nettement que possible, en présence des appréciations si différentes auxquelles ces forêts ont donné lieu, s'exprime comme suit :

« Abstraction faite de deux espèces de cèdre rencontrées jusqu'ici en petite quantité et qui ne tarderont pas à devenir plus rares encore, les deux espèces principales, *Spruce* et *Hemlock*, ne peuvent fournir du bois d'œuvre de première qualité. L'hemlock peut donner des produits convenant pour les aménagements intérieurs des habitations, mais d'un travail difficile; de très nombreux bois do cette essence, d'un meilleur développement, dépérissent aujourd'hui dans les forêts avoisinant « Puget Sound », parce que leur valeur est ignorée et mal appréciée sur le marché. Quant au spruce qui, par suite d'une croissance rapide, présente un bois d'un grain assez grossier, même sur la côte de l'Orégon où il est mieux développé, il est surtout utilisé à la confection de caisses d'emballage, de boîtes, de matériaux de construction grossière ne requérant pas l'emploi d'un bois de plus grande valeur. Au peu de qualité de ces bois vient s'ajouter la difficulté de leur exploitation sur les âpres versants qu'ils recouvrent. Que leur valeur s'accroisse parallèlement au développement de la contrée et à l'augmentation des besoins locaux, cela ne peut être mis en doute ; dans les conditions économiques présentes, il ne faut pas compter sur un autre motif de développement de leur valeur, à moins que le spruce ne trouve son utilisation dans la fabrication de la pâte à papier, à laquelle il paraît devoir convenir à cause de la bonne fibre feutrée qu'il présente (au moins dans l'archipel) et qui est due à sa croissance rapide. »

En d'autres termes, si l'on demande simplement du bois, les forêts de la côte de l'Alaska pourront en fournir d'énormes quantités, mais si l'on exige des bois de qualité supérieure, ces forêts ne seront que d'une utilité relativement faible.

Tout cela n'empêche qu'un temps viendra peut-être, avec le canal de l'Isthme, où notre postérité de l'Est s'estimera heureuse de pouvoir profiter de ces pauvres ressources forestières. C'est là une éventualité que l'activité présente des entreprises forestières rend extrêmement probable.

M. Gannett s'étonne que l'île Kadiak et l'extrême ouest de la péninsule de l'Alaska, de même que les îles aléoutiennes, soient sans arbres. « Les pluies, dit-il, y sont abondantes, le climat un peu plus rigoureux qu'à Sitka, mais moins qu'au Prince William Sound. La supposition que les vents très froids y rendent impossible l'installation de la végétation forestière est mise à néant par le fait que de tels vents soufflent sur toute la côte, sur les parties boisées aussi bien que sur les parties nues. »

Si les conditions de déforestation ne peuvent être déterminées avec une sûreté absolue, l'étude de la distribution des végétaux fournit néanmoins des renseignements précieux qui se contrôlent par ceux que procure l'étude attentive des stations. Les vents jouent certainement un rôle important; non par leur température glaciale, mais surtout par leur direction. La péninsule de l'Alaska et les îles aléoutiennes sont évidemment de formation volcanique récente. Les espèces forestières ne peuvent les atteindre que par l'Est ou par le Nord-Est, par l'extension graduelle de la forêt côtière. Pour permettre cette extension, il faudrait que les vents soufflassent du Nord et de l'Est, de septembre à mai, lorsque le spruce et l'hemlock disséminent leur graine. En outre, ces vents devraient être secs pour permettre cette dissémination. C'est généralement le contraire qui a lieu. Il n'y a, pendant ces mois, qu'une constante succession de vents du Sud et du Sud-Est, l'air y est constamment chargé d'humidité. Pour ce motif, l'extension de la forêt est contrariée ; elle ne peut se produire qu'occasionnellement, lorsqu'un vent favorable et sec coïncide avec une année de semence.

Dans ces dernières années, l'aire du Spruce s'est ainsi étendue ; cet arbre a été récemment rencontré près de Kadiak.

Que cette aire puisse s'étendre encore davantage, cela est prouvé par le fait d'un bouquet de spruces plantés par un prêtre russe, à *Unalaska*, à 500 milles environ à l'Ouest de l'île Kadiak et qui paraissent s'accommoder de ce climat. D'ailleurs, si les vents de l'Ouest et du Nord-Ouest qui battent cette partie de l'Alaska étaient étudiés de plus près, on constaterait peut-être qu'ils sont différents, comme température et comme humidité, de ceux qui ont traversé le golfe de l'Alaska. Même à l'île Kadiak, les bouquets de résineux ne se rencontrent que dans les criques abritées et dans les vallées.

(*Forestry and Irrigation.*)   Dr B.-E. FERNOW.
(Traduction de L. WARTIQUE.)

Relevé des arbres remarquables [1]

(Suite)

Divers membres de la Société ont bien voulu répondre à l'appel que nous leur adressions et nous ont transmis des renseignements qui permettront de compléter la liste des arbres remarquables dont nous avons commencé la publication dans notre dernière livraison.

Nous adressons tous nos remercîments à nos honorables correspondants; nous comptons publier la liste complémentaire que nous devrons à leur obligeance, lorsque sera terminée celle qui fait l'objet de la note du service des recherches et consultations en matière forestière.

Nous prions toutefois MM. les membres et MM. les abonnés de bien vouloir remarquer qu'un arbre ne doit pas être compris dans la liste en question tout simplement parce qu'il présente de fortes dimensions; il faut qu'il s'y rattache un caractère historique ou légendaire ou qu'il soit très connu dans la région, ou bien qu'il présente une particularité bizarre ou intéressante, qu'il soit un beau spécimen d'une essence rare dans la contrée, ou encore qu'il ait réellement des dimensions ou une beauté exceptionnelles.

Province de Limbourg

COMMUNE DE LANCKLAER.
Situation : à proximité d'un chemin allant du canal au bois communal.
Propriétaire : Mme la baronne Vilain XIIII, de Leuth.
Nom de l'arbre : »
Essence : hêtre pourpre.
Végétation : très bonne.
Circonférence à 1^m50 du sol : 4^m80.

---

[1] Page 525, au lieu de MÊME COMMUNE DE LOPHEM, lire :
COMMUNE DE ST-ANDRÉ.
Situation : Domaine de Beizebroeck.

Hauteur sans branches : 1ᵐ50.
Hauteur totale : 22 mètres.
Observations :   »

COMMUNE DE LUMMEN.
Situation : bois de M. Van Willigen.
Propriétaire : M. Van Willigen, Henri.   ·
Nom de l'arbre : Le Gros Chêne de Lummen.
Essence : chêne pédonculé.
Végétation : dépérissant.
Circonférence à 1ᵐ50 du sol : 5ᵐ20.
Hauteur sans branches : 3ᵐ50.
Hauteur totale : 12 mètres.
Observations :   »

COMMUNE DE MECHELEN s/M.
Situation :   »
Propriétaire : M. Russel, notaire à Geleen (Hollande).
Nom de l'arbre :   »
Essence : robinier pseudo-acacia.
Végétation : assez bonne.
Circonférence à 1ᵐ50 du sol : 3ᵐ23.
Hauteur sans branches : 2ᵐ30.
Hauteur totale : 19 mètres.
Observations :   »

COMMUNE DE NEEROETEREN.
Situation :   »
Propriétaire : la commune.
Nom de l'arbre : Eiken Boomtje.
Essence : chêne pédonculé.
Végétation : dépérissant (le tronc est oreux).
Circonférence à 1ᵐ50 du sol : 2ᵐ62.
Hauteur sans branches : 4 mètres.
Hauteur totale : 12 mètres.
Observations :   »

COMMUNE D'OP GLABBEEK.
Situation : bruyère communale.
Propriétaire : la commune.
Nom de l'arbre :   »
Essence : pin sylvestre.
Végétation : bonne.
Circonférence à 1ᵐ50 du sol :

Hauteur sans branches :   »
Hauteur totale : 7 mètres.
Observations : Cet arbre curieux forme une cépée de 30 branches. Cime très étendue (10 mètres de diamètre). Ce pin aurait, dit-on, plus de deux siècles.

COMMUNE D'OVERPELT.
Situation : village.
Propriétaire : la commune.
Nom de l'arbre :   »
Essence : tilleul.
Végétation : bonne.
Circonférence à 1ᵐ50 du sol : 5 mètres.
Hauteur sans branches : 4ᵐ50.
Hauteur totale : 15 mètres.
Observations : Un jeune tilleul croît à l'intérieur de cet arbre ; il mesure environ 2ᵐ50 de hauteur et 0ᵐ20 de diamètre.

COMMUNE DE RECKHEIM.
Situation :   »
Propriétaire : M. Hauben, Léon, notaire, à Bilsen.
Nom de l'arbre : Den Dikken Olm.
Essence : orme champêtre.
Végétation : dépérissant.
Circonférence à 1ᵐ50 du sol : 4 mètres.
Hauteur sans branches : 18 mètres.
Hauteur totale : 30 mètres.
Observations :   »

COMMUNE DE ROTHEM.
Situation :   »
Propriétaire : M. Schaetzen, Oscar, Tongres.
Nom des arbres : Drie Beukenboomen.
Essence : hêtre.
Végétation : assez bonne.
Circonférence à 1ᵐ50 du sol : 3 mètres, 0ᵐ57 et 0ᵐ36.
Hauteur sans branches : 4ᵐ, 3ᵐ50 et 2ᵐ50.
Hauteur totale : 14, 10 et 8 mètres.
Observations :   »

COMMUNE DE VUCHT.
Situation :   »
Propriétaire : Mᵐᵉ Renier-Vanherk, Lancklaer.
Nom de l'arbre :   »

Essence : marronnier d'Inde.
Végétation : bonne.
Circonférence à 1ᵐ50 du sol : 2ᵐ85.
Hauteur sans branches : 2ᵐ85.
Hauteur totale : 21 mètres.
Observations :   "

Province de Liége

COMMUNE D'ANDRIMONT.
Situation : place publique.
Propriétaire : la commune.
Nom de l'arbre : Le Tilleul.
Essence : tilleul à grandes feuilles.
Végétation : assez bonne, arbre creux à l'intérieur.
Circonférence à 1ᵐ50 du sol : 2ᵐ80.
Hauteur sans branches : 3 mètres.
Hauteur totale : 12 mètres.
Observations : C'est au pied de ce tilleul qu'on suppliciait les condamnés. Il est entouré d'une table en maçonnerie, établie le 16 août 1716, sur laquelle se plaçaient les justiciés. Le « carcan » était fixé au tronc de l'arbre.

MÊME COMMUNE D'ANDRIMONT.
Situation : place publique.
Propriétaire : la commune.
Nom de l'arbre :   "
Essence : marronnier d'Inde.
Végétation : très bonne.
Circonférence à 1ᵐ50 du sol : 3 mètres.
Hauteur sans branches : 4 mètres.
Hauteur totale : 13ᵐ50.
Observations :   "

COMMUNE D'ANTHISNES.
Situation : Ferme de Tolumont.
Propriétaire : la commune.
Nom des arbres : Tilleuls des Steppennes.
Essence : tilleul à petites feuilles.
Végétation : bonne.
Circonférence à 1ᵐ50 du sol : 3ᵐ30, 3ᵐ et 2ᵐ40.
Hauteur sans branches : 4, 4 et 4 mètres.
Hauteur totale : 20, 20 et 20 mètres.

Observations : Les tilleuls des Steppennes sont célèbres par la vengeance que Jeanne la Grandiveuse tira, en cet endroit, de son mari, qu'elle y fit assassiner. Deux innocents furent d'abord accusés et furent torturés au même lieu. Plus tard, la lumière se fit, et les trois coupables, dont Jeanne la Grandiveuse, furent pendus aux trois tilleuls.

MÊME COMMUNE D'ANTHISNES.
Situation : Anthisnes-Pressoux.
Propriétaire : M. le baron de Moffart de Baugnée.
Nom de l'arbre : Chêne Ramet.
Essence : chêne pédonculé.
Végétation : bonne.
Circonférence à 1ᵐ50 du sol : 3 mètres.
Hauteur sans branches : 15 mètres.
Hauteur totale : 30 mètres.
Observations : Le 26 septembre 1827 on trouva au pied de cet arbre le cadavre d'un employé des contributions publiques, Joseph Ramet, d'Anthisnes.

MÊME COMMUNE D'ANTHISNES.
Situation : Château de Vien.
Propriétaire : M. le baron de Moffart de Baugnée.
Nom des arbres :   „
Essence : tilleul à grandes feuilles.
Végétation : bonne.
Circonférence à 1ᵐ50 du sol : 4ᵐ40 et 2ᵐ90.
Hauteur sans branches : 4 et 3 mètres.
Hauteur totale : 20 et 16 mètres.
Observations :   „

MÊME COMMUNE D'ANTHISNES :
Situation : Château de Vien.
Propriétaire : M. le baron de Moffart de Baugnée.
Nom des arbres :   „
Essence : hêtre commun.
Végétation : bonne.
Circonférence à 1ᵐ50 du sol : 4ᵐ20 et 3ᵐ85.
Hauteur sans branches : 7 et 7 mètres.
Hauteur totale : 25 et 23 mètres.
Observations :   „

COMMUNE D'AYWAILLE.
Situation : Grosse-Heid.
Propriétaire : la commune.

Nom des arbres : Hêtres Bonaparte.
Essence : hêtre commun.
Végétation : bonne.
Circonférence à 1ᵐ50 du sol : 1ᵐ90 en moyenne.
Hauteur sans branches : 3 à 5 mètres.
Hauteur totale : 15 mètres.
Observations : Au nombre de sept. Plantés, pense-t-on, en souvenir de la naissance du Roi de Rome, fils de l'empereur.

COMMUNE DE CHARNEUX.
Situation : hameau de « Chêne à Renouprez ».
Propriétaire : la commune.
Nom de l'arbre : Chêne de Renouprez.
Essence : chêne pédonculé.
Végétation : assez bonne ; l'arbre est creux et dégarni en partie de son écorce.
Circonférence à 1ᵐ50 du sol : 3ᵐ60.
Hauteur sans branches : 2ᵐ20.
Hauteur totale : 7ᵐ50.
Observations : D'après Charles Moreau, dans son livre *Eva de Malrepas*, cet arbre était déjà au xiiiᵉ siècle le roi des chênes de cette contrée boisée. Les druides y auraient cueilli le gui.

MÊME COMMUNE DE CHARNEUX.
Situation : point culminant de la contrée, au hameau du *Bois del Fiesse*.
Propriétaire : Mˡˡᵉ A. de Zantis de Frymerson, de Bruxelles.
Nom de l'arbre : Orme du Bois del Fiesse.
Essence : orme champêtre.
Végétation : bonne.
Circonférence à 1ᵐ50 du sol : 2ᵐ97.
Hauteur sans branches : 7 mètres.
Hauteur totale : 25 mètres.
Observations : D'après le même ouvrage, Jean le Victorieux donna un tournoi dans la clairière située au pied de cet orme ; de là le nom qu'on lui a donné. Au xiiiᵉ siècle, il dominait déjà les autres arbres des environs.

COMMUNE DE CHEVRON.
Situation : cimetière.
Propriétaire : la commune.
Nom de l'arbre :   »
Essence : tilleul à grandes feuilles.
Végétation : bonne.

Circonférence à 1ᵐ50 du sol : 5ᵐ65.
Hauteur sans branches : 3 mètres.
Hauteur totale : 22 mètres.
Observations :　　　　"

COMMUNE DE COMBLAIN-AU-PONT :
Situation : Saint-Martin.'
Propriétaire : la commune.
Nom des arbres :　　　　"
Essence : tilleul à petites feuilles.
Végétation : bonne.
Circonférence à 1ᵐ50 du sol : 2ᵐ40, 1ᵐ75, 2ᵐ et 1ᵐ90.
Hauteur sans branches : 5, 5, 5 et 4 mètres.
Hauteur totale : 20, 18, 20 et 20 mètres.
Observations : Ces quatre tilleuls se trouvent à l'entrée de l'ancienne maison forte de Coblenz, située sur le sommet d'une roche et dont l'existence est rappelée dans une sentence impériale de 1227. L'emplacement de la maison forte, dont il reste une tour, est occupé aujourd'hui par le cimetière de Comblain-au-Pont.

COMMUNE D'ENSIVAL.
Situation : Maison-Bois.
Propriétaire : M. le comte Fritz de Pinto.
Nom de l'arbre :　　　　"
Essence : hêtre commun.
Végétation : bonne.
Circonférence à 1ᵐ50 du sol : 5ᵐ50.
Hauteur sans branches : 4ᵐ30.
Hauteur totale : 30ᵐ20.
Observations :　　　　"

COMMUNE DE FOSSE-LEZ-STAVELOT.
Situation : cimetière du hameau de Saint-Jacques.
Propriétaire : la commune de Fosse-lez-Stavelot.
Nom de l'arbre : Chêne de Saint-Jacques.
Essence : chêne.
Végétation : dépérissant.
Circonférence à 1ᵐ50 du sol : 4 mètres.
Hauteur sans branches : 3 mètres.
Hauteur totale : 11 mètres.
Observations :　　　　"

COMMUNE DE FRANCORCHAMPS.
Situation : village de Ster.

Propriétaire : M. H. Jamar.
Nom de l'arbre :　　　*"*
Essence : chêne.
Végétation : satisfaisante.
Circonférence à 1ᵐ50 du sol : 3ᵐ60.
Hauteur sans branches : 4 mètres.
Hauteur totale : 12 mètres.
Observations :　　　*"*

COMMUNE DE GOMZÉ-ANDOUMONT.
Situation : bois Nivelle.
Propriétaire : M. Roberty.
Nom de l'arbre :　　　*"*
Essence : épicéa.
Végétation : bonne.
Circonférence à 1ᵐ50 du sol : 2ᵐ62.
Hauteur sans branches : 19 mètres.
Hauteur totale : 39 mètres.
Observations :　　　*"*

COMMUNE DE LA REID.
Situation : Verte Fontaine.
Propriétaire : Mᵐᵉ de Beer.
Nom de l'arbre :　　　*"*
Essence : tilleul.
Végétation : languissante.
Circonférence à 1ᵐ50 du sol : 5ᵐ45.
Hauteur sans branches : 4 mètres.
Hauteur totale : 10 mètres.
Observations : Doit avoir été planté en 1640.

VILLE DE LIMBOURG.
Situation : ville haute.
Propriétaire : la ville.
Nom des arbres : Les Trois Tilleuls.
Essence : tilleul à grandes feuilles.
Végétation : très bonne.
Circonférence à 1ᵐ50 du sol : 3 mètres.
Hauteur sans branches : 3 mètres.
Hauteur totale : 6 mètres.
Observations :　　　*"*

COMMUNE DE LORCÉ.
Situation : Bois royal.

41

Propriétaire : M. Vierset-Godin.
Nom des arbres : Hêtres Bonaparte.
Essence : hêtre commun.
Végétation : bonne.
Circonférence à 1ᵐ50 du sol : 1ᵐ75.
Hauteur sans branches : 4 mètres.
Hauteur totale : 12 mètres.
Observations : Au nombre de cinq. Même observation qu'à propos des hêtres Bonaparte de la commune d'Aywaille.

COMMUNE DE MEMBACH.
Situation : Forêt de Hertogenwald, district de Brandt ; route de Henseberg.
Propriétaire : l'État.
Nom de l'arbre :   »
Essence : chêne hybride (feuilles du pédonculé et glands sossiles du rouvre).
Végétation : bonne.
Circonférence à 1ᵐ50 du sol : 0ᵐ35.
Hauteur sans branches : 3ᵐ50.
Hauteur totale : 6 mètres.
Observations :   »

MÊME COMMUNE DE MEMBACH.
Situation : Forêt de Hertogenwald, à la rencontre des routes de Béthane à Hestreux, de Henseberg, du Trou du Loup et du Petit Lys.
Propriétaire : l'État.
Nom de l'arbre : Chêne du Rendez-vous.
Essence : chêne pédonculé.
Végétation : bonne.
Circonférence à 1ᵐ50 du sol : 3ᵐ07.
Hauteur sans branches : 2ᵐ50.
Hauteur totale : 17ᵐ50.
Observations : Au point de rencontre de plusieurs routes fréquentées, il est réellement le rendez-vous des promeneurs.

MÊME COMMUNE DE MEMBACH.
Situation : Forêt de Hertogenwald, le long de la route de Henseberg.
Propriétaire : l'État.
Nom des arbres : Quatre Chênes.
Essence : chêne pédonculé.
Végétation : bonne.
Circonférence à 1ᵐ50 du sol : 1ᵐ71, 1ᵐ68, 1ᵐ16 et 2ᵐ02.

Hauteur sans branches : 3^m50, 3^m50. 6^m et 4^m.
Hauteur totale : 19, 18, 19^m50 et 19^m.
Observations : Sont bien connus dans la région.

COMMUNE D'OUFFET.
Situation : hameau d'Odeigne.
Propriétaire : Mme Carlier.
Nom de l'arbre :   »
Essence : tilleul à larges feuilles.
Végétation : bonne.
Circonférence à 1^m50 du sol : 4^m50.
Hauteur sans branches : 5 mètres.
Hauteur totale : 18 mètres.
Observations : Le port de cet arbre est très curieux.

MÊME COMMUNE D'OUFFET.
Situation : bois de Himpe.
Propriétaire : M. le comte de Baillet.
Nom de l'arbre : Chêne à la Garde.
Essence : chêne pédonculé.
Végétation : dépérissant.
Circonférence à 1^m50 du sol : 3^m50.
Hauteur sans branches : 2^m50.
Hauteur totale : 18 mètres.
Observations : Vers 1814 les armées alliées y avaient établi une garde durant trois semaines.

COMMUNE DE POULSEUR.
Situation : bois d'Alleux.
Propriétaire : M. de Lhoneux.
Nom de l'arbre :   »
Essence · hêtre commun.
Végétation : assez bonne.
Circonférence à 1^m50 du sol : 4^m30.
Hauteur sans branches : 8 mètres.
Hauteur totale : 20 mètres.
Observations :   »

COMMUNE DE RAHIER :
Situation : cimetière.
Propriétaire : la commune.
Nom de l'arbre :   »
Essence : chêne pédonculé.
Végétation : passable.
Circonférence à 1^m50 du sol : 4^m70.

Hauteur sans branches : 4 mètres.
Hauteur totale : 25 mètres.
Observations :　　　"

COMMUNE DE RAMET.
Situation :　　　"
Propriétaire : Mme v^ve Cossée de Semeries.
Nom de l'arbre : gros chêne du bois de Ramet.
Essence : chêne rouvre.
Végétation : très bonne.
Circonférence à 1^m50 du sol : 4^m60.
Hauteur sans branches : 8 mètres.
Hauteur totale : 30 mètres.
Observations :　　　"

COMMUNE DE SART.
Situation : près de l'église.
Propriétaire : la commune.
Nom de l'arbre : Le Vieux Chêne.
Essence : chêne.
Végétation : dépérissant.
Circonférence à 1^m50 du sol : 4^m50.
Hauteur sans branches : 3 mètres.
Hauteur totale : 8 mètres.
Observations :　　　"

MÊME COMMUNE DE SART.
Situation : bois des Rhus.
Propriétaire : l'Etat.
Nom de l'arbre : Hêtre de Ronfahay.
Essence : hêtre.
Végétation : dépérissant.
Circonférence à 1^m50 du sol : 3^m50.
Hauteur sans branches : 2 mètres.
Hauteur totale : 8 mètres.
Observations :　　　"

MÊME COMMUNE DE SART.
Situation : bois de Hatrai.
Propriétaire : la commune.
Nom de l'arbre : Chêne de Ronfays.
Essence : chêne.
Végétation : peu vigoureuse.
Circonférence à 1^m50 du sol : 3^m70.

Hauteur sans branches : 2 mètres.
Hauteur totale : 8 mètres.
Observations : »

MÊME COMMUNE DE SART.
Situation : Fagne de Malchamps.
Propriétaire : la commune.
Nom de l'arbre : Chêne al Bilonze.
Essence : chêne.
Végétation : peu vigoureuse.
Circonférence à 1ᵐ50 du sol : 2ᵐ30.
Hauteur sans branches : 2 mètres.
Hauteur totale : 9 mètres.
Observations : »

COMMUNE DE SOIRON.
Situation : parc du château de Soiron, lieu dit : « Les Pequets ».
Propriétaire : M. le baron Herman de Woelmont.
Nom de l'arbre : Le Gros Tilleul.
Essence : tilleul à petites feuilles.
Végétation : passable.
Circonférence à 1ᵐ50 du sol : 5 mètres.
Hauteur sans branches : 2ᵐ50.
Hauteur totale : 20 mètres.
Observations : Il servait de potence pour les condamnations à la pendaison que prononçait la Cour de Justice de l'ancienne seigneurie de Soiron.

COMMUNE DE STOUMONT.
Situation : chapelle Ste-Anne.
Propriétaire : M. le baron Keller.
Nom des arbres : »
Essence : hêtre commun.
Végétation : bonne.
Circonférence à 1ᵐ50 du sol : 2ᵐ40 à 4ᵐ20.
Hauteur sans branches : 4 à 6 mètres.
Hauteur totale : 25 mètres.
Observations : Ces arbres, au nombre de huit, entourent la chapelle Ste-Anne sur la route de Stoumont à la Gleize.

COMMUNE DE TAVIER.
Situation : château de Xhos.
Propriétaire : M. le comte d'Oultremont.
Nom de l'arbre : »

Essence : peuplier Picard.
Végétation : bonne.
Circonférence à 1ᵐ50 du sol : 4ᵐ11.
Hauteur sans branches : 10 mètres.
Hauteur totale : 25 mètres.
Observations :   »

Mêmе commune de Tavier.
Situation :   »
Propriétaire : M. le baron van Eyll.
Nom de l'arbre :   »
Essence : châtaignier.
Végétation : bonne.
Circonférence à 1ᵐ50 du sol : 4ᵐ72.
Hauteur sans branches : 3 mètres.
Hauteur totale : 16 mètres.
Observations :   »

Commune de Theux.
Situation : bois de Staneux.
Propriétaire : la commune de Polleur.
Nom de l'arbre : Chêne fourchu.
Essence : chêne.
Végétation : satisfaisante.
Circonférence à 1ᵐ50 du sol : 1ᵐ50.
Hauteur sans branches : 4 mètres.
Hauteur totale : 8 mètres.
Observations :   »

Même commune de Theux.
Situation : bois de Staneux.
Propriétaire : la commune de Theux.
Nom de l'arbre : Chêne de la Vierge-Marie.
Essence : chêne.
Végétation : satisfaisante.
Circonférence à 1ᵐ50 du sol : 1ᵐ75.
Hauteur sans branches : 3 mètres.
Hauteur totale : 10 mètres.
Observations :   »

Même commune de Theux.
Situation : dans l'agglomération.
Propriétaire : Mᵐᵉ veuve Bertrand, d'Ensival.
Nom de l'arbre : Tilleul de la Boucherie.

Essence : tilleul.
Végétation : satisfaisante.
Circonférence à 1ᵐ50 du sol : 4 mètres.
Hauteur sans branches : 4 mètres.
Hauteur totale : 25 mètres.
Observations : Doit avoir été planté en 1640.

MÊME COMMUNE DE THEUX.
Situation : bois de Longueheid.
Propriétaire : l'État.
Nom de l'arbre : Le Gros Chêne.
Ess.nce : chêne.
Végétation : satisfaisante.
Circonférence à 1ᵐ50 du sol : 2ᵐ20
Hauteur sans branches : 3 mètres.
Hauteur totale : 14 mètres.
Observations :   »

MÊME COMMUNE DE THEUX.
Situation : au pont de Theux.
Propriétaire : la commune.
Nom de l'arbre : Frêne de la Liberté.
Essence : frêne.
Végétation : languissante.
Circonférence à 1ᵐ50 du sol : 3ᵐ25.
Hauteur sans branches : 4 mètres.
Hauteur totale : 14 mètres.
Observations : A été planté en 1793.

MÊME COMMUNE DE THEUX.
Situation : bois de Staneux.
Propriétaire : la commune.
Nom de l'arbre : Hêtre du Rendez-Vous.
Essence : hêtre.
Végétation : satisfaisante.
Circonférence à 1ᵐ50 du sol : 2ᵐ40.
Hauteur sans branches : 2 mètres.
Hauteur totale : 18 mètres.
Observations :   »

COMMUNE DE VIERSET-BARSE.
Situation : hameau de Sarthe.
Propriétaire : la commune.
Nom de l'arbre :   »

Essence : tilleul à petites feuilles.
Végétation : bonne.
Circonférence à 1ᵐ50 du sol : 3ᵐ68.
Hauteur sans branches : 5 mètres.
Hauteur totale : 20 mètres.
Observations : »

Mᴇ̂ᴍᴇ ᴄᴏᴍᴍᴜɴᴇ ᴅᴇ Vɪᴇʀsᴇᴛ-Bᴀʀsᴇ.
Situation : hameau de Barse.
Propriétaire : Mᵐᵉ veuve Delloye-Godin, de Huy.
Nom de l'arbre : »
Essence : chêne rouvre.
Végétation : très bonne.
Circonférence à 1ᵐ50 du sol : 3ᵐ85.
Hauteur sans branches : 5 mètres.
Hauteur totale : 25 mètres.
Observations : »

(A continuer.)

Commerce du bois

Adjudications officielles. — Résultats.

3 SEPTEMBRE 1902, à 13 heures, au local de la Bourse de commerce (salle de l'Union syndicale), à Bruxelles. Adjudication publique, aux clauses et conditions du cahier des charges n° 844, de l'entreprise de la fourniture de bois de chêne et de pitch pine.

1ᵉʳ lot. Bois de chêne. Société Houthandel, voorheen G. Alberts et Cᵒ, Middelbourg, fr. 124.80 le mètre cube; Toussaint Yannart, Bruxelles, fr. 135; Ambagtsheer et Vandermeulen, Amsterdam, fr. 32,963; Eug. Burm, Zele, fr. 139; Grison et Goffe, Forest, fr. 33,991.90; Meurisse, Lille, fr. 45,220.

2ᵒ lot. Bois de chêne. Aug. Nissens, Buggenhout, fr. 1.44 pièce; Daems-Doms, Malines, fr. 8,760, J. Reclercq, Bauce-Flawinne, fr. 8,820; Ed. Houdaer, Gand, fr. 15,360.

3ᵉ lot. Bois de chêne. Aug. Ober, Reishoffen, fr. 189 le mètre cube; Toussaint Yannart, fr. 191.91; Eug. Burm, fr. 209; Grison et Goffe, fr. 45,673.60; Société Houthandel, G. Alberts et Cᵒ, fr. 230; Robert Collette, Liége, fr. 49,776; Maatschappij De Eikenhouthandel, Amsterdam, fr. 50,946.96.

4ᵉ lot. Bois de chêne. Toussaint Yannart, fr. 164 le mètre cube; Grison et Goffe, fr. 69,725.25; Robert Collette, fr. 71,421; Eug. Burm, fr. 179; Société Houthandel, Alberts et Cᵒ, fr. 180; Eug. Ladret, Longwy, fr. 79,002; Maatschappij De Eikenhouthandel, fr. 87.077.76.

5ᵒ lot. Bois de chêne. Toussaint Yannart, fr. 199.72 le mètre cube; Guiot-Noël, Jamoigne, fr. 203; Robert Collette, fr. 22,410; Eug. Burm, fr. 209; Brouhon frères, Chimay, fr. 23,382; Meurisse frères, fr. 23,544; Daems-Doms, fr. 23,694.12 : Maatschappij De Eikenhouthandel, fr. 23,676.84; Grison et Goffe, fr. 24,721.20; Société Houthandel, Alberts et Cᵒ, fr. 250.

6ᵉ lot. Bois de chêne. Aug. Ober, fr. 160 le mètre cube; Robert Collette, fr. 33,800; Eug. Burm, fr. 169; Grison et Goffe, fr. 33,960; L. Kockerols, Borgerhout, fr. 170; J. Dewez, Mellier, fr. 171, Eug. Ladret, fr. 34,600; Meurisse frères, fr. 34,800; Daems-Doms, fr. 34,800; Maatschappij De Eikenhouthandel, fr. 35,648; T. Yannart, fr. 180; Société Houthandel, G. Alberts et Cᵒ, fr. 190.

7ᵉ lot. Bois de chêne. Meurisse frères, Lille, fr. 47,124; Robert Collette, fr. 47,362; J. Dewez, Mellier, fr. 199 le mètre cube; Eug. Burm, fr. 199.80; Grison et Goffe, fr. 49,471.20; T. Yannart, fr. 210; Société Houthandel, G. Alberts et Cᵒ, fr. 220; Maatschappij De Eikenhouthandel, fr. 52,655.12.

8ᵉ lot. Bois de chêne. Eug. Burm, fr. 152 le mètre cube; J. Cuvelier, Mons, fr. 153; T. Yannart, fr. 160; Robert Collette, fr. 58,283; Grison et Goffe, fr. 59,295 10; Octave Strady, Gand, fr. 60,165; Meurisse frères, fr. 62,471; Maatschappij De Eikenhouthandel, fr. 62,589.66; Société Houthandel, Alberts et Cᵒ, fr. 180.

9ᵉ lot. Bois de chêne. Ch. Wilford, Tamise, fr. 134.75 le mètre cube; Robert Collette, fr. 21,080.50; Aug. Ober, fr. 160; Fr. Ladret, fr. 23,009; Toussaint Yannart, fr. 174; Maatschappij De Eikenhouthandel, fr. 23,273.67; Grison et Goffe, fr. 23,248.40; Eug. Burm, fr. 189; Richard Delandsheer, Gand, fr. 25,669; Société Houthandel, G. Alberts et Cᵒ, fr. 200.

10ᵉ lot. Bois de chêne. Robert Collette, fr. 31,443; Toussaint Yannart, fr. 224 le mètre cube; Meurisse frères, fr. 32,289; Maatschappij De Eikenhouthandel, fr. 32,604.84; Grison et Goffe, fr. 33,388.80; Eug. Burm, fr. 239; Société Houthandel, G. Alberts et Cᵒ, fr. 240.

11ᵉ lot. Bois de chêne. G. Cuvelier, Mons, fr. 168 le mètre cube; G. Yannart, Mons, fr. 178; Aug. Ober, fr. 189; Robert Collette, fr. 27,783; Eug. Burm, fr. 189; Société Houthandel, G. Alberts et Cᵒ, fr. 190; Grison et Goffe, fr. 29,370.60; G. Guiot, Jamoigne, fr. 214; Maatschappij De Eikenhouthandel, fr. 31,846.08; Meurisse frères, fr. 32,193.

12ᵉ et 13ᵉ lots. Deux lots composés de bois de chêne. L. Kockerols, Borgerhout, 1 lot, fr. 104.50 le mètre cube; Henri Smits, Longwy, 1, fr. 79,925; 1, fr. 82,010; G. Yannart, fr. 118 par lot pour les deux lots; Eug. Burm, fr. 118 idem; Robert Collette, 1, fr. 82,705; 1, fr. 85,485; Ladret, Longwy, 1, fr. 84,755.25; G. Cuvelier, 2, fr. 122.82 par lot; Maatschappij De Eikenhouthandel, 2, fr. 86,159.15 idem; Grison et Goffe, 1, fr. 85,068; 1, fr. 86,736; Société Houthandel, G. Alberts et Cᵉ, 2, fr. 125 par lot.

14ᵉ lot. Bois de chêne. Ch. Wilford, fr. 123.85 le mètre cube; Eug. Burm, fr. 128; H. Smits, Longwy-Bas, fr. 32,640; Alphonse François, Thionville, fr. 129.75; T. Yannart, Bruxelles, fr. 130; Société Houthandel, G. Alberts et Cᵉ, fr. 135; Maatschappij De Eikenhouthandel, fr. 35,054.85; Robert Collette, fr. 35,445; Fr. Ladret, fr. 36,465; Brouhon frères, Chimay, fr. 36,681.75; Grison et Goffe, fr. 36,949.50.

15ᵉ lot. Bois de chêne. Toussaint Yannart, fr. 192 le mètre cube; Robert Collette, fr. 49,329; Fr. Ladret, fr. 49,572; Maatschappij De Eikenhouthandel, fr. 50,235.39; Eug. Burm, fr. 208; Meurisse frères, fr. 50,787; Société Houthandel, G. Alberts et Cᵉ, fr. 210; Grison et Goffe, fr. 52,220.50.

16ᵉ lot. Bois de chêne. Aug. Nissens, Buggenhout, fr. 0.70 (douves); fr. 1.35 (rais); Daems-Doms, fr. 1,426; J. Reclercq, Bauce-Flawinne, fr. 1,493.

17ᵉ lot. Bois de pitch pine. Société Houthandel, G. Alberts et Cᵉ, fr. 106.70; Ant. Wolffs, Anvers, fr. 107.40; Eug. Burm, fr. 107.50; T. Yannart, fr. 113.

Adjudications officielles prochaines

L'administration des chemins de fer de l'Etat belge est disposée à traiter, à main ferme, pour la fourniture, en 1904 :

1° De 288,500 billes en essence de chêne ou de hêtre à cœur blanc de toute provenance;

2° De 175 lots de bois de fondations équarris en chêne, dont chacun sera composé comme il est indiqué à l'article 2, A, b, de l'avis spécial n° 120, publié le 13 mai 1902.

Les billes en chêne et en hêtre auront 2ᵐ60 de longueur, 0ᵐ14 de hauteur et 0ᵐ28 de largeur, ou bien 2ᵐ60 de longueur, 0ᵐ13 de hauteur et 0ᵐ26 de largeur.

Des offres seront également reçues pour des billes en chêne mesurant 2ᵐ60 de longueur, 0ᵐ21 à 0ᵐ24 de largeur et 0ᵐ14 à 0ᵐ16 de hauteur, avec un découvert en franc bois de 0ᵐ12 à 0ᵐ15 (type Grand Central belge).

Les soumissions se référeront à l'avis-conditions n° 120 précité, que les amateurs pourront se procurer en s'adressant au bureau central des renseignements concernant les adjudications, rue des Augustins, 15, à Bruxelles.

Les offres devront être présentées, tout d'abord, par lettre adressée à la direction des voies et travaux, rue de Louvain, 11, à Bruxelles. Elles ne seront reçues que jusqu'au 31 décembre 1902.

Chronique forestière

Nécrologie. — Décorations civiques décernées à un sociétaire et à des abonnés. — Cours de sylviculture pour préposés à Paliseul. — Sociétés forestières étrangères. — Une nouvelle invasion de la nonne. — Le bouleau comme essence auxiliaire. — Les causes d'infécondité des sols tourbeux. — A propos de phosphate basique et de kaïnite. — La toxicité de l'if.

Nécrologie. — Le 26 août est décédé inopinément à Gembloux, à l'âge de 57 ans, M. Petermann, directeur de l'Institut chimique et bactériologique de l'Etat, ancien directeur-fondateur de notre première station agronomique.

La mort de M. Petermann constitue une grande perte pour la science agricole belge, dans laquelle le défunt jouissait d'une notoriété amplement justifiée par sa personnalité même et par l'importance et la valeur de ses travaux et de ses recherches de chimie agronomique.

Nous présentons à la famille de M. Petermann nos bien vives condoléances.

Décorations civiques décernées à un sociétaire et à des abonnés. — Par arrêté royal du 4 août 1902, les décorations civiques ci-après ont été décernées aux agents et préposés forestiers faisant partie de la Société :

MÉDAILLE DE 1ʳᵉ CLASSE

MM. Parisel, inspecteur des eaux et forêts, à Verviers.
    Vandenbosch, brigadier des eaux et forêts, à Hoeylaert.

MÉDAILLE DE 2ᵉ CLASSE

MM. Atquet, garde des eaux et forêts, à Lorcé.
    Bernier, brigadier des eaux et forêts, à Oster-Odeigne.

MM. Douny, brigadier des eaux et forêts, à Arville.
Dumont, brigadier des eaux et forêts, à Stoumont.
Maréchal, garde des eaux et forêts, à Heyd.

Cours de sylviculture pour préposés à Paliseul. — Comme il l'avait annoncé dans la discussion du budget de son département pour l'exercice 1901, M. le ministre de l'agriculture a institué l'année dernière, à Paliseul, un cours régional de sylviculture pour préposés.

A la suite des épreuves subies en juillet dernier, le certificat de capacité a été délivré aux élèves dont les noms suivent :

1. Grandjean, L., de Oisy (Namur).
2. Bodelet, T., de Molinfaing (Luxembourg).
3. Jaradin, J., de Gembes   id.
4. François, L., de Fays-les-Veneurs id.
5. Pierret, F., de Tronquoy   id.
6. Jacquemaert, Aug., de Daverdisse id.
7. Adam, L., de Carlsbourg   id.
8. Poncelet, A., de Jehonville   id.
9. Jacquemart, Arth., de Daverdisse id.
10. Gilles, J., de Carlsbourg   id.
11. Diez, S., de Vresse (Namur).
12. Lequeux, R., de Hautfays (Luxembourg).
13. Lambert, P., de Bouillon   id.
14. Lecomte, E., d'Ebly   id.
15. Javay, J., de Jéhonville   id.
16. Mohy, J., de Carlsbourg   id.
17. Lambermont, E., de Dohan   id.
18. Lequeux, L., de Hautfays   id.
19. Lambert, A., de Carlsbourg   id.
20. Lambermont, J., de Bertrix   id.
21. Bernard, G., de Marbay   id.

Sociétés forestières étrangères. — La 60ᵉ réunion générale de la Société forestière de Silésie s'est ouverte, le 3 juillet 1902, à Löwenberg.

Le forstmeister, directeur général Klopfer, de Primkenau,

a entretenu l'assistance de la préparation de sucre de mé-
lasse et d'alcool à l'aide de la sciure de bois (brevet du comte
Bredow, de Berlin), de la confection des briquettes de bois ;
il a parlé également des essais, non encore terminés, de la
fabrication d'étoffes à l'aide de bois de pin et d'épicéa, et du
procédé consistant à rendre la tourbe facilement transpor-
table, de façon à pouvoir la faire entrer en concurrence avec
le meilleur charbon de terre.

Le procédé du comte Bredow est d'un intérêt tout particulier pour les sphères agricoles et forestières : tandis que les
essais antérieurs ne livraient que 7 litres d'alcool absolu
pour 100 kilog. de sciure de bois, les récents ont livré
16.95 litres pour la même quantité. Un hectolitre de cet
alcool de sciure se paie 22.50 marks.

Une des questions à l'ordre du jour était la suivante :
« Comment doit-on traiter les pineraies clairiérées par suite
de la pourriture rouge? » La cause de la maladie est un
champignon, minutieusement décrit par Hartig et Brefeld :
Polyporus annosus. Le rapporteur, oberforster Märker, de
Kohlfurt, énonce que la propagation de la maladie ne s'effectue pas seulement par l'extension du mycelium, mais aussi
par les sporanges.

En présence de la haute faculté de multiplication et de
dispersion du champignon, il n'y a aucune mesure destructive directe à recommander. Plus la station convient à
l'essence, moins celle-ci a à redouter les atteintes de la
maladie.   (*Neue Forstliche Blätter*.)

Une nouvelle invasion de la « nonne ». — Les journaux forestiers allemands donnent la nouvelle alarmante de la
réapparition, en Autriche, de la « nonne », lépidoptère qui
causa tant de ravages, il y a douze ans, dans les beaux massifs forestiers du Sud de l'Allemagne. Ainsi qu'on l'annonce
de source autorisée, une étendue de 84,000 hectares est fortement attaquée en Bohême, 220,000 hectares un peu moins

et 236,000 hectares d'une façon sporadique. L'insecte est
signalé partout en Moravie à l'état isolé, tandis que dans
les districts de Brünn, Trebitsch, Weisskirchen et Mährisch-
Budwitz, sa présence est plus à craindre.

Dans ces deux pays, les autorités compétentes ont déjà
arrêté les mesures en vue d'enrayer une multiplication me-
naçante de l'insecte.   J. P.

Le bouleau comme essence auxiliaire. — Le bouleau, par
suite de son faible rapport, intervient bien rarement, de nos
jours, dans la mise en valeur des terrains incultes, notamment aux hautes altitudes ardennaises. Cette essence peut
pourtant, dans certains cas, et moyennant de faibles débours,
rendre des services importants. Un exemple parmi tant
d'autres:

Touchant le domaine de MM. les barons Goffinet, à Freux,
à 475 mètres d'altitude, la commune de Remagne a fait établir une bande boisée d'une cinquantaine d'hectares.

Sur la moitié de cette contenance, alors inculte, partie
essartée, partie débarrassée en 1892 de la litière, des genêts
et bruyères, on sema du bouleau à raison de 20 kilogrammes
par hectare, en 1895: dépense totale 380 francs, soit 15 fr.
environ l'hectare.

Les jeunes bouleaux eurent beaucoup à souffrir des genêts
et de la dent des lièvres, à tel point qu'on les croyait
anéantis.

En 1898, on repeupla, en épicéas, à raison de 2,500 pieds
par hectare, après enlèvement de la litière; quasi plus de
traces de bouleau.

En 1899, les résineux commençaient déjà à souffrir, en
maints endroits, de la couverture de bruyère; au commencement de 1900, le jaunissement s'accentuait encore.

J'ai revu ces plantations en juillet dernier; cela a été pour
moi de l'admiration mêlée de stupeur: les épicéas, de
vigueur et d'élévation peu communes et d'une belle teinte

verdâtre, faufilent allègrement leurs flèches élancées à travers de jeunes et puissantes cépées de bouleau. Cette humble essence, tout en améliorant notablement le sol, a forcé l'épicéa à se réveiller de sa torpeur et à s'élancer vigoureusement.

Actuellement, il ne peut plus y avoir aucun doute sur l'avenir du peuplement.

Dans les sols où l'on a à redouter, pour l'épicéa ou pour toute autre essence, la végétation nuisible de la litière — la bruyère notamment — ne serait-il pas fort avantageux d'épandre l'hiver précédent l'année de la plantation, sur le parterre nu du terrain, quelques poignées de graines de bouleau, ne fût-ce même que 5 kilos à l'hectare? En cas d'insuccès, l'essai serait peu coûteux; la réussite dédommagerait souvent de la dépense.

Ce semis pourrait peut-être éviter aussi une croissance trop rapide des genêts.

J. POLLET,
garde général des eaux et forêts.

Les causes d'infécondité des sols tourbeux. — Dans une note présentée l'an dernier par M. P. Dehérain à l'Académie des sciences de Paris, M. J. Dumont exposait qu'il faut d'autres moyens que l'assainissement et le chaulage pour vaincre l'inertie des substances azotées très réfractaires à la nitrification que renferment en quantités notables les terrains tourbeux, et pour assurer la fécondité de ces terrains.

Il établissait, par les résultats de ses expériences, que la nitrification du sulfate d'ammoniaque s'opère dans les sols tourbeux assainis et que, par conséquent, ce phénomène se produirait abondamment dans les sols de cette nature, si la matière azotée de la tourbe pouvait se transformer en produits ammoniacaux.

Il montrait ensuite, par les résultats d'autres essais de

laboratoire, que le carbonate de potassium, puissant dissolvant de l'humus, favorise d'une façon sensible la production de l'ammoniaque dans une terre tourbeuse.

M. J. Dumont concluait en ces termes :

« Ces résultats montrent bien que le défaut de nitrification des sols tourbeux a pour cause efficiente un état particulier de la matière azotée qui se trouve contenue dans ces sortes de terres, et qui se traduit toujours par un défaut absolu d'ammonisation ; cet état me paraît être une conséquence inévitable du manque de potasse active, puisqu'il suffit d'incorporer au sol du carbonate de potasse ou des matières pouvant l'engendrer par double décomposition, pour rendre l'humus nitrifiable en favorisant l'action des ferments ammoniacaux. »

L'action des sels de potasse sur la nitrification et la mobilisation de l'humus a fait de la part de M. Dumont l'objet d'une brochure : *Les sols humifères*, dont M. Dehérain a déposé un exemplaire, le 18 juin dernier, à la séance de la Société nationale d'agriculture de France. A la suite de ses expériences, a dit M. Dehérain, M. Dumont a acquis la ferme conviction que la potasse du sol joue un grand rôle dans la transformation des matières organiques contenues dans la terre arable.

L'efficacité des sels de potasse dans les sols tourbeux et dans les terres riches en humus a été signalée depuis longtemps. Dans son *Manuel d'agriculture générale*, publié en 1885, M. Damseaux mentionne l'effet surprenant de ces sels dans la culture du colza en sols tourbeux asséchés, effet surtout accentué par l'application simultanée de chaux et de phosphates ; il ajoute qu'au surplus l'expérience faite dans chaque cas est le meilleur guide.

L'idée de recourir au phosphate basique pour la mise en valeur des terrains tourbeux assainis de nos hauts plateaux se présente naturellement à l'esprit ; on est d'ailleurs édifié depuis de nombreuses années sur l'action favorable du phosphate de scories employé dans ces conditions (Wolff,

Les engrais, traduction de M. Ad. Damseaux, 1887). Mais, on peut se demander si l'addition d'acide phosphorique est toujours bien nécessaire, si la chaux seule ne serait pas, dans certains cas, tout aussi efficace, puisque les analyses publiées dans le *Bulletin* de 1898, pp. 693 et suiv., montrent que les tourbes de nos hauts plateaux renferment en moyenne environ 0.8 p. m. d'acide phosphorique (avec un minimum exceptionnel de 0.4 et un maximum de 2 p. m.). Le titre de 1 p. m. d'acide phosphorique, dont 1/3 environ soluble dans le citrate d'ammoniaque, est renseigné, en effet, comme étant la limite au-dessus de laquelle l'application d'engrais phosphatés ne produit plus d'effet appréciable (Petermann, *Recherches de chimie et de physiologie*, t. III, p. 422).

Les mêmes analyses montrent aussi que ces tourbes contiennent 0.4 p. m. de potasse (avec un minimum exceptionnel de 0.1 p. m.). C'est trop peu ; mais il est vrai qu'il faut y ajouter la potasse insoluble à froid dans l'acide chlorhydrique (soluble dans l'acide fluorhydrique) et qui n'a pas été renseignée par les analyses précitées. Quoi qu'il en soit à cet égard, d'ailleurs, M. J. Dumont prétend qu'il faut introduire des sels de potasse dans les sols tourbeux, en vue de provoquer la transformation des substances azotées et leur nitrification.

Cette indication concorde avec les constatations de la pratique, quant aux résultats obtenus.

Mais, l'application de fortes doses de sels potassiques ne pourrait-elle avoir pour conséquence une nitrification trop abondante, pouvant occasionner d'importantes pertes d'azote ?

Lawes et Gilbert répondent : « Plus il y a de potasse dans le sol et plus l'acide nitrique formé aux dépens des matières organiques est fixé. »

Si l'on considère que les sels de potasse contribuent à rendre soluble l'acide phosphorique du sol, il apparaît comme assez probable qu'il n'est pas nécessaire de recourir aux engrais phosphatés pour la mise en valeur de nombre de

42

terrains tourbeux de nos hauts plateaux et qu'il est préférable d'utiliser des engrais potassiques, et peut-être de la chaux simultanément.

Des expériences bien établies et des résultats comparatifs peuvent seuls nous édifier complètement à cet égard.

E. DE M.

A propos de phosphate basique et de kaïnite. — On lit ce qui suit dans le rapport de M. Crispo, directeur du laboratoire d'analyses de l'Etat, à Anvers, sur les travaux de ce laboratoire en 1901. Nous appelons l'attention des lecteurs sur ce qui y est dit à propos du phosphate basique et de la kaïnite :

Engrais phosphatés. — Par suite de la crise métallurgique, la production des scories de déphosphoration a été d'un quart inférieure aux années précédentes et le prix très élevé. Si l'on admet que la valeur physiologique de l'acide phosphorique dans cet engrais ne vaut que la moitié de celui de superphosphate, on doit reconnaître que la fumure par les scories revient aujourd'hui plus cher que par le superphosphate ou à peu près au même prix. Par suite de ces circonstances et des habitudes qui empêchent d'en revenir au superphosphate, on a falsifié beaucoup de scories Thomas par des scories Martin et autres. On a livré en Campine des scories bas titre à 9-11 p. c. d'acide phosphorique total, avec une solubilité de 15 à 40 p. c. dans l'acide citrique Wagner, et nous en avons aussi rencontré qui ne contenaient presque pas d'acide phosphorique.

Les importations par Anvers des phosphates américains ont été très importantes, 30,000 à 40,000 tonnes, surtout de Floride, moins de Tennessee, et quelques milliers de tonnes de Tocqueville (Algérie) et de Oedarden (Norwège).

Le phosphate le plus riche actuellement connu est celui de l'île Christmas, au nord-est de l'Australie, dont un chargement est arrivé à Anvers l'année dernière. Il titre 85 p. c. avec peu de fer et d'alumine. Malheureusement, la houle qui règne dans ces parages et les difficultés d'embarquement rendent l'exportation très difficile.

Engrais potassiques. — Le syndicat de Stassfurt monopolise toujours ce commerce. La Belgique achetait beaucoup de kaïnite, où la potasse revient à meilleur marché que dans le chlorure de potassium. Mais, depuis 1900, *l'ancienne couche de kaïnite étant épuisée, le syndicat livre du Hartsalz au lieu de kaïnite.* Le Hartsalz contient également un minimum de 12.4 de potasse ; mais, tandis que celle-ci se trouvait sous forme de sulfate dans la kaïnite, elle est sous forme de chlorure dans le Hartsalz. Cet engrais ne convient donc pas pour tabac, lin, houblon, pommes de terre, pour lesquels on employait la kaïnite, et il faut avoir recours au sulfate double de potasse et de magnésie. Par habitude, les revendeurs emploient encore le nom de kaïnite, ce qui peut induire en erreur. Il importe donc que les agronomes de l'Etat et conférenciers agricoles éclairent à ce sujet les cultivateurs.

Il y a d'autres petites sources de sels potassiques en ce moment.

Nous avons rencontré du sulfate de potasse contenant du carbonate de soude. Cet engrais doit être employé en automne, l'alcalinité du sel de soude pouvant être nuisible aux jeunes plantes.

Sous le nom de chilinit, on importe de Hollande un engrais potassique résultant de la calcination du salin de betteraves avec des matières azotées.

Il contient :

Azote organique.	3.04 p. c.
Acide phosphorique soluble dans les acides.	0.17 —
Potasse soluble dans l'eau	12.12 —

Des journaux agricoles ont encore tout récemment appelé l'attention sur les fraudes dont le phosphate basique est l'objet :

On vend comme phosphate Thomas des scories phosphatées d'origine différente et dont la valeur est souvent bien inférieure à celle du phosphate Thomas. On grille ensemble du phosphate minéral et des scories d'origine variée, phosphatées ou non. Ces produits sont de qualité inférieure et d'une action parfois presque nulle.

L'acheteur doit être sur ses gardes ; il doit s'adresser à des maisons de confiance, exiger sur facture du *phosphate Thomas;* il ne peut se contenter du terme *scories phosphatées*. On peut dire qu'il doit surtout être défiant quand on lui offre des phosphates en dessous des prix renseignés dans tous les journaux agricoles. Pour réaliser une économie de 1 ou 2 francs par hectare, on achète parfois des engrais de qualité inférieure et on compromet la réussite de ses récoltes.

Le phosphate Thomas est partout demandé ; il se vend facilement à un prix renseigné par tous les journaux agricoles. Il est évident qu'il n'existe pas de fabricant assez naïf pour vendre en dessous des cours, quand la demande dépasse la production. Par conséquent, toute offre en dessous des cours doit être suspecte.

La toxicité de l'if. — Un de nos lecteurs nous demande de le renseigner au sujet de la toxicité de l'if, particulièrement sur les bestiaux,
dont plusieurs seraient morts dans sa commune à la suite de l'ingestion
de feuilles de cet arbre.

Théophraste regarde son feuillage comme nuisible, dans un grand
nombre de cas, aux chevaux et aux autres solipèdes, mais le déclare
inoffensif pour les ruminants et les bêtes à laine. Jules César nous
apprend que les Gaulois empoisonnaient leurs flèches avec le suc extrait
du fruit, et que le chef des Eburoniens, l'oncle de l'illustre Hermann, se
donna la mort en en prenant une certaine dose lorsqu'il se vit vaincu
par les Romains. Virgile défend à l'éleveur d'abeilles de garder des ifs
auprès des ruches, leurs fleurs étant essentiellement pernicieuses à
l'insecte mellifère. C'est à l'époque de la floraison qu'il faut surtout
redouter l'if, d'après Plutarque. Pline et Dioscoride vont plus loin : ils
accusent jusqu'à son ombre d'être mortelle.

Jean Bauhin et Matthioli confirment ces fâcheuses propriétés et les
appuient de faits qu'ils ont été à même de constater, l'un dans le Midi
de la France, l'autre sur les Alpes voisines du Vicentin. Toutefois,
d'après d'autres observateurs modernes, il y aurait au moins de l'exagération dans les reproches qu'on a fait à l'if. Dalechamp et Gérard
attestent qu'on peut impunément s'endormir sous son ombrage qui n'est
nullement nuisible. Haller nie les propriétés vénéneuses du feuillage,
que les éleveurs du Danemark, du Hanovre et de la Hesse donnent à
leurs bestiaux durant l'hiver, en le mélangeant avec de l'avoine. Il en
est de même quand, après l'avoir fait sécher, on l'associe à d'autres
fourrages. Fraiches, au contraire, ces feuilles ont une saveur amère,
nauséeuse et répugnante, et peuvent déterminer des accidents plus ou
moins graves, suivant la disposition actuelle de l'animal. Enfin, des expériences plus récentes ont démontré que le suc et l'extrait qu'on retire de
l'écorce et des feuilles de l'if ont des propriétés malfaisantes, et peuvent
devenir vénéneux, si on les administre à dose un peu forte. On a essayé
d'utiliser en médecine les divers produits de cet arbre, mais on paraît y
avoir renoncé.

Les fruits portent le nom vulgaire de *morviaux ;* les enfants et les
oiseaux en sont très friands ; leur pulpe d'un rouge vif n'est point dangereuse si l'on en mange modérément : ils sont visqueux et leur saveur
est un peu fade. Pris à l'excès, ils causent la dysenterie. Suétone nous
apprend qu'on les préconisait comme antidote du venin de la vipère.
L'amande a le goût du pignon et de la noisette ; elle est agréable et nour-
rissante, tant qu'elle est fraîche ; on la donne aux volailles pour les
engraisser, et l'on peut en retirer une huile assez bonne pour la cuisine,
mais un peu laxative. En vieillissant, cette graine s'altère, devient rance
et d'une âcreté révoltante.

Si, maintenant, on nous reproche de tirer ces renseignements d'une encyclopédie connue, nous ne ferons aucune difficulté pour l'avouer.

. (*Indépendance belge.*)   AIRELLE.

———————◆———————

Bibliographie

Flore analytique et descriptive des provinces de Namur et de Luxembourg, par E. Pâque, professeur de botanique à la faculté des sciences au collège de la Paix, à Namur. Namur, librairie Wesmael-Charlier.

Histoire naturelle et mœurs de tous les papillons de Belgique. Description complète de chaque espèce, par L.-J.-L. Lambillion, vice-président de la Société entomologique namuroise. 1er vol. Namur, imp. V. Delvaux, 1902. Prix : 6 francs.

Tir des fusils de chasse, par M. le lieutenant-colonel Journée, du 69e d'infanterie à Nancy. Paris, imprimerie Gauthier-Villars, 1 vol. in-8, 387 p. Prix : 12 francs.

Nous sommes en droit de recommander à tous les disciples de Nemrod, et ils sont nombreux chez nous, ce livre auquel M. Boppe, directeur honoraire de l'Ecole forestière de Nancy, vient de consacrer un élogieux article bibliographique dans le *Bulletin forestier* de Franche-Comté et Belfort; ci-après un extrait de ce qu'en écrit M. Boppe :

« Un premier chapitre est consacré à l'*outillage* du chasseur.

» Guidés par l'auteur, nous pénétrons dans l'intimité des armes et des munitions; à notre grande surprise, il nous révèle des choses secrètes dont nous n'avions jamais soupçonné d'aussi vieilles connaissances. Fusils, poudres, plombs, douilles, bourres, sont interrogés par un juge sévère; chacun doit nettement confesser son rôle et sa part d'action dans le résultat final, bon ou mauvais.

» Nous sortons de cette interview, bien armés pour l'intelligence de la suite.

» A première vue, les chapitres II, III, IV, qui donnent la *théorie mécanique* du tir, semblent quelque peu farouches, hérissés qu'ils sont de chiffres, de formules, de graphiques. Autrement, comment se rendre compte des *pressions*, des *vitesses*, des *reculs*, sans mettre en équation les forces mises en jeu, sans avoir recours aux artifices mathématiques pour prouver l'évidence de faits qui échappent à la capacité réceptive de nos sens? Mais, dès qu'il a sacrifié aux logarithmes, l'ingénieur redevient chasseur Il connaît ses confrères, et se hâte de leur traduire au clair les dépêches chiffrées de la balistique. »

L'architecture forestière, par M. de Liocourt, broch. in-8°, 16 pl, et fig. Nancy, Imprimerie de l'Est, 1902.

Sulfate d'ammoniaque et nitrate de soude, par M. Dehérain, broch. in-18, 32 p. Paris, rue Louis-le-Grand, 1902.

Petit manuel à l'usage des sociétés scolaires pastorales forestières de Franche-Comté, par M. Cardot, Besançon, imprimerie Paul Jacquin, 1902.

Excursion forestière en Morvan, 1901, par Alexandre Roy, ancien inspecteur adjoint des forêts, in-8, 114 p. Nevers, G. Vallière, impr.

L'érosion pyrénéenne et les alluvions de la Garonne, par M. L.-A. Fabre, inspecteur des eaux et forêts, in-8, 22 p., avec 3 planches photographiques, librairie Armand Colin, 5, rue de Mézières, Paris.

Les Scieries et les Machines à bois, par Paul Razous, ingénieur, licencié ès-sciences mathématiques et ès-sciences physiques, membre de l'Institut des actuaires français, inspecteur du travail dans l'industrie, 1 vol. grand in-8, de 475 pages, avec 332 figures. En vente à la librairie Vve Ch. Dunod, 49, quai des Grands-Augustins, Paris, VI°. Prix : 15 francs.

Le traitement des sapinières basé sur la notion d'espacement des tiges, par A. Gazin, inspecteur des eaux et forêts, ancien élève de l'Ecole nationale des eaux et forêts. Etude couronnée pour la Société forestière de Franche-Comté et Belfort en 1901. In-8, 17 p. Imprimerie générale Lahure, Paris.

Quelques notions forestières à l'usage des écoles, par C. Rabutté, inspecteur des eaux et forêts, ancien élève de l'Ecole nationale forestière, in-8, 24 p., imprimerie Livoir-Hennuy, à Vouziers.

Le cerisier de Virginie et le cerisier tardif, par E. Guinier, in-8, 4 p. (Extrait du *Bulletin de la Société botanique de France*).

LISTE DES MEMBRES
de la Société centrale forestière de Belgique
Nouveaux membres (3)

MM. **Dedeurwarder**, Isidore, régisseur, Alveringhem. (Présenté par M. Huberty.)

Kelecom, Eugène, château de Banalbois par St-Hubert. (Présenté par M. Honlet.)

Willot frères, pépiniéristes, Jeneffe par Havelange. (Présentés par M. Huberty.)

LISTE DES ABONNÉS
au Bulletin de la Société
Nouvel abonné

M. **Demarteau**, garde forestier, Méry (Tilff). (Présenté par M. I. Crahay.)

MARCHANDS DE BOIS ET INDUSTRIELS TRAVAILLANT LE BOIS

faisant partie de la Société centrale forestière de Belgique

Bastin, marchand de bois, Melreux.

Belvaux, Joseph, marchand de bois, Villers-le-Gambon.

Biel, Alphonse, marchand de bois, Naninne.

Blondeau-Fonder, marchand de bois, Nismes.

Bochkoltz, Maurice, tanneur, St-Hubert.

Bolle, Jean-Baptiste, marchand de bois, Hollogne (Waha).

Brichet, Joseph, marchand d'écorces, Bièvre.

Brouhon, Joseph, marchand de bois, 50, rue Léopold, Seraing-sur-Meuse.

Brouhon, Louis, ingénieur, industriel et marchand de bois, Chimay.

Bruggeman, Jean, industriel et marchand de bois, Turnhout.

Cambier, frères, industriels (ameublement), Ath.

Capelle-Lutgen, industriel, marchand de bois, Marche.

Carton-Herman, François, industriel (ameublement), Ath.

Collette, Jules, aîné, marchand de bois, 12, quai de Fragnée, Liége.

Conreur, Henri, marchand de bois, Thuin.

Culot, Joseph, marchand de bois, à Jenneret-Bende.

Dupierry, Jules, marchand de bois, Hotton (Melreux).

Dupont, Eugène, marchand de bois *à brûler*, quai à la Chaux, 6 et 7, Bruxelles.

Duvivier. Th., marchand de bois, Rencheux (Vielsalm).

Fourneau, Jules, négociant en bois, avenue Brugmann, Bruxelles.

François, Alfred, marchand de bois, Cerfontaine.

Gillard, Alphonse, directeur de la scierie mécanique St-Joseph, Nismes.

Grandjean, Alphonse, industriel et marchand de bois, Courtil-Bovigny.

Hoyois, Valéry, marchand de bois, La Bouverie (près Mons).

Huart, Constant, marchand de bois, Couvin.

Jacquemin, Hippolyte, marchand de bois, Habay-la-Vieille.

Jonet, marchand de bois, Marche.

Laloyaux, Joseph, marchand de bois, Strée (Thuin).

Lambert, Edmond, marchand de bois, Bouillon.

Lambert-Burhin, Franz, tanneur, rue Heyvaert, 28, Molenbeek.

Lambiotte, Ludolphe, industriel et marchand de bois, Marbehan

Leenaerts, Aug., négociant en bois et entrepreneur, Turnhout.

Legros, J.-B., marchand de bois, Bois-de-Villers (Namur).

Lelogeais, Jules, marchand de bois, Yvoir (Dinant).

Lonchay, Alexandre, marchand de bois, Hollogne lez-Marche.

Louis, Jacques, marchand de bois, Ambly (Forrières).

Mathieu, Lucien, marchand de bois, Virelles.

Min, Guillaume, industriel et marchand de bois, Charleroi.

Moriamé, frères, marchands de bois, Tamines.

Moureau, marchand de bois, Waha (Marche).

Naveau, J., marchand de bois, Strépy (Bracquegnies).

Orban, Gustave, marchand de bois, rue d'Artois, Liége.

Parent, frères, industriels et marchands de bois, Marchienne-au-Pont.

Parizel, Jacques, négociant en bois, Graide, Bièvre.

Philippe-Empain, Aimé, marchand de bois de houillères et de construction, Fontaine-l'Evêque.

Royaux, Alfred, marchand de bois, Leignon (Ciney).

Schreurs, Nicolas, marchand de bois, Arlon.

Servais, Alphonse, négociant en bois, boulevard Léopold, 48, Anvers.

Séverin, Amand, marchand de bois, Bande.

Slegten-Becquaert, M., entrepreneur et marchand de bois. Lille Saint-Hubert lez-Neerpelt (Limbourg).

Soors, Martin, marchand de bois, Neer-Oeteren (Limbourg).

Stiernon, Elie, marchand de bois, Sainte-Marie (Etalle).

Toisoul, J.-B., marchand de bois, Profondeville.

Tournay, Xavier, marchand de bois, Bande.

Vanderlinden, négociant en bois, chaussée de La Hulpe, Boitsfort.

Verday, François, marchand de bois et bourgmestre, Harre (Werbomont).

Zoude, Emmanuel, industriel, marchand de bois, Poix.

Zoude, Henri, tanneur, St-Hubert.

LOPHYRUS PINI

Le genre Lophyrus Latreille

Les Lophyres

Ce genre est caractérisé par les antennes des mâles, comprenant un grand nombre d'articles, doublement pectinées et formant deux beaux panaches, alors que les femelles n'ont que des antennes simples dentées en scie. Il se distingue nettement du genre Lyda, autre groupe de Tenthédrines, vivant également aux dépens des résineux et particulièrement du pin sylvestre, en ce que les espèces de ce dernier genre filent des toiles qu'elles tapissent de leurs excréments, ce que ne font jamais les Lophyres. Ceux-ci sont, du reste, à l'état adulte, d'une taille plus petite et d'une forme plus courte et plus ramassée.

Le genre Lophyre est représenté dans le monde par 37 espèces, dont une à Cuba, 15 dans l'Amérique du Nord et 21 en Europe. 16 de ces dernières se trouvent dans l'Europe Centrale ; 13 vivent sur les pins et surtout le pin sylvestre, 2 sur l'épicea et 1 sur le genévrier. Parmi les 13 espèces piniphiles, 5 seulement ont des larves à mœurs sociales; ce sont les *L. pini, pallidus, socius, rufus* et *similis*. Les autres mènent une vie isolée, de sorte qu'elles ne présentent pas de danger sérieux au point de vue sylvicole.

Même parmi les cinq espèces dont les larves vivent en société, il n'y a guère que le *L. pini* qui présente un danger réel, à cause de la facilité avec laquelle il se multiplie dans des proportions énormes.

Lophyrus socius et *similis* sont peu répandus, et parmi les deux autres espèces qui, le plus souvent, ne font qu'achever la destruction due à *L. pini*, seul *L. rufus* se développe parfois en quantités notables en Belgique.

Nous indiquerons les caractères communs aux trois espèces, *L. pini, L. pallidus, L. rufus*, et nous donnerons les moyens de distinguer les larves et les adultes ; mais nous ne détaillerons la vie et les mœurs que d'un seul d'entre eux, le *L. pini*, le plus important de tous.

Les dégâts que produisent les larves des Lophyres ne sont pas aussi graves que ceux de certaines chenilles ou de certains coléoptères. Ils ont pour conséquence une diminution plus ou moins notable dans l'accroissement des sujets atteints ; parfois, mais rarement, on constate un dépérissement difficile à arrêter ou même la mort, lorsque les arbres ont été effeuillés entièrement, ce qui arrive le plus souvent en automne, à la suite de l'attaque de la seconde génération.

Les pins peuvent se refaire plus ou moins facilement, selon la qualité du sol, à moins que d'autres parasites, champignons ou insectes, n'aient le temps d'achever les sujets affaiblis.

Il en est ici comme dans bien d'autres cas : les pineraies vigoureuses et saines traversent l'épreuve, alors que celles qui se trouvent dans de mauvaises conditions succombent d'autant plus rapidement que l'attaque est plus forte et les arbres plus faibles.

Les ravages dus à *Lophyrus pini* prennent parfois une extension considérable, comme le montre une note de Altum : en 1896, la partie orientale de l'Allemagne fut particulièrement ravagée ; les rapports des forestiers constatèrent l'effeuillage de 250, 300, 400, 500, 800, 1,050, 1,250, 1,500, 2,000, 4,000, 4,580, 13,620, et même 14,830 hectares, suivant les districts ; les voyageurs traversant ces régions roulaient parfois pendant des heures en chemin de fer, sans voir autre chose que des pins à l'aspect brûlé. L'est de l'Allemagne n'était pas, du reste, la seule partie de l'empire visitée par l'insecte ; mais, alors que 88 rapports venaient de cette région, dont 16 signalaient la situation comme grave pour l'existence des pineraies et 23 dénonçaient le développement en masse des insectes, 21 rapports seulement, dont 2 relatifs à des cas graves, annonçaient l'extension du lophyre dans le restant du pays.

En ce qui concerne les années de l'apparition et de la plus grande violence du fléau, il suffit de relever, d'après le même travail d'Altum, le nombre d'attaques pendant une certaine période, pour constater que le Lophyre ne s'étend pas, pendant quelques années, sur des étendues considérables de pays pour disparaître ensuite, mais que, au contraire, certaines régions subissent de fortes attaques alors que d'autres sont indemnes. Dans neuf districts forestiers comprenant un million et demi d'hectares, l'apparition localisée du *L. pini* s'est constatée une fois en 1888, trois fois en 1889, neuf fois en 1890, trois fois en 1891, dix fois en 1892, neuf fois en 1893, onze fois en 1894, vingt et une fois en 1895, vingt et une fois en 1896.

La Belgique n'a pas été épargnée pendant cette période, et nous avons eu également des dévastations locales importantes. Il suffit de rappeler celle que subirent les pineraies de la Campine en 1876, décrite par M. E. Parisel, professeur de sylviculture à l'Institut agricole de Gembloux ; celle de 1891, constatée par la Commission chargée d'étudier les meilleurs moyens de combattre les insectes nuisibles aux pineraies de la Campine, et celle qui, en 1896-1897, ravageait à Selzaete une centaine d'hectares. Nous avons rencontré les insectes ailleurs, un peu partout, mais non pas en grandes quantités. Il paraît cependant que l'année dernière (1901) a été favorable à l'éclosion des larves, et comme nous avons pu constater une seconde génération assez abondante pour le pays entier, il se pourrait que les dégâts des Lophyres s'accentuent pendant les années suivantes. Nous conseillons de surveiller et de circonscrire l'apparition du fléau dès l'origine.

Les constatations récentes faites en Allemagne montrent que l'insecte attaque de préférence les jeunes plantations, de sorte que l'on peut dire que la première génération, celle du printemps, ravage les pins de 5 à 20 ans, tandis que la seconde génération, estivale, plus nombreuse, ne dédaigne même pas les arbres vieux de 50 à 100 ans.

Caractères généraux

Les Lophyres volent au printemps ou en automne, pour se rechercher et procéder à l'accouplement ; ils sont alors souvent emportés au loin par des vents violents, ce qui permet l'envahissement de pineraies situées parfois à des distances considérables. Après cette époque de noce, la femelle, fort lourde d'allures, reste presque sans mouvement sur les pins qu'elle choisit pour servir de berceau à sa famille. Au printemps, elle préfère une ancienne aiguille, alors que pour la seconde génération, en automne, elle prendra l'aiguille de l'année même.

L'insertion des œufs dans le parenchyme de la feuille se fait de la manière suivante :

Après avoir saisi entre deux valves la moitié de l'aiguille, l'insecte la fend au moyen d'une scie jusqu'à la nervure centrale ; il élargit le trou ainsi formé, et y fait pénétrer un œuf, qui sera posé dans sa longueur sur la nervure médiane.

La ponte se fait œuf par œuf et, après chaque opération, la partie de la feuille ouverte est ressoudée par une substance collante entremêlée des résidus provenant du découpage de la feuille. Chaque œuf, après le dessèchement de la colle, forme ainsi une légère élévation séparée de la voisine par une partie qui n'a pas été fendue, ce qui donne à une aiguille contenant de 5 à 25 œufs un aspect boursouflé caractéristique. Les blessures faites à la feuille et recollées sont vertes à l'origine, à cause des déchets encore frais de la feuille qui forment une grande partie de la matière collante ; mais ces déchets se dessèchent plus tard et deviennent brunâtres, ce qui trahit facilement leur présence.

Nous pensons qu'il est utile de donner quelques détails sur cet outil curieux que possèdent les Lophyres et dont ils se servent si habilement pour défendre leurs œufs contre la rapacité des ennemis.

Les femelles des Lophyres, comme en général les Hyménoptères, portent au dernier segment deux valves formant gaine, destinées à protéger les organes sexuels et les organes de ponte qui se trouvent au sixième segment. Quand ces organes doivent entrer en action, les valves s'écartent et les pièces intérieures, poussées par des muscles spéciaux, saillissent en dehors. Chez les Tenthédrines ou mouches à scie, une des familles des Hyménoptères dont les Lophyres forment un groupe, les femelles pondent leurs œufs dans les feuilles des plantes dont les larves se nourrissent et y pratiquent à cet effet des incisions, par le mouvement alternatif et rapide qu'elles impriment à des stylets formant une partie de l'organe de ponte et se trouvant en dessous du sixième segment. Ces organes ont, pour cet usage spécial, une forme aplatie, plus ou moins courbée, et le bord inférieur présente des saillies successives qui lui font remplir l'office d'une lime.

La ponte totale d'une femelle peut s'élever à la quantité de 80 à 120 œufs, répartis sur plusieurs aiguilles voisines.

Les *œufs* chez les Lophyres sont allongés, ovales, avec les bouts arrondis, d'un blanc jaunâtre. Ils ont à peu près 1 à 1 1/2 millimètre de long sur 1/2 millimètre de diamètre et possèdent une faculté curieuse : ils grossissent. Leur grossissement arrive à son maximum après huit à dix jours, et ils sont alors aussi larges que longs, ce qui produit l'éclatement des bourrelets des feuilles et permet aux jeunes *larves* de se dégager.

Celles-ci sortent environ deux à trois semaines après la ponte. Elles sont allongées, glabres, de couleur claire, ordinairement d'un blanc verdâtre, marquées de taches diverses. Leur tête est ronde et très dure, de couleur brune, noire ou verte. Elles sont munies de 22 pattes (1).

Ces larves s'attaquent immédiatement aux feuilles qui sont à leur portée et dont elles rongent la partie tendre, pour ne laisser que la nervure qui se flétrit. Plus tard, elles rongent l'aiguille entière, en commençant par la pointe, mais en laissant subsister les écailles de la base.

Elles n'aiment pas les jeunes aiguilles, qui paraissent sans goût pour elles ; les larves nées au printemps attaquent de préférence les aiguilles de l'année précédente et même celles qui sont vieilles de deux ans, tandis que les larves de la seconde génération apparaissant en automne rongent les aiguilles qui se sont développées

---

(1) Les larves des Tenthédrines et par conséquent des Lophyres sont pourvues de pattes cornées et de pattes membraneuses, comme les chenilles des Lépidoptères. Elles sont ornées aussi de couleurs variées et ont avec les chenilles des ressemblances extérieures frappantes, de sorte qu'on les appelle *fausses chenilles*. Il est toujours facile de les distinguer des vraies chenilles ou larves de papillons, parce que celles-ci n'ont jamais moins de huit pattes, ni plus de seize, y compris les écailleuses, tandis que les fausses chenilles ont toujours, soit moins de huit, soit plus de seize pattes. Les six pattes antérieures, fixées aux premiers anneaux qui suivent la tête, sont articulées, de consistance cornée et pourvues de crochets. On les nomme les pattes *écailleuses*. Les autres, dites *membraneuses*, ne sont que des sortes de mamelons charnus, dépourvus de crochets. La dernière paire de pattes a ordinairement une conformation différente des autres ; on les appelle les *pattes anales*.

pendant l'année même. Lorsque leur nombre est très grand et que la nourriture commence à manquer, elles mangent également les jeunes aiguilles et rongent même les écorces des pousses. Nous avons, du reste, souvent rencontré des pousses dont l'écorce était enlevée par places, même lorsque le nombre de larves était relativement restreint.

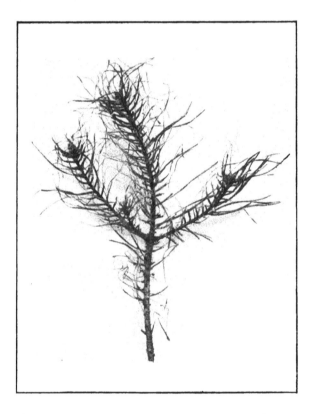

Quand les larves sont jeunes, elles se mettent à plusieurs pour attaquer une aiguille de pin, et comme elles ne sont pas encore fort voraces, une aiguille suffit pour trois jours. Plus tard, quand elles ont grossi, elles se mettent à deux sur chaque feuille, rongeant ainsi les deux côtés à la fois. Elles finissent par s'isoler lorsqu'elles sont adultes et il leur faut alors une douzaine d'aiguilles par jour.

Les excréments sont en forme de rhomboèdres, d'une couleur verdâtre qui provient des morceaux d'aiguilles rongées. La présence très caractéristique de ces excréments trahit facilement celle des Lophyres, lorsque ceux-ci se trouvent dans la cime des arbres élevés. Lorsque les sociétés sont nombreuses, les pins montrent, de loin, une apparence spéciale, avec leurs branches effeuillées, mais entourées, au printemps du moins, de nervures desséchées, contournées et recroquevillées. Les larves, réunies par centaines sur la même pousse, alourdissent l'aspect de celle-ci et forment ainsi des masses gluantes visibles à distance.

Quoique paresseuses et peu disposées à se déplacer, elles finissent, après avoir détruit les anciennes aiguilles, ce qui présente moins de gravité pour l'arbre, par ronger même les jeunes pousses et par effeuiller entièrement l'arbre, et souvent des massifs entiers. Elles émigrent ensuite vers les bois environnants et leurs dégâts peuvent ainsi s'étendre et devenir très considérables.

· Elles ont une préférence pour les massifs isolés et appauvris ; on les rencontre en premier lieu sur les arbres dominés, dans les jeunes plantations, surtout lorsque celles-ci croissent en mauvais sol, sur les bordures et les alignements isolés. Des bordures, les larves finissent par pénétrer dans l'intérieur du bois, où elles choisissent de préférence les parties affaiblies; elles n'émigrent sur les parties saines qu'après les multiplications considérables qu'amène souvent la seconde génération qui a lieu en automne.

Lorsqu'elles mangent, les larves se fixent aux aiguilles par les deux pattes postérieures, qui enserrent l'aiguille sur laquelle elles se trouvent. De temps en temps, elles font alors, ensemble, un mouvement brusque, rejetant en arrière la partie supérieure du corps. Lorsqu'au contraire, elles se tiennent par les pattes médianes, ce mouvement se produit souvent avec la partie postérieure de leur corps. Ces mouvements sont curieux et suffisent à eux seuls pour faire reconnaître les larves de beaucoup de Tenthédrines. Ils diffèrent suivant les groupes auxquels elles appartiennent : certaines dressent brusquement la tête en contournant tout le restant du corps dans des formes diverses; d'autres s'attachent par les pattes médianes et dressent à la fois les deux parties extrêmes du corps. Mais, on peut être certain d'avoir affaire à des espèces du genre Lophyre, quand on rencontre des larves en masse serrée sur des résineux et que ces larves, se croyant menacées par des parasites, ichneumons ou mouches, produisent à intervalles réguliers des mouvements brusques avec la partie antérieure ou la partie postérieure du corps. L'aspect dénudé des arbres atteints et la couleur roussie de filaments d'aiguilles qui ne sont autre chose que la nervure centrale épargnée par la mâchoire peu robuste des jeunes larves, complètent l'ensemble des caractères accusant la présence des Lophyres.

Les larves mangent ordinairement en mai et juin, ou en août et septembre, mais peuvent se trouver depuis le printemps jusqu'à la fin de l'automne, ce qui s'explique par un plus ou moins rapide développement de l'insecte, provoqué par l'état du temps. Il peut y avoir ainsi une génération par an, trois générations en deux ans, ou même, ce qui est l'habitude pour la Belgique, deux générations annuelles.

Les larves changent cinq ou six fois de peau, et quelques jours avant la dernière mue elles cessent de manger pour rechercher un endroit favorable à la *nymphose*.

Celle-ci s'accomplit dans un cocon plus ou moins dur, suivant les espèces, formé de fils tissés très serrés à l'extérieur, au point qu'ils constituent une matière épaisse et résistante comme du parchemin.

A l'intérieur de ces cocons, ressemblant à des tonnelets cylindriques à bouts arrondis, l'insecte tisse une toile plus fine et plus légère qui paraît détachée de l'enveloppe.

La dureté et la forme de ces cocons est variable et on peut les diviser en deux catégories bien distinctes pour les espèces que nous envisageons ici. Ils sont durs et très résistants à l'écrasement entre les doigts, symétriques dans leurs formes, comme un cylindre parfait à bouts régulièrement arrondis, se découpant par un trait net et régulier lors de la sortie de l'insecte, ou bien ils sont mous, épais comme du papier à lettre ordinaire, irréguliers dans la forme, ayant des bosses ou des enfoncements, des plis ou des rides, avec la découpure de sortie irrégulière et déchiquetée.

La génération printanière attache ces cocons aux branches ou entre les écorces de l'arbre et la métamorphose s'y accomplit en quinze jours. Les larves automnales placent leurs cocons isolément sous la couverture, entre les aiguilles tombées et dans la mousse, mais elles ne se chrysalident pas, restant sous la forme larvaire, sans mouvements, jusqu'au printemps suivant, pour se transformer alors peu de temps avant le moment de la sortie. On trouve aussi pendant cette époque des cocons sur l'écorce des pins, mais on a constaté que l'insecte est alors souvent parasité et alourdi, car, malade par cette attaque, il se chrysalide en route avant d'avoir pu atteindre le couvert. Parfois ce couvert n'existe pas, notamment dans les régions où le soutrage est pratiqué d'une manière intensive, et les larves remontent sur les arbres pour se chrysalider, en ayant soin toutefois de se cacher dans les interstices de l'écorce afin de se protéger contre les rigueurs du climat.

Parfois les cocons ne se rencontrent pas isolément dans la couverture ; ils sont alors agglomérés, formant de grosses masses. Hartig estime que cette exception provient d'un état maladif, rendant les larves incapables de se séparer pour procéder à la métamorphose isolée. Le nombre des individus est alors parfois tel que beaucoup d'entre eux ne pourront sortir de leurs cocons, empêchés par les voisins.

Après un repos de la chrysalide d'environ quinze jours, les *insectes adultes*, incisant la base d'une des calottes terminales du petit tonnelet, sortent, s'accouplent très rapidement et se mettent à pondre.

L'insecte parfait ne vit jamais fort longtemps, l'accouplement se faisant presque aussitôt après la sortie, de manière que la ponte qui suit rapidement peut être terminée quatre jours après la sortie du cocon, ce qui amène la mort de l'insecte. Lorsque les insectes tardent à s'accoupler, la vie peut se prolonger jusqu'à cinq ou six jours. L'insecte parfait ne mange pas.

La double génération est l'habitude en Belgique, car il suffit de quelques bonnes journées chaudes au printemps pour provoquer l'éclosion des chrysalides, ce qui permet aux femelles de pondre tôt dans l'année et de produire ainsi une seconde génération ayant le temps de se développer et dont les larves passeront l'hiver. Souvent, cependant, une partie de cette première génération ne parvient pas au développement rapide, de sorte que les larves automnales de la seconde génération se trouvent mêlées aux larves issues de la première génération développée en retard.

Avant de décrire plus minutieusement les trois espèces (*Lophyrus pini* LINNÉ, *L. rufus* RETZIUS, *L. pallidus* KLUG) que nous avons rencontrées en Belgique en nombre plus ou moins grand, nous allons donner les signes caractéristiques auxquels on distingue les adultes mâles et femelles, ainsi que les larves et les cocons.

L. pini.

Mâle : Noir avec une tache blanche sous le dernier segment de l'abdomen.

Femelle : Jaune pâle avec taches noires.

Cocon : Très dur, brun.

Larve : Tête brune avec, parfois, taches plus sombres; pattes membraneuses avec *taches •—• noires.* Corps verdâtre avec le dos parfois jaunâtre ou grisâtre.

L. rufus.

Mâle : Noir avec les premiers segments de l'abdomen et les pattes rouges.

Femelle : Rouge brun avec taches noires, pattes rouges.

Cocon : Mou et clair.

Larve : Tête noire. Corps d'un vert grisâtre avec lignes longitudinales plus claires.

L. pallidus.

Mâle : Noir avec certaines parties du corps jaunâtres, ventre rouge.

Femelle : Rouge jaune, abdomen avec taches brunâtres.

Cocon : Dur et clair.

Larve : Tête brune avec taches noires. Corps vert pâle avec lignes sombres sur le dos et les côtés. Pattes membraneuses avec *taches •—• vert foncé.*

LOPHYRUS PINI Linné.

(*Le Lophyre du pin.*)

Adulte mâle : Antennes de 20 articles, doublement pectinées, avec de longues pennes. Tête, antennes et thorax noirs. Abdomen noir avec, souvent, sous le ventre, une tache blanc jaunâtre sur les derniers segments. Pattes jaunâtres, sauf les cuisses. Ailes antérieures hyalines, nervures brunes. Longueur : 6 $^m/_m$. Envergure : 16 $^m/^m$.

Adulte femelle : Antennes de 19 ou 20 articles, légèrement dentées en scie, noires, brunes ou ferrugineuses. Tête noire, thorax et pattes jaune clair avec taches noires. Abdomen jaune, noirâtre au milieu, ventre jaune clair. Ailes hyalines, nervures brunes et jaunâtres. Très variable. Longueur : 10 $^m/_m$. Envergure : 22 $^m/_m$.

Cocon : Très dur et résistant à la compression. La forme est régulière et symétrique, cylindrique avec les deux bouts arrondis. La couleur est brune chez ceux qui sont déposés dans les mousses par la génération automnale, et d'un gris cendré soyeux ou même d'un blanc gris sale chez ceux qui sont attachés par la génération printanière entre les aiguilles en haut des pins. L'insecte parfait, en sortant de sa coque, découpe une des calottes par une incision nette et régulière.

Larve : Tête *brune* ferrugineuse, le plus souvent tachée de noir. Le corps est lisse avec des rides transversales portant de fines épines. La couleur est d'un vert jaunâtre, plus ou moins prononcée, parfois rayée par des bandes longitudinales jaunes, vertes ou grises.

Sur chaque patte membraneuse se trouve une double tache *noire* ⌐ ressemblant à un point d'exclamation couché. Il se trouve, en outre, sur chaque côté des anneaux de la poitrine et de l'arrière-corps, une autre tache noire. Longueur de la larve adulte : environ 25$^m/_m$.

L'insecte parfait vole dès le mois d'avril pour peu que la chaleur se prononce. Les femelles pondent aussitôt leurs œufs sur les aiguilles des plus jeunes pousses et les larves qui éclosent attaquent cette nouriture tendre pour ne cesser de ronger que vers la fin du mois de juillet. Elles forment alors leurs cocons et les attachent à une hauteur plus ou moins grande, en utilisant les aiguilles, les branches et même les hautes herbes. La chrysalidation se fait rapidement dans le cocon, et déjà après deux ou trois semaines, la seconde génération fait son apparition. Celle-ci commence aussitôt la nouvelle ponte sur les aiguilles des pousses de l'année même, parfois sur les anciennes pousses qui ont été épargnées par la première génération. Les larves provenant de cette seconde ponte mangent jusqu'en septembre, puis passent l'hiver dans leur cocon, placé cette fois directement en dessous, ou dans la couverture autour du pied de l'arbre.

Il arrive parfois que les descendants de la première génération printanière n'éclosent pas en juillet ou en août pour former la seconde génération, mais restent sans se transformer jusqu'au mois d'avril de l'année suivante. Dans ce cas, les larves placent leurs cocons directement dans la couverture dès le mois de juin, au lieu de les fixer aux branches, celles-ci servant aux cocons qui doivent produire la seconde génération de la même année et qui n'éprouvent donc pas le besoin d'une protection efficace contre les froids de l'hiver.

Une partie des larves qui ont passé l'hiver se développent au mois d'avril en insectes parfaits, et parviennent le plus souvent à produire une seconde génération pendant la même année, en parcourant le cycle tel que nous venons de le décrire. Mais les autres restent sous la forme larvaire jusqu'en mai et ne se chrysalident qu'en juin ou en juillet.

La femelle pond bientôt, et les nouvelles larves mangent alors jusqu'en septembre, tout comme celles qui proviennent de la seconde génération, puis forment leur cocon d'hiver pour ne sortir qu'au mois d'avril de l'année suivante.

Les larves du printemps peuvent donc ne se trouver qu'en petite quantité, ne représentant somme toute qu'une première génération partielle, alors qu'en automne les larves peuvent se produire en nombre d'autant plus considérable qu'elles forment, pour une partie, la descendance multipliée des larves printanières. Pour peu que ces larves aient été dispersées, et n'aient pas ainsi frappé l'attention du forestier, celui-ci se trouvera brusquement placé, en automne, devant des masses très considérables de fausses chenilles, dont il ne comprendra guère l'origine.

Les froids du printemps peuvent tuer des masses de larves, car elles sont très sensibles aux modifications brusques de la température, de sorte qu'une extension considérable automnale peut être suivie de la disparition à peu près complète de l'insecte.

Les évolutions des Lophyres peuvent du reste présenter encore d'autres complications, moins générales cependant. Hartig a démontré que le repos larvaire peut durer non seulement 12 mois, mais même 22 mois.

Les larves de *L. pini*, lorsqu'elles sont jeunes, vivent en sociétés de 50 à 80 individus, rongeant les aiguilles et laissant subsister les nervures centrales. Plus tard, elles s'isolent de plus en plus et mangent alors les aiguilles jusqu'à la gaine. Leur préférence pour les anciennes aiguilles diminue le danger de leurs attaques; cette préférence disparaît quand le nombre d'individus est très grand.

Le *L. pini* est le seul, parmi les trois espèces que nous examinons, qui ait provoqué des ravages sérieux et qui, en effeuillant des massifs entiers, soit parvenu à en anéantir quelques-uns.

Le Lophyre du pin attaque le pin sylvestre à tout âge; il paraît cependant avoir une certaine préférence pour les jeunes plantations, surtout quand elles sont peu vigoureuses; mais il en agit de même lorsque les plantations âgées sont maladives, et il se jette sur tous les arbres indistinctement lorsqu'il se développe en très grandes quantités.

Cet insecte, très lourd d'ailleurs, ne vole pas volontiers dans les massifs serrés, où le moindre obstacle l'arrête. Pendant les journées chaudes, mâles et femelles se laissent prendre à la main, car ils ne se déplacent que très difficilement. Les femelles préfèrent de beaucoup pondre sur les arbres isolés ou les arbres de bordure, ou sur les arbres ayant des dégagements ou un accès facile, comme ceux qui dominent par exemple. Il faut déjà une forte multiplication, provoquant une disette, pour que l'insecte pénètre dans les massifs, ce qu'il fait alors, en allant d'arbre en arbre, tant sous la forme de larve que comme insecte parfait.

Le Lophyre du pin est parfois atteint par des affections terribles, venant arrêter, en quelques semaines, un développement considérable qui dure depuis plusieurs années. Ce sont souvent des maladies bactériennes, très virulentes et extrêmement épidémiques, qui amènent cette mortalité extraordinaire.

Parmi les autres destructeurs du Lophyre, il faut citer les souris, qui détruisent d'énormes quantités de larves qu'elles retirent des cocons hivernant dans la couverture au pied des arbres.

Le sansonnet aime aussi les larves du Lophyre du pin, et l'on en voit parfois des bandes nombreuses se rapprocher des pineraies dévastées et y faire de copieuses provendes, car précisément les deux pontes de cet oiseau donnent des jeunes au moment même de la vie larvaire de chacune des deux générations du Lophyre.

D'autres oiseaux s'attaquent également aux larves, notamment les mésanges, qui se trouvent parfois en quantité dans les pineraies infestées.

Les ichneumons [1] enrayent souvent les développements énormes des Lophyres. A Selzaete, nous avons été témoin de ce fait : c'était la troisième année de l'attaque du Lophyre; il y en avait des quantités prodigieuses; mais, par contre, les ichneumons pullulaient au point qu'à chaque pas ils s'élevaient par centaines lorsqu'on marchait dans la pineraie; l'année suivante, le Lophyre avait entièrement disparu. La plupart des cocons que nous avons recueillis avaient des trous de sortie forés par les ichneumons, d'autres contenaient encore la larve piquée et dans une partie les larves étaient mortes, tuées par un champignon.

---

(1) André, dans le vol. I des *Hyménoptères d'Europe et d'Algérie*, p. 67, cite 47 espèces d'Ichneumons, 4 espèces de Chalcidites et 11 Diptères divers comme parasites de *Lophyrus pini*.

Le temps froid et humide détruit aussi des masses de larves ; des pluies continuelles favorisent du reste le développement des maladies cryptogamiques et bactériennes.

Comme nous l'avons dit, les dégâts causés par la génération annuelle unique du *L. pini* ou par la première des deux générations de l'année, consistent dans la destruction des aiguilles de l'année précédente d'un certain nombre de pousses, car les femelles pondent toujours avant la formation complète de la nouvelle pousse ; rarement elles déposent leurs œufs sur une aiguille de l'année même, car celle-ci n'a ni la force, ni la vitalité nécessaires pour résister à l'opération et, en se desséchant trop rapidement, elle ne permettrait pas aux œufs ou à la jeune larve de se développer. Les aiguilles de l'année précédente seront donc détruites par les larves printanières ; mais, en général, les jeunes pousses de l'année se développeront si bien qu'il faudra déjà un œil exercé pour s'apercevoir que l'arbre est moins touffu et que les aiguilles de l'année subsistent seules. Cette attaque printanière présente donc peu de danger si les arbres sont vigoureux ; mais il n'en est pas de même lorsque les pins se trouvent dans de mauvaises conditions de végétation, en terrain pauvre, par exemple.

Lorsqu'une seconde génération se présente, les aiguilles de l'année sont détruites en totalité ou en partie, bien que les bourgeons restent souvent intacts et qu'ils puissent se développer l'année suivante. Si la pineraie a déjà été attaquée l'année précédente, si elle est mal venante ou si d'autres causes interviennent pour l'empêcher de se refaire, le dommage peut devenir important. Il le sera cependant toujours à un degré moindre que lorsque la pineraie est attaquée par les chenilles de certains papillons, ce qui provient de la différence dans la manière de manger, les fausses chenilles du Lophyre ne détruisant pas méthodiquement toutes les aiguilles d'un arbre comme le font les chenilles vraies ; les bourgeons terminaux notamment restent surtout indemnes. Il arrive cependant que le nombre de larves est tel qu'elles ne se contentent pas d'effeuiller entièrement les arbres, même des massifs entiers, mais qu'elles détruisent les bourgeons et s'attaquent même à l'écorce, y rongeant par place, comme le ferait l'Hylobe (*Hylobius abietis*) ; une attaque de ce genre produit un affaiblissement tel, surtout des jeunes pineraies malvenantes, qu'elle peut occasionner la mort du peuplement.

Lorsque les pineraies sont plus âgées et plus vigoureuses, malgré l'effeuillage complet, elles peuvent reprendre vigueur après avoir souffert pendant quelques années, si, bien entendu, il ne leur est causé aucun dommage d'un autre genre, par l'hylésine ou d'autres insectes, notamment.

LOPHYRUS RUFUS Retzius.

(Le Lophyre roux.)

Adulte mâle : Antennes noires doublement pectinées, avec de longues pennes de 23 à 25 articles. Thorax et abdomen noirs au-dessus. Ventre noir avec une plus ou moins grande partie rouge, surtout vers l'extrémité. Pattes brun rouge. Ailes hyalines, avec nervures brunes. Longueur : 9 $^m/_m$. Envergure : 20 $^m/_m$.

Adulte femelle : Corps en grande partie rouge. Antennes brunes composées de 23 articles. Tête et thorax testacés avec taches plus sombres. Pattes rouges avec parties plus claires. Abdomen rouge, un peu plus sombre au-dessus. Ventre jaunâtre. Ailes jaunâtres avec les nervures brunes. Longueur : 11 $^m/_m$. Envergure : 23 $^m/_m$.

Cocon : Jaune clair, mou, ayant la forme d'un tonnelet comme celui de *L. pini*, mais irrégulier. La calotte est découpée peu nettement après la sortie de l'insecte parfait.

Larve : Tête d'un *noir* brillant et corps d'un vert sombre avec une bande claire longitudinale sur le dos et deux bandes claires sur chaque côté, enserrant entre elles une bande d'un vert plus prononcé. Longueur : 19 $^m/_m$.

L'insecte vole un peu plus tard que *L. pini* et ses mœurs ne paraissent pas différer beaucoup de celles de cette espèce. Il ne mange que fin mai et en juin, pour entrer en repos larvaire, et n'en sortir qu'au printemps suivant. Une double génération ne paraît pas se présenter en Belgique. Les larves vivent en sociétés de 15 à 30 individus, sur les pins sylvestres, et accompagnent très souvent celles du Lophyre du pin. Cet insecte ne paraît pas avoir fait des destructions notables à lui seul ; il vit le plus souvent dans les massifs attaqués par d'autres espèces de Lophyres.

André cite comme parasites 11 Ichneumons, 1 Chalcidite et 3 Diptères.

LOPHYRUS PALLIDUS Klug.

(*Le Lophyre pâle.*)

Adulte mâle : Antennes noires, de 17 à 20 articles, pectinées et pennacées. Thorax avec le bord extrême du pronotum testacé. Tête noire av c des taches testacées. Abdomen noir, ventre testacé. Pattes jaunes avec la base des hanches noire. Ailes hyalines. Nervures peu colorées. Très variable comme couleur. Longueur : 8 $^m/_m$. Envergure : 19 $^m/_m$.

Adulte femelle : Antennes testacées, de 18 articles, dentées en scie. Tête et pattes testacées pâles. Thorax testacé avec trois taches noires. Abdomen pâle avec de larges fascies noirs. Ailes presque hyalines. Nervures pâles. Longueur : 9 $^m/_m$. Envergure : 22 $^m/_m$.

Cocon : Mou, rarement entièrement régulier, plus épais d'un côté que de l'autre, d'un jaune blanchâtre entremêlé de temps en temps d'un peu de brun. Calotte ordinairement découpée d'une manière irrégulière.

Larve : Vert pâle avec le dos et des lignes latérales plus clairs. Tête *brune*, parfois avec des parties noires. Pattes membraneuses avec deux taches *vertes* en forme de point d'exclamation ⇠ renversé. Longueur : 20 $^m/_m$.

L'insecte vole en avril et mai et ses habitudes ressemblent beaucoup à celles de *L. pini*. Les larves de la première génération mangent dès la première moitié de mai, en juin et pendant les premiers jours de juillet. Elles font leurs cocons au milieu de juillet, ce qui, avec un repos de 9 à 15 jours, donne une seconde génération fin juillet et en août. Celle-ci procède à la ponte et les larves automnales passent l'hiver dans les cocons, comme le font les larves de *L. pini*.

Ces larves se réunissent en sociétés de 30 à 50 sur les pins sylvestres, préférant les jeunes et se trouvant souvent en compagnie des autres espèces de Lophyres.

Cette espèce est la moins répandue ; elle existe cependant un peu partout en Belgique.

Moyens de destruction

Il n'est guère nécessaire de recourir aux moyens destructifs du Lophyre du pin et de ses parents, l'expérience ayant démontré que les dégâts sont rarement d'une gravité telle qu'elle entraîne la mort des sujets attaqués. Les pineraies atteintes se remettent presque toujours, à moins qu'elles ne se trouvent dans des conditions de végétation vraiment trop mauvaises. Il est cependant bon de se rappeler que les pins effeuillés, s'ils ne meurent pas, boudent pendant longtemps et qu'il n'en résulte pas moins une perte sérieuse d'accroissement.

Lorsque l'attaque se produit dans de jeunes plantations que l'on désire protéger, il existe plusieurs moyens de destruction pratiques et donnant d'excellents résultats.

L'ouvrier opérateur, muni d'un panier ou d'un sac suspendu au cou, frappera sur les branches pour faire tomber les larves dans son récipient; il pourra couper au sécateur les pousses couvertes de larves. Ces larves et branches seront brûlées.

On peut aussi écraser les larves soit entre les mains protégées par des gants très rudes et très épais, soit entre deux brosses dures dont le dos est pourvu d'une oreillette en cuir pour y passer la main.

Dans les peuplements plus âgés, la récolte des larves ne peut se faire qu'en frappant les troncs avec un maillet de bois, garni de cuir ou de caoutchouc pour ne pas blesser les arbres, et en ramassant sur des draps les larves qui tombent sous les chocs du maillet.

Ces moyens sont à employer au printemps, au début d'une invasion, lors de la première génération. On détruit ainsi aisément les larves formant de petits foyers qui menacent de s'étendre lors de la multiplication de la seconde génération. Il faut avoir soin d'opérer soit le matin, soit par les journées froides et pluvieuses, quand les larves, très sensibles au froid, se réunissent en bloc afin de se réchauffer et de lutter contre l'engourdissement.

Lorsqu'un massif entier est attaqué par de nombreuses larves allant d'arbre en arbre et effeuillant le tout, il est bon d'entourer le massif infesté d'un large fossé dans lequel on pourra écraser les larves qui voudront le franchir pour aller dans le voisinage à la recherche d'une nourriture plus abondante. Ce fossé doit avoir un pied de profondeur et autant de largeur; les bords doivent en être perpendiculaires, ce qui empêchera la larve de les remonter; en outre, tous les 2 à 3 mètres, on creusera des trous plus profonds, dans lesquels les larves iront se jeter en cherchant à sortir de leur prison.

G. SEVERIN,
Conservateur au Musée royal d'histoire
naturelle de Belgique.

Ouvrages consultés

Th. Hartig, Die Familien der Blattwespen und Holzwespen, Berlin, 1837.

André, Species des Hyménoptères d'Europe et d'Algérie. I, 1879, Beaune.

Judeich und Nitsche, Lehrbuch fur Mitteleuropaeische Forstinsektenkunde, Berlin, 1895.

D* Altum, Das Massenhafte auftreten der Kiefern-Buschhornblattwespe, in Zeitschrift für Forst und Jagdwesen, Berlin, 1898.

Le champignon des maisons

Dans des circonstances favorables, certaines espèces de champignons parasites peuvent se développer dans le bois en œuvre avec une vigueur extraordinaire et détruire parfois en quelques mois la charpente d'une maison neuve.

Dans une étude publiée l'an dernier dans la *Revue des eaux et forêts*, M. Henry, chargé de cours à l'Ecole forestière de Nancy, appelait l'attention sur le plus commun et le plus redoutable d'entre eux, le champignon des maisons (*Merulius lacrymans* Fr.), dont les dégâts, paraît-il, sont beaucoup plus fréquents qu'autrefois. A Nancy, M. Henry pourrait citer plus de vingt maisons où l'invasion de ce champignon a récemment nécessité des réfections coûteuses, amenant en outre fréquemment des contestations et des procès entre les propriétaires, les architectes, les entrepreneurs et les marchands de bois. En Allemagne, en Autriche, en Russie, le mal a atteint de telles proportions que l'*Association internationale pour l'essai des matériaux* a chargé, en

1898, une Commission spéciale (1) d'étudier la question, de plus en plus pressante, du *Merulius lacrymans*.

Bon nombre de nos lecteurs reconnaîtront sans doute le champignon aux indications suivantes données par M. Henry:

« Là où il se trouve de l'air humide, stagnant, dans les caves par exemple, les filaments mycéliens sortent du bois, très blancs, peu serrés, formant de grands tapis de laine blanche très molle qui recouvrent non seulement la surface du bois, mais peuvent aussi s'étendre sur d'autres objets voisins dont ils ne tirent aucun aliment ; ils montent ainsi le long de la maçonnerie, recouvrent le sol humide, les dalles de pierre, etc. Bientôt, on voit apparaitre sur ce blanc tapis d'ouate les fructifications étalées le plus souvent en forme d'assiette. La masse mycélienne, d'abord blanche et peu serrée, devient plus compacte, se colore çà et là en rougeâtre, présente des plis vermiformes qui bientôt se couvrent de spores couleur de rouille, à tel point que toute la surface fertile prend une coloration orangée foncée ou d'un ferrugineux jaunâtre. »

Quels dégâts le champignon produit-il dans le bois?

« Tant que le bois atteint contient de l'eau en abondance, écrivait M. Henry, il garde son volume primitif ; mais, quand elle a disparu, il prend un tel retrait qu'il se produit des crevasses à angle droit l'une sur l'autre et que le bois tombe par fragments cubiques réguliers. Cette destruction est accompagnée d'une coloration brune, due sans doute à une plus forte oxydation des acides normaux, tels que l'acide tannique. Il doit se former probablement des corps humiques. Tendre à l'état humide, le bois acquiert à l'état sec les propriétés du charbon de bois. Il devient friable et se réduit,

---

(1) Cette Commission, dont font partie pour la France MM. Henry et Jolyet, chargés de cours à l'Ecole nationale des eaux et forêts, a pour président M. Friedrich, conseiller impérial et royal et directeur de la station forestière de Mariabrunn, près Vienne, et pour vice-président M. Tilschkert, colonel du génie autrichien, directeur des travaux militaires.

quand on le broie entre les doigts, en une poudre jaune très fine. »

Le *Merulius* peut détruire de la boiserie sèche, parce que, grâce à ses cordons mycéliens qui, par les interstices de la maçonnerie, peuvent s'étendre de la cave jusqu'aux étages supérieurs, il attire, des parties humides du bâtiment, autant d'eau qu'il est nécessaire pour humecter le bois sec et le rendre ainsi accessible à la destruction. Quand il ne peut céder cette eau à du bois, le *Merulius* l'élimine sous forme de larmes, propriété qui lui a valu son nom de *lacrymans*.

D'où vient le champignon? Comment pénètre-t-il dans les constructions neuves?

Il est certain qu'il peut se propager par contagion. Mais, ne peut-il aussi avoir une origine forestière?

Il est très rare dans les forêts de l'Europe moyenne et occidentale, où il ne trouve qu'exceptionnellement les conditions nécessaires à son existence; mais il doit être plus abondant là où l'état forestier se rapproche de celui de la forêt primitive. Le général du génie russe T. von Baumgarten, se fondant sur ses nombreuses observations faites dans la Pologne russe, est convaincu que, dans presque tous les cas, le mycélium existait déjà dans le bois mis en œuvre et ne provenait pas de spores ayant germé.

On a observé le champignon dans des pavillons de chasse établis à 1,700 mètres d'altitude dans les Alpes, au milieu de la forêt et entièrement formés de bois sciés et façonnés sur place.

Il importe donc, écrivait l'an dernier M. Henry, de pouvoir déterminer si les bois de construction renferment ou non des germes d'infection. Et la *Commission internationale du Merulius*, nommée par l'*Association internationale pour l'essai des matériaux*, conviait les botanistes de tous les pays à la recherche d'une solution pratique de la question, qui mettrait fin aux procès et aux contestations en déterminant la part de responsabilité incombant à chacun.

En attendant que la science réponde à ce desideratum, comment empêcher la germination des spores qui se trouvent dans le bois au moment de son emploi, ou qui sont postérieurement apportées à sa surface, ou tout au moins entraver le développement du mycélium?

« Pour que le *Merulius* se développe, énonçait M. Henry, il lui faut de l'humidité, et inversement la dessiccation le tue ou, en tout cas, le paralyse. Donc, en n'employant que des bois bien secs, en encastrant les poutres dans des murs bien secs et assez épais pour s'opposer à la pénétration de l'humidité extérieure, en prenant la précaution d'imprégner l'extrémité des poutres d'une substance antiseptique énergique et pénétrante et de n'appliquer la peinture que quand le bois est parfaitement sec, en n'employant que des matériaux de remplissage bien secs, n'attirant pas l'humidité, en aérant suffisamment les caves, surtout celles où il y a un calorifère, en évitant tout contact entre le bois et les liquides alcalins (lessive, urine, cendres humides, etc.), on a beaucoup de chances de se mettre à l'abri de l'invasion. »

Et lorsque celle-ci se déclare?

« Il n'y a qu'une chose à faire : enlever largement les bois envahis jusqu'aux points où la texture, la dureté, la coloration deviennent normales; faire disparaître toutes les traces de mycélium qui se trouvent aux environs, sans oublier d'examiner les murs, pulvériser partout des liquides antiseptiques (acide sulfurique, solution de sublimé, de formol, etc.), dessécher et aérer le plus intensément et le plus promptement possible les endroits infestés, imprégner de carbolineum les bois de remplacement. De nombreux exemples montrent que par ce traitement, dont il faut surveiller quelque temps les résultats (pour le recommencer au besoin sur certains points), le champignon ne reparaît plus. »

A quoi faut-il attribuer la recrudescence des attaques du champignon?

Il n'est pas douteux, répondait M. Henry, que le redoublement de fréquence dans les dégâts est dû en grande partie aux

nouveaux errements du commerce du bois et à la façon défec-
tueuse, imprévoyante et trop hâtive dont sont menés en
général les travaux de construction.

« Autrefois, les négociants en bois de charpente, soit dans
les villes, soit dans les centres de production, s'approvision-
naient longtemps d'avance, accumulant sous leurs hangars
des pièces de bois qui avaient le temps de se dessécher et
qu'on débitait ensuite suivant l'équarrissage demandé.
Aujourd'hui, ils réduisent autant que possible leurs approvisionnements et expédient des bois insuffisamment desséchés,
façonnés quelquefois dans les coupes. Peut-être aussi les bois
de service de l'Europe orientale, plus fréquemment envahis,
arrivent-ils sur notre marché en plus grande abondance
qu'autrefois.

» D'autre part, les bâtiments se construisent trop vite; on
ne laisse pas à la maçonnerie le temps de sécher avant de la
crépir; cette humidité enfermée dans le mur se porte vers
l'extrémité des poutres qui y sont encastrées et peut humecter assez le bois (même supposé sec) pour y faire développer
spores et mycélium s'il en renferme. »

Cette situation n'est-elle pas de nature à faire réduire l'emploi du bois dans les constructions?

« Il serait absolument injuste, disait M. Henry en terminant,
de jeter le discrédit sur l'emploi du bois dans les charpentes
et de chercher à le déposséder du premier rang qu'il occupe
légitimement comme matériel de construction, en s'appuyant
sur des exemples où il est notoire que le bois a failli uniquement par défaut de précautions. On doit rester convaincu
que le bois est la meilleure matière à employer pour les
charpentes et qu'il a une durée pour ainsi dire indéfinie, à
condition qu'on prenne à son endroit les précautions nécessaires. Ne le fait-on pas pour son rival, le fer, qui ne serait
bientôt qu'un amas de rouille si on ne le défendait contre
l'humidité? »

* * *

Dans un nouvel article qui vient de paraître dans la *Revue des Eaux et Forêts*, M. Henry expose les expériences auxquelles il a été procédé pour préserver le bois en œuvre de l'invasion du *Merulius* ou pour empêcher celui-ci de se développer.

Les expériences les plus récentes et les plus rigoureuses viennent d'être décrites dans un rapport dû au colonel du génie Tilschkert, ancien directeur des travaux militaires d'Autriche et vice-président de la *Commission du Merulius*.

« Les recherches de Robert Hartig, dont la science déplore la perte récente, ont établi, dit M. Tilschkert, que, parmi les produits organiques, seule est efficace contre le champignon des maisons l'huile de créosote (ou les substances qui en contiennent des quantités notables : carbolineum, carburinol, huiles lourdes de résine). »

M. Henry fait remarquer que l'huile de créosote est très volatile et peu soluble dans l'eau ; ce qui fait qu'elle perd assez vite sa qualité protectrice quand le bois qu'elle imprègne est exposé à l'air et à la pluie.

« Le carbolineum, le carburinol et les matières analogues gênent dans les habitations par leur forte odeur, tandis que celle de l'huile pure de créosote est très supportable.

» En Allemagne et en Autriche, les fabricants ont inventé de nombreux ingrédients dont les auteurs vantent l'efficacité à grands coups de réclame. Il y a, par exemple, le *mycothanaton* de Vilain, celui de Muller, l'*antimerulion* de Zehrener, le *microsol* de Rosenzweig et Baumann. Le plus récent, qui semble être aussi le plus efficace d'après les essais rapportés par le colonel Tilschkert, est l'*antinonnine* produit par les fabricants de couleur Frédéric Bayer et Cⁱᵉ, à Elberfeld. »

Les résultats des expériences faites à l'aide de cette dernière substance par le colonel du génie Tilschkert « semblent prouver d'une manière décisive que l'*antinonnine*, employée simplement en badigeonnage superficiel, empêche à la fois la pénétration du champignon par le dehors et le développement des spores ou filaments qui peuvent exister dans l'intérieur de la poutre badigeonnée. »

Le lieutenant-colonel russe Beaumgarten a également fait des expériences sur les moyens de détruire le *Merulius*. Il admet aussi, écrit M. Henry, « que si des bois secs (les seuls qu'on doive employer dans les constructions) renferment du mycélium, des badigeonnages extérieurs qui protègent le bois contre l'air et l'humidité empêcheront le mycélium confiné dans le bois de se progager dangereusement, en même temps qu'ils écarteront les invasions par le dehors.

» Baumgarten croit que les corps gazeux, tels que la créosote volatile, qui peut pénétrer dans le bois avec l'air et l'humidité, sont les plus propres à détruire le champignon. C'est ainsi qu'agit le chlore qui forme un élément du *mycothanaton* de Muller. C'est par ce moyen qu'à Brest-Litowski, ville du gouvernement de Grodno, l'on a protégé de nombreux bâtiments contre le champignon des maisons. A l'automne de 1881, dans les bâtiments de l'intendance, où le champignon avait fortement envahi planchers et poutres, les planches et les poutres, après qu'on eût enlevé les champignons, furent badigeonnées avec le *mycothanaton* de Muller. Planches et poutres furent séchées et bien aérées ; on remit les planchers en place et les chambres furent occupées l'hiver. En août 1882, on souleva le plancher sans trouver trace de mycélium ; les matériaux de remplissage étaient absolument secs ; on ne percevait aucune odeur de champignon. Le mal était complètement écarté; le bois n'avait pas encore perdu tout à fait son odeur de chlore. Des investigations ultérieures faites jusqu'à 1885 donnèrent d'aussi bons résultats.

» Dans un grand nombre d'autres constructions, l'ingrédient de Muller agit avec autant d'efficacité.

» Voilà donc encore un liquide antiseptique, tout différent de l'*antinonnine*, qui semble avoir fait ses preuves contre le *Merulius lacrymans*. » (1)

---

(1) L'*antinonnine* avec laquelle ont été faits les essais autrichiens, est, d'après le *Manuel d'hygiène* du D⟨r⟩ Hueppe, une dissolution savonneuse d'orthodinitro-

En France, continue M. Henry, « on se sert de plus en plus, pour protéger les bois en contact avec l'air ou le sol contre les influences nuisibles de l'atmosphère, des insectes ou des champignons, de badigeonnages ou d'injections avec des produits dérivés du goudron (carbolineums, carbonyles, carbonéines). (1)

» Le *carbolineum*, produit ainsi désigné par son inventeur, M. Avenarius, est essentiellement constitué par des huiles lourdes extraites du goudron (2) (série de la naphtaline, de l'anthracine, du phénol, acide carbolique).

» Le *carbolineum* a une odeur spéciale, une odeur de goudron qui peut être désagréable à certaines personnes; il rend le bois plus inflammable puisqu'il renferme des huiles éthérées, et son maniement exige quelques précautions, surtout pendant les chaleurs qui activent l'évaporation de certaines substances irritantes pour les yeux et le visage.

» Mais à côté de ces inconvénients, il présente de tels avantages comme efficacité, modicité de prix — fr. 0.40

crésol-potassium [$C_6H_2(NO_2)_2CH_3OK$]. Ce produit, aussi extrait du goudron, est peu volatil et n'a pas d'odeur désagréable. Il se vend en pâte. Le kilogramme vaut environ 12 francs; c'est un prix assez élevé.

D'autres antiseptiques, tels que le *mycothanaton* de Muller, expérimenté avec succès par M. Baumgarten, ne sont composés que de sels minéraux. Ce mycothanaton est un mélange de :

750 grammes de chlorure de calcium ;

1,500 grammes de sulfate de soude ;

2,250 grammes d'acide chlorhydrique ;

66 grammes de sublimé (bichlorure de mercure) et 57 litres d'eau.

Il faut prendre quelques précautions en l'employant à cause du chlore et du sublimé ; il faut ouvrir les fenêtres et établir un courant d'air. Il offre sur le carbolineum et produits analogues les avantages appréciables de n'avoir pas d'odeur désagréable et de ne pas rendre le bois plus inflammable.

(1) Société française du carbonyle, faubourg Saint-Denis, 188-190 ; Carbolineum Stern, Pantin.

(2) D'après les recherches faites à la station agronomique de Nancy, le *Carbolineum Arenarius* a une densité de 1,110 ; il est formé en majeure partie d'huiles distillant entre 180° et 360° et contient de la naphtaline. Une de ses contrefaçons, le *Carbolineum* dit *Supra*, est moins dense (D = 1,060) et il commence à distiller à une température un peu plus basse.

le kilogramme — facilité d'emploi, que son usage se répand de plus en plus. »

Pour se rendre compte de la puissance antiseptique des divers produits à base de créosote vendus sous le nom de *carbolineum*, M. Fromont, chef de section à la Compagnie des chemins de fer de l'Est, a fait l'expérience comparative suivante :

« Un bout de planche de sapin a été coupé en quatre morceaux de 40 centimètres de longueur, qui ont été enfoncés jusqu'à mi-hauteur dans un terrain clos de l'Administration, le 25 mars 1895, après avoir été imprégnés, l'un de *carbolineum Avenarius*, le second d'une contrefaçon achetée à Nancy et dite *carbolineum supra*, le troisième d'un mélange de goudron et de pétrole; le troisième morceau tel quel.

» Ils sont restés exposés aux intempéries jusqu'au 18 juillet 1901, soit pendant plus de six ans. En les extrayant du sol, on a constaté que les deux derniers morceaux dont il vient d'être question étaient complètement pourris, que le second, imprégné avec du *carbolineum supra*, présentait de grosses taches de pourriture le mettant hors de service, tandis que l'échantillon traité par le *carbolineum Avenarius* était complètement sain, sans trace d'altération.

» Depuis cette expérience, M. Fromont, convaincu de l'efficacité des badigeonnages au carbolineum contre la pourriture — autrement dit, la destruction par les champignons — des bois au contact du sol, fait imprégner de ce produit toutes les poutres ou planches des rez-de-chaussée des constructions qu'il édifie pour le compte de la Compagnie de l'Est.

» Dans le bureau du chef de dépôt, à la gare de Nancy, les solives et les planches en chêne du plancher du rez-de-chaussée furent complètement détruites en cinq ans par le *Merulius lacrymans* qui étendait sur le sol et sur les solives ses tapis d'ouate blanche caractéristiques. On les a remplacées par des solives badigeonnées de carbolineum sur les quatre faces, et les frises du parquet, en chêne comme les solives, furent aussi soigneusement badigeonnées sur leur face inférieure. M. Fromont est persuadé que, cette fois, le plancher ne sera plus envahi. Si dans quelques années on ne constate aucune altération, aucune trace de champignons sur les solives ou les frises, ce sera la démonstration certaine de l'efficacité des solutions créosotés contre l'invasion du *Merulius*, puisqu'il existe certainement dans le local (après l'enlèvement du matériel champignonné, rien n'a été fait pour détruire le champignon) et qu'il n'aura pas pu envahir les nouveaux bois placés pourtant dans les mêmes conditions que les précédents pourris en cinq ans.

 » Il n'y a pas à craindre ici la dissolution lente des phénols et autres composés utiles solubles, qui se produit sur les bois exposés aux intempéries. »

D'après quelques essais faits par M. Henry à l'École forestière, l'imprégnation par le *carbolineum* (1) de certains bois tels que le hêtre, le cerisier, est pour ainsi dire instantanée et se constate immédiatement, tandis que chez le frêne, le chêne, le sapin même, elle semble tout d'abord superficielle, mais sur les points exposés à l'air, elle envahit une zone de plus en plus large.

En résumé, dit M. Henry, « on touche presque au but; il n'y a plus que peu de chose à faire pour convaincre les techniciens et pour restituer au bois la confiance qu'il mérite et qui avait été ébranlée par les nombreux et coûteux accidents dus au *Merulius*. Qu'importe, en effet, que les bois employés renferment ou non des spores ou du mycelium, soit de *Merulius*, soit de tout autre champignon destructeur, s'il est reconnu, démontré, que l'imprégnation par des antiseptiques éprouvés empêche à la fois l'invasion des champignons par le dehors et leur évolution au dedans ? »

En terminant, M. Henry fait connaître qu'il installe en ce moment à l'École forestière de Nancy des expériences

---

(1) Le chauffer à 60° pour qu'il soit plus fluide et pénètre mieux.

« relatives à l'efficacité des divers antiseptiques sur les différentes essences employées dans les constructions, à l'influence
de l'état de dessiccation du bois, de la durée et du mode
d'imprégnation, relatives aussi à leur action sur la constitution du bois et sa résistance à la rupture, de manière à
fournir aux architectes, aux entrepreneurs, aux propriétaires, des résultats nets, rigoureux qui, dégagés de toute
attache mercantile, de tout soupçon de réclame, pourront
inspirer pleine et entière confiance.

» Dès lors, les techniciens, assurés de la durée du matériel
ligneux, même employé dans un état de dessiccation insuffisant, tel que le livre le commerce et dans des milieux (air,
murs) défavorables, renonceront de plus en plus à préconiser
l'emploi des charpentes en fer et du ciment armé qui leur
ont donné beaucoup de mécomptes.

» Ils reviendront franchement au bois. Efficacement protégé
contre les insectes et les champignons par des injections et
même de simples badigeonnages à l'aide d'antiseptiques
éprouvés, il constitue certainement le meilleur matériel. On
aura ainsi rendu un service signalé tant à ceux qui emploient
le bois de charpente qu'à ceux qui le produisent. »

Culture préparatoire au boisement en Campine

Dans l'article que nous avons publié en 1900 sur le *défrichement et le reboisement en Campine* (1), nous avons essayé
d'établir la nécessité d'une culture du sol préparatoire au
boisement. La pratique est venue confirmer la théorie. Voici
le compte de la culture d'une parcelle de 3 hectares 67 ares
de bruyère (sol médiocre, assez élevé et sec, ancien bois
dérodé depuis un temps fort éloigné), située à Pulderbosch
(province d'Anvers), à trois quarts d'heure de l'aggloméré

---

(1) *Bulletin*, année 1900, page 382.

Dépenses.

Année 1899.

Labour et travail du sol effectué au printemps (partie à la charrue, partie à la bêche). fr. 330

Epandage, à l'automne, de 1,500 kil. de phosphate basique et de 300 kil. de kaïnite, par hectare ; coût des engrais et main-d'œuvre 320

Année 1900.

Semaille, au printemps, de 125 kil. par hectare de lupin jaune; semences ; enfouissement du lupin à la charrue à l'automne; main-d'œuvre 265

Epandage, à l'automne, de 1,200 kil. phosphate basique et 300 kil. kaïnite par hectare ; engrais ; main-d'œuvre. 250

Année 1901.

Semaille, au printemps, de lupin jaune; enfouissement en automne 265

Epandage, à l'automne, de 1,000 kil. phosphate basique et 300 kil. kaïnite par hectare ; engrais ; main-d'œuvre. 250

Semaille de seigle, avant l'hiver ; semence, main-d'œuvre. . . . . , . . . 120

Total des dépenses. . . . fr. 1,800

Recettes.

En 1901 : Récolte de 1,350 kil. de semence de lupin jaune, à 20 francs les 100 kil. . . fr. 270

A déduire pour frais de cueillette et battage 85

Bénéfice net . . . . . . fr. 185

En 1902 : Produit net de la vente publique du seigle sur pied 732

Total des recettes . . . . fr. 917

Balance.

```
Dépenses.  .  .  .  .  .  .  .  .  .  .  fr.  1,800
Recettes .  .  .  .  .  .  .  .  .  .  .       917
                                        ────────
          Reste net en dépenses. .  .  fr.   883
```
soit environ 240 francs par hectare.

Ajoutons-y pour perte d'intérêts, rente du sol, frais de garde, contributions, 60 francs pour les trois années et par hectare. Nous arrivons à avoir le sol préparé pour la plantation à effectuer la quatrième année, avec une valeur incorporée de 300 francs.

La valeur initiale du sol étant de 200 francs par hectare, nous trouvons donc, après une période de trois années de culture de lupin et de seigle, un terrain parfaitement préparé et enrichi par un apport considérable d'engrais, au prix de 500 francs l'hectare.

En décomposant les chiffres indiqués ci-dessus, on trouve que les frais de culture proprement dits s'élèvent à 980 francs, soit approximativement le produit des récoltes obtenues; de manière que le solde débiteur du compte représente uniquement le coût des engrais minéraux, tels que phosphate basique et kaïnite. Il en résulte que la quantité considérable d'azote incorporée au sol par l'enfouissement du lupin a été acquise sans frais. C'est là le premier bénéfice de ce système de culture. Le second provient de l'amélioration remarquable du sol résultant de la culture, tant par les façons nombreuses du terrain (3 labours, 3 hersages) que par la création d'un humus issu de la décomposition des lupins. Le drainage du sol par les longues racines pivotantes du seigle est aussi un élément d'amélioration.

Nous admettons que les conditions où nous nous trouvons pour la vente de la récolte de seigle et de lupin, sont favorables et peuvent ne point se rencontrer partout.

Mais, en général, le seigle semé sur bruyère est fort recherché par les cultivateurs, à cause de l'absence, dans les emblavures, de plantes parasites ; ce seigle est estimé comme semence et il est rare qu'il ne trouve pas d'amateurs.

C'est d'ailleurs exceptionnellement qu'il le serait et cette exception ne peut infirmer la règle.

Il est regrettable que certains défricheurs persistent encore à avoir une foi aveugle dans la « fertilité » de la bruyère et plantent directement sur le sol simplement retourné. Oublient-ils donc que leur pauvre terrain ne pourra jamais donner à la production forestière les éléments indispensables en phosphate et en azote qu'il ne contient pas? Où les cherchera-t-il, si on ne les lui donne au préalable?

Il est intéressant de faire le calcul, *par hectare*, de la quantité d'éléments fertilisants introduits dans le sol par cette culture de trois années :

	Quantités en kilogrammes			
	Acide phospho- rique	Potasse	Azote	Chaux et magnésie
1ʳᵉ ANNÉE.				
1,500 kil. phosphate basique, titrant en moyenne 15 % d'acide phosphorique et 50 % de chaux et magnésie . .	225	—	—	750
300 kil. kaïnite à 12 %	—	36	—	–
2ᵉ ANNÉE.				
15,000 kil. lupin(1), ayant une richesse en azote de 5 ⁰⁰/₀₀.	—	—	75	
1,200 kil. phosphate basique. . . .	180	—	—	600
300 kil. kaïnite	—	36	–	—
3ᵉ ANNÉE.				
25,000 kil. lupin.	—	—	125	—
1,000 kil. phosphate basique . . .	150	—	—	500
300 kil. kaïnite	—	36	—	—
Totaux	555	78	200	1,850

(1) La première année, le lupin réussit notablement moins bien que les années suivantes. La moyenne d'une bonne culture de lupin, soit 25,000 kil., est indiquée par feu M. Denis Verstappen.

De cette quantité, il y a lieu de déduire ce qui a été enlevé par la culture du seigle. Celle-ci a produit, par hectàre et en moyenne, 2,200 kil. de semences et 5,500 de paille.

D'après les tables de Petermann :

	Quantités en kilogrammes			
	Acide phospho- rique	Potasse	Azote	Chaux
1,000 kil. de paille de seigle renferment en °/o	2.1	7.8	2.4	4.0
Et 1,000 kil. de grains seigle renfer- ment °/o.	8.4	5.6	17.6	0 5
Soit pour la production renseignée ci- dessus :				
Paille, kil.	11.55	42.90	13.20	22 »
Grains, kil.	18.45	12.32	38.72	1.10
Totaux	30 »	55 22	51 92	23.10
Il resterait donc dans le sol après la culture du seigle, en kil.	525 »	22.78	148.08	1826.90
Total incorporé . .	555 »	78 »	200 »	1850 »

Dans les très **intéressants** et instructifs articles que M. Nélis vient de consacrer à la Campine (*Bulletin* de 1902, pp. 207, 274 et 348), il a parfaitement démontré que l'ennemi qu'il faut partout combattre et détruire, c'est l'acidité du sol, provenant du « heide humus ».

Nous estimons que le moyen le plus efficace de lutter contre lui consiste principalement dans la culture du sol. Comme le constatait déjà M. Denis Verstappen, le sol, après une culture de quelques années, prend une teinte plus uniforme et une certaine consistance ; par l'apport des

45

engrais minéraux et des matières organiques, un humus doux s'est constitué, dans lequel l'activité végétative se manifeste, ainsi que la vie microbienne dont se trouvent privés ces terrains vierges que nos paysans campinois appellent si justement « une terre morte ».

Lors de la récente excursion de la Société aux environs de Bruges, les forestiers campinois ont été frappés de la beauté et de la vigueur de la végétation dans les terrains assurément médiocres de Ruddervoorde et Beernem, à certains endroits envahis, comme en Campine, par la bruyère.

La raison de cette différence doit, à notre avis, être attribuée à trois causes : la profondeur du sol, sa fraîcheur et son défaut d'acidité. C'est si vrai, que lorsque ces éléments se trouvent réunis en Campine, on y trouve des bois, tant feuillus que résineux, qui peuvent rivaliser avec les plus belles propriétés forestières des Flandres.

LÉON NÈVE,
notaire à Gand.

Relevé des arbres remarquables

(Suite)

Province de Luxembourg

COMMUNE D'AMONINES.
Situation : lieu dit Cheyneux.
Propriétaire : Hospices civils.
Nom de l'arbre :   "
Essence : chêne rouge d'Amérique.
Végétation : bonne.
Circonférence à 1ᵐ50 du sol : 1ᵐ70 et 1ᵐ62.
Hauteur sans branches : 3ᵐ15 et 5ᵐ20.
Hauteur totale : 20 et 18 mètres.
Observations :   "

COMMUNE D'ANLIER.

Situation : forêt domaniale d'Anlier.

Propriétaire : Etat belge.

Nom de l'arbre : Le Gros Chêne de Heinstert.

Essence : chêne pédonculé.

Végétation : dépérissant.

Circonférence à 1ᵐ50 du sol : 4ᵐ85.

Hauteur sans branches : 5 mètres.

Hauteur totale : 23 mètres.

Observations : Forme très bizarre ; sert de point de rendez-vous aux gardes.

COMMUNE D'ATTERT.

Situation : section de Schadeck.

Propriétaire : MM. Gillet, frères et sœur, de Schadeck.

Nom de l'arbre : Le Gros Chêne de Schadeck.

Essence : chêne pédonculé.

Végétation : assez vigoureuse.

Circonférence à 1ᵐ50 du sol : 5ᵐ27.

Hauteur sans branches : 6ᵐ50.

Hauteur totale : 22 mètres.

Observations : Remarquable par la beauté de son houppier très étendu et la grosseur du tronc. Le pied est creux et sert de niche aux chiens du propriétaire. Les branches, d'une belle ramification, portent souvent des glands en abondance.

COMMUNE DE BASTOGNE.

Situation : propriété de Losange, à quelque distance du château.

Propriétaire : M. le comte van den Steen.

Nom de l'arbre :   „

Essence : mélèze.

Végétation : très bonne.

Circonférence à 1ᵐ50 du sol : 2ᵐ60.

Hauteur sans branches : 8 mètres.

Hauteur totale : 30 à 35 mètres.

Observations :   „

COMMUNE DE BERTRIX.

Situation : près bois dit La haie.

Propriétaire : la commune.

Nom de l'arbre : Le Hêtre de la Chabotée.

Essence : hêtre commun.

Végétation : bonne.

Circonférence à 1ᵐ50 du sol : 2ᵐ60.

Hauteur sans branches : 2ᵐ50.

Hauteur totale : 17 mètres.

Observations : Cet arbre domine les plus hauts points des environs et sert souvent de guide aux personnes se rendant de Hérbeumont à Bertrix et vice versa, par la voie la plus courte.

MÊME COMMUNE DE BERTRIX.

Situation : à Burhaimont, dans un enclos tenant à l'habitation de M. J. Ponsar.

Propriétaire : M. J. Ponsar, dè Bertrix.

Nom de l'arbre : Chêne Ponsar.

Essence : chêne pédonculé.

Végétation : très bonne.

Circonférence à 1ᵐ50 du sol : 2ᵐ80.

Hauteur sans branches : 10 mètres.

Hauteur totale : 24 mètres.

Observations : Certains vieillards de la localité racontent, suivant les dires de leurs ancêtres, que vers 1790 un berger aurait voulu couper ce chêne pour en faire un manche à houlette. Ce chêne pourrait donc être âgé de 120 ans.

COMMUNE DE BORLON.

Situation : bois de Vinné.

Propriétaire : Mᵐᵉ la comtesse d'Ursel.

Nom de l'arbre :   „

Essence : hêtre commun.

Végétation : vigoureuse.

Circonférence à 1ᵐ50 du sol : 2ᵐ65.

Hauteur sans branches : 4 mètres.

Hauteur totale : 15 mètres.

Observations : L'emplacement de cet arbre est un très beau point de vue.

COMMUNE DE BOUILLON.

Situation : à la limite des bois communaux, à proximité du hameau de Grandhez.

Propriétaire : la commune.

Nom des arbres : Le Rond Napoléon.

Essence : hêtre et chêne rouvre.

Végétation : assez bonne.

Circonférence à 1ᵐ50 du sol : 0ᵐ70 à 1ᵐ50.

Hauteur sans branches : 1ᵐ50 à 5 mètres.

Hauteur totale : 12 mètres.

Observations : Un hêtre et six chênes. Ces arbres ont été plantés à l'occasion de la naissance du Roi de Rome.

Même commune de Bouillon.
Situation :   »
Propriétaire : la commune.
Nom de l'arbre : Le Gros Plane des Vieux Prés.
Essence : érable plane.
Végétation : très bonne.
Circonférence à 1ᵐ50 du sol : 2ᵐ75.
Hauteur sans branches : 12 mètres.
Hauteur totale : 22 mètres.
Observations : Lieu de rendez-vous.

Même commune de Bouillon.
Situation :   »
Propriétaire : la commune.
Nom des arbres : La cépée de Chiny.
Essence : hêtre.
Végétation : bonne.
Circonférence à 1ᵐ50 du sol : »
Hauteur sans branches : 8 mètres.
Hauteur totale : 22 mètres.
Observations : Ce hêtre, à 0ᵐ50 du sol, a 3ᵐ45 de circonférence ; à cette hauteur, il se divise en 7 branches ayant respectivement : 0ᵐ70, 1ᵐ02, 1ᵐ14, 1ᵐ00, 0ᵐ90, 0ᵐ99 et 0ᵐ97 de circonférence. Lieu de rendez-vous.

Même commune de Bouillon.
Situation : bois communaux.
Propriétaire : la commune.
Nom des arbres : Les Jumeaux de Libehan.
Essence : chêne rouvre.
Végétation : bonne.
Circonférence à 1ᵐ50 du sol : 2ᵐ20 et 2ᵐ40.
Hauteur sans branches : 12 mètres.
Hauteur totale : 22 mètres.
Observations : Circonférence à la base, 4ᵐ30. Se séparent à la hauteur de 1ᵐ50.

Même commune de Bouillon.
Situation : bois communaux.
Propriétaire : la commune.
Nom des arbres : Le Rond le Duc.
Essence : hêtre.
Végétation : dépérissant.
Circonférence à 1ᵐ50 du sol : 2ᵐ20 à 3ᵐ10.

Hauteur sans branches : 1^m50 à 4 mètres.

Hauteur totale : 15 mètres.

Observations : Au nombre de six. Le Rond le Duc devait être un rendez-vous de chasse au temps des ducs de Bouillon.

MÊME COMMUNE DE BOUILLON.

Situation : Au milieu d'une prairie dépendant de la ferme des Mouches.

Propriétaire : M. Imbart de la Tour.

Nom de l'arbre : Le Chêne des Mouches.

Essence : chêne pédonculé.

Végétation : bonne.

Circonférence à 1^m50 du sol : 3^m95.

Hauteur sans branches : 1 mètre.

Hauteur totale : 9 mètres.

Observations : Cet arbre occupe une superficie de 6 ares.

MÊME COMMUNE DE BOUILLON.

Situation :   "

Propriétaire : la commune.

Nom des arbres : Allée des Soupirs.

Essence : tilleul à grandes et tilleul à petites feuilles.

Végétation : passable.

Circonférence à 1^m50 du sol : 1^m30 en moyenne.

Hauteur sans branches : 1^m50 à 2 mètres.

Hauteur totale : 6 à 7 mètres.

Observations : Magnifique allée de tilleuls plantée, paraît-il, en 1600 et menant au cimetière. Malheureusement, lors de la construction du chemin de fer vicinal, on a conduit des terres dans cette allée, et l'on a enterré les arbres de près d'un mètre ; en outre l'installation d'une industrie à proximité a été la cause de la mort de plusieurs sujets.

MÊME COMMUNE DE BOUILLON.

Situation : dans le parc de la propriétaire.

Propriétaire : Mme veuve Bonardeau, de Bouillon.

Nom de l'arbre : Sapin de Mme Bonardeau.

Essence : sapin argenté.

Végétation : vigoureuse.

Circonférence à 1^m50 du sol : 2^m40.

Hauteur sans branches :   "

Hauteur totale : 20 mètres.

Observations : Ce sapin a été planté, paraît-il, en 1851.

Même commune de Bouillon.
Situation : parc du château des Amerois.
Propriétaire : S. A. R. Mgr le comte de Flandre.
Nom de l'arbre : La Cépée de hêtres des Amerois.
Essence : hêtre.
Végétation : très bonne.
Circonférence à 1ᵐ50 du sol : »
Hauteur sans branches : 7 mètres.
Hauteur totale : 22 mètres.
Observations : A 0ᵐ30 du sol, cette cépée a 5ᵐ20 de circonférence ; elle se divise, à cette hauteur, en neuf modernes ayant respectivement 1ᵐ20, 1ᵐ16, 1ᵐ02, 1ᵐ50, 1ᵐ26, 1ᵐ12, 1ᵐ23, 1ᵐ17 et 1ᵐ00 de circonférence.

Même commune de Bouillon.
Situation : entre Bouillon et Botassart, vis-à-vis de la ferme de Cordemoy.
Propriétaire : M. le baron de Moffarts, de Botassart.
Nom de l'arbre : Marronnier de Cordemoy.
Essence : marronnier d'Inde.
Végétation : assez bonne.
Circonférence à 1ᵐ50 du sol : 5ᵐ06.
Hauteur sans branches : 2 mètres.
Hauteur totale : 9 mètres.
Observations : »

Même commune de Bouillon.
Situation : entre Bouillon et Botassart, vis-à-vis de la ferme de Cordemoy.
Propriétaire : M. le baron de Moffarts, de Botassart.
Nom de l'arbre : Tilleul de Cordemoy.
Essence : tilleul à grandes feuilles.
Végétation : très bonne.
Circonférence à 1ᵐ50 du sol : 3ᵐ60.
Hauteur sans branches : 4 mètres.
Hauteur totale : 15 mètres.
Observations : »

Commune de Chiny.
Situation : longeant le sentier de Sᵗ-Médard à Chiny.
Propriétaire : la commune.
Nom des arbres : Aux neuf Hêtres.
Essence : hêtre commun.
Végétation : bonne.
Circonférence à 1ᵐ50 du sol : 0ᵐ72 à 1ᵐ38.

Hauteur sans branches : 8 mètres.

Hauteur totale : 14 à 15 mètres.

Observations : Neuf hêtres réunis en une souche et ne se séparant tous qu'à la hauteur d'un mètre du sol, en se disposant symétriquement à peu près de la même façon qu'un jeu de quilles.

MÊME COMMUNE DE CHINY.

Situation : longeant le sentier de Chiny à Suxy.

Propriétaire : la commune.

Nom de l'arbre : Le Bon Dieu Remy.

Essence : hêtre commun.

Végétation : bonne.

Circonférence à 1ᵐ50 du sol : 1ᵐ75.

Hauteur sans branches : 6 mètres.

Hauteur totale : 12 mètres.

Observations : Une croix en fonte attachée à ce hêtre a déjà été extraite d'un gros hêtre qui était situé à cet endroit.

COMMUNE DE CUGNON.

Situation : près de la Grotte Sᵗ Remacle.

Propriétaire : la section de Cugnon.

Nom de l'arbre : Hêtre Sᵗ-Remacle.

Essence : hêtre ordinaire.

Végétation : bonne.

Circonférence à 1ᵐ50 du sol : 1ᵐ90.

Hauteur sans branches : 2 mètres.

Hauteur totale : 15 mètres.

Observations : Cet arbre sert d'abri et invite au repos les touristes qui ont gravi la côte Sᵗ-Remacle pour se rendre à la grotte du même nom.

COMMUNE DE FONTENOILLE.

Situation : longeant la route de Florenville à Sedan.

Propriétaire : la commune.

Nom des arbres : Les Quatres Arbres ou Arbres de la Liberté

Essence : tilleul à petites feuilles, orme champêtre.

Végétation : tilleuls, mauvaise; orme, bonne.

Circonférence à 1ᵐ50 du sol : 2ᵐ90, 2ᵐ36, 1ᵐ80 et 3ᵐ80.

Hauteur sans branches : 3ᵐ50, 3ᵐ50, 3ᵐ50 et 4 mètres.

Hauteur totale : 16, 13, 9 et 18 mètres.

Observations : Trois tilleuls et un orme. C'était un lieu d'exécution des condamnés avant la Révolution.

COMMUNE DE GÉROUVILLE.

Situation : longeant la route de Gérouville à Virton.

Propriétaire : la commune.
Nom de l'arbre : Le Gros Chêne.
Essence : chêne rouvre.
Végétation : dépérissant.
Circonférence à 1ᵐ50 du sol : 3ᵐ26.
Hauteur sans branches : 3 mètres.
Hauteur totale : 10 mètres.
Observations :   »

COMMUNE DE GRAND-HALLEUX
Situation : Petit-Halleux.
Propriétaire : Particulier.
Nom de l'arbre : Le Gros chêne.
Essence : chêne pédonculé.
Végétation : dépérissant.
Circonférence à 1ᵐ50 du sol : 3ᵐ50.
Hauteur sans branches : 4 mètres.
Hauteur totale : 10 mètres.
Observations :   »

COMMUNE DE GRANDHAN.
Situation : devant l'église.
Propriétaire : la commune.
Nom de l'arbre : Le Tilleul.
Essence ; tilleul ordinaire.
Végétation : bonne.
Circonférence à 1ᵐ50 du sol : 2ᵐ95.
Hauteur sans branches : 3 mètres.
Hauteur totale : 15 mètres. .
Observations :   »

COMMUNE DE HERBEUMONT.
Situation : forêt domaniale, lieu dit « La Bornière ».
Propriétaire : Etat belge.
Nom de l'arbre : les Trois Chênes de la forêt de Herbeumont.
Essence : chêne pédonculé.
Végétation : assez bonne.
Circonférence à 1ᵐ50 du sol : 4ᵐ30.
Hauteur sans branches :   »
Hauteur totale : 8 mètres.
Observations : Jusqu'à la hauteur de 2ᵐ40, ces trois chênes n'en forment qu'un. A partir de ce point s'élèvent, dans le même plan, leurs troncs verticaux ; l'un de ces chênes mesure 2ᵐ20 à la base et les 2 autres 1ᵐ90. Ces arbres sont un but de promenade pour les touristes.

COMMUNE DE HODISTER.

Situation : centre du verger touchant au hameau de Jupille.

Propriétaire : M. Dawan-Orban, de Rendeux.

Nom de l'arbre : Gros Gaï.

Essence : noyer commun.

Végétation : bonne.

Circonférence à 1ᵐ50 du sol : 3 mètres.

Hauteur sans branches : 2 mètres.

Hauteur totale : 15 mètres.

Observations : Les anciens lui donnent 200 ans. Les cinq grosses branches ont une circonférence moyenne de 1ᵐ80.

COMMUNE DE HOTTON.

Situation : cimetière de Melreux.

Propriétaire : la section de Melreux.

Nom de l'arbre :   »

Essence : marronnier d'Inde.

Végétation : laisse à désirer (le tronc est creux).

Circonférence à 1ᵐ50 du sol : 3ᵐ42,

Hauteur sans branches : 4ᵐ50.

Hauteur totale : 23ᵐ50.

Observations :   »

COMMUNE D'IZEL.

Situation : Watinsart, près du domaine d'Orval, longeant la route de Florenville à Orval.

Propriétaire : M. Brugmann, à Mohimont (Izel).

Nom de l'arbre : Le Dieu des Gardes.

Essence : hêtre commun.

Végétation : bonne.

Circonférence à 1ᵐ50 du sol : 2 mètres.

Hauteur sans branches : 7 mètres.

Hauteur totale : 25 mètres.

Observations :   »

MÊME COMMUNE D'IZEL

Situation : longeant la voie Romaine.

Propriétaire : la commune.

Nom des arbres : Les Deux Hêtres du Potiau

Essence : hêtre commun.

Végétation : bonne.

Circonférence à 1ᵐ50 du sol : 3ᵐ60 et 2ᵐ50.

Hauteur sans branches : 4 mètres.

Hauteur totale : 18 mètres.

Observations :   »

COMMUNE DE JAMOIGNE.

Situation : près de l'église.

Propriétaire : la commune.

Nom des arbres : Les Tilleuls de l'église.

Essence : tilleul à petites feuilles.

Végétation : bonne.

Circonférence à 1^{m}50 du sol : 3^m, 4^{m}40 et 2^{m}75.

Hauteur sans branches : 2^{m}50, 2^m et 2^{m}50.

Hauteur totale : 17, 18 et 16 mètres.

Observations :   »

MÊME COMMUNE DE JAMOIGNE.

Situation : sur la route de Jamoigne à Orval.

Propriétaire : la commune.

Nom de l'arbre : Le Dieu de Pitié.

Essence : érable sycomore.

Végétation : très bonne.

Circonférence à 1^{m}50 du sol : 1^{m}65.

Hauteur sans branches : 5 mètres.

Hauteur totale : 15 mètres.

Observations : Les vieillards de Jamoigne racontent qu'il y avait en cet endroit un hectare de bois entouré d'une haie et d'un fossé ; c'était « le parc Marie-Thérèse ». Ce parc a été défriché il y a une trentaine d'années seulement.   (*A continuer.*)

Commerce du bois

Adjudications officielles prochaines

L'administration des chemins de fer de l'État belge est disposée à traiter, à main ferme, pour la fourniture en 1904 :

1° De 288,500 billes en essence de chêne ou de hêtre à cœur blanc de toute provenance ;

2° De 175 lots de bois de fondations équarris en chêne, dont chacun sera composé comme il est indiqué à l'article 2, A, b, de l'avis spécial n° 120, publié le 13 mai 1902.

Les billes en chêne et en hêtre auront 2^{m}60 de longueur, 0^{m}14 de hauteur et 0^{m}28 de largeur, ou bien 2^{m}60 de longueur, 0^{m}13 de hauteur et 0^{m}26 de largeur.

Des offres seront également reçues pour des billes en chêne mesurant 2^{m}60 de longueur, 0^{m}21 à 0^{m}24 de largeur et 0^{m}14 à 0^{m}16 de hauteur, avec un découvert en franc bois de 0^{m}12 à 0^{m}15 (type Grand Central belge).

Les soumissions se référeront à l'avis-conditions n° 120 précité, que les amateurs pourront se procurer en s'adressant au bureau central des renseignements concernant les adjudications, 15, rue des Augustins, à Bruxelles.

Les offres devront être présentées, tout d'abord, par lettre adressée à la direction des voies et travaux, 11, rue de Louvain, à Bruxelles. Elles ne seront reçues que jusqu'au 31 décembre 1902.

**

Le 22 OCTOBRE 1902, à 12 heures, à la Bourse de commerce (salle de l'Union syndicale), à Bruxelles. Réadjudication publique de l'entreprise des manutentions de billes et de pièces de bois, ainsi que du sabotage de billes, à effectuer en 1903 au chantier de l'État à Libramont (4ᵉ lot du cahier des charges spécial n° 189 approuvé le 2 juillet 1902). L'entreprise comporte le chargement ou le déchargement d'environ 35,000 supports, ainsi que le sabotage et l'empilage d'environ 30,000 billes. Le marché pourra être prorogé de commun accord d'année en année, pendant quatre années consécutives (1904 à 1907). Cautionnement, 800 francs. Renseignements, direction des voies et travaux, 11, rue de Louvain, et commission de réception des fers et bois, 32, rue d'Idalie, à Bruxelles

**

Le 5 NOVEMBRE 1902, à 12 heures, à la Bourse de commerce (salle de l'Union syndicale), à Bruxelles. Fourniture, en un seul lot, aux conditions de l'avis spécial n° 263, approuvé le 16 septembre 1902, se référant au cahier des charges-type I, publié le 11 novembre 1893, de 20,000 coins en bois de chêne pour rails à bourrelets inégaux, type Etat. Cautionnement 120 francs. Délai de fourniture, quinze semaines. Renseignements, bureaux de la direction des voies et travaux, rue de Louvain, 11, et commission de réception du matériel de la voie, rue d'Idalie, 32, à Bruxelles.

Chronique forestière

Nécrologie. — Acte officiel concernant un sociétaire. — Administration des eaux et forêts. Personnel supérieur. Retraites et promotions. — Administration des eaux et forêts. Personnel supérieur. Résidences. — Réunions mensuelles. — Administration des eaux et forêts. Préposés. Recrutement. — Congrès international d'agriculture de Rome en 1903. — Amendement des terrains déboisés de la Campine. — L'hyloservin contre les dégâts du gibier. — Les reboisements. — Les forêts stratégiques. — Le phare Malcorps. — Les engrais azotés.

Nécrologie. — Le corps forestier a appris avec une pénible et sincère émotion le décès si imprévu de M. le garde général adjoint Claude, survenu le 19 septembre dernier.

Entré dans l'administration le 9 décembre 1899, M. Claude gérait par intérim, depuis bientôt deux ans, le cantonnement de Marche. Il jouissait de beaucoup de sympathies dans la région et était très apprécié de ses chefs; c'était un jeune agent d'avenir. Il se préparait à subir dans quelques mois la dernière épreuve — l'examen professionnel — lorsque la mort est venue l'enlever, à l'âge de 27 ans.

De nombreux agents et préposés forestiers assistaient à ses obsèques. Son inspecteur, M. Houba, à qui incombait le triste devoir de lui rendre le dernier hommage au nom de l'administration, a retracé en excellents termes la carrière si courte, hélas! du défunt, et a payé à sa mémoire un tribut d'éloges bien mérités.

A notre tour, nous lui disons adieu, et nous présentons à sa famille si éprouvée nos vifs sentiments de condoléances.

* * *

On nous signale un autre décès: celui du brigadier des eaux et forêts Maton, de Gozée (Hainaut), dont les funérailles ont eu lieu le 30 septembre.

Le brigadier Maton, mort à l'âge de 50 ans, était, comme son collègue Denis dont nous parlions dans notre n° de juillet dernier, un de ces préposés dont les chefs sont fiers à juste titre et qu'ils considèrent plutôt comme un camarade que comme un subordonné.

M. le sous-inspecteur Barthelemy a prononcé l'éloge funèbre de son regretté brigadier. « Jamais, nous écrit-il, je n'ai vu tant de monde à un enterrement, et toutes les classes de la société y étaient représentées. » Mieux que nous ne pourrions le faire, ces quelques mots disent toute l'estime et toutes les sympathies dont jouissait ce modeste préposé forestier.

Nous exprimons nos vifs regrets à la famille, ainsi que nos sincères condoléances.

* * *

- Nous avons aussi reçu une lettre nous faisant part du décès, à l'âge de 71 ans, de M. Joseph Looymans, le chef de la firme Looymans et fils, les pépiniéristes bien connus d'Oudenbosch (Hollande), qui font partie de notre Société depuis sa fondation.

- Nous adressons à la famille du défunt l'expression de nos bien sincères condoléances.

Acte officiel concernant un sociétaire. — Par arrêté royal du 30 août 1902, M. Bochkoltz, G., ingénieur principal des mines de 2ᵉ classe, a été promu au grade d'ingénieur principal de 1ʳᵉ classe.

Administration des eaux et forêts. Personnel supérieur. Retraites et promotions. — Par arrêté royal du 16. septembre 1902, M. d'Orjo, sous-inspecteur des eaux et forêts à Chimay, est admis, sur sa demande, à faire valoir ses droits à la pension de retraite ;

2° M. Camus, sous-inspecteur des eaux et forêts à Huy, est également admis à faire valoir ses droits à la pension de retraite.

Par un autre arrêté de même date, sont promus :

1° Au grade de sous-inspecteur, M. Courtois, garde général des eaux et forêts à Bouillon ;

2° Au traitement maximum de son grade, M. Gochet, garde général des eaux et forêts à Bertrix.

Administration des eaux et forêts. Personnel supérieur. Résidences. — M. Van der Vorst, garde général des eaux et forêts à Lierre, est chargé de la gestion du cantonnement de Gand. La gestion intérimaire du cantonnement de Herenthals est confiée à M. Drumaux, garde général adjoint.

En outre, par suite des retraites et du décès mentionnés ci-dessus, sont chargés :

1° De la gestion du cantonnement de Huy, M. Rouffignon, garde général des eaux et forêts à Comblain-au-Pont ;

2° De la gestion du cantonnement de Comblain-au-Pont, M. Courtois, sous-inspecteur à Bouillon ;

3° De la gestion du cantonnement de Bouillon, M. Delville, garde général à Paliseul. M. Delville est en outre chargé des cours de l'école de sylviculture pour gardes annexée à l'école régimentaire de Bouillon;

4° De la gestion intérimaire du cantonnement de Paliseul, M. Gonze garde général adjoint ;

5° De la gestion intérimaire du cantonnement de Chimay, M. Gillieaux, garde général adjoint ;

6° De la gestion du cantonnement de Dinant, M. Halleux, garde général des eaux et forêts à Brée ;

7° De la gestion intérimaire du cantonnement de Brée, M. Bossu, garde général adjoint.

8° De la gestion intérimaire du cantonnement de Marche, M. Quairière, garde général adjoint.

Réunions mensuelles. — Deux réunions auront lieu sur le terrain à dates rapprochées :

1° Mercredi 29 octobre, à 2 1/2 h., à Groenendael. Départ par le train de 1 h. 41 (Quartier Léopold).

OBJET : *Visite des pépinières expérimentales.* Causerie par M. Nélis, garde général des eaux et forêts.

2° Mercredi 5 novembre, à Boitsfort. Réunion à la gare à 2 h. 15.

OBJET: *Exploitation forestière économique au moyen de chemins de fer à voie étroite.* Conférence par M. Max Schwersenz, ingénieur.

Administration des eaux et forêts. Préposés. Recrutement. — Un nouvel arrêté royal vient de régler le recrutement des préposés de l'Administration des eaux et forêts.

LÉOPOLD II, Roi des Belges,

A tous présents et à venir, SALUT,

Vu les articles 4, 6, 8, 9 et 10 du Code forestier, 1er et 22 de la loi du 19 janvier 1883 sur la pêche fluviale ;

Considérant que l'article 4 du Code forestier laisse au pouvoir royal le soin de régler notamment l'organisation de l'administration forestière et le mode de nomination de ses agents et préposés, dans les limites tracées par les dispositions qui font l'objet des autres articles susvisés du dit Code ;

Considérant qu'il y a lieu de déterminer les conditions requises pour être admis aux emplois inférieurs de l'administration forestière ;

Vu les arrêtés ministériels instituant des cours élémentaires de sylviculture et de sciences naturelles appliquées ;

Vu la loi du 21 mars 1902 sur le recrutement de l'armée ;

Revu Notre arrêté du 30 août 1896, relatif au recrutement des gardes forestiers et de pêche ;

Sur la proposition de Notre Ministre de l'agriculture,

Nous avons arrêté et arrêtons :

Art. 1er. Les emplois de garde surnuméraire, de garde forestier ou de pêche ne peuvent être conférés qu'aux candidats qui, au moment de leur admission dans les cadres de l'administration, réunissent les conditions suivantes :

1° Être Belge de naissance ou avoir obtenu la naturalisation ordinaire;

2° Être âgé de 25 ans au moins ou avoir obtenu la dispense d'âge que l'article 10 du Code forestier permet d'accorder à ceux qui ont accompli leur vingt et unième année ;

3° N'avoir pas dépassé l'âge de 35 ans. Toutefois, ce terme pourra être porté à 40 ans :

A. Lorsque le traitement affecté au triage est inférieur à 300 francs ;

B. Lorsque le candidat est un sous-officier, brigadier ou caporal ayant au moins huit années de service actif ou bien un volontaire ou ancien volontaire de l'armée belge;

4° Être probe, moral, de bonne conduite et exempt de défauts corporels à déterminer par Notre Ministre de l'agriculture;

5° Être porteur d'un certificat de capacité délivré à la suite de la fréquentation des cours de sylviculture institués par le gouvernement ou après un examen subi devant le jury nommé par Notre Ministre de l'agriculture.

Par mesure transitoire, à défaut de candidats porteurs de certificat de capacité, les postulants devront satisfaire à un examen comprenant : l'orthographe, les quatre règles de l'arithmétique, le système métrique et la rédaction d'un procès-verbal.

Art. 2. Parmi les candidats présentés, la priorité est accordée, à *mérite égal* :

1° *A*. Aux sous-officiers, brigadiers et caporaux ayant au moins huit années de service actif;

B. Aux volontaires et anciens volontaires.

Dans une même catégorie, la préférence est accordée au candidat qui fourni le service actif le plus long dans l'armée;

2° Aux anciens militaires ou aux militaires en congé ayant servi honorablement sous les drapeaux, non compris dans le 1° ci-dessus, et aux fils de préposés ou d'anciens préposés de l'administration des eaux et forêts.

Art. 3. A l'appui de sa demande ou des présentations faites par les conseils communaux et les établissements publics, dans les cas de l'article 8 du Code forestier, le candidat produira :

1° Un extrait de son acte de naissance ;

2° Un certificat constatant qu'il a satisfait à la loi sur la milice, et, le cas échéant, les pièces établissant qu'il a servi honorablement sous les drapeaux;

3° Un certificat de bonne vie et mœurs ;

4° Une attestation médicale légalisée établissant que le candidat réunit les conditions exigées par le dernier alinéa du 4° de l'article 1er ci-dessus;

5° Le cas échéant, une copie du certificat de capacité prévu par le 5° de l'article 1er du présent arrêté.

Cette copie sera certifiée conforme par l'autorité communale du lieu de la résidence de l'intéressé.

Art. 4. Notre Ministre de l'agriculture est chargé de l'exécution du présent arrêté.

Donné à Bagnères-de-Luchon, le 6 septembre 1902.

LÉOPOLD.

Par le Roi :

Le Ministre de l'agriculture,

Bᵒⁿ M. van der Bruggen.

Congrès international d'agriculture de Rome en 1903. — Le Congrès international d'agriculture tiendra ses assises à Rome au printemps de l'année prochaine.

Le Congrès sera divisé en dix sections. Signalons spécialement :

La 5ᵉ section : Génie rural, comprenant notamment les travaux hydrauliques, assainissement, etc.

La 7ᵉ section : Lutte contre les parasites ; pathologie végétale ; protection des animaux utiles (mesures internationales).

La 8ᵉ section : Forêts (conservation des forêts ; reboisements).

La 9ᵉ section : Eaux. Pisciculture.

Pour être membre du Congrès, il faut adresser son adhésion au Secrétariat de la Commission d'organisation (via Poli, 53, Rome) avant le 31 janvier 1903 et payer une cotisation de 20 francs, en indiquant la ou les sections dont on désire faire partie.

Les rapports doivent être envoyés au secrétariat au plus tard le 15 décembre 1902.

Les comptes rendus du Congrès seront imprimés en italien et en français.

Amendement des terrains déboisés de la Campine. — Conformément à ma promesse et comme nouvelle preuve à l'appui de la thèse que les travaux d'amendement, absolument nécessaires à mes yeux dans les terrains déboisés de la Campine, n'occasionnent pas des dépenses si considérables et n'augmentent guère le capital placé dans le sol forestier, je viens rendre compte du résultat de nos opérations au cours de l'exercice 1901-1902.

Notre travail d'amendement du sol a porté sur $100^{h}24^{a}64^{c}$.

Cette étendue a été traitée d'après le système que j'ai eu déjà l'honneur d'exposer dans les annales de la Société (V. année 1901, pp. 49 et 639). Du lupin a été semé sur $67_{h}10^{a}24_{c}$, et $33_{h}14_{a}10^{c}$ ont été mis en culture.

46

L'ensemble de ces travaux a occasionné, frais de main-d'œuvre, d'engrais et de semences, une sortie de caisse de fr. 7,289.50.

Les récoltes mises en vente publique ont rapporté fr. 6,027.40.

La différence de ces deux chiffres donne une somme de fr. 1,262.10, qui représente les frais d'amendement, et par conséquent l'augmentation du capital foncier causée par les travaux.

Répartie sur 100^{h}24^{a}64^c, cette augmentation se réduit à environ fr. 12.50 par hectare.

Il est à remarquer qu'il a fallu payer cette année la semence de lupin à raison de fr. 23.50 au lieu de 16 à 18 francs qui fut jusqu'ici le prix normal, et que les 100 kilos de phosphate basique nous sont revenus à fr. 5.50, nouvelle et considérable aggravation des frais.

Pour assurer la deuxième récolte de seigle sur terrain déboisé, qui réussit généralement mal, nous avons fait cette année différentes expériences : addition de sulfate d'ammoniaque au mois de novembre, double labour à la charrue pour ramener du sol nouveau, épandage de nitrate de soude au printemps, etc. Quoique, à notre avis, l'expérimentation ne soit pas décisive, il a semblé que le dernier moyen était le plus efficace.

L'hyloservin contre les dégâts du gibier. — Nous avons signalé, p. 712 du *Bulletin* de 1901 (n^o de novembre), ce produit à l'attention des lecteurs du *Bulletin*.

Voici ce que nous écrit à ce sujet M. le Dr Naets, membre du Conseil supérieur des forêts :

« On a essayé, dans le domaine de Westerloo, l'Hyloservin, produit recommandé par le *Bulletin* contre les dégâts causés par le gibier. Il a paru inspirer un dégoût profond aux lapins et a donc parfaitement protégé les jeunes plants de pin sylvestre, qui en étaient induits, contre leur dent meurtrière. »

Nous rappelons ce que nous disions dans notre numéro de novembre 1901 au sujet de ce produit, qui paraît jouir d'une grande faveur en Allemagne :

« Il est particulièrement important de n'appliquer qu'une couche très faible d'hyloservin ; elle suffit parfaitement à assurer la protection des bourgeons, spécialement des bourgeons terminaux.

» En vue d'obtenir un bon résultat, l'inventeur recommande, comme d'un emploi particulièrement pratique, une brosse imaginée par un forestier allemand, M. Scherz, de Marjoss, régence de Cassel, qui se prête à toutes les nécessités de l'application, produit un travail très propre et dépense économiquement l'hyloservin, en évitant tout engluement nuisible aux jeunes plants.

» Dans le but d'être utile à ceux de nos lecteurs qui voudraient faire l'essai de cette composition, et nullement dans l'intention de créer une réclame en sa faveur, nous dirons que l'hyloservin se vend à raison de 14 marks, soit fr. 17.50 les 100 kilogr. sur wagon ou sur bateau, à Burg lez-Magdeburg. Quant à la brosse «Scherz », elle coûte 2 marks 50. »

Les reboisements. — L'*Opinion* a publié dernièrement les excellentes considérations ci-après :

« On a insisté à diverses reprises sur l'utilité qu'il y aurait de reboiser plus activement les parties incultes de notre territoire, de développer la sylviculture dans le sens de la production des bois d'œuvre. Car si le bois de chauffage reste abondant et peu rémunérateur, à cause du bon marché relatif des autres combustibles, il n'en est pas de même du bois de construction. Malgré les applications de plus en plus étendues du fer dans l'industrie du bâtiment, le bois d'œuvre trouve un emploi toujours plus fréquent et la demande s'accroît sans cesse. Nos importations annuelles en matériaux ligneux ont dépassé les cent millions de francs; la même situation se remarque d'ailleurs chez nos voisins de l'Europe occidentale : partout l'importation des bois s'élève à des chiffres énormes, en attendant qu'elle décline par manque d'aliment, les pays exportateurs étant en train de consommer leurs réserves en forêts.

» Ce sont les bois de croissance lente, comme le chêne, qui menacent de manquer le plus vite. Le chêne fait même déjà défaut au point qu'il a fallu songer à le remplacer pour les appontements de nos ports et de nos bassins; jusqu'ici les pilots de ces ouvrages avaient toujours été faits en chêne; ce n'est que pour les pièces traversales que l'on pouvait s'en tenir à de simples bois résineux.

» Aujourd'hui, dans nos ports, et notamment dans les nouveaux bassins d'Ostende, on remplace le chêne par une essence exotique, le « black-butt », une variété de l'eucalyptus et qui nous vient d'Australie. Ce bois peut fournir toutes les dimensions; on y trouve facilement 0^m50 sur 0^m50 d'équarrissage et des longueurs de vingt mètres, tandis que le chêne ne donne plus guère au-delà de huit mètres. La solidité, la dureté sont à peu près les mêmes; les prix également, malgré la distance du lieu d'origine de l'espèce exotique. Un élément est encore peu connu, c'est la durée : le black-butt résistera-t-il aussi longtemps que notre chêne? Oui, si l'on en juge par les appontements de Melbourne et de Sydney, qui tiennent fort bien, et qui datent déjà d'une cinquantaine d'années.

» Quoi qu'il en soit, du train dont vont les choses, il est certain que même les pays neufs arriveront à bout de leurs réserves et que, dans quelques siècles, il faudra aviser à remplacer le bois de construction par autre chose. En attendant, le bois d'œuvre ne peut manquer d'acquérir une valeur toujours croissante, car la demande augmente toujours. Nos gouvernants feraient donc chose sage d'accroître sans répit les plantations des terrains incultes ou peu productifs, à l'exemple de ce que font nos voisins de l'est et du sud.

» Que l'État reboise au plus vite ses terrains domaniaux et qu'il veille à la culture du bois de bonne essence dans les domaines des hospices, de cette main-morte hospitalière sans cesse plus étendue, que l'absence des mutations rend propre à un essai patient et de longue durée.

» Nous avons trouvé récemment dans des publications spéciales des détails intéressants au sujet des mesures prises au Congo pour empêcher la destruction des forêts et pour reboiser les endroits dégarnis. Il ne faudrait pas faire preuve de moindre sollicitude pour nos contrées que pour notre lointaine future colonie. »

Nous pouvons rassurer l'*Opinion*. Le boisement de nos terrains incultes a pris un essor considérable et nous ne pensons pas qu'on fasse plus, à cet égard, chez nos voisins que chez nous. Le gouvernement subsidie largement les communes qui plantent leurs landes ou restaurent leurs bois ruinés; l'Etat assainit et boise rapidement les fagnes domaniales et, partout où c'est possible, l'administration forestière pousse les communes et les établissements publics à la production du bois d'œuvre et à la constitution de bonnes réserves dans les futaies sur taillis.

Là sylviculture n'est plus aujourd'hui délaissée; elle est l'objet de la sollicitude constante du gouvernement.

Les forêts stratégiques. — Le 5 mai 1902, a eu lieu à la Chambre des Seigneurs prussienne un intéressant échange de vues entre M. le comte Mirbach et le ministre de l'agriculture concernant la question du reboisement. Le premier faisait ressortir que le gouvernement devait moins se soucier d'acheter de grandes étendues de terrains, au meilleur marché possible, c'est-à-dire faire les meilleures spéculations que d'avoir en vue d'apporter de grandes et importantes améliorations dans une contrée donnée. C'est ainsi qu'il blâma le gouvernement de faire même des acquisitions là où existent déjà des forêts très étendues, à la Johannisburger Heide, par exemple. On trouve encore de nombreuses parties, en Prusse orientale, où les bois manquent complètement et

ou existent des terrains que l'État pourrait acheter avantageusement; c'est là que l'on devrait créer des bois dans
l'intérêt des populations qui se verraient assurer du travail
pendant l'hiver. Le ministre de l'agriculture émit l'opinion
que l'on doit boiser les landes du sud dé la Prusse orientale,
où l'on peut acheter à raison dé 40 à 60 marks l'hectare.
« C'est incontestablement, dit-il, dans la création d'une zone
boisée que je trouve la meilleure protection, en Prusse orientale, contre les efforts polonais de la Pologne russe ; cette
opinion n'est pas nouvelle ; elle a déjà été émise par « les
Chevaliers de l'Ordre teutonique ». Je considère la création
d'une large ceinture de forêts dans le sud de la Prusse orientale comme une nécessité pour la province. ».

Il s'agit, dit le comte Mirbach, de la reconstitution de
la ceinture boisée stratégique à la frontière polonaise, telle
qu'elle existait au moyen âge sous le nom de « Wildniss »
(contrée sauvage). Comme protection contre les races ennemies, il n'est plus resté d'utile de cette zone que la
« Johannisburger » et la « Rominter Heide ». Si le ministre
veut mettre son plan à exécution, il doit relier les deux
massifs forestiers prémentionnés par une large bande boisée
à créer incessamment sur une longueur de 100 kilomètres
environ. La « Wildniss » d'autrefois, à la frontière russe,
était inhabitée, dépourvue de routes, dès lors difficile à
traverser, conditions qui n'existeront plus pour les bois
actuels. Nous nous permettons de douter de l'importance
stratégique de cette forêt moderne. Dans tous les cas, avec
son projet, M. le ministre abandonne le programme des
améliorations régionales. On a déjà assez fait ressortir, dans
maintes associations agricoles du pays, que tant au point de
vue cultural que climatérique, il est vivement désirable de
répartir les massifs forestiers autant que possible d'une façon
assez régulière dans le pays. Sous maints rapports, on peut
qualifier de calamiteuse la répartition actuelle des bois en
Prusse orientale, où la plus grande partie des massifs forestiers se bornent à quelques forêts très étendues auxquelles

font suite de vaste landes quasi dépourvues de végétation. Si l'on vise la prospérité économique de la région, on devrait éviter d'accentuer encore ce qu'il y a défavorable dans cette répartition.

» Les fonds que le Landtag met à la disposition du gouvernement pour le reboisement doivent satisfaire un but cultural et pas un autre. »

(*Neue forstliche Blätter.*)

Le phare Malcorps. — On a présenté sous ce nom, au concours de Dolhain, un piège à insectes, constitué par une lampe à acétylène munie d'un puissant réflecteur.

A la demande de l'exposant, le Comité du Comice de Verviers a commis deux délégués pour assister à l'expérimentation de l'appareil, à laquelle il a été procédé dans la soirée du 24 août. Le piège a été placé dans une prairie située à 200 mètres de la lisière d'un bois, dont elle était séparée par un profond ravin; l'expérience n'a pu être poursuivie que pendant deux heures, à cause de la pluie. Les insectes pris au piège et tombés dans le plateau destiné à les recevoir se trouvaient au nombre de 629. La grande majorité était constituée de papillons nocturnes dont les chenilles font le plus grand tort aux arbres fruitiers et forestiers.

En voici le relevé, avec les observations sur leurs mœurs et les dégâts qu'ils causent :

OBSERVATIONS

Bombyx	neustria	24	chenilles vivant sur les arbres fruitiers et forestiers sur lesquels elles exercent, lorsqu'elles se multiplient, de terribles ravages.
	dispar	19	attaque tous nos arbres fruitiers et dévore tout ce qu'elle rencontre.
	salici	7	chenille très vorace, attaque les plantations de jeunes arbres et compromet souvent leur existence.
Noctuelle	la Baigni	42	vit sur les plantes basses des bois.
	du Pin	83	sa chenille vit sur le pin.
	la Gothique	54	sa chenille vit sur les plantes basses.
Le grand paon de nuit		1	sa chenille vit sur les arbres fruitiers.
Phalènes diverses		243	chenilles vivant sur toutes espèces d'arbres et arbrisseaux.
Moustique ou cousin piquant		156	insectes très avides de sang et qui font subir de vraies tortures aux animaux en pâture.
Total		629	

(*Journal de la Société agricole de l'Est de la Belgique.*)

Les engrais azotés. — Comme suite à ce que nous avons publié dans notre dernière livraison au sujet du phosphate basique et de la kaïnite, nous reproduisons également l'extrait ci-après du rapport de M. Crispo, directeur du laboratoire d'analyses de l'Etat à Anvers, sur les travaux de ce laboratoire en 1901 :

Un événement de grande importance s'est produit en 1901. Les producteurs de nitrate de soude sont parvenus à conclure en octobre 1900 un nouveau convenio, afin de réglementer la production et l'exportation, et mettre un terme à une concurrence contraire à leurs intérêts. Les effets de cette entente, qui n'est entrée en vigueur que le 1er avril 1901, n'ont pas tardé à se faire sentir et pèsent aujourd'hui lourdement dans la balance des produits agricoles. Le sulfate d'ammoniaque ayant naturellement suivi le mouvement de hausse, on s'est rejeté sur les autres engrais azotés; et les guanos du Pérou, de Patagonie, de Damaraland et d'Ischaboë, qui avaient été délaissés depuis quelques années, profitent largement de cette situation. Les importations de guano ont repris leurs cours régulier et ont amené à Anvers des produits de haut titre, rappelant les anciens Chinchas. Ce précieux engrais a échappé heureusement à la spéculation, par suite de la longueur et de l'importance des contrats, et les prix présentent une grande stabilité.

Cela nous amène à envisager de plus près la question si importante de l'azote au point de vue de l'agriculture nationale.

En 1900, nous avons consommé 162,450 tonnes de nitrate, ou 25,180 tonnes d'azote nitrique. En supputant la consommation du sulfate d'ammoniaque à 20,000 tonnes, une statistique exacte n'existant pas pour ce produit, nous arrivons à un total de 29,280 tonnes d'azote acheté, comme complément du fumier de ferme.

D'après des estimations autorisées, en supposant la consommation du nitrate stationnaire, les gisements seront épuisés dans une cinquantaine d'années. Le sulfate d'ammoniaque anglais disparaîtra avec le charbon du Royaume-Uni dans une centaine d'années, et l'indigène dans cent cinquante ans au plus, si d'autres gisements carbonifères ne viennent à notre secours.

Il va sans dire que longtemps avant qu'on touche au terme de ces ressources naturelles, les prix atteindront des taux de famine. Ce qui vient de se passer pour le salpêtre du Chili, en moins d'une année, nous donne la mesure de ce qui peut encore nous arriver!

Sans vouloir alarmer intempestivement les agriculteurs, et surtout les propriétaires, ce serait, je crois, un jeu dangereux de cacher la vérité, et ne pas aviser avec calme aux mesures à prendre pour conjurer progressivement un désastre social. Il est désormais certain que nos petits-enfants se trouveront en présence de difficultés que nous n'osons même pas envisager.

Des chercheurs anglais s'occupent activement de l'utilisation de l'azote de l'air; mais en attendant une solution économique de ce grand desideratum, nous devons reconnaître que la seule solution réellement pratique nous est indiquée par la civilisation chinoise, si sérieuse et profonde autant qu'injustement calomniée, et réside tout entière dans l'utilisation complète des matières fécales. La Chine, qui nourrit 400 millions d'habitants, n'importe presque pas d'engrais. A peine utilise-t-elle les poissons, mis à sa portée par l'immense développement de ses côtes; par contre, elle prend un soin méticuleux de l'engrais humain, qui seul sert à entretenir la prodigieuse fertilité de ses terres.

Il n'est pas un voyageur qui n'ait remarqué de petites citernes ou des récipients en terre destinés à le recevoir. Ce qui est considéré chez nous comme une chose d'un aspect insupportable, est vu par les Chinois de tout rang et de toute classe, d'un œil de complaisance, et rien ne les étonnerait davantage que d'entendre des plaintes sur la mauvaise odeur qui s'exhale de ces dépôts. On les voit dans l'après-midi des jours un peu nuageux, apporter de l'eau sur les tas de ces matières pour les amener à l'état liquide. Alors, ils en remplissent leurs baquets, qu'ils suspendent à chaque extrémité de leur bambou, et les transportent sur le terrain à fumer.

Voilà ce qu'on fait en Chine, tandis que nos water-closets déversent journellement à la mer ce qui devrait retourner aux champs, et nous obligent à aller chercher aux antipodes, sous forme de nitrate et guano, ce que nous pourrions avoir chez nous à bien meilleur marché.

On aura une idée de la gravité de la situation, qu'une hygiène mal comprise est en train de nous créer, quand on saura que les 29,230 tonnes d'azote que nous importons représentent 4,183,000 tonnes d'engrais humain à 7 p. m. d'azote, ou le produit de 8,366,000 habitants, ou la fumure de 418,300 hectares de céréales, sur les 809,692 hectares de céréales cultivées dans le pays.

Il appartient aux pouvoirs publics de montrer de la prévoyance en favorisant de toutes les façons l'utilisation des matières fécales, et en obligeant les grandes communes à mettre, dès maintenant, à l'étude, les moyens pratiques, compatibles avec notre civilisation et propres aux différentes circonstances, pour faire rayonner leurs gadoues sur les terrains qui les entourent.

La situation signalée est certainement des plus sérieuse. Mais, on ne doit se faire aucune illusion. Ce qui se pratique en Chine est en somme d'usage courant dans nos

Flandres ; parce que c'est de tradition immémoriale, mais, on ne doit pas songer à l'implanter ailleurs, tant que la famine ne sera pas à nos portes.

Dons à la Société

Nous avons reçu : 1° de M. Robert Collette, une tronce de chêne montrant un cas particulier de développement extraordinaire de l'aubier par rapport au bois parfait; 2° de M. Journée, lieutenant-colonel au 69ᵉ régiment d'infanterie française, un exemplaire de son ouvrage intitulé : *Tir des fusils de chasse.*

Tous nos remerciments aux donateurs.

LISTE DES MEMBRES
de la Société centrale forestière de Belgique
Nouveaux membres (3)

MM. **Coen**, Désiré, notaire, Itegem. (Présenté par M. E. Hanssens.)
   Halet, Edouard, propriétaire, Houffalize. (Présenté par M. Léon Poncin.)
   Malcorps, Hubert, constructeur, Alleur (Ans). (Présenté par M. Lobleaux.)

LISTE DES ABONNÉS
au Bulletin de la Société
1° *Nouveaux abonnés* (2)

MM. **Henry**, Jérôme, garde particulier, Nivezé (Spa). (Présenté par M. Peltzer de Rasse)
   Zondag, Henri-Joseph, garde forestier, Harnoncourt (Lamorteau). (Présenté par M. Pérau.)

2° *Liste complète à la date du 15 octobre 1902.*

La Société compte actuellement 484 abonnés

MM. Adelaire, Désiré, garde forestier, Jeneffe (Havelange).

Ancia, Louis, garde forestier, Hargimont.

André, François, ouvrier pépiniériste et jardinier, 196, chaussée de La Hulpe, Boitsfort.

Ansay, garde forestier, Offagne (par Paliseul).

Ansiaux, Narcisse, brigadier forestier, Vesqueville (lez-St-Hubert).

Ansiaux, V., brigadier forestier, Petigny (Couvin).

Anslot, Louis, brigadier forestier, Franchimont (prov. de Namur).

MM. Antoine, Célestin, garde forestier, Couvin.

Arbulot,D.,garde forestier surnuméraire, Vonêche (lez-Beauraing).

Arnould, J., garde forestier, Anloy.

Arnould, brigadier forestier, Bertrix.

Atquet, Michel, garde forestier, Loroé.

Aubert, garde forestier, Ethe.

Baert, garde forestier, Zedelghem.

Balon, J.-B., brigadier forestier, Behême (Anlier, Luxembourg).

Baltus, Joseph, garde forestier, Bertogne.

Baré, L.-J., garde forestier, Sohier (par Wellin).

Barnich, brigadier forestier, Schoppach (Arlon).

Barzin H., garde forestier pensionné, Focant (lez-Beauraing).

Bastin, E.-J., garde forestier, Petigny.

Bastin, Ernest, garde particulier aux Miguées (Barvaux s/O.).

Baude, Désiré, garde forestier, Thiméon.

Baugné, Z., garde particulier, Marche-les-Dames (par Namèche).

Bérard, Joseph, garde particulier, aux Assenois les-Sibret.

Berghs, Pierre-Louis, garde forestier, Niel-Asch (Limbourg).

Bernier, François-Joseph, brigadier forestier, Oster-Odeigne.

Bertrand, J.-B., brigadier forestier, Noirefontaine (par Bouillon).

Bertrand, garde particulier, Farnières (Grand-Halleux).

Bertrand, Henri, garde forestier, Gimnée.

Bertrand, Jean, jardinier, Theux.

Besonhé, Aimé, brigadier forestier, Vencimont (Gedinne).

Bieuvelet, J.-P.,garde forestier, Thibessart (Mellier, Luxembourg).

Blétard, garde-brigadier forestier, Ouffet.

Bodart, Camille, garde forestier, Beauraing.

Bodet, Jean-Pierre, garde forestier, Jalhay.

Bonmariage, Jean-Joseph, cantonnier, Stavelot.

Bonmariage, Michel, garde forestier, Chevron.

Bossu, brigadier forestier, Matagne-la-Grande.

Bouchat, Louis, brigadier forestier, Jausse-Moret.

Bouko, Emile, garde forestier, Nismes.

Bouillon, Léon, garde forestier, Houyet.

Bourgeois, Victor, garde particulier, Maison au bois, Anderlues.

Bourguet, Joseph, garde forestier, Creppe lez-Sph.

Bourguignon, garde forestier, Sugny (par Bouillon).

Brassart, Fernand, jardinier, château des Croisettes par Jamoigne.

Brisy, brigadier forestier, Wibrin.

Brouwers, Jean, garde particulier, Eelen (Limbourg).

Bucheman, Hubert, garde particulier, Erneuville (par Champlon).

Burnet, Jean-Baptiste, garde particulier, L'Eglise (par Lavaux) (prov. de Luxembourg).

Burquel, Emile, château de Guirsch lez-Arlon.

Flandres ; parce que c'est de tradition imm^ ... m).
ne doit pas songer à l'implanter ailleur^ . val.
ne sera pas à nos portes.

Don^

... communal, Samrée.
... garde forestier, Nonceveux (Aywaille).
... ard, garde forestier, Exel.
... brigadier forestier, Ethe lez-Virton.
montrant un c^ ... garde forestier, Séviscourt (Bras lez-St-Hubert).
par rappo^ ... Emile, garde forestier, Habay-la-Neuve (Luxembourg).
69e r^ Coibion, F.-J., brigadier forestier surnuméraire, Halanzy.
int^ Colas, garde forestier, Bérisméril (Samré).
r Colla, brigadier forestier, garde forestier, Dinant.
Collard, Lambert, garde forestier, Matagne-la-Petite.
Collart, Constant, garde forestier, Haut-le-Wastia (par Anhée).
Colet, Nestor, garde forestier surnuméraire, Louftémont (Anlier).
Collet, Justin, garde forestier surnuméraire, Gougnies (Châtelet).
Colinet, Jules, garde forestier, Ste-Cécile.
Collin, Alfred, garde forestier, Ste-Cécile.
Conreur, P., brigadier forestier, Ragnies (Thuin).
Conrotte, A., garde forestier, Ansart (Tintigny).
Cornet, brigadier forestier pensionné, Dolhain.
Cosme, François, garde forestier, Borlon.
Cosse, Constant, garde forestier, Frasnes lez-Couvin.
Coulon, garde forestier, Etalle.
Coulon, Henri, garde pêche, Arquennes (Feluy).
Courtois, garde forestier, Lavacherie (par Baconfoy).
Cozier, garde forestier, Rossignol.
Craisse, brigadier forestier, Hazeilles (Erezée).
Crépin, brigadier forestier sédentaire, Esneux.
Daffe, Pierre, garde forestier, Crupet.
Danvoye, garde forestier, Seloignes (Hainaut).
Darche, Camille, garde forestier, Malvoisin.
Darimont, Thomas, brigadier forestier, Jalhay.
Dauby, J.-D., garde forestier surnuméraire, Ochamps.
Daune, L., brigadier forestier, Rochefort.
Daune, Camille, garde forestier, Rosée.
Dautremont, Joseph, garde forestier, Olloy.
Dautremont, Jules, garde-forestier, Champlon-Ardenne.
Debacker, Pierre, garde pêche, Lierre.
de Barquin, Emile, brigadier forestier, Rienne.
Deblier, Joseph, garde pêche, Challe (Stavelot).
Debuisson, Alphonse, brigadier forestier, Comblain-au-Pont.

MM. Decafmeyer, Cl.,garde forestier, maison forestière de Welriekende, Hoeylaert.

Defacqz, garde particulier, Steinbach (Limerlé), par Gouvy.

Defgnée, brigadier forestier, Hestreux (Membach), prov. de Liége.

Defoy, garde forestier, Solre-sur-Sambre.

De Haeseleer, Joseph, garde particulier au Chenoy, Court-Saint-Etienne.

Dehez, Louis, garde particulier, Grand-Halleux-sur-Salm.

Dehives, brigadier forestier, Laroche.

Delacharlerie, brigadier forestier, Vonêche (Beauraing).

Delbrassine, garde particulier, Haute-Heuval (Gentinnes par Villers-la-Ville).

Delieu, Gustave, garde forestier, Bure, par Grupont.

Delincé, Jules, brigadier forestier, Lagrange, Esneux (p.Anthisnes).

Delincé, T., brigadier forestier, La Gileppe (Membach).

Deloge, garde particulier, Waffe (par Morhet).

Delrue, Félicien, garde forestier, Awenne (Grupont).

Demarteau, garde forestier, Méry (Tilff).

Demelenne, brigadier forestier, Hotton (par Melreux).

Demeuse, Toussaint, garde forestier, Fraire.

Denis, chef-garde du domaine royal de Freyr, Lavacherie.

Denis, brigadier forestier, Frahan (Bouillon) (1).

Denis, Alfred, garde forestier, Vielsalm.

Denis, J., chef-garde du domaine de Mirwart (par Grupont).

Denis, Joseph, garde particulier, Salmchâteau (Vielsalm).

Déom, garde particulier de S. A. S. le duc d'Arenberg, au Pavillon des Forges-Basses, Mellier.

Deprez, garde particulier, au Chenoy, Court-St-Etienne.

Dereymaeker, Paul, garde forestier, maison forestière de la Grande Espinette, Rhode-St-Genèse.

Dermiens, Gustave, garde forestier, Awenne (Grupont).

Deruette, Jean-Baptiste, garde forestier, Moyen (Izel).

Despineux, N., brigadier forestier, Fronville (Melreux).

Dessy, Charles, garde particulier, Henoumont (Aywaille).

Detry, Nestor, garde particulier, Mont-St-Guibert.

Devillers, Emile, agent de police, facteur des potiers, Châtelet.

Devaux, Constant, cantonnier, Champlon.

Dewez, Jean-Baptiste, garde forestier, Borlon.

Didion, Joseph, ferme de Warinsart (Séviscourt).

Diels, H., garde forestier surnuméraire, Habay-la-Vieille.

Doffagne, garde forestier, Corbion (Bouillon).

Dôome, Hubert, garde forestier, Hestreux (Membach).

(1) Aujourd'hui décédé.

MM. Doudoux, Jules, garde forestier, Orchimont (par Gedinne).

Douhard, Joseph, garde forestier, Werbomont.

Doumen, André-Jacques, garde pêche, placé Verte, Hasselt.

Douny, J., brigadier forestier, Arville (Saint-Hubert).

Douny-Douny, Joseph, garde forestier surnuméraire, Arville.

Doyen, Valère, jardinier chez M. le comte de Robersart, Nouvelles (Mons).

Dubois, Joseph, garde forestier particulier, Soy (Melreux).

Dufour, Emile, garde forestier, Mortehan (Herbeumont).

Dufour, F., garde forestier, Ougnon.

Dujeux, Léon, garde forestier, Bièvre.

Dumont, Joseph, brigadier forestier, Eprave (par Rochefort).

Dumont, Jos., brigadier forestier, Dorinne (Dinant).

Dumont, Henri-Joseph, brigadier forestier, Stoumont (Liége).

Dumoulin, garde forestier, Zonnebeke.

Dupierreux, instituteur communal, Compogne (Bastogne).

Dupuis, J.-B., brigadier forestier, Boussu-lez-Walcourt (par Cerfontaine).

Durdu, M.-J., chef-garde, Hodbomont (Theux).

Duruisseaux, E., brigadier forestier, Rochehaut (par Bouillon).

Dusius, garde particulier, Bellefontaine-lez-Etalle.

Duvivier, cantonnier, chez M. Collette, Hal.

Eloy, brigadier forestier, maison forestière de Frahinfaz (Theux) par Spa.

Emonts, Jean, garde forestier, Rainonfosse-Theux.

Everaerts, J.-B., brigadier forestier, maison forestière de Groenendael.

Everts, Jean, garde forestier, Neer-Oeteren.

Evrard, Victor, brigadier forestier, Nassogne.

Evrard, garde forestier, Nassogne.

Evrard, Joseph, garde particulier, Mortehan (Ougnon).

Faveaux, Nestor, garde forestier, Coutisse.

Favresse, jardinier, aux Amerois (Luxembourg).

Fay, Désiré, jardinier, Mariemont.

Ferdinand, N., garde forestier, Stave.

Fermine, Louis, chef-garde, Poix, Saint-Hubert.

Fermine, Auguste, chef-garde des chasses, Libin.

Férot, G., garde forestier, Meix-devant-Virton.

Fery, Nestor, garde forestier, Schaltin (par Hamois).

Flamion, brigadier forestier, Chantemelle.

Flavion, garde forestier, Leignon (par Ciney).

Flohimont, Célestin, garde forestier, Maissin (Libin).

Fossion, Emile, garde forestier, Haillot.

Franck, Pierre, garde forestier, La Croix Noire (Membach).

MM. **François, Gustave**, brigadier forestier, Aublain (Couvin).
Freyling, garde forestier, Stockem (Heinsch).
Gaspard, garde forestier, Sadsot (par Erezée).
Génard, brigadier forestier, Bioulx (prov. de Namur).
Gerlache, J., garde forestier, Straimont.
Giet, Léon, garde forestier, Amermont (Stavelot).
Gillet, brigadier forestier, Transinnes.
Gillet, Alphonse, garde particulier, Roy (par Marche).
Gillet, Léon, garde forestier, Vecmont (Beausaint).
Gillot, Jules-Joseph, garde forestier surnuméraire, Olloy.
Gilman, Alexandre, garde forestier, Tilff.
Gilson, Ed., garde forestier, Han-sur-Lesse (Rochefort).
Gilson, brigadier forestier, Habay-la-Vieille (Luxembourg).
Godinas, garde forestier, Harzé.
Goffart, Théophile, garde forestier, Baillonville (par Marche).
Goffette, brigadier forestier, Wanne lez-Stavelot.
Goffin, Louis, garde forestier surnuméraire, Graide.
Gourdange, garde forestier, Hatrival.
Graisse, brigadier forestier, Latour lez-Virton.
Graisse, P., garde forestier, Grandcourt (Ruette) par Virton.
Grandjean, J.-J., brigadier forestier, Suxy.
Grégoire, garde forestier, Botassart (Bouillon).
Grégoire, Louis, chef-garde, St-Jean, par Manhay (Vaux-Cha-
    vanne), Luxembourg.
Grégoire, V., brigadier forestier, Aye (Luxembourg).
Grogna, Nicolas, garde particulier, Dinez, Mont (par Houffalize).
Guériat, Léon, garde forestier, Thuin.
Guillaume, Alexis, garde forestier, Verlaine-Tournay (Luxemb.).
Guirsch, garde forestier, Schockville (Attert).
Gustin, A., garde forestier, Marche.
Habran, brigadier forestier, Tonny (par Freux).
Habran, P.-J., garde forestier, Harre (Werbomont).
Haine, Alphonse, garde particulier, Mariemont.
Halleux, brigadier forestier, Remersdael (par Aubel).
Hamer, Emile, garde forestier, Grandvoir (Tournay, Luxembourg)
Hanot, Antoine, garde forestier particulier, Champlon.
Hanson, Victor, garde forestier, Esneux.
Havelange, Nicolas, garde forestier, Quarreux-Aywaille.
Havelange, Emile, garde particulier, Lorcé.
Henkinet, Pierre, garde particulier, Marvie (Bastogne).
Hennuit, H., garde forestier, Jambes.
Henrioulle, jardinier, château de Duras (par St-Trond).
Henrotin, Henri, garde particulier, Harre (par Werbomont).
Henry, Jérôme, garde particulier, Nivezé (Spa).

MM. Henry, Joseph, garde particulier, au château de Verdenne (Ma-
   renne).
Henry, Joseph, garde forestier surnuméraire, Villance.
Herbinaux, garde forestier surnuméraire, Grand-Leez.
Hesbois, V., brigadier forestier, Menilfavay (Hotton).
Heuschling, Joseph, garde forestier, Attert.
Hofbauer, garde particulier, Sutendael.
Hoffman, brigadier forestier, Vielsalm.
Hologne, P., garde forestier, Bomal.
Holoye, Alexandre, garde forestier, Strée.
Huart, Joseph, garde forestier, Oignies.
Hubert, A., garde forestier, ferme de Belle-Vue à la Cedrogne,
   Les Tailles (par Manhay).
Hubin, garde forestier, Hamoir.
Huguet, E., garde forestier, St-Mard (Virton).
Hupin, Dieudonné, garde forestier, Bouillon.
Isaye, instituteur, Nassogne.
Jacquemard, C., brigadier forestier, Daverdisse.
Jacmart, Prosper, garde forestier, Dourbes.
Jacquet, garde forestier, Felenne (par Beauraing).
Jamotte, garde forestier, Saint-Hubert.
Janssens, brigadier forestier, maison forestière de La Pépinière
   (Boitsfort).
Jaumotte, Arsène, garde forestier surnuméraire, Bièvre.
Javaux, garde forestier, Amay.
Javay, E., brigadier forestier, Jehonville (par Paliseul).
Jeanjot, Henri, garde forestier, Smuid (Libin).
Jomot, Félix, garde forestier, Villers-en-Fagne.
Joosens, jardinier, Broeckem lez-Lierre.
Jouant, brigadier forestier, Ben-Ahin.
Kauffmann, garde forestier, Tintange.
Keller, garde forestier, Libin lez-Poix.
Kempeneers, Gérard, garde-brigadier, Rockheim.
Kerger, Jean-Nicolas, garde forestier, Thiaumont (Luxembourg).
Kerger, Jean-Pierre, garde forestier, Radelange (Martelange,
   Luxembourg).
Knevels, Joseph, garde particulier, Neer-Oeteren.
Kremer, garde forestier, Barnich (Autel-Bas).
Kristus, J.-M., garde forestier, Gruitrode (Limbourg).
Kuntz, El., garde forestier, Nismes.
Labruyère, Louis-Joseph, garde forestier, Rance (Hainaut).
Lacroix, Léon, garde forestier surnuméraire, Erpion.
Laffineur, Henri, garde particulier du domaine de Mirwart, Smuid
   (par Poix).

MM. Laforêt, Jules, garde forestier, Bouillon.

Lagueau, garde forestier, Framont (par Paliseul).

Lahaut, Henri, brigadier forestier, Gesves.

Lamain, garde forestier, Chiny.

Lambert, Florent, garde forestier, Resteigne (lez Wellin).

Lambotte, Jean-Joseph, garde particulier aux Forges, Chevron (par Werbomont).

Lamock, N.-J., garde forestier surnumér., Martilly (Straimont).

Lamouline, Joseph, garde forestier, St-Médard.

Lamoureux, Cyrille, brigadier forestier, Vonêche (Beauraing).

Laurent, François, brigadier forestier, Meix-devant-Virton.

Laurent, J.-B., garde forestier, St-Vincent.

Laurent, Jean-Joseph, garde forestier, Termes.

Laurent, V., garde forestier, Jamoigne (Valensart).

Laval, Jean-Nicolas, garde forestier, Martué-Lacuisine.

Lecàrt, garde forestier, La Croix Noire, Membach (par Dolhain).

Lechapelier, Denis, garde-brigadier au château des Croisettes, par Jamoigne (Luxembourg).

Lechapelier, C., garde forestier, Roy.

Leclercq, Edmond, garde forestier, Acoz.

Ledant, Jules, garde particulier de S. A. R. Mgr le comte de Flandre, aux Amerois (par Muno).

Legrand, C., garde forestier pensionné, Lavaux-Ste-Anne (par Wellin).

Legras, brigadier forestier, Sart lez-Spa.

Lejeune, Charles, garde forestier, Sainte-Gertrude (Champlon-Andenne).

Lejeune, Léopold, garde forestier surnuméraire, Comblain-au-Pont.

Lemaire, Augustin, garde forestier surnuméraire, Bras (Sévis court).

Lemoine, F., garde forestier, Macon.

Lenel, Pierre, brigadier forestier, Florenville.

Lenoir, garde forestier, Etalle.

Léonet, Louis, garde particulier, Coutisse (par Andenne).

Lequeux, Remacle, garde forestier, Hautfays.

Lequeux, Hubert, garde forestier surnuméraire, Alle.

Leroy, Firmin, garde forestier surnuméraire, Sivry (Hainaut).

Lespagnard, Victor, garde particulier, Marvie (Bastogne).

Lété, Evariste, garde forestier, Leernes (Hainaut).

Lété, Zénon, garde forestier, Leernes (par Fontaine-l'Evêque).

Letocart, Joseph, garde forestier surnuméraire, Membach.

Leurquin, Constant, garde forestier, Robechies.

Liart, garde forestier surnuméraire, Laneuville-au-Bois (par Baconfoy).

MM. Lorand, Joseph, garde forestier, Falisolle.

Louis, M.-G., garde forestier surnuméraire, Lesse (Redu).

Lurkin, Florent, garde particulier, Vervoz par Ocquier.

Lurot, Théophile, garde forestier, Bourseigne-Neuve (Gedinne).

Lussot, Nicolas, brigadier forestier, Nothomb (Attert).

Lyncn, Michel, garde forestier, Houthaelen.

Magerotte, brigadier forestier, Vaulx lez-Rosières (Morhet).

Magonet, Camille, garde forestier, La Prise (Bruly de Couvin).

Mahieu, Emile, garde forestier, Solre-St-Géry.

Maillien, Léon, garde forestier, Willerzie.

Malay, Louis, garde forestier, Gospinal par Sart (Spa).

Malchair, François, garde particulier, Challe (Stavelot).

Malempré, D., garde forestier particulier, Prelle par Baconfoy.

Manguette, Gilles, fils, garde particulier, Solvaster, Sart lez-Spa

Many, brigadier forestier, Sugny (par Bouillon).

Maquinay, brigadier forestier, Mont (Theux).

Marchal, J., garde forestier surnuméraire, Villance.

Marchal, A., garde forestier, Gonrieux (lez-Couvin).

Maréchal, E.-J., garde forestier, Heyd (par Barvaux).

Maréchal, Joseph, Mortehan (par Herbeumont, Luxembourg).

Maréchal, Joseph, brigadier forestier sédentaire, Neufchâteau.

Marinier, Philippe, garde forestier, Forges (Hainaut).

Marique, Louis, garde forestier, Flawinne.

Martelleur, Onézime, garde forestier, Robechies.

Martens, Ch., garde forestier, Waerschoot.

Martin, A.-J., garde forestier, Chanly (par Wellin).

Masson, Emile, brigadier forestier, Vierves.

Mathieu, J., garde forestier, Our Opont (par Paliseul).

Mathieu, J., brigadier forestier, Laneuville-au-Bois (par Baconfoy)

Mathieu, Léon, garde forestier surnuméraire, Mochamps (Tenneville).

Mathieux, Eugène, garde forestier, Laforêt.

Maton, Auguste, brigadier forestier, Gozée (Hainaut).

Mauer, F., garde forestier surnuméraire, Athus.

Maury, garde forestier, Chiny.

Mayné, J.-H., brigadier forestier, maison forestière de Boitsfort.

Melard, Philippe, garde forestier, Muno.

Mennard, Emile, garde pêche, Gouy lez-Piéton.

Mercatoris, E., brigadier forestier, Chiny.

Mergeay, Léopold, garde forestier, Bertrix.

Merget, Eugène, garde forestier, Heinstert (Nobressart).

Merveille, Aristide, garde forestier, Bohan.

Meunier, Alphonse, brigadier forestier, Pry.

Meunier, L., garde forestier, Nalinnes.

MM. Meunier, E., garde forestier, Chabreheid (Les Tailles).

Michel, Prosper, brigadier forestier, Muno.

Minet, J., garde forestier, Awenne (par Grupont).

Minet, garde particulier, au Pont de Lierre, Dinant.

Misse, Hubert, brigadier forestier, Ferrières.

Montfront, surveillant jardinier chez M. Zervudachi, propriétaire, Alexandrie (Egypte).

Montjoie, garde particulier au Chenoy, Court-St-Etienne.

Moors, Placide, garde forestier surnuméraire, Lavaux-Ste-Anne.

Moors, Franz, garde-chasse, Achel (Limbourg).

Mottet, garde forestier, La Sarte (Tihange).

Mouvet, D., brigadier forestier, Felenne (Beauraing).

Mouvet, J., brigadier forestier, Buissonville (par Rochefort).

Mouvet, W., garde forestier, Briquemont (par Rochefort).

Mouzon, Nicolas, garde particulier, Ochamps (Libramont).

Muno, brigadier forestier, Fays-les-Veneurs (par Paliseul).

Navé, N., brigadier forestier, Robelmont (Virton).

Nevin, J., garde forestier, Neuville (Philippeville).

Ney, J.-N., brigadier forestier sédentaire, Arlon.

Neyens, L., garde forestier, Lommel.

Nézer, H., garde forestier, Villers-la-Bonne-Eau (Bastogne).

Niclot, brigadier forestier, Virton.

Nicolaï, Auguste, garde particulier, Hamawé (par Ethe).

Nicolay, Charles, garde forestier, Mormont (Grupont).

Noël, Jules, brigadier forestier, Bernimont (par Lavaux).

Noirot, Henri, garde particulier, Grinchamps, par Champlon (Luxembourg).

Nuyens, garde forestier particulier, château de List, Merxem lez-Anvers.

Pairoux, brigadier forestier, Lierneux.

Paternotte, J.-B., garde forestier, Froidchapelle.

Patris, Julien, garde forestier, Moignelée (Tamines).

Peiffer, Henri, garde forestier, Membach (par Dolhain).

Peiffer, Julien, garde forestier, Hachy.

Perin, Auguste, brigadier forestier, Hansinelle.

Pesleux, Alphonse, garde particulier, Hoyoux (par Avins en en Condroz).

Petit, Julien-Joseph, brigadier forestier, Nismes.

Petitjean, Victor, garde forestier, Gembes.

Philippart, facteur de bois et garde vente, Lavacherie (par Baconfoy).

Philippe, Edouard-Joseph, garde forestier, Beauvelz.

Philippe, J.-B., garde forestier, Winenne (Beauraing).

Philippe, P.-J., garde forestier, Côo-Stavelot.

MM. Picard, brigadier forestier, Saint-Léger.

Piérard, commis d'inspection, Marche.

Piérard, Louis, brigadier forestier, Nassogne.

Pierre, A., garde forestier, Spa.

Pierre, Auguste, brigadier forestier, Mesnil-Saint-Martin (par Oignies).

Pignolet, Joseph, garde forestier, Herbeumont.

Piquot, Désiré, garde forestier, Finnevaux (Beauraing).

Piru, Léopold, garde particulier, Chêneux-Fays (par Marloie).

Pireaux, Gustave, garde forestier, Thuin.

Piret, Narcisse, garde particulier, l'Hermite-Sept-Fontaines (Braine-l'Alleud).

Pirnay, Arnold, brigadier forestier, maison forestière du Ticton, Gallemarde (La Hulpe).

Pirnay, Julien, garde forestier surnuméraire, La Reid.

Piron, Antoine, garde forestier, maison forestière de la Grande Espinette, Rhode-St-Genèse.

Pironet, garde forestier, Sart lez-Spa.

Pirquin, Félicien, garde forestier, Mont (par Yvoir).

Pirson, Alexandre, garde forestier surnuméraire, Biesmes-Colonoise.

Plaisier, Auguste, garde forestier de S. A. S. le prince Ch. d'Arenberg, Couckelaere, par Ichteghem (Fl. occid.).

Polet, garde forestier, Vitrival (Fosses).

Polinard, Henri, garde forestier, Grünhaut (par Dolhain).

Poncelet, E., garde forestier, Paliseul.

Poncin, garde forestier, Witry (Luxembourg).

Poncin, Émilien, instituteur, Behôme (Anlier).

Ponlot, Théophile, garde forestier, Houdrémont.

Poty, Hubert, garde particulier, Mande-St-Etienne (près Bastogne).

Quairière, Joseph, garde particulier, parc de Marlagne (par Namur).

Quoirin, brigadier forestier, Habay-la-Neuve.

Raskin, R., garde forestier, Rendeux.

Regnier, Joseph, commis à l'inspection des eaux et forêts, Verviers.

Régibeau, Victor, garde forestier, Florzé (Sprimont).

Reinquin, Charles, brigadier forestier, Kerkom (Brabant).

Remy, Désiré, garde forestier, Floreffe.

Remy, brigadier forestier, Lomprez.

Renard, garde forestier, Malonne.

Renault, brigadier forestier, Orchimont (lez-Gedinne).

Rifflard, Aimé, garde forestier, Baileux (Hainaut).

Roberty, Edmond, garde forestier, Freyneux (Dochamps).

Romain, Paulin, brigadier forestier, Virelles (Hainaut).

MM. Rondelet, Désiré, garde forestier, Petithan (Grandhan).
Rondeux, brigadier forestier, Vielsalm.
Ronval, Alexis, garde forestier surnuméraire, Warnant (par Anhée).
Rorive, garde forestier, Tihange.
Rossignon, J., garde forestier, Mortinsart (Villers s/Semois).
Rulot, Joseph, garde particulier, Anthisnes.
Sacrez, Arthur, garde forestier, Spy.
Salpêteur, Victor, garde forestier, Lustin.
Sainte-Huile, Em., brigadier forestier, Grandrieu (Beaumont).
Scarron, chef-garde, Héverlé.
Scheps, Corneille, chef garde aux Amerois, Bouillon.
Schequenne, P.-J., garde particulier,Fays-Longchamps (Bastogne).
Schinkus, garde forestier, St-Hubert.
Schœffer, garde forestier surnuméraire, Udange (Toernich).
Schumacher, D., garde forestier, Messancy.
Simar, garde forestier, Polleur (lez-Theux).
Simon, Anatole, garde forestier particulier, aux Tailles (Baconfoy).
Simon, Pierre, garde forestier particulier, Les Tailles (Lavacherie par Baconfoy).
Simon, F.-J., brigadier forestier, Momignies.
Sinzot, Alphonse, garde particulier au bois de Poste, Erneuville (par Champlon).
Soetemans, garde du parc, Tervueren.
Sonet, Emile, garde pêche, Wibrin.
Sosset, J.-B., garde forestier, Ste-Marie-Etalle.
Souka, Félix, garde forestier, Louveigné.
Soulet, E., brigadier forestier, Libramont.
Soupart, Joseph, garde forestier, maison forestière de Drossart (par Jalhay).
Squélard, J.-B., brigadier forestier, Forges (Hainaut).
Stéphenne, brigadier forestier, Hulsonniaux (par Falmignoul).
Stevaux, garde forestier, Hastière.
Stimart, Joseph, garde particulier, Hyon lez-Mons.
Suars, brigadier sédentaire des Eaux et Forêts, Herbatte (Namur).
Swaelens, Pierre, garde forestier, maison forestière du Fond St-Michel, Rhode-St-Genèse.
Tavier, Gustave, garde du domaine royal, Hour (par Andenne, province de Namur).
Theys, Henri, garde forestier, N.-D.-au-Bois (par Tervueren).
Thill, J,-B., brigadier sédentaire, commis à l'inspection des Eaux et Forêts, rue des Bogards, Louvain.
Thirion, Antoine, garde particulier au château de Neffe (par Annevoie).

MM. Thiry, Alfred, garde particulier, château de Jemelle.

Thomas, Louis, garde forestier surnuméraire, Burnot (Profondeville).

Tichon, Henri, brigadier forestier, Grosfays.

Tichon, J.-B., garde forestier, Sautour.

Tinant, Jean-Louis, garde particulier, Bar (Ethe).

Tinant, Nicolas, garde particulier, Gribomont (St-Médard).

Tinant, J.-F., garde forestier, Bertrix.

Titeux, A., brigadier forestier, Orchimont.

Titeux, J., brigadier forestier, Graide.

Tolbecq, brigadier forestier, Cerfontaine.

Truyens, François, garde forestier, maison forestière de Boendael,
chaussée de La Hulpe, Boitsfort.

Valet, brigadier forestier, Thibessart (Mellier, Luxembourg).

Vaubrabant, Louis, garde forestier, Nieuwerkerken (St-Trond).

Van Damme, chef-garde forestier, Buggenhout.

Van Damme, garde forestier, Saffelaere.

Vandegoor, P., brigadier forestier, Loozen (Bocholt).

Vandenbosch, Ad., brigadier forestier, maison forestière de la Pépinière, Hoeylaert.

Vandenbroeck, Egide, garde forestier, maison forestière de la Petite Espinette, Uccle.

Vandeneynde, garde forestier, Lichtaert.

Van Rossum, François, garde forestier, Tervueren.

Vasseur, brigadier forestier, Herbeumont.

Verdin, Jules, garde forestier, Grune (Luxembourg).

Verlaine, Henri, garde forestier, Grupont

Verlaine, Jean, garde forestier, Anthisnes.

Vermeire, brigadier de pêche, Hamme (Flandre orientale).

Vigueron, Charles, garde forestier, Scy (Ciney).

Villé, Lucien, garde forestier surnuméraire, Transinne.

Viot, Jules, brigadier forestier, Louette-St-Pierre (Gedinne).

Vliegen, Jean-Martin, garde forestier, Grand-Brogel (Erpecom).

Warzée, François, garde particulier, Ampsin.

Wathelet, Emile, garde forestier, Keumiée.

Wauthy, Félicien, garde forestier, Gerpinnes.

Wève, Ab., garde forestier, Thuin.

Willaime, Emile, garde forestier, Sainte-Cécile.

Wiot, L.-J., brigadier forestier, Tellin.

Wittamer, J.-N., brigadier forestier, Heinstert - Nobressart,
(Luxembourg).

Wolwertz, Alph., garde forestier, Brisy (Gouvy).

Wouters, Jean, garde forestier, maison forestière de la Belle Etoile,
Hoeylaert (par Waterloo).

Zondag, Henri-Joseph, garde forestier, Harnoncourt (Lamorteau).

PEPINIÉRISTES ET MARCHANDS GRAINIERS

faisant partie de la Société centrale forestière de Belgique

MM. Appel, Conrad, marchand grainier, Darmstadt (Gᵈ-duché de Hesse).

Aubinet-Neuville, pépiniériste, Grand-Halleux (Vielsalm).

Bastien, Frédéric, pépiniériste, Hyon-lez-Mons.

Bernard-Dumortier, pépiniériste, Lesdains, par Bléharies (Hainaut,.

Caye et frère, pépiniéristes, Rochefort.

Charles, Xavier, directeur de l'établissement horticole de Limelette (Ottignies).

Copet, E. pépiniériste, Bertrix.

Copet, Isidore, pépiniériste, Palisoul.

Copet-Hardenne, pépiniériste, Pondrôme (Beauraing).

Crahay, Prosper, pépiniériste, Tilff.

Debehogne-Desomiaux, pépiniériste, Libin.

De Haes-Brems, Léopold, pépiniériste, Heyst-op-den Berg (Anvers).

Dehez, Nicolas, pépiniériste, Farnières (Grand-Halleux).

de Pierpont, O., pépiniériste, Rochefort.

de Pierpont-van den Hove, F., propriétaire de pépinières, Herck la-Ville.

de Vilmorin, Maurice, marchand graînier, 13, quai d'Orsay, Paris.

Dijon-Rome, A., pépiniériste, Huy.

Dioos, Alphonse, pépiniériste, Begijnendijck, Aerschot.

Doutreloux-Cheniaux, pépiniériste, Honnay (Beauraing).

Evrard, François, pépiniériste, Neuville (Wanne).

Gambs, Auguste, marchand grainier, Haguenau (Alsace).

Georis, Amand, pépiniériste, Ennal (Grand-Halleux, par Vielsalm).

Herman-Parmentier, pépiniériste, Grand Halleux (Vielsalm).

Keller, Henry, fils, marchand grainier, Darmstadt (Gᵈ-duché Hesse).

Kerckvoorde, C., pépiniériste, Wetteren.

Lambert-Georis, Nicolas, pépiniériste, Grand-Halleux (Vielsalm)

le Clément de Saint-Marcq (le chevalier), pépiniériste, Assesse.

Lens, Louis, pépiniériste, Wavre-Notre-Dame lez-Malines.

Lesure, pépiniériste, Lessines.

Looymans et fils, pépiniéristes, Oudenbosch (Hollande).

MM. Marien, François, pépiniériste, 116, faubourg Pennepoel, Malines.

Méresse, François, pépiniériste, Lesdain, par Bléharies (Hainaut).

Méresse, Achille et Louis, pépiniéristes, Lesdain, par Bléharies (Hainaut).

Micha, pépiniériste, Fosse lez-Stavelot.

Michiels, frères, pépiniéristes-grainiers, Montaigu.

Nùngesser, L.-C., marchand-grainier (propriétaire de la sécherie de Ryckevorsel, Belgique), Griesheim, près Darmstadt (grand-duché de Hesse).

Nys-Art, Léopold, pépiniériste, Sorinne-la-Longue, par Courrière.

Op de Beek, pépiniériste, Putte lez-Malines.

Perpète-Quevrin, pépiniériste, Libin.

Perpète, Emile, pépiniériste, Florenville.

Pierre-Cornet, pépiniériste, Gomzé Audoumont, p. Trooz (Liége).

Remience, Ern., pépiniériste, Moircy (Libramont).

Sarcé, pépiniériste (peuplier suisse blanc, dit Eucalyptus), Pontvalain (Sarthe, France).

Schepers, Ferdinand, pépiniériste, Wyngene (Fl. occidentale).

Schepers-Warniers, Ch.-L., pépiniériste, Beernem (Bloemendael).

Schott, Pierre, pépiniériste et marchand grainier, Knittelsheim (Rheinpfalz), Allemagne.

Sebire, P., et fils horticulteurs-pépiniéristes, Ussy (Calvados, France).

Sebire, Elmire, fils aîné, pépiniériste, Ussy près Falaise (Calvados, France).

Serroen, Henri, pépiniériste, Becelaere par Menin.

Sevrin, Louis, pépiniériste, Ennal Grand-Halleux (Vielsalm).

Société anonyme horticole de Calmpthout.

Standaert, frères, pépiniéristes, Ruddervoorde.

Steingaesser, G.-J., et Cie, marchands grainiers, Miltenberg s/Main (Bavière).

Vandenheuvel, pépiniériste, Uden (Hollande).

Vanderschaegen, pépiniériste, Ruddervoorde (Flandre occidentale).

Van Hulle, P., pépiniériste, Beernem (Flandre occidentale).

Van Rieseghem, Gustave, pépiniériste, Laethem-St-Martin (Flandre orientale).

Vendelmans, Edouard, pépiniériste, Gierle.

Walraet, Camille, horticulteur et pépiniériste, Steenbrugge lez-Bruges.

Willot, frères, pépiniéristes, Jeneffe, par Havelange.

————————————

HYLOBIUS ABIETIS

HYLOBE DU SAPIN   GROOTE DENNENSNUITTOR

Assemblée générale ordinaire du mois de novembre

(*Art. 9 des statuts*)

Cette assemblée aura lieu le 27 novembre, à 10 1/2 heures, au local de la Société « Aux Caves de Maestricht », 5, avenue Marnix, Porte de Namur, Ixelles.

ORDRE DU JOUR :

1° Approbation du procès-verbal de l'assemblée générale du 26 mars 1902 ;

2° Nomination d'un conseiller en remplacement de M. Scarses de Loqueneuille, décédé ;

3° Objets divers.

A 11 heures, conférence par M. Vande Caveye, inspecteur des eaux et forêts.

Sujet : **LA GESTION DES FORÊTS PARTICULIÈRES.**

Le genre Hylobius Schönherr

Les Hylobes

Le genre Hylobius se classe par ses caractères dans la division des Curculionides à longs rostres.

Il se distingue par la présence d'un fort crochet à la pointe des tibias et par le septième article des antennes à partir du coude, très grand et très rapproché de la massue. L'écusson est visible. Le rostre est assez long, arrondi, légèrement courbé, élargi à la pointe. Les antennes sont insérées à l'extrémité du rostre, le scape atteignant à peine le bord antérieur des yeux, avec les deux premiers articles de la massue allongés, les suivants courts. Les crochets des tarses sont grands, fortement écartés.

Les larves vivent dans les racines traçantes des souches de résineux récemment exploités ; elles ne sont pas nuisibles. L'insecte adulte seul est l'auteur des dégâts causés par ces coléoptères.

Le genre Hylobius comprend environ 50 espèces réparties en Europe, en Asie, en Amérique et en Australie.

En Europe, ce genre renferme sept espèces, dont trois se rencontrent en Belgique : *Hylobius abietis* Linné, *H. pinastri* Gyllenhal et *H. piceus* Degeer.

Avant de décrire séparément les caractères et les mœurs des insectes composant ce genre, nous exposerons rapidement les points communs qu'ils offrent.

Ces ravageurs peuvent causer des dégâts considérables et ils sont redoutés, à juste titre, comme nuisibles au plus degré ; ils ont détruit de grandes étendues de jeunes plantations d'épicéa et surtout de pin sylvestre ; et cependant, il n'est guère d'insectes dont la suppression presque totale soit plus facile. Les Hylobes ne seraient pas à redouter si leurs mœurs étaient présentes à la mémoire de ceux qui s'occupent de sylviculture et si des mesures rigoureuses, préventives et défensives, étaient prises chaque fois que le danger est proche ou dès que l'apparition de l'insecte est constatée. Aussi peut-on presque toujours accuser de négligence ceux qui subissent des pertes sérieuses provoquées par les Hylobes.

La taille de ces insectes est telle qu'il n'est guère possible de ne pas constater leur présence ; d'ailleurs, en rongeant principalement les écorces des très jeunes résineux, ils les font mourir promptement, et le jaunissement des plants atteints trahit vite leur présence. Ils attaquent non seulement tous les résineux, mais, poussés par la faim, ils s'en prennent même aux feuillus ; cependant leurs larves ne vivant que dans les racines des souches des résineux récemment exploités, on ne les rencontrera pas au milieu des grandes forêts exclusivement composées d'essences feuillues.

Redoutables surtout pour les jeunes plantations faites immédiatement après les coupes à blanc étoc, ou pour celles qui se trouvent aux environs, ils ne dédaignent pas, à défaut d'autres, de monter sur les résineux ayant déjà plusieurs mètres d'élévation, et dont ils écorcent les jeunes branches.

La génération des Hylobes a généralement une durée de deux années ; lorsque les insectes parfaits ont pondu au printemps dans les souches d'un bois abattu en hiver, on voit pendant l'été se développer des larves qui hivernent, continuent à ronger pendant l'année suivante, hivernent ensuite comme insectes parfaits et ne sortent comme adultes, prêts au vol, qu'au printemps de la troisième année. Parfois, cependant, l'adulte sort dès l'automne de la seconde année, pour ronger alors les jeunes plants ; parfois aussi, mais plus rarement, l'insecte sort dès le printemps de la seconde année.

Si l'insecte trouve sur place de jeunes plants de résineux de 3 à 6 ans, il en ronge l'écorce sans se donner la peine d'aller ailleurs; mais il devient de plus en plus rare que le forestier lui offre cette facilité, et l'insecte se dirige alors vers les jeunes plantations voisines, ou, à défaut, vers les résineux dont les jeunes branches lui offrent une écorce tendre et succulente, car il n'aime pas l'écorce rugueuse et épaisse.

Le vol de noce a lieu dès que le temps est suffisamment réchauffé; contrairement à la plupart des autres espèces de coléoptères qui meurent rapidement après l'accouplement, les Hylobes se remettent à manger, opération qu'ils continuent pendant une, parfois deux et même trois années consécutives. La plupart meurent cependant pendant l'automne de l'année de la ponte.

Il est possible de combattre ces redoutables ennemis par des moyens préventifs et par des moyens destructifs.

En principe, si l'Hylobe ne disposait pas de souches de résineux, il disparaîtrait entièrement, car on ne lui connaît pas d'autres endroits de ponte, à moins qu'il ne parvienne à modifier ses mœurs et à s'adapter à d'autres conditions. Le dessouchement complet constituerait donc le remède radical; mais, pratiquement, ce remède ne peut être appliqué d'une manière absolue, et il subsistera toujours, en certains points d'une région, des Hylobes en nombre suffisant pour menacer les jeunes plantations même éloignées, l'insecte étant assez robuste pour chercher sa nourriture au besoin au prix de déplacements considérables.

Pour en réduire le nombre au minimum, afin de diminuer les ravages à l'inévitable, il n'existe que deux moyens pratiques : la suppression de la larve avant qu'elle puisse se développer complètement et la capture de l'adulte.

Dans les fortes éclaircies ou dans les lieux où le dessouchement est impossible, mieux vaut laisser les souches en place jusqu'au moment où elles seront remplies de larves, afin de détruire ensuite celles-ci par des moyens dont nous parlerons plus loin. D'autre part, il est possible de créer des lieux de ponte artificiels, de supprimer à coup sûr quantités de larves et d'empêcher ainsi la production de nombreuses générations.

On peut aussi ramasser les adultes dans des fossés creusés ou à l'aide de cachettes préparées dans cette intention.

Aussi longtemps que des mesures générales ne seront pas appliquées partout, on recourra au moyen préféré, qui consiste à ne reboiser le parterre de la coupe qu'après trois ou quatre années et même à y faire de la culture agricole. On a préconisé plus récemment l'assiette des coupes par zones, de manière à laisser toujours une distance aussi considérable que possible entre la coupe à abattre et celle à replanter; c'est même cette dernière méthode qui rencontre le plus d'adhésion parmi les forestiers actuels.

HYLOBIUS ABIETIS Linné

L'*Hylobius abietis*, que son nom signale comme l'ennemi du sapin, attaque aussi le pin, surtout en Belgique, où la culture de ce résineux dépasse en importance celle des autres conifères. Ce nom, du reste, lui fut donné par Linné en 1758, alors que les anciens auteurs s'occupant d'entomologie sylvicole l'appelaient *Curculio pini*.

L'Hylobe est connu depuis fort longtemps; ses dégâts ont été signalés dès la fin du dix-huitième siècle, c'est-à-dire depuis l'époque de l'exploitation des forêts résineuses par grandes coupes à blanc étoc suivies de reboisement.

Depuis lors, de nombreux travaux ont révélé ses mœurs, de sorte que l'on connaît fort bien les grandes lignes de sa vie. Cependant, son développement s'étendant au moins sur deux années et étant sujet à de nombreuses modifications dues aux facteurs climatériques, il en résulte des périodes d'incubation très variables qui rendent difficile un tracé moyen et clair de la durée de son existence; il n'est possible que d'indiquer les différentes conditions qui se rencontrent généralement; il appartient à chacun de les interpréter suivant le milieu où il se trouve, afin d'appliquer avec justesse et précision les moyens qui devront supprimer l'insecte dans ses divers stades.

L'*Hylobius abietis* est répandu partout en Europe et on le trouve dans les vallées et sur les montagnes jusqu'à une altitude de 1,000 mètres.

Adulte : Brun foncé, terne avec pubescence dorée. Tête et rostre densément et rugueusement ponctués ; ce dernier assez long, recourbé, élargi à la pointe avec une fossette à la base et deux petites touffes de poils roux ; le rostre porte les mâchoires à son extrémité, et il est creusé latéralement d'un sillon pour loger les antennes. Celles-ci sont coudées et en massue. Prothorax plus long que large, plus étroit en avant, densément et profondément ponctué, avec des rides rugueuses longitudinales, une carène médiane lisse et des poils assez longs, couchés au milieu et sur les côtés. Ecusson aussi large que long, revêtu d'une pubescence cendrée. Elytres sensiblement plus larges que le prothorax, un peu déprimées ; marquées de stries longitudinales de points réguliers en forme de chaînes, dont les intervalles sont grossièrement tuberculeux ; ornées de taches formées de poils roux dorés, raides et couchés, disposés en séries transversales, entre lesquelles se trouvent encore quelques bouquets de poils de même couleur formant des macules.

Ces taches se répartissent de la manière suivante : une courte avant le milieu ; une autre plus bas, en forme de chevron ; une troisième à la suite, presqu'en accolade ; une quatrième près de l'extrémité ; toutes ces taches semblent former deux bandes transversales traversant les élytres. Corps ponctué en dessous et parsemé de poils roux, formant des taches sur le côté de l'abdomen. Pattes portant des poils cendrés ; cuisses d'un brun de poix, fortement dentées. La femelle a une fossette plane plus ou moins nettement marquée sur la face inférieure du dernier segment de l'abdomen. Les vieux adultes ayant hiverné sont ordinairement d'une couleur plus sombre et plus sale, les poils roux ayant disparu par le frottement.

Œuf : Les œufs sont ovoïdes, d'un blanc sale et transparents.

Larve : Larve charnue, molle, courbée en arc. Thorax plus épais que l'abdomen. Tête orbiculaire, ferrugineuse, avec le bord antérieur un peu plus foncé et des fossettes peu profondes. Mandibules ferrugineuses dans leur moitié inférieure, puis noires jusqu'à l'extrémité, qui est taillée en biseau, avec la pointe formée de deux dents. Labre large, à trois lobes arrondis, surmontés chacun de deux soies rousses, épaisses et raides. Mâchoires, lèvre et palpes ferrugineux. Corps blanc, sans pattes, de douze segments plissés en travers, parsemés de petits poils et munis de petites spinules seulement aux bords antérieur et postérieur, sauf les derniers qui en sont presque entièrement couverts.

Nymphe : Blanche. Vertex nu. Sur la tête, deux rangs de petites épines roussâtres, quatre rangs sur le prothorax et six sur l'abdomen. Toutes ces spinules sont portées sur un petit mamelon. Sur la face supérieure de la trompe, on aperçoit aussi cinq petites soies roussâtres, mais sans mamelon. La nymphe est très mobile et exécute avec assez de facilité divers changements de position dans sa cellule.

Dès les premières journées chaudes du mois de mars, on peut rencontrer les premiers Hylobes, sortis de leur cachette d'hiver; mais ce n'est que vers la fin du mois d'avril et au mois de mai, alors que l'échauffement du sol est régulier, que l'on voit ces insectes s'abattre, par essaims, sur les coupes exploitées à blanc ou dans les fortes éclaircies faites pendant l'hiver.

Le vol de noce commence dès la fin d'avril et se prolonge jusqu'à la fin de mai, voire jusqu'en juin, et on rencontre alors l'Hylobe volant partout, parfois en grande quantité, non seulement aux endroits de ponte, mais même à des distances considérables ; il s'approche souvent des maisons, comme on le constate partout où il y a de nombreuses forêts résineuses, en Campine par exemple; il se jette de préférence sur les objets clairs et on le trouve posé sur les murs blanchis des maisons.

Après l'accouplement, il ne vole plus guère et se déplace en marchant à terre, lentement et lourdement. C'est ce qui permet son ramassage dans des fossés entourant la plantation atteinte.

Si l'Hylobe, fraîchement éclos, trouve dans la région voisine un lieu de ponte convenable, et si sa transformation finale s'est faite assez tôt, il s'accouplera tout de suite et déposera une partie de ses œufs avant l'hiver.

Celui qui éclot plus tard n'arrive plus à la ponte dans l'année de sa naissance, et n'y procédera qu'au printemps de l'année suivante, en même temps que ses sœurs apparues plus tôt, qui ont pondu déjà quelques œufs l'année précédente et qui procéderont alors à leur ponte principale.

Une génération bisannuelle paraît donc être la règle ; les insectes dont la vie a commencé, comme œuf, en 1901 par exemple, n'arriveront à la ponte principale qu'en 1903.

Cependant, là où le nombre d'Hylobes est très considérable, il se présente beaucoup de cas qui troublent cette règle du développement normal.

Nous empruntons à l'excellent travail du Dr Eckstein (1) dix cas d'évolution, suivant l'époque à laquelle l'œuf a été déposé. (*Voir le tableau ci-après.*)

Ces évolutions ont été constatées par de nombreux observateurs; elles peuvent se rencontrer en un seul endroit, et cela nous explique pourquoi nous trouvons toute l'année des insectes parfaits.

Tous les observateurs récents admettent que la nymphose a lieu en juin, juillet et août, parfois même en septembre, ce qui permet aux insectes de pondre encore leurs œufs, si les circonstances leur sont favorables, comme le montrent les n°s 5, 6 et 8 du tableau des cycles des métamorphoses. Mais bien des perturbations peuvent retarder cette évolution normale : nous avons déjà dit que l'insecte ne vole activement que pendant peu de jours, à l'époque de l'accouplement et que, cet acte terminé, il ne se sert plus guère de ses ailes et se traîne paresseusement à terre; des fossés naturels, ou ceux que l'on établit pour le capturer, le retiennent pendant longtemps et il passe des journées à tenter de traverser ces obstacles; or, il doit souvent aller à la recherche d'un lieu de ponte convenable situé à une distance plus ou moins grande ; le temps peut aussi être défavorable; la ponte est ainsi retardée et ne commencera que l'année suivante, au printemps, ce que montrent les n°s 1, 2, 3, 7, 9 et 10 du tableau précédent.

La plupart des individus qui ont fait leur ponte principale au printemps ou en été, meurent la même année. Mais des observations sérieuses ont prouvé qu'un certain nombre d'entre eux peuvent encore passer, non seulement le premier, mais souvent le second et parfois même un troisième hiver, de sorte que parmi des hylobes recueillis ensemble, il peut y en avoir de trois et même de quatre générations.

La femelle pond ses œufs avec une extrême lenteur, à l'encontre de ce qui se passe chez beaucoup d'autres insectes ; cette ponte peut s'étendre ainsi sur un laps de temps très prolongé, ce qui amène également des écarts considérables dans la transformation complète de l'insecte. Les indications relatives aux apparitions de l'Hylobe et à l'époque de ses dévastations, d'après les données des manuels forestiers, ne peuvent donc constituer que des généralités.

_____

(1) Eckstein. *Forstliche Zoologie*, 1897, p. 395. Berlin, Paul Parey.

Cycles des métamorphoses

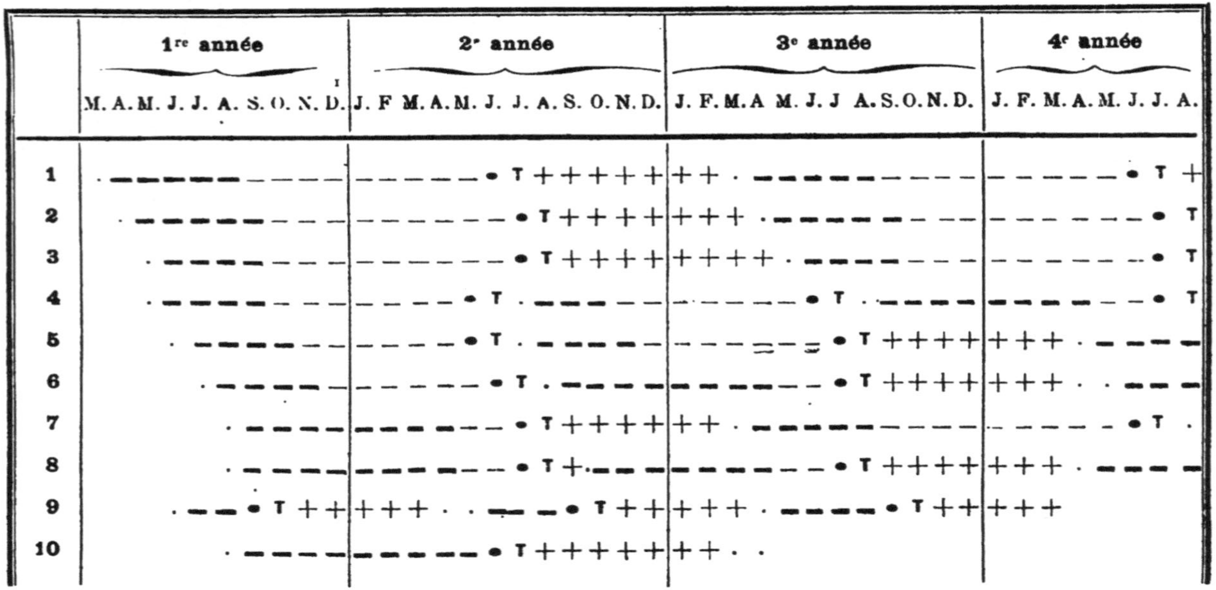
1re année
2e année
3e année
4e année
M. A. M. J. J. A. S. O. N. D.[1]
J. F M. A. M. J. J. A. S. O. N. D.
J. F. M. A M. J. J A. S. O. N. D.
J. F. M. A. M. J. J. A.
1
2
3
4
5
6
7
8
9
10

. Œuf.
▬ Larve au travail.
— Larve au repos.
● Nymphe.
T Jeune adulte au vol.
+ Adulte (insecte parfait).

(1) Lettres initiales des mois.

Exceptionnellement, on a encore constaté que des œufs pondus très tôt peuvent, avant la mauvaise saison, donner naissance à des larves qui arrivent à la nymphose et se transforment même parfois en insecte parfait pour hiverner sous l'une ou l'autre de ces formes.

L'Hylobe pond *exclusivement* sur les souches des résineux *récemment exploités*, en préférant celles de pin sylvestre à celles d'épicéa, jusqu'à présent dans nos contrées du moins. Il pond à la naissance des racines, rarement sur le corps de la souche ; il préfère les racines traçantes.

Les parties de bois coupées à blanc ou fortement éclaircies pendant l'hiver sont donc surtout exposées à sa visite. Il s'y rend pendant les mois indiqués ci-dessus, surtout lorsque l'enlèvement de tous les arbres n'a pas encore eu lieu, ce qui lui assure plus de fraîcheur, car il craint la sécheresse et la grande chaleur.

Là, il s'accouple, soit sur le sol, soit déjà dans la couverture. Il pond des œufs isolés, répartis dans des endroits favorables à la larve.

Celle-ci descend le long de la racine jusqu'au point où le diamètre de cette dernière n'est plus que de 1 centimètre environ ; elle ronge uniquement l'écorce d'abord, pour pénétrer plus profondément ensuite en entamant alors le bois, de manière qu'une racine attaquée par plusieurs larves vivant côte à côte présente l'aspect d'une colonne cannelée.

Dès que les larves sont adultes, elles se creusent dans le bois un profond berceau, où elles hivernent le plus souvent, sans transformation ni changement notables.

La nymphose a lieu et l'insecte parfait apparaît au commencement de l'été, ce qui donne, suivant les conditions climatériques, une durée de 12 à 18 mois, depuis l'œuf jusqu'à la transformation normale, et sans compter les complications qui peuvent augmenter ou diminuer cette durée.

Nous savons que l'insecte est seulement nuisible pendant la dernière époque de sa vie, car il ronge alors l'écorce des jeunes résineux et parfois même des essences feuillues, comme l'indiquent plusieurs auteurs, la plupart des forestiers, et comme on l'a constaté en Belgique : à Maissin notamment, l'Hylobe s'est présenté en masse en 1898 et, ne trouvant pas de jeunes plantations de pins pour se nourrir, s'est jeté sur un semis de bouleau effectué en 1894, qu'il a ravagé sur une largeur de 50 à 100 mètres.

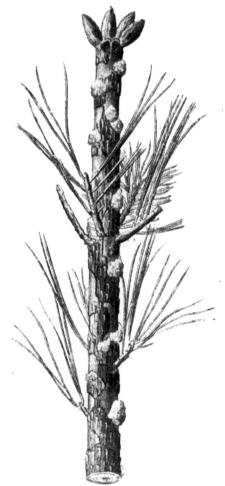

Ses préférences vont cependant vers les tiges de pin sylvestre de 3 à 6 ans; mais, il ne dédaigne pas les petites branches fraîches restées sur le terrain après la coupe, ni les jeunes plants d'un an ou même ceux qui sont à peine sortis de la semence. Des sujets plus âgés sont attaqués parfois, surtout lorsqu'une nourriture plus délicate fait défaut ; il ronge alors les jeunes tiges et branches, jusqu'à une hauteur de 1 à 3 mètres au dessus du sol et les blessures qu'il y fait se couvrent souvent de larmes de résine.

L'Hylobe attaque plus rarement le sapin argenté, et préfère dans l'ordre suivant, le pin sylvestre, l'épicéa, le pin noir et le mélèze.

Les dégâts se commettent pendant toute la bonne saison ; et là où l'Hylobe existe depuis quelque temps, on trouve toute l'année des insectes occupés à ronger.

On comprend aisément qu'une forte attaque puisse détruire des cultures entières.

L'insecte enlève la jeune écorce en opérant sur des surfaces de dimensions variables ; il ronge l'écorce de la périphérie jusqu'au bois, puis recommence à côté ; petites et isolées, les blessures affaiblissent la jeune plante, qui réagit par un écoulement de résine bouchant la plaie ; nombreuses et se réunissant, elles arrêtent la sève et amènent rapidement la mort. Les blessures occasionnent souvent un arrêt dans la sève montante, provoquant ainsi chez le pin sylvestre l'apparition de nombreuses pousses adventives en dessous de la blessure.

Partout où l'épicéa et le pin sylvestre sont attaqués par l'Hylobe, la première de ces essences souffre toujours plus que la seconde, parce qu'elle ne peut produire ces pousses adventives. On voit alors les épicéas jaunir lorsqu'ils ont été fortement rongés. Les pins meurent souvent aussi immédiatement après l'attaque, mais le plus souvent ils dépérissent pendant plusieurs années ou deviennent la proie d'autres insectes par suite de leur affaiblissement.

L'Hylobe n'aime ni l'écorce épaisse et desséchée, ni les chaleurs et les froids extrêmes, ni le temps venteux et pluvieux. Ces circonstances, ainsi que les mouvements brusques imprimés aux plants, le chassent de la cime; il va alors se réfugier au pied des sujets, au milieu des graminées et des basses plantes, pour ronger, dans la fraîcheur, la base de la tige et le collet de la racine, amenant ainsi la mort certaine de la victime.

HYLOBIUS PINASTRI Gyllenhal

Taille de 6 à 9 $^{m/m}$; ressemble énormément à de petits exemplaires de l'Hylobe du sapin. Un peu plus brillant, avec une pubescence blanchâtre. Prothorax moins étroit vers la partie antérieure; fortement ponctué, mais sans être ridé longitudinalement. Ecusson un peu plus large que long. Elytres ponctuées en lignes longitudinales formant chaîne, avec intervalles plus étroits de moitié vers la base; deux bandes transversales composées de la réunion de taches formées par des poils blanchâtres. Les lignes de points enfoncés sont plus profondes en avant qu'en arrière. Les cuisses sont plus rougeâtres avec une dent moins prononcée.

L'*Hylobius pinastri* ressemble donc beaucoup à l'*Hylobius abietis*, mais on l'en distingue à sa taille constamment plus petite, à une plus grande largeur antérieure du prothorax, qui est non ridé longitudinalement, et aux dessins plus blancs sur les élytres, ainsi qu'à la couleur plus rougeâtre des pattes.

Ses mœurs ressemblent énormément à celles de son grand voisin. Il paraît cependant préférer, pour la ponte, les souches des pins plus jeunes à celles des vieux pins et l'on trouvera rarement ses larves dans les grosses souches.

Il est plus mobile que l'*Hylobius abietis* et vole volontiers, de sorte qu'il se jette avec plus de facilité dans les couronnes des pins d'un certain âge, où il ronge les écorces des jeunes branches; ce caractère de mœurs le différencie assez nettement de l'Hylobe commun. Il se réunit cependant aussi à cette espèce pour ravager les jeunes peuplements et, lors du ramassage des Hylobes, on le capture dans la proportion d'un dixième, sans que l'on se donne la peine de distinguer les deux espèces.

HYLOBIUS PICEUS De Geer (*pineti* Fabricius)

C'est la plus grande des trois formes; elle a de 12 à 18 millimètres de longueur.

Noir de poix, lisse, un peu brillant, avec une pubescense médiocre d'un jaune blanchâtre. Prothorax rugueusement ridé avec un fort sillon médian ; assez fortement arrondi sur les côtés. Ecusson lisse, sans pubescence. Elytres avec des lignes longitudinales de points enfoncés, très profonds, grands et rectangulaires. Intervalles fortement rugueux et régulièrement parsemés de petites taches de poils jaunes. Cuisses à peine dentées.

Cette espèce pond dans les souches des mélèzes, pendant les mois de mai et de juin, et ravage les jeunes plantations de cette essence de la même manière que l'*Hylobius abietis* détruit les jeunes pins et sapins. Elle paraît, jusqu'à maintenant, peu dangereuse.

On la combat de la même manière que son puissant congénère.

Moyens de combattre l'Hylobe

Les moyens employés pour combattre l'Hylobe sont très nombreux. Nous nous contenterons de signaler ceux qui, après une longue expérience, ont donné les meilleurs résultats.

Moyens préventifs. — On peut chercher à empêcher les dégâts de l'adulte ou à obtenir une protection indirecte par la destruction des larves :

1° Dans les exploitations importantes, les coupes peuvent être assises par bandes étroites, régulières mais non contiguës ; deux coupes successives seront séparées par quelques autres (3 à 5) à exploiter plus tard, ce qui permettra aux jeunes plants des parties reboisées d'acquérir assez de vigueur pour résister à toute attaque, lorsqu'on exploitera la coupe contiguë. Ces zones ne pourront être ni trop étroites, ni trop éparpillées, car en divisant trop les lieux de ponte on augmenterait le danger. Au surplus, le grand gibier attaque plus volontiers les jeunes plantations isolées que celles qui occupent de grandes étendues.

2° Il est recommandable de ne reboiser une coupe exploitée qu'après le temps nécessaire à la disparition des insectes qui ont pu s'y développer.

Une ponte faite au printemps qui suit la coupe d'hiver donnera des adultes au plus tard au troisième printemps après cette coupe ; le reboisement fait pendant cet intervalle sera menacé, surtout si le terrain n'a pas été entièrement débarrassé des souches et des racines importantes.

Lorsqu'on veut reboiser par semis, on peut réduire cet intervalle d'un an, l'Hylobe attaquant rarement les jeunes semis d'un an.

Il est excellent de cultiver les coupes pendant un an ou deux, après dessouchement et labour à la charrue.

3° Une bonne méthode consiste à planter en mottes, après 2 ans de repos, des plants assez forts, à écorce déjà dure. Ces plants devront avoir été soignés en pépinière et ne pas avoir souffert d'un état trop serré ou de la présence des mauvaises herbes.

4° L'introduction de moutons dans les jeunes plantations paraît avoir donné de bons résultats, l'insecte fuyant l'odeur des excréments de ces animaux.

5° On peut protéger les jeunes plants isolés en intercalant des pins sylvestres ou des Weymouths, que l'insecte préfère aux épicéas.

6° On a obtenu d'excellents résultats en couvrant les plants de Raupenleim, l'Hylobe fuyant cette colle gluante. Celle-ci ne doit pas être fort épaisse; les sujets en sont badigeonnés au pinceau jusqu'à quelques centimètres sous la couronne, en ayant soin de ne pas couvrir les aiguilles et de n'opérer, après la plantation, que lorsque les plants ont repris de la vitalité. Ce badigeonnage se fait assez rapidement et sans grands frais, une ouvrière habile pouvant enduire 1,200 à 1,300 sujets par jour.

7° Enfin, on peut protéger les feuillus qui entourent les coupes exploitées, en formant autour des troncs, au moyen de Raupenleim ou de goudron très liquide, des bagues qui, placées assez bas, empêcheront l'insecte de monter.

8° Le dessouchement pratiqué pendant ou immédiatement après l'exploitation à blanc étoc supprime les lieux de ponte; lorsque cette opération est faite pendant l'hiver ou au printemps avant l'apparition de l'adulte, il est certain que peu d'insectes peuvent trouver encore des racines assez volumineuses pour y déposer leurs œufs.

Cela est vrai surtout lorsque ce dessouchement s'opère au moyen d'appareils de traction qui arrachent les racines à un endroit où leur épaisseur est très minime et ne laissent subsister dans la terre que des radicelles incapables de nourrir une larve.

Si l'on pouvait appliquer cette méthode dans toute une région forestière et l'y généraliser sans exception, l'Hylobe en aurait vite disparu; mais cette unité est difficile, sinon impossible à obtenir.

En dessouchant lors de l'abatage ou immédiatement après, on ne

diminue certes pas le nombre d'insectes et ceux-ci pourraient trouver dans le voisinage des endroits favorables pour préparer de
nouvelles générations. Il est donc préférable de ne procéder au
dessouchement que lorsque les racines sont remplies de larves, en
ayant soin d'incinérer souches et racines.

En brûlant, en outre, les déchets, branches, ramilles, etc., qui
couvrent le parterre d'une coupe exploitée, on détruit les nombreux
Hylobes qui s'y sont réfugiés pour se protéger contre le soleil et y
rechercher leur nourriture.

Il est évident que le dessouchement doit avoir lieu avant l'apparition des adultes; le forestier doit surveiller la nymphose, car
le moment de celle-ci varie suivant les conditions climatériques et
autres qui, comme nous l'avons dit, peuvent influencer la durée
de la génération.

Il paraît prudent de terminer le dessouchement pour le second
hiver qui suit la coupe, car on est presque certain de détruire
ainsi la plus grande partie des insectes, tout en permettant la
ponte des retardataires ou des nouveaux venus.

9° Il n'est malheureusement pas toujours possible de dessoucher
partout et il est parfois nécessaire de laisser les souches en place.
Le règlement contre les insectes nuisibles aux forêts en prescrit
alors l'écorçage; pendant les mois de mars, avril et mai, aucune
souche ne peut rester en terre sans être écorcée jusqu'aux grosses
racines.

Sans doute, l'Hylobe peut encore pondre sur les racines trop profondes ou trop éloignées du tronc pour être écorcées pratiquement ; mais, par l'écorçage de la partie principale de la souche, on
obtient une dessiccation plus rapide de ces racines et la destruction d'un grand nombre de larves vivant en haut, près du
collet (1).

---

(1) Une note publiée dans le *Bulletin de la Société centrale forestière*, 1899,
p. 510, dit que l'écorçage des souches des pins sylvestres abattus, bien fait, à profondeur suffisante et notamment des grosses racines traçantes, donne de bons
résultats. Faite après l'abatage, cette opération ne coûte pas cher; on l'estime à
fr. 0.75 à 1 franc par 100 souches. Les écorces, réunies en tas pour être utilisées au
chauffage, ont servi de refuge à beaucoup d'Hylobes.

Une autre note (*Bulletin de la Société centrale forestière*, 1898, p. 825) est tout
aussi affirmative. Suivant cette note, un ouvrier armé d'une pioche, dégarnissait le
mieux possible les souches, tandis qu'un autre, au moyen d'une tige de fer aplatie
et aiguisée à l'extrémité, en enlevait l'écorce. Les souches furent trouvées remplies
de larves dont une grande quantité fut détruite par l'écorçage fait vers la fin d'avril.
Les souches furent visitées un an plus tard et on constata que la dessiccation était
trop complète pour permettre aux larves restées vivantes de terminer leur évolution.

Le goudronnage des parties écorcées assurerait un meilleur résultat, car l'insecte parait détester particulièrement l'odeur de cette matière ou de substances analogues.

Pour bien écorcer, on est obligé de dégarnir complètement les souches de la terre qui les entoure, ainsi que les quelques grosses racines qui partent du tronc.

L'écorçage des souches, tout en donnant des résultats satisfaisants, est insuffisant pour combattre complètement l'hylobe ; il n'y faut recourir que lorsque, pour l'une ou l'autre cause, un dessouchement complet est réellement impossible.

10° L'essartage à feu couvert, fait avec soin, peut détruire un grand nombre de larves et empêcher une partie de la ponte de l'hylobe. Celui-ci pond, en effet, surtout en haut des racines, d'où les larves descendent en rongeant leurs galeries.

En pratiquant cette opération, il faut s'efforcer de mettre les fourneaux sur les plus grosses souches ou le plus près possible de celles-ci.

11° Des pièges pour obtenir la ponte donnent d'excellents résultats, lorsqu'ils sont placés aux endroits menacés par l'insecte et qu'ils sont visités en temps utile, afin de détruire les larves qui s'y trouvent.

Pour constituer ces pièges, il faut employer des troncs d'épicéa ou de pin sylvestre d'un diamètre de 0^m10 à 0^m15, et de 1^m50 à 2 mètres de longueur, en choisissant avec soin ceux qui ont une écorce lisse et juteuse. On utilise surtout ces pièges en avril et mai, lorsque la sève monte et rend l'écorce succulente ; c'est la meilleure époque.

Les pièges doivent être enterrés par deux ou trois réunis et de telle manière qu'un des bouts de chaque pièce soit recouvert de 0^m30 à 0^m50, tandis que l'autre dépasse le sol de 0^m03 à 0^m05, imitant ainsi les grosses racines traçantes. Ils doivent être enterrés avec quelque soin : il est essentiel que l'écorce soit intacte, sans blessures ; il faut bien préparer les trous dans lesquels ils doivent reposer et il faut les y coucher, de façon qu'ils soient partout entourés de terre ; on les recouvre ensuite de gazon et l'on tasse un peu la couverture, afin que le tout se rapproche autant que possible à l'état naturel.

Les pièges doivent être distribués à distance régulière d'environ 10 mètres, afin de pouvoir les retrouver sans peine, lorsqu'il s'agit de détruire les larves qu'ils contiennent. Placés de préférence dans les jeunes plantations ou dans les semis où il n'existe plus de souches, ils sont volontiers acceptés par lesinsectes; on peut surveiller facilement le développement des larves, ce qui est important, surtout pendant les années chaudes, lorsqu'un rapide développement est à craindre.

Les pièges donnent de moins bons résultats lorsqu'ils sont placés dans les vieux taillis ou les coupes récemment exploitées et non dessouchées, car l'insecte préfère alors les racines pour sa ponte.

12° Enfin, un excellent moyen consiste à entourer les jeunes plantations de fossés d'isolement à parois verticales, dans lesquels, en émigrant vers la nourriture, les hylobes viennent tomber et dont ils ne peuvent sortir. On peut, de cette manière, récolter de nombreux insectes.

Moyens destructifs. — 1° La taille de l'insecte en permet le ramassage, et ce moyen peut souvent être employé. Il exige cependant quelques connaissances des mœurs de l'insecte : ainsi, on trouve celui-ci de préférence là où le sol est frais, près des rigoles, sur les racines blessées avec écoulement de sève et que l'on peut préparer mieux encore en les arrachant partiellement du sol ; on le trouve aussi sur les souches à forte coulée de résine, sous la couche de mousse qui entoure les souches et où il se cache pour fuir les fortes chaleurs qu'il ne peut supporter ; on le rencontre encore, souvent en masse, dans les trous des scieurs de long, surtout à l'époque des rosées printanières abondantes.

Le ramassage se fait par des enfants ou par des femmes, au printemps, avant l'époque de la ponte, dans les coupes exploitées, et pendant l'été, quand les insectes sont nombreux dans les jeunes plantations où ils se sont réunis pour se nourrir (1).

---

(1) M. l'Oberförster Von Oppen donne dans *Zeitschrift für Forst-und Jagdwesen*, XVII, 1885, p. 83, les chiffres suivants de la récolte d'Hylobes adultes faite dans sept cantonnements du district forestier Bärenfels, en Saxe: 1881, 1,372,800; 1882. 2,136,600; 1883, 2,681,000; 1884, 3,662,200; soit un total de 9,852,600, qui se répartissent comme suit : mai, 12 p. c.; juin, 43 p. c ; juillet, 27 p. c.; août, 12 p. c.; septembre, 6 p. c.

Le même forestier, dans le *Bericht über die 39ᵉ Versammlung des Sächsischen Forstvereins*, Colditz, 1894, p. 13, cite les chiffres ci-après pour les cantonnements Schmiedeberg, Bärenfels, Rehefeld et Nassau, appartenant au district Bärenfels : 1885, 5,510,000; 1886, 5,831.000; 1887, 5,011,000; 1888, 5,607,000; 1889, 5,549,000; 1890, 5,147,000; 1891, 5,047,000; 1892, 5,663,000; 1893, 6,296,000.

Soit un total de 49,761,000, dont la récolte avait coûté 33,573 marks, soit 3,730 marks par an.

En recourant à ce moyen en temps utile et aussi souvent que possible, on obtient de bons résultats.

Les insectes seront détruits en les écrasant sur une surface dure ou en les échaudant.

Le ramassage ne diminuant en rien les lieux de ponte, n'empêche nullement une invasion ; ce n'est qu'un palliatif impuissant s'il n'est accompagné d'énergiques mesures préventives.

2° Pour attirer les hylobes, on peut employer des fourreaux d'écorces fraichement enlevés aux pins et sapins ayant 0^{m}30 à 0^{m}40 de longueur et 0^{m}15 à 0^{m}20 de largeur, posés la face intérieure contre le sol, et recouverts de mottes de gazon ou de pierres pour éviter l'enroulement que provoque le desséchement. On peut placer plusieurs de ces écorces les unes sur les autres, pour conserver plus longtemps fraiche l'inférieure qui constitue le piège.

Ces écorces offrent d'excellents refuges, surtout lorsqu'elles sont posées sur des ramilles de jeunes pins sylvestres ou d'épicéas qui servent en même temps de nourriture aux Hylobes. Ces cachettes doivent être visitées journellement, afin de recueillir les insectes et de renouveler les ramilles et les écorces lorsque celles-ci se dessèchent trop, ce qui arrive au bout d'une semaine.

On peut employer ces pièges depuis le mois d'avril jusqu'en septembre. Il faut les intaller aux lieux de naissance et aux lieux de ponte, c'est-à-dire dans les coupes exploitées et dans les éclaircies importantes. Suivant l'intensité de l'attaque, il faut placer de 60 à 120 pièges par hectare.

3° Des ramilles de pin et d'épicéa, fraîchement façonnées en fagots d'une longueur de 0^{m}75 à 1 mètre et d'un diamètre d'environ 0^{m}25 à 0^{m}30, attirent beaucoup l'Hylobe qui s'y cache volontiers et y trouve de la nourriture. On peut surtout employer ce moyen à l'époque où l'écorce ne se détache pas par grandes plaques.

Ces fagots seront secoués au-dessus de draps, afin de faire sortir et de recueillir les Hylobes qui s'y trouvent. Ce moyen est moins pratique et plus coûteux que le précédent.

4° Des trous-pièges de 0^{m}30 × 0^{m}30 × 0^{m}30, au fond desquels se trouvent des branches fraîches de résineux ou qui sont recouverts de branches, attirent beaucoup d'insectes, surtout pendant les journées chaudes. Ces trous doivent être établis à des distances convenables dans les jeunes plantations et les coupes, là où une végétation suffisamment fraîche ne protège pas l'insecte.

5° Des fossés entourant entièrement la coupe ou la jeune plantation, de manière à empêcher l'Hylobe de quitter la première et de se répandre dans la seconde, donnent des résultats des plus favorables.

Ces fossés-pièges auront 0^m30 de profondeur sur 0^m10 à 0^m15 de largeur et seront pourvus, tous les 5 à 10 mètres, de trous de 0^m10 à 0^m15 de profondeur et d'autant de largeur, formant ainsi de petits puits dans lesquels les Hylobes parcourant les fossés iront se jeter. C'est immédiatement après l'exploitation que les coupes doivent être entourées de ces fossés; ceux-ci devront donc être terminés assez tôt au printemps.

Là où il est difficile d'établir des fossés réguliers à cause de la nature du sol, des fossés-pièges isolés, plus courts et répartis dans la coupe aux endroits favorables, peuvent rendre le même service, car non seulement les insectes y tombent aveuglément dans leurs pérégrinations, mais ils les recherchent pour y trouver de la fraicheur. C'est pour la même cause que, dans un terrain nu et sec, les fossés produisent un meilleur résultat que ceux qui se trouvent dans un terrain couvert de plantes basses et de graminées, sous lesquelles l'insecte trouve une protection suffisante contre la chaleur. Comme les trous-pièges, ces fossés attirent mieux encore lorsque des branches de résineux les recouvrent ou sont déposées dans le fond.

Il va sans dire que ces fossés doivent être à parois complètement verticales, afin d'empêcher la sortie de l'insecte; il ne faut pas leur donner trop de largeur dès le début, afin de pouvoir rectifier plus tard, par quelques coups de bêche, les parois éboulées.

La destruction des insectes doit avoir lieu deux fois par jour dans les fossés, car ils finiraient par s'y enfoncer en terre, cherchant à s'échapper à l'aide de racines suffisantes pour recevoir leur ponte ou en traversant la terre pour remonter vers la surface du sol, ou bien ils parviendraient à sortir à force d'efforts, surtout lorsque le sol est sablonneux, ce qui est souvent le cas. Les fossés doivent être entretenus avec soin en bon état. Les frais qu'exige leur établissement et leur entretien n'est d'ailleurs pas élevé et, en entourant les coupes chaque année, on obtient une protection si sérieuse que le danger disparait presque entièrement.

Judeich et Nitsche, dans leur monumental ouvrage sur les insectes forestiers (1), insistent d'une manière spéciale sur la nécessité de subordonner l'exploitation des forêts résineuses aux mesures rendues nécessaires par la multiplication de l'Hylobe et l'extension de ses dégâts.

Lorsqu'on doit procéder par blanc étoc, si l'on ne peut empêcher le développement de l'Hylobe, les coupes annuelles ne doivent avoir que des surfaces restreintes et ne peuvent être contiguës. Parce que nos prédécesseurs n'ont pas procédé de cette façon, ce n'est pas une raison pour ne pas modifier un système défectueux et le remplacer par un autre diminuant ou écartant le danger.

Dans la lutte contre l'Hylobe, le destructeur peut-être le plus nuisible des résineux, il importe surtout d'assurer la protection directe des cultures plutôt que de veiller au ramassage des insectes adultes, préoccupation principale de nos prédécesseurs, qui s'imposaient ainsi de grosses dépenses sans amener une diminution notable dans le développement de l'insecte.

Il faut surtout combattre celui-ci aux endroits de ponte et de développement terminal, afin qu'il ne puisse arriver à perpétuer sa génération.

G. SEVERIN,
*Conservateur au Musée royal
d'Histoire naturelle de Belgique.*

Ouvrages consultés :

B. ALTUM, *Forstzoologie, Insecten III*, 1881, Berlin.

JUDEICH et NITSCHE, *Lehrbuch der Mitteleuropäischen Forstinsektenkunde*, 1895, Berlin.

K. ECKSTEIN, *Forstliche Zoologie*, 1897, Berlin.

VON OPPEN, *Bericht über die 39e Vers. des Sächsischen Forstvereins in Colditz*, Tharandt, 1895.

R. HESS, *Der Forstschutz I*, 1898, Leipzig.

_____

(1) C'est dans le *Lehrbuch der Mitteleuropäischen Forstinsektenkunde*, 8e édition, édition des *Waldverderber und ihre Feinde*, par RATZEBURG, le père de l'entomologie sylvicole, que nous avons puisé la plupart des renseignements que contient cette note.

Une excursion au domaine du Chenoy [1]

La visite des bois du Chenoy, ancien domaine des moines de Villers-la-Ville et actuellement propriété de M. Boël, sénateur, ne manquait pas d'attractions pour beaucoup de membres de la Société forestière. C'est toujours une bonne aubaine et chose bien agréable de recevoir une leçon forestière en plein bois, surtout quand les bois sont aussi beaux que ceux du Chenoy et que le professeur est aussi compétent et aussi serviable que M. l'inspecteur forestier Crahay, qui nous a guidés dans notre très instructive promenade. Aussi étions-nous plus de cinquante à Villers-la-Ville, le mardi 17 mai, à répondre à la gracieuse invitation de M. Boël.

Villers-la-Ville, avec ses roches brunes, escarpées, ses petits ruisselets à eau claire cascadant sur les cailloux au fond de ravins profonds, donne l'illusion d'un petit coin d'Ardenne charmant et pittoresque. L'illusion est d'autant plus complète que la base minéralogique des terrains, tout au moins dans les vallées, est la même qu'en Ardenne : les roches que l'on découvre dans le profond déblai du chemin de fer à Court-Saint-Etienne (altitude de 70 à 80 mètres) sont des roches primaires, système cambrien (étage revinien); plus loin, à partir de la gare de Laroche-en-Brabant, en s'élevant en altitude (120 mètres à Villers-la-Ville), on passe à des roches du système silurien.

Plus haut, et notamment sur tous les plateaux, le sol est constitué par des formations plus récentes; le groupe tertiaire est représenté par les sables quartzeux, blancs ou jaunâtres, du bruxellien, le groupe quaternaire par des couches plus ou moins épaisses de limon hesbayen.

On comprend toute l'importance que le forestier doit attacher à la constitution du sol et du sous-sol, quand on parcourt du N. au S. les bois de l'ancienne abbaye de Villers.

---

[1] Compte rendu de l'excursion du 17 mai 1902.

On traverse ainsi successivement quatre ou cinq vallons au relief accentué, d'une direction assez constante de l'Est à l'Ouest. Sur les versants S , S.-E. et S.-O., le limon, qui autrefois recouvrait d'une manière uniforme le sol du pays brabançon, a été lavé sous l'action des agents météoriques, et a mis à jour le sable bruxellien, qui lui-même, dans les ravins profonds, fait place aux quartzophyllades et aux schistes du silurien et du cambrien. Sur les plateaux et les versants N. et E., au contraire, la couche de limon est restée intacte : peu profonde sur les plateaux, elle s'épaissit et atteint plusieurs mètres dans les fonds.

Au Chenoy, cette variété et cette succession de terrains est très accentuée et elle est surtout remarquable parce qu'elle fait varier d'une façon constante la composition des peuplements forestiers. On y trouve, en effet, des feuillus sur le limon, c'est-à-dire sur les versants exposés au Nord, et des résineux sur les sables des versants Sud.

C'est un exemple réellement typique, classique, montrant la relation très étroite existant entre la sylviculture et la géologie et prouvant l'importance de l'*exposition* en foresterie.

La forêt du Chenoy, sous l'influence des éléments naturels, s'est ainsi divisée en bandes plus ou moins larges couvertes de taillis sous futaie et de taillis simples, partout où le sol est bon, riche et frais, et de pineraies sur les sols sablonneux.

Les 835 hectares de bois que comprend le domaine se décomposent en 400 hectares de taillis sous futaie, 135 hectares de taillis simples en conversion et 300 hectares de pineraies.

Futaies sur taillis

Elles se caractérisent surtout par la richesse considérable de la réserve et l'exubérance de vie des arbres. Les hêtres y sont de toute beauté, les troncs sont lisses, généralement bien sains, les fûts d'une élévation de 14 à 15 mètres en moyenne. Les chênes sont aussi de belle venue, sauf cependant dans certains cantons, notamment celui de l'Hermitage, où assez bien d'arbres sont gélivés. Les chênes anciens de 3 à 4 mètres cubes ne sont pas rares ; c'est sans doute la présence de ces vétérans qui a fait donner le nom de Chenoy à la propriété. On remarque aussi des picards de 20 mètres et même 25 mètres de fût, des sycomores de fortes dimensions, des frênes énormes, au port remarquable.

Le hêtre occupe dans la futaie une place très considérable; il entre pour plus de moitié dans la composition de la réserve. C'est trop. Certes, le fût étant généralement très élevé, le tort que la cime occasionne au taillis en est diminué; mais il reste encore pas mal de hêtres anciens à cime très ample, et les balivages précédents ont permis à cette essence de former des bouquets complètement fermés sous lesquels la vie du taillis n'est guère possible.

D'un autre côté, au point de vue simplement cultural, il ne paraît pas discutable que la réserve soit un peu trop serrée, trop riche en gros bois; tout au moins dans les vieilles coupes refermées, elle évoque bien plus l'idée d'une futaie pleine que d'une futaie sur taillis ; aussi, le taillis, absolument écrasé par le couvert, n'y est-il formé que de coudrier et de charme et le recrutement des brins de réserve et des baliveaux y est-il difficile.

Pour montrer, d'ailleurs, la richesse extraordinaire de ces bois, voici, en moyenne, le nombre de réserves laissées par hectare après l'exploitation, dans les huit dernières coupes du Chenoy, où une délivrance très forte a cependant été faite (2,500 à 3,000 fr. par hectare) :

DOMAINE DU CHENOY	Chênes	Hêtres	Divers	Total
Anciens (1). . . .	5	13	2	20
Modernes (2) . . .	10	6	10	26
Baliveaux (3) . . .	22	31		53

Nombre total des réserves par hectare : 99

(1) Arbres de plus de 1m50 de tour à 1m50 du sol.
(2) Id. de 0m90 à 1m50 id. id.
(3) Id. de 0m30 à 0m90 id. id.

A titre de comparaison, voici l'état de la réserve, trois ans après l'exploitation, dans quelques bois communaux où le Service des recherches a fait effectuer des expériences sur la production des futaies sur taillis :

	Anciens	Modernes	Baliveaux	Total
Bois de Petithan (Famenne).	1	18	37	56
— Latour (Jurassique) .	7	53	94	154
— Izel id.	6	33	42	81
— Vonêche (Gedinnien)	6	74	109	189
— Bourlers (Coblentzien)	2	26	136	164
— Châtelet (terr. houill.)	3	38	56	97
— Solre s/ Sambre id.	7	25	50	82
Moyennes	4	38	75	117

Pour l'année 1901, une moyenne prise dans les états de balivage de tous les taillis sous futaie du pays, ne donne que 1.5 ancien par hectare !

Aménagement. — La révolution admise autrefois dans ces taillis sous futaie était de 10 ans. Le nouvel aménagement, adopté depuis 8 ou 9 ans, a porté cette révolution à 20 ans et, en conséquence, a divisé le bois en 20 coupes, bien desservies par des voies de vidange.

Il n'était pas possible, évidemment, sans faire de trop grand sacrifices, de passer directement d'une révolution à l'autre. L'eût-on voulu d'ailleurs, que l'abondance excessive de la réserve actuelle eût nécessité une réalisation plus hâtive du taillis. On a donc adopté une révolution transitoire de 15 ans, en attendant que les balivages aient diminué, dans une certaine mesure, l'importance de la réserve.

Balivage. — L'opération du balivage, c'est-à-dire le choix et la répartition des arbres réservés au moment de l'exploitation, doit être un travail bien intéressant, mais aussi bien difficile, dans des bois aussi riches. Il n'est pas rare de s'y trouver en présence de plus de vingt anciens par hectare, d'essences précieuses, chêne, frêne, orme, picard, en lutte avec des hêtres très bien venants et, pour comble, de ne disposer que d'un nombre insuffisant de jeunes modernes et de baliveaux. Que de cas embarrassants, même pour un forestier de carrière, au coup d'œil exercé et sûr, et que de fautes graves sont exposés à commettre ceux qui, totalement incompétents parfois, peuvent être chargés de ce travail si important du balivage, qui décide en somme du sort et de la richesse des bois !

Une formule de balivage est facile à donner, autre chose est de la mettre en pratique. Dans les balivages effectués au Chenoy depuis près de 10 ans, on s'est inspiré des considérations spéciales suivantes :

1° Restreindre progressivement la place laissée au hêtre, exploiter les gros anciens à cime ample et basse, éviter la constitution de massifs serrés de baliveaux et modernes de cette essence, sauf cependant sur les lisières exposées aux vents et sur le haut des plateaux, où le sol est plus sablonneux et souvent couvert de myrtilles.

2° Diminuer dans une certaine mesure l'importance de la réserve, de façon à espacer davantage les arbres qui la constituent, et en activer la végétation tout en améliorant les conditions d'existence du taillis ; abandonner en somme le traitement précédent qui visait à la futaie pleine et revenir progressivement au taillis sous futaie type ;

3° Tout en attachant à l'individualité des arbres de la réserve l'importance qu'elle mérite, donner la préférence aux essences à couvert léger, dans l'ordre suivant :

a) Chêne, frêne, picard, orme, mélèze ;

b) Erable, bouleau, fruitiers et aune dans les fonds ;

c) Hêtre et charme ; ce dernier n'est réservé qu'exceptionnellement ; sa cime basse, l'abondance de ses graines qui le rend facilement envahissant, son bois peu apprécié, en font une réserve d'assez médiocre valeur.

Elagage. — Avec une révolution aussi peu élevée que celle qui est en usage au Chenoy — on exploite à 15 ans actuellement, — il n'est pas possible, sans recourir à l'élagage, d'obtenir une élévation de fût de 14, 15 et 16 mètres, même dans un sol aussi riche. L'élagage se pratique deux ou trois ans après la vidange des coupes, en même temps que l'émondage.

L'usage des crampons est absolument interdit, et l'on recommande aux élagueurs beaucoup de modération et de prudence. Sur le hêtre surtout, l'élagage abusif est extrémement dommageable : le bois de cette essence se carie très rapidement, et si la branche est trop grosse, les accroissements, si forts qu'ils soient, ne parviennent pas à recouvrir la plaie avant l'envahissement de la pourriture.

Plantations. — Immédiatement après l'enlèvement des produits de la coupe, on installe dans les vides quelques plants d'essences précieuses, savoir :

Hautes tiges : orme, le long des chemins et aux lisières ; picard, dans les fonds, aux endroits découverts ; on pourrait y associer aussi, dans les endroits humides, le saule blanc qui croît très vigoureusement dans des sols de cette nature ; il s'en trouve dans une propriété voisine qui ont près de 3 mètres de tour et 17 à 18 mètres de hauteur sans branches.

Moyennes tiges : mélèze, disséminé dans les trouées de la futaie ; quelques frênes, dans les vallons à sol frais et profond.

Basses tiges : chêne d'Amérique, châtaignier et aune blanc sur le haut des coupes, là où le sable se mêle dans une certaine proportion au limon ; érables, chêne indigène, dans les bons terrains.

Ces plantations n'ont pas l'importance qu'elles devraient présenter si l'on ne tenait compte que de la nature envahissante du taillis de coudrier et de charme ; mais, le sol est si riche, la réserve si bien composée d'un grand nombre d'essences diverses, que les semis (frêne, érable, bouleau, etc.) se produisent dans le bon terreau avec une facilité réellement étonnante.

Ces jeunes semis nés après l'exploitation ont à soutenir,

il est vrai, contre les rejets de taillis, une lutte très forte qui se termine souvent par la disparition de la plupart d'entre eux. C'est ce qui explique, en somme, la difficulté de faire un griffage suffisant dans certaines coupes. Actuellement, 2 ou 3 ans avant l'exploitation, on fait effectuer en régie de petites éclaircies dans le taillis, dans le but soit de conserver jusqu'à l'exploitation les plants existants, soit de provoquer la naissance de semis, en permettant la germination des graines.

Dans le premier cas, l'éclaircie a plutôt la forme de dégagement et consiste à étêter ou à receper par places les rejets qui gênent les brins d'avenir ; dans le second, elle prend les allures d'un nettoiement et les rejets traînants sont seuls coupés.

Quelques années après l'exploitation, les gardes dégagent les brins et les plants d'avenir menacés par le taillis.

Exploitation. — Celle-ci se fait en deux fois, la coupe du taillis précédant d'un an celle de la futaie. On reproche à cette méthode le tort causé aux rejets de taillis par l'abatage et le transport des arbres de la futaie. Le dommage peut être très sensible dans certains cas, mais il est peu appréciable dans des taillis comme ceux du Chenoy, qui rapportent à peine 150 à 200 francs à l'hectare en moyenne, et il est sûrement compensé par les avantages du système, qui sont :

1° balivage plus facile et plus certain, puisqu'il peut se faire en été ;

2° plus-value des arbres mis en vente, qui peuvent être mieux examinés et qui paraissent plus beaux étant dégarnis du pied ; vente plus hâtive ;

3° vidange et exploitation plus faciles.

Un mot de l'exploitation proprement dite :

La coupe du taillis est faite à l'entreprise ; les bois qui ont les dimensions nécessaires sont vendus comme perches de charbonnages, le restant comme bois de chauffage.

Afin d'encourager l'entrepreneur à faire le plus possible de perches de charbonnages, qui sont mieux vendues, il est payé non seulement à raison d'une somme fixée par hectare, mais également au prorata du nombre de bois de mines obtenus et classés à chemin.

Les arbres sont vendus sur pied ou abattus, suivant leurs dimensions.

Les baliveaux de moins de 0^m30 de diamètre sont exploités par entreprise et vendus directement aux charbonnages. Les modernes et les anciens sont adjugés sur pied par lots de un, deux ou quatre arbres; ce système provoque la concurrence et donne de très bons résultats.　　　　E. NÉLIS,

garde général des eaux et forêts.

(*A continuer.*)

Défrichements dans la Campine anversoise [1]

Il semblerait, après tout ce qui a été dit et écrit sur la mise en valeur des terres incultes de la Campine, que la question soit épuisée complètement. Il n'en est rien, pensons-nous, car si les expériences tentées par l'administration des eaux et forêts et certains particuliers au courant des progrès ont été suivies de succès, l'immense étendue des landes existant au N.-O. de la province d'Anvers, pour ne parler que de celles-là, démontre l'ignorance sylvicole de la majorité des propriétaires, communes et particuliers.

Aujourd'hui mieux qu'autrefois, le sylviculteur est à même d'opérer la transformation des sols stériles en peuplements forestiers ou en terres agricoles : par l'analyse, il découvre la composition chimique de tous les végétaux, il est à même aussi de suppléer au manque de fertilité en res-

(1) Conférence donnée à la réunion mensuelle du 5 mars 1902 de la Société centrale forestière.

tituant au sol tel ou tel élément nécessaire à la végétation de plantes données.

Pour vous, Messieurs, promoteurs des progrès de la sylviculture en Belgique, cette simple causerie aura peut-être quelqu'utilité pratique, à la suite des objections et des discussions qu'elle pourra susciter.

Elle portera principalement : I. Sur le pin sylvestre. II. Sur les terres vierges du N.-O. de la Campine anversoise. III. Sur leur mise en valeur.

I. — Le pin sylvestre

1° Physiologiquement, les résineux se différencient des feuillus, surtout en ce qu'ils transpirent moins que ceux-ci par les stomates de leurs feuilles ; ils absorbent moins d'eau pour renouveler l'eau de circulation de leurs tissus. Or, cet avantage favorise surtout le pin sylvestre et quelques uns de ses congénères. C'est donc une des meilleures essences pour terrains secs et siliceux. Mais le sylvestre bien que silicicole n'est pas absolument calcifuge, puisque sa végétation profite beaucoup d'un apport important d'éléments calcaires dans les sols de la Campine.

2° Le pin sylvestre est très avide de lumière et ne comporte pas l'état de massif serré. L'élagage naturel des branches dominées se fait assez rapidement — vers 8 ans — et, pour que l'arbre ait suffisamment de feuilles pour élaborer, sa cime doit être convenablement développée en largeur ; à défaut de quoi, il risque de devenir chétif et de manquer de corps, pour finir par se casser sous le poids de la neige et du givre, — d'où formation dans la pineraie de vides, redoutables surtout en cas d'invasion d'insectes. En Campine, en vue du plus fort rendement possible et pour pousser la végétation en hauteur, on plante les semis en quantité exagérée (30,000 et jusque 50 et 60,000 à l'hectare) et on les garde beaucoup trop serrés durant le jeune âge. Il en résulte qu'après la seconde éclaircie, les maigres gaulis, ballant au vent en tous sens, se plument, s'affaiblissent et finissent souvent par périr, victimes de l'hylésine.

3° Le pin sylvestre est une essence à couvert léger; il abrite mal le sol, et la bruyère, étouffée sous la jeune pineraie, réapparaît après 20 ans. La dégradation du sol serait évitée par l'établissement, à époque convenable, d'un sous-étage feuillu d'essences d'ombre et à couvert épais : la feuille décomposée fournirait un humus doux, éminemment favorable à la végétation des résineux, et, après l'exploitation à blanc, le taillis ou la futaie du sous-étage constituerait, sans aucun frais supplémentaire, le peuplement de seconde génération.

4° L'enracinement du pin sylvestre dans les sables de la Campine est très pivotant; la longueur moyenne des pivots des souches d'une pineraie de 35 ans est de 1 mètre au moins, et les arbres dont l'enracinement n'a pu se développer normalement en profondeur sont précisément ceux dont les accroissements annuels sont aussi le moins développés.

Dans les bonnes terres de culture, le pivot peut s'atrophier exceptionnellement, et l'arbre pousse alors de nombreuses racines traçantes, sans que la végétation en souffre, au contraire.

Quelles sont les exigences du pin sylvestre au point de vue de l'état physique du sol et du sous-sol ? Cette question soulève l'examen de l'arbre à l'état spontané, provenant de graines portées par les vents et levées dans la bruyère aride.

Elles sont nombreuses, dans la Campine anversoise, ces terres incultes; par-ci, par-là, un pin rabougri et quelques bouleaux moussus y accusent l'acidité et l'imperméabilité du sol. Mais sur les petites dunes, qui se dessinent à l'horizon, nous observons des arbres venus aussi spontanément, dont la vigueur et les accroissements réguliers annoncent un sol profond, bien ouvert, dans lequel leur enracinement a pu se développer librement.

Le pin sylvestre craint donc l'acidité et l'imperméabilité du sol; il réclame impérieusement un sol sain et un sous-sol profond et perméable.

Quelles sont ses exigences quant à l'état chimique du sol ?

D'une frugalité peu commune, cette essence convient, mieux que toute autre, à la mise en valeur des terrains les plus pauvres de la Campine anversoise. Le bouleau et le pin maritime, il est vrai, sont aussi volontaires; le bouleau croît partout, dans le pire sable gris; le maritime se contente d'un sol de bruyère vierge acide ou imperméable. Mais le bouleau, même en taillis, offre un couvert trop léger, qui dégrade le sol; d'ailleurs, il est chez nous périodiquement dévasté par des vandales, qui nuitamment massacrent les rameaux annuels en vue de la confection des balais. Le pin maritime est généralement abandonné depuis les désastres de l'hiver 1879-80.

Il y a lieu d'observer que le pin sylvestre est bien plus exigeant quant à l'état physique du sol que relativement à sa composition chimique : en sols maigres, même sans apports de matières fertilisantes, il donne encore un beau revenu, moyennant la préparation du terrain dans les conditions requises. Cependant, les expériences que j'ai commencées en 1895 ont établi qu'en un sol non épuisé par des exploitations antérieures, la restitution de la chaux et de l'acide phosphorique fait merveille, donnant à la jeune pineraie une vigueur extraordinaire.

La potasse ne doit pas être restituée, car sol et sous-sol en renferment un stock suffisant : l'apport de cet élément est donc inutile, à la condition que la formation normale de l'humus ne soit contrariée ni par le soutrage, ni par le ratelage, une plaie dans la Campine.

« Si l'analyse, dit Ebermayer, décèle seulement 0.1 p. c. » de potasse assimilable, dans un sol ayant la densité habituelle de 1.5, cela correspond, pour une couche de 1 hectare » de surface et 0^{m}50 de profondeur, à une provision de 7,500 » kilogrammes. Les exigences en potasse d'un peuplement » de hêtres ou de sapins étant de 10 kilogrammes par hectare » pour la production du bois, on voit que, dans une révolu-

» tion de 120 ans, le sol ne perd que 1,200 kilogrammes de
» potasse et qu'il en reste 6,300 kilogrammes, même en
» admettant que, dans ce laps de temps, il ne se forme pas
» de potasse assimilable par suite de l'incessante décompo-
» sition du sol. »

L'incorporation de la chaux et de l'acide phosphorique se
fait généralement sous forme de scories Thomas de 75 p. c.
de finesse. Ce résidu industriel, produit de la déphosphoration
de la fonte pour l'obtention de l'acier, contient 30 à 40 p. c.
de chaux et est d'une richesse variable en acide phosphorique : 14, 15 et même 20 p. c. Comme cet engrais commercial deviendra de plus en plus cher, par suite de l'augmentation de la demande et de l'épuisement des stocks existants,
des recherches s'imposent en vue de découvrir d'autres
engrais analogues et plus avantageux. Or, le commerce nous
fournit à bon compte du plâtre phosphaté et des phosphates
minéraux, riches en phosphate tricalcique, susceptible de se
transformer, théoriquement parlant, en phosphate assimilable au contact de l'acide humique des bruyères; reste à
savoir si, dans la pratique, les mêmes réactions se passent
comme au laboratoire.

Voilà une expérience qui devrait être appliquée aux
boisements en Campine. Dans mes essais de phosphates sur
cultures, j'ai eu la confirmation de ce fait que les plantes
agricoles annuelles assimilent une quantité minime de
phosphore des phosphates minéraux.

II. Etude du sol : Les terres vierges du N.-O.
de la Campine anversoise

La végétation spontanée qui couvre ces étendues se
retrouve partout, composée principalement de bruyères, de
molinées, de carex, d'oseilles, de mousses, etc., toutes
plantes décelant absence de chaux et acidité du sol.

Mais la nature du sol et du sous-sol est très variable
suivant les terrains divers. Les passer tous en revue me

mènerait trop loin; je me bornerai à examiner sommairement :

1° *Les bruyères mamelonnées*, petites dunes de quelques mètres d'élévation avec bas-fonds peu accentués et de même nature que les dunes. Le sol et le sous-sol sont composés de sable jaune, tendre et perméable, offrant un champ très vaste d'exploration aux racines des végétaux.

2° *Les bruyères plates, à sous-sol imperméable,* qui caractérisent les landes de la Campine anversoise par leur uniformité et leur végétation quasi nulle. Très sèches en été, elles s'inondent rapidement en hiver, en formant des « vennes », qui s'évaporent presque complètement à la belle saison. Par suite de la présence d'une couche imperméable, l'absorption d'eau dans le sous-sol est nulle. Voici la composition de ces terres :

Sous la couverture et ses détritus, on voit le sable gris, qui est le sable à travers lequel ont filtré les matières organiques solubles de la surface. Ces matières organiques se sont déposées dans la couche suivante, plus colorée, plus compacte, formant la couche noire humeuse des bruyères, qui repose elle-même sur du sable dur, ferrugineux, qui est le *tuf* imperméable ; enfin, sous le tuf, on trouve du sable meuble.

3° *Les bruyères plates, humides, à sous-sol perméable.* Exemptes de tuf ferrugineux, elles peuvent se rapprocher de la catégorie des terres qu'on est convenu, en termes de sylviculture, d'appeler fraîches. Le sol de ces bonnes bruyères n'a pas été lavé à la surface, vu son degré persistant d'humidité; il ne présente pas de couche de sable gris. L'humus noir humide, d'une épaisseur et d'une finesse de grains variables, couvre le sable jaune pâle mélangé de particules d'argile brillant au soleil.

La flore est un peu différente des plantes observées sur les bruyères plates et sèches; si la surface du sol a été remuée accidentellement et le niveau de l'eau stagnante abaissé, on constate comme végétation spontanée de bonnes graminées et du trèfle blanc.

Ces terres vierges, disons-le en passant, constituent dans la région les meilleures chasses aux jaquets et à la bécassine, parce qu'elles cachent des vermisseaux et des lombrics recherchés par ce gibier : on sait que le lombric contribue, dans une certaine mesure, à l'accroissement de la couche végétale.

Il se conçoit que la mise en valeur de ces bruyères soit peu coûteuse et il est regrettable, comme je l'ai dit en commençant, que l'ignorance ou l'incurie des propriétaires en laissent des étendues considérables à l'état inculte.

Le sylviculteur de la Campine ne doit pas s'en rapporter exclusivement à son expérience personnelle pour la mise en valeur de son domaine; il faut qu'il observe ce qui fut pratiqué par d'autres, sur des sols identiques; il évitera ainsi de nombreux tâtonnements et d'amères déceptions. Un simple exemple :

En 1845, on fit l'acquisition d'une bruyère inculte, à 25 kilomètres nord d'Anvers. La région n'était alors qu'un désert immense, depuis les polders de l'Escaut jusqu'en Hollande. De loin en loin, une propriété particulière séculaire formait oasis et rompait la monotonie. Cette bruyère était légèrement mamelonnée, à sol et à sous-sol sensiblement identiques, formés d'un sable jaune, tendre et perméable.

Voici, d'après les livres du régisseur, les travaux y entrepris, leur coût et le produit du bois lors de l'exploitation définitive, à 30 ans, le tout calculé à l'hectare :

Travaux :

1° Division de la bruyère en carrés de 4 hectares, par des chemins d'exploitation de 6 mètres de largeur et labour superficiel de la couche végétale ;

2° Subdivision de ces carrés en une série de planches de 4 mètres de largeur, par des rigoles de 50 centimètres d'ouverture; la terre provenant de celles-ci fut rejetée sur les planches, disposées ainsi en ados;

3° Après un an de repos, semis de 9 kilos de graines de pin sylvestre et recouvrement de la semence à la herse à branches.

Coût :

1° Valeur du sol, prix payé à l'hectare . . . . fr.	125
2° Labour superficiel de la couverture	32
3° Division en planches par des rigoles.	54
4° Tracé de quelques fossés suivant le thalweg . .	12
5° Ensemencement : 9 kilos	24
6° Hersage	10
Total . . . fr.	357

Produits :

1° Ventes de perches. . . . . fr.	350
2° Ventes publiques	525
3° Vente définitive, à 30 ans, 2,050 perches à fr. 1.15 .	2,080
Total . . . fr.	2,955

Vous avouerez, Messieurs, que pour un capital de 357 francs, y compris le prix payé pour le fonds, un rendement de 2,955 francs à 30 ans, constitue un bon rapport et que, dans de pareilles conditions, le boisement en pineraies serait un placement avantageux. Remarquons qu'il est difficile, actuellement, de créer en Campine, au nord d'Anvers, des peuplements de cette nature au prix de 357 francs : 1° vu la plus-value incessante du sol, résultant du développement prévu de notre métropole commerciale et des campagnes, ainsi que des progrès de l'agriculture se manifestant surtout par l'établissement dans les villages de laiteries coopératives agricoles; 2° à cause du surenchérissement de la main-d'œuvre qui s'accentuera encore plus, si de nouvelles grandes industries se fondent sur les rives de l'Escaut et si l'on exploite les terrains houillers du bassin de la Campine.

Encouragé par la belle végétation de ses bois encore sur pied, ce propriétaire fit une acquisition nouvelle de

200 hectares environ de bruyères contiguës à sa propriété. Mais, ce nouveau terrain, au lieu d'être mamelonné à sol et sous-sol perméables comme le premier, était de nature semblable aux terres décrites plus haut, sous la dénomination de bruyères plates à sous-sol imperméable.

Le même travail y fut malheureusement effectué. Dix ans plus tard, après une misérable croissance, la végétation finit par s'arrêter complètement; le résultat fut absolument nul. Mais, si le sol avait été travaillé convenablement, on aurait obtenu un boisement, sinon irréprochable, tout au moins rémunérateur.

(*A suivre*)

LOUIS BAREEL,
ingénieur agricole.

---◆---

Relevé des arbres remarquables

(Suite)

Nous remercions itérativement MM. les membres de la Société qui ont bien voulu nous transmettre des renseignements pour compléter le relevé des arbres remarquables en cours de publication.

Comme nous l'avons dit dans la livraison de septembre, p. 590, nous comptons publier la liste complémentaire que nous devrons à leur obligeance, lorsque sera terminée celle qui nous a été remise par le service officiel compétent.

Province de Luxembourg

COMMUNE DE LACUISINE.
Situation : domaine des Epioux.
Propriétaire : M. Dejardin.
Nom de l'arbre : Le Chêne du bain Grégoire.
Essence : chêne pédonculé.
Végétation : bonne.

Circonférence à 1ᵐ50 du sol : 3ᵐ10.
Hauteur sans branches : 12 mètres.
Hauteur totale : 18 mètres.
Observations : Anciennement, rendez-vous des pâtres.

MÊME COMMUNE DE LACUISINE.
Situation : Lisière du bois vers Daviha.
Propriétaire : M. Dejardin.
Nom de l'arbre : Le Chêne de Daviha.
Essence : chêne pédonculé.
Végétation : assez bonne.
Circonférence à 1ᵐ50 du sol : 3ᵐ50.
Hauteur sans branches : 5 mètres.
Hauteur totale : 10 mètres.
Observations :   »

COMMUNE DE LAROCHE.
Situation : Grand bois de Laroche.
Propriétaire : la commune.
Nom de l'arbre : Hesse da Laides Bosses.
Essence : hêtre commun.
Végétation : bonne.
Circonférence à 1ᵐ50 du sol : 3ᵐ13.
Hauteur sans branches : 15 mètres.
Hauteur totale : 23 mètres.
Observations : Très bel arbre, situé à proximité d'un chemin fréquenté par les nombreux touristes qui, chaque année, visitent la vallée de l'Ourthe.

COMMUNE DE LAVACHERIE.
Situation : près de l'Etang Madame (Ste-Ode).
Propriétaire : la famille Orban, de Ste-Ode.
Nom de l'arbre : Chêne du Bôkar.
Essence : chêne pédonculé.
Végétation : passable.
Circonférence à 1ᵐ50 du sol : 3ᵐ80.
Hauteur sans branches : 2 mètres.
Hauteur totale : 8 mètres.
Observations :   »

MÊME COMMUNE DE LAVACHERIE.
Situation : près du Sartage du Golet, en Freyr méridional.
Propriétaire : la commune d'Amberloup.
Nom de l'arbre : Hêtre du Golet ou Hêtre Orban.
Essence : hêtre commun.

Végétation : passable.
Circonférence à 1ᵐ50 du sol : 3ᵐ80.
Hauteur sans branches : 4 mètres.
Hauteur totale : 20 mètres.
Observations :   "

MÊME COMMUNE DE LAVACHERIE.
Situation : fange de la Scierie, en Freyr méridional.
Propriétaire : la commune d'Amberloup.
Nom de l'arbre : Hêtre de la Fange de la Scierie
Essence : hêtre commun.
Végétation : passable.
Circonférence à 1ᵐ50 du sol : 3ᵐ50.
Hauteur sans branches : 3 mètres.
Hauteur totale : 25 mètres.
Observations :   "

COMMUNE DE LIBRAMONT.
Situation : dans le bois dit Mochamps.
Propriétaire : la commune de Recogne.
Nom des arbres : Les Hêtres de Mochamps.
Essence : hêtre commun.
Végétation : très bonne.
Circonférence à 1ᵐ50 du sol : 0ᵐ80 à 0ᵐ90.
Hauteur sans branches : 3 à 5 mètres.
Hauteur totale : 10 mètres.
Observations : Hêtre incomplètement déraciné, dont le tronc porte trois branches bien verticales, atteignant la grosseur de petits modernes. Cet arbre, gisant de toute sa longueur sur le sol, aurait été arraché par le vent vers 1850.

COMMUNE DE MARENNE.
Situation : lieu dit Gros Bois.
Propriétaire : les sections de Marenne et de Verdenne.
Nom de l'arbre :   "
Essence : hêtre commun.
Végétation : assez vigoureuse.
Circonférence à 1ᵐ50 du sol : 3ᵐ90.
Hauteur sans branches : 2 mètres.
Hauteur totale : 8 mètres.
Observations : Une branche de cet arbre feuille toujours pour le 20 avril; le restant de la feuillaison suit.

COMMUNE DE MY.
Situation : place publique.

Propriétaire : la commune.
Nom de l'arbre : Le Tilleul de My.
Essence : tilleul à larges feuilles.
Végétation : assez bonne.
Circonférence à 1ᵐ50 du sol : 2ᵐ95.
Hauteur sans branches : 4 mètres.
Hauteur totale : 12 mètres.
Observations : Vers 1600, c'était un lieu de potence; la Haute Cour de justice s'y assemblait.

COMMUNE DE NEUFCHATEAU.
Situation : bois de « Lahèveau ».
Propriétaire : la ville.
Nom de l'arbre : Cornu Chêne.
Essence : chêne pédonculé.
Végétation : très bonne.
Circonférence à 1ᵐ50 du sol : 2ᵐ16.
Hauteur sans branches : 8 mètres.
Hauteur totale : 14 mètres.
Observations : Rendez-vous de chasseurs et de gardes. A 8 mètres du sol, trois branches partent d'un même point du tronc; de là le nom de Cornu Chêne.

COMMUNE D'OFFAGNE.
Situation : sous le bois Saint-Hubert, près de la grand'route de Bouillon à Recogne.
Propriétaire : la commune.
Nom de l'arbre : Chêne Collot.
Essence : chêne pédonculé.
Végétation : bonne.
Circonférence à 1ᵐ50 du sol : 2ᵐ80.
Hauteur sans branches : 1ᵐ90.
Hauteur totale : 13 mètres.
Observations : Ce chêne compte plus de trois siècles d'existence. Il a crû isolément dans une pâture-sart et servait d'abri aux pâtres. Le chêne Collot a perdu une de ses maîtresses branches il y a quelques années; dans la plaie cariée poussa un sorbier vigoureux(

COMMUNE DE PETIT-THIER.
Situation : Grand Bois.
Propriétaire : l'Etat.
Nom des arbres : Au Gros Hêtre.
Essence : hêtre commun.
Végétation : bonne.

Circonférence à 1ᵐ50 du sol : 3ᵐ20, 1ᵐ75, 1ᵐ80, 2ᵐ40, 2ᵐ30, 1ᵐ80 et 2ᵐ25.

Hauteur sans branches : 3ᵐ, 4ᵐ, 3ᵐ50, 3ᵐ50, 4, 4 et 3 mètres.

Hauteur totale : 16, 20, 20, 20, 20, 20 et 20 mètres.

Observations : Ces hêtres forment un cercle.

COMMUNE DE PORCHERESSE.

Situation : limite entre les taillis dits « Terme do Chicheron et Grellé ».

Propriétaire : la commune.

Nom de l'arbre : Chêne du prince Pierre Napoléon.

Essence : chêne pédonculé.

Végétation : bonne.

Circonférence à 1ᵐ50 du sol : 1ᵐ70.

Hauteur sans branches : 3 mètres.

Hauteur totale : 10ᵐ50.

Observations : Voir l'observation du numéro suivant.

MÊME COMMUNE DE PORCHERESSE.

Situation : limite entre les taillis dits « Terme do Chicheron et Grellé ».

Propriétaire : la commune.

Nom de l'arbre : Chêne Hauchard.

Essence : chêne pédonculé.

Végétation : bonne.

Circonférence à 1ᵐ50 du sol : 1ᵐ50.

Hauteur sans branches : 2ᵐ60.

Hauteur totale : 9 mètres.

Observations : Ce chêne et le précédent étaient, en battues, les postes préférés des deux réfugiés politiques qui, vers 1848, habitèrent le château de Mohimont (Daverdisse) et le chalet du Buisson (Opont).

MÊME COMMUNE DE PORCHERESSE.

Situation : près de la route de Porcheresse à Our.

Propriétaire : la commune.

Nom des arbres : Aux Deux Hêtres de Porcheresse.

Essence : hêtre commun.

Végétation : bonne.

Circonférence à 1ᵐ50 du sol : 3ᵐ32, 2ᵐ68.

Hauteur sans branches : 2 mètres.

Hauteur totale : 30 mètres.

Observations : Ces hêtres, situés à côté l'un de l'autre sur une hauteur, s'aperçoivent de très loin, notamment de près de Saint-

Hubert et de Philippeville. Le plus gros de ces arbres a au pied une ouverture de 0ᵐ80, occasionnée par un feu allumé anciennement; un homme peut s'y mettre à l'abri.

COMMUNE DE ROCHEHAUT.
Situation : à environ 30 mètres de l'école communale.
Propriétaire : la section de Rochehaut.
Nom de l'arbre : Tilleul de l'Assence.
Essence : tilleul à grandes feuilles.
Végétation : passable.
Circonférence à 1ᵐ50 du sol : 3ᵐ50.
Hauteur sans branches : 3 mètres.
Hauteur totale : 13 mètres.
Observations : Cet arbre sert de reposoir à la Fête-Dieu.

COMMUNE DE ROY.
Situation : au cimetière.
Propriétaire : la section de Roy.
Nom de l'arbre : Frêne de la Liberté.
Essence : frêne commun.
Végétation : bonne.
Circonférence à 1ᵐ50 du sol : 2ᵐ35.
Hauteur sans branches : 7 mètres.
Hauteur totale : 11 mètres.
Observations :   "

COMMUNE DE RULLES.
Situation : forêt domaniale de Rulles.
Propriétaire : l'Etat belge.
Nom de l'arbre : Hêtre du Rendez-Vous.
Essence : hêtre commun.
Végétation : dépérissant.
Circonférence à 1ᵐ50 du sol : 2ᵐ86.
Hauteur sans branches : 12 mètres.
Hauteur totale : 18 mètres.
Observations : C'est généralement le point de rendez-vous des préposés.

MÊME COMMUNE DE RULLES.
Situation : forêt domaniale de Rulles.
Propriétaire : l'Etat belge.
Nom des arbres : Les Quatre Fils Aymon.
Essence : chêne pédonculé.
Végétation : dépérissant.

Circonférence à 1ᵐ50 du sol : 4ᵐ60.
Hauteur sans branches : 7ᵐ50.
Hauteur totale : 13 mètres.
Observations : Ces quatre chênes forment souche et se séparent à deux mètres de hauteur. Ils sont connus dans toute la contrée.

COMMUNE DE SAINTE-MARIE.
Situation : longeant le bois communal.
Propriétaire : la commune.'
Nom de l'arbre : Arbre Saint-Lambert.
Essence : chêne pédonculé.
Végétation : dépérissant.
Circonférence à 1ᵐ50 du sol : 3ᵐ45.
Hauteur sans branches : 3ᵐ15.
Hauteur totale : 8 mètres.
Observations : Une statue de saint Lambert, attachée à cet arbre il y a très longtemps, est actuellement renfermée dans le tronc par suite de l'accroissement de celui-ci.

COMMUNE DE SAINT-HUBERT.
Situation : forêt domaniale de Saint-Michel, sur la route de Nassogne à Saint-Hubert.
Propriétaire : l'Etat belge.
Nom de l'arbre : L'Hesse au Bon Dieu.
Essence : hêtre commun.
Végétation : bonne.
Circonférence à 1ᵐ50 du sol : 2ᵐ47.
Hauteur sans branches : 7 mètres.
Hauteur totale : 20 mètres.
Observations : Arbre auquel, il y a une trentaine d'années, des pèlerins du pays de Liége se rendant à Saint-Hubert attachèrent un Christ en fer que les tissus ligneux recouvrent peu à peu et qui finira par disparaître entièrement dans le tronc. Très connu dans les environs.

MÊME COMMUNE DE SAINT-HUBERT.
Situation : parc du Vieux Fourneau de Saint-Michel.
Propriétaire : la famille Zoude, de Saint-Hubert.
Nom des arbres :   »
Essence : pin Weymouth.
Végétation : très bonne.
Circonférence à 1ᵐ50 du sol : 1ᵐ14 à 2ᵐ47.
Hauteur sans branches :   »
Hauteur totale : 24 mètres.
Observations : Au nombre de sept.

MÊME COMMUNE DE SAINT-HUBERT.
Situation : parc du Vieux Fourneau de Saint-Michel.
Propriétaire : la famille Zoude, de Saint-Hubert.
Nom des arbres :   »
Essence : épicéa commun.
Végétation : très bonne.
Circonférence à 1ᵐ50 du sol : 1ᵐ08 à 2ᵐ96.
Hauteur sans branches :   ·»
Hauteur totale : 32 mètres.
Observations : Au nombre de neuf.

MÊME COMMUNE DE SAINT-HUBERT.
Situation : dans le parc de la propriétaire.
Propriétaire : Mᵐᵉ veuve Fr. Bochkoltz.
Nom de l'arbre : Arbre de la Liberté.
Essence : hêtre commun.
Végétation : très bonne.
Circonférence à 1ᵐ50 du sol : 3 mètres.
Hauteur sans branches : 10 mètres.
Hauteur totale : 26 mètres.
Observations : Planté en 1794, en commémoration de la fête des Pères de famille.

COMMUNE DE SOHIER.
Situation : à environ 25 mètres de la route de Wellin.
Propriétaire : M. Michez (ancienne propriété de M. de Baré de Comogne).
Nom des arbres : Les gros Tilleuls.
Essence : tilleul à petites feuilles.
Végétation : assez bonne.
Circonférence à 1ᵐ50 du sol : 2ᵐ30 et 2ᵐ56.
Hauteur sans branches : 3 mètres.
Hauteur totale : 18 mètres.
Observations :   »

COMMUNE DE SUGNY.
Situation :   »
Propriétaires : les communes de Sugny, Bohan et Membre.
Nom de l'arbre : Chêne à l'image.
Essence : chêne rouvre.
Végétation : dépérissant.
Circonférence à 1ᵐ50 du sol : 1ᵐ65.
Hauteur sans branches : 4 mètres.
Hauteur totale : 8 mètres.

Observations : Soudé avec un hêtre en bon état de végétation, de 2ᵐ40 de circonférence et d'une hauteur de 10ᵐ. Ces deux arbres forment la limite entre les territoires de Sugny, Bohan et Membre.

MÊME COMMUNE DE SUGNY.
Situation : bois communaux, lieu dit Pinsaumont.
Propriétaire : la commune.
Nom de l'arbre : Chêne Many.
Essence : chêne rouvre.
Végétation : bonne.
Circonférence à 1ᵐ50 du sol : 2ᵐ45.
Hauteur sans branches : 4 mètres.
Hauteur totale : 15 mètres.
Observations : C'est le plus gros chêne de Pinsaumont; il feuille le premier.

COMMUNE DE TENNEVILLE.
Situation : prairie du Pré aux Pierres, en Freyr septentrional.
Propriétaire : la commune de Flamierge.
Nom de l'arbre : Chêne du Pré aux Pierres.
Essence : chêne pédonculé.
Végétation : laisse à désirer (tronc creux).
Circonférence à 1ᵐ50 du sol : 4ᵐ70.
Hauteur sans branches : 3 mètres.
Hauteur totale : 15 mètres.
Observations :   "

MÊME COMMUNE DE TENNEVILLE.
Situation : Fange Massa, en Freyr septentrional.
Propriétaire : la commune d'Ortho.
Nom de l'arbre : Hêtre de la Fange Massa ou Hêtre Houba.
Essence : hêtre commun.
Végétation : laisse à désirer.
Circonférence à 1ᵐ50 du sol : 5ᵐ50.
Hauteur sans branches : 3 mètres.
Hauteur totale : 22 mètres.
Observations :   "

MÊME COMMUNE DE TENNEVILLE.
Situation : Fange de Sourdants ou de Boulade.
Propriétaire : la commune d'Ortho.
Nom des arbres : Chênes de Boulade.
Essence : chêne pédonculé.
Végétation : très bonne.

Circonférence à 1^m50 du sol : 2^m00 et 2^m10.

Hauteur sans branches : 7 mètres.

Hauteur totale : 10 mètres.

Observations : Phénomène de végétation : arbre renversé dont les branches forment tronc.

COMMUNE DE TINTANGE.

Situation : A l'extrémité du village de Warnach, le long de la route d'Arlon à Bastogne.

Propriétaire : la section de Warnach.

Nom de l'arbre :   »

Essence : hêtre commun.

Végétation : dépérissant.

Circonférence à 1^m50 du sol : 3^m65.

Hauteur sans branches : 5 mètres.

Hauteur totale : 20 mètres.

Observations : Remarquable par la beauté de son houppier. Pas de caractère historique.

COMMUNE DE TINTIGNY.

Situation : sur la route allant à Bellefontaine.

Propriétaire : la commune.

Nom de l'arbre : Le Tilleul de la route de Tintigny.

Essence : orme champêtre.

Végétation : dépérissant.

Circonférence à 1^m50 du sol : 3^m50.

Hauteur sans branches : 3 mètres.

Hauteur totale : 10 mètres.

Observations : Cet orme champêtre est parfaitement connu dans la région sous le nom indiqué ci-dessus.

(COMMUNE DE TOURNAY-EN-ARDENNE.

Situation : dans la cour du château de Grandvoir; deux sont à gauche de l'entrée et l'autre à droite.

Propriétaire : M. Bretagne, de Nancy.

Nom des arbres :   »

Essence : peuplier du Canada.

Végétation : assez bonne, assez bonne et très bonne.

Circonférence à 1^m50 du sol : 3^m85, 3^m65 et 3^m05.

Hauteur sans branches : 5, 6 et 11 mètres.

Hauteur totale : 25, 30 et 30 mètres.

Observations :   »

MÊME COMMUNE DE TOURNAY-EN-ARDENNE.

Situation : dans le propriété de Grandvoir, à quelques mètres de la rive gauche du ruisseau de Petitvoir.

Propriétaire : M. Bretagne, de Nancy.
Nom des arbres :   »
Essence : épicéa commun.
Végétation : bonne.
Circonférence à 1ᵐ50 du sol : 2ᵐ80 et 2ᵐ50.
Hauteur sans branches : 3ᵐ00 et 2ᵐ50.
Hauteur totale : 30 mètres.
Observations :   »

COMMUNE DE TRANSINNE.
Situation : devant la Fange, à côté d'un chemin.
Propriétaire : la commune.
Nom de l'arbre : Gros Hêtre des Longs Prés ou Hêtre d'Hoogvorst.
Essence : hêtre ordinaire.
Végétation : très bonne.
Circonférence à 1ᵐ50 du sol : 3ᵐ82.
Hauteur sans branches : 3ᵐ80.
Hauteur totale : 9 mètres.
Observations : Rendez-vous de chasse. Ce hêtre fut condamné à disparaître il y a un certain nombre d'années. M. le baron d'Hoogvorst, châtelain de Bestin et propriétaire de la chasse, l'acheta pour cent francs et le conserva sur pied.

COMMUNE D'UCIMONT.
Situation : parc de M. le baron de Moffarts.
Propriétaire : M. le baron de Moffarts, de Botassart.
Nom de l'arbre : Tilleul de la Fontaine.
Essence : tilleul à grandes feuilles.
Végétation : bonne.
Circonférence à 1ᵐ50 du sol : 4ᵐ50.
Hauteur sans branches : 4 mètres.
Hauteur totale : 20 mètres.
Observations :   »

MÊME COMMUNE D'UCIMONT.
Situation : parc de M. le baron de Moffarts.
Propriétaire : M. le baron de Moffarts, de Botassart.
Nom de l'arbre : Tilleul de la Faligule.
Essence : tilleul à grandes feuilles.
Végétation : bonne.
Circonférence à 1ᵐ50 du sol : 5ᵐ10.
Hauteur sans branches : 4 mètres.
Hauteur totale : 25 mètres.
Observations : M. Tandel en parle dans *Les Communes luxembour-*

geoises : « Une modeste statue de la Madone repose entre ses branches, dit-il, depuis un temps immémorial ».

MÊME COMMUNE D'UCIMONT.

Situation : parc de M. le baron de Moffarts.
Propriétaire : M. le baron de Moffarts, de Botassart.
Nom de l'arbre : Tilleul du Point de Vue.
Essence : tilleul à grandes feuilles.
Circonférence à 1^m50 du sol : 3^m40.
Hauteur sans branches : 3 mètres.
Hauteur totale : 13 mètres.
Observations : Situé à l'extrémité ouest de la propriété, d'où l'on domine la vallée de la Semois. « Ce paysage est grandiose, ravissant, féerique », écrit M. Tandel dans *Les Communes luxembourgeoises,* p. 754. Au pied de l'arbre, le talus est soutenu par un mur de plusieurs mètres de hauteur, de sorte que, vu du bas, le tilleul semble planter au sommet d'une tour.

COMMUNE DE VILLERS-DEVANT-ORVAL

Situation : domaine de Mohimont (point culminant 350 mètres d'altitude).
Propriétaire : M. Brugmann, à Mohimont (Izel).
Nom de l'arbre : Le Hêtre de Mohimont.
Essence : hêtre commun
Végétation : bonne.
Circonférence à 1^m50 du sol : 3^m39.
Hauteur sans branches : 10 mètres.
Hauteur totale : 22 mètres.
Observations :   »

COMMUNE DE VIVY (1)
Situation :   »
Propriétaire : M. Nannon, de Vivy.
Nom de l'arbre : Hêtres de la Combru.
Essence : hêtre.
Végétation : très bonne.

---

(1) Citons aussi *le Gros Chêne de la Queue du Bel Aune,* situé sur le territoire français et appartenant à l'État français. Ce géant, actuellement dépérissant, d'une circonférence de 4^m60, d'une hauteur sans branches de 8 mètres et mesurant 18 mètres de hauteur totale, avait été vendu par les Allemands pendant leur occupation en 1870 ; c'est grâce à la fermeté de M. A. Dubois, directeur général des eaux et forêts, alors garde général à Bouillon, qu'il ne fut pas exploité, la vidange ne pouvant s'en faire que par notre territoire.

Circonférence à 1ᵐ50 du sol : 2ᵐ31, 2ᵐ26 et 2ᵐ99.
Hauteur sans branches : 10, 12 et 10 mètres.
Hauteur totale : 25, 25 et 30 mètres.
Observations : Ces arbres ont été plantés, en 1814, par M. l'abbé Nannon dans son parc de Vivy.

COMMUNE DE WAHA.
Situation : près de l'église.
Propriétaire : la commune.
Nom de l'arbre :　　　　　″
Essence : tilleul à petites feuilles.
Végétation : dépérissant.
Circonférence à 1ᵐ50 du sol : 4ᵐ33.
Hauteur sans branches : 2ᵐ40.
Hauteur totale : 9 mètres.
Observations :　　　　″

————◆————

Les vieux chemins des bois

J'aime les vieux chemins des bois
Qu'emplit le parfum des bruyères,
Où l'on vit passer autrefois
Les lourds chariots de nos pères.

La mousse en couvre les ornières
Tandis que l'herbe, en maints endroits,
Etale ses riants parterres
Où du grillon perce la voix.

Et réjoui de l'heure brève
Qui me charme comme un doux rêve
Dans la paix de ces lieux déserts,

J'écoute l'idylle éternelle
Que la nature chante et mêle
A l'ombre des grands arbres verts.

Botassart, septembre 1902.　　　　　　ARTHUR DRUMAUX.

————◆————

Commerce du bois

Adjudications officielles prochaines

Le 21 NOVEMBRE 1902, à 11 heures, à l'hôtel du gouvernement provincial, à Arlon. Travaux de plantation à effectuer sur les accotements de diverses routes de l'Etat des districts de Virton et de Florenville. (Cahier des charges n° 116 de 1902.) Estimation, 3,400 francs. Cautionnement, 400 francs. Chef de service, M. Lahaye, ingénieur en chef, directeur des ponts et chaussées, rue Léon Castilhon, n° 23, à Arlon; ingénieur principal, M. Cornu, rue Léon Castilhon n° 15, à Arlon. (Prix du cahier des charges, fr. 0.20.) Les soumissions seront remises à la poste au plus tard le 17 novembre 1902.

Le 22 NOVEMBRE 1902, à 10 heures, à l'hôtel du gouvernement provincial, à Gand. Travaux de plantations nouvelles à exécuter sur différentes routes de l'Etat dans la province de la Flandre occidentale. (Cahier des charges n° 115 de 1902.) Estimation, fr. 6,998.25. Cautionnement, 700 francs. Chef de service, M. De Heem, ingénieur en chef, directeur des ponts et chaussées, rue d'Abraham, n° 11, à Gand; ingénieur M. Derycke, place du Comte de Flandre, n° 19, à Gand. (Prix du cahier des charges, fr. 0 20.) Les soumissions seront remises à la poste au plus tard le 18 novembre 1902.

Le 24 NOVEMBRE 1902, à 11 heures, au gouvernement provincial, à Anvers. Travaux de plantation d'arbres sur diverses routes de l'Etat dans la province d'Anvers. (Cahier des charges n° 117 de 1902.) Estimation, 23,000 francs. Cautionnement, 2,300 francs. Chef de service, M. Prisse, ingénieur en chef, directeur des ponts et chaussées, rue Van Dyck, n° 26, à Anvers. Ingénieur, M. Descans, rue de l'Hôpital, n° 19, à Turnhout. (Prix du cahier des charges français ou flamand, fr. 0.20) Les soumissions seront remises à la poste au plus tard le 20 novembre 1902.

PROCHAINEMENT, à 13 heures, à la Bourse de commerce (salle de l'Union syndicale), à Bruxelles. Réadjudication publique, aux clauses et conditions du cahier des charges n° 859, de l'entreprise faisant l'objet des lots 4, 5, 6 et 9 :

4° lot, à fournir à Ans. 650 blocs en bois pour frein n° 3; 20,000 idem n° 6; 1,000 idem n° 8; 20.000 cales B en bois de 0.08 d'épaisseur.

5° lot, à fournir à Gentbrugge (Sud). 150 blocs en bois pour frein n° 4; 3,000 idem n° 6; 100 idem n° 7; 800 idem n° 8; 30,000 cales A en bois de 0.05 d'épaisseur; 30,000 idem de 0.10 d'épaisseur; 50,000 cales B en bois de 0.08 d'épaisseur.

6° lot, à fournir à Braine-le-Comte. 500 blocs en bois pour frein n° 3;

500 idem n° 4; 2,000 idem n° 6; 1,000 idem n° 8; 15,000 cales A en bois de 0.10 d'épaisseur; 5,000 cales B en bois de 0.08 d'épaisseur.

9° lot, à fournir à Jemelle. 350 blocs en bois pour frein n° 2; 2,000 idem n° 3; 18,000 idem n° 6; 5,000 cales A en bois de 0.10 d'épaisseur.

Les numéros et prix des plans sont renseignés à l'avis de la réadjudication ci-dessus.

Chronique forestière

Administration des eaux et forêts. Personnel supérieur. Nominations. — Reunions mensuelles. — Le Musée forestier. — Une conférence forestière à Oostmalle. — Congrès international d'agriculture de Rome en 1903. — Amendement des terrains déboisés de la Campine. — La Raupenleim contre les dégâts du gibier. — La distillation du bois. La question du vinaigre d'acide acétique. — Un ennemi de l'érable. — Le hêtre du Corbeau. — L'étendue des forêts prussiennes. — Cours des engrais chimiques.

Administration des eaux et forêts. Personnel supérieur. Nominations. — Par arrêté royal du 31 octobre 1902, MM. Poskin, A., ingénieur agricole à Loyers; Bradfer, R., id. à Florenville; Delogne, A., id. à Oisy, et Durieux, C., id. à Bruxelles, sont nommés, à titre provisoire, gardes généraux adjoints des eaux et forêts. Ils sont attachés respectivement aux cantonnements de Namur, Florenville, Bièvre et Boitsfort.

Ces nominations sont faites à la suite du concours qui a eu lieu en octobre dernier, entre ingénieurs agricoles ayant conquis leur diplôme avec les 6/10 des points au moins sur l'ensemble des matières des examens, et qui sont porteurs du diplôme spécial de capacité délivré après la fréquentation des cours de la section des eaux et forêts. (Voir *Bulletin* d'août dernier, p. 538.)

Les candidats ont été astreints à justifier au préalable de la connaissance élémentaire du flamand ou de l'allemand, comme le prescrit l'arrêté royal du 4 avril 1900.

Réunions mensuelles. — L'excursion du 26 octobre 1902, à Groenendael, était relativement nombreuse et a été favorisée d'un temps superbe. Les membres ont visité plus spécialement les pépinières affectées aux expériences et à la production de plants d'essences exotiques dont un très grand nombre y sont aujourd'hui représentées.

M. le garde général Nélis, attaché au service des recherches en matière forestière, a détaillé les expériences faites au cours de l'année 1902, sur le mode de conservation des graines charnues, sur la profondeur du semis de graines de différentes essences feuillues et résineuses, sur l'emploi de différentes matières pour le recouvrement des graines, sur le trempage des graines dans divers liquides, eau tiède, eau acidulée d'acide chlorhydrique à différentes doses, purin, etc. En général, les expériences en question dont le but est de hâter la germination, d'avancer la végétation afin de diminuer les pertes causées par la sécheresse, n'ont pas donné cette année de résultats bien prononcés, en raison des temps pluvieux qui ont caractérisé l'été de 1902.

Vu également des expériences destinées à établir l'influence de l'amputation du pivot du chêne et du pin sylvestre lors des repiquages en pépinières, du mode de repiquage, à racines droites ou penchées dans une rigole peu profonde, de l'écartement des plants repiqués, etc.

Tous les résultats de ces expériences seront condensés dans un travail général, après quelques années de constatations.

Le 5 novembre 1902, nouvelle réunion mensuelle dans la forêt de Soignes pour visiter l'installation faite par l'administration forestière, d'un chemin de fer à voie étroite, entre l'avenue de Lorraine et le carreau de la gare de Boitsfort, pour le transport de matériaux d'empierrement et de macadamisage de la grande artère qui relie le Bois de la Cambre à Groenendael à travers la forêt.

Ces transports, quoique assez importants, n'arrivant pas à utiliser continuellement le matériel, il fut décidé que les adjudicataires des coupes des cantons voisins pourraient, à titre d'essai et sous certaines conditions, l'employer pour le transport des produits vers la gare de Boitsfort. Dix wagonnets ont été chargés en notre présence de *demi-lunes* (pièces de bois de 1 m. de long fendues par le diamètre); le chargement fait par cinq ouvriers en moins d'un quart d'heure était de 15 stères environ, d'un poids approximatif de 9,000 kilos; il fut démarré à bras d'homme. Grâce à une pente convenable et uniforme vers le point de destination, les wagonnets, sous la conduite du serre-frein, descendent sans autre effort de traction que celui du démarrage au quai de chargement de la gare de Boitsfort.

En dehors du matériel fixe de la voie avenue de Lorraine-gare de Boitsfort, le service forestier dispose de rails accouplés de 5 mètres de longueur, à disposer bout à bout et qui peuvent être rattachés à la voie principale par un *dérailleur*; c'est le système de la voie volante — on peut en poser plus de 100 mètres en dix minutes — que l'on peut installer et déplacer rapidement sur les différents points de chargement du parterre d'une coupe.

Nous avons, par la même occasion, entendu la lecture d'un rapport sur l'exploitation forestière économique au moyen de chemins de fer à voie étroite, par M. M. Schwersenz, ingénieur, représentant de la maison Koppel, qui a fourni une partie du matériel. Le rapport paraîtra *in extenso* dans un prochain bulletin.

Nous n'en dirons pas davantage pour le moment sur ce mode de transport, nouveau dans les forêts belges, et qui est appelé à rendre de réels services dans certaines conditions. Nous reviendrons prochainement sur cette question.

**
* **

Mercredi, 3 décembre 1902, à 3 heures, au local de la Société, réunion mensuelle.

Ordre du jour : Causerie sur les insectes nuisibles aux résineux, par M. Severin, conservateur au Musée royal d'Histoire naturelle.

Le Musée forestier. — M. le Ministre de l'agriculture a présidé, le 22 octobre dernier, à l'ouverture officielle du Musée forestier, installé au Jardin botanique de l'Etat et placé dans les attributions de M. le conservateur Bommer, membre du Conseil supérieur des forêts.

M. le Ministre a été reçu par M. le directeur, MM. les conservateurs et tout le personnel du Jardin botanique; il était entouré des hauts fonctionnaires de l'administration de l'agriculture et de celle des eaux et forêts, ainsi que de MM. les président et membres du Conseil supérieur des forêts.

Le Musée est aujourd'hui complètement installé; il est des plus intéressant et nous conseillons beaucoup aux lecteurs du *Bulletin* d'aller le visiter à la première occasion.

Ils pourront y passer certainement une heure agréable et des plus instructive.

Une conférence forestière à Oostmalle. — Notre confrère M. le notaire Boone (1), de Turnhout, au zèle duquel on ne

_____

(1) M. le notaire Boone a déjà donné plusieurs autres conférences sur le même sujet. Voir *Bulletin*, n° de février, p. 104, et n° de mai, p. 322.

fait jamais appel en vain, a donné, le dimanche 5 octobre, aux membres du Comice agricole d'Oostmalle, une conférence sur les *insectes ravageurs des pins sylvestres*. Un public très nombreux, composé des propriétaires des environs, des gardes-bois et des membres du Comice, sous la présidence de M. le bourgmestre Van de Mierop, assistait à la réunion et montrait, par l'attention soutenue qu'il prêtait à l'orateur, tout l'intérêt que l'étude de M. Boone présentait pour la Campine et ses bois.

La question semblait d'ailleurs très neuve pour la plupart des auditeurs, dont l'attention n'avait jamais été appelée sur les terribles ravages que ces vilains insectes exercent dans nos pineraies. Aussi, l'orateur obtint-il un franc et légitime succès, et les applaudissements chaleureux qui accueillirent la fin de la conférence témoignèrent du plaisir que M. Boone avait fait à ses auditeurs. M. Van de Mierop, en remerciant M. Boone de son dévouement, se fit l'écho des sentiments de tous les assistants.

Nous espérons que les conseils de M. Boone, sur les moyens de combattre les ennemis de nos pineraies, porteront leurs fruits, et que le zèle et le dévouement de l'orateur trouveront parmi les membres de la Société de nombreux imitateurs.   L. N.

Congrès international d'agriculture de Rome en 1903. — Nous avons parlé de ce prochain Congrès dans notre dernière livraison.

Nous recevons à ce sujet la communication suivante :

« On sait que dans sa séance générale de clôture, tenue à Paris le 7 juin 1900, le Congrès international de sylviculture, sur la proposition de son président, M. Daubrée, conseiller d'Etat, directeur des eaux et forêts, a émis le vœu que, pour se perpétuer, il y aurait lieu de demander sa fusion avec le Congrès international d'agriculture, pour former dans ce congrès une section spéciale de sylviculture. Cette proposition a été adoptée par le Congrès international d'agriculture, dans sa séance du 7 juillet 1900.

« Dans cette même séance, le Congrès international d'agriculture, en suite de l'invitation du gouvernement italien, a décidé que le Congrès suivant se tiendrait en Italie. La date de 1902 avait été primitivement fixée pour sa réunion. En raison de circonstances particulières, la Commission internationale d'agriculture a dû l'ajourner à 1903; elle a, en outre, désigné la ville de Rome comme siège du prochain congrès.

« Le règlement de ce congrès a été fixé par la commission d'organisation. »

Nous avons fait connaître, dans notre dernier n°, les dispositions de ce règlement qui nous ont paru pouvoir intéresser les lecteurs du *Bulletin*.

Amendement des terrains déboisés de la Campine. — L'articulet publié sous ce titre dans le n° d'octobre dernier (p. 667), aurait dû être suivi du nom de son auteur : M. le Dr Naets, membre du Conseil supérieur des forêts. C'est là une simple omission, que nous tenons cependant à réparer, bien que les nombreux lecteurs que la question intéresse y aient sans doute suppléé en se reportant aux communications antérieures rappelées dans l'articulet.

La Raupenleim contre les dégâts du gibier. — Dans notre dernière livraison (p. 668), nous avons parlé, pour la seconde fois, d'un produit spécial que son inventeur a baptisé du nom d'*Hyloservin*, pour le distinguer d'autres substances appelées plus exactement Raupenleim (colle à chenilles), l'hyloservin étant destinée à préserver les jeunes plantations de la dent du gibier.

Nous avons fait connaître, en ce qui concerne ce dernier produit, l'appréciation favorable, basée sur l'expérience, de M. le Dr Naets, membre du Conseil supérieur des forêts.

Dans l'intérêt des lecteurs du *Bulletin*, nous croyons devoir signaler également une *Raupenleim*, « enduit spécial destiné à préserver les jeunes plantations des dégâts causés par les divers gibiers à poils (cerfs, chevreuils, lièvres et lapins). »

Voici ce qu'en dit M. le chevalier J. le Clément de Saint-Marcq, d'Assesse (province de Luxembourg), chez qui on peut se la procurer par si petites quantités que ce soit :

« Ce produit a été essayé avec grand succès dans différentes plantations que j'ai faites dans le Condroz la saison passée ; notamment dans une plantation de feuillus (mélange de diverses essences) en automne et une plantation d'épicéas au printemps. Les deux plantations ont été faites à proximité d'un bois où les lapins étaient en très grand nombre et pas un seul des sujets enduits n'a été atteint.

» D'après des expériences faites à Gemünd, dans le cantonnement forestier d'Aix-la-Chapelle, on est arrivé à protéger, d'une façon surprenante, le sapin argenté contre le gros gibier. Dans les premières semaines, les chevreuils évitaient complètement d'approcher des plants badigeonnés ; plus tard, ils revinrent à proximité, mais sans toucher à un seul sujet. L'huile resta si longtemps gluante que, appliquée en octobre-novembre, elle conserva son efficacité jusqu'à l'automne suivant. Exceptionnellement, il fallut renouveler l'enduit au printemps.

» La *Raupenleim* peut être appliquée au moyen d'une brosse, d'un pinceau ou de la main protégée par un gros gant de cuir ; toutefois ce dernier procédé est peu recommandable.

» Le double pinceau de Buttner à ressort est des plus pratique ; il permet d'économiser le produit tout en assurant son égale répartition. Avec un peu d'habitude, le travail marche rapidement.

» Il est à conseiller de ne pas mettre la substance en trop grande quantité, un épais badigeonnage n'étant pas nécessaire et pouvant même être nuisible. On doit éviter de couvrir les bourgeons et surtout le bourgeon terminal

» La *Raupenleim* se vend, le kilo, fr. 0.60; les 10 kilos, fr. 5.50; par 50 kilos, fr. 0.50 le kilo. Tonneau initial de 200 à 240 kilos, fr. 0.40 le kilo, fût perdu.

» La dépense est donc peu élevée; elle peut être évaluée à 20 francs par hectare, main-d'œuvre comprise.

» Double pinceau à ressort, pour enduire, la pièce, fr. 4.50. »

La distillation du bois. La question du vinaigre d'acide acétique. — Nous avons reçu sur cette question des indications fort intéressantes, qui montrent bien toute l'importance du sujet. Une industrie essentiellement forestière et jusqu'ici prospère a été subitement mise en péril. L'intérêt forestier est en même temps menacé : sans la carbonisation en vase clos, comment pourrait-on aujourd'hui se débarrasser des menus bois, surtout dans les régions à grande production ligneuse comme l'Ardenne?

Voici quelques données qui permettront de saisir aisément de quoi il s'agit :

Le vinaigre est un mélange d'acide acétique et d'eau.

La *force* ou *degré* du vinaigre s'évalue d'après sa teneur en acide acétique. Ainsi, un vinaigre à 8 degrés contient 8 kilogr. d'acide acétique pur par hectolitre.

Il existe deux procédés de fabrication de l'acide acétique, et par conséquent du vinaigre.

1° *Procédé par l'acétate de chaux ou l'acétate de soude.*

L'acide acétique qu'il fournit s'appelle communément « acide de distillation », et le vinaigre correspondant « vinaigre de distillation » ou encore « vinaigre d'acide acétique ».

Ce produit paie un droit d'accise de fr. 1.80 par kilogr. d'acide acétique pur (article 2, loi du 18 août 1887). Quand il est destiné à des usages industriels, on le dénature et il est alors exempt de droits; mais quand il est destiné à faire du vinaigre, le droit est perçu à raison de fr. 1.80.

Ainsi, un hectolitre de vinaigre à 8 degrés, contenant 8 kilogr. d'acide acétique, paie 8 fois fr. 1.80, soit fr. 14.40.

2° *Procédé par la fermentation de l'alcool.*

Le vinaigre qu'il fournit s'appelle vinaigre d'alcool.

Ici, le droit d'accise est perçu sous forme d'impôt sur l'alcool et est réglé comme suit :

L'alcool comestible paie 100 francs par hectolitre à 50°. Quand on le transforme en vinaigre, l'Etat rembourse 70 francs (arrêté royal du 22 mars 1902) (1). L'impôt réellement payé n'est donc que de 30 francs par hectolitre d'alcool à 50 degrés destiné à être transformé en vinaigre.

Or, 1 hectolitre d'alcool à 50° fournit 5 hectolitres de vinaigre à 8°. Donc, 1 hectolitre de vinaigre à 8° paie $\frac{30}{5} = 6$ francs de droit d'accise, ce qui correspond à fr. 0.75 par kilogr. d'acide acétique pur.

Conclusion : Le vinaigre de distillation à 8° paie fr. 14.40 par hectolitre et le vinaigre d'alcool à 8° paie 6 francs par hectolitre.

Rien ne justifie cette différence de droits, disent les fabricants de vinaigre de distillation. En effet :

1° Les frais de fabrication du vinaigre de distillation sont plus élevés que ceux du vinaigre d'alcool;

2° Il y a identité entre les deux vinaigres; ils ont même teneur en acide acétique, mêmes qualités comestibles, ils luttent concurremment sur le marché.

Les fabricants de vinaigre de distillation demandent que les deux produits soient frappés d'impôts égaux; sinon, ils devront cesser leur industrie.

Ils ont adressé la pétition ci-après à M. le ministre de l'agriculture qui, n'en doutons pas, la recommandera chaudement à son collègue des finances, à qui il appartient de statuer en cette matière.

---

(1) Cette ristourne était d'environ 35 francs, nous dit-on, avant l'arrêté royal du 22 mars 1902.

Monsieur le Ministre,

Les soussignés, exploitants d'usines de distillation du bois, ont l'honneur d'attirer votre bienveillante attention sur la situation difficile qui leur est faite par l'arrêté royal du 22 mars 1902.

L'acétate de chaux est l'un des principaux produits que l'on retire de la distillation du bois ; il sert à fabriquer l'acide acétique et notamment le vinaigre dit « d'acide acétique », qui se vend concurremment au vinaigre dit « d'alcool », obtenu par la fermentation de l'alcool de grain.

Avant l'arrêté royal du 22 mars, ces deux sortes de vinaigres étaient frappés de droits d'accise à peu près équivalents ; l'acétate de chaux était transformé en vinaigre et cette transformation procurait aux usines de distillation du bois, l'écoulement principal de leur production d'acétate.

L'arrêté du 22 mars a diminué considérablement les droits d'accise qui frappaient le vinaigre d'alcool, mais il a omis de dégrever proportionnellement le vinaigre d'acide acétique. Il en résulte qu'aujourd'hui les fabricants de vinaigre d'acide acétique sont dans l'impossibilité de continuer leur industrie et que les usines de distillation du bois voient ainsi disparaître leur principal débouché pour l'acétate de chaux.

Les soussignés sont loin de se plaindre du dégrèvement accordé au vinaigre d'alcool ; ils demandent simplement qu'un dégrèvement proportionnel soit accordé au vinaigre d'acide acétique.

Actuellement, en effet, les droits d'accise perçus de part et d'autre s'établissent comme suit :

1° Droit perçu sur le vinaigre d'acide acétique :

Il est de fr. 1.80 par kilogr. d'acide acétique pur, en sorte qu'un hectolitre de vinaigre à 8 degrés, renfermant 8 kilos d'acide acétique, paie fr. 14.40 de droit.

2° Droit perçu sur le vinaigre d'alcool :

L'alcool paie 100 francs de droit par hectolitre marquant 50 degrés. Quand on le transforme en vinaigre, l'Etat rembourse 70 francs. L'impôt réel est donc de 30 francs.

Or, un hectolitre d'alcool à 50 degrés fournit 5 hectolitres de vinaigre à 8 degrés.

Il en résulte qu'un hectolitre de vinaigre d'alcool à 8 degrés paie seulement 6 francs de droits.

Cette différence de fr. 8.40 par hectolitre est la condamnation à mort du vinaigre d'acide acétique.

Cependant, les deux produits taxés si différemment par l'accise, sont identiques ; ils renferment la même quantité d'acide acétique et luttent concurremment sur le marché ; au point de vue hygiénique, ils ont même valeur.

Si les usines belges de distillation du bois ne peuvent plus, à l'avenir, écouler leur acétate en Belgique, il en résultera pour elles un préjudice grave, qui ne leur permettra plus de donner les prix actuels pour les produits forestiers destinés à la distillation.

Leur intérêt se confond donc ici avec celui des propriétaires de forêts.

Les soussignés espèrent, Monsieur le Ministre, que vous daignerez examiner favorablement leur requête et, dans cet espoir, ils ont l'honneur de vous prier d'agréer l'expression de leur plus haute considération.

Pour donner une idée de l'importance de l'objet en discussion, faisons connaître que la principale usine belge d'acide acétique a payé à l'Etat, pour fabrication au moyen d'acétates, des droits s'élevant à 55,347 francs pour la période du 1ᵉʳ septembre au 25 octobre, soit 48 jours de travail, ou 1,150 francs par jour!

A 340 jours de travail par an, nous fait-on remarquer, cela ferait 391,000 francs de droits d'accise.

Pour une quantité correspondante de vinaigre d'alcool, on n'acquitterait que 163,800 francs par an, ou 227,200 francs de moins.

« Les fabricants d'acide acétique, écrit le directeur de cette usine, ne se plaignent que de la situation qui leur est faite depuis le 1ᵉʳ avril dernier, jour où la taxe sur l'alcool employé en vinaigrerie a été diminuée de 68 francs par hectolitre d'alcool 100°, détruisant ainsi l'équilibre établi par la loi de 1887. »

Il faut bien reconnaître qu'il n'est pas équitable d'accorder à l'acide obtenu par fermentation de l'alcool une réduction d'impôt, sans l'accorder également à l'acide obtenu au moyen des acétates. Il devient impossible de fabriquer ce dernier produit avec l'intention de le vendre à la consommation belge; la loi met donc obstacle au développement des usines qui comptaient sur ce débouché.

Comment justifier cette rigueur de l'accise ?

Voici ce qu'on nous répond à ce sujet:

« On a cherché à accréditer le bruit que l'acide de distillation était moins sain que celui de fermentation. C'est une affirmation purement commerciale, faite en vue de discréditer un produit concurrent. Les ménagères savent, par expérience, que pour faire une bonne conserve de poisson, il faut employer du vinaigre de distillation.

» On vend dans le commerce de l'acide de distillation à 80 degrés. Il est arrivé, en Allemagne notamment, que des gens en ont bu, sans avoir au préalable ajouté la quantité d'eau voulue pour le transformer en vinaigre. Il se sont trouvés indisposés; il y a même eu des cas de mort, car l'acide acétique concentré désagrège les tissus organiques. Là-dessus, nombre de personnes ont affirmé que l'acide de distillation était un produit malsain et contre lequel il fallait mettre le public en garde. Ceux qui, en Allemagne, avaient intérêt à le combattre, proposèrent même qu'on obligeât les vendeurs d'acide de distillation à coller sur leurs flacons des étiquettes à tête de mort.

» Ces discussions ont laissé dans plusieurs esprits des préventions fâcheuses contre l'acide de distillation. »

Il est probable qu'il y a d'autres raisons que celles qu'indique notre honorable correspondant.

On nous dit notamment que, d'après les statistiques — elles sont si exactes! — les fabriques de vinaigre du pays ne livrent pas 1 p. c. de leur production à la consommation; 99 p. c. seraient exportés ou dénaturés pour être affectés à des usages industriels.

Quoi qu'il en soit, d'ailleurs, si l'on s'inspire du sentiment d'équité qui doit présider à la confection des lois, même des lois fiscales, au point de vue du développement des industries qui produisent l'acide de distillation, au point de vue de l'écoulement des produits forestiers servant à la fabrication des acétates, il est désirable de voir diminuer l'impôt qui grève l'acide de distillation.

Un ennemi de l'érable. — Un sociétaire nous a transmis, en octobre, un échantillon d'érable d'une plantation faite au printemps dernier.

« Vous pourrez constater, disait notre honorable correspondant, que de petits champignons rouges attaquent ces
érables et qu'un chancre s'est formé dans le tronc, rongeant
le sujet de plus en plus au point de le faire mourir, lentement, mais sûrement. Jusqu'à présent, heureusement, je
n'ai constaté cette maladie que sur très peu de sujets,
mais je crains que les ravages ne s'accentuent avec le
temps. »

Nous avons soumis le cas à M. Paul Nypels, conservateur-
adjoint au Jardin botanique de l'Etat, qui, avec son obligeance coutumière et sa grande compétence, nous a donné
les renseignements ci-après :

« Ces érables sont attaqués par un champignon, le *Nectria
cinnabarina*, qui pénètre par les plaies, les parties mortes,
et fait souvent beaucoup de tort. C'est le même champignon
qui est si fréquent sur les arbres des promenades urbaines
et qui couvre de ses petites pustules rouges les portions
d'écorce tuées par lui au voisinage des plaies d'élagage. Sur
les marronniers de l'avenue Louise, il y en a tous les ans
beaucoup.

» Lorsque l'attaque débute et que le parasite s'est borné à
envahir une portion limitée des tissus, il est possible d'empêcher l'extension du mal en coupant toutes les parties envahies (c'est-à-dire toute l'écorce morte et tout le bois attaqué
que l'on distingue du bois sain à sa coloration verdâtre) et en
recouvrant la plaie de goudron. Mais, quand le champignon
s'est étendu dans les trois quarts du bois, comme c'est le cas
dans le spécimen envoyé, il n'y a plus rien à faire.

» Les petites pustules rouges formées sur l'écorce produisent en quantité des semences du champignon et ces semen
ces, quand elles arrivent sur une plaie quelconque d'un arbre,
peuvent y reproduire la maladie. Il est donc prudent d'enlever les écorces couvertes de fructifications et de les brûler.
On évitera aussi toutes les blessures, les contusions, les
plaies qui peuvent fournir une porte d'entrée au parasite.
Si l'on remarque des plaies accidentelles ou si l'on est

obligé de tailler et d'élaguer, on aura soin de nettoyer les sections et de les recouvrir tout de suite d'un enduit protecteur (coaltar, goudron de bois, etc.).

» Certains érables (*Acer colchicum* par exemple) sont très souvent attaqués par le *Nectria cinnabarina*, au point que la culture en devient parfois impossible en certains endroits. Mais je n'avais pas encore vu ce parasite sur *Acer dasycarpum*. Il est, du reste, peu difficile quant à la nature de l'hôte et attaque ou peut attaquer presque tous les feuillus.

» C'est un des champignons les plus communs et les plus répandus et qui se développe aussi sur le bois mort. On ne peut guère laisser de fagots ou de branches mortes à l'humidité, sans les voir bientôt se couvrir des petits points rouges de ce même champignon. »

Le hêtre du Corbeau. — Dans le numéro du *Bulletin* de novembre 1901, p. 710, j'ai fait connaître le hêtre du Corbeau, de St-Michel, et ses dimensions. Il mesurait 3m65 à 1m50 du sol et son tronc cubait plus de 14 mètres cubes.

Scié à 6 mètres, huit chevaux l'ont véhiculé avec peine à l'usine de Poix, où il sera débité.

M. Emmanuel Zoude et moi avons compté, avec une rigoureuse exactitude, ses couches annuelles.

A six mètres on compte 266 couches annuelles. Nous avons supposé 14 ans pour y arriver, soit 280 couches. Au pied nous avons compté ces 280 couches annuelles. Il avait donc, comme je le supposais, moins de trois siècles.

La pourriture sèche, de date récente, commençait au pied, et la largeur des couches annuelles établit que c'est de 100 à 150 ans que son accroissement a été le plus fort. De ce fait isolé et d'autres qui ont été constatés, on peut conclure que les hêtres de St-Michel et des environs ont une grande longévité et que l'on peut fixer leur exploitabilité à deux siècles au moins.　　　　　　　　　　J. HOUBA,
Inspecteur des eaux et forêts.

Marche, le 2 octobre 1902.

L'étendue des forêts prussiennes. — D'après *la Statistische Correspondenz*, l'étendue boisée appartenant à l'Etat, aux communes et aux établissements publics a augmenté, en Prusse, de 1883 à 1900, de 116,221 hectares, soit 1.4 p. c., tandis que la propriété forestière des particuliers, au contraire, a diminué dans la mesure ci-après.

En 1883, elle comportait encore une superficie de 4,382,217 hectares, en 1893 ce chiffre se serait abaissé à 4,331,512 hectares, et en 1900 à 4,201,197 hectares; l'étendue totale de ces bois aurait donc diminué de 181,020 hectares, soit de 4.1 p. c. de 1883 à 1900. Cette diminution ne signifie pourtant pas un déficit absolu en étendue boisée, puisque des surfaces importantes en sont passées aux mains de l'Etat, des communes et des établissements publics.

Les modifications survenues dans l'étendue des bois de particuliers varient beaucoup suivant les provinces.

Cette étendue accuse une augmentation en :

	1883	1900
Saxe	279,419 hectares	292,521 hectares
Hanovre	250,026 —	259,271 —
Hohenzollern . . .	16,672 —	18,257 —

La propriété particulière forestière a diminué notamment dans les provinces suivantes :

	1883	1900
Silésie	901,034 hectares	889,564 hectares
Brandebourg . . .	759,961 —	714,231 —
Westphalie	410,066 —	402,404 —
Posen.	403.266 —	367,573 —
Poméranie	360,771 —	356,024 —
Prusse Rhénane . .	331,941 —	321,569 —

Les deux provinces ci-après donnent les chiffres les plus bas :

	1883	1900
Hesse-Nassau . . .	105,370 hectares	94,798 hectares
Schleswig-Holstein .	76,898 —	74,457 —

La Prusse orientale et la Prusse occidentale donnent la diminution proportionnelle la plus forte : dans la première, l'étendue totale de la propriété boisée des particuliers descendit de 251,425 hectares en 1883 à 218,483, c'est-à-dire de 13.1 p. c. et dans la seconde de 235,368 à 192,045 hectares, soit de 18.4 p. c.

Cours des engrais chimiques. -- Voici le cours des engrais chimiques d'après les données des journaux agricoles :

Nitrate de soude (15 à 16 p. c. d'azote nitrique), les 100 kil. fr. 20.70

Sulfate d'ammoniaque (20 à 21 p. c. d'azote ammoniacal) les 100 kilos. 29.25

Superphosphate séché (12 à 16 p. c. d'acide phosphorique soluble dans le citrate d'ammoniaque), l'unité. . . . 0.36

Phosphate minéral (14 à 20 p. c., 85 p c. de finesse), suivant titre, les 100 kilos. . . . . 1.70 à 1.80

Phosphate basique ou de scories (15 à 23 p. c. d'acide phosphorique, 75 p. c. passant au tamis), par unité . . . 0.285

Nitrate de potasse (13 p. c. d'azote, 43 p. c. de potasse), les 100 kilos 55.00

Chlorure de potasse (80 p. c. pur.), les 100 kilos 19.70

Kaïnite (12 à 13 p. c.), les 100 kilos. 4.40

Carnallite, les 100 kilos 3.30

Chaux, 1re qualité, les 10,000 kilos 95.00

— 2e — — 85.00

— 3e — — 65.00

N. B. Le transport de la chaux destinée à l'agriculture a lieu à prix réduit de janvier à mai et pendant les mois d'août et de septembre.

LISTE DES MEMBRES
de la Société centrale forestière de Belgique

1º *Nouveaux membres* (2)

MM. **Pantens,** Gustave, chef du service sténographique du Sénat, 151, boulevard Militaire, Ixelles. (Présenté par M. le notaire Fontaine.)

le général **Van Malcotte,** Mons. (Présenté par M. Goor.)

2º *Liste complète des sociétaires inscrits à la date du 15 novembre 1902.*

(N. B. — Les noms, qualités et adresses des membres *protecteurs* — art. 5 des statuts — sont imprimés en italiques.)

Le nombre des sociétaires est actuellement de 871 dont 16 membres protecteurs.

I. — Sociétaires étrangers

Administration forestière du Grand-Duché de Luxembourg.
Académie forestière de Münden (Hanovre).

MM.

Adams, Charles, 29, West Broadway, Bangor (Maine), Etats-Unis d'Amérique.

Appel, Conrad, marchand-grainier, Darmstadt (Grand-Duché de Hesse).

Badu, J.-N., garde général des Eaux et Forêts, Diekirch (Grand-Duché de Luxembourg).

Bretagne, F., 41, rue de la Ravinelle, Nancy.

Oopijn, Henri, architecte-paysagiste et horticulteur, Groenckam, près Utrecht (Pays-Bas).

Cottignies, M., inspecteur des Eaux et Forêts, Villers-Cotterets (Aisne, France).

d'Antioche (le comte), 110, rue de l'Université, Paris.

de Berlaimont (le comte), Clairvaux (Grand-Duché de Luxembourg).

de Coune, Adolphe, propriétaire, Bergerstraat lez-Maestricht.

de Croy (S. A. S. Mgr le prince Léopold), château de Wargnies-le-Petit, par Le Quesnoy, France (Nord).

de Geloes (le comte), château d'Eysden (Limbourg hollandais).

d'Imécourt (le marquis), château de Loupy sur Loison, par Montmédy (Meuse, France).

de Lambertye (le comte), château de Lambertye (Haute-Vienne, France).

de Lambertye (le marquis), château de Cons, La Grandville (Meurthe et Moselle, France).

de Lordat (le marquis), château de Ste-Gemme, par Bram (Aude, France).

de Montagnac, Lucien (le baron), Sedan (France).

Derué, conservateur des Forêts, Charleville (Meuse, France).

de Vilmorin, Maurice, 13, quai d'Orsay, Paris.

Dubois, administrateur délégué de la Société anonyme de la Forêt de Paular, 155, Atocha, Madrid.

MM.

Durand, E., conservateur des Forêts en retraite, professeur honoraire à l'Ecole nationale d'agriculture de Montpellier, Montpellier (Hérault).

Ecole forestière, G. A. van Swieten, Frederiksoord (Hollande).

Ecole nationale forestière de Nancy.

Faber, Charles, candidat garde général, Hollerich (Grand-Duché de Luxembourg).

Gambs, Auguste, marchand-grainier, Hagenau (Alsace).

Giersberg, Fr., 8, Elssholzstrasse, Berlin.

Huberty, F., garde général des Eaux et Forêts, Grevenmacher (Grand-Duché de Luxembourg).

Keller, Henry, fils, propriétaire de sècheries, Darmstadt (Grand-Duché de Hesse).

Koltz, J.-P.-J., inspecteur honoraire des Eaux et Forêts du Grand-Duché de Luxembourg (Luxembourg).

Kostiaeff, Alexandre, inspecteur des Forêts, département forestier au ministère de l'agriculture, Saint-Pétersbourg.

Laveur, Lucien, éditeur, directeur-propriétaire de la « Revue des Eaux et Forêts », 13, rue des Saints-Pères, Paris.

Lent, Jul., inspecteur des Forêts, Sigmaringen (Prusse).

Looymans et fils, pépiniéristes, Oudenbosch (Hollande).

Mélard, inspecteur des Forêts, 30, rue Vaneau, Paris.

Nederlandsche Heide Maatschappij, 94, Nieuwe Gracht, Utrecht (Hollande).

Nungesser, L.-C., marchand-grainier, Greisheim, près Darmstadt (Grand-Duché de Hesse).

Olive, régisseur, château de Leran, Ariége (France).

Pardé, Léon, inspecteur des Eaux et Forêts, Senlis (Oise, France).

Petit, Delphin, 76, boulevard Vauban, Lille (France).

Salentiny, Jules, garde général des Eaux et Forêts, Luxembourg.

Samios, Constantin, directeur des Forêts et professeur à l'Ecole polytechnique, Athènes.

Sarcé, ancien notaire, propriétaire, Pontvallain (Sarthe, France).

Sauce, conservateur des Forêts, Charleville (France).

Scheuer, W., garde général des Eaux et Forêts, Domeldange (Grand Duché de Luxembourg).

Schott, Pierre, pépiniériste et marchand grainier, Knittelsheim (Rheinpfalz, Allemagne).

Sébire, P., et fils, horticulteurs-pépiniéristes, Ussy (Calvados, France).

Sébire, Elmire, fils aîné, Ussy, près Falaise (Calvados, France).

Sickesz, sénateur, président de la Nederlandsche Heide Maatschappij, château de Cloese, Lochem (Gueldre), Pays-Bas.

Smits van Burgst, Bréda (Hollande).

Sociétés réunies des Phosphates Thomas, section agricole, 5, rue de Vienne, Paris.

Steingaesser, G.-J. et Cie, marchands-grainiers, Miltenberg-s/Main (Bavière).

Stumper, inspecteur des Eaux et Forêts, Luxembourg.

Theis, garde général des Eaux et Forêts, Wiltz (Grand-Duché de Luxembourg).

Vandenheuvel, pépiniériste, Uden (Hollande).

Van Rijckevorsel, A., vice-président de la Nederlandsche Heide Maatschappij, château d'Elkenhorst, par Bokstel (Pays-Bas).

Van Schermbeek, professeur à l'Institut supérieur d'agriculture et de sylviculture, Wageningen (Pays-Bas).

II. — Sociétaires belges

a) *Particuliers*

MM.

Aeby, Jules, docteur en sciences, secrétaire de la délégation des Producteurs de nitrate de soude du Chili, 3, rue des Princes, Anvers.

Alhon, Victor, receveur particulier, Braine-l'Alleud.

Ancion (le baron), sénateur, Liége.

André, commissaire-voyer, Tournay, par Neufchâteau.

Anthoni,Maurice, brasseur et propriétaire, Broechem (province d'Anvers).

Arents de Beerteghem, propriétaire, Oostcamp près Bruges.

Arnold, N., directeur au service central de l'Etat Indépendant du Congo,
4, rue Bréderode, Bruxelles.

Aubinet-Neuville, pépiniériste, Grand-Halleux (lez-Vielsalm).

Baclin, V., notaire, Laroche.

Bareel, Julien, conseiller à la Cour d'appel, membre du Conseil supérieur
des forêts, 21, rue Bosquet, Bruxelles.

Bareel, Louis, ingénieur agricole, 57, rue Transvaal, Anvers.

Bareel, Lucien, avocat, 120, rue de Livourne, Bruxelles.

Barthelemy, Nestor, sous-inspecteur des Eaux et Forêts, Marcinelle.

Bastien, Frédéric, pépiniériste, Hyon lez-Mons.

Bastin, marchand de bois, Melreux-Hotton (Luxembourg).

Baugnies, Arthur, industriel, Péruwelz.

Baugnies, Edmond, industriel, Péruwelz.

Bauret, Henri, régisseur, Chimay.

Bécasseau, Georges, 13, rue des Dominicains, Mons.

Beer, Jules, propriétaire, Hauregard, par Spa.

Behaghel, Gaston, propriétaire, château de Calmont, par Berchem lez-
Audenarde.

Belinne, ingénieur en chef, directeur des Ponts et Chaussées, Mons.

Belvaux, Joseph, marchand de bois, Villers-le-Gambon.

Bequet, Charles, rue du Berceau, Bruxelles.

*Berger, administrateur inspecteur général honoraire des Ponts et
Chaussées, vice-président du Conseil supérieur des forêts, 311, rue
Rogier, Schaerbeek.*

Berger, Joseph, notaire et bourgmestre, Genappe.

Bernard-Dumortier, pépiniériste, Lesdains par Bléharies (Hainaut).

Besme, inspecteur général du service voyer, 32, rue Jourdan, Bruxelles.

Beyaert, J.-J., ingénieur principal des Ponts et Chaussées, 216, chaussée
de Charleroi, Bruxelles.

Beyaert, Léon, notaire, 13, rue de la Station, Gand.

Biddaer, Emile, ingénieur principal des Ponts et Chaussées, Hasselt.

Biel, Alphonse, marchand de bois, Naninne.

Binamé, Camille, conducteur principal des Ponts et Chaussées, Lanklaer
(Limbourg).

Bivort, Charles, banquier, Gilly.

Bivort, Léon, propriétaire, Profondeville.

Blancquaert, ingénieur en chef, directeur des Ponts et Chaussées, Namur.

Blezin, Philippe, régisseur et juge suppléant, Antoing.

Blin d'Orimont, E., administrateur de biens, Beaumont.

Blondeau-Fonder, marchand de bois, Nismes.

Blondeau, Lucien, garde général des Eaux et Forêts à l'administration
centrale, Bruxelles.

MM.

Boccar, Auguste, inspecteur des Eaux et Forêts, 222, avenue d'Auderghem, Etterbeek.

Bochkoltz, Georges, ingénieur principal des mines, Namur.

Bochkoltz, Henri, Saint-Hubert.

Bochkoltz, Maurice, tanneur, Saint-Hubert.

· *Boël, Gustave, sénateur, 16, place Charles Rogier, Bruxelles.*

Boël, Louis, propriétaire, Roucourt par Péruwelz.

Bolle, Jean-Baptiste, marchand de bois, Hollogne (Waha), lez-Marche.

Bommer, docteur en sciences naturelles, conservateur au Jardin botanique, professeur à l'Université, membre du Conseil supérieur des Forêts, 19, rue des Petits-Carmes, Bruxelles.

Boone, Alphonse, notaire, régisseur des domaines de LL. AA. SS. les Princes d'Arenberg, rue de l'Hôpital, 41, Turnhout.

Boone, Emile, procureur du roi, Turnhout.

Boseret, Joseph, notaire, Ciney.

Bosquet, Eugène, propriétaire, Oxelaar (Sichem lez-Diest, Brabant).

Boucher, ancien membre de la Chambre des représentants, Thorembais-les-Béguines (par Perwez, Brabant).

Boucquéau, Lucien, 147, rue de la Loi, Bruxelles.

Bouillot, directeur de l'Ecole d'horticulture de l'Etat, Vilvorde.

Bourgoignie, Léonce, ingénieur principal des Ponts et Chaussées, ff. d'ingénieur en chef, directeur, 29, Marché aux Avoines, Hasselt.

Bourguignon, notaire, Marche.

Bozet, L., notaire et bourgmestre, Seraing-sur-Meuse.

Braconier, sénateur, Liége.

Bradfer, Maurice, garde général des Eaux et Forêts, Vielsalm.

Braffort, député permanent, Villers-sur-Semois.

Breckpot-Van Langenhove, Edmond, notaire, Alost.

Bresmael, receveur de l'enregistrement et des domaines, Gedinne.

Brichet, J., propriétaire, juge suppléant, Bièvre (prov. de Namur).

Brichet, Octave, garde général des Eaux et Forêts, Membach par Dolhain.

Brouhon, Joseph, marchand de bois, 50, rue Léopold, Seraing-sur-Meuse.

Brouhon, Louis, ingénieur, industriel et marchand de bois, Chimay.

Bruggeman, Jean, industriel, Turnhout.

Burnotte, conducteur principal des Ponts et Chaussées, Neufchâteau.

Cailteux, Th., inspecteur des Eaux et Forêts, rue Lambinon, Liége.

Calmeyn, Henri, 18, avenue de la Toison d'Or, Bruxelles.

Cambier, Léon, membre de la Chambre des représentants, industriel, Ath.

Camion, Albert, industriel, Bouillon.

Capelle-Lutgen, industriel et marchand de bois, Marche.

Carlier-d'Andrimont, propriétaire, Liége.

Carton-Herman, François, industriel, Ath.

Cartuyvels, inspecteur général de l'agriculture, Bruxelles.

Caye et frère, pépiniéristes, Rochefort.

Charles, Fernand, avocat à la Cour d'appel, rue Hemricourt, 15, Liége.

Charles, Xavier, directeur de l'établissement horticole de Limelette (Ottignies).

Charlot, régisseur, Heure (Marche).

Chaudoir, Georges, château de Hamoir-Lassus, par Hamoir.

Ciselet, Nestor, arpenteur forestier, Beauraing.

Claes, Charles, propriétaire, château de Vinalmont par Moha (province de Liége), ou 41, avenue des Arts, Bruxelles.

Claude, garde général adjoint des Eaux et Forêts, Marche (1).

_____

(1) Décédé.

MM.

Claude, Léopold, ingénieur des mines, 69, rue de l'Indépendance, Namur.

Clément, Albert, notaire, Neufchâteau.

Closon, propriétaire, Flavion (province de Namur)

Closon, Jules, horticulteur, rue de Joie, Liége.

Coemans, Adrien, notaire, Saint-Trond.

Coen, Désiré, notaire, Itegem.

Colette, régisseur, Baudour.

Collette, Robert, successeur de Collette, Jules aîné, bois et scierie à vapeur, 12, rue de Fragnée, Liége, ou Bois du Nord et d'Amérique, 30, avenue du Commerce, Anvers.

Collignon, garde général adjoint des Eaux et Forêts, Couvin.

Colmant, Augustin, régisseur des biens de S. A. S. le prince Charles d'Arenberg, Hal.

Colot, conducteur principal des Ponts et Chaussées, Nivelles.

Conreur, Henri, marchand de bois, Thuin.

Copet, E., pépiniériste, Bertrix.

Copet-Hardenne, pépiniériste, Pondrôme (lez-Beauraing).

Copet, Isidore, pépiniériste, Paliseul.

Coppée, propriétaire, château de Roumont (par Libramont), ou 211, avenue Louise, Bruxelles.

Coppens (le baron), château de Humain (lez-Marche).

Cordier, P.-A., administrateur des domaines, Vaucelle (par Doische).

Cornet (le comte Charles), 50, rue de la Loi, Bruxelles, ou château de St-Fontaine, Havelange.

Cornet, ingénieur principal des Ponts et Chaussées, Namur.

Mme Cornet de Peissant (la comtesse Alfred), propriétaire, château d'Achel (Limbourg), ou 3, rue du Commerce, Bruxelles.

Cornet de Peissant (le comte Emmanuel), château de Pont Brûlé (par Vilvorde), ou château de Mouffrin (Natoye).

Cornu, Louis, ingénieur principal des Ponts et Chaussées, 15, rue Léon Castilhon, Arlon.

Courtois, Louis, sous-inspecteur des Eaux et Forêts, Tilff (Liége).

Cousin, Léon, château de Vrisel, par Oelegem (province d'Anvers), ou 7, rue d'Egmont, Bruxelles.

Crahay, Nestor-Iris, inspecteur des Eaux et Forêts, secrétaire du Conseil supérieur des Forêts, 92, avenue de l'Hippodrome, Ixelles.

Crahay, Prosper, pépiniériste, Tilff.

Cûlot, André, 13, rue Xrouet, Spa.

Culot, Joseph, marchand de bois, Jenneret-Bende.

Dallemagne, Jules, membre de la Chambre des représentants, industriel. Angleur (par Chênée).

d'Andrimont, L... sénateur, membre du Conseil supérieur des Forêts, château de Limbourg (par Dolhain, ou 60, rue du Commerce, Bruxelles.

Dapsens, Adolphe, propriétaire, Péruwelz.

d'Arenberg (S. A. S. Mgr le prince Antoine), château de Marche-les-Dames, par Namèche, ou avenue des Arts, 27, Bruxelles.

d'Aspremont-Lynden (le comte Charles), château de Barvaux-Condroz (par Havelange), ou château de Gorslieux, par Jesseren (Limbourg).

Dassonville, F., notaire, St-Hubert.

David-Fischbach-Malacord, château de Grimonster, par Ferrières, ou 104, rue de la Station, Louvain.

Davignon, Julien, propriétaire, 41, avenue de la Toison d'Or, Bruxelles.

de Baillet-Latour (le comte), 17, rue du Trône, Bruxelles.

MM.

de Baré de Comogne (le vicomte Albert), château de Temploux (près Rhisnes).

de Beauffort (le comte Georges), château de Mielmont, par Mazy (Namur). *ou* 61, rue de la Loi, Bruxelles.

de Beauffort (le comte Jean), 1, rue Philippe-le-Bon, Bruxelles.

De Becker-Remy, avocat, place du Luxembourg, Bruxelles.

de Becker, Jules, 49, rue du Congrès, Bruxelles.

de Behault, Arthur, propriétaire, rue Savaen, Gand.

Debehogne-Desonniaux, pépiniériste, Libin.

de Béthune (le comte Aug.), château de Neer-Yssche, par Weert-Saint-Georges, *ou* 55, boulevard de Tirlemont, Louvain.

de Beughem (le vicomte Edmond), château de Mélis (par Malderen).

de Beukelaer, F.-X., conseiller provincial, 142, avenue des Petits Coqs, Anvers.

de Beucker, J.-L., professeur à l'école d'horticulture et d'agriculture de Vilvorde, 107, rue Carnot, Anvers.

de Biolley (le vicomte Ivan), château de la Louveterie (par Dolhain).

de Bonhome (le baron), rentier, Habay-la-Neuve.

de Bonhomme de Frandeux (le baron), Montgauthier (Rochefort).

de Bousies (le comte), Harvengt, par Hermignies (Hainaut).

De Brabandere, E., ingénieur des Ponts et Chaussées, Maeseyck.

de Briey (le comte), gouverneur de la province de Luxembourg, Arlon.

de Broqueville (le baron), membre de la Chambre des Représentants, château de Postel (Anvers).

de Caritat de Peruzzis, ingénieur agricole, conseiller provincial, membre du Conseil supérieur des Forêts, Lanaeken (Limbourg).

de Cesve (le baron), bourgmestre, Rosée (province de Namur).

Dechamps, Auguste, avocat, Namur.

de Colombs, Léon, rue du Lombard, Namur.

de Collombs, Franz, ingénieur agricole et forestier, château de Serinchamps (par Haversin) *ou* 4, rue du Lombard, Namur.

Decossaux, ingénieur des Ponts et Chaussées, Mons.

de Curel (le vicomte Albert), rentier, La Trapperie (Habay-la-Vieille).

De Cuyper, Th., régisseur, Woluwe-St-Lambert.

Dedeurwarder, Isidore, régisseur, Alveringhem.

de Dorlodot, Sylvain, propriétaire et conseiller provincial, Floriffoux.

de Favereau, Paul, ministre des affaires étrangères, sénateur, rue de la Loi, Bruxelles.

Defize, Ernest, propriétaire, 23, boulevard du Régent, Bruxelles.

Defrecheux, Albert, sous-inspecteur des Eaux et Forêts à l'administration centrale, 159, Boulevard Militaire, Ixelles.

de Fürstenberg (le baron), propriétaire, château d'Obsinning (près d'Aubel).

de Ghellinck d'Elseghem, membre de la Chambre des représentants, Wannegem-Lede (Flandre orientale).

Degen, Edouard, docteur en droit, Quiévrain.

de Groote, Eugène, conseiller provincial, château de Houthulst (Flandre occidentale).

De Haes-Brems, Léopold, pépiniériste, Heyst-op-den-Berg (province d'Anvers).

de Hemricourt de Grunne (le comte), sénateur, Hamal (Tongres), *ou* 10, rue Montoyer, Bruxelles.

Dehez, Nicolas, pépiniériste, Farnières (Grand-Halleux).

de Jacquier de Rosée (le baron), château de Hermanont, Vielsalm, *ou* 14, rue de Namur, Bruxelles.

MM.

de Jonghe d'Ardoye (le vicomte), sénateur, 4, rue Bosquet, Bruxelles, *ou* Ardoye (par Roulers).

de Kerchove de Denterghem (le comte Oswald), sénateur, membre du Conseil supérieur des Forêts, 3, Digue de Brabant, Gand.

de Kerchove d'Exaerde, Ernest, château de Taravisé (par Fosses, prov. de Namur).

de Kerchove d'Ousselghem, E., sénateur, Landeghem, *ou* 7, rue de la Croix, Gand.

de la Boëssière Thiennes (le marquis), 19, rue aux Laines, Bruxelles.

de la Rocheblin, Oscar, propriétaire, Barvaux sur-Ourthe (Luxembourg), *ou* 22, place Verte, Liége.

Delbeke, Auguste, membre de la Chambre des Représentants, 15, rue Bourla, Anvers.

Deleau, député permanent, Martilly, commune de Straimont (Luxemb.).

Delehaye, Léopold, propriétaire, Het Sterbosch par Wuestwezel (prov. d'Anvers).

de l'Escaille, J., conseiller provincial, Hamont, par Neer-Pelt (Limbourg).

de Liedekerke (le comte Henri), 37, rue du Commerce, Bruxelles.

de Liedekerke (le comte Marcel), 68, avenue de la Toison d'Or, Bruxelles.

de Limburg-Stirum (le comte Adolphe), membre de la Chambre des Représentants, rue du Commerce, Bruxelles.

de Limburg-Stirum (le comte Ph.), membre du Conseil supérieur des Forêts, Saint-Jean par Manhay, Vaux-Chavanne (Luxembourg), ou rue du Commerce, Bruxelles.

de Limburg-Stirum (le comte Thiéry), sénateur, 166, rue de la Loi, Brux.

Della Faille d'Huysse (le baron Julien), Deurle (Flandre orientale).

Mme veuve Delloye-Godin, Paul, propriétaire à la Mostée, Huy.

del Marmol (le baron Joseph), propriétaire, Ensival.

Delogne, ingénieur agricole, garde général adjoint des Eaux et Forêts, Oisy (Bièvre).

Delsaux, Eugène, propriétaire, Gedinne.

Delsaux, Octave, propriétaire, Bièvre (province de Namur).

Delvaux, ancien membre de la Chambre des Représentants, bourgmestre, Rochefort.

Delvaux, Henri, membre de la Chambre des représentants et du Conseil supérieur des forêts, Cierreux (Bovigny).

Delville, garde général des Eaux et Forêts, Bouillon.

De Maesschaelck, ingénieur principal des Ponts et Chaussées, Charleroi.

de Maillen (le marquis), château de Pry, par Hamois, *ou* 5, rue Anoul, Ixelles.

de Man, Amédée, château de la Tour-Bleue, Varssenaere (Flandre occid.).

Demaret, Georges, étudiant, chaussée de Namur, Héverlé (Louvain).

de Marnix de Ste-Aldegonde (le comte Ferdinand), ancien sénateur, 39, boulevard du Régent, Bruxelles.

de Marneffe, Emile, inspecteur des Eaux et Forêts à l'Administration centrale, Bruxelles.

de Matthys, Léon, conseiller provincial et bourgmestre, Munsterbilsen.

de Meeûs (le comte), 32, rue du Luxembourg, Bruxelles, *ou* château de Bockrijck (Hasselt).

de Mérode Westerloo (le comte), sénateur, Bruxelles

de Mérode (le comte Werner), sénateur, membre du Conseil supérieur des Forêts, 25, rue aux Laines, Bruxelles.

de Modave de Masogne (le chevalier), château de Masogne, par Ciney, *ou* 155, rue du Trône, Bruxelles.

MM.

de Moffarts (le baron Edm.), château de Baugnée (par Nandrin).

de Moffarts (le baron Paul), château de Botassart (par Bouillon).

de Montpellier, Joseph, propriétaire, Annevoie (Rouillon).

Demoulin-Hendrick, fabricant de draps, Dolhain-Limbourg.

Déome, Gustave, directeur honoraire des contributions directes, douanes et accises, 21, rue de Turquie, St-Gilles.

Depaepe, Polydore, rentier, Hastière par-delà.

de Pierpont, O., pépiniériste, Rochefort.

de Pierpont-van den Hove, F., propriétaire des pépinières de Herck-la-Ville.

de Potesta (le baron Charles), château d'Hermalle-sous-Huy (par Engis).

de Ramaix (le comte), ancien membre de la Chambre des Représentants, membre du Conseil supérieur des Forêts, 1, rue des Nerviens, Anvers.

de Ribaucourt (le comte Robert), château de Perk (par Vilvorde).

de Renesse (le comte Théodore), sénateur, 25, rue de la Science, Bruxelles, ou château de Schoonbeek, par Bilsen (Limbourg).

de Renesse-Breidbach (le comte Max), 186, rue de la Loi, Bruxelles, ou château d'Oostmalle.

de Ridder, propriétaire. 97, rue Joseph II, Bruxelles.

de Robiano (le comte Stanislas), 31, rue Belliard, Bruxelles.

de Rouillé (le comte), château d'Ormeignies, ou 40, rue du Luxembourg, Bruxelles.

de Roye de Wichen (le baron), propriétaire, château d'Eetvelde, Eppeghem, ou 7, rue Belliard, Bruxelles.

de Rudder, Albert, avocat, 94, rue Charles-Quint, Gand.

Descans, J.-E., ingénieur des Ponts et Chaussées, Turnhout.

de Schietere de Lophem (le chevalier), juge au tribunal de 1re instance, Bruges.

Deschreyver, ingénieur en chef, directeur des Ponts et Chaussées, 26, rue du Prince Royal, Ixelles.

Desclée, propriétaire, Maredret (province de Namur).

de Sébille, ingénieur civil, rue Defacqz, 41, Bruxelles.

de Séjournet de Ramegnies, O., sénateur, château de la Cattoire, Leuze.

de Sélys-Longchamps (le baron Raphaël), 34, boulevard de la Sauvenière, Liége.

de Sélys-Longchamps (le baron Walter), sénateur, propriétaire, Halloy (par Ciney).

De Smedt-Hofkens, A., ingénieur agricole, Minderhout (Hoogstraeten).

Desorme, notaire, Couvin.

de Spirlet, Lucien, bourgmestre, château de Cochetay, Gomzé Andoumont (Le Trooz), province de Liége.

de Spoelberch (le vicomte), 16, avenue de la Toison d'Or, Bruxelles.

de Spoelberg (le vicomte Henri), Deurle (Flandre orientale).

Dessy, Ed., administrateur des propriétés de MM. Brugmann, Genval (par La Hulpe).

de Theux de Meylandt (le comte), membre de la Chambre des Représentants, château de Meylandt (par Hasselt), ou 7, rue d'Arlon, Bruxelles.

de Theux de Montjardin (le chevalier), vieux château de Montjardin (par Aywaille), ou rue de la Loi, Bruxelles.

de Thysebaert (le baron Ferdinand), château de Géronsart (par Jambes).

de Trazegnies (le marquis), Corroy-le-Château (par Masy).

de Troostemberg d'Oplinter, château de Cleerbeek, Hauwaert (par Aerschot).

de t'Serclaes de Wommersem (le comte Everard), conseiller provincial, château de Lubbeek.

MM.

Devadder, Charles, géomètre-expert, 76, rue du Nord, Bruxelles.

Devadder, Emile, régisseur, 20, rue de Spa, Bruxelles.

de Vaulx, juge de paix, Bouillon.

de Villenfagne de Vogelsanck (le baron), château de Vogelsanck, Zolder (par Hasselt).

de Villenfagne de Vogelsanck (le baron Léon) conseiller provincial, château de Zolder (Limbourg).

de Villers (le comte), château de Conjoux, Conneux (par Ciney).

Devolder, ancien ministre de la justice, sénateur, rue de Stassart, Bruxelles.

De Vos, Charles, régisseur, St-Nicolas (Waes).

de Vrière, Gustave, propriétaire, château de Zellaer, Bonheijden (par Malines).

de Vrière (le baron Raoul), propriétaire, château du Baesveld, Lophem.

Devries, notaire, Grobbendonck (Anvers).

de Wilde, inspecteur des Eaux et Forêts, Gand.

De Wilde, Ernest, 125, rue de l'Aqueduc, Ixelles.

de Woelmont (le baron Arnold), château de Brumagne, par Jambes (prov. de Namur), ou 87, rue de la Loi, Bruxelles.

de Woelmont (le baron Herman), 5, rue Guimard, Bruxelles.

d'Hemricourt (le comte Emile), propriétaire, Magnery (par Engis).

d'Hoffschmidt, Anatole, propriétaire, Recogne (par Bastogne).

d'Huart (le baron E), sénateur, 57, rue d'Arlon, Bruxelles, ou château d'Onthaine (Achêne) (par Ciney).

d'Huart (le baron F.), château de Ste-Marie, par Marbehan.

d'Huart (le baron), boulevard Piercot, Liége.

Diant, conducteur principal des Ponts et Chaussées, Dinant.

Diederrich, Nestor, ingénieur, directeur de l'industrie et de l'agriculture à l'Etat indépendant du Congo, place du Trône, Bruxelles, ou Boma (Congo).

Dierckx, Louis, notaire, Turnhout.

Dierckx, commissaire d'arrondissement, Turnhout.

Dijon, directeur de l'école d'agriculture de l'Etat, Huy.

Dijon-Rome, A., pépiniériste, Huy.

Dioos, Alphonse, pépiniériste, Begynendyck, Aerschot.

Dom, notaire, Bièvre.

Donckier de Donceel, Fernand, Wilsele (près Louvain).

d'Orjo de Marchovelette, sous-inspecteur des Eaux et Forêts retraité, Bourlers.

Doudlet, Auguste, ingénieur agricole, rue Bossy, Dolhain.

Mme d'Oultremont (la comtesse Eugène), 38, rue Joseph II, Bruxelles, ou château de Xhos (par Nandrin).

Douny, J.-V., notaire, Vielsalm.

Doutreloux-Chéniaux, pépiniériste, Honnay (Beauraing).

Douxchamps, Maurice, avocat, 6, avenue d'Omalius, Namur.

Drion, Henri, propriétaire, Marlagne.

Drion, Raoul, avocat, 57, rue de la Longue-Haie, Bruxelles.

Drion, Adrien, propriétaire et cultivateur, Grinchamps, par Champlon (Luxembourg).

Drion, Victor, propriétaire, 19, rue Ducale, Bruxelles.

Drugman, Edmond, propriétaire, 18, boulevard de Waterloo, Bruxelles.

Drumaux, ingénieur agricole, garde général adjoint des Eaux et Forêts, Lierre.

Dubois, Alexandre, directeur général des Eaux et Forêts, 30, rue Vauthier, Ixelles.

MM.

Dubois, François, garde général des Eaux et Forêts, Hasselt.

du Bus de Warnaffe, Paul, propriétaire, Beauplateau, par Tillet (Lux.).

du Bus de Warnaffe, avocat, 54, rue de la Loi, Bruxelles.

Duchâteau, Georges, propriétaire, Grandglise.

Duez, Eugène, industriel et propriétaire, Péruwelz.

Dufays, Louis, juge de paix, Bastogne.

du Fontbaré (le baron Ch.), propriétaire, Fumal (prov. de Liége).

Dufort, Edmond, ingénieur agricole, Haut-Marais (par Cul-des-Sarts).

Dujardin, conducteur des Ponts et Chaussées, Wandre (Liége).

Dumont, Guillaume, Chassart.

Dumoulin, Henri, inspecteur des propriétés rurales et forestières des Hospices de Bruxelles, 64, avenue d'Auderghem, Etterbeek.

Dupierry, Jules, marchand de bois, Hotton (Melreux).

Dupont, Eugène, marchand de bois à brûler, quai à la Chaux, 6 et 7, Bruxelles.

Dupont, Victor, industriel, membre du Comptoir d'escompte, Renaix.

Dupret, Georges, sénateur, Bruxelles.

Duvigneaud, Paul-Emile, conducteur principal des Ponts et Chaussées, 19, place Lehon, Schaerbeek.

Duvivier, Th., marchand de bois, Rencheux (Vielsalm).

Elsen, Henri, propriétaire, 49, place de Meir, Anvers.

Emsens, Alph., propriétaire, au Tip, Arendonck.

Emsens, Paul, propriétaire, 298, rue Royale, Bruxelles.

Everard, Georges, ingénieur agricole, château de Jemelle, ou rue Patonier, 30, Namur.

Evrard, conducteur principal des Ponts et Chaussées, Rochefort.

Evrard, François, pépiniériste, Neuville (Wanne).

Euerard, Albert, candidat notaire, Eecloo.

Fabri, Alphonse, propriétaire, Rochefort.

Fabri, Joseph, propriétaire, château d'Enneilles (par Durbuis), ou 38, rue des Augustins, Liége.

Fabry, Victor, régisseur, 32, rue Lelièvre, Salzinnes (Namur).

Fallon (le baron), commissaire d'arrondissement, Namur.

Fally-Tricot, J., régisseur, Marchienne-au-Pont.

Fasbinder-Van den Eynde, propriétaire, Langdorp.

Fendius, ingénieur en chef, directeur des Ponts et Chaussées, 2, rue Forgeur, Liége.

Feneau, V.-J., conducteur principal des Ponts et Chaussées, Ypres.

Ferrier, Henri, géomètre-expert, 31, rue de Joncker, Bruxelles.

Fery, Odon, propriétaire, Rochefort.

Finet, sénateur, 51, avenue des Arts, Bruxelles.

Finfe, Adolphe, ingénieur agricole et régisseur, Noisy-Gendron (Celles lez-Dinant).

Fontaine, notaire et conseiller provincial, membre du Conseil supérieur des Forêts, Aerschot.

Fontaine, Joseph, sous-inspecteur des Eaux et Forêts, Jambes (Namur).

Fontaine, Charles, régisseur, Mariemont.

Fontaine-Vanderstraete, Léon, propriétaire, Forest lez-Bruxelles, ou 23 avenue des Arts, Bruxelles.

Fonteyne, Jules, ingénieur agricole, 14, rue de Namur, Louvain.

Foquet, propriétaire et notaire, Surice.

Fouage, Prosper, sous-inspecteur des Eaux et Forêts, Laroche.

Fouquet, G., directeur émérite de l'Institut agricole de l'Etat, 3, rue Joseph Jacquet, Schaerbeek (1).

_____

(1) Décédé.

MM.

Fourneau, Jules, négociant en bois, 29, avenue Brugmann, Bruxelles.

Fraikin, Paul, propriétaire, Chairière (par Gedinne).

Francier, Firmin, inspecteur des Eaux et Forêts, Mons.

François, Alfred, marchand de bois, Cerfontaine.

François, Auguste, régisseur, Grammont.

Fraters, Léonce, propriétaire, membre du Conseil supérieur des Forêts, château de Rémaux, par Libramont, ou rue Stévin, 77. Bruxelles.

Furnémont, agronome adjoint de l'Etat, Ciney.

Gathy, Th., régisseur, Anthée (province de Namur).

Gauthier de Rasse, Léopold, avocat, 15, rue du Prince Royal, Ixelles

Georis, Amand, pépiniériste, Ennal (Grand-Halleux), par Vielsalm.

Gérard, notaire, Philippeville.

Gérard, Franz, notaire, Gembloux.

Gernaert, Arthur, propriétaire, château de Provedroux (Lierneux).

Geubel, colonel du génie, en retraite, Marche.

Gihoul, propriétaire, Spa, ou 124, avenue Louise, Bruxelles.

Gillard, Alphonse,directeur de la Scierie mécanique du Fourneau,Nismes.

Gilleaux, Arthur, propriétaire, Charleroi (Villette).

Gillès de Pélichy (le baron Louis), agronome éleveur, s'Gravenwesel (Wyneghem).

Gilles, Léon, négociant et bourgmestre, Hotton.

Gillet, inspecteur des Eaux et Forêts à l'administration centrale, 31, rue de l'Orge, Ixelles.

Gillinux, garde général adjoint des Eaux et Forêts, Chimay.

Gochet, Léon, garde général des Eaux et Forêts, Bertrix.

Godtschalck, Auguste, bourgmestre, Warneton.

Goelens, Georges, régisseur, Meerbeke lez-Ninove.

Goeminne, Auguste, régisseur, Aeltre (Flandre orientale).

Goethals (le baron), propriétaire, 7, avenue d'Auderghem, Bruxelles.

Goethals-de Bay, propriétaire, château d'Impde (par Wolverthem), ou rue de Bruges, Gand.

Goetsbloets, Lucien, banquier, Hasselt.

Goffinet (le baron Auguste), ministre résident, secrétaire des commandements de LL. MM, 3, rue de la Science, Bruxelles.

Goffinet (le baron Constant), ministre résident, intendant de la liste civile, Bruxelles.

Goffinet, Jules, propriétaire, 28, boulevard du Régent, Bruxelles.

Gonze, Paul, garde général adjoint des Eaux et Forêts, Paliseul.

Goor, Eugène, sous-inspecteur des Eaux et Forêts, Mons.

Grandjean, Alphonse, industriel et marchand de bois, Courtil-Bovigny.

Grandmaison, Simon, ingénieur, Malonne.

Grandfils, Fernand, sous-inspecteur des Eaux et Forêts, rue Elise Ixelles.

Haeck, président de la Société Dodonœa, Turnhout.

Hainaut, Edgar, ingénieur principal des Ponts et Chaussées, Tournai.

Halet, Edouard, propriétaire, Houffalize.

Halleux, garde général des Eaux et Forêts, Dinant.

Hankart, directeur à la Caisse d'Epargne, rue Fossé aux Loups, Bruxelles.

Hanssens, Ernest, à La Garenne, Itegem (sur Heyst-op-den-Berg)

Hansez, Henri, négociant, Bastogne.

Haus-van Belle, Charles, propriétaire, 38, rue Savaen, Gand.

Hayemal, propriétaire, Spa.

MM.

Henricot, Emile, sénateur, industriel, Court-St-Etienne.
Henroz, ingénieur et propriétaire, Bure.
Henroz, Emile, propriétaire-rentier, Durbuy.
Henroz-Puissant, Georges, propriétaire, Merbes-le-Château.
Herman-Parmentier, pépiniériste, Grand-Halleux lez-Vielsalm.
Heynen, vice président de la Chambre des Représentants, membre du
Conseil supérieur des Forêts, Bertrix (Luxembourg).
Heynen, J., régisseur de S. A. S. Mgr le prince Charles de Ligne, château
des Croisettes, par Jamoigne (Luxembourg).
Hicguet, Firmin, avocat, St-Servais (Namur).
Hoffmann, J., inspecteur des Eaux et Forêts, 129, rue Marie-Thérèse,
Louvain.
Hoffmann, Richard, rentier, Arvenne (par Grupont).
Hollay, Paul, avocat, rue du Pépin, Bruxelles.
Honlet, propriétaire, château de Hoyoux (par Clavier).
Houba, Julien, inspecteur des Eaux et Forêts, Marche.
Hoyois, Valéry, marchand de bois de houillères, La Bouverie lez-Mons.
Huart, Constant, marchand de bois, Couvin.
Hubert, Ernest, ingénieur civil, administrateur général des biens de
S. A. S. le prince Antoine d'Arenberg, Marche-les-Dames.
Hubert-François, propriétaire, membre de la Chambre des Représentants,
Chimay.
Huberty, Jules, sous-inspecteur des Eaux et Forêts, Rochefort.
Huwart-Dumont, Ed., ingénieur, 110, avenue d'Avroy, Liége.
Istace-Pirlot, Eugène, bourgmestre, Paliseul.
Istaz, Georges, propriétaire, St-Hubert.
Jacquelart, Lambert, propriétaire, Gérimont (par Longlier).
Jacquemin, Hippolyte, marchand de bois, Habay-la-Vieille.
Jacques, Charles, propriétaire, 85, avenue d'Auderghem, Etterbeek.
Jacques, Louis, propriétaire, Beaumont.
Jacquier, Ernest, notaire, Paliseul.
Jadot, L., notaire, Marche.
Jamar, Armand, ingénieur, 16, place de Bronckart, Liége.
Janmart, Hubert, conducteur des Ponts et Chaussées, Ath.
Jansen, juge de paix, Moll.
Jonet, marchand de bois, Marche.
Jottrand, Félix, 5, rue Hydraulique, Bruxelles, ou Mosthuis, Baelen-
s/Nèthe.
Jottrand, Gustave, avocat près de la Cour d'appel, 39, rue de la Regence
Bruxelles.
Jouniaux, Gaston, sous-inspecteur des Eaux et Forêts, Nassogne.
Juliens, H., administrateur général des biens de S. A. S. Mgr le duc
d'Arenberg, 104, rue Royale Ste-Marie, Bruxelles.
Jullien, Joseph, régisseur du domaine royal de Villers s/Lesse.
Keilig, Edmond, architecte, 2, rue des Cultes, Bruxelles.
Kelecom, Eugène, château de Banalbois par St-Hubert.
Kerckvoorde, C., pépiniériste, Wetteren.
Koch, Jacques, propriétaire, Gooreinde,sous Wuestwezel (prov.d'Anvers)
Krings, filateur, Moll.
Kuborn, industriel et bourgmestre, Martelange.
Labbé, secrétaire particulier, 97, rue du Commerce, Bruxelles.
Labouverie, directeur gérant de charbonnage, Marchienne-au-Pont.
Lagasse de Locht, Charles, ingénieur en chef, directeur des Ponts et
Chaussées, 167, chaussée de Wavre, Ixelles.

MM.

Lahy, conducteur des Ponts et Chaussées, **Marche.**
Laloyaux, Joseph, marchand de bois, Strée.
Lambert-Burhin, Franz, tanneur, rue Heyvaert, 28, **Molenbeek.**
Lambert, Edmond, marchand de bois, Bouillon.
Lambert-Georis, Nicolas, pépiniériste, Grand-Halleux.
Lambert, Léon, propriétaire, Naômé (**par Carlsbourg**).
Lambin, Alfred, propriétaire, Sure (Nives).
Lambin, Eugène, propriétaire, Florennes.
Lambinet, ancien notaire, Virton.
Lambiotte, Ludolphe, industriel, Marbehan (Luxembourg).
Lamotte, Armand, propriétaire et bourgmestre, Buissonville (par Roche·
    fort).
Lanotte, G., arpenteur-forestier adjoint, Bertrix.
Laport, Ferdinand, Fraiture (Comblain-au-Pont).
Laurent, directeur au gouvernement provincial, Arlon.
Lecart, Alphonse, professeur à l'Université de Louvain, membre du Con
    seil supérieur des Forêts, Héverlé lez-Louvain.
Lechat, propriétaire, Warnoumont (Aywaille).
le Clément de Saint-Marcq (le chevalier), propriétaire, Assesse (Namur).
Leemans, rue de la Victoire, 155, Bruxelles.
Leenaerts, Auguste, négociant en bois et entrepreneur, Turnhout.
Lefèbvre, Gustave, quai Taille-Pierre, Tournai.
Legrand, notaire, Nassogne.
Legros, Jean-Baptiste, marchand de bois, Bois de Villers (Namur).
Lejeune-de Schierveld, 23, rue du Luxembourg, ou château de Mielen,
    par St-Trond.
Lelogeais, Jules, marchand de bois, Yvoir (Dinant).
Lemaire-Crismer, propriétaire, Stavelot.
Lenger, Gustave, docteur en médecine, Rochefort.
Lenger, Jules, propriétaire, Strainchamps (Hollange, par Martelange,
    Luxembourg).
Lens, Louis, pépiniériste, Wavre-Notre-Dame, lez-Malines.
Leroy, Marcellin, arpenteur forestier, Jamoigne (Luxembourg).
Lesure, pépiniériste, Lessines.
Le Tellier, Abel, propriétaire, 30, rue de la Grande Triperie, Mons.
Leurquin, général-major pensionné, 44, chaussée de Louvain, Heuvy
    (Namur).
Licot de Nismes, Charles, capitaine commandant d'artillerie, propriétaire,
    Nismes (par Mariembourg).
Lieutenant, Alfred, propriétaire, Verviers.
Limet, Joseph, propriétaire, Coutisse (par Andenne).
Lippens, Auguste, propriétaire, Gand.
Lobleaux, Emile, sous-inspecteur des Eaux et Forêts, Héverlé (Louvain).
Lonchay, Alexandre, marchand de bois, Hollogne lez-Marche.
Lorge, J., régisseur des biens de Mme de Romerée-Rongy, Bléharies.
Louis, Jacques, marchand de bois, Ambly, par Forrières (prov. de Namur).
Lurkin, Emile-Joseph, inspecteur des Eaux et Forêts, Dinant.
Luyten, Frans, administrateur de biens, 57, rue Dupont, Schaerbeek.
Maes, Louis, inspecteur des Eaux et Forêts à l'administration centrale,
    Bruxelles.
Maffei, lieutenant-colonel, commandant en second l'école militair
    Ixelles.
Mahin, notaire, Sibret.
Malcorps, Hubert, constructeur, Alleur (Ans).

MM.

Malevez, avocat, Jambes lez-Namur.

Maillet, T.-V., inspecteur général des Ponts et Chaussées, 200, rue de la Victoire, Bruxelles.

Marcoux, Emile, régisseur, Perwez (Brabant).

Marchal, Em., chargé de cours à l'Institut agricole de l'Etat, Gembloux.

Marcq, Albert, bourgmestre, Athis.

Maréchal, conducteur principal des Ponts et Chaussées, Esneux.

Maréchal, Homère, arpenteur-forestier, Chimay.

Marien, François, pépiniériste, 116, faubourg Pennepoel, Malines.

Marquet, Georges, propriétaire, Salzinne (Namur).

Martin, notaire, Baillonville (par Marche).

. Martin,Edouard, inspecteur des Eaux et Forêts, Habay-la-Neuve.

Martin, Ludger, régisseur, Fleurus.

Mascaux, A., conducteur principal des Ponts et Chaussées, Vielsalm.

Maskens, Fernand, 22, boulevard de Waterloo, Bruxelles.

Maskens, Lucien, boulevard de Waterloo, Bruxelles.

Masy, directeur gérant des charbonnages de Bonne-Espérance et Batterie, Liége.

Mattheus, J., adjoint chargé du service des plantations du domaine de la Guerre, camp de Beverloo.

Mathias (frère), directeur de l'Ecole d'agriculture, Carlsbourg, Paliseul (Luxembourg).

Mathieu, Léon, propriétaire, rue de Bruxelles, Louvain.

Mathieu, Louis, marchand de chevaux et propriétaire, Bastogne.

Mathieu, Lucien, marchand de bois, Virelles.

Maurtot, Emile, sous-inspecteur des Eaux et Forêts, Florenville.

Maus, Gaston, 19, rue du Luxembourg, Bruxelles.

Mazeman de Couthove (le baron), château de Couthove (sous Proven, par Poperinghe), ou rue du Vieux-Sac, Bruges.

Médard, Hippolyte, régisseur, Ouffet.

Méresse, François, pépiniériste, Lesdain, Bléharies (Hainaut).

Méresse, Achille et Louis, pépiniéristes, Lesdain, Bléharies (Hainaut)

Mernier, Alexandre, propriétaire, Gribomont, St-Médard (Luxembourg).

Mernier, François, propriétaire, membre du Conseil supérieur des Forêts, L'Eglise (Luxembourg).

Micha, pépiniériste, Aux Quartiers (par Grand-Halleux).

Michez, Henri, ingénieur des Ponts et Chaussées, Dinant.

Michiels, frères, pépiniéristes-grainiers, Montaigu (Brabant).

Millard, Louis, géomètre du cadastre, Bertrix.

Min, Guillaume, industriel et marchand de bois, Charleroi.

Minette-Becquet, Edmond, propriétaire, avenue Rogier, Liége.

Minette, Emmanuel, industriel, Val de Poix (St-Hubert).

Moncheur, Camille, château de Rieudotte, par Andenne.

Montefiore-Lévy, ancien sénateur, rue de la Science, Bruxelles.

Moreau de Bellaing (le chevalier Léon), château de Dilsen (par Lanklaer).

Moreau de Bellaing (le chevalier Prosper), bourgmestre de Rothem (par Eelen).

Moreau de Bellaing (le chevalier Théodore), château d'Ommerstein, Rothem (par Eelen).

Moriamé, frères, marchands de bois, Tamines.

Morreu-Godin, villa de la Bagatelle (par Modave).

Mortehan, Adolphe, notaire, Bastogne.

Mortehan, Henri, inspecteur des Eaux et Forêts, Namur.

Motus, régisseur, Temploux.

MM.

Moulin, Charles, intendant de S. A. S. le prince Edouard de Ligne, Baudour (Hainaut).

Moureaux, frères, marchands de bois, Marloie.

Mousel, Honoré, directeur des Eaux et Forêts, Bruxelles.

Mouton, Em., propriétaire, Morhet.

Mouton, Florent, château de Clavier.

Moxhon, Emile, propriétaire, Dieupart (Aywaille).

Moyersoen-Liénart, avocat et propriétaire, 24, rue Neuve, Alost.

Naets (le Dr A.), régisseur, membre du Conseil supérieur des Forêts, Westerloo (prov. d'Anvers).

Naveau, Alex., propriétaire, Hollogne-sur-Geer lez-Waremme.

Naveau, Leon, sénateur, Waremme.

Naveau, Léon, propriétaire, château de Bommershoven, par Jesseren.

Naveau, J., marchand de bois, Strépy (Bracquegnies).

Naveau, Théophile, président du Comice agricole de Waremme, château de Limont (par Remicourt).

Neef de Rossius, président de la Société royale agricole de l'Est de la Belgique, château de Sainval, Tilff.

Nélis, Emile, garde général des Eaux et Forêts, à l'administration centrale, Bruxelles.

Nève, Léon, notaire, rue de Bruges, Gand.

Nève, Louis, ingénieur, membre du Conseil supérieur des Forêts, château du Eester, St-Léonard, Brecht (prov. d'Anvers).

Nieuwenhuys, propriétaire, 2, rue Blanche, Bruxelles.

Noël, docteur en médecine, rue Juste-Lipse, Bruxelles.

Noël, entrepreneur d'entretien et de plantations de routes de l'Etat. Autel-Haut (Arlon).

Nypels, Paul, docteur en sciences, conservateur au Jardin Botanique 174, rue de Linthout, Bruxelles.

Nys-Art, Léopold, pépiniériste, Sorinne-la-Longue (par Courrière).

Op de Beeck, pépiniériste, Putte lez-Malines.

Ophoven-Dumont, Léon, propriétaire, château de Binsta lez-Stavelot.

Orban, Albert, Quareux (par Aywaille).

Orban, Gustave, marchand de bois, rue d'Artois, Liége.

Orban, Lionel, place de l'Industrie, 21, Ixelles, ou château des Fougères, La Hulpe.

Orban, Léon, propriétaire, 16, avenue Marnix, Bruxelles.

Orban de Rossius, Ernest, membre du Conseil supérieur des Forêts, 1, place Rouveroy, Liége.

Orban de Xivry (le baron Alfred), sénateur, Laroche.

Orban de Xivry, F., avenue de la Toison d'Or, 51, Bruxelles.

Otte, Joseph, docteur en médecine, Habay-la-Neuve.

Otto de Mentock, St-André (Flandre occidentale).

Ozeray, frères, propriétaires, Bouillon.

Palmers, Albert, propriétaire, château de Stevoort, par Hasselt.

Pantens, Gustave, chef du service sténographique du Sénat, 151, boulevard Militaire, Bruxelles.

Papier, Jules, conducteur principal des Ponts et Chaussées, Jodoigne.

Parent, fabricant d'armes, 77, rue de l'Arbre-Bénit, Ixelles.

Parent, frères, propriétaires, Marchienne-au-Pont (Hainaut).

Parisel, Emile, professeur à l'Institut agricole de Gembloux, membre d Conseil supérieur des Forêts, Gembloux.

Parisel, Joseph, inspecteur des Eaux et Forêts, Verviers.

Parizel, Jacques, négociant en bois, Graide par Bièvre.

MM.

Passagez, Camille, conducteur des Ponts et Chaussées, St-Hubert.
Pêche, Charles, propriétaire, Frasnes lez-Couvin.
Pechon, Léon, sous-inspecteur des Eaux et Forêts, Bièvre.
Peltzer, René, propriétaire, 13, rue de la Station, Verviers.
Pérau, E., garde général des Eaux et Forêts, Virton.
Perleau, J.-J., conducteur principal des Ponts et Chaussées, Virton.
Perpète, Emile, pépiniériste, Florenville.
Perpète-Quevrin, pépiniériste, Libin (Luxembourg).
Philippart, notaire, Durbuy.
Philippe-Empain, Aimé, marchand de bois de houillères et de construction, Fontaine-l'Evêque.
Piérart, F., régisseur, Rœulx (Hainaut).
Pierlot, Camille, avocat, Dave (Namur).
Pierre, Constant, propriétaire-rentier, Humain (Marche).
Pierret, Valentin, sous-inspecteur des Eaux et Forêts, Arlon.
Pierre-Cornet, pépiniériste, Gomzé-Andoumont, par Trooz (Liége).
Pinchart, Jules, notaire, membre du Conseil provincial du Brabant, Mellery (Villers-la-Ville).
Piret, Ernest, agronome de l'Etat, Silenrieux (par Walcourt).
Piret, jardinier en chef, au château du Rond Chêne, Esneux.
Pirlot, président du Comice agricole de Houffalize, château de Lihérain, par Gouvy (Luxembourg).
Pirlot-Minette, Edmond, propriétaire, château de Freux-Menil, par Freux (Luxembourg), ou 45, rue des Augustins, Liége.
Pirmez, Maurice, château d'Acoz.
Pirmez-Moncheur, propriétaire, Gougnies.
Pollet, Julien, garde général des Eaux et Forêts, St-Hubert.
Poncelet, Léon, garde général des Eaux et Forêts, Beauraing.
Poncelet, notaire, Florenville.
Poncelet, notaire, St-Hubert.
Poncelet, Paul, notaire, Gedinne.
Poncelet, Prosper, industriel, Forrières.
Poncin, propriétaire, Jodoigne.
Pouillier, propriétaire, château de Beauchamp (par Bièvre).
Preud'homme, Paul, château de St-Vitu, Tinlot.
Prœlesting et Arnold, 120, chaussée de Haecht, Bruxelles.
Quairière, Clovis, ingénieur agricole, garde général adjoint des Eaux et Forêts, Waha (Marche).
Questiaux, Joseph, tanneur, Beauraing.
Ramaekers, Georges, industriel, chaussée de Haecht, Bruxelles.
Regnier, Emile, arpenteur forestier, Xhoris (Comblain-la-Tour).
Remience, Ern., pépiniériste, Moircy (par Libramont).
Renquin, Charles, propriétaire, Ramioul (Ramet), par Val-St-Lambert.
Reynaert, membre de la Chambre des Représentants, Courtrai.
Richir, Octave, ingénieur agricole, garde général des Eaux et Forêts, Florennes.
Roberti, Jules, sénateur, Louvain.
Roels, A., propriétaire, 31, rue St-Jacques, Bruges.
Rosseels, Liévin, architecte paysagiste, président de la Société horticole de Louvain, 48, rue de la Station, Louvain.
Roussille, Ed., propriétaire, 28, avenue des Arts, Bruxelles.
Rouffignon, Fernand, garde général des Eaux et Forêts, Huy.
Royaux, Alfred, marchand de bois, Leignon (par Ciney).
Ruyssen, conducteur principal des Ponts et Chaussées, Audenarde.

MM.

Scarsez de Locqueneuille, propriétaire, 42, rue du Taciturne, Bruxelles (1).

Scarsez de Locqueneuille, Edouard, 42, rue du Taciturne, Bruxelles.

Schellekens (le chevalier Léon), propriétaire, château de Ronceval, Meylbeek (par Alost).

Schepers, Ferdinand, pépiniériste, Wyngene (Fl. occ.).

Schepers-Waerniers, Ch.-L., pépiniériste, Beernem, par Bloemendael (Fl. occidentale).

Schlexer, sous-inspecteur des Eaux et Forêts, Malines.

Schlich (le Dr W.), propriétaire, professeur de sylviculture et d'aménagement à l'Ecole forestière de Coopers-Hill (Angleterre), château de Mirwart, par Grupont (Luxembourg).

Schmidtmann, 144, boulevard du Nord, Bruxelles.

Schmitz, Odon, avocat, rue de l'Académie, Liége.

Schoenmakers, Auguste, Reckheim (Kapelhof), Limbourg.

Schollaert, président de la Chambre des représentants, place St-Antoine, Louvain.

Schreurs, Nicolas, marchand de bois, membre du Conseil supérieur de l'Industrie et du Commerce, Arlon.

Schulte et Cie, industriels, Neerpelt.

Schwersenz, Max, directeur gérant de la maison Koppel, 10, Vieux Marché aux Grains, Bruxelles.

Senny, Gustave, docteur en médecine, Comblain-au-Pont.

Serroen, Henri, pépiniériste, Becelaere (par Menin).

Servais, Alphonse, négociant en bois, 48, boulevard Léopold, Anvers.

Severin, conservateur au Musée d'histoire naturelle, membre du Conseil supérieur des Forêts, 99, avenue Nouvelle, Etterbeek.

Severin, Amand, marchand de bois, Bande lez-Marche.

Sevrin, Louis, pépiniériste, Ennal (Grand-Halleux).

Siméon, L., chef de section au chemin de fer de l'Etat, 101, rue Henri Blès, Salzinne (Namur).

Siville, Firmin, négociant, Bastogne.

Slégers, Adrien, avocat, Ortho.

Slegten-Becquaert, M., entrepreneur et marchand de bois, Lille-Saint-Hubert (Limbourg).

Smets, greffier de la justice de paix du canton d'Achel, Neerpelt (Limb.).

Smis-Valcke, entrepreneur de travaux publics, 85, boulevard du Midi, Ostende.

Snoy (le baron Maurice), propriétaire, 14, rue de Namur, Bruxelles.

Snoy (le baron), membre de la Chambre des Représentants, Braine-l'Alleud, ou 55, rue de Trèves, Bruxelles.

Snoy (le baron Charles), ancien membre de la Chambre des Représentants, château de Clabeck (par Tubize).

Solvay, industriel, propriétaire, 43, rue des Champs-Elysées, Bruxelles, ou château du Nysdam, La Hulpe.

Mme Solvay (Alfred), château du Vyverberg, Boitsfort, ou 137, avenue Louise, Bruxelles.

Soors, Martin, marchand de bois, Neer-Oeteren.

Soupart, Alfred, directeur gérant des Charbonnages Réunis, Charleroi.

Spaas, Théodore, propriétaire, Lille-St-Hubert.

Spaey, Jean, notaire, Eecloo.

_____

(1) Décédé.

MM.

Speeckaert, propriétaire, Villers-la-Ville, ou 179, rue Joseph II, Bruxelles.
Standaert, frères, pépiniéristes, Ruddervoorde (Fl. occ.).
Stas de Richelle, Victor, ingénieur agricole, 26, rue des Drapiers, Brux.
Stellingwerff, ingénieur agricole, rue de Maestricht, Hasselt.
Stiernon-Denamur, marchand de bois, Leval-Trahegnies.
Story, Albert, industriel, 5, Longue rue des Pierres, Gand.
Stouffs, Louis, avocat à la Cour d'appel, 24, rue du Commerce, Bruxelles.
Struyven, propriétaire, 24, rue d'Herenthals, Anvers.
Taelemans, propriétaire, 8, place Stéphanie, Bruxelles.
Tandel, commissaire d'arrondissement, Arlon.
Terlinden, avocat général près la Cour d'appel, 145, chaussée de Haecht, Bruxelles.
Terlinden, Paul, bourgmestre de Rixensart, 75, avenue de la Toison d'Or, Bruxelles.
Thibaut,Xavier,membre de la députation permanente,Jambes lez-Namur.
Thibaut, Charles, président du tribunal, Namur.
Thiéry, Eugène, 55, rue de la Loi, Bruxelles.
Thomas, Arthur, inspecteur des Eaux et Forêts, Neufchâteau.
Thomas, Philippe, bourgmestre, Cul-des-Sarts.
Thorn (le lieutenant-général), 17, rue Eracle, Liége.
Tilman, D.-D., régisseur, Aywaille (province de Liége).
Timberman, propriétaire, 9, rue de Prusse, Bruxelles.
t'Kint de Roodenbeke (le comte Arnold), sénateur, château d Oydonck, par Deynze (Fl. or.).
Tock-Dekeyser, Constant, propriétaire-rentier, Moircy par Freux, ou 31, quai du Hainaut, Molenbeek-St-Jean.
Toisoul, J.-B., marchand de bois, Profondeville (province de Namur).
Toussaint, Jules, notaire, Florenville.
Tournay, Xavier, marchand de bois, Bande lez-Marche.
t'Serstevens, Charles, propriétaire, château de Budenghien, Hal, ou 41, avenue des Arts, Bruxelles.
t'Serstevens, Edm., conseiller provincial, Stavelot.
t'Serstevens, Jean, Stavelot.
t'Serstevens, Louis, villa des Rochettes, Stavelot.
t'Serstevens-Massange, Grégoire, Stavelot.
t'Serstevens, Troye, propriétaire, château de la Pasture, Marbais-la-Tour.
Clens, Gustave, régisseur, Loverval (par Couillet).
Urbain-Choffray, notaire, Houffalize.
Van Audenaerde, H., régisseur, château des Cailloux, Jodoigne.
Vanbuggenhoudt, Félix, 42, rue d'Isabelle, Bruxelles.
van Caloen (le baron Albert), bourgmestre, Lophem lez-Bruges.
van Caloen (le baron Ernest), propriétaire, Bruges.
van Caloen de Basseghem, Julien, conseiller provincial, Aertrycke (Fl. occ.), ou 70, rue Nord du Sablon, Bruges.
Van Damme, Léon, juge de paix, 14, rue Traversière, St-Josse-ten-Noode.
Van de Casteele, Achille, conducteur principal des Ponts et Chaussées, Blankenberghe.
Vande Caveye, Charles, inspecteur des Eaux et Forêts, 138, boulevard Militaire, Ixelles.
Vandendaele, Th., propriétaire, Renaix.
Van den Elsken, propriétaire, château de Neffe (Bastogne).
Van den Eynde, Egide, propriétaire, rue Marie-Thérèse, Louvain.
van den Eynde, O., propriétaire, château de Rivieren, Gelrode (par Aerschot.

MM.

van den Hove, Albert, propriétaire, rue Froissard, Bruxelles.

van den Steen de Jehay (le comte Frédéric), propriétaire, 13, rue de la Loi, Bruxelles.

van der Belen, Léon, propriétaire, château de Séviscourt (par Libramont), ou 55, rue d'Arlon, Bruxelles.

van der Bruggen (le baron Conrad), 27, place de l'Industrie, Bruxelles.

van der Bruggen (le baron Fernand), 50, avenue Louise, Bruxelles.

van der Bruggen (le baron Frédéric), château de Houtain-le-Val par Genappe.

Vanderlinden, négociant en bois, 110, chaussée de La Hulpe, Boitsfort.

Van der Meerschen, propriétaire, 213, avenue Louise, Bruxelles.

Vanderschaegen, pépiniériste, Ruddervoorde (Fl. occ.).

Van der Schueren, Pierre-Julien, ingénieur principal des Ponts et Chaussées, 9, rue du Jardin, Ostende.

van der Stegen de Schrieck (le comte), ancien sénateur, Rosée (province de Namur), ou 66, rue Juste-Lipse, Bruxelles

van der Straeten, Fernand, 135, avenue Louise, Bruxelles, ou château du Long-Fond, La Hulpe.

van der Straten-Waillet (le baron Charles), château de Waillet (par Marche).

van der Straten-Waillet (le baron Albert), 29, rue du Commerce, Bruxelles.

van der Straten-Ponthoz (le comte), président honoraire de la Société centrale d'agriculture de Belgique, 23, rue de la Loi, Bruxelles.

Van der Swaelmen, Louis, architecte paysagiste, inspecteur des squares et jardins d'Ixelles, membre du Conseil supérieur des Forêts, 63, rue d'Orléans, Bruxelles

Van Derton, Gustave, ingénieur civil, 61, rue de la Régence, Bruxelles.

Van der Voordt, propriétaire, Marché aux Chevaux, Anvers.

Vandervorst, Paul, garde général des Eaux et Forêts, Gand.

Vandevelde, Ernest, industriel et propriétaire, Renaix.

Van de Walle, M., conseiller provincial, Bruges.

van de Werve, Ludovic, château de Pulle par Bouwel (Anvers).

van de Werve, Auguste, château d'Hovorst, à Viersel par Broechem (Anvers).

Van de Wiele, 13, boulevard Militaire, Ixelles.

Van Eetvelde (le baron), secrétaire d'Etat, de l'Etat indépendant du Congo, 4, avenue Palmerston, Bruxelles.

Van Elst, ingénieur agronome de l'Etat, Rethy.

van Gameren, Léon, 15, rue du Marteau, Bruxelles.

Van Godtsenhoven, Emile, ingénieur, agronome, Héverlé (Louvain).

Van Hecke, Alphonse, ingénieur agricole, ferme du Hazegras, Knocke.

Van Hée, Paul, propriétaire, 117, rue Franklin, Schaerbeek.

Van Helmont, Emile, inspecteur des biens des hospices civils, Tirlemont.

Van Hoorde, Henri, 11, rue du Boulevard, Bruxelles.

Van Hoorebeke, ancien notaire, Eecloo.

Van Hoorebeke, Aimé, notaire, Eecloo.

Van Hoorebeke, Louis, avocat, Assenede.

Van Hulle, P., pépiniériste, Beernem (Fl. occ.).

Van Ingelghem, bourgmestre, Lippeloo (par Puers).

Van Malcotte (le général), Mons.

van Male de Ghorain, Walerand, ingénieur agricole, château du Boschdam, Beveren-Waes.

MM.

Vau Nérom, Léon-Charles, administrateur de la Société royale Linéenue de Bruxelles, 43, boulevard d'Anvers, Bruxelles.

Van Ockerhout, sénateur, Bruges.

Van Olmen, Ghislain, notaire, Brecht.

van Outryve d'Ydewalle (le chevalier Emmanuel), propriétaire, château de St-André lez-Bruges.

van Outryve d'Ydewalle (le chevalier Eugène), château de t'Hooghe, Courtrai.

van Outryve d'Ydewalle (le chevalier Henri), château de Ruddervoorde (Flandre occidentale).

van Outryve d'Ydewalle (le chevalier Stanislas), propriétaire, château des Bruyères, St-André lez-Bruges.

Van Rieseghem, Gustave, pépiniériste, Laethem-St-Martin (Fl. or.).

Van Schelle, Albert, 42, place de Brouckère, Bruxelles.

Van Wassenhove, Arnold, propriétaire, château de Kerchove, par Berchem lez-Audenarde.

Van Willigen, Hubert, propriétaire, château de Schuelen (par Herck-la-Ville).

Van Ypersele de Strihou, propriétaire, château des Comtes, Lippeloo (par Puers).

Van Ypersele-de Strihou, R.-S., rue Crespel, Bruxelles.

van Zuylen, J., propriétaire, membre du Conseil supérieur des Forêts, 8, quai de l'Industrie, Liége.

Velghe, J., conducteur principal honoraire des Ponts et Chaussées, Beeringen.

Vendelmans, Edouard, pépiniériste, Gierle (prov. d'Anvers).

Vercruysse, Alidor, notaire, Ruddervoorde.

Verhaegen, Pierre, avocat et conseiller provincial, château de Meirelbeke par Gand, ou quai au Bois, Gand.

Verheggen, Charles-Adolphe, contrôleur des contributions, Arlon.

Vermeulen de Mianoye, Ernest, propriétaire, Assesse, ou 78, rue du Commerce, Bruxelles.

Vermer, notaire, Bouillon.

Vermer, Léopold, avocat et propriétaire, Dinant.

Verreydt, Prosper, notaire et conseiller provincial, Diest.

Verstappen, Denis, agronome, Diest (1).

Verstraete, O., directeur du Bureau belge d'études sur les engrais, 60, rue Bosquet, Bruxelles.

Viatour, Henri, ingénieur des mines, 69, rue de l'Indépendance, Namur.

Visart, Emile, bourgmestre, Temploux (province de Namur).

Visart de Bocarmé (le comte Henri), propriétaire, Ste-Croix (lez-Bruges).

Visart de Bocarmé (le comte Amédée), membre de la Chambre des Représentants et président du Conseil supérieur des Forêts. Bruges.

Visart de Bocarmé, Etienne, propriétaire, rue St-Georges, 107, Bruges.

von der Becke, Adolphe, château de Mirwart, par Grupont (Luxembourg).

von der Becke, Max, 12, rue du Robinet, 27, Anvers.

Vroonen, Emile, propriétaire, sénateur suppléant, château de Kiewit lez-Hasselt.

Wallin, ingénieur principal des Ponts et Chaussées, 30, quai Mativa, Liége.

Walraet, Camille, horticulteur et pépiniériste, Steenbrugge lez-Bruges.

Wasseige, Joseph, propriétaire, rue Lebeau, Liége.

_____

(1) Décédé.

MM.

Warocqué, Raoul, propriétaire, membre de la Chambre des Représentants, château de Mariemont.

Wartique, Léopold, garde général adjoint des Eaux et Forêts, Spa.

Wary, Joseph, inspecteur des Eaux et Forêts, à l'administration centrale, Bruxelles.

Watteeuw, ingénieur en chef, directeur des Ponts et Chaussées, 6, rue de l'Hôtel des Monnaies, Bruxelles.

Watson, Georges, ingénieur agricole, Gedinne.

Wauters, Edouard, propriétaire, 10, boulevard Piercot, Liége.

Wauthier, directeur de l'Ecole de bienfaisance, Saint-Hubert.

Weber, Charles et Cie, agent de la Cie d'assurances la Gladbach, Verviers

Weber, Maurice, 140, chaussée de Haecht, Bruxelles.

Wégimont. propriétaire, Longue rue Neuve, 30, Anvers.

Wesmael-Charlier, imprimeur-éditeur, 53, rue de Fer, Namur.

Whettnall (le baron), sénateur, château de Nieuwenhove (par St-Trond)

Wilcot, François, marchand de bois, St-Ghislain.

Willot frères, pépiniéristes, Jeneffe par Havelange.

Wilmart, Charles, 3, place St-Paul, Liége.

Mlle Wittouck, Ern., propriétaire, Genck (Engelhof).

Ziane, Adolphe, propriétaire, 13, petite rue de la Concorde, Ixelles.

Zoude, Emmanuel, industriel, marchand de bois, Poix (lez-St-Hubert).

Zoude, Henri, tanneur, Saint-Hubert.

b) *Communes et institutions diverses*

La bibliothèque centrale du département des Finances et des Travaux publics.

La bibliothèque des charbonnages de Mariemont.

La bibliothèque de l'administration des Ponts et Chaussées.

La bibliothèque de la direction des Eaux et Forêts.

La bibliothèque royale de Belgique.

L'athénée royal de Liége.

La commune de Bellefontaine.

La commune de Bertrix.

La commune de Cerfontaine.

La commune de Couvin.

La commune de Cugnon.

La commune de Florenville.

La commune de Fontenoille.

La commune de Grune.

La commune de Han-sur-Lesse.

La commune de Jamoigne.

La commune de Libin.

La commune de Libramont.

La commune de Marcourt.

La commune de Nassogne.

La commune de Neer-Oeteren.

La commune de Nismes.

La commune d'Offagne.

La commune de Saint-Léger.

La commune de Silenrieux.

La commune de Sivry.

La commune de Solre-sur-Sambre.

La commune de Transinnes.

MM.

La commune de Villance.
La commune de Wellin.
Le domaine de Sainte-Ode, Baconfoy (Luxembourg).
L'Ecole d'agriculture de l'Etat, Huy.
L'Ecole régimentaire de Bouillon (école de gardes).
L'Ecole supérieure d'agriculture annexée à l'Université de Louvain.
Les hospices civils d'Aerschot.
Les hospices civils d'Anvers.
Les hospices civils de Bruges.
Les hospices civils de Gand.
Les hospices civils de Malines.
L'Institut agricole de l'Etat, Gembloux.
La Société agricole de Luxembourg, Arlon.
La Société anonyme horticole de Calmpthout.
La ville d'Arlon.
La ville de Bouillon.
La ville de Marche.
La ville de Rochefort.
La ville de Saint-Hubert.
La ville de Spa.

MARCHANDS DE BOIS ET INDUSTRIELS TRAVAILLANT LE BOIS

faisant partie de la Société centrale forestière de Belgique

Bastin, marchand de bois, Melreux.

Belvaux, Joseph, marchand de bois, Villers-le-Gambon.

Biel, Alphonse, marchand de bois, Naninne.

Blondeau-Fonder, marchand de bois, Nismes.

Bochkoltz, Maurice, tanneur, St-Hubert.

Bolle, Jean-Baptiste, marchand de bois, Hollogne (Waha).

Brichet, Joseph, marchand d'écorces, Bièvre.

Brouhon, Joseph, marchand de bois, 50, rue Léopold, Seraing-sur-Meuse.

Brouhon, Louis, ingénieur, industriel et marchand de bois, Chimay.

Bruggeman, Jean, industriel et marchand de bois, Turnhout.

Cambier, frères, industriels (ameublement), Ath.

Capelle-Lutgen, industriel, marchand de bois, Marche.

Carton-Herman, François, industriel (ameublement), Ath.

Collette, Jules, aîné, marchand de bois, 12, quai de Fragnée, Liége.

Conreur, Henri, marchand de bois, Thuin.

Culot, Joseph, marchand de bois, à Jenneret-Bende.

Dupierry, Jules, marchand de bois, Hotton (Melreux).

Dupont, Eugène, marchand de bois *à brûler*, quai à la Chaux, 6 et 7, Bruxelles.

Duvivier. Th., marchand de bois, Rencheux (Vielsalm).

Fourneau, Jules, négociant en bois, avenue Brugmann, Bruxelles.

François, Alfred, marchand de bois, Cerfontaine.

Gillard, Alphonse, directeur de la scierie mécanique St-Joseph, Nismes.

Grandjean, Alphonse, industriel et marchand de bois, Courtil-Bovigny.

Hoyois, Valéry, marchand de bois, La Bouverie (près Mons).

Huart, Constant, marchand de bois, Couvin.

Jacquemin, Hippolyte, marchand de bois, Habay-la-Vieille.

Jonet, marchand de bois, Marche.

Laloyaux, Joseph, marchand de bois, Strée (Thuin).

Lambert, Edmond, marchand de bois, Bouillon.

Lambert-Burhin, Franz, tanneur, rue Heyvaert, 28, Molenbeek

Lambiotte, Ludolphe, industriel et marchand de bois, Marbehan.

Leenaerts, Aug., négociant en bois et entrepreneur, Turnhout.

Legros, J.-B., marchand de bois, Bois-de-Villers (Namur).

Lelogeais, Jules, marchand de bois, Yvoir (Dinant).

Lonchay, Alexandre, marchand de bois, Hollogne lez-Marche.

Louis, Jacques, marchand de bois, Ambly (Forrières).

Mathieu, Lucien, marchand de bois, Virelles.

Min, Guillaume, industriel et marchand de bois, Charleroi.

Moriamé, frères, marchands de bois, Tamines.

Moureau, marchand de bois, Waha (Marche).

Naveau, J., marchand de bois, Strépy (Bracquegnies).

Orban, Gustave, marchand de bois, rue d'Artois, Liége.

Parent, frères, industriels et marchands de bois, Marchienne-au-Pont.

Parizel, Jacques, négociant en bois, Graide, Bièvre.

Philippe-Empain, Aimé, marchand de bois de houillères et de construction, Fontaine-l'Evêque.

Royaux, Alfred, marchand de bois, Leignon (Ciney).

Schreurs, Nicolas, marchand de bois, Arlon.

Servais, Alphonse, négociant en bois, boulevard Léopold, 48, Anvers.

Séverin, Amand, marchand de bois, Bande.

Slegten-Becquaert, M., entrepreneur et marchand de bois, Lille Saint-Hubert lez-Neerpelt (Limbourg).

Soors, Martin, marchand de bois, Neer-Oeteren (Limbourg).

Stiernon, Elie, marchand de bois, Sainte-Marie (Etalle).

Toisoul, J.-B., marchand de bois, Profondeville.

Tournay, Xavier, marchand de bois, Bande.

Vanderlinden, négociant en bois, chaussée de La Hulpe, Boitsfort.

Verday, François, marchand de bois et bourgmestre, Harre (Werbomont).

Zoude, Emmanuel, industriel, marchand de bois, Poix.

Zoude, Henri, tanneur, St-Hubert.

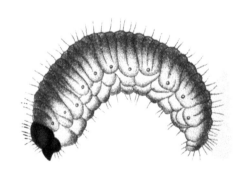

PISSODES NOTATUS

SSODES NOTÉ   GEVLEKTE DENNENSNUITTOR

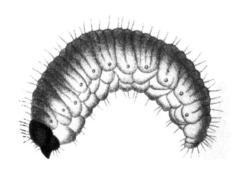

PISSODES NOTATUS

PISSODES NOTÉ   GEVLEKTE DENNENSNUITTOR

Le genre Pissodes Germar.

Les Pissodes

Le genre Pissodes se distingue à première vue du genre Hylobius, appartenant également au groupe des Curculionides ou Rhyncophores à long rostre, par les antennes, qui sont insérées à environ la moitié du rostre, alors que les antennes des Hylobes sont attachées près de la mâchoire.

Les espèces qui composent ce genre ont le rostre aussi long ou à peine plus court que le prothorax, lequel est rétréci en avant. L'écusson est rond et surélevé. Les cuisses sont inermes et les tibias portent de forts crochets à la pointe.

Neuf espèces sont répandues dans l'Europe centrale et tempérée et parmi elles, sept intéressent les forestiers, car elles nuisent gravement aux résineux, comme larves et comme adultes, soit en attaquant les écorces, soit en détruisant les semences.

Leurs mœurs commencent à être connues, grâce à une série d'observations précises et de recherches expérimentales exécutées depuis peu d'années; cependant, il reste encore plusieurs points à élucider.

Une seule espèce, le *Pissodes validirostris* Gyll., diffère partiellement des autres dans sa manière de vivre.

On ne connaît que d'une manière générale la durée du cycle évolutif de la plupart des espèces; sous ce rapport, celles-ci se ressemblent beaucoup; il est vraisemblable cependant qu'une étude plus précise montrera des différences dans les détails, sans que les grandes lignes actuellement connues en soient profondément modifiées.

On rencontre les adultes de toutes les espèces du genre Pissodes volant depuis avril jusqu'en septembre. Ils s'accouplent pendant cette période, dès que les organes sexuels des femelles sont entièrement formés, ce qui ne se présente souvent qu'un certain temps après la sortie de l'insecte parfait de sa dernière demeure.

Les adultes qui apparaissent tôt au printemps parviennent seuls à procéder à l'accouplement et à la ponte pendant la même année, et il est tout à fait exceptionnel qu'un insecte provenant d'une ponte printanière puisse se développer assez rapidement pour pondre encore avant la mauvaise saison. Les adultes qui apparaissent plus tard hivernent d'abord dans les bourgeons, les écorces ou les branches de l'arbre nourricier, depuis novembre jusqu'à la fin de mars ou d'avril, pour procéder alors aux actes de la génération.

L'accouplement peut se répéter plusieurs fois, et les individus qui ont pondu déjà avant l'hiver, peuvent de nouveau s'accoupler et pondre au printemps ou pendant l'été suivant.

Cette ponte peut avoir lieu depuis avril, parfois même à la fin de mars si le temps est favorable, et peut s'étendre jusqu'en septembre; lors des grandes invasions, on peut ainsi trouver des insectes sous toutes les formes et de toutes les tailles.

Les œufs sont déposés dans l'écorce des résineux, au fond de petits trous que la femelle creuse avec ses mâchoires.

Les jeunes larves pénètrent, rongent l'écorce jusqu'au bois, qu'elles entament plus ou moins fortement si les tiges ou les branches attaquées sont jeunes et à écorce mince, tandis que leurs galeries restent entièrement dans l'écorce lorsque celle-ci est épaisse.

Ces galeries serpentent dans toutes les directions, s'élargissant au fur et à mesure du développement des larves, et se terminent par des berceaux de nymphose creusés en grande partie dans le bois. Ces berceaux, excavations ovales ou elliptiques, sont tapissés et fermés par des fibres de bois arrangées de manière à former un nid chaud et doux.

Lorsque plusieurs œufs ont été pondus dans le même trou de l'écorce, les galeries larvaires partent d'un même point pour rayonner dans des directions opposées, constituant par leur ensemble une figure étoilée reconnaissable à première vue. Cette figure ne peut être confondue avec d'autres systèmes similaires de galeries creusées par certaines espèces de Scolytes : les galeries des Pissodes, étant faites par les larves, vont en s'élargissant à partir de leur point de départ commun, alors que les galeries des Scolytes, étant des galeries de ponte faites par la mère, ont une largeur égale sur tout leur parcours jusqu'au lieu de ponte, d'où partent les galeries larvaires à dimensions irrégulières.

Quand le nombre d'œufs déposés sur le même arbre est très considérable, il y a quelque difficulté à trouver une figure caractéristique dans l'enchevêtrement des galeries qui se croisent en tous sens ; mais la différence entre les galeries des Scolytes et celles des Pissodes est cependant toujours nettement accusée, les premiers ayant à la face intérieure de l'écorce des galeries de ponte et des galeries larvaires, alors que les derniers n'y ont que des galeries larvaires.

L'évolution depuis l'œuf jusqu'à l'insecte parfait se fait rapidement : les œufs déposés au début du printemps donnent des adultes au bout de trois à quatre mois ; cette période s'allonge jusqu'à sept à huit mois lorsque l'hivernage s'interpose.

L'insecte parfait est extrêmement résistant ; après la ponte et même après plusieurs pontes, il peut subsister pendant fort longtemps. Cela s'explique : il se passe un certain temps avant que l'adulte soit capable de procéder à l'accouplement ; ensuite, la ponte peut être retardée, se répéter et donc se prolonger ; il est indispensable que, pendant toute cette durée, l'insecte se nourrisse ; il en acquiert une énergie qui lui permet de résister aux multiples accidents amenant la mort rapide des insectes affaiblis par les actes de la génération et qui n'ont mangé que peu ou pas du tout à l'état adulte. On a constaté que les Pissodes, comme les Hylobes, peuvent vivre deux et même trois ans.

Pour se nourrir, ils enfoncent leur rostre dans l'écorce et y forent de petits trous, peu visibles mais très profonds, pénétrant souvent jusque dans les couches extérieures du bois. Il se produit un fort écoulement de sève qui affaiblit l'arbre au point de le faire périr ou d'en faire la victime toute désignée d'autres insectes nuisibles, tels que les Hylésines et les Tomiciens.

Les trous peuvent être en nombre considérable ; très rapprochés les uns des autres, l'écorce en parait alors criblée comme de piqûres d'aiguilles.

Les Pissodes s'attaquent de préférence aux sujets affaiblis et malades ; on doit les craindre partout où les résineux se trouvent dans des stations peu favorables à leur croissance, et lorsque des agents naturels, climatériques, et des agents artificiels, des fumées par exemple, diminuent la résistance vitale des arbres.

Parmi les sept espèces de notre pays, six s'attaquent aux écorces, qu'elles rongent comme adultes et qu'elles sillonnent de leurs galeries comme larves. Ce sont : *P. notatus* Fabr., *P. pini* L., *P. piniphilus* Herbst, *P. piceae* Ill., *P. scabricollis* Miller, *P. harcyniae* Herbst. Une espèce s'attaque aux cônes des pins : *P. validirostris* Gyll.

Les trois premières espèces préfèrent les pins; les deux suivantes s'attaquent aux épicéas ; la sixième a été trouvée surtout sur le sapin argenté.

Plusieurs peuvent se trouver cependant sur les pins et sur les épicéas, mais cela ne se présente que lorsque la nourriture préférée fait défaut et que les insectes sont nombreux.

Dans notre pays, *P. notatus* est le plus commun, ainsi que ceux qui, comme lui, vivent sur les pins sylvestres ; ceux qui attaquent d'autres résineux sont plus rares; nous avons cru cependant utile de les comprendre dans ce travail, car ils pourraient se développer considérablement, d'autant plus que le nombre d'épicéas en âge d'être attaqués augmente sans cesse.

Le *P. notatus* s'attaque de préférence aux jeunes sujets ; d'autres espèces choisissent les vieux arbres, et, nous l'avons dit déjà, *P. validirostris* détruit, comme larve du moins, les cônes des pins sylvestres.

On reconnaît la présence de ces insectes dans les jeunes plantations à ce que les plants atteints jaunissent et les pousses se courbent et se flétrissent. Les attaques des vieux arbres se trahissent par l'écoulement sur le tronc de gouttelettes de résine qui, lorsqu'elles sont nombreuses, paraissent être des taches de chaux projetée au moyen d'un pinceau.

De même que ces insectes se ressemblent dans leur manière de vivre et par les ravages qu'ils causent, de même les moyens de les combattre montrent des points communs pour la plupart des espèces.

Parmi les moyens préventifs, il faut citer en premier lieu l'enlèvement des arbres dont la croissance est contrariée et qui finissent par s'affaiblir complètement.

Les Pissodes, disposés au vol seulement à l'époque des noces, n'aiment à se déplacer qu'en marchant et sont lents d'allures en général. Préférant, pour la plupart, des écorces minces et succulentes, ils montent volontiers dans les parties élevées des arbres, où ils rencontreront la nourriture et les lieux de ponte recherchés. Pour y arriver, ils grimpent le long du tronc et peuvent être arrêtés

alors par des bagues de Raupenleim dans lesquelles ils viennent
souvent s'engluer. L'application de ces bagues dans les bois d'une
croissance peu vigoureuse est fortement à recommander, même
lorsqu'on ne croit pas à la présence des Pissodes. De cette manière,
on peut constater s'il en existe, puis surveiller leur développement
et prendre au besoin les mesures nécessaires. Ce moyen d'épreuve
donne surtout d'heureux résultats partout où le personnel forestier
ne connaît pas suffisamment les caractères extérieurs de l'attaque
des Pissodes, ainsi que de beaucoup d'autres insectes.

Le principal moyen auquel on peut recourir pour constater la
présence des Pissodes consiste dans la préparation d'arbres-pièges, à
défaut d'arbres dominés ou affaiblis qu'on pourrait laisser subsister
dans les coupes d'éclaircies. Les arbres sur pied sont préférés aux
arbres couchés ; cependant ceux-ci sont acceptés également, surtout lorsqu'ils ont un certain âge, du moins par les espèces qui
préfèrent les arbres à écorce épaisse.

Comme ces insectes vivent longtemps et qu'il en est qui pondent
pendant toute la bonne saison, il faut préparer des arbres-pièges
depuis mars jusqu'en octobre, et les visiter de temps en temps,
afin de constater à quel degré de développement les larves sont
arrivées. Lorsque celles-ci sont adultes et autant que possible avant
la nymphose, il faut écorcer les arbres-pièges, en ayant soin de placer
des draps en dessous, et brûler les écorces. Il est nécessaire, en
outre, d'évider, au moyen d'outils tranchants, les berceaux de nymphose qui se trouvent déjà dans les couches extérieures du tronc et
se trahissent par un tampon de fibres de bois. Les jeunes branches
devront être brûlées, car les insectes y pondent très souvent.

Quand l'attaque a lieu sur de jeunes sujets, les frais de nettoyage
en dépasseraient souvent la valeur, et il est alors également profitable de les brûler.

Ramasser les adultes est un bon moyen destructif ; mais il est
parfois difficile d'y recourir, car chez la plupart des espèces, ils se
confondent avec les objets sur lesquels ils se posent, bien qu'ils se
placent de préférence à certains endroits, notamment à l'intersection des branches et entre les bourgeons. La meilleure époque pour
leur capture paraît être le printemps, quand ils sortent des
cachettes où ils ont hiverné ; on les voit alors nombreux sur les
jeunes bourgeons, comme on peut le constater partout où il y a de
jeunes pineraies.

Le ramassage n'est vraiment pratique que lorsque les insectes se sont réunis en grandes quantités sous les bagues de Raupenleim.

Avant de décrire spécialement chaque espèce, nous croyons utile de donner une table montrant les différences entre les diverses formes qui se rencontrent dans nos forêts, afin de pouvoir les distinguer rapidement :   •

A. Prothorax avec les angles postérieurs pointus; ponctué rugueusement.

    a. Elytres ayant une bande étroite transversale de squamules coloriées derrière le milieu. . . . . *P. pini* L.

    b. Elytres ayant une bande large transversale de squamules coloriées derrière le milieu.

        α. Lignes ponctuées des élytres avec de grands points carrés et irréguliers; la bande transversale uniformément jaune. . *P. piceae* Ill.

        β. Lignes ponctuées des élytres avec des points plus petits et réguliers; la bande transversale ordinairement grise et jaune.

            I. Points d'une grosseur médiocre, coins postérieurs du prothorax à *angle aigu* (fig. 1) . . . . . . *P. notatus* Fabr.

            II. Points très fins, coins postérieurs du prothorax à *angle droit* (fig. 2).

                1. Intervalles entre les lignes ponctuées des élytres alternativement carénés et plans . . *P. validirostris* Gyll.

                2. Intervalles entre les lignes ponctuées des élytres régulièrement plans . . . . *P. scabricollis* Mill.

B. Prothorax avec les *angles postérieurs arrondis* (fig. 3); lignes ponctuées des élytres à points ronds, profonds, séparés par des intervalles plans.

    a. Couleur de l'adulte brun-rouge. Prothorax à peine plus étroit que les élytres . . . . *P. piniphilus* Herbst.

    b. Couleur de l'adulte noir. Prothorax visiblement plus étroit à la base que les élytres . . . . *P. harcyniae* Herbst.

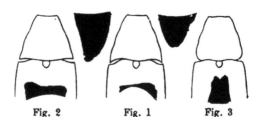

Fig. 2   Fig. 1   Fig. 3

Espèces vivant dans les écorces des pins

(P. notatus, P. pini et *P. piniphilus.)*

PISSODES NOTATUS Fabricius.

Le Pissodes noté

Adulte : D'un brun ferrugineux, avec l'extrémité du rostre noirâtre; celui-ci, ainsi que la tête, finement ponctué. Prothorax beaucoup plus étroit antérieurement qu'à la base qui est bisinuée et dont les angles postérieurs sont aigus ; arrondi latéralement; rugueusement et densément ponctué, avec une fine carène dorsale et quatre gros points formés de squamules blanches, disposés en série transversale. Ecusson couvert de squamules blanches très serrées. Elytres parcourues par des stries ponctuées, dont les plus intérieures ont des fossettes oblongues au lieu de points; intervalles rugueux, granulés ; troisième et cinquième intervalles un peu plus élevés que les autres ; 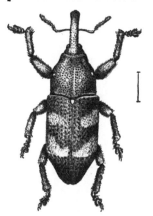 les élytres sont couvertes de squamules figurant avant le milieu une tache transverse, blanche ou roussâtre, et, un peu en-dessous du milieu, une bande sinueuse en partie blanche vers l'intérieur et en partie rousse vers l'extérieur. Dessous du corps couvert de squamules blanches assez larges.

Longueur : 6 à 8 millimètres.

Larve : Charnue, molle, courbée en arc. Thorax plus épais que l'abdomen. Tête elliptique, presque circulaire, d'un roussâtre isabelle avec le bord antérieur ferrugineux, deux taches sur les côtés et deux sur le milieu, plus claires que le fond. Corps blanc, sans pattes, de douze segments plissés en travers et parsemés de petits poils, avec deux mamelons rétractiles sous chaque segment thoracique ; deux bourrelets, dont le supérieur plus saillant, le long de chaque côté de l'abdomen.

Nymphe : Blanche. Tête à deux rangs de petites épines roussâtres. Sur chaque côté du prothorax, trois poils très fins et écartés et quatre rangs de petites épines, le tout porté sur de tout petits mamelons. Face dorsale de l'abdomen présentant, sur chaque segment, six mamelons surmontés de très petites épines roussâtres ; sur le dernier segment, la série transversale de mamelons opinigères n'est que de quatre, mais il y en a deux à l'extrémité.

La nymphe est fort mobile et modifie avec facilité sa position dans la cellule.

Le *P. notatus* Fabr. vole depuis avril jusqu'en juin, pondant ses œufs dans les écorces des tiges de divers résineux âgés de 4 à 8 ans, parfois même sur des pins maladifs ayant jusque 30 ans ou sur des branches à écorce tendre. Il préfère l'intersection des branches inférieures, jusqu'à environ un mètre au-dessus du sol, ne dédaignant cependant ni la tige ni les racines. Les œufs sont placés en groupe dans l'écorce.

Pendant les mois de juin et juillet, les jeunes larves pénètrent isolément dans l'écorce et commencent à ronger des galeries serpentant dans les couches molles de l'écorce et du bois ; ces galeries s'élargissent sans cesse et se remplissent de farine de bois. Sur les jeunes sujets, elles sont serrées et vont en descendant, tandis que sur une tige plus grosse, présentant plus d'espace, les galeries sont rayonnantes à partir des lieux de ponte.

Quand la larve est adulte, vers le commencement d'août, elle se construit un berceau de forme elliptique abondamment garni de filaments de bois, fermé au-dessus, logé entièrement dans le tissu ligneux. Elle y passe la nymphose, et l'insecte parfait sort en rongeant l'écorce sous laquelle il se trouve ; un trou bien rond indique la sortie, laquelle s'effectue vers la fin d'août.

L'adulte hiverne au collet des racines, dans les fentes de l'écorce, sous la couverture du sol ou même en terre.

Il arrive que les derniers œufs soient pondus tardivement et que les larves ne puissent plus arriver à l'état adulte avant le commencement de l'hiver ; elles hivernent alors sous cette forme et l'insecte parfait n'apparaît que l'année suivante. D'autres fois, l'insecte passe l'hiver comme nymphe. On peut ainsi rencontrer en toute saison l'insecte sous ses trois formes. La génération normale du *P. notatus* Fabr. est donc annuelle; mais elle peut être modifiée par beaucoup de phénomènes extérieurs.

L'insecte parfait ronge l'écorce des pousses et des branches du pin sur lequel il pond ; mais, au lieu d'enlever l'écorce par plaques, comme le fait l'Hylobe, il enfonce le rostre jusqu'aux yeux, puis le retire pour recommencer à côté, de sorte que l'attaque ressemble beaucoup à une série de coups d'épingle. Le Pissodes du reste n'est pas toujours aussi dangereux comme adulte que comme larve.

Celle-ci a une prédilection pour les jeunes plantations maladives ou affaiblies par une cause quelconque. L'attaque se reconnaît à la couleur des aiguilles qui jaunissent, et à la boursouflure caractéristique qui se forme au bas de la tige, par suite de l'accumulation de la résine entre l'écorce et le haut des racines; sur les écorces plus épaisses surtout, il se produit aussi un écoulement de gouttelettes de résine par les trous de sortie de l'insecte.

Le *P. notatus* préfère le pin sylvestre, mais il attaque également le pin noir d'Autriche, le laricio et, plus rarement, le Weymouth, l'épicéa et le mélèze.

Moyens de le combattre. — Les plants attaqués doivent être arrachés et entièrement brûlés.

Il faut se garder de procéder à l'arrachage des plants dès que l'on a constaté la présence du Pissodes dans une plantation, car on s'exposerait à arracher en même temps des sujets non attaqués, ce qui serait toutefois moins nuisible que de laisser subsister des insectes en attendant trop longtemps. La plante ne jaunit qu'au bout de quelque temps et les jeunes pousses ne se penchent que lorsque l'attaque est sensible; il s'ensuit que bien des plants ont un aspect relativement robuste encore, alors que l'insecte a déjà commencé ses déprédations. Le meilleur moment pour l'arrachage est l'époque de la nymphose, qui correspond avec les premiers signes d'affaiblissement donnés par la plante. Il suffit, du reste, d'extraire de temps en temps un témoin, pour constater le degré de développement de la larve et être à même de prévoir le moment exact de la nymphose. Cette méthode offre l'avantage de n'enlever que les plants atteints, avec la certitude de ne pas en oublier.

On peut aussi, pour attirer l'insecte, employer des pièges que l'on prépare en enlevant en automne des rondelles d'écorce aux jeunes tiges, afin de les mettre dans un état d'affaiblissement propice. On choisit ces tiges de manière que leur nombre et leur répartition correspondent à l'intensité de l'attaque.

PISSODES PINI Linné.

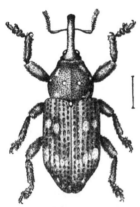

Adulte : D'un brun ferrugineux foncé. Prothorax rugueusement ponctué, à angles postérieurs aigus ; la base est à peine bisinuée. Les stries ponctuées des élytres sont formées de grosses fossettes rectangulaires et les intervalles sont alternativement plus élevés. Dessus et dessous du corps avec squamules jaunâtres, formant sur les élytres avant le milieu une ou plusieurs taches et après le milieu une bande étroite et sinueuse uniformément jaune.
Longueur : 6 à 9 millim.

Ressemble beaucoup à *P. notatus*, mais la seconde bande des élytres est toujours étroite et composée de la réunion de taches jaunâtres (1).

L'insecte vole depuis mai jusqu'en septembre, mais c'est particulièrement aux mois de juin et de juillet qu'on le rencontre. Après l'accouplement, qui ne se produit pas toujours immédiatement après la sortie de l'adulte de sa cachette d'hiver ou de son berceau de nymphose, la femelle pond de préférence dans les troncs des pins à écorce épaisse et rugueuse, sans dédaigner cependant les autres ; elle ne néglige même pas les écorces moins épaisses des Weymouth et on la rencontre parfois aussi sur les épicéas.

(1) Les larves et nymphes de cette espèce et de celles dont les descriptions suivent se ressemblent au point qu'il est bien difficile d'indiquer des caractères distinctifs très marquants. Nous nous contentons donc de la description de la larve et de la nymphe du *P. notatus*.

Les œufs sont pondus en tas dans les excavations faites par les mâchoires de l'adulte, et les jeunes larves vont alors de concert vers la face intérieure de l'écorce, d'où elles partent dans des directions opposées, formant par leurs galeries une figure étoilée spécialement caractéristique de cette espèce. Ces galeries peuvent être longues de vingt centimètres; elles serpentent dans toutes les directions et finissent par se confondre en se croisant.

Lorsque la larve est adulte, elle se creuse une cavité de nymphose dans le bois, et la tapisse de fibres de bois. Si l'écorce est fort épaisse, le berceau affecte en partie l'écorce et en partie le bois; sur les tiges plus minces, il se trouve logé entièrement dans le bois, parfois à une certaine profondeur et n'est pas visible lors de l'écorçage. Cependant les deux formes de berceau peuvent se rencontrer sur le même sujet l'une à côté de l'autre.

Les larves hivernent dans leurs galeries et la nymphose a lieu au printemps suivant.

Les adultes percent un trou rond de sortie à travers l'écorce et apparaissent surtout vers le milieu du mois de juin. Ils rongent alors en forant des trous dans les écorces des pins (sylvestre, noir d'Autriche, Weymouth et maritime) et même des épicéas.

La génération paraît donc normalement s'étendre sur une année; mais cette espèce est également de celles qui peuvent allonger ou diminuer énormément le temps qui leur est nécessaire pour parfaire une génération complète.

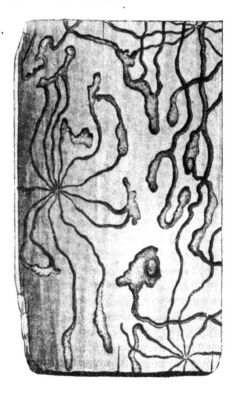

Le Pissodes pini s'est déjà montré très nuisible, pouvant produire de sérieux ravages lors des multiplications rapides et considérables.

Moyens de le combattre. — Lorsqu'on constate sa présence, il faut couper l'arbre attaqué, l'écorcer et brûler les écorces, en n'oubliant pas d'évider les berceaux de nymphose placés dans le bois ; si les tiges sont peu volumineuses, les berceaux se trouvent en quantités dans l'intérieur du bois et il vaut mieux brûler le tout.

PISSODES PINIPHILUS Herbst.

Adulte : D'un brun ferrugineux. Prothorax avec angles postérieurs arrondis ; lisse avec de gros points enfoncés. Les troisième et cinquième intervalles entre les stries ponctuées sont plus élevés.

Dessus du corps couvert modérément de squamules jaune grisâtre, qui forment sur les élytres, derrière le milieu, de grandes taches latérales roussâtres.

Longueur : 4 à 5 millim.

Diffère du *P. notatus* par sa petite taille, par les angles arrondis du prothorax et par l'absence d'une bande continue sur les élytres.

Le *P. piniphilus* vole fin juin, au plus tard en juillet, et la femelle pond alors ses œufs isolément, mais souvent les uns près des autres, sur les pins de 30 à 40 ans, à écorce mince et lisse, quoiqu'elle ne dédaigne ni les massifs plus jeunes ni les sujets plus âgés. Lorsque les arbres sont fort vieux, l'insecte préfère les branches et la couronne, ne logeant ses œufs que dans les écorces tendres. Il attaque surtout le pin sylvestre, le pin noir d'Autriche et le pin Weymouth, et choisit les chablis, les arbres affaiblis, dominés, attaqués par d'autres insectes. Mais, il se jette également sur les arbres sains qu'il fait mourir lorsque ses piqûres sont nombreuses. Il trahit sa présence par le jaunissement des couronnes, ainsi que par les gouttelettes de résine qui couvrent partout le tronc.

On trouve parfois plusieurs centaines de larves par arbre.

Les larves apparaissent en juillet et creusent des galeries ondulées et serpentant dans toutes les directions dans l'écorce et sur la face intérieure de celle-ci.

Ces galeries ne sont pas régulières et présentent rarement une forme étoilée; elles ont une longueur de 0ᵐ10 à 0ᵐ15 et ressemblent à celles des autres Pissodes; cependant elles ont une tendance à se terminer dans le sens longitudinal du tronc.

Les berceaux de nymphose sont creusés en partie dans l'écorce et en partie dans le bois; garnis de fibres de bois, ils sont elliptiques et placés presque toujours dans le sens longitudinal de la tige.

La ponte a lieu en juin. Les larves rongent jusqu'à la fin de la bonne saison, hivernent, recommencent à ronger en mars, se chrysalident en avril ou en mai et surtout pendant le mois de juin.

La génération s'étend donc normalement sur une année et la vie larvaire a une durée analogue à celle des autres espèces et notamment à celle du *P. notatus*.

Moyens de le combattre. — Ils sont les mêmes que pour les espèces précédentes, c'est-à-dire l'enlèvement des sujets attaqués, l'écorçage et la destruction des écorces.

C'est en 1834 que Hartig inscrivit cet insecte parmi les destructeurs des forêts, mais ce n'est qu'en 1862 que Ratzeburg indiqua les dommages que peut provoquer le *P. piniphilus*.

Ces ravages sont parfois importants; dans les environs de Stettin notamment, sur 352 hectares de pins d'une trentaine d'années, il fallut en couper 900 stères en 1874; 1,637 stères en 1875; 3,863 stères en 1876 et 2,996 stères en 1877, soit 9,396 stères en 4 ans, ou 27 stères par hectare. Cela suffit pour faire comprendre cet insecte parmi les espèces qui sont à surveiller avec soin et que l'on doit combattre dès leur apparition.

Espèces vivant dans les écorces des épicéas

(P. harcyniae et P. scabricollis.)

Quoique peu répandues encore en Belgique, les espèces vivant de préférence sur l'épicéa y joueront vraisemblablement un rôle important, lorsque l'étendue occupée par cette essence sera plus grande et que l'âge des massifs attirera davantage certains ravageurs.

PISSODES HARCYNIAE Herbst.

Adulte : D'un noir terne. Prothorax à angles postérieurs légèrement arrondis. Elytres à stries ponctuées, à grandes fossettes profondes et carrées, avec les troisième et cinquième intervalles plus élevés. Dessus et dessous du corps modérément couverts de squamules jaune blanchâtre, qui se réunissent en quelques points sur le prothorax, l'écusson, et, en deux bandes étroites transversales, sur les élytres.

Longueur : 6 à 7 millimètres.

Cette espèce ressemble beaucoup à *P. piniphilus*, mais en diffère par sa couleur foncière qui est noire.

L'insecte vole de mai à juillet. Il pond de préférence en juin. Il choisit à cet effet de vieux épicéas de 50 à 80 ans, préférant ceux à écorce lisse. Lorsqu'il se développe en grandes quantités, il attaque même les arbres plus jeunes, rarement cependant ceux qui ont moins de 30 ans, et ne dédaigne pas non plus les épicéas très vieux, de plus de cent ans, de même qu'il se jette sur des branches de fortes dimensions. Entre tous, il choisira les sujets dominés et affaiblis, les chablis, etc., et ne s'en prendra aux arbres sains qu'à défaut d'autres.

La femelle fore, au moyen du rostre, un trou dans l'écorce, là surtout où celle-ci est unie et peu épaisse. Ce trou se referme par l'écoulement de gouttelettes de résine, transparentes d'abord, blanches ensuite; lorsque l'arbre est fortement attaqué, il a l'air ainsi d'être moucheté d'éclaboussures de couleur blanche. A la suite de ce forage, le tissu cellulaire qui entoure les trous se décompose et le pourtour prend une couleur brune qui se constate aisément lorsqu'on enlève l'écorce. Ces trous sont des réceptacles permettant l'installation de toutes les affections cryptogamiques.

Dans chaque trou, la femelle dépose, en règle générale, de 1 à 3 œufs d'une couleur jaune blanchâtre, de la grosseur d'une semence de pavot. Le nombre total de ces œufs s'élève à environ trente et leur ponte exige beaucoup de temps.

Les larves apparaissent fin juillet ou commencement d'août; elles pénètrent aussitôt plus profondément dans l'écorce et vont jusqu'à la face intérieure de celle-ci. Arrivées là, elles se séparent pour creuser des galeries dans des directions diverses, ne formant que rarement une figure étoilée.

Ces galeries se trouvant dans les parties les plus succulentes et les plus tendres de l'écorce, celle-ci se soulève sous la poussée de la larve, si elle n'est pas épaisse assez pour les loger entièrement. La pellicule extérieure ainsi soulevée se dessèche rapidement et se fendille en se contractant, dessinant sur le tronc ou la branche une bande concave à bords élevés des plus caractéristique, qui devient surtout visible lorsqu'on éloigne, au moyen d'une brosse à poils rudes par exemple, les fines écailles qui recouvrent l'écorce. Ces bandes, reflets extérieurs des galeries, n'existent et ne sont perceptibles que sur les parties des arbres à écorce mince et verte. Elles peuvent avoir une longueur d'un demi-mètre et on peut facilement distinguer l'endroit exact où la larve a cessé ses déprédations à la fin de l'automne, pour les reprendre au début de la bonne saison de l'année suivante.

Si les larves sont logées dans des écorces plus épaisses de vieux arbres, le dessin se distingue encore assez nettement de ceux des autres espèces, puisqu'il n'est que rarement en forme d'étoile, le nombre d'œufs posés à un même endroit n'étant qu'exceptionnellement supérieur à trois.

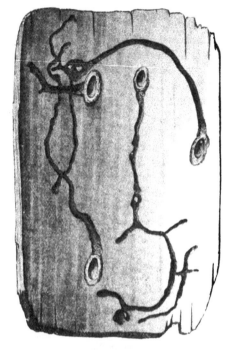

Les larves hivernent dans leurs galeries. Dès que la température se réchauffe, en mars de l'année suivante, elles recommencent à ronger et forment, en mai, des cavités de 7 à 10 $^{m/m}$ de longueur sur 3$^{m/m}$ de largeur, de forme ovale, rembourrées et fermées par des fibres de bois. Ces cavités ou berceaux servent à la nymphose et ressemblent beaucoup à celles du *P. notatus.* Elles sont placées le plus souvent dans le sens longitudinal du tronc et pénètrent profondément dans le bois.

On peut parfois trouver ces berceaux par centaines sous l'écorce des vieux arbres, et l'on constate alors que le travail d'aussi nombreuses larves a détruit en grande partie la couche cambiale.

L'insecte parfait apparaît depuis le mois de juin jusqu'au mois d'août. Ces différences dans l'apparition de l'adulte, jointes à la lenteur de la ponte, influent beaucoup sur la durée de l'évolution totale, de sorte que la larve peut être fort petite lorsque l'hiver suspend son activité. Il lui faut alors l'année suivante tout entière pour se développer et elle hiverne pour la seconde fois sous la forme de nymphe ou d'insecte parfait encore immature, prêt à sortir dès les premières journées favorables du printemps suivant.

Normalement, la génération est annuelle, mais elle peut s'étendre, dans certaines circonstances, sur deux années. Il est possible, comme certains auteurs l'affirment, que des adultes sortis très tôt parviennent à avoir une génération complète dans l'année même, de manière que le descendant hiverne déjà comme adulte; mais ce cas ne paraît devoir se présenter qu'exceptionnellement, lorsque l'année présente une suite de journées chaudes.

Somme toute, ce que l'on sait de la génération de cet insecte est d'accord avec les connaissances que l'on possède au sujet des Pissodes en général.

Le *P. harcyniae* est nuisible comme larve et comme adulte, et ses dégâts peuvent rester cachés assez longtemps et ne devenir visibles que lorsque les arbres sont déjà perdus. Lorsque l'insecte se jette en nombre sur un épicéa, ses galeries peuvent le contourner sur un point et amener ainsi la mort de la partie supérieure; sinon, le dépérissement des branches ou d'une partie de la couronne ne s'accuse que lentement. *P. harcyniae*, accompagné de l'espèce suivante, a fait déjà de notables dégâts dans les sapinières exposées aux fumées industrielles et ménagères, dont l'action sur le développement des résineux est si pernicieuse.

C'est en 1839 que, pour la première fois, cet insecte fut compris par Ratzeburg parmi les ravageurs des forêts; mais il ne causa des dommages considérables qu'en 1857 et les années suivantes; il détruisit alors les épicéas âgés de 50 à 120 ans des forêts hanovriennes. En 1860, l'attaque s'accentua et on commença à combattre l'insecte; en 1861-1862, dans quatre circonscriptions de 6,767 hectares de bois, on comptait 3,400 hectares infestés et 117,967 arbres contenant des galeries; ce ne fut qu'en 1865 que l'on put considérer la lutte comme terminée.

Depuis cette époque, bien d'autres attaques graves ont été signalées dans diverses régions de l'Allemagne. En Saxe, notamment, un développement anormal se produisit en 1870, s'étendant sur 400 hectares d'épicéas de 50 à 80 ans; ce ne fut qu'en 1876 que le fléau céda à l'action des forestiers, après avoir exigé l'abatage de 6,000 mètres cubes de bois.

Eckstein dit avoir vu de vieux épicéas mourir sous l'attaque du *P. harcyniae*: son attention fut attirée par des écoulements nombreux, qui lui parurent d'abord n'avoir aucune cause apparente; en examinant de près, en coupant dans l'écorce aux endroits où se produisaient les écoulements, l'auteur trouva de petits trous entourés d'une formation brune ressemblant à du liège, signe caractéristique de l'attaque du Pissodes.

55

Moyens de le combattre. — L'insecte préférant les arbres affaiblis, il faut soigner les massifs, afin de les maintenir en bon état. Tous les arbres dominés, tous les chablis doivent être enlevés lors des éclaircies. Il importe de recourir à ce moyen préventif dans les régions où l'apparition de l'insecte est à craindre.

Lorsque celui-ci a déjà envahi une sapinière, il faut exercer les préposés forestiers à reconnaître les arbres attaqués, qui seront abattus, sauf ceux qui serviront de pièges. On doit cependant laisser subsister les arbres atteints jusqu'au moment où les larves sont adultes, afin d'attirer le plus grand nombre possible de pontes sur ces arbres, déjà affaiblis par une attaque antérieure et acceptés de préférence; au besoin, on peut créer des arbres-pièges affaiblis artificiellement. Les écorces seront brûlées avec soin. Cette mesure suffit si les larves n'ont pas encore creusé leurs berceaux de nymphose dans le bois. Lorsque ces berceaux existent, il faut les vider au moyen d'outils tranchants ou tuer les nymphes avec des brosses en métal pénétrant facilement à travers les fibres du bois.

Il faut visiter les massifs plusieurs fois par an, car d'énergiques mesures préventives et destructives peuvent seules arrêter le développement de cet insecte robuste.

Aucun arbre non écorcé ne peut rester sur le sol en été, l'insecte recherchant parfois les arbres récemment exploités et encore sous écorce.

PISSODES SCABRICOLLIS Miller.

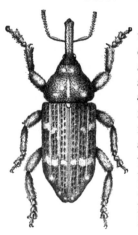

Adulte : D'un brun ferrugineux avec tête, antennes et pattes rougeâtres. Rostre et tête densément ponctués. Prothorax aussi long que large, très atténué en avant, à angles postérieurs droits légèrement arrondis; finement mais rugueusement ponctué, avec une fine carène médiane, plus étroite vers la base; les squamules se réunissent et forment des points blancs à la partie antérieure du prothorax et deux taches vers la base. Ecusson avec squamules blanches. Elytres ponctuées striées, les points rectangulaires plus profonds à la base que vers

la pointe. Intervalles finement rugueux plans, sauf le troisième
qui est en carène. Avant le milieu, les squamules se réunissent en
une tache jaune, derrière le milieu des taches plus grandes forment
fascies, jaunes à la moitié extérieure, blanches à la moitié intérieure; çà et là, encore quelques petites taches.

Taille : 4 à 5 millimètres. C'est la plus petite des espèces du
genre Pissodes.

P. scabricollis vole en mai et juin et pond alors ses œufs dans
l'écorce des épicéas, en choisissant les endroits lisses.

On ne connait encore que fragmentairement les détails de sa vie,
ses mœurs et sa génération, mais il parait ressembler en cela au
P. harcyniae, qu'il accompagne dans ses ravages. Il est souvent
mêlé en grand nombre à ce dernier, auquel il ressemble quant
aux caractères extérieurs, quoiqu'il soit constamment d'une taille
plus petite.

Il est nuisible comme larve et comme insecte parfait et il trahit
sa présence par les mêmes signes caractéristiques extérieurs.

Il se rencontre surtout dans les régions élevées, mais on le
trouve isolément un peu partout, surtout dans les peuplements
affaiblis par l'action des fumées industrielles.

Moyen de le combattre.— On le capture au moyen de bagues de
Raupenleim, qui l'arrêtent dans son ascension vers les parties
élevées des arbres, là où l'écorce lisse l'attire.

Espèce vivant dans l'écorce du sapin argenté.

Nous citerons également une espèce trouvée en quelques exemplaires seulement dans notre pays — et pour cause, sa nourriture
y faisant presque totalement défaut : c'est le *P. piceae*, qui
vit de préférence sur le sapin argenté. Nous le comprenons
cependant dans cette étude, parce qu'il pourrait bien nous arriver un jour en nombre, soit que nous cultivions davantage le sapin
argenté, soit que l'insecte s'attaque également aux épicéas.

PISSODES PICEAE Illiger.

Adulte : D'un brun foncé. Prothorax à angles postérieurs aigus;
base bisinuée. Elytres avec stries ponctuées où les points forts

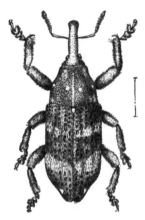

et carrés alternent avec de petites fossettes. Troisième et cinquième intervalles plus élevés que les autres. Dessous et dessus du corps couverts de squamules brunes et jaunes qui forment des taches sur le prothorax et se réunissent en une macule avant le milieu et une bande jaune s'élargissant vers l'extérieur, après le milieu des élytres.

Longueur : 8 à 10 millimètres.

L'insecte vole fin juin et juillet et ses mœurs, en général, se rapprochent le plus de celles de P pini.

Les œufs sont déposés par paquets de 20 à 30 dans les écorces des sapins argentés âgés de 50 à 100 ans, de préférence dans les blessures provoquées par l'arrachage des branches sèches, dans les frottures, dans les chablis, etc.

Les larves sont adultes avant l'hiver et hivernent sous cette forme, pour procéder à la nymphose au mois de mai de l'année suivante. Cette nymphose a lieu dans un berceau situé profondément dans le bois. L'adulte sort en juin, ce qui donne une génération annuelle normale.

L'insecte parfait, pour se nourrir, attaque de préférence les arbres maladifs, les dominés, les chablis, etc., mais ne dédaigne pas les arbres sains, qu'il parvient également à tuer lorsqu'il se trouve en grand nombre. Il n'attaque que la partie épaisse du tronc et ce n'est que lorsque l'arbre est très vieux qu'il va dans les parties plus faibles de la couronne.

Les galeries larvaires partent presque toujours d'une blessure, à la naissance d'une branche, etc., et il n'est pas rare de voir alors 20 à 30 galeries, atteignant parfois jusqu'à 60 centimètres de longueur, serpentant dans toutes les directions autour de ce point.

Moyen de le combattre. — Les moyens de combattre cet insecte consistent également dans l'emploi d'arbres-pièges et dans l'éloignement des sujets atteints, avec destruction des écorces et des berceaux de nymphose.

Espèce vivant dans les cônes des pins

PISSODES VALIDIROSTRIS Gyllenhal

Adulte : Il a été constamment confondu avec le *P. notatus*, auquel il ressemble énormément.

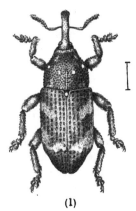

Il en diffère par les angles postérieurs du prothorax moins aigus et la base à peine sinuée. Les grandes fossettes des élytres du *P. notatus* manquent et les intervalles entre les lignes ponctuées sont tous plans.

Longueur : 6 à 8 millimètres.

L'adulte vole en juin et juillet et dépose en automne sès œufs dans les jeunes pommes de pin d'un an; chaque cône reçoit un, parfois deux, rarement trois œufs.

Les larves pénètrent jusqu'au milieu du fruit, qu'elles rongent à tel point qu'il se

(1)

dessèche et se détache de l'arbre avant ou après la métamorphose finale de l'insecte. Les cônes attaqués restent ordinairement plus petits, et même lorsqu'ils atteignent la longueur normale, leur forme apparaît plus allongée et plus pointue, d'autant plus que les écailles ressortent moins à cause de la destruction des semences; leur couleur, verte d'abord, devient plus tard d'un gris jaunâtre terne.

La larve hiverne dans la pomme, s'y creuse un berceau pour y subir la nymphose, et l'adulte sort enfin par un trou rond creusé à travers les parois. On trouve souvent des cônes à terre contenant des larves adultes, des nymphes et parfois des insectes parfaits prêts à sortir.

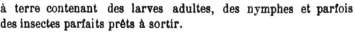

(1) M. le professeur K. Eckstein a bien voulu nous autoriser à reproduire íci les excellentes figures des différentes espèces de Pissodes, qui se trouvent dans sa *Forstliche Zoologie*, 1897 (Paul Parey, Berlin).

L'adulte ronge les écorces des troncs et branches des pins d'âges divers, choisissant de préférence les écorces juteuses auxquelles il fait les mêmes piqûres que le *P. notatus*. Il attaque aussi les jeunes pousses et on le trouve surtout rongeant les jeunes pommes vertes d'un an, de la grosseur d'une cerise et dont il perfore les styles. Des gouttelettes de résine coulent de ces blessures, couvrent la pomme de taches blanches. Les piqûres se ferment cependant et guérissent souvent et le cône parvient à son développement normal, s'il n'est pas attaqué pour la ponte.

La génération paraît être annuelle; mais, aucune recherche précise n'a prouvé l'exactitude de cette supposition.

P. validirostris attaque de préférence le pin sylvestre et le pin noir d'Autriche, et ses ravages s'étendent parfois aux trois quarts des cônes d'un arbre.

Moyens de le combattre. — Le seul moyen connu jusqu'à maintenant consiste à rechercher les cônes attaqués, lorsqu'il s'agit de jeunes · sujets. Dans les pineraies d'un certain âge, la présence de l'insecte étant constatée, il faut recueillir les cônes tombés à terre et les détruire, car beaucoup d'entre eux contiennent encore des larves ou des nymphes.

G. SEVERIN,

Conservateur au Musée royal d'Histoire naturelle de Belgique.

Livres consultés :

E. PERRIS, *Histoire des Insectes du Pin maritime*; Soc. Ent. Franc., 1856, p. 423

A. PAULY. *Über die Biologie des Pissodes scabricollis Redt.*; Forstlich Naturwissenschaftliche Zeitschrift I, 1892, p. 365.

JUDEICH und NITSCHE, *Lehrbuch des Mitteleuropäischen Forstinsektenkunde I*, 1895, p. 375.

O. NÜSSLIN, *Über Generation und Fortpflanzung des Pissodes Arten*; Forst. Naturwiss. Zeit., 1897, p. 441.

K. ECKSTEIN, *Forstliche Zoologie*, 1897, p. 397.

R. S. MAC DOUGALL, *Über Biologie und Generation von Pissodes notatus*; Forst. Naturwiss. Zeit., 1898, p. 161.

— *Über Pissodes piniphilus*, p. 201.

R. HESS, *Der Forstschutz I*, 1898, p. 312.

Une excursion au domaine du Chenoy [1]

(*Fin.*)

Peuplements résineux

Nous avons vu une différenciation bien prononcée s'établir dans les sols du Chenoy suivant l'exposition ; nous la rappellerons avant de relater ce que nous avons vu en fait de peuplements résineux.

Sol et essence. — Les versants septentrionaux et la partie des plateaux légèrement ondulée vers le nord sont en limon hesbayen, sol frais, profond et de qualité exceptionnelle pour la culture forestière.

Aux expositions méridionales et dès que le plateau incline légèrement vers le sud, le sol passe au sable jaune, ou blanc du bruxellien ; la couche arénacée diminue de profondeur avec l'altitude pour disparaître vers le bas des versants et faire place aux produits détritiques des roches primaires, sous-jacentes, et légèrement émergentes en certains endroits. En somme, sol plutôt de qualité moyenne, souvent mauvais, notamment en sable blanc, parfois soumis aux formations de tuf sur les plateaux, rapidement envahi à la faveur du découvert par la végétation exclusive des sols arénacés : la bruyère, qui n'en disparaît que par la culture du pin sylvestre.

Cette essence est, à part quelques espèces de pin qui n'ont pas encore, à notre avis, donné de preuves suffisantes de leur valeur, la seule indiquée pour le boisement rémunérateur de ces terrains.

Son introduction paraît au moins devoir remonter aux temps déjà lointains des abbés de Villers-la-Ville, si l'on en juge d'après les relations faites de l'existence, il y a à peine un demi-siècle, de vieux peuplements de pin sylvestre dans les environs de ce qui reste des splendeurs de l'abbaye.

---

[1] Compte rendu à l'excursion du 17 mai 1902 (2ᵉ partie).

Boisement. — Les excursionnistes se rappellent certainement avoir vu, tout à l'entrée du domaine, au bout d'un
coupe-feu perpendiculaire au *chemin Antoine*, entourée d'un
treillis de protection contre les lapins, qui ne respectent
pas plus les résineux de M. le sénateur Boël que les choux de
Job le prolétaire, une parcelle de terrain boisé aux printemps
1901 et 1902 à l'aide de pins sylvestres. En pente douce au
Sud, le terrain est envahi, selon le mot consacré, par la
bruyère, et des essais infructueux de reboisement à l'aide
des chênes indigènes et d'Amérique et du bouleau y ont été
tentés il y a déjà de nombreuses années.

Nous nous trouvons précisément dans l'un de ces cantons
où les *anciens* du pays ont connu de vieux et beaux — les
deux se rencontrent plus souvent en forêt que dans la rue —
peuplements de pin sylvestre. Et l'on s'est finalement dit:
Pourquoi ne réinstallerait-on pas cette essence? Ce en quoi
l'on n'a certes pas eu tort, les abbés, qui s'y connaissaient,
ayant là donné un exemple précieux pour ceux qui leur ont
succédé dans leurs domaines.

En conséquence — qu'on nous pardonne cette réminis-
cence de style plutôt administratif — on a tracé à la houe,
perpendiculairement à la pente, à 1 mètre de distance environ, des sillons de 0^m30 de largeur et autant de profondeur,
après avoir débarrassé leur emplacement de la couverture
de bruyère qui fut rejetée sur les bandes non travaillées.
En automne, on répandit, par hectare, 500 kilogrammes de
phosphate basique sur le terrain ameubli et l'on planta
au printemps suivant 20,000 pins semis d'un an, dont
coût:

10,000 mètres de bandes travaillées, à fr. 0.015. . fr.	150
500 kilogrammes de phosphate	30
20,000 pins à 2 fr. le mille, plantation comprise. . .	40
Soit. . . . fr.	220

La plantation fut faite en fente, à l'aide d'une bêche au
fer en forme de cœur: instrument à recommander dans les

sols où son emploi est possible, de préférence à la bêche ordinaire, parce qu'il ne laisse pas de vide autour des racines du plant ; l'opération marche très rapidement : un ouvrier et un gamin peuvent planter 4,000 plants par jour.

Après quelques regarnissages, le boisement sera complet ; avec ses 20,000 plants par hectare, il aura vite fait de prendre possession du sol, chose toujours capitale dans tous les boisements, de quelque nature que soit le terrain, mais plus spécialement encore en terrain sablonneux. Une fois le sol couvert, la bruyère disparaîtra au grand avantage du boisement. Il faudra encore surveiller le lapin pendant plusieurs années ; la clôture ne ferme pas le passage aux jeunes lapins, qui peuvent vivre dans l'enceinte et, à l'instar de l'animal de la fable, n'en plus savoir sortir à un moment donné. Ajoutons que l'écartement des plantations est réglé sur l'état superficiel du sol et sa qualité.

Quand le sol est très pauvre, en sable grossier, blanc, il faut se résoudre à préparer le terrain au boisement par une ou deux cultures de lupin. Nous ne décrirons pas cette pratique, mise en honneur dans quelques grands domaines de Campine par les pionniers de la sylviculture des sables et si souvent décrite dans le *Bulletin*.

Nous dirons seulement que la production d'humus par le lupin a une importance considérable dans les sols sablonneux ; ceux-ci deviennent plus frais, plus absorbants, les déperditions de matières nutritives par lavage des eaux sont moins à craindre, etc., etc.

La première culture de lupin se fait avec apport de phosphate basique ; on n'a guère apprécié jusque maintenant les effets de la kaïnite. Après le lupin, on prend une récolte d'avoine ou de seigle ; on répète parfois la rotation, lupin et avoine ou seigle, avant de faire le boisement. La céréale donne généralement des produits assez abondants.

Le boisement se fait le plus souvent à l'aide de pins sylvestres repiqués d'un an. Mais nous avons vu un essai de boisement par semis, fait au semoir à la main, après la semaille de l'avoine, en lignes distantes de 1 mètre et doublées à 0^m50 tous les 10 mètres ; le semis qui atteint 2 ans a bonne apparence, mais le gazon, serré par place, lui cause quelque dommage.

Nettoiements. Éclaircies. — Nous n'avons rien de spécial à dire de la façon dont sont traités les peuplements de pins sylvestres dans le premier âge. En tout cas, on est dominé par la nécessité de combattre sans trêve l'ennemi qui est toujours, nous ne dirons pas à la porte de la forêt, mais dans la forêt elle-même, toujours prêt à tenter un retour agressif dès que le découvert se produit. L'ennemi, on l'a deviné, c'est la bruyère. On continue à la combattre ou l'on évite sa réapparition en tenant les jeunes peuplements serrés ; les élagages dans les fourrés, les nettoiements ne sont commencés que lorsque la bruyère a disparu ; là où elle végète encore, ces opérations se font très légèrement, sont même supprimées complètement.

En général, on commence les élagages, *de branches mortes seulement*, et les nettoiements, vers l'âge de 10 ans. Les produits sont vendus ; ils rapportent généralement peu, cela va sans dire.

Dans la première période, on est quelquefois amené à devoir améliorer la croissance languissante de petites parcelles, en terrain sans pente suffisante, où se forme du tuf ou alios, ennemi fréquent de la forêt et du forestier en sols sablonneux. On combat le tuf en ouvrant, de distance en distance, des fossés de profondeur variable, dépassant celle de la couche dure en formation ; les terres sont éparpillées sur les litières, dont elles corrigent l'acidité et favorisent la décomposition.

Nous arrivons ainsi, en suivant les différentes phases de la vie du peuplement, à parler des éclaircies qui ont une influence prépondérante sur le rendement, but final de toute spéculation humaine.

Nous ne nous étendrons pas longuement sur la nécessité

et les avantages des éclaircies dans les bois résineux ; nous les rappellerons sommairement.

Mais disons dès maintenant qu'elles sont encore trop souvent négligées de nos jours ; ce fut le cas des pineraies du Chenoy jusqu'en ces dix dernières années, chose dont il est facile de juger d'après les derniers accroissements en hauteur, manifestement plus marqués qu'au cours de la période pendant laquelle ces éclaircies ont fait défaut.

Le but de l'éclaircie est de desserrer le peuplement à la hauteur des sujets d'avenir. De cette définition, il résulte qu'elle ne doit pas se borner à enlever les sujets morts et dépérissants, mais qu'elle doit faire disparaître, outre ceux-là qui constituent un danger de propagation des insectes et des champignons, les perches à cime faible, étriquée, qui empêchent le développement des meilleurs éléments de la superficie.

Les éclaircies doivent mettre les sujets d'avenir à même de profiter de l'espace, de l'air, de la lumière, d'affirmer de plus en plus leurs qualités individuelles par de larges et puissants accroissements, en diamètre et en hauteur ; ces sujets formeront la majeure partie du volume acquis annuellement et par conséquent aussi du volume final.

En.plus, le diamètre moyen des arbres à l'exploitation sera augmenté et les sujets favorisés dans leur accroissement fourniront de grosses pièces, payées plus cher à l'unité.

Nous signalerons enfin que les éclaircies permettent la réalisation de produits intermédiaires, souvent très importants, surtout en Belgique où les petits bois trouvent facilement des débouchés.

Pour bien faire percevoir les avantages des éclaircies au point de vue de l'accroissement et de l'augmentation de la moyenne des dimensions des bois, donnons l'exemple suivant, tiré des parcelles d'expérience établies dans la pineraie dite de l'*Ardoisière*, que nous avons visitée au cours de l'excursion ; elle est âgée de 38 ans ; les chiffres se rapportent à l'hectare.

DATE des opérations	PARCELLE A (éclaircie)		PARCELLE B (non éclaircie)
	Volume enlevé par l'éclaircie	Volume après l'éclaircie	Volume
Éclaircie en février 1897.	27,780^{m3} (1,090 pins)	135,800^{m3}	138^{m3}580
Id. 1901.	17.890 (650 pins)		Les arbres morts ont été exploités
Mesurage en mai 1902.		179.090 (1,940 pins)	171.000 (2,540 pins)

L'accroissement pour la période envisagée, soit 5 ans, a donc été :

Parcelle A. — $179^{m3}090 - 135^{m3}800 = 43^{m3}290$

Eclaircie de 1901 . . . . $17^{m3}890$

Soit. . . . $61^{m3}180$

Parcelle B. — $171^{m3}000 - 138^{m3}580 = 32^{m3}420$.

et par année :

Parcelle A. — $12^{m3}236$.

Parcelle B. — $6^{m3}480$.

Le volume de l'arbre moyen en 1902 était :

Parcelle A. $\dfrac{179^{m3}090}{1,940} = 0^{m3}092$.

Parcelle B. $\dfrac{171^{m3}000}{2,540} = 0^{m3}060$.

Donc, tandis que l'accroissement annuel est presque doublé dans la parcelle éclaircie, le volume de l'arbre moyen de la parcelle témoin ne représente que les 2/3 du même arbre, dans les peuplements éclaircis.

Ces chiffres se passent de commentaires; ils plaident suffisamment la cause des éclaircies.

En ce qui concerne le volume des plus vieilles pineraies du Chenoy, nous dirons que nous en avons vu qui comportent environ 250 mètres cubes par hectare.

Conversion des peuplements résineux en futaie sur taillis.
— Les travaux d'éclaircie se font donc toujours en faveur
des sujets d'avenir; cette règle est encore plus sévère dans
les peuplements résineux, situés en bons sols, sablo-
argileux, dans les pentes et les ondulations septentrionales
des plateaux, et que leur proximité des bois de futaie sur
taillis permet de raccorder à ces bois feuillus.

On a décidé la conversion en futaie sur taillis de
45 hectares environ de bois situés dans ces conditions de
sol et de situation topographique.

Le point visé est donc la création d'un peuplement feuillu
à l'abri des bois résineux dont les plus beaux sujets, toujours
ceux qui se sont affirmés d'eux-mêmes et que les éclaircies
ont favorisés et favoriseront encore, formeront provisoire-
ment tout au moins la futaie du bois en conversion.

Ces arbres d'avenir sont marqués à la couleur; celle-ci peut
rester adhérente pendant 5 ou 6 ans. Ils doivent être convenablement répartis; on les choisit parmi les sujets à large
cime, à couvert relevé, au tronc droit et bien proportionné. Les
marques à la couleur sont de nature à faciliter considérablement les éclaircies, les sujets à dégager étant matériellement
signalés à l'attention. On peut procéder à cette importante opération dès les premières éclaircies, à moins qu'on
ne juge plus simple de la pratiquer plus tard, quand les
meilleurs sujets se seront plus nettement affirmés à la suite
d'un certain nombre d'éclaircies.

Il paraît nécessaire de façonner ainsi 300 à 400 sujets par
hectare pour constituer une réserve suffisante dans les
futures futaies sur taillis.

Parallèlement aux éclaircies, on crée le peuplement feuillu
de sous-étage, par voie de plantation d'essences appropriées.

Le choix des essences à planter doit être fait d'autant plus
judicieusement qu'il est plus restreint. On n'y trouve guère
à l'état naturel que le bouleau, le saule, le coudrier; le hêtre
aux confins des bois feuillus.

On plante du châtaignier et du chêne rouge d'Amérique,

deux essences précieuses par leur couvert épais et leurs détritus abondants, chose très importante dans les sols sablo-argileux ou simplement sablonneux dans lesquels on opère.

Dans les clairières au sol bien conservé, on plante des groupes de frêne, d'érable et de chêne, les saules et bouleaux introduits naturellement pouvant compléter le jeune boisement qui sera recépé en temps voulu.

On plante parfois également le bouleau et l'aune blanc.

Les éclaircies continueront dans l'étage supérieur, toujours en faveur des futurs sujets de la futaie sur taillis, et découvriront petit à petit, lentement, les essences du sous-bois.

Il est à peine besoin de faire remarquer que ces conversions sont des opérations de longue haleine, que l'on n'entreprend que dans des sols favorables à la bonne végétation des feuillus ; l'existence, sur le terrain, de ronces, de plants de saules, de bouleau est un indice heureux de la qualité du sol et un bon augure pour la réussite des travaux de conversion.

Ici finit notre tâche de rapporteur de la charmante excursion au Chenoy ; le cadre de notre travail ne nous a permis que d'esquisser rapidement les richesses et les pratiques forestières d'un grand domaine dans une région privilégiée sous le double rapport des moyens de production et de la proximité de grands centres de consommation.

Avant de terminer, nous tenons à renouveler tous nos remercîments à M. le sénateur Boël, pour l'autorisation qu'il a bien voulu nous accorder de visiter sa splendide propriété du Chenoy, à MM. Louis, Paul et Georges Boël, qui nous en ont fait les honneurs, ainsi qu'à M. l'inspecteur des eaux et forêts Crahay, qui nous a prodigué les renseignements sur la culture et l'exploitation des bois parcourus.

Bruxelles, décembre 1902.　　　　L. BLONDEAU,
Garde général des eaux et forêts.

Défrichements dans
la Campine anversoise [1]

(*Fin.*)

III. Mise en valeur des bruyères vierges de la Campine anversoise

1° *Bruyère mamelonnée à sol et sous-sol de sable jaune perméable.*

Il est inutile, sinon nuisible, de procéder ici à un défoncement; il suffit d'incorporer à la lande, par un labour superficiel, un stock suffisant d'éléments minéraux nécessaires à la bonne végétation de la pineraie.

Une provision de 800 kilos de scories Thomas, restituant la chaux et l'acide phosphorique, est suffisante. Après quelque repos, on plantera 10,000 semis d'un an, à bon enracinement et à tige bien aoûtée, en ayant soin de praliner les racines sans les habiller, dans un mélange de terre noire fertile, d'argile et de purin de vache.

Coût à l'hectare :

a) Labour . . . . fr. 50
b) Engrais : 800 kilos scories Thomas à 16 p. c. d'acide phosphorique 40
c) 10,000 pins et frais de plantation. 30

Total. . . fr. 120

Après la première éclaircie, on tracera les rigoles.

2° *Bruyères plates, à sous-sol imperméable.*

Les couches jusqu'à 0^{m}70 de profondeur sont générale-

(1) *Erratum* — Page 723, n° de novembre, les chiffres doivent être rectifiés de la manière suivante :
Coût. Total, fr. 257.00 au lieu de fr. 357.
Produits. 3°) fr. 2,357.50 au lieu de fr. 2,080.
Total fr. 3,232.50 au lieu de fr. 2,955.

ment : *a*. La couverture sur sable gris ; *b*. la couche noire ; *c*. le tuf ferrugineux brun foncé ; *d*. le sable tendre. Ces terrains, tels quels, je le répète, sont rebelles à presque toute végétation forestière et, pour les transformer en pineraies d'avenir, il est indispensable de les bien défoncer, faute de quoi l'enracinement sera bientôt arrêté et ne tardera pas à se corroder complètement sous l'action de l'acide humique et des sels ferreux.

Mais, pour qu'un défoncement soit pleinement utile, il doit avoir brisé et émietté le tuf, et ramené à la surface la couche noire, qui constitue la réserve séculaire de la lande en éléments organiques et minéraux, et qui, transformée et amendée, deviendra un milieu convenable aux radicelles des jeunes pins : il faut aussi que la couverture enfouie puisse se décomposer et se transformer en humus utilisable, sous l'action de l'oxygène de l'air. Ces détails ont une importance capitale.

En résumé, dans la pratique du défoncement à 0^m70, chacune des couches de la lande imperméable sera brisée par la bêche et occupera la même place qu'elle occupait antérieurement, sauf les deux couches supérieures, qui seront interposées, la couche noire venant à la surface pour prendre la place de la couverture et du sable gris, ceux-ci venant en place de l'alios.

Après défoncement, l'absorption de l'eau se fera dans toute la couche de terre remuée et, par les temps de sécheresse, l'eau évaporée sera remplacée par l'eau du sous-sol, qui montera par capillarité à la surface, où elle sera pompée par les racines des jeunes pins ; d'autre part, l'air, en circulant dans le sol, l'assainira, et son oxygène décomposera les éléments minéraux inertes, qui deviendront en partie assimilables, en même temps qu'il favorisera la nitrification des matières organiques.

Quant aux engrais, la dose de scories doit être supérieure à celle qui est préconisée pour les bruyères mamelonnées.

Coût à l'hectare :

a) Défoncement à 0ᵐ70 de profondeur . . . . fr. 225
b) 1,000 kilos scories Thomas à 16 p. c. 50
c) Hersage, labour en ados de 4 mètres de largeur. 27
d) 10,000 pins et frais de plantation. 30

Total. . . fr. 332

J'ai observé l'efficacité du travail à la herse et à la charrue : il opère le tassement du sol et du sous-sol, d'où résultera une plus grande absorption d'eau et une évaporation moindre ; en outre, la réduction du tuf humique et ferrugineux facilite le contact avec l'engrais.

La plantation du sol défriché, directement sur labour sans second hersage, me paraît très avantageuse : le sol labouré offrant aux agents atmosphériques une surface plus considérable que s'il était parfaitement uni, s'aère, se fertilise et se réchauffe beaucoup mieux ; de plus, les mottes et aspérités de la surface labourée, en se délitant, exercent sur la jeune pineraie une action continuelle et bienfaisante, que je comparerais volontiers au tallage favorisant les céréales d'hiver.

3° *Bruyères plates humides, à sous-sol perméable sablo-argileux.*

Beaucoup de ces bruyères ont été transformées récemment, soit en terres arables, soit en prairies, soit en beaux peuplements forestiers, car il est à remarquer que si les bruyères mamelonnées et les bruyères sèches ne conviennent qu'au pin sylvestre, peut-être aussi au laricio de Corse et au pin rigide, les bruyères plates humides, à sous-sol perméable, peuvent être mises en valeur de diverses manières, suivant leur situation et, si elles sont destinées au boisement, le choix des essences est beaucoup plus étendu.

Il est à reconnaître qu'à l'état inculte, ces terres présentent l'inconvénient d'être submergées pendant une grande partie de l'année. En vue de l'amender, nous commencerons par diviser la bruyère en parcelles de même niveau, affectant, si possible, la forme d'un quadrilatère. Chaque parcelle sera entourée d'un fossé d'assèchement et traversée, suivant le thalweg du terrain, par une ou plusieurs rigoles, amenant les eaux surabondantes dans le fossé de bordure ; ce fossé, à son tour, déversera ses eaux dans un collecteur.

L'assèchement opéré, nous conseillons, dans de tels sols plus que partout ailleurs, à titre d'essai seulement, l'épandage sur la bruyère de 1,000 kilos de phosphate minéral très riche. Selon toute probabilité, la chaux de ce phosphate neutralisera l'humus acide de la couverture, et le phosphate tricalcique, en contact avec l'acide humique, se transformera en phosphate assimilable par les essences forestières et les plantes vivaces. Pendant la saison la plus sèche de l'année, nous effectuerons un labour superficiel, en ados, pour achever l'assainissement.

Arrivé à ce point, le traitement de la lande varie suivant le but que l'on veut atteindre :

a) Pour la *transformation du sol en terre arable*, le meilleur mode de fertilisation est la sidération par le lupin, qui offre l'avantage d'être relativement peu coûteux, de transformer l'état physique du sol par son enrichissement en humus provenant de la décomposition du lupin et, surtout, d'introduire dans le sol une grande quantité d'azote atmosphérique, absorbé par les nodosités de cette papilionacée.

En sol vierge, un premier lupin pousse mal ; aussi, pour stimuler sa végétation, faudra-t-il, sous une forme rapidement soluble, lui apporter les éléments indispensables, comme l'exige toute autre plante annuelle silicicole de même exigence. On peut aussi avantageusement inoculer le sol de la lande avant de l'ensemencer en un premier lupin, en y déversant une petite quantité de terre renfermant les microbes symbiotiques du lupin.

On introduira donc, par un labour et le plus tôt possible après l'hiver : 300 kilos de superphosphate, 100 kilos de chlorure de potasse et 200 kilos de guano dissous dosant 7 d'azote et 10 d'acide phosphorique; après hersage, on sèmera 150 kilos de graines à l'hectare.

Pour préparer la fumure minérale du second lupin, on sèmera sur le premier, roulé pour l'enfouissement, 1,000 kilos de scories et 500 kilos de kaïnite, que l'on enfouira en même temps que celui-ci.

Après ce second lupin, qui vaudra au moins une fumure de 40,000 kilos de fumier de ferme, la lande, hier inculte, sera acquise à la culture.

Je conseillerais, dès lors, la rotation suivante, dans laquelle interviendra la pomme de terre comme sole de nettoiement :

1re année : seigle.

2e année : 2 lupins — fumier sidéral.

3e année : pommes de terré.

4e année : avoine ; trèfle.

5e année : trèfle.

Ou bien, si l'ambition du propriétaire est l'élevage ou la laiterie :

4e année : avoine ; prairies.

5e année : prairies.

Quel est le prix de revient du fumier sidéral relativement au fumier de ferme?

D'abord, il est inutile de faire ressortir l'avantage de la fumure au lupin sur l'engrais de ferme, par l'absence absolue de frais de transports. L'étable est le plus souvent fort éloignée de la bruyère; en semant le lupin, le cultivateur trouvera son engrais sur place.

Fumure sidérale:

Perte d'une année de la rente du sol à l'hectare . fr.	75
Engrais : 1,000 kil. scories, 500 kil. kaïnite, semés .	100
Semis de 150 kil. à 24 fr. et main-d'œuvre	37
Labour d'enfouissement des engrais, hersage, roulage du lupin et labour d'enfouissement de celui-ci .	65
Total . . fr.	285

Pour un rendement présumé, minimum, de 40,000 kilos.

D'après analyse, le fumier sidéral a en poids une valeur égale au fumier de ferme.

40,000 kilos de celui-ci valent 400 francs.

Différence pour le prix de revient, en faveur du fumier sidéral de lupin : *115 francs à l'hectare.*

b) Si notre but est *l'établissement de prairies*, il importe que la neutralisation de l'acidité du sol soit garantie pour l'avenir, l'aération du sol étant impossible après l'ensemencement en graminées.

Pour éviter l'apparition de joncs et de plantes acides, dont la présence amoindrit la qualité du foin ou de l'herbe, au lieu de 1,000 kilos de phosphate minéral avant la fertilisation sidérale, répandons sur la lande 3,000 kilos de chaux, élément basique plus énergique que le plâtre. Plus tard, les curures des fossés et rigoles, nettoyés périodiquement, en mélange avec un peu de chaux, constitueront un riche compost qui sera étendu sur l'herbe après la seconde pousse.

Chaque année, les éléments minéraux seront restitués en proportion convenable et raisonnée, que l'on ait en vue la production d'un foin abondant pour la vente, l'élevage, la laiterie, ou l'engraissement d'un bétail adulte.

Il y aura lieu, enfin, de régénérer périodiquement les prairies par une fumure organique, telle que les boues de ville d'été, dont le prix de revient sera peu élevé si la propriété est située près d'un canal.

c) Examinons maintenant la mise en valeur des bonnes bruyères, *au point de vue forestier.*

Le boisement en feuillus n'exige pas la sidération comme je l'ai exposé plus haut ; mais, outre les 1,000 kilos de phosphate minéral introduits dans le sol sous labour de défoncement, on ajoutera 500 kilos de scories. On ouvrira ensuite des rigoles, de manière à diviser le terrain en planches de 8 mètres de largeur.

Il est difficile de fixer *a priori* quelles essences forestières doivent être affectées au boisement de ces terrains. Le sylviculteur ne doit jamais perdre de vue la nécessité de combattre la formation nouvelle de l'acidité du sol et d'augmenter constamment la masse d'humus doux qui sera la richesse du peuplement. Il excluera donc, dans la création du taillis, les essences à tanin et à couvert léger, telles que chênes du pays, bouleaux, et préférera des plantes à couvert épais : châtaignier, cerisier de Virginie, aune blanc, etc., dont les feuilles en décomposition donnent un terreau abondant, de bonne qualité.

Quel genre d'exploitation adopter? Est-ce le taillis, la futaie, ou le régime mixte?

Dans ces terrains, si l'on adopte le régime de la futaie pleine, il est à craindre que le sol redevienne acide ou qu'il se couvre d'une végétation spontanée très envahissante, avant la formation du massif complet. Pour les raisons énoncées plus haut, c'est le taillis d'essences mélangées, sous futaie claire, qui est ici le mieux en place.

Par exemple, on plantera en mélange intime châtaigniers d'Amérique, aunes blancs, bouleaux à canot, cerisiers de Virginie, trembles, etc., en plants d'un an de semis et un an de repiquage, à 1^{m}25 en tous sens, soit 6,400 plants à l'hectare. A l'état de gaulis, on les recépera à la serpe ou au sécateur forestier, et on réservera seulement, en petit nombre, les sujets les plus méritants.

Enfin, quand le sol sera recouvert d'un abondant terreau, on plantera, en vue d'un plus bel avenir, quelques essences à bois dur, telles que pécondulés, acacias et quelques sapins Douglas. Ces derniers plantés à écartement régulier et en bordure.

Le boisement en pineraie de ces bonnes bruyères est très simple. Il suffit de répandre sur la lande 1,000 kilos de scories phosphatées, et de la diviser en planches de 5 mètres par des fossés de 1 mètre d'ouverture et 0^{m}60 de profondeur. Sur chaque planche, on plante trois lignes de pins, soit 6,500 environ à l'hectare.

Coût de la mise en valeur des bruyères à sous-sol perméable sablo-argileux.

1° En terre de culture :

a Fossés et chemins; à l'hecatre approximativement. fr. 20
b Labour de défrichement 75
c 1,000 kilos phosphate minéral à 35 p.c. de phosphate. 20
d Pour le premier lupin : engrais 95
e 150 kilos de graines et hersage 40
f Pour le second lupin : engrais et labour d'enfouissement 110
g 125 kilos graines et hersage 35
h Labour d'enfouissement du second lupin. 35
                                    Total . . . . fr. 430

2° En peuplement forestier. Taillis sous futaie claire :

a Fossés et chemins d'exploitation . . . . . . fr. 20
b Labour de défrichement 75
c 1,000 kilos phosphate minéral et 500 kilos scories . 85
d Hersage et second labour 35
e Division du terrain en planches de 8 mètres . . . 30
f 6,400 plants et frais de plantation 70
g 100 baliveaux de futaie et plantation. 30
                                    Total . . . . fr. 345

3° En pineraie :

a Fossés et chemins d'exploitation . . . . . . fr. 20
b 1,000 kilos de scories phosphatées. 50
c Disposition en planches 60
d Plantation de 6,500 pins semis d'un an 15
                                    Total . . . . fr. 145

*
* *

Je ne veux pas terminer cette causerie, Messieurs, sans vous faire part de mes doléances en ce qui concerne le maraudage qui sévit dans les bois de la Campine anversoise.

C'est devenu une calamité : en bande, en plein jour ou nuitamment, les malfaiteurs circulent avec instruments,

brouettes et attelages, et dévastent littéralement les propriétés boisées.

Je ne fais pas ici allusion à l'indigent qui, sans autorisation, s'en va ramasser une fouée de bois mort, précieux pour
le garantir contre les rigueurs de l'hiver.

J'incrimine ces malfaiteurs dangereux qui, du 1er janvier
au 31 décembre, courent les bois, mutilent, arrachent,
coupent, rez-terre ou à mi-hauteur (c'est plus facile), des
arbres en pleine végétation. Rien n'est épargné!

Le ratelage quotidien fournit une ample litière et remplace la paille qu'on a soin d'aller vendre.

En automne, on vend aux marchands de graines les cônes
verts qui, avec les rameaux de l'année, sont arrachés des
pins sylvestres, dont les fûts sont criblés de coups d'éperon.

L'hiver, on s'adonne à la confection des allume-feux dits
« kapitelhout », qui valent à Anvers fr. 1.50 le sac; un
ménage peut remplir une cinquantaine de sacs par semaine.
C'est en quoi se transforment les arbres volés. Afin d'avoir
constamment ample provision, on emporte arbres secs et
arbres verts. Il y a mieux : des enfants (vous connaissez la
loi Lejeune?) des enfants sont envoyés au bois, la serpe en
mains, avec mission d'entailler les arbres sains qui, ainsi,
courent risque de devenir arbres secs l'été suivant.

J'oubliais de vous parler de ceux qui dévastent nos taillis
de bouleau, en vue de la vente des balais, en ville et dans
les polders. Ils viennent généralement au bois quelques
heures avant le jour, quand la lune est à son déclin : comme
ils sont en bande, ces individus ont vite fait de couper des
charges entières de branches ayant les dimensions requises ;
les arbustes sont éhouppés et, après l'hiver, un taillis
est ainsi complètement « plumé ».

La prise de ces vandales est rendue fort difficile pour le
motif que, toujours en nombre, ils abattent grosse besogne
et varient constamment l'itinéraire de leurs excursions durant une même période de nuits claires. Aucun taillis de bouleau, dans la région, ne reste indemne!

Comme je le disais tantôt, le maraudage devient ici une calamité. C'est le métier des mauvais sujets de nos campagnes, lesquels, avec leurs chargements de bois volé, traversent journellement et impunément les agglomérations.

Il faut un remède à cela.

La gendarmerie et la police locale se soucient fort peu, semble-t-il, des délits forestiers. Les gendarmes allèguent leurs multiples corvées, la volumineuse correspondance, « les correspondances » lointaines d'un poste à l'autre : certaines circonscriptions ont trois ou quatre lieues de diamètre.

D'autre part, les gardes champêtres, ou mieux le garde champêtre, dans la commune, n'est-il pas le secrétaire de M. le secrétaire, et ne faut-il pas que, même à l'heure de midi, il aille surveiller les cabarets, surtout ceux où il a l'habitude de prendre ses apéritifs?

Nous ne sommes pas secondés par la police. Le sommes-nous par nos magistrats cantonaux ?

Malgré tout le respect que je professe pour la magistrature, que je vois ici hautement et dignement représentée, je crois que nos juges de paix montrent, en ces matières, une regrettable indulgence, rendant ainsi sans le vouloir le plus mauvais service à tous les honnêtes gens.

Et cependant, notre Code forestier est suffisamment catégorique. Si nous en avions le temps, nous lirions ensemble les titres XII et XIII de la loi du 15 décembre 1854.

Louis BAREEL,
ingénieur agricole.

Relevé des arbres remarquables

(Fin)

Un renseignement trop peu précis nous a fait dire (n° de novembre) que l'arbre de la Liberté, appartenant à Mme veuve Fr. Bochkoltz, de Saint-Hubert, se trouve dans le parc de la propriétaire. Or, ce parc n'existe pas et l'arbre en question se trouve en réalité dans la propriété dite « Bois du Fays ».

Province de Namur

COMMUNE D'ANSEREMME.
Situation : près du chemin d'Anseremme à Walzin, à proximité des forges du propriétaire.
Propriétaire : M. Amand, de Bouvignes.
Nom de l'arbre : Hêtre de la Forge.
Essence : Hêtre à feuilles pourpres.
Végétation : bonne.
Circonférence à 1ᵐ50 du sol : 2ᵐ88.
Hauteur sans branches : 4 mètres.
Hauteur totale : 17 mètres.
Observations : Arbre greffé.

COMMUNE D'ANTHÉE.
Situation : près de la route de Hastière à Anthée, vis-à-vis de la ferme de Miavoye.
Propriétaire : M. F. Palante, de Miavoye.
Nom de l'arbre : Gros arbre.
Essence : érable champêtre.
Végétation : bonne.
Circonférence à 1ᵐ50 du sol : 3 mètres.
Hauteur sans branches : 4 mètres.
Hauteur totale : 16 mètres.
Observations : »

COMMUNE D'ARBRE.
Situation : le long de la route de Burnot à Arbre.
Propriétaire : Mᵐᵉ la baronne Fallon.
Nom de l'arbre : »
Essence : châtaignier.
Végétation : très bonne.
Circonférence à 1ᵐ50 du sol : 3ᵐ05.
Hauteur sans branches : 3ᵐ50.
Hauteur totale : 15 mètres.
Observations : Se trouve au pied de la fontaine Bruant, qui ne tarit jamais.

MÊME COMMUNE D'ARBRE.
Situation : le long de la route de Burnot à Arbre.
Propriétaire : Mᵐᵉ la baronne Fallon.

Nom de l'arbre : .   »   ·· · · · ?? ·

Essence : châtaignier. ;

Végétation : bonne.

Circonférence à 1ᵐ50 du sol : 3ᵐ10.

Hauteur sans branches : 3 mètres.

Hauteur totale : 15 mètres.

Observations : Cime remarquable.

COMMUNE D'AVE-et-AUFFE.

Situation : près de la chapelle d'Auffe.

Propriétaire : la commune.

Nom de l'arbre :   »

Essence : Tilleul à grandes feuilles.

Végétation : vigoureux.

Circonférence à 1ᵐ50 du sol : 2ᵐ90.

Hauteur sans branches : 4ᵐ50.

Hauteur totale : 13 mètres.

Observations :   »

COMMUNE DE BIESME.

Situation : village.

Propriétaire : la commune.

Nom de l'arbre : Marronnier de Prée.

Essence : marronnier d'Inde.

Végétation : très bonne.

Circonférence à 1ᵐ50 du sol : 3ᵐ40.

Hauteur sans branches : 3 mètres.

Hauteur totale : 21 mètres.

Observations : Lieu de rendez-vous.

MÊME COMMUNE DE BIESME.

Situation : parc de M. de Fabri.

Propriétaire : M. de Fabri, de Biesme.

Nom de l'arbre : Peuplier Fabri.

Essence : Peuplier du Canada.

Végétation : très bonne.

Circonférence à 1ᵐ50 du sol : 4ᵐ25

Hauteur sans branches : 12 mètres.

Hauteur totale : 22 mètres.

Observations :   »

COMMUNE DE BIOUL.

Situation : en pleine campagne, lieu dit « Herdal », à côté du sentier de Bioul à Salet.

Propriétaire : sert de borne entre diverses propriétés.

Nom de l'arbre : Grosse épine.
Essence : aubépine.
Végétation : encore très vigoureuse.
Circonférence à 1ᵐ50 du sol : 1ᵐ70.
Hauteur sans branches : 2 mètres.
Hauteur totale : 7 mètres.
Observations : Une statuette se trouve dans une petite niche pratiquée au·milieu du tronc.

MÊME COMMUNE DE BIOUL.
Situation : à proximité du chemin de Bioul à Saint-Gérard.
Propriétaire : la commune.
Nom de l'arbre : Grand tilleul.
Essence : tilleul à petites feuilles.
Végétation : assez bonne.
Circonférence à 1ᵐ50 du sol : 3ᵐ30.
Hauteur sans branches : 2ᵐ50.
Hauteur totale : 8ᵐ50.
Observations : Tronc presque entièrement creux et dont le tiers à disparu.

MÊME COMMUNE DE BIOUL.
Situation : lieu dit St-Joseph, entre Bioul et Annevoie, au bord de la route de Rouillon à Annevoie.
Propriétaire : la commune.
Nom des arbres : Tilleuls de St-Joseph.
Essence : tilleul à petites feuilles.
Végétation : bonne.
Circonférence à 1ᵐ50 du sol : 3ᵐ25 et 2ᵐ05.
Hauteur sans branches : 3ᵐ et 2ᵐ50.
Hauteur totale : 13 et 9 mètres.
Observations : Avant la révolution française, il existait une chapelle entre ces deux arbres distancés de 6 mètres; cette chapelle a été détruite par les sans-culottes. Le tronc du plus gros est creux. mais la commune l'a fait consolider à l'aide de maçonnerie, à la suite d'un incendie allumé à l'intérieur par la foudre.

COMMUNE DE BURE.
Situation : bois communaux dits les Wèves.
Propriétaire : la commune.
Nom de l'arbre :   »
Essence : chêne pédonculé.
Végétation : bonne.
Circonférence à 1ᵐ50 du sol : 2ᵐ65.

Hauteur sans branches : 9 mètres.
Hauteur totale : 20 mètres.
Observations :　　"

COMMUNE DE CERFONTAINE.
Situation : bois communal.
Propriétaire : la commune.
Nom de l'arbre : Le Grand Hêtre.
Essence : hêtre commun.
Végétation : assez bonne.
Circonférence à 1ᵐ50 du sol : 3ᵐ15.
Hauteur sans branches : 20 mètres.
Hauteur totale : 28 mètres.
Observations : C'est un des points culminants de la région.

COMMUNE DE COURRIÈRE.
Situation : hameau du Trieu.
Propriétaire : M. le comte de Liedekerke.
Nom de l'arbre : Hêtre ou fau du Trieu.
Essence : hêtre commun.
Végétation : très bonne.
Circonférence à 1ᵐ50 du sol : 4ᵐ22.
Hauteur sans branches : 9 mètres.
Hauteur totale : 20 mètres.
Observations :　　"

COMMUNE DE DAVE.
Situation : dans le bois de la propriétaire, lieu dit : « Faisanderie ou Taille du Prince ».
Propriétaire : Mᵐᵉ la duchesse de Fernan-Nunez.
Nom de l'arbre : Chêne de la faisanderié.
Essence : chêne pédonculé.
Végétation : bonne.
Circonférence à 1ᵐ50 du sol : 3ᵐ70.
Hauteur sans branches : 12 mètres.
Hauteur totale : 28 mètres.
Observations :　　"

MÊME COMMUNE DE DAVE.
Situation : dans le bois, en lieu dit « Gominvaux ».
Propriétaire : Mᵐᵉ la duchesse de Fernan-Nunez.
Nom de l'arbre : Le chêne du marquis Lamina.
Essence : chêne pécondulé.
Végétation : bonne.
Circonférence à 1ᵐ50 du sol : 3ᵐ35.

Hauteur sans branches : 7 mètres.

Hauteur totale : 22 mètres.

Observations :   "

MÊME COMMUNE DE DAVE.

Situation : dans le bois, en lieu dit « Gominvaux ».

Propriétaire : Mme la duchesse de Fernan-Nunez.

Nom de l'arbre :   "

Essence : frène commun.

Végétation : bonne.

Circonférence à 1^m50 du sol : 2^m90.

Hauteur sans branches : 6 mètres.

Hauteur totale : 22 mètres.

Observations : Lieu de rendez-vous.

MÊME COMMUNE DE DAVE.

Situation : dans le bois, en lieu dit : « Gominvaux ».

Propriétaire : Mme la duchesse de Fernan-Nunez.

Nom de l'arbre :   "

Essence : hêtre commun.

Végétation : bonne.

Circonférence à 1^m50 du sol ; 3^m50.

Hauteur sans branches : 2 mètres.

Hauteur totale : 22 mètres.

Observations : Lieu de rendez-vous.

COMMUNE DE DHUY.

Situation : dans le parc du château.

Propriétaire : Mme la comtesse d'Elzée.

Nom de l'arbre :   "

Essence : orme des montagnes.

Végétation : très bonne.

Circonférence à 1^m50 du sol ; 5^m20.

Hauteur sans branches : 8 mètres.

Hauteur totale : 20 mètres.

Observations :   "

COMMUNE D'EVREHAILLES.

Situation : dans le village.

Propriétaire : la commune.

Nom de l'arbre :   "

Essence : tilleul à petites feuilles.

Végétation : très bonne.

Circonférence à 1^m50 du sol ; 3^m50.

Hauteur sans branches : 5 mètres.

Hauteur totale : [20 mètres.

Observations : »

MÊME COMMUNE D'EVREHAILLES.

Situation : à côté du chemin d'Evrehailles à Fumy et Bauche.

Propriétaire : la commune.

Nom de l'arbre : Tilleul de Goha.

Essence : tilleul à petites feuilles.

Végétation : bonne.

Circonférence à 1ᵐ50 du sol : 3ᵐ90.

Hauteur sans branches : 4 mètres.

Hauteur tota'e : 20 mètres.

Observations : »

MÊME COMMUNE D'EVREHAILLES.

Situation : le long du chemin d'Evrehailles à la Gayolle.

Propriétaire : la commune.

Nom de l'arbre : Tilleul de la Goëlette.

Essence : tilleul à petites feuilles.

Végétation : bonne.

Circonférence à 1ᵐ50 du sol : 3ᵐ60.

Hauteur sans branches : 4 mètres.

Hauteur totale : 15 mètres.

Observations : »

COMMUNE DE FALMIGNOUL.

Situation : dans une prairie à environ 60 mètres de la Meuse.

Propriétaire : M. le comte de Laubespin.

Nom de l'arbre : Tilleul du Colombier.

Essence : tilleul à petites feuilles.

Végétation : très vigoureux.

Circonférence à 1ᵐ50 du sol : 3ᵐ60.

Hauteur sans branches : 5 mètres.

Hauteur totale : 15 mètres.

Observations : »

COMMUNE DE FLORÉE.

Situation : hameau de Maibelle.

Propriétaire : Mᵐᵉ la comtesse de Florée.

Nom de l'arbre : »

ssence : tilleul à grandes feuilles.

végétation : médiocre.

Circonférence à 1ᵐ50 du sol : 6ᵐ20.

Hauteur sans branches : 4 mètres.

Hauteur totale : 8 mètres.

Observations : Il ne reste plus qu'une partie du tronc, qui avait autrefois des dimensions considérables.

COMMUNE DE FOSSES.
Situation : près du château.
Propriétaire : Hospices de Fosses.
Nom de l'arbre :　　　　»
Essence : chêne pédonculé.
Végétation : passable.
Circonférence à 1m50 du sol : 3m65.
Hauteur sans branches : 5 mètres.
Hauteur totale : 10 mètres.
Observations :　　»

MÊME COMMUNE DE FOSSES.
Situation : bois de la Folie.
Propriétaire : Hospices de Fosses.
Nom de l'arbre :　　　　»
Essence : chêne pédonculé.
Végétation : médiocre.
Circonférence à 1m50 du sol : 3 mètres.
Hauteur sans branches : 4 mètres.
Hauteur totale : 8 mètres.
Observations : Cet arbre est creux et aurait servi de refuge à un déserteur pendant plusieurs jours.

COMMUNE DE FRANCHIMONT.
Situation : à 300 m. du village, à proximité du chemin vers Villers-le-Gambon.
Propriétaire : Mlle Misson, de Haine-St-Pierre.
Nom de l'arbre : Tilleul Ste-Anne.
Essence : tilleul à grandes feuilles.
Végétation : bonne.
Circonférence à 1m50 du sol : 4m17.
Hauteur sans branches : 5 mètres.
Hauteur totale : 15 mètres.
Observations : Près de l'arbre, dans une petite chapelle supportée par une colonne de pierre, se trouve une statue de Ste Anne. Lieu de procession et de pèlerinage.

COMMUNE DE FRONVILLE.
Situation : lieu dit « Pont al pice ».
Propriétaire : la section de Deulin.
Nom de l'arbre :　　　　»
Essence : tilleul à petites feuilles.

Végétation : laisse à désirer.
Circonférence à 1ᵐ50 du sol : 3ᵐ40.
Hauteur sans branches : 2ᵐ50.
Hauteur totale : 20 mètres.
Observations :   »

COMMUNE DE GESVES.
Situation : près de l'école des Frères.
Propriétaire : la commune.
Nom de l'arbre : Tilleul de la chapelle Moucraux.
Essence : tilleul à grandes feuilles.
Végétation : assez bonne.
Circonférence à 1ᵐ50 du sol : 5ᵐ90.
Hauteur sans branches : 3 mètres.
Hauteur totale : 10 mètres.
Observations :   »

COMMUNE DE HAILLOT.
Situation : sur un point culminant dans la campagne, non loin du bois communal.
Propriétaire : la commune.
Nom de l'arbre : Hêtre de chez Sanzot.
Essence : hêtre.
Végétation : assez bonne.
Circonférence à 1ᵐ50 du sol : 3ᵐ20.
Hauteur sans branches : 5 mètres.
Hauteur totale : 13 mètres.
Observations : Formait le coin de l'ancienne futaie de hêtre défrichée.

MÊME COMMUNE DE HAILLOT.
Situation : dans le village.
Propriétaire : la commune.
Nom de l'arbre : Tilleul de l'ancienne église.
Essence : tilleul à grandes feuilles.
Végétation : assez bonne.
Circonférence à 1ᵐ50 du sol : 5ᵐ40.
Hauteur sans branches : 5 mètres.
Hauteur totale : 15 mètres.
Observations :   »

COMMUNE DE HAN-SUR-LESSE.
Situation : aux pertes de la Lesse.
Propriétaire : M. le baron de Spandt.
Nom de l'arbre :   »

Essence : orme champêtre.
Végétation : assez bonne.
Circonférence à 1ᵐ50 du sol : 5ᵐ80.
Hauteur sans branches : 3ᵐ25.
Hauteur totale : 12 mètres.
Observations :   "

COMMUNE DE HAUT-LE-WASTIA.
Situation : place publique.
Propriétaire : la commune.
Nom de l'arbre :   "
Essence : tilleul à petites feuilles.
Végétation : bonne.
Circonférence à 1ᵐ50 du sol : 3ᵐ80.
Hauteur sans branches : 2ᵐ10.
Hauteur totale : 20 mètres.
Observations : Cet arbre, fendu et divisé de haut en bas en quatre parties, menaçait de tomber. La commune a pris des mesures de conservation.

COMMUNE DE HEER.
Situation : près du château de M. Parent.
Propriétaire : M. Parent, de Givet.
Nom de l'arbre :   "
Essence : tulipier de Virginie.
Végétation : bonne.
Circonférence à 1ᵐ50 du sol : 1ᵐ85.
Hauteur sans branches : 7 mètres.
Hauteur totale : 18 mètres.
Observations :   "

COMMUNE DE HOUYET.
Situation : parc d'Ardenne.
Propriétaire : Sa Majesté Léopold II, Roi des Belges.
Nom de l'arbre : Chêne du Parc.
Essence : chêne rouvre.
Végétation : laisse à désirer.
Circonférence à 1ᵐ50 du sol : 4ᵐ70.
Hauteur sans branches : 6 mètres.
Hauteur totale : 16 mètres.
Observations :   "

MÊME COMMUNE DE HOUYET.
Situation : cimetière.
Propriétaire : la commune.
Nom des arbres :   "

57

Essence : tilleul à petites feuilles.
Végétation : bonne.
Circonférence à 1ᵐ50 du sol : 4ᵐ40 et 5ᵐ20.
Hauteur sans branches : 4ᵐ10 et 4ᵐ.
Hauteur totale : 18 et 15 mètres.
Observations : Au nombre de deux.

COMMUNE DE HULSONNIAUX.
Situation : le long du chemin de Hulsonniaux à Mesnil-St-Blaise.
Propriétaire : la commune.
Nom des arbres : Tilleuls de la Chapelle.
Essence : tilleul à petites feuilles.
Végétation : stationnaire.
Circonférence à 1ᵐ50 du sol : 3ᵐ50, 3ᵐ et 2ᵐ50.
Hauteur sans branches : 4ᵐ, 2ᵐ50 et 3ᵐ.
Hauteur totale : 16, 15 et 18 mètres.
Observations : Au nombre de trois, abritent une chapelle.

MÈME COMMUNE DE HULSONNIAUX.
Situation : à proximité du chemin de Hulsonniaux à Mesnil-St-Blaise.
Propriétaire : la commune.
Nom de l'arbre : Tilleul de la Croix Fays.
Essence : tilleul à petites feuilles.
Végétation : stationnaire.
Circonférence à 1ᵐ50 du sol : 3 mètres.
Hauteur sans branches : 2ᵐ50.
Hauteur totale : 14 mètres.
Observations : Abrite une croix en bois qui devrait son installation à la mort tragique d'un nommé Fays, qui aurait été dévoré à cet endroit par un sanglier blessé.

COMMUNE DE LAVAUX-STE-ANNE.
Situation : château de Lavaux-Ste-Anne.
Propriétaire : Mᵐᵉ Van Volxem.
Nom de l'arbre : »
Essence : marronnier d'Inde.
Végétation : souffre du bris d'une grosse branche.
Circonférence à 1ᵐ50 du sol : 3ᵐ80.
Hauteur sans branches : 3ᵐ15.
Hauteur totale : 15 mètres.
Observations : Dans le pays, on dit que cet arbre a été planté lors de la construction du château, soit en 1634.

COMMUNE DE LIERNU.
Situation : près de l'église.

Propriétaire : la commune.
Nom de l'arbre : Le chêne de Liernu (doyen des arbres).
Essence : chêne pédonculé.
Végétation : bonne.
Circonférence à 1ᵐ50 du sol : 12ᵐ40.
Hauteur sans branches : 3 mètres.
Hauteur totale : 16 mètres.
Observations : Un des plus gros et des plus vieux arbres de la Belgique; on lui donne, dans le pays, plus de 1,000 ans. L'Etat et la Province ont subsidié l'établissement d'une grille protectrice.

MÊME COMMUNE DE LIERNU.
Situation : près de l'église.
Propriétaire : M. Rosseuw, notaire à Tirlemont.
Nom de l'arbre :   »
Essence : chêne pédonculé.
Végétation : assez bonne.
Circonférence à 1ᵐ50 du sol : 7 mètres.
Hauteur sans branches : 5 mètres.
Hauteur totale : 20 mètres.
Observations : Remarquable par ses dimensions.

COMMUNE DE MALONNE.
Situation : hameau d'Insepré.
Propriétaire : M. Victor Massaux.
Nom de l'arbre :   »
Essence : if.
Végétation : très bonne.
Circonférence à 1ᵐ50 du sol : 1ᵐ03.
Hauteur sans branches : 1ᵐ50.
Hauteur totale : 10 mètres.
Observations :   »

COMMUNE DE MEMBRE.
Situation : dans un jardin, le long de la route de Membre à Bohan.
Propriétaire : M. Diez, cantonnier à Membre.
Nom de l'arbre :·   »
Essence : cerisier à grappes.
Végétation : bien venant.
Circonférence à 1ᵐ50 du sol : 0ᵐ90.
Hauteur sans branches : 3 mètres.
Hauteur totale : 10 mètres.
Observations : Il doit être âgé d'environ 40 ans. Il est remarquable par la beauté de ses fleurs, d'une blancheur de neige.

COMMUNE DE MESNIL-EGLISE.
Situation : dans le parc de Ferage.
Propriétaire : Sa Majesté Léopold II, Roi des Belges.
Nom de l'arbre : Chêne du Parc.
Essence : chêne rouvre.
Végétation : mauvaise.
Circonférence à 1ᵐ50 du sol : 6ᵐ17.
Hauteur sans branches : 3 mètres.
Hauteur totale : 14 mètres.
Observations :   »

MÊME COMMUNE DE MESNIL-EGLISE.
Situation : hameau de Ferage (place publique).
Propriétaire : la section.
Nom de l'arbre : Tilleul de Ferage.
Essence : tilleul à petites feuilles.
Végétation : mauvaise.
Circonférence à 1ᵐ50 du sol : 7 mètres.
Hauteur sans branches : 3 mètres.
Hauteur totale : 12 mètres.
Observations : Il est creux à la base.

COMMUNE DE METTET.
Situation : au hameau de Pont-au-Ry.
Propriétaire : la commune.
Nom de l'arbre : Chêne à l'image.
Essence : chêne pédonculé.
Végétation : bonne.
Circonférence à 1ᵐ50 du sol : 3 mètres.
Hauteur sans branches : 4 mètres.
Hauteur totale : 12 mètres.
Observations : Lieu de procession et de pèlerinage.

MÊME COMMUNE DE METTET.
Situation : bois communal.
Propriétaire : la commune.
Nom des arbres : Chênes jumeaux.
Essence : chêne pédonculé.
Végétation : très bonne.
Circonférence à 1ᵐ50 du sol : 1ᵐ70 et 1ᵐ77.
Hauteur sans branches : 5 et 7 mètres.
Hauteur totale : 12 et 12 mètres.
Observations : Arbres soudés à 1 mètre de haut.

COMMUNE DE MONT.
Situation : bois communal dit « Stocquisse ».
Propriétaire : la commune.
Nom de l'arbre : Chêne à l'image.
Essence : chêne rouvre.
Végétation : assez bonne.
Circonférence à 1ᵐ50 du sol : 1ᵐ88.
Hauteur sans branches : 3ᵐ20.
Hauteur totale : 11 mètres.
Observations : Une statuette est placée dans une petite niche pratiquée au milieu du tronc. Il paraît que d'autres ont été recouvertes par suite de la croissance de l'arbre.

COMMUNE DE NAMÈCHE.
Situation : dans le village.
Propriétaire : M. le baron Moncheur.
Nom de l'arbre :   »
Essence : peuplier du Canada.
Végétation : bonne.
Circonférence à 1ᵐ50 du sol : 4 mètres.
Hauteur sans branches : 9 mètres.
Hauteur totale : 35 mètres.
Observations :   »

COMMUNE DE NANINNE.
Situation : dans le bois, en lieu dit « aux cinq bonniers ».
Propriétaire : Mᵐᵉ la duchesse de Fernan-Nunez.
Nom de l'arbre : Chêne de Madame la duchesse.
Essence : chêne rouvre.
Végétation : assez bonne.
Circonférence à 1ᵐ50 du sol : 3ᵐ90.
Hauteur sans branches : 10 mètres.
Hauteur totale : 24 mètres.
Observations : Lieu de rendez-vous.

MÊME COMMUNE DE NANINNE.
Situation : dans le bois, en lieu dit « aux cinq bonniers ».
Propriétaire : Mᵐᵉ la duchesse de Fernan-Nunez.
Nom de l'arbre :   »
Essence : frêne.
Végétation : assez bonne.
Circonférence à 1ᵐ50 du sol : 3ᵐ15.
Hauteur sans branches : 9 mètres.
Hauteur totale : 21 mètres.
Observations : Lieu de rendez-vous.

COMMUNE DE NEUVILLE.

Situation : sur l'ancienne route de Bruxelles à Rocroy.

Propriétaire : la commune.

Nom des arbres :   »

Essence : pin sylvestre.

Végétation : couronnés.

Circonférence à 1ᵐ50 du sol : 0ᵐ84 et 0ᵐ95.

Hauteur sans branches : 3ᵐ et 4ᵐ50.

Hauteur totale : 5ᵐ50 et 7ᵐ.

Observations : Ces deux arbres marquent l'endroit où Napoléon Iᵉʳ, après la défaite de Waterloo, aurait fait une halte avec une partie de son état-major.

MÊME COMMUNE DE NEUVILLE.

Situation : bois communal.

Propriétaire : la commune.

Nom de l'arbre : Chêne Nénée.

Essence : chêne pédonculé.

Végétation : très bonne.

Circonférence à 1ᵐ50 du sol : 1ᵐ70.

Hauteur sans branches : 4 mètres.

Hauteur totale : 10 mètres.

Observations : Rendu légendaire par la pendaison d'une femme nommée Nénée, qui aurait été exécutée par des ouvriers bûcherons auxquels cette femme volait des déchets de bois.

COMMUNE D'OHEY.

Situation : centre de la commune.

Propriétaire : Mˡˡᵉ Pauline Simon.

Nom de l'arbre : Tilleul Jouassin.

Essence : tilleul à grandes feuilles.

Végétation : bonne.

Circonférence à 1ᵐ50 du sol : 4ᵐ30.

Hauteur sans branches : 4 mètres.

Hauteur totale : 19 mètres.

Observations : Cime d'une ampleur extraordinaire. Très connu.

COMMUNE D'OISY.

Situation : plateau d'Oisy, à un kilom. du village.

Propriétaire : la commune.

Nom des arbres : Les deux tilleuls de la chapelle d'Oisy.

Essence : tilleul à grandes feuilles.

Végétation : assez bonne.

Circonférence à 1ᵐ50 du sol : 5ᵐ47 et 2ᵐ68.

Hauteur sans branches : 2ᵐ et 3ᵐ50.

Hauteur totale : 20 et 20 mètres.

Observations : Ces arbres ont été plantés vers 1660 ; ils abritent une chapelle dédiée à la Vierge, invoquée sous le titre de « Notre-Dame de bon secours d'Oisy » sur laquelle il doit exister plusieurs légendes religieuses. La statuette renfermée actuellement dans la chapelle était, avant 1660, placée dans le tronc d'un vieux chêne aujourd'hui disparu, qui se trouvait à l'endroit où l'on a planté les deux tilleuls.

COMMUNE D'ONOZ-SPY.

Situation : dans le parc du château.

Propriétaire : M. le marquis de Beaufort.

Nom de l'arbre :   »

Essence : tilleul à petites feuilles.

Végétation : bonne.

Circonférence à 1ᵐ50 du sol : 5ᵐ60.

Hauteur sans branches : 5 mètres.

Hauteur totale : 18 mètres.

Observations : Circonférence au pied : 7ᵐ50 ; à 1ᵐ50 : 5ᵐ60 ; à 5 mètres : 8 mètres ; se divise ensuite en trois grosses branches de 2 mètres de circonférence environ.

MÊME COMMUNE D'ONOZ-SPY.

Situation : dans le bois St-Roch.

Propriétaire: M. le marquis de Beaufort.

Nom de l'arbre: »

Essence : chêne pédonculé.

Végétation : bonne.

Circonférence à 1ᵐ50 du sol : 2ᵐ79.

Hauteur sans branches : 28 mètres.

Hauteur totale : 35 mètres.

Observations :   »

COMMUNE DE PRY.

Situation : dans la campagne, sur un plateau élevé.

Propriétaire : M. Roulin, A., de Pry.

Nom de l'arbre : Tilleul de Biéreux.

Essence : tilleul à grandes feuilles.

Végétation : bonne.

Circonférence à 1ᵐ50 du sol : 2ᵐ80.

Hauteur sans branches : 6 mètres.

Hauteur totale : 7ᵐ50.

Observations : Point de rendez-vous très connu.

MÊME COMMUNE DE PRY.
Situation : village.
Propriétaire : la commune.
Nom de l'arbre : Tilleul du Tombois.
Essence : tilleul à grandes feuilles.
Végétation : bonne.
Circonférence à 1ᵐ50 du sol : 4ᵐ40.
Hauteur sans branches : 5 mètres.
Hauteur totale : 10 mètres.
Observations : Planté sur l'emplacement d'un ancien cimetière franc.

COMMUNE DE PURNODE.
Situation : dans le village, à côté du cimetière.
Propriétaire : la commune.
Nom de l'arbre : Gros tilleul.
Essence : tilleul à petites feuilles.
Végétation : bonne.
Circonférence à 1ᵐ50 du sol : 3 mètres.
Hauteur sans branches : 4 mètres.
Hauteur totale : 15 mètres.
Observations : Il ne reste de cet arbre que la moitié du tronc.

COMMUNE DE SCY.
Situation : près de l'église.
Propriétaire : la commune.
Nom de l'arbre :   »
Essence : tilleul à grandes feuilles.
Végétation : assez bonne.
Circonférence à 1ᵐ50 du sol : 6ᵐ50.
Hauteur sans branches : 5 mètres.
Hauteur totale : 12 mètres.
Observations :   »

COMMUNE DE SERINCHAMPS.
Situation : château de Serinchamps.
Propriétaire : M. de Collombs.
Nom des arbres :   »
Essence : épicéa.
Végétation : bonne.
Circonférence à 1ᵐ50 du sol : 3ᵐ40.
Hauteur sans branches : 10 mètres.
Hauteur totale : 40 mètres.
Observations : Au nombre de deux.

Commune de Villers-Deux-Eglises.
Situation : le long de la route vers Jamiolle, à 500 mètres de commune.
   Propriétaire : la commune.
   Nom de l'arbre : Tilleul Saint-Pierre.
   Essence : tilleul à grandes feuilles.
   Végétation : bonne.
   Circonférence à 1^{m}50 du sol : 3 mètres.
   Hauteur sans branches : 3 mètres.
   Hauteur totale : 17 mètres.
   Observations : Point de rendez-vous.

Même commune de Villers-Deux-Eglises.
Situation : centre du village.
   Propriétaire : la commune.
   Nom de l'arbre : Tilleul Saint-Paul.
   Essence : tilleul à grandes feuilles.
   Végétation : bonne.
   Circonférence à 1^{m}50 du sol : 3^{m}10.
   Hauteur sans branches : 5 mètres.
   Hauteur totale : 25 mètres.
   Observations :   »

Commune de Villers-sur-Lesse.
Situation : cour de la ferme.
   Propriétaire : S. M. Léopold II, roi des Belges.
   Nom de l'arbre :   »
   Essence : saule blanc.
   Végétation : très vigoureuse.
   Circonférence à 1^{m}50 du sol : 3^{m}90.
   Hauteur sans branches : 2^{m}50.
   Hauteur totale : 15 mètres.
   Observations :   »

Même commune de Villers-sur-Lesse.
Situation : dans le parc.
   Propriétaire : S. M. Léopold II, roi des Belges.
   Nom de l'arbre :   »
   Essence : chêne pédonculé.
   Végétation : carié.
   Circonférence à 1^{m}50 du sol : 4^{m}05.
   Hauteur sans feuilles : 7 mètres.
   Hauteur totale : 15 mètres.
   Observations :   »

MÊME COMMUNE DE VILLERS-SUR-LESSE.
Situation : dans le parc.
Propriétaire : S. M. Léopold II, roi des Belges.
Nom de l'arbre :   "
Essence : chêne pédonculé.
Végétation : encore vigoureuse.
Circonférence à 1m50 du sol : 3m48.
Hauteur sans branches : 8 mètres.
Hauteur totale : 14 mètres.
Observations :   "

MÊME COMMUNE DE VILLERS-SUR-LESSE.
Situation : prairie de la ferme.
Propriétaire : S. M. Léopold II, roi des Belges.
Nom de l'arbre :   "
Essence : chêne pédonculé.
Végétation : encore vigoureuse.
Circonférence à 1m50 du sol : 3m15.
Hauteur sans branches : 2 mètres.
Hauteur totale : 14 mètres.
Observations : La circonférence n'atteint que 2m30 à 1 mètre du sol ; elle est de 4 mètres à 2 mètres de haut.

MÊME COMMUNE DE VILLERS-SUR-LESSE.
Situation : au pied du rocher sur lequel est bâti le château de Ciergnon, mais sur la rive opposée de la Lesse.
Propriétaire : S. M. Léopold II, roi des Belges.
Nom de l'arbre :   "
Essence : chêne pédonculé.
Végétation : encore vigoureuse.
Circonférence à 1m50 du sol : 3m95.
Hauteur sans branches : 2m50.
Hauteur totale : 12 mètres.
Observations :   "

COMMUNE DE VITRIVAL.
Situation : place publique.
Propriétaire : la commune.
Nom de l'arbre : Gros tilleul.
Essence : tilleul à petites feuilles.
Végétation : bonne.
Circonférence à 1m50 du sol : 2m90.
Hauteur sans branches : 7m50.
Hauteur totale : 17 mètres.

Observations : Depuis quelques années, la commune l'entoure de soins et cherche à le conserver.

MÊME COMMUNE DE VITRIVAL.

Situation : bois des Mazuys de Vitrival, à la limite de quatre coupes.

Propriétaires : les Mazuys (descendants des anciens Mazuys de Vitrival).

Nom des arbres : Les jumeaux.

Essence : chêne pédonculé.

Végétation : bonne.

Circonférence à 1ᵐ50 du sol : 1ᵐ65.

Hauteur sans branches : 12 mètres.

Hauteur totale : 15 mètres.

Observations : Deux arbres soudés. Lieu de rendez-vous.

COMMUNE DE VONÊCHE.

Situation : dans le parc.

Propriétaire : M. le baron d'Huart.

Nom de l'arbre :   »

Essence : épicéa.

Végétation : bonne.

Circonférence à 1ᵐ50 du sol : 3ᵐ16.

Hauteur sans branches : 3ᵐ50.

Hauteur totale : 27 mètres.

Observations :

MÊME COMMUNE DE VONÊCHE.

Situation : dans le parc.

Propriétaire : M. le baron d'Huart.

Nom de l'arbre :   »

Essence : cèdre du Liban.

Végétation : bonne.

Circonférence à 1ᵐ50 du sol : 2ᵐ53.

Hauteur sans branches : 2ᵐ20.

Hauteur totale : 23 mètres.

Observations : Donne un couvert de 18 mètres de diamètre.

MÊME COMMUNE DE VONÊCHE.

Situation : dans le parc.

Propriétaire : M. le baron d'Huart.

Nom de l'arbre :   »

Essence : sapin argenté.

Végétation : bonne.

Circonférence à 1ᵐ50 du sol : 2ᵐ83.

Hauteur sans branches : 2ᵐ20.

Hauteur totale : 28 mètres.

Observations :   „

MÊME COMMUNE DE VONÈCHE.

Situation : dans le parc.

Propriétaire : M. le baron d'Huart.

Nom de l'arbre :   „

Essence : sequoia gigantea.

Végétation : bonne.

Circonférence à 1ᵐ50 du sol : 2ᵐ37.

Hauteur sans branches :   „

Hauteur totale : 23 mètres.

Observations : La circonférence au pied est de 3ᵐ50.

COMMUNE DE WARNANT.

Situation : lieu dit « Moulins », sur l'accotement de la route de Namur à Dinant.

Propriétaire : M. Bauchau, d'Anhée.

Nom de l'arbre : Saule de Moulins.

Essence : saule blanc.

Végétation : très bonne.

Circonférence à 1ᵐ50 du sol : 5ᵐ80.

Hauteur sans branches : 1ᵐ50.

Hauteur totale : 10 mètres.

Observations : A 1ᵐ50, ce saule est divisé en deux parties, dont chacune a la forme d'un arbre d'assez fortes dimensions.

Commerce du bois .

Adjudications officielles prochaines

Le 31 DÉCEMBRE 1902, à 11 heures, à la Bourse de commerce (salle de l'Union syndicale), à Bruxelles. Adjudication publique de l'entreprise de la fourniture de poteaux en sapin. (Cahier des charges n° 161.) 1ᵉʳ et 2ᵉ lots, cautionnement, 4,770 francs par lot. 3ᵉ lot, caut., 1,840 francs, 4ᵉ lot, caut., 5,050 francs.

PROCHAINEMENT, à 13 heures, au local de la Bourse de commerce (salle de l'Union syndicale), à Bruxelles. Adjudication publique, aux clauses et conditions du cahier des charges spécial n° 000, de l'entreprise de la fourniture des objets ci-après :

Fournitures à effectuer à Malines (gare de Muysen). 1er lot, 1,100 manches en bois de frêne pour cales, en bois d'orme pour manœuvres de wagons. 2e lot, 4,500 cales en bois d'orme pour manœuvres de wagons, 300 cales en bois de chêne pour manœuvres de wagons

PROCHAINEMENT, à 13 heures, au local de la Bourse de commerce (salle de l'Union syndicale), à Bruxelles. Adjudication publique, aux clauses et conditions du cahier des charges spécial n° 000, de l'entreprise de la fourniture de bois divers.

1° Fournitures à effectuer à Malines (gare de Muysen).

1er lot. Bois d'acajou. 32 mètres cubes madriers.

2e lot. Bois de teck. 54 mètres cubes plateaux.

3e lot. Bois de sapin rouge du Nord. 22 mètres cubes poutres; 4 mètres cubes madriers ; 182 mètres cubes planches.

4e lot. Bois de sapin rouge du Nord. 570 mètres cubes planches.

5e lot. Bois de sapin rouge du Nord. 545 mètres cubes planches.

2° Fournitures à effectuer à Gentbrugge (Sud).

6e lot. Bois de sapin rouge du Nord. 878 mètres cubes planches.

3° Fournitures à effectuer à Jemelle.

7e lot. Bois de sapin rouge du Nord. 503 mètres cubes planches.

4° Fournitures à effectuer à Louvain.

8e lot. Bois de sapin rouge du Nord. 1 mètre cube madriers, 312 mètres cubes planches.

5° Fournitures à effectuer dans divers lieux.

9e lot. Bois de sapin rouge du Nord. a) Fournitures a effectuer à Ans. 153 mètres cubes planches; b) fournitures à effectuer à Braine-le-Comte. 25 mètres cubes planches; c) fournitures à effectuer à Luttre. 3 mètres cubes poutres, 81 mètres cubes planches.

10e lot. Bois de sapin rouge du Nord. a) Fournitures à effectuer à Cuesmes. 200 mètres cubes planches; b) fournitures à effectuer à Schaerbeek. 125 mètres cubes planches.

11e lot. Bois de frêne. a) Fournitures à effectuer à Malines (gare de Muysen). 41 mètres cubes madriers; b) fournitures à effectuer à Ans. 15 mètres cubes madriers; c) fournitures à effectuer à Gentbrugge (Sud). 8 mètres cubes madriers; d) fournitures à effectuer à Braine-le-Comte. 2 mètres cubes madriers; e) fournitures à effectuer à Luttre. 4 mètres cubes madriers; f) fournitures à effectuer à Cuesmes. 11 mètres cubes madriers; g) fournitures à effectuer à Jemelle. 10 mètres cubes madriers; h) fournitures à effectuer à Schaerbeek. 1 mètre cube madriers; i) fournitures à effectuer à Louvain. 1 mètre cube madriers.

12e lot. Bois de hêtre. a) Fournitures à effectuer à Malines (gare de

Muysen). 1 mètre cube planches, 15 mètres cubes madriers; b) fournitures à effectuer à Ans. 6 mètres cubes madriers; c) fournitures à effectuer à Gentbrugge (Sud). 4 mètres cubes madriers; d) fournitures à effectuer à Braine-le-Comte. 2 mètres cubes planches; e) fournitures à effectuer à Luttre. 3 mètres cubes planches, 2 mètres cubes madriers; f) fournitures à effectuer à Cuesmes. 10 mètres cubes madriers; g) fournitures à effectuer à Jemelle. 2 mètres cubes madriers; h) fournitures à effectuer à Schaerbeck. 4 mètres cubes madriers. i) fournitures à effectuer à Louvain. 2 mètres cubes madriers.

13e lot. Bois d'orme. Fournitures à effectuer à Malines (gare de Muysen). 83 mètres cubes planches, 112 mètres cubes madriers, 15 mètres cubes grumes.

14e lot. Bois d'orme. a) Fournitures à effectuer à Ans. 3 mètres cubes planches, 14 mètres cubes madriers; b) fournitures à effectuer à Gentbrugge (Sud). 4 mètres cubes planches, 22 mètres cubes madriers; c) fournitures à effectuer à Braine-le-Comte. 2 mètres cubes madriers; d) fournitures à effectuer à Luttre. 20 mètres cubes planches, 7 mètres cubes madriers; e) fournitures à effectuer à Cuesmes. 6 mètres cubes planches; f) fournitures à effectuer à Jemelle. 15 mètres cubes madriers; g) fournitures à effectuer à Schaerbeck. 4 mètres cubes planches; h) fournitures à effectuer à Louvain. 65 mètres cubes planches. 5 mètres cubes madriers.

15e lot. Bois de peuplier. a) Fournitures à effectuer à Malines (gare de Muysen). 7 mètres cubes planches, 13 mètres cubes madriers. b) fournitures à effectuer à Ans. 9 mètres cubes planches, 14 mètres cubes madriers; c) fournitures à effectuer à Gentbrugge (Sud). 5 mètres cubes planches, 90 mètres cubes madriers; d) fournitures à effectuer à Braine-le-Comte. 5 mètres cubes planches; e) fournitures à effectuer à Luttre. 15 mètres cubes planches; f) fournitures à effectuer à Cuesmes. 3 mètres cubes planches; g) fournitures à effectuer à Jemelle. 9 mètres cubes planches; h) fournitures à effectuer à Schaerbeek. 9 mètres cubes planches; i) fournitures à effectuer à Louvain. 4 mètres cubes planches.

16e lot. 1o Bois de tilleul. a) Fournitures à effectuer à Malines (gare de Muysen). 2 mètres cubes madriers; b) fournitures à effectuer à Schaerbeek. 2 mètres cubes madriers; c) fournitures à effectuer à Louvain. 4 mètres cubes madriers; 2o Bois de noyer. a) Fournitures à effectuer à Malines (gare de Muysen). 7 mètres cubes madriers; b) fournitures à effectuer à Cuesmes. 1 mètre cube madriers. 3o Bois de charme. a) Fournitures à effectuer à Malines (gare de Muysen). 5 mètres cubes arbres; b) fournitures à effectuer à Luttre. 7 mètres cubes arbres.

17e lot. Bois blanc dit « Canada ». a) Fournitures à effectuer à Malines (gare de Muysen), 145 mètres cubes planches, 70 mètres cubes madriers;

b) fournitures à effectuer à Ans. 3 mètres cubes planches, 5 mètres cubes madriers; *c)* fournitures à effectuer à Gentbrugge (Sud). 3 mètres cubes planches, 65 mètres cubes madriers; *d)* fournitures à effectuer à Luttre. 6 mètres cubes planches; *e)* fournitures à effectuer à Cuesmes. 3 mètres cubes planches, 2 mètres cubes madriers; *f)* fournitures à effectuer à Schaerbeek. 5 mètres cubes planches; *g)* fournitures à effectuer à Louvain. 7 mètres cubes planches.

6° Fournitures à effectuer à Bruxelles (Allée-Verte).

18° lot. 2,500 baliveaux (cales).

Chronique forestière

Ordre de Léopold. Promotion d'un sociétaire. — Réunions mensuelles. — Enseignement sylvicole. Personnel inférieur. — Une visite au domaine de Long champs. — Coupes domaniales. Ventes. — Le châtaignier. — Plantation de haies vives autour des prairies-vergers. — Les forêts de l'Etat du Congo.

Ordre de Léopold. Promotion d'un sociétaire. — Par arrêté royal du 3 novembre 1902, M. le vicomte Ch. de Spoelberch de Lovenjoul, homme de lettres à Bruxelles, est promu au grade d'officier de l'ordre de Léopold.

Réunions mensuelles. — M. Severin, conservateur au Musée d'histoire naturelle et conseiller supérieur des forêts, nous a entretenus, au cours de la réunion mensuelle de décembre, des insectes nuisibles aux arbres et aux peuplements forestiers; il en a parlé à un point de vue général, en restant dans le cadre de l'entomologie appliquée.

Le savant conférencier, après avoir fait part des défiances des sylviculteurs vis-à-vis des essences exotiques ou simplement acclimatées, en présence des dégâts subis en ces dernières années, dit que toutes les essences, tant indigènes qu'étrangères, ont leurs ennemis, végétaux et animaux, dans les stations que leur a assignées la nature ou que l'homme leur a réservées; les espèces introduites ne sont souvent attaquées que lorsqu'elles sont suffisamment adaptées aux conditions nouvelles de leur existence et cette période de garantie relative paraît correspondre

assez bien au temps nécessaire à l'étude des exigences, du rendement, de la valeur, en somme, de ces essences pour les régions envisagées.

D'après M. Severin, le forestier doit faire choix des espèces nouvelles,
sans trop se préoccuper des attaques dont elles seront certainement
l'objet, parmi celles qu'il peut installer dans les conditions les plus
rapprochées de leur pays d'origine, sous le double rapport du climat, du
sol et en ayant égard à la valeur de leur bois.

Il faut étudier de plus près les insectes, observer leurs mœurs, leur
mode de propagation et employer tous les moyens pour éviter leur développement anormal, dans les peuplements résineux surtout, qui sont
d'autant plus menacés s'ils sont composés de la même essence sur de
grandes étendues et surtout s'il s'agit de vastes massifs d'âge uniforme.
On peut avancer que le *nombre d'espèces* nuisibles est proportionnel au
nombre d'essences du massif et que le *nombre d'individus* de chaque
espèce est en rapport direct avec *l'étendue occupée par chaque essence*.
On peut en conclure, et ceci est absolument conforme aux notions
élémentaires de la sylviculture, qu'il faut mélanger les essences et
rechercher les moyens d'interrompre les âges sur les surfaces occupées
par chacune d'elles.

Il faut aussi placer les sujets dans les conditions les plus favorables de
végétation et leur donner les soins de nature à conserver et à augmenter
leur énergie vitale. Visiter ensuite souvent et soigneusement les
massifs, surtout ceux de même essence et d'âge identique, surveiller le
développement des ennemis, végétaux et animaux, et agir vigoureusement dès l'apparition des premiers foyers d'invasion, parce qu'il ne faut
pas trop compter sur l'action de la nature.

L'intéressante causerie de M. Severin paraîtra dans le *Bulletin*.

Mercredi, 7 janvier 1903, à 3 heures, réunion mensuelle.
Ordre du jour : Du mélange des essences et des âges. Causerie par
M. Crahay, inspecteur des eaux et forêts.

Enseignement sylvicole. Personnel inférieur. — La rentrée
des cours de la section de sylviculture pour préposés forestiers,
annexée à l'école moyenne d'agriculture de Huy, est fixée au
5 janvier 1903. Ces cours, d'une durée de six mois, permettent d'obtenir le certificat de capacité pour l'exercice d'un

emploi de garde dans l'administration des eaux et forêts.
Pour renseignements et inscription, s'adresser à **M**. le
directeur de l'Ecole moyenne d'agriculture.

Des cours gratuits de sylviculture pour préposés sont
également institués à Saint-Hubert et à Hasselt. Les leçons
seront données en flamand dans cette dernière ville. Un jury
spécial délivrera, à la fin des cours, des certificats de capacité. S'adresser à MM. les gardes généraux à Saint-Hubert
et à Hasselt.

Une visite au domaine de Longchamps. — En septembre
1901, la bienveillante autorisation de M. le sénateur baron
W. de Sélys me permit de visiter la belle terre de Longchamps. On y arrive de Waremme, en sept à dix minutes,
par une large route qui la traverse. De chaque côté, des
prairies richement arborées; tout le long de la haie, une
rangée d'ormes *Dumont*, de la plus belle venue.

L'orme *Dumont* se trouve ainsi dans la situation pour
laquelle il est particulièrement convenable. L'orme *gras*
ordinaire est un mauvais arbre pour bordure : il tend à
s'élargir en très lourde charpente; il réclame trop d'espace;
enfin l'élagage en est particulièrement laborieux. Au contraire, l'orme *Dumont* s'élance en belle futaie de grande
hauteur; la flèche se dresse et domine spontanément les
branches voisines; la charpente est plutôt légère, assez
étroite, d'une rare élégance.

Pourquoi ne le trouve-t-on point le long de nos chaussées?

Les riverains, les touristes, l'Etat même y auraient de
sérieux avantages.

A Longchamps, les vergers se continuent jusqu'au château. Entre les autres arbres fruitiers, s'élève en cône étroit,
très élevé, un poirier *Légipont*. Cette variété si belle, si
lucrative, est d'une forme caractéristique admirable. Voilà
l'un des trois poiriers d'élite réellement plantables le long
des routes; c'est même le meilleur, à cause précisément de

cette forme étroite et si haute qui lui est naturelle. Une simple drève de *Légipont* produirait, avec des récoltes fort riches, un effet décoratif surprenant.

Voici le château. Près de la grille, des platanes, sentinelles majestueuses, étalent sur l'avenue leurs ombres géantes. Selon Jean-Jacques, l'homme gâte ce qu'il touche. Ce paradoxe semble devenir vérité en ce qui concerne les platanes : spectres hideux lorsqu'on prétend les soumettre à une taille sévère, ce sont au contraire des végétaux superbes lorsqu'on les abandonne. Cet utile abandon, feu M. de Sélys-Longchamps, l'ancien président du Sénat, l'étendait à d'autres essences, notamment aux tulipiers, dont deux exemplaires incomparables ornent l'entrée de son parc. Le tronc de ces monuments végétaux dépasse trois mètres de circonférence, et les ramifications, toutes pleines de vie, sont vierges de taille du sol jusqu'à la cime.

Le parc renferme de nombreuses espèces forestières et ornementales, indigènes ou acclimatées, dont maints représentants sont des arbres séculaires. A toute évidence, cette propriété appartient de longue date à une famille dans laquelle, de père en fils, l'arboriculture est en honneur, et dans laquelle aussi la serpe et la cognée jouissent d'une estime fort relative.

Ma visite avait pour objet principal l'étude du *Peuplier rouge pyramidal*, sous-variété rare que je recommande à l'attention des personnes recherchant les arbres faciles, vigoureux, rémunérateurs et d'une originale décoration.

Le peuplier rouge pyramidal, dont l'origine est inconnue, fut remarqué par M. de Sélys et décrit par lui dans une brochure spéciale publiée dès 1862. Des sujets figurés dans cette brochure, l'un a péri foudroyé, l'autre est encore plein de vie.

Non loin du château, des spécimens de vingt à trente ans croissent les uns sur taillis d'aune, les autres en alignement avec des peupliers d'Italie. Ce mélange est une intéressante expérience dont voici le résultat : Les *pyrami-*

daux sont très supérieurs aux *italiens*, ils sont plus forts, plus sains, plus réguliers, plus beaux. Même il faut dire que le peuplier d'Italie devrait être rejeté ; de nulle valeur comme bois, il est malsain et sans rusticité ; après quelques rigoureux hivers, sa charpente, malade ou morte en certains endroits, n'est plus d'une irréprochable symétrie. Aucun de ces inconvénients n'existe chez le *peuplier rouge pyramidal* ; de plus, sa pointe n'est jamais émoussée ; elle est, au contraire, très nette et fine, en sorte que tout l'ensemble de l'arbre est un fuseau parfait d'une originalité frappante.

En France, dans le Nord, les routes sont jalonnées de peupliers d'Italie. Pour cette destination-là, pour encadrer des prairies, ou bien pour ligne serrée formant abri contre le vent, le véritable peuplier à choisir est le *rouge pyramidal*, arbre aussi remarquable qu'il est communément ignoré.   Luc.

Coupes domaniales de 1903. Ventes. — Voici les résultats des ventes des coupes assises, pour l'ordinaire 1903, dans les bois de l'Etat :

Inspection d'Arlon :

Forêt d'Anlier.

60 h. 21 a. de futaie jardinée . . . . . fr.	49,550	
Forêt du Chênel.		
3 h. 20 a. idem . . , .	4,400	
Forêt de Rulles.		
15 h. 86 a. idem. . . .	11,500	
Bois Le Prêtre.		
8 h. 15 a. idem	5,550	
Forêt de Sᵗᵉ-Cécile.		
14 h. 19 a. de futaie sur taillis . . . . . fr.	13,700	84,700

Inspection de Bruxelles :

Forêt de Soignes.

a) 9 h. 99 a. de coupes définitives . . . . fr.	51,600	
b) 124 h. 08 a. de coupes jardinatoires et préparatoires.	113.905	
c) 141 h. 51 a. de coupes d'éclaircies feuillues .	111,675	
d) 15 h. 08 a. de coupes de conversion de futaie sur taillis en futaie pleine	11,740	
e) 6 h. 49 a. de futaie sur taillis	3,770	
f) 53 h. 33 a. de coupes de conversion de futaie pleine en futaie sur taillis	40,220	
g) 64 h. 73 a. de coupes d'éclaircies résineuses.	31,710	
h) Divers	73,938	

Parc de Tervueren.

Divers	7,700	

Av. de Tervueren.

Divers	650	446,908

Inspection de Charleroi :

Forêt de Rance (1).

24 h. 84 a. de taillis . .	2,350	
1,372 arbres dans les coupes de taillis de 1901. .	21,883	24,233

Inspection de Louvain :

Bois domanial du Colateur.

2,274 pins sylvestres . fr.	7,400	7,400

1) Première exploitation faite depuis l'achat de cette forêt.

Inspection de Liége :

    La Vecquée.

        a) 38 h. 35 a. de taillis. fr.   11,830
        b) futaie dans les coupes
            de taillis de 1902 . . .   6,130   17,960

Inspection de Marche :

    1° Forêt de St-Mi-
        chel.

        a) 27 h. 14 a. de futaie jar-
            dinée (bois de sciage) fr.   17,455
        b) 46 h. 28 a. id. (bois
            de sabotage) . . . :   13,360
        c) 25 h. 78 a. extraction
            d'arbres (3e groupe). .   7,850

    2° Fays de Lucy.

        15 h. 75 a. de futaie jar-
            dinée et extraction d'ar-
            bres . . . . . . fr.   13,850
        a) Chablis.   1,515
        b) 1 h. 72 a. de futaie sur
            taillis   1,100
        c) 25 h. de coupes d'éclair-
            cies résineuses . . .   6,005   61,135

Inspection de Namur :

    1° Forêts de Bri-
        quemont et de
        St-Remy. .

        a) 22 h. 59 a. de taillis fr.   7,850
        b) 2,033 arbres dans les
            coupes de taillis de 1902   14,070
        c) menus marchés . . .   46   21,966

    2° Forêt de la Vec-
        quée.

        a) 12 h. 11 a. de taillis fr.   2,340
        b) 264 arbres dans les
            coupes de taillis de 1902   1,570   3,910

3° Forêts de Bru-
aire et des Mi-
nières.

a) 13 h. 03 a. de taillis fr.	3,920	
b) 705 arbres dans les coupes de taillis de 1902	11,344	15,264

Inspection de Neufchâteau :

Forêt de Herbeumont

21 h. 27 a. de futaie jardi-née . . . . . . .fr.	15,850	15,850

Inspection de Verviers :

1° Hertogenwald.

a) 98 h. 24 a. de futaie jardinée . . . .fr.	10,910	
b) 50 h. 81 a. de taillis. fr.	17,270	
c) Futaie dans les coupes de taillis de 1902. . .	3,220	
d)Menus marchés sur pied	8,580	
c) — abattus fr.	492	40,472

Total . . .fr.	739,798

non compris les 5 p. c. d'additionnels.

Ci-après le détail des ventes de menus marchés faites dans le courant de l'année 1902, dans les forêts domaniales :

Inspection d'Arlon :

Forêt d'Anlier.: chablis, élagages, etc. fr.	1,160
— de Ste-Cécile : bois divers . . .	76
— de Conques : id. .	2,371

Inspection de Bruxelles :

Forêt de Soignes : Eclaircies, chablis, élagages, etc. . . . . . . .fr.	47,692
Aven. et Parc de Tervueren : bois divers.	2,040

Inspection de Marche ;

Forêt de St-Michel : bois sur l'assiette d'un chemin . . . . .fr.	9,300
Chablis	1,020

Inspection de Gand :

    Bois de Zonnebeke : coupes définitives
    et d'éclaircies   10,873

Inspection de Namur :

    Forêt des Minières, divers . . . . . fr.   155

Inspection de Neufchâteau :

    Forêt de Herbeumont : Excédents usa-
    gers et chablis . . . . fr.   682

Inspection de Verviers :

Hertogenwald : Produits ligneux divers.	10,289
Foins et litières (fagnes).	75
Grand Bois : Produits ligneux divers .	6,278
Essarts	112
Bois domaniaux de Spa : Id.	8,124
Total . . . . fr.	100,247

Si l'on ajoute à ce chiffre celui de 599,821 francs, représentant le prix de vente des coupes principales assises, pour
l'exercice 1902, dans les bois domaniaux, le rendement des
coupes vendues par l'Etat dans ses massifs boisés pour
l'exercice 1902 serait donc de 700,068 francs environ. Ce chiffre
ne comprend évidemment pas la valeur des produits délivrés
aux usagers des forêts domaniales d'Anlier et de Herbeumont. Ajoutons que ce chiffre est en baisse de plus de
40,000 francs sur celui de l'exercice précédent qui était l'un
des plus élevés des dernières années.

Le châtaignier. — Le châtaignier, qui s'accommode surtout des sols siliceux, occupe, en France, une surface de
terrain considérable. Malheureusement, depuis un quart de
siècle, cet arbre précieux tend à disparaître, justement et
surtout des régions les plus pauvres, là où il est le plus
répandu, en Bretagne, dans le Plateau central, en Corse.
Sa disparition constituerait pour ces régions un véritable
désastre.

Par une circulaire, datée du 26 mars dernier, M. le Ministre de l'agriculture de France a appelé l'attention de MM. les préfets des départements sur cette situation.

« La culture du châtaignier, dit cette circulaire, offre une ressource des plus importantes pour un grand nombre de départements ; dans quelques-uns, elle constitue le principal mode d'utilisation du sol, et la prospérité de la contrée est étroitement liée à son développement. Le châtaignier est cultivé tantôt pour ses fruits, tantôt pour ses produits ligneux. Elément important de l'alimentation des populations rurales dans les montagnes, le châtaignier trouve, en outre, un abondant débouché en dehors des pays de production. Le bois de châtaignier sert à la confection des cercles de tonneaux, des échalas, des merrains de petite dimension ; par la trituration, il fournit des extraits tanniques dont l'usage se généralise de plus en plus dans l'industrie du tannage et de la teinture. »

C'est précisément cette dernière considération qui, outre les maladies cryptogamiques qui attaquent le châtaignier, est la principale cause du danger qui menace cette précieuse essence.

« Trop souvent, dit à cet égard la circulaire précitée, pour réaliser par la vente du bois un gain immédiat, les cultivateurs n'hésitent pas à arracher leurs châtaigniers âgés, sans prendre même la précaution de replanter ensuite le sol ainsi dénudé. Cette dévastation s'accentue de jour en jour par suite de la généralisation de l'emploi de l'extrait tannique tiré du bois du châtaignier. En de nombreux points se sont établies des usines destinées à sa fabrication, qui consomment des quantités énormes de bois et qui, pour satisfaire à leurs besoins toujours grandissants, sollicitent les propriétaires à détruire leurs châtaigneraies. »

Et la circulaire recommande à MM. les préfets d'éclairer les populations rurales sur la gravité de la situation et de leur montrer les funestes résultats que doit avoir pour elles la destruction des châtaigniers sacrifiés sans souci de l'avenir, en vue d'un profit immédiat.

Nous ne manquons pas dans notre pays de terrains convenant particulièrement au châtaignier. Celui-ci pousse avec une vigueur remarquable dans bien des sols de · la Campine notamment, où il est, en outre, précieux par son couvert, ses détritus abondants et l'humus de bonne qualité qu'il fournit. Partout où il n'a pas à redouter les. effets de la gelée, on devrait avoir recours à lui pour la création de bois feuillus dans cette région sablonneuse. La fabrication d'extrait tannique, au moyen du bois de châtaignier, assure à ce bois, déjà si estimé, un débouché nouveau et une valeur encore plus élevée.

Plantation des haies vives autour des prairies-vergers. — Aucun système ne peut soutenir la comparaison avec les haies d'aubépine. Il est, à la fois, le plus sûr, le plus durable, le moins coûteux : tel est l'avis de la plupart des praticiens et des propriétaires planteurs.

Outre l'aubépine, on emploie aussi, et avec succès, le prunellier, le néflier épineux, le houx, l'épine-vinette, le troène, le poirier et le pommier sauvageons, la charmille, le hêtre, le thuya et autres espèces dont la racine tend à s'enfoncer en pivotant, qui peuvent vivre serrées et qui supportent facilement les tontes répétées.

Il n'est pas à conseiller de mélanger la plupart des essences pour planter une haie : on n'obtient par là que des résultats fort défectueux, la différence de végétation, comme force et port des plantes, s'opposant à une clôture parfaite.

La meilleure clôture, impénétrable, infranchissable, se fait donc au moyen de l'aubépine, dite « épine blanche », qui, mieux que toute autre, peut croître à l'état serré, ne trace pas au loin, supporte les tontes et convient plus particulièrement à cause des nombreuses épines qui la revêtent du bas en haut d'une armure défensive sérieuse.

Choix des plantes. — Des épines de trois ans, repiquées, bifurquées, ramifiées, très épineuses du bas en haut, de la grosseur du doigt environ et ayant à peu près 1 mètre de hauteur, sont incontestablement les meilleures plantes.

Malheureusement, on voit souvent dans les pays d'herbages donner la préférence aux fortes plantes, très grosses, très hautes, il est vrai ; mais, le jour même de la transplantation de ces sortes de plantes, chacune d'elles ressemble à un bâton sec, élancé, sans épines à la base ; le bois de l'aubépine, étant naturellement fort dur, ne fera plus naître de ces épines : dès lors, les prairies-vergers sont à tout jamais entourées d'une haie complètement dégarnie et à jour vers la base. Pour peu que, de loin en loin, vienne à mourir une de ces plantes, on voit se former des trous immenses qui livrent passage à tout ce qui se présente. En somme, on n'obtient jamais par là cette haie vive, ramifiée et serrée très bas près du sol que donnent les plantes jeunes et épineuses que nous recommandons.

Préparitifs de plantation. — Tout l'espace qu'occupera la haie sera défoncé sur une largeur de 1 mètre et à une profondeur de 50 centimètres au moins. En même temps, on enfoncera verticalement et de 3 à 5 mètres de distance des pieux solides, auxquels on conservera une hauteur de 1 mètre à 1ᵐ40 au-dessus du sol. Ces pieux seront réunis par deux ou trois rangées superposées de lattes ou de fils de fer contre lesquels on dressera les plantes d'épines.

On protégera le pied des pieux contre la pourriture en les baignant, pendant une douzaine de jours, dans un bain de sulfate de cuivre (10 kilog. de ce sel par 100 litres d'eau). Notons que cette préparation est nécessaire à la partie du piquet qu'on enterre et indispensable à celle qui reste à 30 centimètres au-dessus du sol, car c'est elle qui se désorganise le plus vite. Les pieds des pieux peuvent encore être mis pendant quelques moments dans un feu clair, de façon que la surface externe en soit parfaitement carbonisée.

Epoque de la plantation. — On plante les épines à partir de la chute des feuilles, en automne, jusqu'au réveil de la végétation au printemps; mais il vaut mieux planter avant l'hiver, s'il n'y a pas d'empêchements sérieux.

Disposition. — Les plantes seront mises sur une ou deux lignes. La plantation sur deux lignes exige la mise des plantes en échiquier. En simple ligne, on distance les plantes d'une douzaine de centimètres; en ligne double, c'est-à-dire en échiquier, on les place au moins à 15 centimètres.

Recepage. — Il est inutile de receper les plantes, si elles ont été bien élevées en pépinière. Cette pratique est cependant nécessaire pour celles qui sont malingres, élancées, non ramifiées et qu'on doit chercher à faire bifurquer en les recepant à une dizaine de centimètres de hauteur. Toutefois, cette opération ne peut se faire que la deuxième année de la mise à demeure.

Formation des haies. — Ce point est capital, car il importe ici de recommander une réforme radicale et que nous jugeons indispensable.

Si l'on jette les yeux sur la plupart des haies existantes, on constate que les brins sont élevés verticalement : c'est la méthode la plus vicieuse et cependant la plus généralement adoptée; chacune des plantes se dégarnit entièrement par suite de la tendance de la sève à se porter vers les extrémités. Qu'arrive-t-il dès lors ? C'est que les deux tiers de chaque tige sont dégarnis au point qu'il suffit d'écarter ces brins pour passer facilement et que, malgré les tontes répétées auxquelles on les soumet, elles se dégarnissent vers la base par suite de la position verticale des tiges.

Pour arriver à former un treillage épineux vivant, aussi serré, aussi compact que possible, et ce à partir du sol, c'est-à-dire un treillage qui s'oppose à toute tentative d'invasion ou de sortie, il suffit de planter des pieds à deux branches, qu'on écarte et qu'on attache en forme de V. Toutes les plantes étant mises en terre à 12 ou 15 centimètres de distance et conduites de même, on obtient, par cette simple formation du V, un véritable entrelacement de tiges et d'épines, impénétrable et infranchissable.

Lorsque la haie a atteint 1m50 de hauteur, on peut considérer son établissement comme terminé; il suffit de maintenir le même écartement et le même entrelacement jusqu'à ce moment.

Tonte. — Un point important, c'est de faire des tontes annuelles. Les ciseaux à tondre et le croissant sont suffisamment connus; nous devons aussi appeler l'attention sur la tondeuse des haies, pour le cas, où l'emploi en serait jugé possible.

Etant donné que la sève tend toujours à monter vers les extrémités supérieures, on favorisera continuellement le bas en tondant sévèrement le haut, de manière à garder une largeur de 40 centimètres au bas, se réduisant à 0 au haut de la haie.

La meilleure tonte se pratique pendant le repos de la végétation, et l'on tond le moins possible pendant celle-ci, afin de ne point troubler la croissance.

(*L'Ami du cultivateur.*)   G. MICHIELS frères.

Les forêts de l'Etat du Congo. — La question de la conservation des forêts est partout l'objet des préoccupations des gouvernements. Elle s'est imposée également à l'attention de l'Etat du Congo, sur les territoires duquel se trouvent, comme on le sait, de vastes étendues de forêts, mais où aussi de multiples causes contribueraient à en amener la destruction, si des mesures de conservation n'étaient soigneusement prises. Il y est à lutter, notamment, contre l'exploitation abusive ou irrationnelle des forêts, contre les dangers d'incendie dus à la négligence et à l'insouciance des populations, contre les procédés primitifs d'exploitation des indigènes entraînant la destruction des essences.

Il est intéressant de parcourir l'ensemble des mesures que l'Etat du

Congo a prises pour conserver et développer les réserves forestières de son territoire.

L'obligation est imposée aux exploitations forestières de faire mettre en terre, annuellement, dans chaque partie de forêt dont l'exploitation est terminée, un nombre de plants qui ne peut être inférieur à celui des arbres abattus ou détruits par nécessité d'exploitation dans le cours de l'année; ces plants doivent être de même essence que les arbres exploités ou d'essences d'égale valeur; le cas échéant, le choix des espèces précieuses à propager est déterminé par le gouverneur général.

Il est interdit d'abattre les végétaux de valeur ayant moins d'un mètre de tour à la hauteur d'un mètre du sol. Les palmiers à huile, les lianes à caoutchouc, les arbres à latex, ceux à écorce tannifère ou tinctoriale, ou autres plantes ayant une valeur commerciale ne peuvent non plus être détruits. Il est aussi défendu de déboiser le versant des montagnes et coteaux offrant un angle de 35° et au-dessus, les bouquets et les terrains de moins de 5 hectares isolés de la forêt de plus de 500 mètres et les limites et lisières des grands massifs sur une profondeur de 50 mètres.

Enfin, il est fait défense de mettre le feu sous n'importe quel prétexte aux herbes, bois, broussailles et végétaux sur pied.

Une innovation intéressante consiste dans l'obligation imposée aux agents, tant de l'Etat que des sociétés, de mettre en place annuellement cinq cents plants d'arbres ou de lianes à caoutchouc par tonne de caoutchouc récoltée. Un personnel forestier est chargé de veiller à l'exécution de la loi de propagation, de dresser des procès-verbaux aux contrevenants et de désigner dans tous les districts les essences à propager.

Ces mesures ne sont pas restées sans résultat. C'est ainsi que depuis la mise en vigueur de la loi sur la propagation des essences à caoutchouc, l'Etat a mis en terre plus de 2 millions d'arbres et de lianes à caoutchouc. De leur côté, les sociétés possèdent environ 1,100,000 plants en pleine terre.

L'Etat, d'autre part, s'attache à reboiser progressivement des parties de la brousse, en y plantant des essences indigènes et exotiques, et il amène peu à peu les villages à planter également des arbres de choix, tels les palmiers elaïs et les arbres à caoutchouc, dans les terrains défrichés pour les cultures vivrières.

Dans un autre ordre d'idées, l'Etat du Congo s'est attaché à introduire diverses cultures jusqu'alors inconnues sur son territoire, telles que celles du riz, du café, du tabac, du cacao. Il s'y compte actuellement plus de 2,600,000 caféiers et 400,000 jeunes cacaoyers. Les pépinières contiennent environ 1,200,000 caféiers et 130,000 plants de cacaoyers. La récolte du tabac est actuellement double de ce qu'elle était au début.

Au jardín botanique d'Eala (district de l'Equateur) et au jardin colonial
de Laeken, on s'occupe activement de la culture de toutes les plantes
des tropiques, notamment les plantes à caoutchouc et à gutta-percha,
et d'espèces alimentaires et condimentaires, telles la cannelle, le thé, le
poivre, le gingembre, la vanille, la muscade, le girofle. Des envois de
ces plantes sont régulièrement faits vers divers points du territoire de
l'Etat et les premiers résultats permettent de bien augurer de leur propagation au Congo.

Autant par l'introduction de ces cultures nouvelles que par la mise
en pratique d'une exploitation rationnelle des forêts, l'Etat augmente la
richesse économique du pays. On peut même dire qu'il est le véritable
créateur de cette richesse, puisque c'est lui qui a approprié des terres
et des forêts jusqu'alors inexploitées, les a rendues productives, et qu'il
veille par des mesures conservatoires à ce que cette production se
maintienne.

C'est ainsi que l'exploitation de ces forêts domaniales par l'Etat
garantit, pour l'avenir, l'existence de cette source de richesses, outre
qu'elle permet actuellement de n'établir que des impôts modérés et d'en
prévoir même la réduction, lorsque le produit de cette exploitation
domaniale sera suffisant pour répondre aux nécessités budgétaires.

(*Le Congo belge.*)

Bibliographie

Arboriculture lucrative, par M. L. Lesure, arboriculteur à Lessines.
Bruxelles, imp. G.-J. Huysmans. Prix : fr. 0.50.

*Petit manuel à l'usage des Sociétés scolaires forestières de Franche
Comté*, par Emile CARDOT. In-8, 32 p. et planche. Besançon, imp. Paul
Jacquin. Prix franco : 0 fr. 50.

*Introduction dans les cultures forestières d'espèces étrangères à la
région*, par M. A. JOLYET, chargé de cours à l'école nationale des eaux
et forêts. In-8º, 11 p. Paris, imp. Nationale.

Le reboisement dans la Loire. L'œuvre du département, par Paul
VESSIOT, inspecteur-adjoint des eaux et forêts, chef de service à Saint-
Etienne. In-8º, 7 p. Besançon, imp. et lib. Jacquin, 1902.

Quelques notions forestières à l'usage des écoles, par M. C. RABUTTE.

inspecteur des eaux et forêts. Imp. Livoir-Hennuy, 12-14, rue Chanzy, Vouziers.

Die Einführung ausländischer Holzarten in die Preussischen Staatsforsten unter Bismarck und anderes, par J. Booth. In-8°, 24 gravures. Libr. Julius Springer, Berlin.

◆

Dons à la Société

Nous avons reçu :

a) de M. Henry, professeur à l'école forestière de Nancy :

1° un exemplaire de ses brochures intitulées :

Action du sulfure de carbone sur la végétation de quelques plants forestiers ;

Le chêne rouge en France ;

La pyrale grise et les mélèzes des Alpes ;

Influence de l'époque d'abatage sur la production des rejets de chêne, d'après MM. Bartet et Hartig ;

La lutte contre le champignon des maisons. Expériences récentes;

Influence de la couverture morte sur l'humidité du sol forestier ;

Le tanin dans le bois ;

Poids et composition de la couverture morte des forêts ;

Sur la lunure ou double aubier du chêne ;

Sur le rôle de la forêt dans la circulation de l'eau à la surface des continents ;

2° *L'humidité du sol et du sous-sol dans les steppes russes boisées ou nues*, par G. Wyssotzky ;

Influence des forêts sur les eaux souterraines, par Ototzky, conservateur du Musée minéralogique de l'université de Saint-Pétersbourg.

b) de M. John Booth, membre correspondant de la Société, un exemplaire de son ouvrage intitulé : *Die Einführung ausländischer Holzarten in die Preussischen Staatsforsten unter Bismarck und anderes.*

c) de M. W. Trelease, directeur du Missouri botanical garden, le rapport de 1902 sur cette institution.

d) de M. le ministre de l'industrie et du travail, 15 feuilles au 40,000ᵉ de la carte géologique de Belgique.

e) de M. Léon Lesure, arboriculteur à Lessines, un exemplaire de sa brochure intitulée : *Arboriculture lucrative.*

f) de M. Ch. Fuber, candidat garde général des eaux et forêts, à Bissen (Grand-duché de Luxembourg), un livre intitulé : *Sylvicultura œconomica*, par Hanns Karl von Carlowitz (1732).

Tous nos remerciments aux donateurs.

Réunion du Conseil d'administration

(*Séance du 27 novembre 1902*)

ORDRE DU JOUR :

1° Approbation du procès-verbal de la réunion du 4 mars 1902;

2° Proposition de réduction réciproque de la cotisation des membres affiliés à la Société centrale d'agriculture et à la Société centrale forestière;

3° Objets divers.

La séance est ouverte à 10 heures.

Sont présents :

MM. le comte Visart, président ; de Sébille, vice-président; Berger, le comte de Limburg-Stirum, Fontaine, Jacques, Naets, le comte van der Straten-Ponthoz, conseillers; de Marneffe, secrétaire; Blondeau et Defrecheux, secrétaires-adjoints.

MM. Bareel, Boone et Dubois s'excusent de ne pouvoir assister à la séance.

M. le Président rend hommage à la mémoire de M. Scarsez de Locqueneuille, membre du Conseil d'administration, décédé au mois de juin dernier et au remplacement duquel il sera procédé par l'assemblée générale de ce jour.

Le procès-verbal de la réunion du 4 mars 1902 est approuvé tel qu'il a été publié pp. 194 et 195 du *Bulletin*.

Le Conseil aborde l'examen de la proposition formulée dans l'assemblée générale du 26 mars dernier et relative à la réduction réciproque de la cotisation des membres affiliés à la Société centrale d'agriculture et à la Société centrale forestière.

M. Dubois, que son état de santé empêche d'assister à la réunion, a fait connaître qu'il n'est pas partisan de cette proposition, dont l'adoption ne pourrait avoir pour résultat que de diminuer les ressources de la Société.

Le Conseil, à l'unanimité, se range à cet avis, car en admettant même que la mesure ne provoque pas une diminution de recettes, il est certain qu'elle aurait pour conséquence une augmentation de charges assez importante. Dans ces conditions, pareille faveur ne pourrait se justifier qu'au profit de bourses modestes, ce qui ne serait pas le cas.

* * *

M. le secrétaire fait part au Conseil du don d'une somme de 100 francs par M. Edmond Baugnies, industriel à Péruwelz, et de la lettre de remercîments qu'il a adressée au généreux donateur.

M. Edmond Baugnies est inscrit en qualité de membre protecteur de la Société.

Le Conseil le remercie de sa générosité.

* * *

Il est donné lecture d'une lettre de M. Boone qui, empéché par ses devoirs professionnels, propose de fixer, dans les statuts, à tel mercredi ou jeudi des mois de mars et de novembre, les deux assemblées générales ordinaires de la Société.

Il est entendu que la proposition sera examinée et soumise éventuellement à l'assemblée générale du mois de mars prochain.

* * *

M. le secrétaire expose au Conseil une question de perception de droits de douane sur les bois, soulevée par un industriel membre de la Société centrale forestière.

Il est décidé que la question fera l'objet d'une étude spéciale et que le Conseil d'administration interviendra ensuite auprès de M. le ministre des finances.

* * *

Le Conseil règle quelques détails d'administration.

La séance est levée à 10 h. 30.

Assemblée générale ordinaire du mois de novembre

(*Séance du 27 novembre 1902*)

(Local de la Société « Aux Caves de Maestricht », 5, avenue Marnix,
Porte de Namur, Ixelles.)

ORDRE DU JOUR :

1º Approbation du procès-verbal de l'assemblée du 26 mars 1902 ;
2º Nomination d'un conseiller en remplacement de M. Scarsez de Locqueneuille, décédé ;
3º Objets divers.

La séance est ouverte à 10 h. 35.

Sont présents :

Conseil d'administration : MM. le comte A. Visart, président ; de Sébille, vice-président ; Berger, le comte de Limburg-Stirum, Fontaine, Jacques, Naets, le comte van der Straten-Ponthoz, conseillers ; de Marneffe, secrétaire ; Blondeau et Defrecheux, secrétaires-adjoints.

Membres : MM. Bruggeman, N. I. Crahay, Devadder, G. Everard, Gillet, Juliens, Nélis, Rouffignon, Severin, Van de Caveye, van Male de Ghorain.

MM. Breel, Boone et Dubois se sont excusés de ne pouvoir assister à la séance.

Le procès-verbal de l'assemblée générale du 26 mars 1902 est approuvé tel qu'il a été publié pp. 255 et suiv. du *Bulletin*.

*
* *

M. le Président. — Depuis notre dernière réunion, nous avons éprouvé une perte bien pénible et imprévue, en la personne de M. Scarsez de Locqueneuille, qui était membre de la Société depuis longtemps et membre du Conseil d'administration. M. Scarsez nous a rendu de nombreux services ; c'était un véritable ami des forêts et de l'arboriculture, et un dévoué propagandiste de la Société. C'était un homme méritant, distingué et sympathique, et nous avons été unanimes à déplorer sa mort prématurée. Il a été rendu hommage à sa mémoire dans le numéro du *Bulletin* du mois de juillet.

Nous avons à procéder à son remplacement comme membre du Conseil d'administration.

Il est procédé au vote au scrutin secret. *M. Hubert*, membre de la Chambre des Représentants, membre du Conseil supérieur des forêts, est désigné pour achever le mandat de M. Scarsez de Locqueneuille.

*
* *

M. le Président. — C'est avec une bien vive indignation que tous nous avons appris l'attentat monstrueux auquel S. M. le Roi a heureusement échappé. Je vous propose, Messieurs, d'adresser au Roi, qui a bien voulu prendre notre Société sous son haut patronage, une lettre respectueuse pour lui exprimer notre profonde réprobation de l'abominable tentative d'un misérable, étranger à la patrie belge. (*Vive adhésion.*)

Il en sera ainsi.

*
* *

A 11 heures, la parole est donnée au conférencier, M. Van de Caveye, inspecteur des eaux et forêts.

Excellente et spirituelle dissertation sur « la gestion des forêts particulières », qu'on pourra lire plus tard dans le *Bulletin*.

La séance est levée à midi.

———————◆———————

LISTE DES MEMBRES
de la Société centrale forestière de Belgique

ERRATA

MM. **van Malcote de Kessel**, général major commandant la 3ᵉ brigade de cavalerie, Mons.

    Sébire, Elmire, fils aîné, horticulteur-pépiniériste et maire, Ussy (Calvados).

———————◆———————

MEMBRE D'HONNEUR DE LA SOCIÉTÉ

M. De Bruyn, membre de la Chambre des représentants, ancien ministre de l'agriculture, de l'industrie et des travaux publics, château de Ronsevaal, par Alost.

LISTE

des membres correspondants de la Société

MM. John Booth, propriétaire, 39, Mozartstrasse, Gros Lichterfelde, Berlin.

Boppe, directeur honoraire de l'école nationale forestière de Nancy.

Broillard, conservateur des forêts en retraite, ancien professeur de l'école forestière, 97, rue du Cherche-Midi, Paris, *ou* Morey (Haute-Saône).

de Kirwan, inspecteur des forêts en retraite, Becques par Voiron (Isère).

le docteur Ernest Ebermayer, professeur à l'Université de Munich.

Charles Sprague Sargent, Arnold arboretum, Jamaïca-Plain (Massachusetts).

W. Trelease, directeur du Jardin botanique, Saint-Louis (Missouri.)

Table des Matières

A

Abies balsamea, p. 360.
— brachyphylla, p. 362.
— bracteata, p. 362.
— concolor, p. 362.
— Douglasii, pp. 209, 360, 569.
— Engelmannii, p. 502.
— firma, p. 362.
— grandis, p. 361.
— lasiocarpa, p. 362.
— magnifica, p. 362.
— Menziesi, p. 501.
— nobilis, p. 360.
— Nordmanniana, p. 363.
— numidica, p. 364.
— pectinata, p. 363,
— pinsapo, p. 363.
— polita, p. 502.
— Veitchii, p. 362.
Abonnés (nouveaux). V. Liste.
— (liste complète). V. Liste.
Abonnements et cotisations. Recouvrement. V. Société.
Abris. V. Sous-étages.
Acacia (La culture de l'), pp. 321, 568.
— (Influence améliorante de l'), p. 476.
Acer, p. 570. V. Erable.
Actes officiels concernant des sociétaires, pp. 103, 180, 239, 395, 537, 663.
Adjudications officielles. V. Commerce du bois.
Administration des Eaux et Forêts :
— Budget pour 1902, p. 578.
— Décorations. V. Décorations.
— Personnel supérieur. Nominations, pp. 320, 738. Promotions et résidences, pp. 180, 239, 537, 664. Retraites, p. 664.
— — Recrutement, p. 538 Concours en 1902, p. 240.

Administration des Eaux et Forêts :
— Personnel inférieur. Recrutement. V. Enseignement sylvicole.
— — Nouvel arrêté royal de recrutement, p. 665.
Agents forestiers. V. Administration des Eaux et Forêts.
Alaska (Les forêts de l'), p. 581.
Ailanthus glandulosa, p. 577.
Alnus glutinosa, p. 575.
— incana, p. 575.
Aménagements (Service des), p. 153.
Amérique du Nord (Les forêts de l'), p. 111.
Amendement du sol. V. Engrais.
Arbres curieux ou remarquables, pp. 109, 326, 750, 840.
— — — en Belgique. Relevé, pp. 520, 590, 652, 724, 814.
— des routes. V. Plantations.
— (La fête des) en Italie, p. 396.
— (Les) et les champignons. V. Champignons.
— exotiques. V. Essences exotiques.
— fruitiers (Le chancre des), pp. 187, 541.
— — (La plantation des), p 113.
— — le long des routes. Poirier Légipont, p. 839.
— (Les) imputrescibles, p. 49.
— (Moyens d'enlever la mousse des), p. 407.
— pièges, pp. 79, 704, 779, 792, 794.
— (Les feuilles des) pour la nourriture du bétail, p. 403.
Ardenne (Les taillis de la région), pp. 197, 261.
— (Les engrais chimiques en culture forestière dans la région de l'), pp. 201, 481, 550.
— Composition des sols ardennais, p. 482. Enrichissement pour le boisement, p. 552.

Ardenne. Emploi des resineux, p. 263.
V. *Resineux. Pin. Bois ruinés.*

— Essartage, pp. 200, 262, 549.

Assemblées générales. V. *Société centrale forestière.*

Attentat contre le Roi, p. 836.

Aunaie en Campine. Production, p. 348.

Aune blanc (L'), pp. 107, 209, 224.

— en Campine, p. 209.

Aunes (Les), p. 353. V. *Alnus.*

Avenues. V. *Arbres. Plantations.*

B

Betula alba, p. 575.

— lenta, p. 575.

— populifolia, p. 575.

Bibliographie, pp. 33, 192, 4(8, 617, 851.

Bibliothèque de la Société. V. *Société. Dons a la Société.*

Biens communaux. V. *Terrains incultes.*

Black-Hills (La réserve forestière des), p. 91.

Bois (Appareils de chauffage au), p. 477.

— (Le) aux Iles Philippines, p. 406.

— blanc. Moyen de lui donner la solidité du chêne. p. 546.

— (ciment de), p. 190.

— de houillères. V. *Commerce du bois.*

— de teck au Siam. Production et commerce, p. 43.

— d'œuvre. Insuffisance de sa production dans le monde, p. 21.

— domanial d'Op 't Stort, pp. 208, 560.

— Impositions cadastrales Revision, p. 244.

— (La distillation du) La question du vinaigre d'acide acétique, p. 744.

— Mesure de leurs propriétés mécaniques, p. 356.

— ruinés. Conversion en futaies résineuses de 1885 à 1901, p. 157. V. *Taillis.*

Bois soumis au régime forestier en Belgique. Contenance, p. 288. Revenus, p. 289.

Boisement de terrains incultes, p. 579. V. *Terrains incultes. Forêts.*

— des bruyères de la Campine. V. *Campine.*

— de terrains fangeux, pp. 268, 270.

— Emploi d'engrais. V. *Engrais chimiques. Engrais verts.*

Bombyce cul brun (Le), p. 12.

Bouleau. V. *Betula.*

— à canot, p. 209.

— (Abus du) dans les taillis de l'Ardenne, p. 204.

— (Le) comme essence auxiliaire, pp. 264, 610.

Branches gourmandes. Suppression, p. 544.

Brésil (Le caoutchouc au), p. 114.

Bruyères. V. *Terrains incultes.*

— de la Campine. V. *Campine.*

— (Les) de la Drenthe, pp. 295, 365.

Budget des forêts pour l'exercice 1902. V. *Administration des Eaux et Forêts.*

Bulletin de la Société, p. 256.

C

Cadastre. Revision des impositions des propriétés boisées et incultes, p. 244.

Campine. V. *Terrains incultes. Sols. Engrais.*

— (A propos d'une excursion en), pp. 207, 274, 348.

— (Causerie sur la), pp. 104, 180, 421, 489, 560.

— (Une petite excursion en). V. *Excursion.*

— Amendement des terrains pauvres ou ruinés, pp. 282, 423, 647, 667, 742.

— anversoise (Défrichement dans la), pp. 716, 805.

— Assainissement. Rigolage, pp. 424, 806.

Campine. Boues de ville. Emploi, p. 212.

— Bruyères de la Drenthe (Les), pp. 295. 365.

— Charrue Rud-Sack. Emploi, p. 327.

— Chaux et plâtre. Emploi. V. *Chaux. Plâtre.*

— Conditions économiques, p 365.

— Création de prairies, pp. 349, 374, 810.

— Culture arable, pp. 374, 647, 668, 808.

— — des feuillus, pp. 209, 211, 348, 565, 810.

— — du pin sylvestre, pp 208, 422, 717, 811.

— — — Rendement d'une pineraie, p 722.

— Culture préparatoire au boisement. Coût, pp. 647, 667.

— Emploi des engrais chimiques. V. *Engrais chimiques.*

— Essences diverses en Campine : Acacia, p. 568. Aune blanc, p. 209. Bouleaux, p. 209. Cerisier de Virginie, p. 568. Châtaignier, p. 211. Chênes d'Amérique, p. 209. Douglas, pp. 209, 569. Tilleul, p. 568. Pin de Haguenau, p. 563 Pin rigida, pp. 208, 213, 562. V. *Pin.*

— Étendue des terrains incultes, p. 421.

— Etrépage, pp. 274, 280, 427.

— Expériences sur le travail du sol, l'emploi des engrais, les essences, pp. 210, 278, 489, 560, 667, 742.

—. Humus acide. V. *Humus.*

— Lupin. V. *Engrais.*

— Marais, p. 349.

— Maraudage, p. 811.

— — des cônes de résineux, p. 45

— Propriétés domaniales en Campine, pp. 208, 560.

— Sartage, p. 351.

— Société Heide-Maatschappij. V. *Société.*

— Sol. Constitution, pp. 278, 299, 425, 720, 806. Pauvreté, pp 275, 376, 425. Enrichissement par les engrais, pp 282, 647, 667, 742.

Campine. Sol. Terres vierges du N.-O. de la Campine anversoise, p. 720.

— — Expériences sur l'ameublissement et l'emploi des engrais, pp. 210, 278, 489, 560, 667, 742.

— — Travail. Défoncement, pp. 281, 423, 489, 806.

Canada (Forêts du), p. 23.

Caoutchouc (Le), au Brésil, p. 114.

Carnallite (La), p. 334.

Carya alba, p. 574.

— amara, p. 575.

Cèdres, p. 364.

Cedrus atlantica, p. 364.

Cerasus ou prunus serotina, pp. 568, 570.

— padus, p. 571.

Cerfs (Les) et les plantations d'épicéas, pp. 472, 540.

Chamæcyparis Lawsoniana, p. 503.

— obtusa, p. 503.

— pisifera, p. 504.

Champignon (Le) des maisons, p. 637.

Champignons parasites :

— Cronartium ribicolum, p. 333.

— Chancre des arbres fruitiers, pp. 187, 541.

— Nectria ditissima, p. 542.

— cinnabarina, p. 749.

— Peridermium corticola, p. 490.

— — Strobi, p. 321.

— Rouille de l'épicéa ou chrysomyxa abietis, p. 333.

— Rouilles corticoles des pins, pp 321, 490.

— Telephora caryophyllea, p. 247.

— Tuberculina persicina, p. 332.

Champs d'expériences et de démonstration. V. *Ardenne. Campine. Engrais chimiques. Expériences.*

Chancre. V. *Champignons.*

— des arbres fruitiers, pp. 187, 541.

Charbonnages. V. *Bois de houillères.*

Charrue Rud-Sack, p. 327.

Chasse. Défense des plantations contre le gibier. V. *Glu. Lapins.*

— des bois communaux de Bouillon. Location, p. 186.

Chasse. Jurisprudence. Dégâts causés par les lapins, p. 116.

— — Délégation du titulaire du droit de chasse. Consentement purement verbal. Validité, p. 191.

Châtaignier (Le), pp. 211, 845.

Chauffage au bois (Appareils de), p. 477.

Chaux. Emploi en Campine, pp. 351, 353, 378, 426. 494.

Chemins de fer de l'Etat belge. Statistique au point de vue forestier, p. 81.

— (Les petits) forestiers, pp. 352, 509, 739.

Chêne pédonculé et rouvre, p. 214.

— — et rouge d'Amérique, p. 109.

Chênes d'Amérique, p. 573.

Chenilles V. *Entomologie forestière*.

— en 1901 (Les ravages de certaines), p. 9.

Chenoy (Une excursion au domaine du). V. *Excursion*.

Chronique forestière, pp. 44, 102, 180, 239, 319, 395, 467, 537, 607, 662, 738, 837.

Ciment de bois, p. 190.

Collections de la Société. V. *Dons*.

— V. *Musée forestier*.

Colorado. Situation alarmante des forêts, p. 166.

Commerce du bois :

— Adjudications, pp. 38, 178, 238, 395, 466, 532, 604, 661, 737, 834.

— de perches à houblon, p. 44.

— de teck au Siam. p. 43.

— d'importation et d'exportation, en 1900, p. 217.

Compas forestier enregistreur, p. 544.

Comptes rendus. V. *Excursion. Société centrale forestière*.

Concours agricole régional de Mons en 1902, pp. 241, 506.

— Recrutement du personnel supérieur des Eaux et Forêts. V. *Administration des Eaux et Forêts*.

Cônes de résineux en Campine. Maraudage, p. 45.

Conférence forestière (Une) à Turnhout, p. 104.

— — à Moll, p. 322.

— — à Oostmalle, p. 740.

Conférences à la Société centrale forestière, pp. 259, 856. V. *Société. Réunions mensuelles*.

— officielles sur la sylviculture. Résultats, pp. 183, 262.

Congo. V. *Forêts*.

Congrès international d'agriculture de Rome en 1903, pp. 667, 741.

Conifères (Les). V. *Résineux*.

Conseil supérieur des forêts. Rapport sur le Dendroctonus micans, pp. 72, 456.

— — Conservation du caractère naturel de parcelles boisées ou incultes. Rapport de la Commission spéciale, p. 338.

— — Session de 1902. Compte-rendu de la séance du 10 avril 1902. Communications, p. 446. Installation de nouveaux conseillers. p. 447. Discussion de rapports. p. 447. Nouvelles questions, p. 458.

Contributions foncières. V. *Cadastre*.

Cotisations et abonnements. Recouvrement. V. *Société*.

Conversion de bois ruinés en futaies résineuses de 1885 à 1901, p. 157. V. *Bois*.

— de taillis sous futaie en futaie pleine de 1885 à 1901, p. 157.

— de taillis simples en taillis sous futaie et en futaie pleine de 1885 à 1901, p. 158.

Coucou (Les légendes sur le), p. 26.

Coudrier (Quelques réflexions à propos du) et du frêne, p. 473.

Coupes domaniales de 1903. Ventes, p. 841.

Cours de sylviculture. V. *Enseignement sylvicole*.

Couvert protecteur. V. *Sous-étages*.

Cryptomeria Japonica, p. 505.

Cul brun (Le), p. 12.

Cyprès de Lawson, p. 503.

— chauve, p. 504.

— (autres). V. *Chamœcyparis*.

D

Déboisement (Influence). V. *Forêts*.

Décorations. V. *Ordre de Léopold*.

Décorations agricoles, p. 537.

— civiques, p. 607.

Défrichement et boisement en Campine. V. *Campine.*

Dendroctonus micans (Le) en Belgique, pp. 72, 145, 456.

— rufipinus, p. 93.

Dépenses et produits des bois soumis au régime forestier, p. 285.

Dessoucheuse Bennet (La), p. 181, 324.

— — Essais. Résultats, pp. 430, 498.

Dessouchement, pp. 691, 702. V. *Dessoucheuse.*

Distillation du bois (La), p. 744.

Domaine de la Zangerey, p. 325.

— de Longchamps (Une visite au), p. 839.

— du Chenoy. V. *Excursion.*

— inculte communal. V. *Terrains incultes.*

Domaines de l'Etat en Campine, pp. 208, 560.

Dons à la Société, pp. 130, 254, 676, 852, 854.

Douane. V. *Droits de douane.*

Douglas. V. *Sapin.*

Drenthe (Les bruyères de la). pp. 295, 365.

Droits de douane sur les bois importés, p. 223.

Dunes, pp. 308, 560.

E

Eaux et forêts. V. *Administration des Eaux et Forêts.*

Echenillage (Considérations sur l'), pp. 20, 519.

Eclaircies dans les pineraies, p. 800.

Ecoles de gardes. V. *Enseignement sylvicole.*

Ecorçage des souches de résineux. V. *Insectes nuisibles.*

Ecureuils. Dégâts dans les pineraies, p. 541.

Embellissement des forêts V. *Esthétique.*

Engrais chimiques. V. *Ardenne. Campine. Expériences.*

— — (Cours des), pp. 50, 752.

— — Application à des pineraies déjà âgées, p. 496.

— — dans la région ardennaise, pp. 201, 481, 549.

— — en Campine, p. 426. V. *Campine.*

— — en culture forestière (Les), p. 398. V. *Ardenne. Campine.*

— — Expériences en pépinières, pp. 411, 554.

— — Influence sur la vie symbiotique. p. 84.

— — La Kaïnite, pp. 334, 448, 614.

— azotés (Les), pp. 398, 411, 558, 674.

— Chaux. V. *Chaux.*

— Phosphate basique, p. 486.

— — et kaïnite (A propos de), p. 614.

— — naturel, p. 283.

— Plâtre. V. *Plâtre.*

— Le nitrate de soude en sylviculture, p. 411.

— verts. La culture du lupin, pp. 84, 560, 799, 808. Résultats obtenus en Campine, pp. 211, 284.

Ennemi (Un) de l'érable, p. 748.

Enseignement sylvicole. Personnel inférieur, pp. 182, 838.

— Cours de sylviculture pour gardes, à Huy, pp. 539, 838.

— — Ecoles volantes de sylviculture. Cours de Paliseul, p. 508.

— — Cours de St-Hubert et de Hasselt, p. 839.

Entomologie forestière. V. *Insectes nuisibles.*

— Arbres-pièges, V. *Arbres.*

— Cul brun (Le), p. 12.

— Hylésine géante ou micans, pp. 72, 145, 456.

— Ichneumons (Les), p. 632.

— — et tachines, p. 188.

— Le dendroctonus micans en Belgique, pp. 72, 145, 456.

— — rufipinus, p. 72

Entomologie forestière. V. *Insectes nuisibles.*

— Le genre *Hylobius.* Les Hylobes, p. 689.

— Le genre *Lophyrus.* Les Lophyres, p. 619.

— Le genre *Pissodes.* Les Pissodes, p. 775.

— Livrée ou bombyx neustria, p. 18.

— Nonne. Une nouvelle invasion, p, 609.

— Piéride du chou, p. 11.

— Pyrale (La). Destruction par les pièges lumineux, pp. 403, 673.

— Spongieuse,'zig-zag ou dispar, p. 16.

— Thentrède de l'épicéa, p. 110.

Entrée (Droits d'). V. *Droits de douane.*

Epicéa. V. *Picea.*

— (La rouille de l'), p. 333.

— (Encore un ennemi de l'), p. 110.

— de Sitka, p. 501.

— Emploi pour la restauration des taillis ruinés, p. 268.

— Protection contre le gibier, pp. 472, 540.

— Sélection et provenance des graines, p. 66.

Erables. V. *Acer.*

— Un ennemi de l'), p. 748.

Essartage en Ardenne, pp. 200, 262, 549.

Essence auxiliaire (Le bouleau), p.610.

Essences (Qualités et exigences de diverses) d'après quelques pépiniéristes, pp. 360, 439, 500, 570.

Esthétique. Maintien de parcelles avec leurs caractères naturels. Rapport et discussion au Conseil supérieur des forêts, pp. 338, 447. V. *Arbres curieux ou remarquables.*

Etats-Unis. Les forêts de l'Amérique du Nord, p. 111.

— Situation alarmante des forêts du Colorado, p. 166.

— (Le service forestier aux), p. 186.

— (Incendie de forêts aux), pp. 94, 166.

Etats-Unis. Réserves forestières, pp. 51, 91, 384, 461.

— — Pâturage. Dégâts, pp. 51, 92.

Etrépage en Campine, pp. 274, 280, 427.

Etudes forestières supérieures. V. *Enseignement sylvicole.*

Excursion forestière en 1902. Organisation, pp. 195, 261, 337. Compte rendu sommaire, p. 468.

— (Une) au domaine du Chenoy, pp. 321, 396, 709, 797.

— (A propos d'une) en Campine, pp. 207, 274, 348.

— (Une petite) en Campine, pp. 181, 324.

Expériences en pépinières, pp. 411, 554, 738.

— sur l'emploi des engrais chimiques et du lupin dans les terrains pauvres ou ruinés. V. *Campine.*

— — en culture forestière dans la région ardennaise, p. 549.

— — en pépinières. V. *Engrais chimiques.*

Exportation. V. *Commerce.*

Exposition régionale de Mons. V, *Concours.*

Extraction des souches à la dynamite, p. 250.

F

Fagus americana, p. 575.

Fanges. Boisement, pp. 268, 270.

Fantaisie forestière (Poésie, amour et sylviculture), p. 387.

Feuilles mortes. Enlèvement. V. *Soutrage. Humus.*

— des arbres pour la nourriture du bétail, p. 403.

Fléau (Le) des lapins, p. 511.

Fête des arbres en Italie, p. 396.

Fonds de réserve. Etendues dans les bois aménagés de 1885 à 1901, p. 156.

Forêts V. *Soutrage. Incendies. Domaine boisé.*

— (Les insectes nuisibles aux), p. 323. V. *Insectes. Entomologie.*

Forêts de l'Alaska, p. 581.
— de l'Amérique du Nord (Les), p. 111.
— de la Roumanie, p. 546.
— de la Russie, p. 408.
— des Etats-Unis. V. *Etats-Unis.*
— — Réserves. V. *Réserves.*
— du Canada, p. 23.
— du Colorado. Situation alarmante, p. 166.
— du Congo, p. 849.
— prussiennes. Etendue, p. 571.
— domaniales. Coupes de 1903. Ventes, p. 841.
— (Les) et l'esthétique. V. *Esthétique.*
— (Les) stratégiques, p. 671.
France (Les reboisements en), p. 545.
Frêne (Réflexions à propos du coudrier et du), p. 473.
Frênes, p. 572.
Fumure des arbres. V. *Engrais.*
Futaies pleines. Réduction de la périodicité, p. 161.
— sur taillis, p. 710.
— — (Conversion des peuplements résineux en), p. 803.
— — V. *Taillis sous futaie.*

G

Gardes forestiers (Les). V. *Administration des Eaux et Forêts.*
Genêts en Ardenne (Les), p. 272.
Gibier dans les forêts, p. 204.
— Protection contre ses dégâts, pp. 472, 540, 668, 742.
Gleditschia triacanthos, p. 577.
Glu contre les attaques du gibier, pp. 668, 742.
— contre les insectes, pp. 702, 793.
Graines. Récolte en Allemagne, p. 47.
— (La sélection forestière et la provenance des), pp. 61, 133.

H

Haies vives. (Plantation des) autour des prairies-vergers, p. 847.
Heibloem (Propriété dite La). pp. 213, 353.
Hemlock, p. 586.
Hêtre (Le) du Corbeau, p. 750.
Houblon (Perches à). Renseignements divers, p. 44.
Humus. V. *Soutrage. Campine.*
— Son rôle, p. 202.
— en Campine. Humus acide, tuf, pp. 278, 281, 301, 348, 425.
Hylésine (L'). V. *Entomologie forestière.*
Hylobes (Les). V. *Entomologie forestière.*
Hyloservin (L') contre les dégâts du gibier, p. 668. V. *Gibier.*

I

Ichneumons (Les), p. 632.
— et Tachines, p. 188.
If (La toxicité de l'), p. 616.
Iles Philippines (Le bois aux), p. 406.
Importation et exportation de bois. V. *Commerce.*
Impôt foncier. Revision. V. *Cadastre.*
Incendies de forêts en 1901, p. 184.
— V. *Etats-Unis.*
Influence des forêts. V. *Déboisement. Forêts.*
Inoculation du sol, p. 84.
Inondations. V. *Déboisement.*
Insectes nuisibles. V. *Entomologie forestière. Arbres-pièges.*
— — (Les) aux forêts. Règlement, p. 323.
— — (Conférences forestières sur les). V. *Conférences.*
— — — à la Société forestière, p. 837.
— — Destruction par les pièges lumineux. Le phare Malcorps, pp. 403, 673.

Insectes nuisibles. V. *Entomologie fo-restière. Arbres-pièges.*
— — Ecorçage des souches de résineux, p. 703.
— — Glu contre les insectes. V. *Glu.*
Invasion de l'Hylésine géante. V. *Entomologie forestière.*
— (Une nouvelle) de la nonne, p. 609.
Italie. La fête des arbres, p. 396.

J

Juglans cinerea, p. 574.
— sieboldii, p. 574.
— nigra, p. 574.
Juniperus virginiana, p. 505.
Jurisprudence. Chasse, pp. 116, 191.

K

Kaïnite. V. *Engrais.*
— (A propos de) et de phosphate basique, p. 614.
— (La), p. 334.

L

Lapins. V. *Chasse. Gibier.*
— (Le fléau des), p. 511.
Larix. V. *Mélèzes.*
Légendes sur le coucou (Les), p. 26.
Lérot (Le) et les oiseaux, p. 478.
Liste des abonnés, pp. 59, 131, 196, 260, 336, 410, 480, 548, 618, 676.
— complète des abonnés, p. 676.
— des membres de la Société, pp. 58, 131, 195. 260, 336, 410, 480, 548, 618, 676, 753.
— complète, p. 753, 856.
— des membres correspondants, p. 857.
Liriodendron tulipifera, p. 577.
Litière et feuilles mortes. V.*Soutrage.*
Livrée (La), p. 18.
Lophyres (Les). V. *Entomologie fores-tière.*

Lupin, V. *Engrais vert.*
— Inoculation du sol, p. 84.

M

Maisons (Champignon des), p. 637.
Maladies cryptogamiques. V. *Cham-pignons parasites.*
Marais. V. *Campine.*
Maraudage des cônes de résineux en Campine, p. 45.
Mélèze (Le) des Alpes ou du Tyrol et mélèze des Sudètes ou de Silésie, p. 133.
— de Sibérie, p. 445.
— du Japon, p. 444.
— Kaempferi, p. 445.
— Emploi dans la restauration des taillis ruinés, p. 270.
— en Campine, p. 812.
— Sélection et provenance des graines, p. 133.
Membres de la Société centrale fores-tière. V. *Liste.*
— correspondants. V. *Société.*
Merulius lacrymans, p. 637.
Mésanges (Les), p. 632.
Micans (Hylésine on Dendroctonus). V. *Entomologie forestière.*
Mousse. Moyen de la faire disparaître des arbres, p. 407.
Musée forestier de l'Etat (Le), p. 1. Ouverture officielle, p. 740.
— Collections de la Société. V. *Dons.*
Myrica galle, p. 424.

N

Nécrologie, pp. 102, 319, 446, 467, 607, 662.
Nectria ditissima. V. *Champignons.*
Nederlandsche Heide - Maatschappij, pp. 295, 350.
Nitrate de soude en sylviculture, p. 411.
Nonne (Une nouvelle invasion de la), p. 609.

O

Oiseaux insectivores. Protection, p. 105.

— — Convention internationale, p. 314.

— Le sansonnet, p. 632.

— Les légendes sur le coucou,p. 26.

— (Les) et le lérot, p. 478.

— Les mésanges, p. 632.

Ordre de Léopold, pp. 396, 837.

Orme Dumont, pp. 163, 839.

Ormes, p. 571.

— (Notes sur diverses sortes d') plantés dans l'arrondissement d'Ypres, p. 162.

Oseraies. Exploitation, p. 252.

P

Parasites. V. Champignons parasites.

Parcs. V. Domaine.

Pâturage dans les réserves forestières des États-Unis, pp. 51, 92.

— en forêt, p. 202.

Pédonculé et rouvre (Chêne), p. 214.

— et rouge (Chênes), p. 109.

Pépinières forestières. Etablissement, p. 402.

— Expériences, p. 738.

— Emploi du nitrate de soude. Expériences, pp. 399, 412, 558.

— Engrais chimiques. Exp riences, p. 554.

Perches à houblon. Commerce, p. 44.

Peridermium pini. V. Champignons.

Personnel forestier.V.Administration des Eaux et Forêts.

Peuplements feuillus en Campine. V. Campine.

Peuplier. V. Populus.

— rouge pyramidal, p. 840.

— régénéré. p. 576.

— neige, p. 576.

— picard, p. 576.

— (Le) à la Société des agriculteurs de France, p. 476.

Phare Malcorps (Le), p. 673. V. Pièges.

Phosphate basique (A propos de) et de kaïnite, p. 614. V. Engrais.

Picea alba, p. 503.

— excelsa septentrionalis, p. 500.

— — borealis, p. 501.

— pungens, p. 502.

— alcockiana, p. 502.

— Sitkaensis, p. 501.

Pièges lumineux pour la destruction des pyrales, pp. 403, 673.

— pour insectes, pp. 636, 704, 706, 784. V. Arbres-pièges.

Piéride du chou (La), p. 11.

Pin. Insectes ravageurs. V. Entomologie.

— (Pinus) cembro, p. 442.

— de Bank ou Banksiana, pp. 209, 439, 569.

— de montagne, p. 440.

— densiflora, p. 441.

— Engelmanni, p. 502.

— excelsa, p. 443.

— laricio de Corse, pp. 268, 440.

— — d'Autriche ou noir d'Autriche, p. 440.

— — — pour la restauration des taillis ruinés, p. 268.

— ponderosa, p. 442.

— resinosa, p. 443.

— rigida, pp. 208, 213, 441, 562.

— sylvestre. Emploi pour la restauration des taillis ruinés, pp. 263, 266.

— — Coupe des cônes. V. Campine.

— — (Le) en Campine, pp. 423, 717, 810.

— — Sélection et provenance des graines, p. 138.

— — d'Ecosse, p. 208.

— — de Haguenau, pp. 209, 493, 562.

— — de Riga, p. 140.

— — de Suède, pp. 493, 494, 562.

— — du pays, p. 494.

— Weymouth ou strobus, p. 442.

— — (Le peridermium ou rouille corticole du). V. Champignons.

Pin sylvestre, Emploi pour la restauration des taillis ruinés, p. 270.

Pineraie en Campine. Rendement, p. 722.

Pineraies. V. *Sous-étages. Résineux.*
— Application d'engrais chimiques. V. *Engrais.*
— Dégâts causés par les écureuils, p. 541.
— (Eclaircies dans les), p. 800.
— exploitées. Reboisement. V. *Campine.*

Pinsapo, p. 363.

Pissodes (Les), p. 775.

Planera acuminata, p. 571.

Plantation des arbres fruitiers, p. 113.
— des routes de l'Etat, p. 243.
— — Adjudication, p. 42.

Plantations. Dégagement. Ecimage des genêts, p. 272.
— V. *Boisement. Terrains incultes.*

Plantes parasites. V. *Champignons.*

Platane, p. 840.

Plâtre. Son emploi en Campine, pp. 283, 426, 720.

Poésie. Amour et Sylviculture, p. 387.

Police rurale, p. 814.

Pommier (Le chancre du), p. 541.

Populus canadensis, p. 576.
— cordata, p. 576.
— Wobsi, p. 576.

Prairies. Création en Campine, pp. 349, 374, 810.
— vergers. Plantation de haies vives, p. 847.

Preposés forestiers. V. *Administration des Eaux et Forêts.*

Procès-verbaux. Assemblées générales et réunions du conseil d'administration. V. *Société centrale forestière.*

Produits et dépenses des bois soumis au régime forestier. Statistique de 1895 à 1900, p. 285.

Protection des oiseaux insectivores. V. *Oiseaux insectivores.*

Prunus serotina (Le), en Campine, p. 568. V. *Cerasus.*

Pseudotsuga Douglasii, pp. 360, 569.

Pyrales. V. *Entomologie forestière.*
— Destruction par les pièges lumineux, pp. 403, 673.

Q

Quercus. V. *Chêne.*

R

Raupenleim. V. *Glu.*

Ravages de certaines chenilles en 1901, p. 9.

Reboisements. V. *Terrains incultes. Campine.*
— (Les) en Belgique, p. 669.
— (Les) en France, p. 545.
— Reconstitution du sol des pineraies après exploitation. V. *Campine.*

Recepage, pp. 210, 567, 811.

Recherches en matière forestière. V. *Expériences.*

Régime des eaux. Influence des forêts V. *Forêts. Sources.*
— forestier. Contenance des bois, p. 288.

Région ardennaise. V *Ardenne.*

Réserve. V. *Fonds de réserve.*

Réserves forestières aux Etats-Unis. V. *Etats-Unis.*
— — des Black-Hills, p. 91.
— — Etablissement, p. 338.

Résineux. V. *Pineraies.*
— Engrais chimiques. V. *Engrais*
— Introduction dans les peuplements ruinés V. *Pin. Epicéa. Sapin argenté. Bois ruinés.*
— (Peuplements) au domaine du Chenoy, p. 797.
— Conversion en futaie sur taillis, p. 803.
— Nettoiements et éclaircies, p. 800.

Restauration des peuplements ruinés. V. *Pin.*

Réunions mensuelles. V. *Société.*

Revenus des propriétés boisées. Impositions. V. *Cadastre.*

— des bois soumis au régime forestier en Belgique, p. 289.

Révolution des taillis. Allongement, pp. 150, 158, 160, 203.

Robinier pseudo acacia, p. 570.

Rouille. V. *Champignons*

Roumanie (Les forêts de la), p. 546.

Routes. V. *Plantations des routes.*

Rouvre et pédonculé, p. 214.

Russie (Les forêts de la), p. 408.

S

Salix gigantea, p. 577.

— d'Espagne ou pinsapo, p. 363.

— fragilis, p. 577.

— mutabilis, p. 577.

Sapin. V. *Abies.*

— argenté. Emploi dans la restauration des taillis ruinés, p. 270.

— de Douglas, pp. 209, 360, 569.

— de Nordmann, p. 363.

Sansonnet (Le), p. 632.

Sapinières. V. *Pineraies.*

Saules. V. *Oseraies. Salix.*

Scie automobile (La), p. 53.

Scories (Thomas ou phosphates de). V. *Engrais.*

Sélection (La) forestière et la provenance des graines, pp. 61, 133.

Sequoia, p. 505.

Service des aménagements, p. 153.

Service forestier aux Etats-Unis, p. 186.

Siam (Production et commerce du bois de teck), p. 43.

Sidération. V. *Engrais verts.*

Sites (Nos). V. *Esthétique.*

Sitka. V. *Epicéa.*

Sociétaires. V. *Membres. Actes officiels concernant des sociétaires.*

Société centrale forestière de Belgique. V. *Abonnés, Bulletin, Conférences, Dons, Excursion forestière, Local, Membres, Nécrologie.*

Affiliation à la Société centrale d'Agriculture, pp. 195, 258, 853.

— Assemblées générales. Dates, convocations, pp. 133, 689. Procès-verbaux, pp. 255, 855.

— Bibliothèque, pp. 130, 254, 676, 852. Liste des ouvrages, p. 121. Règlement, p. 121.

— Commission de vérification des comptes, p. 19.

— Conseil d'administration. Composition, p. 57. Décès d'un membre. Article nécrologique, p. 467. Remplacement, p. 855. Procès-verbaux des réunions, pp. 194, 853.

— Cotisations et abonnements. Recouvrement, p. 1.

— Membre d'honneur, p. 857.

— Membres correspondants. Liste, p. 857.

— Protecteurs, pp. 753, 854.

— Réunions mensuelles, pp. 44, 104, 180, 240, 320, 396, 664, 738, 837.

— Situation financière. Compte rendu de gestion, p. 255.

— Statuts, p. 54.

— hollandaise « Nederlandsche Heide Maatschappij », pp. 295, 350.

Sociétés forestières étrangères, p. 608.

Sol. V. *Terrains. Engrais.*

— de la Campine, de la Drenthe. V. *Campine.*

— de l'Ardenne. Composition, p. 482. Enrichissement pour le boisement, p. 552.

— des pineraies exploitées. V. *Campine.*

— Inoculation du microbe du lupin, p. 84.

Sols sablonneux. Fertilisation, p. 799. V. *Campine.*

— tourbeux. Causes d'infécondité, p. 611.

Sophora, p. 577.

Sorbus americana, p. 571.

Souches. Extraction, pp. 691, 702. V. *Dessoucheuse.*

— — à la dynamite, p. 250.

— Ecorçage, p. 703.

Sources (Les forêts et les) V. *Forêts.*

Sous-étages (création d'un) feuillu dans une pineraie, p. 803.

Soutrage en Campine. V. *Etrépage.*

Spongieuse (La) ou Zig-zag, p. 16.

Statistique des chemins de fer de l'Etat belge au point de vue forestier, p. 81.

— des produits et dépenses des bois soumis au régime forestier, p. 285.

— des bruyères de la Campine, p. 421.

Sylviculture (La) au concours régional de Mons, p. 506.

Sylvinite (La) p. 334.

T

Table des matières, p. 858.

Tachines et ichneumons, p. 188.

Taillis (Les) de la région ardennaise, pp. 197, 261.

— ruinés. Restauration, pp. 157, 263.

— simples. Conversion en taillis sous futaie et en futaie pleine de 1885 à 1901, p. 158.

— — Allongement de la révolution de 1897 à 1901, p. 160.

— sous futaie. Conversion en futaie pleine de 1885 à 1901, p. 157.

— — Allongement de la révolution, p. 158.

— — V. *Futaies sur taillis.*

Tarif douanier. V. *Droits de douane.*

Taxodium distichum (et autres), p. 504.

Teck (Bois de) Commerce et production au Siam, p. 43.

Terrains ardennais. V. *Ardenne.*

— — coblenzien, gedinnien, p. 199.

— pauvres ou épuisés. Amélioration. V. *Sols.*

— incultes. V. *Campine. Boisement.*

— — Mise en valeur. Exemption d'impôts. V. *Cadastre.*

— fangeux. Boisement, pp. 268, 270.

Terril. Boisement, p. 508.

Thentrède de l'épicéa, p. 110.

Thuya gigantea (Le), pp. 49, 505.

— Lobbii, p. 505.

— Occidentalis, p. 505.

Thuyopsis borealis, p. 504.

— dolobrata, p. 504.

Tilleul en Campine, p. 568.

Tourbe. Nouveaux emplois, p. 248.

Tsuga. Canadensis, p. 365.

— glaucescens, p. 364.

— Mertensiana, p. 364.

— Pattoniana ou hookeriana, p. 364.

— Sieboldii, p. 365.

Tuberculina persicina (Le), p 322.

Tuf (Le), pp. 301, 721. V. *Humus acide.*

U

Ulmus. V. *Ormes.*

V

Variétés. L'ombre et le cor d'Amblroise, p. 464. Les vieux chemins des bois, p. 736.

Ventes. V. *Coupes.*

Vinaigre d'acide acétique (La question du), p. 744.

W

Waldbau (Le) du Dr Karl Gayer, p.33.

Weymouth. V. *Pin Weymouth* ou *Strobus*.

Z

Zig-zag ou spongieuse, p. 16.

Lightning Source UK Ltd.
Milton Keynes UK
UKHW010624110219
337000UK00006B/165/P